Franz X. Geiger

Wie man lernt, einen Planeten zu lieben

Tamines, eine Brasilianerin spionierte in der Raumstation 'Halumal' die den Chorck angehört, einem diktatorischen Volk in den Plejaden, welches dort ein strenges Imperium unterhält. Diese Aktion wurde von der Kleinen Magellanschen Wolke aus gestartet, um die Herkunft von Terra nicht zu verraten.
Doch in der SMC (Small Magellan Cloud = Kleine Magellansche Wolke) wurde dabei auch ein Planet entdeckt, der unserer Erde sehr ähnlich ist, oder besser: war. Denn dieser Planet wurde von seinen Bewohnern in vielen und vor allem einem letzten Krieg zerstört. Ein Schicksal, wie es auch der Erde schon öfters blühte. (Oder vielleicht immer noch blüht?) Forscher und moderne Archäologen machen sich auf, die Geheimnisse der ehemaligen Bewohner und deren Welt dort zu lüften.
Schreckliche Kriege und die Unvernunft eines Volkes, welches auch Rassismus und Religionsfanatismus auf die Fahnen schrieb, werden hier beschrieben und im Angesicht dieser Vernichtungen und Schäden erinnert man sich an die Zeiten auf Terra, als es ähnliche Gefahren gab.
Mit diesen Bildern vor Augen wissen die Forscher bald, *wie man lernt, einen Planeten zu lieben*. Nämlich unsere eigene Erde!
Eine Perle im Universum, welche allen Wert innehält, sie zu erhalten und zu beschützen!

Ein Science-Fiction-Roman und *eine in sich abgeschlossene Handlung*, in logischer Folge zu den Romanen
„Den Sternen plötzlich so nah" und
„Die Frau, der Mann und das andere Geschlecht", sowie
„Wunderbare Welten",
„Tamines, Agentin für Terra".

5. Sciencefiction – Roman des Autors.

Bibliografische Information der Deutschen Bibliothek

Die Deutsche Nationalbibliothek verzeichnet diese Publikation in der
Deutschen Nationalbibliografie;
detaillierte bibliografische Dateien sind im Internet über
http://dnb.ddb.de abrufbar.

Books for Friends Verlag
Guido Beltermann
Alte Bahnhofstraße 119-123a
44892 Bochum
www.books-for-friends.net

Druck: DiguPrint, Bochum - 1. Auflage 2009

© Books for Friends Verlag, Guido Beltermann, 44892 Bochum

© Alle Rechte beim Autor: Franz X. Geiger

© Cover: Franz X. Geiger

www.franz-x-geiger.de

ISBN: 978-3-940754-54-7

VORWORT

Natürlich liebe ich es immer noch, Möglichkeiten aufzuweisen. Mit dem 5. Science-Fiction-Roman wage ich mich nun an ein Thema, was uns eigentlich alle irgendwie betrifft!
Leider gibt es auch Möglichkeiten negativer Art. Doch kann man lernen, negative Erfahrungen für künftig Positives zu verwenden.

Was warnt die Menschen am besten? Vergleiche, in denen bereits Folgen von Unvernunft deutlich zu sehen sind.
Fahren Sie nicht automatisch etwas langsamer mit Ihrem Auto, wenn sie gerade an einem Unfallort vorbeigekommen sind, ein Autowrack zu erkennen war und möglicherweise auch Insassen schwerstens verletzt wurden oder gar genannte Situation nicht überlebt hatten?
Warnt Sie dabei nicht möglicherweise eine Gänsehaut vor der weiteren, freizügigen Nutzung des Gaspedals?
Ein Beispiel im Kleinen! Was ist aber mit unserer gesamten Erde, welche von seinen Bewohnern laufend mit nicht nur kleinen Unfällen bombardiert wird. `Da kann man als Einzelner eben nichts machen´, so könnte eine der Antworten lauten.
Deshalb sollten wir ein Gemeinschaftsbewusstsein entwickeln, zumindest um unsere Welt wieder soweit in unser Leben zu integrieren, wie es ohnehin sein sollte. Denn nur wenn auch unsere Welt uns in ihr Leben integriert, haben wir selbst die Chance zu überleben.
Die Menschheit als Ganzes natürlich!

In diesem Sinne beschreibe ich eine Welt und deren Bewohner, welche auch vor dem ultimativen Schritt nicht mehr zurückschreckten. Sie hatten den eigenen Planeten zerstört und zeigen uns damit ein Beispiel, einen Vergleich also, den ich dazu nutzen möchte, die schlimmsten gesamtmenschlichen Sünden aufzuweisen.
Wenn es uns gelingt, diese Sünden zu minimieren oder zu beseitigen, dann können wir noch viel Freude an unserem Planeten haben! Und mit *wir* meine ich nicht nur unsere Generation, sondern auch die nächste und die übernächste und so weiter . . .

Ich möchte jedem Leser weiterhin die Gelegenheit belassen, auch in meine Bücher nur `hineinzuschnuppern´. In diesem Sinne entstand mittlerweile eine kleine Serie von *in sich abgeschlossenen* Romanen, jeder Teil mit einer eigenen gerundeten Geschichte. Vorliegendes Buch ist bereits der fünfte Roman in der Maximilian-Rudolph-Science-Fiction-Serie.

Ich habe mich selbst verpflichtet, meine Bücher möglichst auf Fakten und real anmutenden Wahrscheinlichkeiten basierend zu schreiben. Ich hatte es Leid, SF zu lesen, welche Probleme häufen, um einen Spannungsschub zu implementieren und anschließend Lösungen präsentieren, die in meinen Augen unnachvollziehbar sind, ja schon eher den Bereich Fantasy oder gar Magie streifen. Ich zum Beispiel möchte wissen, warum jemand auf einem Besen reiten kann! Welchen Antrieb hat der Besen? Wie wird er gesteuert? Wer hat ihn gebaut?
Geben Sie sich mit einer Antwort „Ja, das ist halt so" zufrieden?

Nein! Ich möchte die Realität so nah wie möglich erfassen.
Und ich möchte über die Zukunft schreiben, denn die Vergangenheit war nun schon einmal und daran lässt sich (auch in Zukunft) nichts mehr ändern. Ich denke dabei auch an Zeitmaschinen, die es sicher nie geben wird! (Zeitparadoxon) Stellen Sie sich vor, jemand reist in die Vergangenheit und aus irgendwelchen Umständen kommt dabei dessen Urgroßvater ums Leben. Dann existiert dieser jemand nicht mehr und reiste also nicht in die Vergangenheit. Damit erlöschen auch die Umstände um den Tod des Urgroßvaters und dieser lebt also. Damit lebt aber auch der Urenkel wieder und reist erneut in die Vergangenheit. Damit also ereignen sich wieder diese Umstände . . .
Nein! Zeitreisen in die Vergangenheit? Nie. Aber in die Zukunft ja! In dieser Zeitrichtung sind wir ja ohnehin schon unterwegs und so eine Reise könnte beschleunigt werden. (Zeitdilatation)

Andere Lebensformen im All?
Ich denke nicht so vermessen, dass wir die Einzigen in diesem riesigen Universum wären! Eher glaube ich daran, dass Leben immer dort entsteht, wo es entstehen kann. Mehr noch. Es wäre mir nicht verständlich, wenn es ein Universum gäbe und keine vielfältigen Betrachter dafür! Niemand baut ein Theater und inszeniert Aufführungen ohne Zuschauer. Alleine unsere Milchstraße hat 200 Milliarden Sonnen. Wie viele Sonnensysteme dabei sind, kann auch mit heutiger Technik noch nicht genau bestimmt werden, aber gering geschätzt ein Prozent davon wären noch zwei Milliarden. Wieder ein Prozent davon für Planeten in einer Biosphäre, also 20 Millionen. Wieder ein Prozent für Leben auf solchen Welten wären 200000. Noch mal ein Prozent für intelligentes Leben, also immerhin 2000. In unserer Galaxie! Neueste Erkenntnisse per Hubble sprechen von über fünfzig Milliarden Galaxien in unserem Universum! Dabei wird diese Zahl

sicher künftig noch öfters nach oben korrigiert. Außerdem denke ich, dass diese Einprozentthese den absolut untersten Bereich des Möglichen streift.

Also nach wie vor, Sciencefiction mit Phantasie statt Fantasy ohne Science.
So beschreibe ich auch eine Technik, die einmal entdeckt, den bekannten 'Aha-Effekt' erzeugen könnte.
Schon oft standen wir vor den verschiedensten Problemen und als die Lösungen nahe waren, wunderten wir uns, warum wir nicht schon eher auf diesen oder jenen Gedanken diesbezüglich gekommen waren.

'Meine Technik' lehne ich an Erkenntnisse aus der Quantenphysik, der fast ultimativen Relativitätstheorie, wissenschaftlichen Abhandlungen und weitgreifende Theorien, dann natürlich mit ein wenig Phantasie als Verbundmaterial.
Nachdem ich 'Den Sternen plötzlich so nah', 'Die Frau, der Mann und das andere Geschlecht', 'Wunderbare Welten' und 'Tamines, Agentin für Terra schrieb, mein Kopf immer noch so vor Ideen brummte, musste ich auch mit dieser Geschichte bald beginnen.
Um Einsteigern einen Überblick zu verschaffen oder auch den Lesern, welche die vorangegangenen Bücher bereits kennen, eine kurze Zusammenfassung zu schildern, beginne ich in diesem Teil mit einer Zeittafel in Bezug auf die Geschehnisse der Büchervergangenheit.

Für die inhaltliche Überarbeitung und für wertvolle Tipps bedanke ich mich wieder einmal sehr herzlich bei einem guten Freund der Familie,
Herrn Dr. Günter Erich Seidl.

ZEITTAFEL:

Ende September 2093:
Auf dem Oktoberfest hatten Max Rudolph und Georg Verkaaik die Idee zum Bau eines Versuchswafer, welcher eine Materieresonanzfrequenz erzeugen konnte.
Voraussetzung dafür war ein von Georg, Mitarbeiter des damaligen Fraunhofer-Institut, Dresden, entwickelter, neuer Nanoprinter.
Ein Nanoprinter funktioniert ähnlich wie ein Rasterelektronenmikroskop, nur dass dieser von Hochleistungscomputern angesteuert wird und einzelne Atome oder Moleküle dreidimensional kombinieren, also printen können.
(Den Sternen plötzlich so nah)

Maximilian arbeitete in der Behörde für Luft- und Raumfahrt, DLR, welche später in die TWC (Tachyon Wafer Company) integriert wird.
Patentrechtsfragen wurden geklärt und es begannen die großen Versuche.
Einem Raumgefährt, einer Raumgondel wird so ein Wafer mit Abermilliarden kleiner Nanohornantennen aufgesetzt. Diese können in der Frequenz gesteigert werden, eine Annäherung an die Materieeigenfrequenz bewirkt, dass die Tachyonen von jeweils oben oder vorne, neutralisiert oder abgelenkt werden und die, die Erde noch durchdringenden Tachyonen heben dann dieses obig von der Raumandrückkraft abgeschirmte Objekt von unten an. Ein Quasischwerelosigkeitszustand kann eingemessen werden. Auch bedeutet dies, dass im umgebenden Universum eine winzige `Delle´ (künstliche Raumkrümmung) entsteht, die aber vernachlässigbar bleibt. Diese schließt sich bei `Vollschub´ (Vollresonanz) und erzeugt ein Miniuniversum. Je weiter sich dieser Wafer der vollkommenen Materieresonanzfrequenz nähert, desto mehr Druck kommt nun `von unten´ und das Objekt schwebt nicht nur, nein es wird praktisch in die entstandene, energetische Vakuole hinein geschoben. Ab einem bestimmten Abstand zur Erdoberfläche gibt es auch wesentlich mehr ungebremste freie Tachyonen `von unten´ und dadurch auch einen besseren Wirkungsgrad. Die Raumandrückkraft bewirkt, was wir die Gravitation nennen, also die Anziehungskraft von Massen, nur die Betrachtungsweise ändert sich um 180 Grad!

Ein `distanzloser Schritt´ ähnelt folgendem Vergleich:
Ein Gummiring wird von Punkt A nach Punkt B gespannt. Dieser dehnt sich, hat aber immer noch die gleiche Masse und Gewicht. Wird er nun von Punkt A gelöst, befindet er sich schnell an Punkt B.

Auch entstehen keine Beschleunigungskräfte, wenn man von diesen Tachyonen `geschoben´ wird, da sie die gesamte Materie im subatomaren Bereich schieben! Jedes einzelne Atom von einer Raumgondel, deren Einrichtung inklusive der Passagiere, wird also von dieser theoretisch unendlich schnellen Energie der Tachyonen beschleunigt oder bei Vollresonanz in ein dadurch entstehendes Mikrouniversum eingebettet, welches dem Zugriff unseres gegebenen Universums kurz entgleitet. (Die Delle im Universum schließt sich als Raumüberkrümmung.)
Keine Zerrkräfte entstehen, ähnlich, wie man in einem Heißluftballon keinen Wind spüren kann, denn dieser Ballon bewegt sich mit dem Wind. Auch ein Vergleich, der bedingt diesen Effekten beigelegt werden kann, denn dieser Wind durchdringt ja nicht die Materie. Darum gibt es unterhalb der Tachyonenwafer auch nur subjektive Schwerelosigkeit!

(Erinnern Sie sich, dass doch einmal ein Mondfahrer einen Hammer und eine Feder im luftleeren Raum fallen ließ und beide Gegenstände fielen gleich schnell zu Boden! So auch die gleichmäßige Beschleunigung aller Atome von Raumgefährt und den Passagieren per Tachyonenfluktuation.) In diesem Sinne schrumpften kosmische Entfernungen nun zum geringsten Problem einer Raumfahrt.

Ende 2093:
Erste Testfahrt mit einer umgebauten Taucherglocke (MOONDUST) zum Mond. Die Wafertechnologie bewährt sich.
Nachdem ein Containerschiff der alten Antriebe für die Versorgung der Marsbasis abgestürzt war, die Marsbasis, die den chinesischen Namen für `Drachenflucht´ bekommen hatte, mit der TWINSTAR, dem Raumschiff nach den Plänen der Erfinder Max, Georg, und dem Logiker Bernhard Schramm gerettet wurde, war die neue Art von Raumfahrt schon voll etabliert. Nun konnte auch eine Tachyonenmodulationsantenne auf dem vierten solaren Planeten installiert werden, die entsprechend der Natur der Tachyonen millionenfach überlichtschnelle Signale transportierte. Auch Echtzeitortungen von extrasolaren Systemen und Welten waren nun möglich.

Frühjahr 2094:
Flugzeuge erhielten anstatt ihrer Flügel Seitenausleger mit aufgebrachten TaWaPas, also Tachyonen-Waferkomplex-Paketen, die ohne Kondensatoren für Schwebebetrieb angebaut wurden. Auf den Auslegern deswegen, denn würden diese Wafer auf dem Rumpf montiert, hätten die Passagiere das Problem der Schwerelosigkeit oder Raumandrucksneutralität. Mit diesem Prinzip wurden dann auch schon Lastkräne gebaut, Brücken konnten nun auf dem Land ebenerdig zusammengebaut und dann später im Ganzen über einen Fluss gelegt werden.

Ralph Marco Freeman hatte die Idee, Atmosphärereiniger zu konzipieren, die mit der Desintegratorwirkung, also eines Feldes, welches die atomaren Bindungskräfte aufhebt, die Schmutzschicht in der Lufthülle der Erde einzufangen und zu desintegrieren.
Weiter konnten Molekularverdichter gebaut werden, die aus fast jedem Material eine harte Substanz formen konnten. Unter anderem Brasilien bekam somit neue, resistente Strassen. Übrigens ein Segen für dieses Land!

Eine Friedenswelle überrollte die Menschen der Erde! Auch weil die neue Technik von den Erfindern oder Entdeckern für friedliche Zwecke proklamiert wurde. Psychologen erklärten dies nun folgendermaßen: Die Menschen verloren das Gefühl der Abhängigkeit von Grund und Boden. Durch die allgemeintaugliche Raumfahrt und die Unbeschränktheit, was Entfernungen betraf, gab es plötzlich ausreichend Platz für alle und für jede Interessengruppe! Man brauchte nicht mehr um Landgewinne oder Rohstoffe kämpfen! Die Hoffnung, bald andere Planeten besiedeln zu können war geboren und befand sich in greifbarer Nähe!

Araber interessierten sich für den Bau von Mondhotels und großen Kuppeln und mit Zubringerschiffen richtete sich ein lebhafter Tourismus ein.

Erstmals konnten auch fremde Intelligenzen nachgewiesen werden, mehr noch: Ein Imperium etwa vierhundertdreißig Lichtjahre entfernt im Siebengestirn, den Plejaden. Diese sendeten bereits mit Tachyonenmodulation und nun sollte es auch dem letzten Menschen klar geworden sein, warum man nie andere Intelligenzen mit den normalen Radioteleskopen fand! Eben weil sich fortschrittlichere Intelligenzen nicht mehr oder nur noch zum Teil dieser veralteten Kommunikationstechnik bedienen!
Wir hatten aber bis Oktober 2093 für diese neue, universumsnatürliche Übertragungsart noch keine Empfangsmöglichkeiten! Das Imperium der Chorck, wie sich dieses fremde Volk selbst in deren Übertragungen nannte, sollte aber erst noch von den Erdbewohnern, welche sich nun einheitlich Terraner nennen, gemieden werden, denn die Chorck wollen nur ihr Imperium ausdehnen und würden sicher auch die Menschen integrieren. Das wäre ebenso sicher das Ende der Freiheit. Die Chorck haben Feinde, Kreaturen, die ihnen auch ähnlich sind, sehr sicher also ein Brudervolk, welches rebelliert. Diesem war es gelungen, künstliche Lebensformen zu entwickeln, welche den Chorck das Leben schwer machen sollten. Selbstreproduzierende intelligente Maschinchen auf Siliziumbasis, die Siliziumpatras.
Ein Geheimzirkel des Weltsicherheitsrates beschloss also, vorläufig niemanden von der Existenz dieser noch fernen Gefahr in Kenntnis zu setzen, aber dauerhaft die Entwicklung dort zu beobachten. Man begann mit der Katalogisierung der extraterrestrischen intelligenten Lebensformen. Die Chorck waren nun ETI I, die Rebellen, die sich Chonorck nannten, dann ETI II und während eines Abstechers nach der zweiten Marsmission Anfang Januar 2094, fanden Max mit Gabriella und Georg mit Silvana einen Planeten im Biosphärenbereich innerhalb eines Systems der Kentauren. Sie sollten innerhalb einer diplomatischen Mission wieder dorthin zurückkehren und entdeckten die Oichoschen, das Volk der drei Geschlechter. *(Die Frau,*

der Mann und das andere Geschlecht) Also ETI III. (Extra Terrestrial Intelligence) Sie nennen ihre Welt Oichos und ihre Sonne Blisch. Dieses Volk erklärt sich zum absoluten Freundschaftspakt mit den Menschen. Sie sind gelehrig und die Weltföderation wandelt sich zur Weltenföderation. Erste Frachtraumschiffe treiben den Handel an. (BLISCHCARGO) Norsch Anch, der ehemalige Fischer von Oichos wird zum ersten Konsul für Terra, er nahm seine Ehefrau Seacha und sein Eheneutro Schrii mit.

Juni 2094:
Darauf hatte die Menschheit gewartet! Eine neue Raumgondel wurde entwickelt, größer als die in kurzer Zeit zur Legende gewordene TWINSTAR. Mit der WEGALIFE sollte dem Namen entsprechend, das relativ nahe gelegene Wegasystem erforscht werden. Niemand ahnte auch nur, welch wunderbare Welten sich im Biosphärenbereich dieses riesigen Sonnensystems befinden. *(Wunderbare Welten)*
Der ursprüngliche Plan, die Wegawelten zu erobern, wurde leicht abgeändert, als Morin Xinyat, der 16. Dalai Lama in Oberpfaffenhofen seine Vision vorträgt. Er wird zum Sonderbeauftragten der TWC.

Juli 2094:
Das Wegasystem überrascht mit vielen Planeten im Lebensbereich, eine Welt (W12 – zwölfter Planet der Wega) davon wird dem tibetischen Führer als Naturreservat zu Verfügung gestellt und erhält den Namen New-Lhasa.
Auch die Kurden bekommen eine eigene Welt, damit waren schon zwei alte irdische Probleme gelöst. (W8 – achter Planet der Wega) Wahal Öletzek, der Kurdenführer nannte die neue Welt Mada, nach der Herkunft der Kurden und Abstammung von den Meder.
Die bewohnbaren Monde um W11 teilen sich die Japaner, Koreaner und Taiwanesen. Dabei ziehen diese nicht komplett von der Erde weg, sondern halten je einen Außenposten.
Aborigines, Indios und andere Naturvölker tun sich zusammen um sich W7 zu teilen. Als Name für W7 wurde Arnhem gewählt. (Nach einem Naturreservat Australiens – Arnhemland)

Auf der Erde wurden riesige Frachtschiffe gebaut, welche Passagierzellen erhielten, um die Ausreisewilligen zu transportieren. Airbus Frankreich innerhalb der TWC (Tachyon Wafer Company) baute den 380-Meter-Frachter DANTON, Australien die KATIE FREEMAN, Boing innerhalb der TWC den Frachter ALDRIN, die Russen KOSMOFLOT, die BLISCHCARGO konnte zweimal die Woche zur Wega abkommandiert werden. Doch die Frachter wurden immer mehr und auch viele Oichoschen verdingen sich bereits als Raumfahrer besonders im Frachtbereich.

Das Plejadenvolk, die Chorck, senden nach wie vor ihre Werbebotschaften per Tachyonenmodulation. Planetenvölker, welche schon diese Technik nutzen, sollten nach dem Willen dieser dem Imperium beitreten. Sie garantieren Arbeit, Handel, drogengestütze Geburtenkontrolle, drohen aber auch mit einer Zwangsintegration, sollte sich ein Volk nicht bei ihnen melden, welches bereits die Tachyonentechnik nutzen kann.

Der Logiker Bernhard Schramm verfolgte ständig alle Sendungen des Plejadenimperiums und möglicherweise wurden die Chorck schon auf uns Terraner aufmerksam, denn sie könnten einen modulierten Tachyonenimpuls aufgefangen haben. Die latente Gefahr wird immer greifbarer!

September 2094:
Der erste oichoschische Konsul auf Terra, Norsch Anch wird Vater, seine Frau Seacha Mutter, das Neutro Schrii wird Elter und gebiert die Zwillinge des Ehetrios auf der Erde. Zwei Kinder vom dritten Geschlecht. Die ganze Welt feiert dieses Ereignis. Neutros bekommen Namen mit einer Doppel-i-Endung. So nennt dieses Ehetrio ihre Kinder nach den Patinnen Gabriella und Silvana, Gabrii und Silvii.

Der Umzug fast aller Tibeter und weiterer Anhänger des Dalai Lama zum Wegasystem wird weitgehend abgeschlossen. Die Völkerwanderung der Kurden hingegen dauert noch an.
Die Inder bringen den Wasserglastempel von Anantanpur, einer neueren Exilgemeinde welche Dharmsala ersetzte, des 15. und 16. Dalai Lama nach New-Lhasa. Zum Transport bauten sie einen eigenen Raumfrachter mit integrierten Waferkränen, die GHANDI.

Ende 2094:
Bernhard Schramm hörte alarmierende Meldungen von dem Imperiumsvolk der Chorck. Immer wieder konnten Warnungen vernommen werden, sodass möglicherweise die Chorck zwar von unserer Existenz wissen, aber nicht unsere Koordinaten kennen. Das Sicherheitsgremium der Weltenföderation beschloss, in keinem Fall dem Imperium der Plejaden beizutreten, sondern Vorbereitungen für den Fall der Fälle zu treffen. Für den Fall der endgültigen Entdeckung Terras, Oichos oder den alliierten Kolonien. Die *Federal Space Security Agency* wird gegründet. Es kommt die Zeit der

kosmischen Spione, denn wird eine Gefahr einmal bekannt, soll diese Gefahr auch eine geringere sein! Ein brasilianisches Mädchen überrascht mit Intelligenz und Kombinationsgabe! Ihre Fähigkeiten bewies sie bereits bei den Wegamissionen.

Sie eignet sich besonders gut für den neuen Geheimdienst und wird in aller Welt und in Deutschland als Agentin ausgebildet und für einen schwierigen Einsatz vorbereitet. Doch um die Heimat Terra nicht zu verraten, baut die Weltenallianz eine Raumstation in der SMC (Small Magellan Cloud = Kleinen Magellanschen Wolke). Bald stellt sich heraus, dass dieser Trick noch einen optimalen Nebeneffekt bewirkt. Obwohl die Chorck die Tachyonentechnik bereits seit Äonen beherrschen, konnten sie diese nie perfektionieren, sodass die SMC sich nicht im Zugriffsbereich dieses Imperiums befindet. Die Distanz ist zu groß.
Das vermittelt der Agentin weitere Möglichkeiten und die Chorck können die Erde nicht in ihr Reich holen, da sie der Ansicht sind, diese befände sich in der SMC und damit zu weit weg.

März 2095. Die Agentin muss aber dennoch von der Raumstation der Chorck fliehen, doch ihr gelang vorher noch ein Treffen mit dem Kaiser Chorub, welcher nur für die Machenschaften Anderer am Leben gehalten wurde. Ihr gelingt es ebenso, ein Raumschiff der Chorck zu stehlen, auch einer der Zweifler des Imperiums aus den Plejaden geht mit ihr und bittet um Asyl auf Terra.
Die letzte Nachricht des Kaisers der Chorck trifft per Tachkom-Übertragung ein und er erklärt die Menschheit als Erben des chorckschen Imperiums. Doch an eine Annahme der Erbschaft kann vorerst nicht gedacht werden, denn es gibt sture Politiker, die sich das vermeintlich Ihre nicht nehmen lassen wollen. Es melden sich auch die galaktischen Rebellen, ein Brudervolk der Chorck. Mit diesen sollte es auch bald zu einer Kontaktaufnahme kommen.
Als die Weltenallianz um Terra diese Raumstation in der Kleinen Magellanschen Wolke in Betrieb nahm, wurde in dortiger kosmischer Nähe per Zufall eine Welt entdeckt, die der unseren gleicht. Eine Welt, die nur so von Kriegen heimgesucht wurde, auf der Rassismus und Fanatismus den Alltag beherrschten und Unbelehrbarkeit die Apokalypse herbei rief.
Zu dieser Welt werden nun unsere Freunde und Helden, Forscher und Archäologen gesandt und sie sollen erkennen und vorzeigen, was unserem Heimatplaneten bislang alles erspart wurde und wie knapp dass auch dieses Schicksal an unserer Heimat vorbei schlich . . .

Nur mit schlimmen Beispielen vor Augen lässt sich noch Schlimmeres vermeiden.
`Wie man lernt, einen Planeten zu lieben´, nämlich unsere eigene Erde, die Antworten hierzu sollten nach der Lektüre dieses Buches Leitsprüche werden!
Und nicht nur nach der Lektüre dieses Buches . . .

Wichtige Personen dieser Epoche stellen sich vor:

Maximilian Rudolph	Der genkorrigierte Ingenieur wurde zum begeisterten Raumfahrer. Seine Genkorrektur entspricht der zweiten Generation und stabilisierte den Körper, erschloss auch den Zugang zu brachliegenden Gehirnkapazitäten. Max wurde am 31.12.2059 geboren.
Gabriella Rudolph	Die schöne Frau von Max. Sie studierte die chinesische Kunst des Gokk. Diese Lehre soll den Frauen ermöglichen, ihre Männer so zu unterstützen, dass diese produktiver werden.
Georg Verkaaik	Der beste Freund und langjährige Kollege von Max. Ebenfalls genkorrigiert hat er auch eine Lebenserwartung von etwa 160 Jahren.
Silvana Verkaaik	Die schwarzhaarige Schönheit kennt auch die Gokk-Lehren und steht ihrem Mann Georg immer zur Seite.
Prof. Dr. Joachim Albert Berger	Vorstandsmitglied der deutschen Behörde für Luft- und Raumfahrt in Oberpfaffenhofen (DLR), mittlerweile Vorstandsvorsitzender der TWC (Tachyon Wafer Company). Scherzhaft Yogi oder der Yogi-Bär genannt.
Ralph Marco Freeman	Australienstämmiger deutscher Programmierspezialist, Erfinder der Atmosphärereiniger.
Dr. Dr. Sebastian Brochov	Vorstandsvorsitzender der Hamburger Airbus-Werke, nun auch integriert in der TWC. Brochov wird zum vorläufigen Präsidenten der CET gewählt.

Dr. Leopold Weigel	Bayrischer Ministerpräsident zu dieser Zeit. Echter Nachkomme des legendären Theodor.
Patrick Georg Hunt	Reporter von FreedomForWorld-TV und Mitstreiter für den Weltfrieden. Nach Gründung des CET ändert sich der Name auf Cosmic Freedom Channel
Bernhard Schramm	Ein Genkorrigierter der ersten Generation. Seine Korrektur hatte den kindlichen Spieltrieb verkümmern lassen und er wurde ein Logiker sondergleichen. Sein Gehirn konnte nur noch von Hochleistungscomputern übertroffen werden. Max und Georg hatten ihn das Lachen gelehrt.
Adelheid Jungschmidt	Deutsche Bundeskanzlerin in diesen Jahren.
Jutta Jungschmidt	Terranischer Konsul auf Oichos; Schwester von Adelheid.
Norman Hendric Floyd	US-Präsident in diesen Jahren.
João P. Bizera da Silva	Brasiliens Präsident in diesen Jahren.
Tamines Santos Reis	Eine höchstneugierige Brasilianerin. Schnelle Kombinationsgabe macht sie unersetzlich. Auch andere ihrer Vorzüge weiß sie zu nutzen.
Tamiles de Jesus Nascimento	Eine ebenfalls neugierige, brasilianische Kollegin von Tamines Santos Reis.
Valdemir Oliveira S. de J.	Kollege Tamines´ und Astrovermesser
Dr. Akos Nagy	Erster terranischer Exo-Mediziner und Exo-Biologe ungarischer Abstammung.
Morin Xinyat	Der 16. Dalai-Lama.
Wahal Öletzek	Der Kurdenführer.
Josef Zelzer	Sprach- und Kultursachverständiger
Dr. Günter Seidl	Arzt, der sich auf Exomedizin spezialisierte.
Jonathan T. Hunter	Amerikanischer General.

Norsch Anch	Ein ehemalige Fischer der Oichoschen, nun erster oichoschischer Konsul auf Terra.
Seacha Anch	Die Ehefrau des Fischers.
Schrii Anch	Das Eheneutro, das dritte Geschlecht der Oichoschen.
Gabrii und Silvii Anch	Die beiden Zwillingskinder des dritten Geschlechts.

Chandor Valchaz es Sueb	Ein Chorck wurde zum Verräter.
Saltud uec Vern	Der ehemalige Kapitän der APOSTULA.

Technische Begriffe aus den Jahren 2093/2094:

IEP	Implanted Ear Phone. Nachfolger des Handy, schon im Innenohr eingebaut.
ID-Chip	Elektronischer Personalausweis, im Brustbein eingepflanzt.
Gokk-Lehre	Lehre für Frauen, sich der femininen Aufgabe zu widmen, Männer produktiver zu machen.
TaWaPas	Tachyonenresonanzfeld-Wafer-Pakete. Die Nanoprintererzeugnisse zur teilweisen oder gänzlichen Neutralisierung der Raumandrückkraft. Oder auch zur Ausführung eines `distanzlosen Schrittes´. Sie nahmen den Flugzeugen die Flügel.
Sempex	Steuercomputer für Airbus dieser Zeit, auch nach der Waferrevolution. Auch verwendet in der Mond- und Marsgondel sowie in anderen Raumschiffen.
Selepet	Das einheitliche Computersystem der Chorck.
Tachkom	Überlichtschnelles Kommunikationssystem per Tachyonenmodulation.
Nanoprinter	Ein Drucker, oder ein Produktor, der ähnlich einem Rasterelektronenmikroskop arbeitet, aber von der geladenen Nadel Elektrolyte abschießt und so Atom für Atom Gegenstände zusammenbaut. Nanoprinter der TWC können 117 Elemente verwenden, wobei auch angereicherte, künstliche Elemente im Repertoire stehen. Mit solchen hochschnellen Printern werden die Wafer erzeugt.
Floatdustprinter	Ein Drucker, der aus recyclebarem Staub komplette Ausdrucke erzeugt. Text, Bilder und Trägermaterial in allen Dicken und Formaten. Die Ausdrucke kann der Printer auch sofort wieder einziehen und `zerlegen´.
MOONDUST	Die umgebaute Taucherglocke, die für den Testflug zum Mond verwendet wurde.
TWINSTAR	Die Raumgondel, die auseinandergeklappt werden kann. Sieht voll einsatzbereit wie eine Sanduhr aus, kann im offenen Verbund schweben, dann sieht sie aus wie zwei Bongotrommeln. Kann auch komplett entkoppelt als zwei Schwebeeinheiten separat gesteuert werden. Bernhard Schramm entwarf

	dieses Fahrzeug nach der Logik der anzuwendenden Technik.
TWINDRAKE	Die zweite Raumgondel der TWINSTAR-Klasse.
SPIRIT OF EUROPE	Erster französischer, flügelloser Airbus, komplett für die neue Technik ausgerichtet.
LANGER SCHRITT	Erster chinesischer Airbus der neuen Technik.
BLISCHCARGO	Der erste Großraumtransporter für die Handelsbeziehungen Terra - Oichos. (Alpha-Centauri)
WEGALIFE	Das neue Erkundungsraumschiff für Max und Georg.
EINSTEIN	Raumgondel der Twinstarklasse, bereits von den Oichoschen gebaut.
GAUSS	Weitere Raumgondel von Oichos.
Drachenflucht	Die Marsbasis. Der Name stammt von den Chinesen.
DANTON	Riesiges Raumfrachtschiff der Franzosen.
GHANDI	Indischer Raumtransporter
BIG NIPPON	Japanischer Raumtransporter
KATIE FREEMAN	Australischer Raumtransporter
KOSMOFLOT	Transporter der TWC-Tupulev, Russland
GUISEPPE PIAZZI	Italienischer Raumfrachter
SHERLOCK	Tamines Spionageraumgondel
WATSON	Weitere Spionageraumgondel, baugleich.
SMALL MAGELLAN CLOUD	Die Raumstation der Weltenföderation für die kleine Magellansche Wolke
VICTORIA	Die Zubringerraumgondel für die Raumstation
MORGENBLÜTE	Das Generationenschiff der Parmosen.
SWACS	Aufklärungsschiffe, ähnlich der früheren AWACS, nur raumflugtauglich.
HALUMAL	Die `heilige´ Raumstation in den Plejaden
APOSTULA	Das gestohlene Missionsschiff.
CET	Cosmic Empire of Terra. Um der Raumfahrt nun gerechter zu werden, geht aus der Föderation der Neun ein demokratisches Imperium hervor.

1. Kapitel
Terra und die Föderation der Neun,
politische Neuordnungen sind unausweichlich.
Das große Erbe muss warten.
Der Beschluss. Jener Kriegsplanet in der SMC soll erforscht werden.

Das Absolutum der namenlosen Kriegssänger, neu geschrieben und korrigiert im Kuart 3288 nach dem ersten heiligen Krieg, dessen Ende gleichzeitig der Beginn der neuen Zeitrechung war, hatte die Apokalypse mit Poesie verbunden.
Das Absolutum wurde in den Jahren um 13550 zu einer Oper gefasst, welche anfangs große Erfolge feiern konnte, dann aber fast in Vergessenheit geriet. Nach dem Tod des Friedenssängers Alhas zu Melhaim 13944 waren die Aufführungen der Oper wieder an der Tagesordnung, höhnten dem Ansinnen Alhas nahezu und jeder Kontinent nahm eine andere Variante an, um seine Kriegshelden zu ehren. Diese Aufführung steht in der Version von Humola zur Verfügung und ist somit von der Militärregierung freigegeben.
Aufzeichnung vom 33. Nahrm 13846, Bibliothekar Nalon von der Bleigieße, Staatsoper von Harlam, Hauptstadt von Humola
„Die Unzufriedenheit und die Raffgier wird die Vierzehn und die zwei Sprenkelstaaten alle auf einmal in die Senke führen. Mit fliegendem Eisen und denkenden Maschinen, selbstgebauten Sklaven also verhelfen dem Lebenden zum eigenen Tod. Er sieht es gelassen über Fenster die in die Ferne sehen und die, die in der Ferne erkannt werden, schauen durch ähnliche Fenster zurück."
(Man ziehe einen bedruckten Vorhang im Hintergrund auf! Den Vorhang mit den schillernden Scheiben und den Feuerstrahlen.)
Der Sänger, der für den ersten Namenlosen zu singen hat, sollte nun die Bühne betreten.
Hier sein Text zur Melodie der Kurbelkompressorfanfaren:
„Lass das langsamste fliegende Feuer zuerst frei und der Letzte sollte das schnellste fliegende Feuer haben, so wird die Apokalypse Parmos mit nur einem kurzen Schmerz heimsuchen!"
Für den Chor: „Feuer, Eisen, Hitze, Rauch – was in Wenig gut, in Menge tötet auch!"
Der zweite Sänger in der Rolle des zweiten Namenlosen soll die Bühne betreten:
„Fragen mit Feuer fordern Antworten mit Feuer. Kleine Feuer erzeugen Wärme, größere Feuer machen Hitze und das größte Feuer trennt die

Seelen von den Körpern. Feuer ist das ultimative Element, wie die Sonne Noaris zeigt."
Der Chor: „Feuer, Eisen, Hitze, Rauch – was in Wenig gut, in Menge tötet auch!"
Der dritte Sänger in der Rolle des dritten Namenlosen soll die Bühne betreten:
„Die Fragen wurden gestellt und die Antworten lassen nicht auf sich warten. Die Nacht weicht einem künstlichen Tag und die Wolken mischen sich mit dem Rauch der fliegenden Fragen und Antworten. Glück dem, der im Zentrum des künstlichen Sonnenlichts steht, denn sein Schmerz weilt nur für Kürze."
Der Chor: „Feuer, Eisen, Hitze, Rauch – was in Wenig gut, in Menge tötet auch!"
Der vierte Sänger in der Rolle des vierten Namenlosen soll die Bühne betreten:
„Es ward in Kürze vollbracht, was das All in Langem macht. Raffgier, Neid und Hass hat uns Parmosen zusammengebracht. Auch der Tod kann Frieden sein. Ich kann nur mit dem Leiden ringen, auch ich werde das Sonnenzentrum suchen, um nie mehr von den Kriegen zu singen . . .

Persönliche Notiz auf der digitalen Schreibspur des Videofadens des Bibliothekars Rommo von Alducat:
„Dies dürfte die letzte Aufführung des Absolutum gewesen sein. Die letzten Akte wurden abgesagt. Ein Erdbeben hervorgerufen durch einen Atombombeneinschlag mitten in unserem Kontinent, hatte auch die letzten furchtlosen Zuschauer vergrault. Das sollte nun also auch der letzte Akt von Parmos gewesen sein? Ich kann es nicht genau sagen, aber ich befürchte es. Unglaublich, dass der Text der Oper der vier namenlosen Kriegssänger vor über 13000 Parmosjahren diese Apokalypse fast genau beschrieben hat. Nur dass von fliegendem Eisen die Rede war und nicht von Atombomben und Flüssigbrandbomben. Aber die Beschreibung? Ich muss die Kriegssänger bewundern. Ein weiterer Einschlag hier in der Nähe! Die Regale stürzen ein! Ich drücke den Sicherheitsknopf, welcher diese Bibliothek komplett in die Bunker fährt! Ich fühle mich schlecht, als würde ich von innen aufgefressen. Ich glaube die Strahlung ist hier, das Seelenfeuer! Warum musste dies passieren? Wenn Überlebende diese Botschaft lesen: Ehrt den Frieden! Macht diese Fehler nicht ein weiteres Mal! Alles Leben ist Eins! Kein Mamuk tötet ein anderes Mamuk! Warum wir Parmosen? Wir griffen zu den Sternen und haben sie nicht mehr erreicht. Nun haben wir unsere Welt angezündet und alle Träume sind ausgeträumt. Es wird heiß . . .

Digitale Kodierung von Rommo von Alducat mit Schnellarchivierungsbefehl zur Bunkerkonservierung.

Anmerkung des Biblothekrechners:
Die digitale ID-Kennung von Rommo von Alducat bleibt aus. Konservierung der Bibliothek abgeschlossen. Es wurde auf Bunkerinternbetrieb umgeschaltet.
Standbybetrieb mit Kurztaktüberwachung. Keine Verbindung mehr zur Zentrale.

Terra, Oberpfaffenhofen, Samstag der 27.April 2095
Bericht Maximilian Rudolph:

„So ein Chorckraumschiff ist wohl sehr schwierig zu zerlegen, nicht wahr? Da gibt es keine Schweißnähte! Die hatten mobile Nanogruppierer gehabt, welche diese Kugel zusammenstrickten."
Dr. Dr. Sebastian Brochov war heute äußerst guter Laune. „Bastl! Mit `die´ meinst du sicher die Chorck. Vergiß nicht, dass wir von denen auch zwei hier haben." „Klar Maxl. Aber die haben sich schon eingegliedert und schwören dem ultimativen Imperium ab. Damit sind das für mich keine Chorck mehr. Gibt es was Neues aus den Plejaden?" „Nicht dass ich wüsste. Georg ist noch auf seinem Horchposten in der kleinen Magellanschen Wolke. Die Chorck drohen und drohen, sie versuchen auch unsere kosmischen Dauersendungen zu stören, aber da haben sie hart was zu tun, denn sie schaffen die Strecke bist zur Station in der SMC einfach nicht. Und wenn sie mit ein paar wenigen gut ausgerüsteten Schiffen aufbrechen, dann reicht ihnen die Kraft für eine eventuelle Konfrontation mit der vermuteten Erde nicht mehr. Dank des Einsatzes unserer Brasilianerin und anhand des gemopsten Schiffes wissen wir, dass die Chorcktechnologie zur Erzeugung der Materieresonanzfrequenz eine simple Übertaktung nutzt, welche fast die Frequenzerzeuger zersetzt. Diese können nur mit Energiemeilern gestützt werden und müssen zur Stabilisierung fast auf den absoluten Temperaturnullpunkt heruntergefroren werden. Kaum zu glauben, oder?"
„Ich hatte mich mit dieser Frage schon oft beschäftigt, aber wie du weißt, waren doch damals auch die Chinesen schon auf diesem Weg, als sie meinen ersten Wafer nachbauen wollten. Ist einmal ein Weg eingeschlagen, dann will man diesen auch fortführen, vor Allem, wenn sich schon Erfolge abzeichnen. Weiter erkennen wir doch auch, dass auch nach allen Erfahrungen die Demokratie und der Kapitalismus Treibstufen für die

Forschung sind. In einer Planwirtschaft, ähnlich wie bei den Chorck heißt es eben nur: Mach mal das perfekter! Aber ohne Extraprovision macht man eben nur das perfekter, was mit minimalstem Aufwand zu machen ist. Dann also auch, wenn so ein Auftrag an ein unterdrücktes Hilfsvolk geht. Hallo Bernhard! Alles waagrecht?"
Bernhard Schramm, der eiserne Logiker hatte sich zu uns gesellt.
„Bitte? Der große Maximilian Rudolph, der Mann welcher die Menschheit zur allgemeintauglichen Raumfahrt führte und alle Dimensionen erfahren hatte, fragt mich bezüglich der Balance von eigentlich nur einer Dimension?" „Ach ja! Du musst entschuldigen, aber ich kann mich eben von meinen Redeformen nicht lösen. Ich meinte damit, ob bei dir alles ausgewogen ist."
„Was mein körperliches Befinden betrifft ja, aber ihr solltet euch langsam darauf einrichten, dass wir vor einem großen Ereignis stehen. Die Föderation der Neun wird bald Geschichte sein. Alle Kolonien und Oichos wollen ein Menschheitsimperium beschließen. Sie drängen sogar darauf, dass die Hauptadministration hier auf Terra eingerichtet wird. Der Dalai Lama auf New Lhasa sagt auch, die Erde ist nun einmal der Mutterplanet und die Mutter kann sich nun mal am Besten um die Kinder kümmern, auch wenn diese schon ausgezogen sind." „Und die Oichoschen?" „Die Freunde in den Kentauren unterstellen sich Terra, wenn die demokratischen Statuten erhalten bleiben. Norsch meinte nur, Oichos an der Seite der Freunde kann immer nur gewinnen."
„Das sind wirkliche Freunde", meinte Sebastian dazu. „Was ist mit dir, Max? Man wollte dich in die Administration berufen, welche das erste Menschheitsimperium zu leiten hat. Kannst du dich nicht dazu entschließen?"
„Ich habe abgewogen und nachgedacht. Aber ich bin nun einmal Forscher und nun Raumfahrer. Ich bin kein Politiker. Mein Traum ist einmal eine eigene kleine Explorerflotte zur weiteren Erforschung des nahen Raumes und später, wenn meine Lebensspanne ausreicht, auch des weiteren Raumes außerhalb unserer Galaxie. Andromeda ruft mich auch!"
Chandor Valchaz es Sueb, der Chorck kam gerade aus der APOSTULA. Ein Technikerstab aus Terranern und ein paar Oichoschen folgte ihm. Als er uns sah, kam er schnurstracks heran. Er lachte und seine Gebissknochenleisten kamen zum Vorschein.
„Meine terranischen Freunde und vor allem Max, der Mann, welcher ein ganzes Imperium in die Irre führen kann, wie geht es euch denn heute?"
Sebastian wich leicht zurück, als dieser Dreimeter-Chorck herantrat. Chandor Valchaz blieb federnd stehen. Nicht unüblich für die Natur eines Zehenläufers.

Ich nahm das Wort an mich. „Valchaz! Ich hoffe die Oxygene und der Regen Terras sind dir angenehm." „Sehr angenehm, mein Freund. Nur mein Symbiont kribbelt. Die Reststrahlung eurer Atomversuche, die immer noch leicht überhöhte Strahlung über das Natürliche hinaus machen sich bemerkbar. Ihr ward ein sehr kriegerisches Volk, wie ich aus den Archiven erfahren konnte. Wie konntet ihr denn dies alles so schnell ablegen?"
„Hätten wir es nicht abgelegt, stünden wir heute nicht hier und hätten das gleiche Schicksal wie die Bewohner von X2 erfahren. Du hast doch von dieser Welt in der kleinen Magellanschen Wolke gehört." „Habe ich. Das wird doch die nächste Expedition, nicht wahr?"
Bernhard: „Zuerst müssen diese Basisunlogischen aber erst einmal ihren politischen Wirrwarr ordnen. Oichos und die Kolonien drängen darauf und du bist als Vertreter der Chorck eingeladen. Allerdings ohne Stimmrecht."
„Ich hatte es bereits vernommen. Ich will auch kein Stimmrecht, habe ich doch kein Volk, welches hinter mir steht, beziehungsweise, vielleicht hätte ich ein solches Volk, aber da gibt es auch noch einen gewissen Salemon Merdoz co Torch. Er will mir sicher keine Vollmacht geben. Meine Brüder, die Chonorck kenne ich selber noch nicht."
Ich musste nun nachhaken: „Valchaz! Du sprichst ja ohne den Translator unsere Sprache? Wie kommt das?"
„Ich habe meine Schlafperioden reduziert und lernte Deutsch und bereits etwas Englisch. Diese Sprachen eignen sich gut für unsere Stimmorgane. Wir Chorck können kurzzeitig und mit Hochkonzentration unsere Gehirne mit Informationen füllen. Allerdings werde ich dann bald wieder verlängerte Ruhepausen benötigen. Doch nachdem ich gemäß dem kosmischen Asylrecht terranische Aufenhaltsdokumente bekommen hatte, ich nun ein Wahlterraner bin, will ich auch einige Sprachen meiner neuen Heimat wissen. Übrigens lernt Saltud jetzt ebenfalls hiesige Sprachen. Er ist nun auch von der terranischen Sache überzeugt. Vor Allem liebt er Tannenbäume und Bergseen."
„Ach ja, er war mit Norsch beim Forellenfischen, nicht wahr?" Sebastian hatte mit Norsch gesprochen und wusste von dieser sich entwickelnden Freundschaft dieser so unterschiedlichen Wesen. „Richtig! An einem Fluss der in diesen Bergsee da in diesem barischen Wald mündet." „Bayrischen Wald und der See ist der kleine Arbersee, also der Berg heißt Arber." „Ganz genau."
Sebastian übernahm wieder das Wort:
„Termin für die neuen politischen Richtlinien wurde nun festgelegt. Tamines Santos Reis und Indira Rima haben sich aufgemacht, Vertreter von den Kolonialwelten zu holen um am zweiten April über die

Neukonfiguration der Föderation der Neun zu beraten. Nicht vergessen: Der zweite April wird wieder in die Geschichte eingehen." Da wusste ich nur noch eines zu sagen: „Seit fast zwei Jahren geht fast jeder Tag in die Geschichte ein." Das konnte Bernhard, der Logiker nur in seiner eigensten Weise bestätigen. „Jeder Tag geht gewissermaßen dort in die Geschichte ein, wo Geschichte geschrieben wird. Und sei es nur als niedergeschriebenes Datum." „Brüllende Logik!" Sebastian schmunzelte. „Wo solle Logik denn brüllen können? Ach ihr Basisunlogischen! Das hält doch kein Logiker aus!" Nachdem aber nun Valchaz ein schallendes Lachen von sich gab, verstummte bei dieser Stimmgewalt sogar der Genkorrigierte der ersten Generation. Techniker, die Instrumente an der Außenhülle der APOSTULA angebracht hatten, sahen zu uns herüber, sie wussten nicht, was der Anlass des Lachens war.

Eigentlich wollten wir uns trennen, da trat Saltud, der ehemalige Kapitän des Chorckraumschiffes aus der Schaftschleuse. Er erkannte seinen Volksangehörigen und kam im Laufschritt auf uns zu. Nachdem die Chorck im Lauf aber so um die sechzig Stundenkilometer erreichen konnten, wirkte dies fast schon wie ein Angriff. Doch er lachte ebenfalls.

„Allo schusammen. Danke für Freihaait und Würde. Ich alles zusammenüberlegt und mir viele Gedanken gelastet. Ich auch lernen Terrasprachen und ich möchen mich bei dich und dich und dich entschuldigen, auch bei meine Freund Valchaz! Sein Entscheiden ist gut und ich mit für euch. Du alles kannst mit meinen Zustimmen kalkularen. Ich dabei, sicher!"

Also haben wir nun einen Freund-Chorck mehr, das ist eine Steigerung von genau hundert Prozent! Nur wollte Saltud, welcher etwas kleiner, aber leicht dicklicher war als Valchaz, genau für diesen Bund mit der Menschheit und dem Freundschaftsvolk der Oichoschen, mir die Hand reichen! Warum sehen die meisten Wesen oder Menschen in mir den Vertreter? Nichtsdestotrotz musste ich aber diese Gelegenheit wahrnehmen, einen weiteren Freund zu gewinnen. Nachdem Saltud vorher unvoreingenommen seine Meinung kundtat, wussten wir dennoch, wenn er eine Entscheidung fällt, dass diese dann auch endgültig sein sollte.

„Ich bedanke mich für dein Vertrauen und wünsche auch dir, dass Terra viele gute Oxygene und Regen für dich bereithält. Du kannst dir vieler Freundschaften hier sicher sein. Ein großes Lob für dein Deutsch. Du hast schnell gelernt!" „Ich danken groß. Morgen schon sprechen vieler und in vier Tagen ganz. Auch mit Konzentrat in die Nacht und lernen!" Auch Saltud lachte laut, doch nun waren wir schon erneut in einer Art Hochstimmung und wir stimmten mit ein.

Es war ein herrlicher, nahender Abend des heranziehenden Sommers, nur von ein paar kalten Windböen unterbrochen. Saltud und Valchaz teilten sich ein Containerhäuschen, welches auf die Bedürfnisse und vor Allem auf die Körpermaße von Chorck eingerichtet wurde. Dahin entschwanden beide nun und auch ich wollte nach Hause. In einer Woche also sollte das terranische Imperium aus der Taufe gehoben werden. Ein absolut demokratisches Imperium aber. Der Schock der Erkenntnis bezüglich des totalitären universellen Imperiums der Chorck in den Plejaden warnt uns nun vor möglichen falschen Schritten. Ich verabschiedete mich und machte mich ebenso auf den Weg in mein Haus hier in der so genannten Tachyonensiedlung. Meine Frau hatte heute Lust, selbst zu kochen und alle Hilfsserver zu deaktivieren. Ich freute mich auf argentinische Rindermedaillons mit Apfelsplitter und Käse überbacken in Curryrahmsauce. Auch auf ein anschließendes Bad in unserem Pool im Haus mit dem künstlichen Strand an der Seite meiner schönen Gattin.
Ich wusste, dass uns der Stress bald wieder einholen würde, denn in den Hallen hier wurde ja bereits eine Expedition nach X2 vorbereitet. Diese Welt in der SMC, welche mir auch nicht aus dem Kopf geht, nachdem ich die Videoaufzeichnungen von Tamines gesehen hatte. Diese Welt, wenn dort wirklich niemand mehr lebt, könnte die zweite Erde im offenen Theaterspiel mit dem Imperium der Chorck werden.
Gabriella stürmte aus dem Haus, als ich schon im kleinen Vorgarten war und umarmte mich. „Das Essen ist soeben fertig geworden und bereits gedeckt. Ich will mich nicht selbst loben aber es duftet unwiderstehlich!" Tatsächlich! Durch die offene Tür gelangte feiner Curryduft nach außen und weckte sofort ein Heißhungergefühl in mir. Meine Gattin nun aber im Schlepptau eilte ich ins Esszimmer und auch die Dekoration war wie für einen Festtag bereitet. Gabriella hob die Edelstahlglocke von der Bratenplatte und es sagte sich eine Gaumenfreude an.
„Meine unwiderstehliche Frau kann auch unwiderstehlich kochen." Mehr konnte ich nicht mehr erklären, denn meine Hände gehorchten mir nicht mehr weiter. Sie holten ein Stück der Medaillons nach dem anderen und führten die Delikatessen wie automatisch in meinen Mund.
Erst nachdem mir der Magen schmerzte, ein letztes Salatblatt mit Mandelsplitter das Mahl beenden sollte, war mir klar, ich hatte meine Kapazität um jeglichen Toleranzwert überschritten. Gabriella lachte wie nach einem Sieg, aber sie freute sich so sehr, dass sie bereits begann, in Richtung Pool aufzubrechen. Dabei verlor sie auf dem Weg immer wieder ein Stück ihrer Kleidung. Ich folgte ihr schwerfällig und versuchte, auch mich der Kleidung zu entledigen, was mit diesem vollen Magen gar nicht so

einfach war. Ein Teil erübrigte sich, nachdem sie mich einfach in die Kunstwellen schubste. Ich ließ mir alles gefallen.

Terra, Freitag der 2. April 2095
Bericht Gabriella Rudolph:

Heute ist auch ein wichtiger Tag für mich. Ich wurde dazu berufen, den organisatorischen Ablauf zu koordinieren. Heute wollen die Föderation der Neun, wie unsere Planetenallianz bislang hieß und natürlich die Staaten der Erde mit Hilfe von ID-Kennungswahlen der Bevölkerung bestimmen, welche politische Form das künftige Imperium haben sollte und wie es sich zu nennen hat.
Sicher ist Eines: Es wird eine demokratische politische Form haben, doch zur Wahl stehen Parlamentarismus oder Präsidentalismus. Jedoch wurde als Ort der Abstimmung fast schon logischerweise die Pressehalle hier in Oberpfaffenhofen bestimmt. Logischerweise deshalb, da die Kolonialwelten im Wegasystem noch nicht über die ausreichende Infrastruktur verfügen und weil sich hier bereits ein bewährter Raumhafen befindet. Auch das Freundschaftsvolk, die Oichoschen haben keinen Anspruch gestellt, auf Oichos diese Tagung auszutragen.
Es war ruhig auf den Strassen Terras, auch der Luft- und Raumverkehr kam fast vollkommen zum Erliegen. Die Menschen sind zuhause und warten auf die Aufforderung zur Abstimmung über Kosmonet. Kosmonet ist der Nachfolger des Worldlog, was ja auch der Nachfolger des Internet war. Doch reichte wohl die Bezeichnung Worldlog nicht mehr, nachdem nun auch die Kolonialplaneten der Wega und Oichos über Datenstreams der Tachkoms konnektiert wurden. Die Oichoschen haben sich unwahrscheinlich mit dieser Kommunikationstechnologie angefreundet und es gibt bereits Spezialisten auf Oichos, vor denen man den Hut ziehen muss!
Für die Abstimmung vor einem Terminal müssen die Wahlwilligen nur einer Aufforderung des Rechners folgen und zur Bestätigung den ID-Chip abtasten lassen. Bei den Oichoschen gibt es noch ein paar Volksgruppen, welche noch keinen ID-Chip im Brustbein implantiert haben, sie können noch nach herkömmlicher Art wählen.
New Lhasa gilt als fortschrittlichste Kolonie, der 16. Dalai Lama scheint von der modernen Technik angesteckt geworden zu sein, denn seine deutschen Anhänger, welche sich auch auf dem zwölften Wegaplaneten niedergelassen hatten, hatten von ihm den Auftrag bekommen, möglichst deutsche robuste Technik zu verwenden. Zumindest die entsprechend

Verständigen von dieser Gruppe. Doch Morin Xinyat sollte bald hier in Oberpfaffenhofen erscheinen. Ebenso Yilmaz Candal. Die drei Monde um den Planeten Goliath sind keine selbstständigen Kolonien, also wird die Wahl von Japan, Korea und Taiwan aus geleitet.

Ein funkelnagelneues Raumschiff bat um Landegenehmigung und um einen Leitstrahl nach Oberpfaffenhofen. Der Pilot sprach Englisch. Ich konnte diese Angelegenheit deshalb mitverfolgen, da mein Terminal für die Organisationsüberwachung auch gleich in der Leitstelle hier integriert wurde. „. . . Spaceclipper EINSTEIN is ready for landing by wire." Ich horchte auf! Ein Raumschiff oder eine Raumgondel EINSTEIN war mir noch nicht bekannt. „Nokelele!" Ich rief den jungen Schwarzafrikaner aus dem Bundesstaat Tschad, welcher an der Leitstelle seinen Dienst tat. Er drehte sich zu mir und zeigte zwei Reihen blütenweißer Zähne. „Was gibt es denn Dona Gabriella?" „Lass das mit der Dona! Was ist das für ein Schiff, diese EINSTEIN?" „Habe ich auch gerade gecheckt. Ich ließ mir von deren Bordrechnern die Konstruktions- und Modelldaten schicken. Also pass auf! Endfertigung dieses Schiffes war gestern, der 01. April 2095, hergestellt in der ersten Gondelwerft bei Oiolamortak, Oichos, Blischsystem, Kentauren. Das Konstruktionsprinzip basiert auf der TWINSTAR, also eine Sanduhrform, jedoch mit einer Mittelkugel. Das Schiff kann sich dreiteilen aber auch im offenen Verbund fahren. Die Mittelkugel sollte ein Universalcontainer für kleine und mittlere Frachten sein. Also alles in Allem: Die EINSTEIN ist ein oichoschisches Schiff!"
„Ich nehme es als besondere Ehre an, dass die Oichoschen ihre Schiffe nach großen Terranern benennen. Und wer kommt nun mit der EINSTEIN? Vielleicht sogar der Präsident der Oichoschen? Jarvisch?"
Ich hatte gar nicht bemerkt, dass der Duplexkanal noch immer geschaltet war, so hörte ich die Antwort in gutem Deutsch direkt von der EINSTEIN. „Die Göttin des Gokk, Goldhaar, die Frau die andere Frauen und Neutros inspirieren kann, erinnert sich an mich? Das ist eine Ehre erster Güte!"
Nokelele schaltete das Bild von der EINSTEIN auf das Großholo vor uns und das verschmitzte Oichoschengesicht Jarvischs sah mich nun frontal an. „Jarvisch! Mein Freund vom wunderschönen zweiten Planeten des Blischsystems. Du kommst persönlich zu dieser Abstimmung nach Terra? Ich freue mich sehr dich bald persönlich zu treffen. Was ist denn das für ein Schiff?" „Meine große Freundin Gabriella. Es ist mir eine weitere Ehre, wenn dir unser neues Schiff zusagt. Die EINSTEIN ist die erste rein auf Oichos gebaute Raumgondel. Sogar mit ein paar Neuerungen aus oichoschischer Forschung. Sicher noch keine bahnbrechenden Neuerungen, aber immerhin. Mit rein oichoschischer meine ich aber auch: Alles Interne

wurde auch auf Oichos gebaut. Also die Transputer, die Wafer und so weiter. Logisch, dass es sich dabei um terranische Technik handelt, aber wir waren fleißig in den letzten Monaten. Im Übrigen konnten wir ein neues Programm implementieren, welches die Gravitationswellenkompensation bei den langen Schritten zu 97 Prozent erledigt. Bevor wir hier herkamen, hatten wir noch deinen Kollegen Georg in der Station SMALL MAGELLAN CLOUD besucht. Er lässt schön grüßen."
„Das nenne ich eine Serie von Überraschungen. Und wie kamt ihr dann auf den Namen EINSTEIN für diese neue Gondel?"
„Wir Oichoschen, zumindest diejenigen von uns, welche sich der Technik und der Forschung gewidmet haben, sind Fans von diesem Albert Einstein. Dieser Mann ist positive Geschichte und er hatte auch viele Geschichten angekurbelt. Nicht zuletzt entstammt diese Technik, der wir uns nun auch bedienen können mittelbar von ihm." „Das ist sicher richtig. Woher kannst du nun so gut Deutsch?" „Ich selbst habe den Bau des Goetheinstituts in Abramortak geleitet. Mittlerweile studieren fast alle Oichoschen Englisch und Deutsch zusätzlich. Da durfte ich nicht den Fehler machen, ein Institut zu fördern und selbst nichts zu lernen!"
Ich musste lachen. Dies war ja klar, aber Jarvisch oder überhaupt, die Oichoschen übertreffen sich immer wieder in ihren Freundschaftsbezeugungen zu uns Terranern.
Das war auch schon im Kosmonet zu sehen. Oichoschen mailen, holografieren und clipvoicen gerne mit der Erde und deren Bewohnern. Ischii, das Wirtsneutro in Oiolamortak hatte seine Kneipe um ein Kosmonetcafé erweitert.
„Sichtverbindung!" Nokelele schaltete ein zweites Großholo hinzu und schon konnten wir das Bild einer Automatkamera erkennen. Die EINSTEIN schillerte in einem Weißgold und besonders diese Mittelkugel, welche für den offenen Verbund als ein Scharniergelenkteil fungierte, reflektierte das Sonnenlicht wie ein Diamant. Dann kamen ein paar Wolken und unterbrachen das optische Schauspiel. Nach weiteren zwanzig Minuten immer langsamer werdender Vertikalfahrt setzte die EINSTEIN auf dem Raumhafen von Oberpfaffenhofen auf. Direkt neben der APOSTULA, welche aber das Oichoschenschiff immer noch bei weitem überragte. Die Mittelkugel besaß einen Landeteller ähnlich des Chorckschiffes. So könnte sie auch getrennt alleine stehen bleiben.
Der Bordrechner der EINSTEIN übermittelte, dass der Bodenkontakt erfolgte und die Betriebssysteme der Gondel auf Standby geschaltet werden. Der Personalcheck und die Passgenehmigungen erfolgten rein elektronisch, da alle Oichoschen an Bord schon über ID-Chips verfügten.

Nach ein paar Minuten öffneten sich die Luken der Zwillingsgondel und Jarvisch schwebte im Antigrav zu Boden. Erst als er terranischen Boden berührte, kamen weitere Oichoschen aus den Gondelteilen. Sie trugen alle Jeanshosen, welche die Oichoschen liebten und deren eigene Grobleinenhosen qualitativ mehr als vollkommen ersetzten. Man sagt, dass Oichoschen ihre Jeans mit zu Grabe tragen würden, was sicher ein wenig übertrieben war.

Während ich das Geschehen mittlerweile über das große Panoramafenster verfolgte, meldeten sich Tamines Santos Reis und Indira Rima über Normalradio. Auch sie holten die obligatorischen Landegenehmigungen ein und baten um je einen Leitstrahl. Indira kannte ich noch nicht persönlich, doch hatte ich erfahren, dass diese Frau aus Indien alle Tests für Raumpiloten mit Bravour absolviert hatte. Sie war mit Tamines zusammen im Wegasystem gewesen um die Vertreter der einzelnen Kolonien abzuholen. Sicher hatte Tamines aber den Dalai Lama an Bord, denn diese beiden verbanden bereits eine Art Freundschaft ohne Glaubensverwandtschaft. Das entsprach aber auch der Mentalität des Dalai Lama. Indira hatte nun zwei Vertreter mitgebracht. Einen Mann der Aborigines von W7, der siebten Welt der Wega und einen Vertreter der anderen Indiovölker, welche sich mit den Aborigines zusammentaten um jene Welt zu kolonisieren. Dabei müssen sich diese aber eine Stimme teilen, denn jede Welt hat nur ein Votum. Heute soll es dabei nicht um die Bevölkerungsmenge gehen, sondern um die Planeten in der neuen Allianz oder dem noch zu bestimmenden Imperium. Die Stimmen der drei Monde werden sogar gedrittelt, denn sie umkreisen *einen* Planeten und die Stimme zählt eben pro Planet!

Nach den bereits bestehenden Vorbestimmungen sind die Monde eines Himmelskörpers Bestand des Mutterplaneten. Doch die Koreaner Taiwanesen und Japaner stehen ohnehin hinter den Heimatländern auf der Erde und ein Streit war hierzu nicht zu erwarten, denn schließlich wollen alle die Direktive eines Imperiums in der Hand der Menschen auf Terra wissen. Vorausgesetzt natürlich, die Gesellschaftsform erklärt sich nach wie vor zu einer demokratischen Grundstruktur.

Daran hatte niemand mehr einen Zweifel!

Nach gut vierzig Minuten standen auch der Dalai Lama, Tamines, Indira Rima und Damian Hutch, der Sprecher der Aborigines, sowie der Indiogesandte Daniel dos Santos Costa, ein Brasilianer aus dem Amazonas stammend, auf der molekularverdichteten, glassitartigen Oberfläche des Raumhafens hier. Von den Ordnungsbeamten wurden allen Teilnehmern Apartments zugewiesen, wo sie sich erst einmal frisch machen können und

26

wo auch Druckmaterial auslag, um sich jeweils auf das bevorstehende Event vorbereiten konnten.
Wie ich erkennen konnte, hatte die Mode der Jeans noch nicht ihr Ende erreicht, denn auch der Indio und der Aborigine trugen diese Erzeugnisse. Vielleicht sollte man meinen, diese Mode würde erst jetzt so richtig beginnen, denn um neue Welten zu strukturieren, braucht man ohnehin Wäsche aus langlebigem Material.

2. April 2095, 19:30 Uhr.

Die Tore der inneren Pressehalle wurden von den Sicherheitsbeamten geöffnet und Vertreter aller Länder der Erde suchten die jeweiligen Plätze auf. Ich erkannte auch meinen guten Freund João Paulo Bizera da Silva, den Präsidenten Brasiliens, auch der US-Präsident kam an der Seite von unserer deutschen Bundeskanzlerin in die Halle. Der Dalai Lama wurde von allen begrüßt, er galt als ein Pionier des modernen Kolonialwesens, doch auch wurde den so einfach gekleideten Aussiedlern wie Daniel und Damian Hochachtung gezollt. Das Bewusstsein der Menschen hatte sich glücklicherweise soweit verändert, dass die inneren Werte und nicht das Äußere Priorität besaßen. Natürlich war es den Meisten auch klar, dass die Neukolonisten des Wegasystems nicht in Samt und Seide gekleidet kommen konnten.

Als Jarvisch, der Präsident des Oichoschenvolkes den Saal betrat, toste Applaus und Jubel auf. Diese Oichoschen waren überaus beliebt, schon wegen dieser uneingeschränkten Loyalität den Terranern gegenüber.

Wie ich hörte, hatte Jarvisch in diesem Kugelcontainer der EINSTEIN eine Menge Nesselwein von Oichos mitgenommen und wollte diesen an alle Kongressteilnehmer verschenken. Doch dieses Vorhaben wurde unterbunden. Es bestand striktes Alkoholverbot während der Tagung! Doch Jarvisch würde seine Geschenke schon noch loswerden, da war ich mir absolut sicher.

Punkt acht Uhr betrat Dr. Dr. Sebastian Brochov und Prof. Dr. Joachim Albert Berger den Sitzungssaal und es brandete Beifall auf. Nun sollten ich an der Seite meines Mannes und unsere Agentin Tamines eintreten. Tamines war extra geladen worden, um auch kurz von der Aktion in den Plejaden zu erzählen, was die Notwendigkeit eines terranisch geführten oder überhaupt eines einheitlichen Imperiums zu unterstreichen hat.

Max wartete bereits auf mich an der Pforte.

„Meine Göttin! Stunden ohne dich sind wie Fegefeuer. Was habe ich zu erleiden, bis dieses überfällige Imperium zu Bestand kommen wird?"

„Bester Mann unter den Sonnen. Dein Leiden soll sich lohnen. Doch von Überfälligkeit kann doch sicher keine Rede sein. Hattest doch dein Freund

und du noch nicht mal vor zwei Jahren erst den ersten Wafer gebaut, schon soll ein kosmisches Imperium bestehen? Jedenfalls werde ich deine Fegefeuerperioden zu unterbrechen wissen. Wie wäre es, gehen wir zusammen mit Saltud und Chandor Valchaz in den Saal? Diese Beiden an unserer Seite sollte die Abscheu vor den Chorck, zumindest vor diesen Beiden minimieren." „Gute Idee. Wo sind die Beiden denn? Sie wurden doch auch eingeladen." „Da hinten in der Kantine. Schau! Sie essen rohe Tintenfischringe und – bei allen Supernovae! Sie trinken Bier!"
Schon eilte Max zu den Beiden und mahnte: „Bei den sieben Sonnensphären! Ihr seid zwar keine Stimmträger, aber es herrscht striktes Alkoholverbot für diesen Kongress heute!"
Chandor Valchaz stand auf und mein Max wurde um glatte Einmeterzwanzig überragt. Chandor Valchaz lächelte breit, zeigte dabei seine nicht gerade appetitlichen Gebissknochenleisten und Reste von Tintenfisch, welche er mit der papageienartigen Zunge wegräumte. Dann erklärte er: „Mein terranischer Freund Max, ich kann versichern, dass wir die Variante des alkoholfreien Bieres trinken. Geschmacklich passt Bier am Besten zu diesen Köstlichkeiten, die auch Saltud immer mehr davon überzeugen, an Seite der Terraner für die Gerechtigkeit zu kämpfen. Kann ich oder können wir dir behilflich sein?"
„Aber ja doch. Ich möchte euch bitten, mit uns zusammen den Saal zu betreten. Das sollte den Kongressmitgliedern zeigen, dass im Kosmos alle Intelligenzen zuerst einmal gleichgestellt sind, Differenzierungen erst mit der Politik entsteht."
„Was? Wir sollen mit in diesen Saal gehen? Bei so vielen Leuten? Das bin ich nicht gewöhnt." Saltud mischte sich ein: „Wir haben uns entschieden, seine Ehre Chandor Valchaz. Und nun machen wir gemeinsame Sache mit diesem sicher bald expandierenden neuen Imperium unter Führung der Terraner. Noch dazu, da auch der Kaiser Chorub den Terranern in seiner Weitsicht das Erbe des universalen Imperiums anvertraute. Eines Tages können wir vielleicht noch nach Hause zurückkehren und werden die Demokratie verteidigen müssen. Ich habe keine Angst vor terranischer Politik, wenn die Statuten demokratisch bleiben. Ich habe mich ausreichend informiert!"
Ich war nun an der Seite meines Gatten angekommen und bemerkte mit hohem Respekt, dass Saltud nicht übertrieben hatte, als er meinte, in ein paar Tagen würde er sein Deutsch perfektionieren können. Es entsprach den Tatsachen.
Darum musste ich ihn auch loben. „Saltud, ich bemerke ein fast akzentfreies Deutsch. Du hast dir meinen Respekt versichert!" „Ich danke dir, Kaiserin von Terra. Mittlerweile spreche ich auch schon einigermaßen Englisch, aber

eine weitere Sprache weckte mein Interesse." „Welche denn?" „Chinesisch, oder zumindest die am weitesten verbreitete Form davon. Nachdem ich mich auch mit der Geschichte Terras befasste und bemerkte, dass es immer wieder Differenzen mit diesem Volk der Mitte gab, dachte ich, es könnte eine meiner Aufgaben werden, hier vermittelnd einzugreifen. Nicht zuletzt auch wegen der `Drachenflucht´ auf eurem vierten Planeten."
Max staunte. „Wirklich? Saltud, das wird dich zu einem Helden machen, zu einem Helden für Terra."
„Aber zu einem einsamen Helden, Max. Wir finden die Erde toll, wirklich. Und ihr habt sicher noch große Zeiten vor euch, aber bis wir wieder in unsere Heimat fahren können, das wird wohl noch sehr lange dauern und wir sind zwei männliche Chorck hier auf einer fremden Welt. Sicher! Überleben ist das Eine, aber es gibt da noch das Innere, das Seelenleben wie ihr es bezeichnet. Die Sehnsucht nach einer Frau aus den Reihen unserer Rasse steigt stetig und lässt sich nun nicht mehr so eindämmen, wie es auf dem Halumal war. Wir stehen nun nicht mehr unter dieser dauernden Drogenbeeinflussung. Also regt sich auch der Instinkt wieder. Hierbei weiß ich zwar noch nicht ganz, was wirklich Besser ist oder war; Sexualinstinkte unterdrücken oder freizügig ausleben."
„Lenken, mein Freund! Lenken. Sexualitäten bewusst ausleben, dies wirkt sich auch sehr gesund auf die körperliche und geistige Existenz aus. Unterdrückungen haben immer einen Ausbruch verursacht. Doch ich sehe eine Lösung für euch beide. Zwar noch nicht morgen oder übermorgen, aber schon bald werden wir versuchen mit eurem Brudervolk in Kontakt zu treten. Dabei sollten sicher zwei neugierige und hübsche Chorckfrauen, oder besser Chonorckfrauen dabei sein, welche mit euch ein Abenteuer auf Terra oder innerhalb des neuen Imperiums bestehen wollen."
Chandor Valchaz lachte wieder breit! Die Tintenfischreste waren aber auch restlos verschwunden. „An eine Lösung dieser Art dachte ich auch bereits. Was meinst du Saltud? Besser eine Freiwillige der Chonorck als eine Zwangszuteilung durch den Genkalulator." „Man muss sich wirklich erst einmal geistig vollkommen umstellen um den Freiheitswillen der Terraner zu begreifen und auch die Fortpflanzung dem Zufall zu überlassen, aber mit dieser Möglichkeit steigt mein Freudeempfinden."
„Doch da musste Max noch mal nachhaken: „Wir überlassen die Fortpflanzung wohl nicht dem Zufall! Die Feinauswahl nach dem Gefühl und nach der Liebe bietet oft bessere Kombinationen als mit einem Genkalulator. Zudem werden die alten Erbkrankheiten nach Eintreten der Schwangerschaft ausgemerzt. Weiterhin werden befruchtete Eizellen von unseren Frauen mit einem programmierten Korrekturvirus versetzt um das neue Leben zu stabilisieren. Ganz ohne Einmischung geht es nun bei uns

Terranern auch nicht mehr, aber wir wollen Reinigen, Krankheiten eliminieren und dem somit entstehenden Leben den Lebensweg vereinfachen und ebnen. Nicht Plankreaturen entstehen lassen."
„Das haben wir schon verstanden. Die Freiheit geht vor und über alles!"
„So ist es meine Herren!" Ich musste nun das Wort ergreifen, ansonsten kämen wir noch zu spät in den Saal. „Gehen wir nun zusammen? Bitte, es wäre gut für uns alle!" „Abgemacht, Kaiserin Gabriella." Dieser Saltud. Er nannte mich `Kaiserin´. Ich würde ihm aber noch einmal erklären, dass ich solche Bezeichnungen auf Dauer nicht liebe.
Doch nun folgten sie mir und Max.
Als wir nun alle vier nebeneinander den Saal betraten erlosch das Raunen der Stimmen der verschiedenen Kongressteilnehmer abrupt.
Besonders den chinesischen Delegierten standen die Münder offen! Das war eigentlich gar nicht so schlecht, wie ich mir überlegte, denn die Macht der Mitte wollte immer noch nicht ganz glauben, dass sie das große Wort mittlerweile wieder verloren hatten.
Ich blickte in die Runde dieser unzählig anmutenden Leute. Alle Nationen der Erde waren vertreten, alle trugen Multilingualtranslatoren und konnten ungehindert untereinander kommunizieren. Doch dieser Moment war ein Genuss! Jarvisch, der Präsident der Oichoschen saß an einem farblich gesonderten Platz – er war einer der Wenigen der grinste. Er kannte doch die Terraner bereits besser als so manche Terraner sich selbst. Neben Dr. Dr. Sebastian Brochov, er nahm die Funktion des Kongressleiters ein, hatte Tamines bereits Platz genommen und es waren weitere vier Sitzgelegenheiten reserviert. Die Namensschilder auf dem Tisch davor verrieten, dass dies nun unsere Plätze sein sollten.
Rechts neben uns winkte einer der Kameramänner und ich erkannte unseren persönlichen Freund Patrick George Hunt, der Schotte, der mittlerweile den ersten HTV-Kanal betrieb, welcher auf allen Welten der Föderation der Neun empfangen werden konnte. Die Föderation der Neun? Dieser Name wird in ein paar Stunden auch Geschichte sein.
Langsam nahmen wir unsere Plätze ein und nachdem der Schock wegen des Anblicks der beiden Chorck langsam nachließ, tönte erneut verhaltener Beifall auf.
Sebastian begann nun mit der obligatorischen Begrüßung:
„Meine sehr verehrten Damen und Herren, sowohl in Bezug auf uns Terraner als auch in Bezug auf die Chorck und bezüglich der Oichoschen, dem ersten Freundschaftsvolk von uns Terranern möchte ich die Begrüßung auf das Drittgeschlecht erweitern, verehrte Neutros in Begleitung des Präsidenten Jarvisch. Wie nun bereits bekannt wurde, sollte das Imperium der Chorck an die Terraner übergeben werden, der verblichene Kaiser

Chorub hatte dies in seiner letzten Willensäußerung verkündet. Diesem Wunsch kann noch nicht unmittelbar Folge geleistet werden. Wie wir alle nun wissen, dank unserer Agentin Tamines, welche das Herz des Imperiums gesehen und erlebt hatte und dank zweier neuer Freunde, welche selbst der Rasse der Chorck angehören und der persönlichen Selbstbestimmung den Vorrang gaben. Hierzu hatten Valchaz Chandor es Sueb und Saltud uec Vern einen Einwanderungsantrag hier auf Terra gestellt und sie sehen sich bereits als Mitglieder der Föderation der Neun, beziehungsweise der heute zu bestimmenden Folgeorganisation."

Sebastian machte eine Pause und blickte zu den beiden Chorck, welche kurz aufstanden, ein verhaltenes Lächeln präsentierten und wieder Platz nahmen. Dafür erhielten sie zuerst einen ebenso verhaltenen Applaus, welcher sich aber langsam und stetig steigerte.

Wir Terraner haben zu lernen, vorbehaltlos auf andere kosmische Intelligenzen zu reagieren, egal wie sie aussehen! Bei den Oichoschen war eine Sympathiebekundung einfach, waren sie auch kleiner als wir Menschen im Durchschnitt und wirkten eher putzig. So waren meine Gedankengänge in dieser Sprechpause.

Als ob Sebastian meine Gedanken nutzen könnte, entsprachen seine nächsten Worte fast exakt meinem Denken.

„Alleine die Größe der Plejadenbewohner, also der Chorck, wirkt auf uns Terraner eher Furcht einflößend! Darum ist es eine Notwendigkeit, dass wir uns auf die vielfältigsten Lebensformen in unserer Galaxis und darüber hinaus einstellen. Wir haben den ersten Schritt in den Kosmos gewagt, den Zweiten und den Dritten und den Vierten – all dies innerhalb relativ gesehen sehr kurzer Zeit – nun müssen wir unsere Erstkontaktneutralität trainieren! Ich wählte diese Wortneuschöpfung extra, da erst nach der Beurteilung einer persönlichen Gesinnung das Freundschaftsbild oder das Feindbild entstehen sollte. Dennoch sehe ich es als Aufgabe der Terraner, eher regulativ in das künftige Geschehen im Kosmos einzugreifen. Das bedeutet auch, ein Feindbild erst dann entstehen zu lassen, wenn die Gesinnung eines potentiellen Feindes wirklich nicht mehr korrigierbar ist. Dabei müssen wir natürlich auch Feind definieren. Wenn ein anderes Volk mit uns nichts zu tun haben will, sich uns deshalb ablehnend entgegenstellt, uns aber in Ruhe lässt, dann ist so ein Volk beileibe kein Feind.

Wir werden auch künftig versuchen, mit dem Imperium der Chorck, diplomatische Lösungen zu finden, was ich nach allen Informationen aber nicht für fruchtbar halte – dennoch, zuerst sollte alles versucht werden was Leben bewahrt und einem logischen Ablauf entspricht. Außerdem wären wir immer noch nicht in der Lage, in einer kriegerischen Auseinandersetzung mit diesem Imperium aus den Plejaden zu bestehen.

Immerhin dürfte der Kaiser der Chorck, Chorub, ihn können wir gut als Freund bezeichnen, eine sehr hohe Meinung von uns Terranern erworben haben. Er durfte nicht nur unsere Agentin Tamines Santos Reis kennen gelernt haben, er wusste auch schon von den Pyramiden auf unserem Planeten und von den Monden von Oichos."
Nachdem wieder ein Raunen durch den Saal ging wies Sebastian nur noch auf die öffentlichen Bericht hin, welche Tamines, Chandor Valchaz und Saltud erstellt hatten. Außerdem gab es einige Aufzeichnungen der Netzhautkamera, welche Tamines bei ihrem Einsatz im Auge trug.
Sebastian holte tief Luft und stand auf.
Er zog das Teleskopmikrofon heraus und wirkte beschwörend mit den Worten die er nun wählte:
„Meine Damen und Herren, liebe Neutros, anwesend oder vor den Wiedergabegeräten. Ich wähle nicht mehr die Einzelansprachsform wie Terraner oder Oichoschen oder Chorck, wie ein Planet unterschiedliche Lebensformen hervorbringt, so bringt der Kosmos unterschiedliche Intelligenzformen hervor. Ein weiterer Schritt zum kosmischen Denken dürfte sein, auch hier keine Unterschiede mehr vorzulegen. Um einen ersten großen Schritt – einen intellektuellen Schritt – in den Kosmos zu wagen, dafür sind wir heute hier versammelt. Terra soll das Zentrum eines künftigen Imperiums freier Völker sein, freier Kolonisten und freier Oichoschen mit vielen Platzhaltern für möglicherweise weitere Völker, welche sich wiederum frei anschließen können. Darum bitte ich nun um die Abstimmungen per Kosmonet. Die erste Abstimmung sollte die politische Grundstruktur betreffen, die zweite Stimme entscheidet für den Namen unseres Imperiums. Folgende Vorschläge wurden bereits per Kosmonet gesammelt und die besten stehen nun zur Auswahl:

Terranisch-Demokratisches-Imperium,
Solares-Demokratisches-Imperium,
United Planets Organisation,
Federal Planets Empire of Terra,
Democratic Planets Empire of Terra,
Cosmic Democratic Empire of Terra,
Cosmic Empire of Terra, natürlich auch demokratisch,
Cosmic Union of Terra,
Terranisch-Kosmische-Völkerallianz,
Gemeinschaft unabhängiger Planeten,
Planetenunion von Terra.

Ich bitte nun um Ihre Abstimmung. Dies wird wohl einige Zeit in Anspruch nehmen. Wie Sie wissen, wird auch auf den Kolonialwelten gewählt, auf Oichos und jede Welt kann nur eine Stimme abgeben. Die Monde um Goliath im Wegasystem haben auch nur eine Stimme, welche dann aber von den verantwortlichen drei terranischen Staaten vergeben wird. Sie als Abgeordnete haben nun die Funktion der Wahlmänner und geben die Abstimmung dem Schwerpunkt nach weiter. Chandor Valchaz es Sueb besitzt ein Stimmrecht mit dem Volumen Null für die Völkerallianz der Chorck. Null deswegen, weil das Volk der Chorck nicht frei wählen darf. Das hat dennoch einen ernsten Hintergrund, denn sollte eines Tages es möglich sein, dass die Chorck das terranische Erbe übergeben, kann das Stimmrecht auf Eins gesetzt werden. Demokratie ist eben Demokratie und schwierig zu handeln. Die Abstimmungskanäle sind geöffnet!"
Sebastian setzte sich wieder und nahm einen großen Schluck aus seinem sauerstoffangereicherten Mineralwasser. Ein paar der Delegierten klatschten, doch wollte noch kein Applaus aufbranden. Für was auch? Es war ja noch nichts entschieden.
Auf den verschiedenen 2D-Flachschirmen an den Wänden konnte man die einzelnen Stimmabgaben der Welten sehen. Mada, die Welt der Kurden war als erste fertig und mit dem Ergebnis setzte Yilmaz Candal seinen Wahlmann ein. Kurz darauf setzen Damian und Daniel ihren gemeinsamen Wahlmann und bald folgte der Wahlmann der drei Monde, also die Vollstimme von Goliath. Der solare Mars stimmte ebenfalls ab und die terranische Abstimmung dauerte an, denn schließlich lebten hier die meisten Intelligenzen dieses in der Taufe befindlichen Imperiums.
Nach zwei geschlagenen Stimmen lag auch die Stimme der Oichoschen vor und Jarvisch übernahm dieses Ergebnis in sein Wahlvolumen. Kurz darauf kam auch das terranische Ergebnis.
Demnach hatten die Oichoschen zum Beispiel mit den Terranern gleich gewählt. Auch sie wollten ein Parlament und den Namen Cosmic Empire of Terra, kurz CET genannt.
Auch die Stimme von New Lhasa wollte ein Parlament, jedoch Cosmic Union of Terra, was aber der Sache keinen Abbruch tat, den Tibetern war eben der Name Union geläufiger oder gefälliger.

Sebastian verkündete das offizielle Wahlergebnis:
„Das künftige von Terra aus geleitete Imperium wird Cosmic Empire of Terra heißen. Damit werden die Grundstatuten der Föderation der Neun komplett übernommen, es wird das Cosmic Parlament of Terra gegründet und Wahlen angesetzt. Derzeit übernehmen die ohnehin gewählten Delegierten diese Funktion und für den Präsidenten bitte ich die hier

anwesenden Delegierten um Stimmabgabe. Wie Sie nun sicher wissen, hat ein Präsident innerhalb des Parlamentarismus nur eine regulierende Funktion, obwohl es sich dennoch um das in der Wertigkeit höchste Amt handelt. Des Weiteren werden die Planetenadministratoren einzeln gewählt, welche sich dann vertraglich unter die Parlamentsentscheidungen zu stellen haben. Doch die einzelnen angeschlossenen Planeten können autark handeln, solange sie nicht gegen das demokratische Grundgesetz verstoßen. Ich bitte nun, den Präsidenten zu wählen."

Mein Gatte Max sollte auch auf der Liste stehen, doch er lehnte politische Tätigkeiten ab. Ebenso ich. Ich hatte ohnehin über alle Ohren zu tun und wollte mich aus der Politik heraushalten. Genau genommen werden wir bei den nun stärker auftretenden kosmischen Fragen ohnehin angehört und meist wird nach unserer Meinung auch entschieden.

Sebastian hatte noch gar nicht ausgesprochen, da stand die Wahl auch schon fest. Schließlich war er auf der Liste der Kandidaten gesetzt und nachdem die TWC mittlerweile auch politisch tätig war und der Politik auch nur bislang Gutes einbrachte, schien es allen Delegierten ein Logisches, der TWC als Wirtschaftsmotor diese Ehre zu erweisen.

Trotzdem blickte Dr. Dr. Sebastian Brochov, der gebürtige Hamburger betroffen, als er zu 98,6 Prozent gewählt war.

Ich lachte in mich hinein, denn Sebastian oder Bastl, wie wir ihn nennen, träumte von seinem baldigen Ruhestand. Er wollte sich eine kleine Privatgondel zulegen und die Kolonialwelten besuchen, die Oichoschen zuhause, kleine Abenteuer durchstehen – doch eigentlich? Was ändert sich nun für ihn? Nur dass er nicht mit einer Privatgondel zu reisen hatte.

Zu Tränen gerührt stand Sebastian auf und verneigte sich vor allen Delegierten. Nun kam der schon lange ausstehende Applaus und der Dalai Lama grinste ihn fast hämisch an. Auch Jarvisch hüpfte vor Freude – nicht zuletzt standen beide Chorck auf und gaben auch ihren Beifall ab. Dies nun war schon fast als menschliche Geste zu bewerten und nachdem der Applaus der Delegierten etwas nachgelassen hatte, standen auch all die anderen auf, um wenigstens, wie es schien der Größe der Chorck ein wenig näher zu kommen. So nahm der Beifall aber wieder zu!

Drei verschiedene kosmische Rassen waren nun in einem Saal zusammen und zeigten, dass es möglich sein könnte, dass auch einmal noch mehr kosmische Rassen unter der Decke eines Saales zusammen kommen könnten.

Sebastian setzte sich wieder und wartete, bis der Applaus verstummte.

Derweilen zeigten die Flachbildschirme und die Hologrammprojektoren Banner und Fahnen der nun neugegründeten CET – Cosmic Empire of

Terra. Übertragungen von Oichos, New Lhasa, Mada, Arnhem, vom Mars und von Luna, dem terranischen Mond, von den Monden David, Isai, Elhanan um Goliath und natürlich hier auf der Erde bestanden wieder einmal Ausnahmezustände. Die Gründung dieses demokratischen Imperiums wies den Menschen und Oichoschen ein weiteres Mal den Weg, wohin es gehen sollte: in den Kosmos, immer weiter und weiter, aber in einer Allianz, in einer Gemeinschaft, denn anders würden wohl solche Schritte schwer möglich sein. Außerdem steht da noch ein Erbe an, welches es eines Tages anzutreten gibt und dann sollten zwei Imperien nebeneinander existieren können oder auch bestens kooperieren. Möglich auch, dass sich beide Imperien oder Empires vereinen, wenn man die Grundstatuten angleichen kann. Doch das war noch echte Zukunftsmusik. Dazu braucht das neue Imperium von Terra zumindest eine Defensivflotte, um nach einer Entdeckung sich gegen eventuelle Angriffe zur Wehr setzten zu können. Zwar gab es schon zigtausende Raumfahrzeuge mit der Wafertechnologie, nur waren die wenigsten bewaffnet oder eben nur Transporter, gegen die Millionen oder vielleicht sogar Milliarden des Chorckimperium konnte Terra bislang nichts entgegensetzten. Doch! Ich dachte nach. Wir konnten! Wir hatten die bessere Technologie. Zumindest was die Transportwafer betraf. Und alles andere wird noch kommen. Dazu auch das CET! Vielleicht sogar schneller als es den Chorck lieb war. Oder was wäre einmal mit den Chonorck? Die fast ewigen Rebellen?
Sebastian nahm das Wort wieder ans sich.

„Ich bedanke mich für das Vertrauen, welches sie in mich setzen und werde alles tun, um möglichst allen Erwartungen gerecht zu werden. Ich weiß, wäre zum Beispiel Herr Ingenieur Maximilian Rudolph oder Frau Gabriella Rudolph auf dieser Liste gestanden, dann wäre davon einer zu hundert Prozent gewählt worden. Doch wird es wohl gut sein, Herrn oder Frau Rudolph auf Raummissionen zu wissen, Erfahrungen sammeln zu lassen und deren Einschätzungen in unserer nun kosmischen Politik einfließen zu lassen. Für diesen nun als Parlament fungierenden Kongress, also für Sie meine Damen und Herren, gibt es bereits die ersten ebenfalls kosmischen Arbeiten. Eine neue Missionsabstimmung steht nun an. Wie bereits in verschiedenen TV-Übertragungen gezeigt, entdeckte Fräulein Tamines Santos Reis auf ihrer Mission, welche über die kleine Magellansche Wolke führte, einen Planeten während der Naherkundung um den Bereich der Raumstation, eine Welt, welche vorerst kurz X2 genannt wurde.
X2 deshalb, weil diese Welt noch eine Reststrahlung aufweist, wie sie nach atomaren Aktivitäten vorkommt. Allem Anschein nach hat sich dort ein Planetenvolk selbst vernichtet. Des Weiteren konnte Tamines damit dem

Imperium der Chorck Glauben machen, dass Terra sich nicht in diesem Raumsektor unserer Galaxie befindet, sondern eben dort und damit dem Zugriff der Missionsflotte des universellen Imperiums vorläufig entzogen. Nicht zuletzt für unsere Sicherheit wird es sinnvoll sein, diese Welt zu erkunden, denn, erstens, ist diese Welt zerstört, kann die irgendwann dort eintreffende Chorckflotte weiter nichts mehr zerstören, zweitens, wir könnten uns andere Technologien aneignen oder wir könnten, drittens, eventuellen Überlebenden helfen, ihre Zivilisation neu zu gründen. All diese Möglichkeiten lassen eine Mission nach X2 zu. Sie sehen nun Videoausschnitte von der SHERLOCK aus gefilmt und hierzu übergebe ich das Wort an Fräulein Tamines Santos Reis, um die Bilder zu dokumentieren."
Bastl setzte sich, er wirkte geschafft.
Tamines stand auf und zog das Mikrofon heran.
„Zuerst möchte ich zur heutigen Abstimmung gratulieren. Ich habe nun schon einige Erfahrung im Kosmos nachzuweisen und erkenne, dass der kosmische Grundgedanke immer mehr das Streben und die Mentalität von uns Erdenbürgern gestaltet. Ich erkenne auch die Notwendigkeit dazu und bedanke mich auch bei den Oichoschen zu deren Loyalität. Weiterhin bedanke ich mich bei Chandor Valchaz es Sueb und Saltud uec Vern, welche ihre Heimat hinter sich gelassen haben, um auch in diesem neuen terranischen Imperium Dienst zu tun. Sicher auch nicht absolut selbstlos, denn, wer kann dies nicht verstehen, dass diese Männer ihr heimatliches, aber fehlgeleitetes Imperium letztendlich doch zu Recht und Ehre zurückführen möchten.
Zu den Videoaufzeichnungen:
Hier sehen Sie meinen Anflug auf den Planeten X2 und in der Einblendung die Daten des Geiger-Müller-Zählers. Die Reststrahlung dieser Welt ist nicht mehr unbedingt tödlich für uns, noch konnten wir nicht ermitteln, wie lange die Kriege dort schon zurücklagen. Aber wenn wir von Cäsiumstrahlung ausgehen, deren Halbwertszeit eher niedrig ist, dürften die Kriege vielleicht vor hundert oder zweihundert Jahren noch aktiv gewesen sein. Ich erkenne eine Welt wie unsere Erde, welche den Absprung in den Kosmos auf dem Tachyonenweg nicht geschafft hatte und damit die internen Probleme auf dem Kriegsweg zu kompensieren versuchte. Wie wir nun wissen, handelt es sich dabei auch um ein gesamtpsychologisches Problem von Intelligenzen. Steht der Kosmos einmal offen, sprich: neues Land, neuer Lebensraum, vermindert sich damit sofort und auf beeindruckender Weise die Inanspruchnahme von fremden, irdischem Lebensraum, äquivalent nun für diese Welt im Vergleich.

In den nun ablaufenden Bildern erkennen sie bereits die vielen Kontinente, es sind vierzehn und viele Inselgruppen, welche sicher auch eigene Machtballungen darstellten. Ich selbst bin nun auch davon überzeugt, dass es auch viele verschiedene Einzelrassen dieser Intelligenzform gab. So entstehen nun einmal Kriege und wenn die Intelligenz noch nicht ausreichend geformt ist, um auch etwas ohne Gegenleistung abgeben zu können, enden auch diese Kriege nicht. Ein Feuer entzündet ein anderes.
Im Übrigen dauert ein Tag auf X2 etwa 15 Stunden, das ökologische System des Planeten scheint aber irgendwie tot zu sein. Zumindest extrem reduziert. Daher vermute nicht nur ich, dass bestimmte Explosionen diese Welt aus seiner natürlichen Bahn geworfen hatten, sogar eine zusätzliche und schnellere Drehachse erzeugt! Nachdem auch viel Silberoxyd in der Atmosphäre angemessen werden konnte, regnet es kaum mehr auf den Kontinenten. Der meiste Regen fällt wieder über den Meeren ab. Dennoch konnte sich wieder etwas neue Vegetation entwickeln. Moose, welche ihre Nahrung aus der geringen Luftfeuchtigkeit entnehmen und mutierte Pflanzenarten an den Küstenstreifen, deren bei natürlich vierzehn Kontinenten und unzähligen Inseln sehr viele sind.
Die momentanen Bilder zeigen meinen Überflug über einen der großen Kontinente mehr auf der nördlichen Seite dieser Welt. Auf einem der größeren Plätze innerhalb einer Stadt – diese Stadt ist auf Hügeln gebaut und ein Explosionskrater liegt auf der anderen Hügelseite – konnte ich Statuen mit Sicherheit in Lebensgröße der ehemaligen Bewohner entdecken. Ich senkte meine Gondel bis auf 500 Meter ab und zoomte diese Kunststoffstatuen heran. Nun können Sie Abbilder von Intelligenzen erkennen, welche diese Welt einmal bewohnten. Ich nenne sie bei mir selbst Knickhälse, da deren Natur sie mit besonders wendigen Hälsen, ähnlich unseren Störchen – nur nicht so lang – ausgestattet hatte. Wiederum möchte ich daraus schließen, dass zumindest die Hälse keine Wirbelsegmente besitzen sondern auch ähnlich der Biologie unserer oichoschischen Freunde eher eine Wurzelbandstütze bilden. Doch dies können wir nur nach einer eingehenden Untersuchung feststellen.
Ich stelle mir vor, dass eine Mission nach X2 uns viele neue Erkenntnisse bringen können. Technische Museen vor Ort sind sicher noch weitgehend intakt. Vielleicht gibt es Bunker mit Bibliotheken, Relikten aus deren Vergangenheit oder letztlich gar noch mit Überlebenden! Bei einem technisch fortschrittlichen Volk, im Vergleich zu uns aus einer Epoche von vor der Zeit der Tachyonennutzung, können wir auch davon ausgehen, dass es bestimmte Sparten gibt, in denen wir noch nach Lösungen suchen und dort diese aber schon vorliegen.

Nachdem nun diese Bilder gezeigt wurden, möchte ich aber darum bitten, das Wort an unseren Erfinder und Forscher sowie den zurzeit noch erfahrensten Raumfahrer Maximilian Rudolph weitergeben zu dürfen. Bitte Max!"
Scheinbar war mein Gatte doch darauf vorbereitet, das Wort einmal zu bekommen, denn er zeigte keine Zeichen der Überraschung.
„Vielen Dank Tamines, auch vielen Dank für die wirklich beeindruckenden Bilder und die entsprechenden Schilderungen dazu. Was ich nicht sehen konnte, waren die Bilder der Station auf dem Mond von X2, welcher nur 210000 Kilometer vom Planeten entfernt ist. Können diese Bilder bitte noch zusätzlich vorgeführt werden?"
Es dauerte nur ein paar Minuten, dann wurde auch Tamines' Überflug der Mondstation gezeigt.
„Ah ja! Hier zum Beispiel vermuten wir nicht Überlebende, aber besterhaltene Technik der X2-Bewohner. Möglicherweise auch eine digitale Form einer Bibliothek. Natürlich auch tote Astronauten, welche mangels Atmosphäre aber konserviert sein sollten. Wenn nun diese Abbilder auf dem großen Platz in der Stadt oder dem Park wirklich lebensgroß sind, dann können wir auch von einer mittleren Körpergröße von etwa zwei Meter und fünfzig ausgehen. Diese Erkenntnis deckt sich mit der Theorie, dass weniger Gravitation biologische Lebensformen größer werden lässt. Besonders die aufrecht gehenden. Sicher gibt es Ausnahmen, aber wir sind zuerst auf der Suche nach den Regeln.
Unser Plan, also der Plan der TWC sieht nun vor, eine Mission von Wissenschaftlern, natürlich Raumfahrer und Techniker zu dieser Welt zu entsenden, darunter einen Frachter mit den Gerätschaften und Fahrzeugen, Sprenganlagen und entsprechende Sachverständige, Atmosphärereiniger nach dem Prinzip der Entwicklung von Ralph Marco Freeman, Baggern, Analyserechnern, Fotografen, Sprachwissenschaftler, Filmteams sowie Biologen oder besser Kosmobiologen. Dabei möchte ich besonders anmerken, dass sich die Oichoschen mittlerweile voll aktiv an dieser Mission beteiligen können. Sie haben ein brauchbares Schiff konstruiert, welches die Gravitationswellen bei langen Schritten schon fast vollkommen kompensieren kann. Auch zur Versorgung der Missionsteilnehmer kann der Mittelteil dieser Raumgondel EINSTEIN bestens dienen. Mein Vorschlag also: Packen wir ein paar Passagierzellen in den Frachter DANTON für diese Missionsteilnehmer, Versorgungsgüter, Waferfelder für die Korrektur der Planetenrotation falls nötig und die EINSTEIN könnte ein Springerschiff werden, falls etwas fehlt oder zusätzlich benötigt würde. Für die Naherkundung erachte ich es als gut, wenn auch Tamines wieder mit der SHERLOCK vor Ort sein könnte. Natürlich möchte ich die WATSON

nutzen. Die SHERLOCK und die WATSON werden mit in der DANTON eingeschleust, die EINSTEIN kann dann Schrittabgleichungen vornehmen. Diese dürften aber nicht mehr allzu groß sein, da ein Besuch in der SMC-Station ohnehin schon durchgeführt wurde.
Hiermit bitte ich wieder mein Wort an den neuen Präsidenten des CET abgeben zu dürfen.
Mein Max setzte sich und wieder gab es Beifall, dem Ernst der Lage angemessen. Doch Max war ja ohnehin eine Person mit Gewicht in den Worten. Spätestens als er den Weihnachtsbaum damals beim ersten Wafertestflug auf dem Mond aussetzte wurde er positiv berühmt und als hochkompetent mit feinem Humor eingestuft.
Sebastian, noch nicht mit seinem neuen Amt in bester Kooperation, ruckte überrascht vom Sitz hoch und stolperte verbal:
„Äh! Ja, danke Max. Ich hätte eine Notwendigkeit zu so einer Mission nicht besser schildern können als unser allseits bekannter Maximilian Rudolph. Darum darf ich nun alle Delegierten bitten, für oder gegen eine Mission zu stimmen. Bitte bedienen sie die Voterechner!"
Doch noch meldete sich der chinesische Delegierte. Wieder diese Chinesen! Sebastian bat ihn zu Wort: „Herr Ben Sang-Yon, wenn ich die Kennung richtig deuten kann, bitte sehr."
Der chinesische Delegierte stand auf und fragte forsch: „Werden bei dieser Mission auch chinesische Forscher zugelassen?"
Da war Sebastian aber gut gefasst! „Selbstverständlich! Die Ausschreibungen für Beteiligungen werden ab sofort im Kosmonet einsehbar sein. Wenn ausreichend kompetente Wissenschaftler, Ärzte, Forscher oder Archäologen zur Verfügung stehen, reichen sie bitte entsprechend auf der Kosmonetsite ein. Ich stehe als vorläufiger Präsident des CET auch dafür ein, dass es keine nationalen Alleingänge mehr geben sollte. Terra ist nun eine Welt von vielen und wir sind ein Volk von vielen!"
Der Chinese nicke und setzte sich wieder. Dann erfolgte die Abstimmung.
Mich selbst wunderte das Ergebnis nicht. Einhundert Prozent! Logisch. Ein jeder wollte neue Technologien oder neue Erfahrungen sammeln und sein Scherflein auf der noch kleinen kosmischen Bühne der CET beitragen.
Jarvisch und seine Begleiter jubelten, denn sie wussten: Mit der neuen EINSTEIN waren sie nun auch auf dieser Bühne angelangt und spielten eine nicht mehr nur kleine Rolle in diesem Vorhaben.
Ein vorläufiger Starttermin wurde für Montag, den 19. April 2095 anberaumt. Die Auswertung der Ausschreibungen sollte am 15. April abgeschlossen werden. Die gesamte Mission stand natürlich unter Führung der ohnehin schon international, oder etwas hochgegriffen, interkosmisch

fungierenden TWC. Dagegen wandte keine Nation oder keine Kolonie mehr etwas ein, denn die TWC war nun wirklich überall vertreten.

Nun wandte sich Sebastian an mich, um diesem Kongress allmählich ein Schlusswort zu spenden, was ich natürlich nicht ablehnen konnte.

„Als mittlerweile ebenfalls erfahrene Raumfahrerin werde ich mich an den Ausschreibungen beteiligen und möchte ebenfalls mit meiner Energie an dieser Mission teilnehmen. Meine Erfahrungen zur Koordinierung rechnergestützter Sprachanalysen können sicher einen guten Beitrag zur Mission liefern. Außerdem möchte ich die sozialen Rollen der weiblichen X2-Bewohner analysieren. Nach bisherigem Wissen waren oder sind die X2-Bewohner auch zweigeschlechtlich."

Verhaltenes Gelächter in den Reihen der Delegierten. Nachdem sich dieses nun gelegt hatte, meldete sich Jarvisch, der Präsident der Oichoschen ein weiteres Mal. Nachdem Sebastian nickend zustimmte, übergab ich das Wort direkt an den ersten Oichoschen. Erst jetzt konnte ich erkennen, dass Norsch komplett unscheinbar hinter seinem Präsidenten saß. Jarvisch stand auf und erklärte: „Auch ich habe mich zu bedanken, dass wir nun mit der EINSTEIN bereits privilegiert wurden, um an dieser Mission teilzunehmen. Ich möchte darum bitten, noch ein weiteres oichoschisches Schiff mit in die Missionsflotte aufzunehmen. Dieses weitere Schiff hat noch keinen Namen, wird aber bereits in etwa einer Woche fertig gestellt sein. Es handelt sich auch um eine Raumgondel der TWINSTAR-Klasse, jedoch hat die Mittelkugel, wie bei der EINSTEIN schon zu sehen ist, eine andere Funktion. Ich bitte die Konstruktionszeichnung auf das Großholo einblenden zu dürfen." Jarvisch wartete die Zustimmung gar nicht ab und steckte einen Kristallspeicher in einen Lese-Slot an seinem Platz. In dem Großholo drehte sich eine Explosionszeichnung einer Raumgondel mit dem Mittelteil, wobei dieser Mittelteil noch einen Ringwulst besaß. Und Jarvisch erklärte stolz: „Das hier gezeigte Modell der gehobenen TWINSTAR-Klasse hat als Mittelteil eine Rettungsgondel eingebunden. Diese Art Raumschiffe werden sich einmal für komplette Neuexpeditionen in ebenso komplett unbekannte Regionen des Kosmos eignen, denn dieser Mittelteil kann, wenn das eigentliche Schiff technisch komplett ausfallen sollte, als eigener Personentransporter funktionieren. Dazu trennen sich die Schiffsteile und geben das Mittelteil frei, dieser Mittelteil teilt sich wiederum am Wulst und diese beiden Teile drehen sich ebenfalls um 180 Grad. Das Ergebnis ist eine kleinere Ausgabe einer der bewährten Sanduhrformen für Raumgondeln. Der Ringwulst wird abgesprengt und schon stehen die beiden für Schritte notwendigen Wafer zur Verfügung."

Seinen Worten folgten die Simulationen über das Großholo. Was Jarvisch vielleicht auch erwartet hatte, trat ein: Nun bekam er seinen persönlichen Applaus. Allerdings fand dieser kaum Unterstützung auf der chinesischen Seite. Ben Sang-Yon klatschte gezählt nur zweimal und machte so ein betrübtes Gesicht, als hätte er den sauren Regen von X2 bereits spüren können. Das passte den Chinesen nun mal gar nicht in den Kram, dass die zeitweise erste Supermacht der Erde zwar auch schon eigene Raumschiffe produzierte, nun aber die ersten kosmischen Freunde, welche noch vor einem Jahr gewissermaßen dem Mittelalter angehörten, jetzt mit Elan und Fortschrittsdrang bereits erste durchdachte Konstruktionserweiterungen von der modernsten Technik präsentieren konnten. Doch war es typisch für die Oichoschen, dass Jarvisch folgendes hinzufügte: „Wir Oichoschen haben uns darauf geeinigt, dass wir für diese beiden Modelle der TWINSTAR-Klasse, sowohl mit dem Kugelcontainer als auch für das Rettungsmodul keine Patentrechte in Anspruch nehmen wollen. Wir wollen diese Pläne für terranische Produktionsstätten freigeben, vorausgesetzt, es werden keine Modellpatente von Anderen angestrebt. Ähnlich des früheren Computerbetriebssystems LINUX mit dem Open-Source-Verfahren. Wir haben auch erkannt, dass die terranische Softwareentwicklung erst dadurch den großen Impuls bekommen hatte, echte Fuzzy-Logik und rückschlussfähige Intelligenzprogramme zu erstellen. Ähnlich wollen wir die technische Evolution, wenn ich es mal so nennen darf, antreiben. Im Übrigen haben terranische und oichoschische Wissenschaftler auf Oichos es abgelehnt, Speichermedien in die Raumschiffskörper zu integrieren, sowie dies bei der APOSTULA und den meisten Chorckschiffen der Fall ist. Die terranische Computer- und Transputertechnologie war schon so weit fortgeschritten und die Speicherbausteine halten eine dermaßen hohe Dichte, dass eine Auslagerung dieser in Außenbereiche absolut nicht als notwendig zu erachten ist. Auch die Sempex-Rechner sind den chorckschen Selepet-Rechnern haushoch überlegen. Einzige Ausnahme dabei ist das Selfrepair-Verfahren zum Beispiel bei der APOSTULA, was aber auch nicht absolut perfekt funktionierte. Nun sind unsere Wissenschaftler eher der Auffassung, in die Hülle von Raumgondeln eher ein eigenes Autarkrechnersystem zu integrieren, welches Defensivverteidigung übernehmen könnte. Zum Beispiel könnte Intervallbeschuss mit Kompensation beantwortet werden. Dazu sollten dann auch Nanowaferbeschichtungen zum Einsatz kommen, welche zwar für Schritte nicht ausreichend wären, aber für Defensivverteidigung allemal. Offensivverteidigung wäre auch denkbar, doch wollen wir nicht alle Schritte auf einmal tun. Noch etwas! Wir verwenden beim Zusammenbau der Gondeln bereits das von Herrn Bernhard Schramm und von Herrn Ralph

Marco Freeman entwickelte Kaltschweißverfahren. Demnach werden die Gondelteile mit absteigend profilierten Kanten gefertigt und anschließend mit einem speziellen 3D-Nanoprinter `ausgeplottet´. Das Ergebnis zeigt sich als absolut optisch nahtloser Übergang. Dieses Verfahren wird ohnehin bald in allen Schiffswerften eingesetzt, da es auch kein Verziehen durch die sonstige Hitzeeinwirkung bei Heißschweißverfahren mehr gibt. Hierbei erzähle ich aber nichts Neues. Die Forschung sollte allerdings folgenden Schritt beschleunigen: Komplette Schiffe oder Gondeln per Nanoprinter oder 3D-Nanoplotter konstruieren. Was bereits bei den kleinen Automobilen schon funktionierte, sollte einmal bei den Gondeln und Frachtern auch so ablaufen können. Dann ergäbe sich die Möglichkeit, Unmengen von Raumfahrzeugen automatisch produzieren zu lassen. Diesen Part spreche ich aus dem Gesichtspunkt an, einmal doch gegen die Missionsflotte der Chorck bestehen zu müssen! Denn alle Kosmopsychologen sprechen in einem Wort: Dieser Tag ist nur eine Frage der Zeit. Wir oder die Terraner werden nie das Erbe des Kaisers Chorub antreten können, wenn nicht wenigstens psychologisch ausreichende Schiffsquantität vorhanden ist. Doch für den heutigen Tag greife ich wohl etwas zu weit nach vorne. Diese für bald bestimmte Mission X2 könnte aber auch in genannter Richtung viel Potential für unsere gemeinschaftliche Zukunft bringen, denn auch das Wissen von einer untergegangenen kosmischen Rasse bringt sicher auch viele kleine Quäntchen an Lückenfüllern, welche in den Ketten der verschiedenen Forschungen zu neuen oder kompletteren Ansichten verhelfen werden. Ich bedanke mich sehr herzlich bei Ihnen allen für Ihr Zuhören und wünsche uns allen auf den künftigen Pfaden, dass uns Sol, Blisch und auch die anderen Sonnen der Galaxie oder des Kosmos die Wege immer wohl ausleuchten wollen. Viele Oxygene und angemessenen Regen!"
Jarvisch setzte sich und langsam rollte sein persönlicher Applaus an. Auch der Chinese ließ sich nicht extra bitten, denn die Aufforderung, patentlos Schiffe nachzubauen, war wohl besonders an ihn gerichtet. Die beiden Chorck übten sich nun in der menschlichen Manier des Händeklatschens, denn Jarvisch war ein durchtriebener Kerl. Er wollte unbedingt, dass sich die beiden einzigen Chorck in dieser Mitte nicht als Einzelgänger fühlen. Darum hatte er auch zusätzlich die Gruß- und Abschiedsformel der Chorck genutzt.
Sebastian stand wieder auf. Er wollte unbedingt, dass auch Chandor Valchaz noch in dieser Versammlung einige Worte ablieferte. Valchaz hatte nun einmal ein Stimmrecht, zwar mit dem Volumen Null, aber immerhin! Dieses Stimmrecht wird vielleicht einmal das Volumen Eins bekommen.

„Zwei Teilnehmer dieses Kongresses sind Nichtterraner und Nichtoichoschen. Nach neuesten Gesetzten haben sie aber den Status einer neutralen Einbürgerung, auch gültig für das nun bestehende CET – Cosmic Empire of Terra oder auf Deutsch KIT – Kosmisches Imperium von Terra. Auch der obligatorische Eid wurde von beiden abgelegt, nicht gegen die Statuten und Gesetze dieser Gemeinschaft anzugehen, sowie die Demokratie anzuerkennen. Darum möchte ich dem Mann das Wort übergeben, der mitgeholfen hatte, dass wir nun doch sehr viel über das Imperium in den Plejaden wissen und das wir nun das Führungsschiff der Missionsflotte hier auf Terra haben und bestens untersuchen können. Ich bitte unseren bereits zum Freund gewordenen Chandor Valchaz es Sueb zu Wort."

Das letzte Raunen im Kreis der Delegierten verstummte, als sich Chandor Valchaz erhob. Sebastian setzte sich schnell, denn er wurde von dem Chorck weit mehr als einen Meter und zwanzig überragt. Jarvisch konnte es sich nicht verkneifen, einen Kommentar hinzuzufügen. Er zog das Mikrofon an sich und sprach:

„Keine Sorge meine Damen und Herren, Chandor Valchaz ist nur deshalb so groß, weil er auf Zehenspitzen steht!"

Valchaz selbst blickte nun etwas verdattert in die Runde, sah dann zu Jarvisch und erbat visuell eine Erklärung. Diese bekam er prompt! „Wie wir nun alle wissen, sind die Chorck von Natur aus Zehenläufer. Hierzu sind wir im Gegensatz von Natur aus Fersenläufer. Darum auch der Größenunterschied!" Und wer das verschmitzte Gesicht eines Oichoschen deuten konnte, wusste, dass Jarvisch die letzten Anspannungen mit Humor lösen konnte. Auf diesen Zug sprang Valchaz ebenfalls mit Humor auf.

„Auf unserer heimatlichen Urwelt hingen die Früchte immer hoch auf den Bäumen. Das könnte ein Grund sein, dass wir uns zu Zehenläufern entwickelten. Auch konnten wir früher schneller laufen als unsere natürlichen Feinde, was unser Überleben in der evolutionären Entwicklung der Urwelt beschleunigte. Und weil es dann auch so schön war, den Überblick zu behalten, blieben wir auf den Zehen stehen. Es wäre den Oichoschen aufs dringendste anzuraten, auch mal ein paar Jahre auf den Zehen zu laufen, vielleicht könnte sich dann deren physikalische Größe soweit ändern, dass sie uns wenigstens über den Gürtel gucken könnten. Nachdem ich mich nun als Mitglied des CET sehe, ich spreche auch für meinen Kollegen Saltud, verspreche aber auch, sollte ein oichoschisches Zehenläuferteam keine Erfolge einheimsen können, dass wir von unseren geernteten Hochfrüchten welche für sie abzweigen. Dafür sollten dann aber die Oichoschen von den Beeren und Erdfrüchten einige an uns abgeben."

Nachdem es doch etwas dauerte, bis alle Delegierten den Sinn der Worte, vor allem auch den Sinn dahinter verstanden hatten, konnte Valchaz schon einen kleinen Beifall verzeichnen. Valchaz wurde sachlicher:
„Nun möchte ich mich noch einmal öffentlich bei einer guten Freundin bedanken. Ihre Gnade Tamines Santos Reis, ihr bin ich wirklich zu Dank verpflichtet, denn ich war dank meines wenig sensiblen Symbionten schon immer ein Zweifler des Systems von uns Chorck. Auch hatte ich schon Pläne, zu den Chonorck, also unserem Brudervolk überzulaufen, was aber mangels Ansprechadresse scheiterte. Ich möchte nun auch feststellen, dass sicher die Mehrheit der Chorck dem eigenen System nicht zustimmen würde, wenn ihnen die genauen Hintergründe bekannt wären. Ebenfalls zweifle ich schwer, dass der Halumet, also der religiöse Stationsführer, welcher sich auch zum Imperiumsführer über das Gremium der Sieben stellte, die Ansprache unseres verblichenen Kaisers Chorub der Bevölkerung zugänglich gemacht hatte. Unsere natürliche Lebensspanne ist sehr hoch. Ich denke, dass ich noch fast dreihundert terranische Jahre ein biologisches Leben absolvieren kann, wenn keine schwere Krankheit oder ein Gewalttod dazwischen kommt. Schon deshalb glaube ich es erleben zu können, wenn die CET den Anspruch an das Erbe von Chorub mit Nachdruck verstärkt, vielleicht auch das Erbe selbst annimmt. Wie ich die Menschen und die Oichoschen nun bereits kenne, sollte man mit dem Wort 'Unmöglich' nicht zu stark jonglieren. Ich habe auch die Geschichte der Terraner studiert. Vor knapp zwei Jahren erst begannen sie, den weiteren Kosmos zu ergründen, Vorher wussten sie nicht einmal etwas von den Oichoschen in dieser Nachbarschaft und die Tachyonen waren ein noch undefiniertes, unerforschtes Phänomen. Ja, die Terraner waren nur auf dem Erdtrabanten und auf dem nächsten solaren Planeten! Mit einem Aufwand, der Energie regelrecht verschwendete! Nun besitzt das CET aber Antriebe beziehungsweise diese Wafer, die bei Weitem wesentlich effizienter arbeiten als die Waferbeschichtungen bei unseren Schiffen. Darum glaube ich auch daran, dass vielleicht sogar schon in drei, vier oder fünf Jahren zumindest eine technische Kompensation zum Stand von uns Chorck einkehren könnte. Sicher noch keine Quantitative. Das Imperium der Chorck hat viele Hilfsvölker, leider keine freiwilligen Helfer. Ich habe erkannt, dass es einen Unterschied gibt von freiwilligem Beitrag zu einer Gemeinschaft und zum erzwungenen Beitrag. Ich selbst fühle mich nun inspiriert, beflügelt und verpflichtet, dieser Gemeinschaft hier freiwillig Beiträge zu liefern. Darum stelle ich auch den Antrag, die anstehende Mission begleiten zu dürfen. Ich möchte meine Energie in den Dienst des CET stellen. Ich möchte meinen Beitrag leisten, den letzten Willen des Kaisers zu erfüllen. Ich bedanke mich bei Tamines, bei Sebastian und dem

TWC-Team und besonders bei Ihnen allen, die Sie mir ihr Gehör verliehen haben. Viele Oxygene und ausreichend Regen – natürlich mögen Ihnen auch Blisch, Sol und Wega und möglichst viele weitere Sonnen alle Ihre Wege ausreichend ausleuchten."

Saltud stand nun neben Valchaz auf, bückte sich zum Mikrofon, dann verkündete er: „Ich schließe mich ungekürzt den Worten meines Volksgenossen an!"

Jetzt war es aber soweit. Die einzigen Chorck im neuen Imperium der Terraner erhielten einen tosenden Applaus. Mehr noch! Die höchste Ehrung, die momentan als möglich erachtbar war, wurde ihnen gezollt. Einer nach dem anderen der Delegierten stand mit klatschenden Händen auf und der Beifall wollte satte fünf Minuten nicht enden. Saltud und Chandor Valchaz legten die fingerverzahnten Hände je an die Brust und sie verneigten sich. Ein Zeichen der Ehre oder Ehrannahme und des ungeteilten Dankes.

Der Reporter Patrick George Hunt nutzte die Gunst der Stunde um wieder geschichtsträchtige Bilder einzufangen. Er persönlich hatte eher Mitleid zu den Chorck, die nun absolut abgeschnitten von ihrem Heimatimperium oder Geburtsplaneten auf einer fremden Welt oder wie nun in einem fremden Imperium ihr Dasein zu bestreiten hatten. Auch wenn die Terraner den beiden auch alle Unterstützung gewähren, wird es immer eine fremde Umgebung sein. Fremder, als könne man kommen und gehen wie und wann man wollte.

Auch hielt er seine Kameras und 3D-Sensoren immer wieder in die Richtung des Dalai Lama, welcher wieder sehr zurückgezogen wirkte. Er hatte sein Glück mit einer eigenen Welt für seine Tibeter und Anhänger gefunden.

Das Wort sollte eigentlich an mich weitergegeben werden um den offiziellen Schluss der Tagung einzuleiten, da gab mir Tamines noch ein Zeichen, sie wollte noch eine ebenso offizielle Bitte loswerden.

Wieder erlosch das restliche Raunen und Tamines wurde damit auch ein hoher Respekt gezollt, schließlich hatte sie der Föderation und nun dem CET hohe Dienste unter Lebensgefahr erwiesen.

„Noch ein Wort, meine Damen, Herren und Neutros. Ich möchte noch hinzufügen, wenn Chandor Valchaz nicht gewesen wäre, wäre es um meine Rückkehr aus dem Halumal und dem Plejadenimperium sicher wesentlich schlechter gestanden, als mit seiner Hilfe. Möglicherweise hätte ich nie zurückkommen können. Hierzu möchte mich auch vor aller Öffentlichkeit bedanken. Nun nur kurz zu meiner Geschichte: Ich wurde mehr oder weniger wegen Agentenfähigkeiten entdeckt, habe aber auch viele andere meiner Talente schon auf der Wegamission unter Beweis stellen können.

45

Ich habe eine Bekannte in der Universität für Kosmologie von Camaçari, Bahia in Brasilien, welche schon einige Preise in der Talentförderung der TWC erhalten hat. Meine Teilnahme an der X2-Mission steht nun eigentlich schon fest und ich hätte gerne meine Kollegin an meiner Seite. Sie befasst sich nunmehr mit Kosmohistorie sowie studiert auch im neuen Gebiet der Kosmopsychologie." Tamines wurde von Sebastian unterbrochen:
„Ich hörte schon von einer jungen Brasilianerin, welche wieder mit neuen Talenten um sich wirft und eben diese Preise bekommen hatte. Wie heißt das Kind, damit ich mir die Personalakten holen kann."
„Sie heißt Tamiles de Jesus Nascimento!"
„Donnerwetter!" machte Sebastian. „Eine Namenskollegin?"
„Nein. Ich heiße Tamines und meine Bekannte Tamiles. Diesen Namen, obwohl eher selten, gibt es aber in drei Versionen: Tamines, Tamires und Tamiles." „Wird das nicht etwas zuviel Tamtam?" „Was willst du Sebastian? Wenn es viel Tamtam gibt, dann ist auch etwas in Bewegung und die Ergebnisse bisher sprechen eine eigene Sprache." „Nicht zuletzt dieser bahnbrechenden Logik zufolge gebe ich mich geschlagen." „Logik?" echote Bernhard Schramm. „Hat da jemand das Wort Logik missbraucht? Wo ist bei den ersten drei gleichen Buchstaben von drei verschiedenen Namen eine Logik zu sehen?"
Nun musste ich mich aber einschalten.
„Ich erkenne genügend Potential in der Tatsache, dass Tamines eine begabte Bekannte in die Mission integrieren möchte, auch nachdem Tamines sich vielen Errungenschaften verdient gemacht hatte. Darüber hinaus glaube ich, die Nominierung von Personen für diese Mission ist nicht Gegenstand des heutigen Kongresses. Darum darf ich in Funktion als Sprecherin der TWC und als zweite Sprecherin in Bezug der heutigen Tagung die offiziellen Punkte als abgearbeitet erklären. Die Föderation der Neun ist nun namentlich dem Cosmic Empire of Terra gewichen. Die demokratischen Strukturen werden beibehalten und nun steht auch weiteren Besiedelungen von noch zu bestimmenden Welten oder auch der Beitritt von anderen kosmischen Intelligenzen in dieses Imperium nichts mehr im Wege. Vorerst hypothetisch gesehen. Ich bedanke mich nun bei unserem Präsidenten, Herrn Dr. Dr. Sebastian Brochov, bei allen Delegierten für das geschlossene Erscheinen, bei den Oichoschen auch für die patentlose Übergabe von technischen Neuerungen, bei den beiden Chorck, welche sich dem neuen Imperium bereits verdient gemacht hatten und bei allen Kolonien und nicht zuletzt bei Georg Verkaaik und seiner Frau Silvana, welche vorerst noch ihren Dienst in der kleinen Magellanschen Wolke versehen, bis dort eine Stammmannschaft zusammengestellt sein wird. Vergessen wir nicht, die Raumstation in der SMC ist der momentan

weiteste Außenposten unseres neuen Imperiums. Über 170000 Lichtjahre entfernt. Die Übertragung des Geschehens des heutigen Tages ist auch dort per Tachkom angekommen."
Dazu wurde sogar noch ein Rückkanal geschaltet und dieser zeigte in einem Großholo Silvana Verkaaik mit ihrem Gatten Georg Verkaaik, daneben ein paar Stationstechniker und als sie dessen bewusst waren, dass ihre Bilder nun übertragen wurden, spendeten sie den Delegierten hier auf Terra Applaus, welcher sofort reflektiert wurde.
„Damit erkläre ich die heutige Tagung für erfolgreich abgeschlossen und beendet!"
Der doch etwas vorlaute Jarvisch quetschte noch hinzu: „Damit ist auch das Alkoholverbot aufgehoben! In der Lounge nebenan gibt es frischen Nesselwein von Oichos – kostenlos! Ich spreche hier von einer Einladung!"
Erstauntes Lachen kam aus den Rängen und bis alle Übersetzungscomputer seine Worte umgewandelt hatten, konnte man schon ein stetes Drängen in die Lounge nebenan erkennen. Oichoschischer Nesselwein galt als eine absolute Spezialität und immer noch rar auf den terranischen Märkten. Die Oichoschen kamen mit der Produktion kaum mehr nach, wollen sie doch auch einen gewissen Qualitätsstandart für dieses Erzeugnis behalten.
Logischerweise lockte nun diese Versuchung, da viele der Tagungsteilnehmer zwar schon von jener Delikatesse hörten, aber noch nicht genießen konnten.
Ich beließ es dabei und schob mein Teleskopmikrofon in den Tisch zurück. Sollte doch Jarvisch das letzte Wort behalten dürfen. Aber ich gab unserem Freund Patrick ein Zeichen, dass er langsam die Übertragung beenden sollte. Es muss ja nicht auf allen Imperiumsplaneten und Monden zu sehen sein, wie die Delegierten dem oichoschischen Nesselwein nachlaufen.
Tamines gesellte sich an meine Seite.
„Gabriella! Tust du mir einem Gefallen?" „Ich werde es versuchen, um was geht es denn?" „Lege bitte ein gutes Wort für meine Bekannte ein, damit sie an der Mission teilnehmen kann. Ich kann für Erfolge schon fast garantieren." „Ich glaube, ich habe deine Bekannte, diese Tamiles de Jesus Nascimento schon einmal getroffen. Sie ist eher mager, ähnlich wie du, auch in etwa deine Größe und hat etwas kürzere Haare. Sie ist eine Morena?" „Richtig. Woher kennst du sie denn?" „Ich hatte die Ehre einen TWC-Forschungspreis an sie zu überreichen. Sie ist mir sehr sympathisch. Außerdem ist sie regelmäßig in einer der Gokkschulen in Bahia und sie spricht mittlerweile auch gut Deutsch, nicht wahr?" „Alles richtig. Und, legst du ein Wort für sie ein?" „Ich denke auch, dass Tamiles ein gutes Teammitglied sein könnte. Aber in jedem Fall! Hände weg von meinem Max!" Tamines musterte mich, dann lachte sie: „Es kann niemand etwas

dafür, dass du so einen attraktiven und hochbegabten Gatten hast, Gabriella. Aber ich kann dir versichern, dein Max denkt nur an dich! Andere Frauen haben bei ihm keine Chance." „Hmmh, steter Tropfen höhlt den Stein, Tamines, wenn immer mehr Frauen hinter einem Mann her sind, dann kippt dieser vielleicht doch einmal. Komm, wir gehen auch in die Lounge. Wenn Jarvisch schon so mit seinem Nesselwein angibt, dann soll er auch einen rausrücken." Wir konnten es nicht erkennen und auch gar nicht verhindern, dass plötzlich Maximilian Rudolph von hinten an uns herantrat, sich zwischen uns drängte und je eine von uns um den Hals nahm. Dabei zog er aber `seine´ Gabriella weiter an sich heran als mich. Doch kribbelte es mich wieder am ganzen Körper, diesen Mann so in meiner Nähe zu wissen. Wir waren die letzten, die diese Lounge betraten und nun gab es aber wieder klatschende Leute. Sicher in erster Linie wegen Max.
Der Chinese Ben Sang-Yon trat an mich heran und entschuldigte sich für seinen Einspruch. „Herr Sang-Yon, ich bitte Sie. Ich verstehe ihre Sorgen um ihre große Nation. Aber wie Sie auch wissen, nennen wir uns nun alle Terraner und Errungenschaften sollten nicht mehr national anvisiert werden. Gewissermaßen sind wir Terraner nur noch eine Nation. Sie und ich, fast alle, die dieser Tagung beiwohnten." Ich wartete etwas, bis der nun mobile Translator meine Worte übersetzt hatten, dann verneigte sich Ben mehrmals nach chinesischer Art und beglückwünschte mich noch zum Erfolg der Gokkschulen weltweit, vor allem auch in China. Auch erwähnte er seinen Vorgänger, Mang Zo Chun, der nun als Schirmherr für die Schulen in China seine Energie einsetzte.
„Herr Mang Zo Chun hat die Dringlichkeit der terranischen Einheit erkannt, lieber Ben. Auch aus der Sicht der ersten Nation von Terra. Hass tötet, aber zuviel Stolz ebenfalls. Der Weg der Mitte ist meist angebracht und den wollen wir doch gemeinsam beschreiten, oder?" Wieder verbeugte sich der kleine Mann mehrmals. Dann gab ich ihm noch einen Rat. „Kommen Sie doch mit und wir probieren den oichoschischen Nesselwein zusammen. Sie wissen doch, die Oichoschen lieben uns Menschen, egal von welchem Kontinent, egal welcher Hautfarbe. Außerdem hat China schon einmal ein Fußballspiel gegen die oichoschische Planetenliga verloren! Wir sollten ein Rückspiel beschließen." Wortlos schloss sich Ben uns an und hinter ihm kam bereits Patrick, der nun sein Film- und TV-Equipment deaktiviert hatte.

Die Theken der Lounge waren wie unsere Spiralgalaxie angeordnet und wir fanden ausreichend Platz an dem äquivalenten Arm, in dem Terra beheimatet war. Langsam nahm nun der Andrang zu und Jarvisch selbst schmunzelte von der anderen Seite der Theke herüber. Er hatte extra einen Sockel in die Lounge bestellt, damit er mindestens auf unserer Augenhöhe

sein konnte. Trotzdem konnte er mit Valchaz und Saltud nicht mithalten, als diese Beiden sich auch neben uns gesellten. Beide erhielten ein extragroßes Glas der oichoschischen Köstlichkeit. Wir stießen nach terranischer Manier an und versuchten aber, langsam mit diesem Genuss zu beginnen. Einige der Delegierten zeigten erste Probleme und wurden schon von eigenen Begleitpersonen angemahnt, etwas langsamer zu konsumieren. Doch hielt sich das 'Jarvisch-Fest' wie ich den Rest des Abends bei mir nannte, in Grenzen. Gegen eine sich ausbreitende Fröhlichkeit unter den verschiedensten Nationen Terras konnte keiner etwas haben. Schon gar nicht, wenn der Gastgeber ein breit schmunzelnder Oichosche war und auch Frieden mit den Chorck geschlossen wurde. Wenn des deren auch nur momentan zwei waren, doch war der Friede zwischen den Oichoschen und den beiden Chorck auch ein Meilenstein, da, wie schon bekannt war, die Chorck vor über zweitausend Erdenjahren Oichos und Terra bereits kannten und nur durch den Polsprung Oichos' das Expeditionsschiff des Plejadenimperiums alle Navigationsdaten verloren hatte. Ansonsten währen wir vielleicht schon Mitglieder des ultimativen Imperiums! Aber nicht freiwillig!
Viele Gedanken und bereits etwas Nesselwein durchkreuzten mein Gehirn. Ich lehnte mich an meinen Max, ich hatte eine innere fröhliche Schwere erfahren, doch erntete ich nur neidische Blicke von Tamines. Eigentlich konnte ich sie verstehen. Ich konnte sie sogar sehr gut verstehen. Schließlich war ich die Stellvertreterin des Gokk und damit hatte ich sie ohnehin zu verstehen. Darum nahm ich Tamines an meine andere Seite, zog sie an mich heran und stieß ein weiters Mal mein halbvolles Glas an ihr quasi volles. Fast dankbar für diese Geste spülte sie mit einem einzigen Schluck und übergab das leere Behältnis an Jarvisch, dessen oichoschisches Knochengebissgrinsen immer breiter wurde und bereitwillig nachschenkte. Der Abend dauerte noch an.
Ich sprach noch mit vielen der Delegierten aus den verschiedensten Nationen. Ich freute mich sehr, dass das Weltverständnis in den letzten Monaten weiter besser geworden war. Sogar die islamischen Länder waren dem so genannten Westen Terras kooperativ gestimmt. Nicht zuletzt profitierten ja die Araber enorm von ihren Mondhotels.

Terra, Oberpfaffenhofen, Dienstag der 06. April 2095.
Bericht Maximilian Rudolph:

Ich gönnte mir den Heimatplanetenurlaub, ich fühlte mich ausgewogen und überdurchschnittlich müde. Dies war oft so, dass ich nach Einsätzen egal welcher Art sogar bis zu zwei, drei Wochen brauchte, um wieder in die Normalität zurückzukehren. Dennoch wusste ich, dass diese eigenartigen Phasen bei einem neuen Einsatz oder einer Mission sofort weichen würden. In zwei Wochen sollte es ohnehin schon wieder losgehen. Ein Einsatz besonderer Art. Gewissermaßen eine Reise in die Wahrscheinlichkeiten; Eine Reise zu einer Welt, deren Schicksal irgendwie mit Terra verbunden war, ohne dass wir diese Welt schon kannten. Ich bekam das Gefühl wie bei einer Tauchfahrt immer tiefer zum Meeresgrund. Wie eine Fahrt durch den Marianengraben in der vollkommensten Finsternis und mit dem Gefühl eines enormen Drucks über mir. Die Reisen durch den Raum machen mir nichts mehr aus, aber diese Mission sollte doch etwas Besonderes werden.

Um 08:35 Uhr früh meldete mein Hausrechner Henry der Dritte zwei Besucher an. Es musste mindestens ein TWC-Angehöriger höheren Dienstgrades dabei sein, wenn sie schon einmal bis vor meine Haustüre gelangten. Ich verlangte die Kennung, Henry konnte sogar von einer Person eine optische Identifikation erstellen, dass genügte mir. Noch mal sah ich mich um und stellte fest, dass auch meine Frau ausreichend für Besuch gekleidet war. So streifte ich mir nur noch ein formgeprintetes Monopiecehemd über und teilte dem Hausrechner mit, dass er die Tür öffnen durfte.
Doch niemand kam herein!
Der Rechner hatte doch Herrn Dr. Siegfried Zitzelsberger mit einer Begleitperson gemeldet! Also wartete ich nicht lange und trat selbst vor die Tür. „Hallo Siegifriedi, alter Eiskunstläufer und Schrecken der Kunsteisstadien Brasiliens, wie geht's . . . oh! Glückwunsch, mein Lieber. Was hast du dir denn da für eine Schönheit geangelt?"
Nachdem die Brasilianer zu Siegfried immer Siegifriedi sagen, was deren Aussprache am nächsten kam, wollte ich ihn auf diese Art etwas necken. Doch hatte er ein wunderschönes Mädchen an seiner Seite! Altersmäßig passten die beiden aber nicht zusammen. Das Mädchen an seiner Seite erinnerte stark an Tamines, schien aber noch etwas jünger zu sein. Siegfried öffnete den Mund, doch da kam ihm dieses Mädchen mit einer Reaktion zuvor.
„Ohh, das ist doch – das ist doch dieser Maximilian Rudolph persönlich! Einer der Erfinder der Wafer, der Entdecker der Oichoschen, der Wissenschaftsmissionar, der Mann der den Menschen die Sterne brachte! Der Gatte von Gabriella. Ich glaube, ich werde ohnmächtig!"
Tatsächlich wackelte dieses schöne und mit einer begnadeten Figur bedachte Mädchen an der Seite unseres Freundes etwas, was mich bewog, sofort loszustürmen und der jungen Dame mich als Stütze anzubieten.

„He Sigi, wenn du Patientinnen hast, warum bringst du die nicht gleich in die Praxis drüben bei Akos. Hat die Dame die Raumkrankheit oder hast du zu viele Pirouetten mit ihr gedreht?" Wieder öffnete Siegfried seinen Mund, um etwas zu sagen, doch da stöhnte diese mittelproportionierte Morena weiter: „Oh Gott, ich befinde mich in den Armen von Max Rudolph, hoffentlich überlebe ich das."
„Wie wäre es denn, wenn ich einmal die Namen deiner Eiskunstopfer erfahren könnte?"
Das war die Aufforderung für Siegfried seinen Zungenkrampf zu lösen und er öffnete tatsächlich wieder den Mund. Dieses Mal kam sogar schon etwas mehr als ein Wort heraus: „Ich, äh . . ."
Just in diesem Moment erschien meine Gattin Gabriella und blieb zwei Meter nach der Türe stehen: „Mein Max! Was soll denn das? Ich sagte doch, wenn du mir einmal fremdgehen solltest, dann bitte mindestens hundert Lichtjahre weg, damit ich nichts mitkriege. Muss denn das nun genau vor unserer Haustüre sein?" Mir selbst war durchaus klar, dass meine Gabriella im Begriff war, einen kräftigen Scherz loszueisen, wollte sie sicher auch den Leiter der TWC-Niederlassung in Bahia, Brasilien, also unseren Freund Sigi etwas sticheln.
Ein Bild für die sieben Sonnensphären der Chorck: Gabriella mit einer gespielt bösen Miene, ein verdatterter Dr. Siegfried Zitzelsberger, eine halbohnmächtige, wunderschöne Morena in meinem rechten Arm und ich mit stützender, leicht gebückter Haltung in der Tachyonensiedlung von Oberpfaffenhofen.
Genau in diesen Sekunden kreuzte auch noch unser Logiker Bernhard Schramm auf!
„Übt ihr hier so einen unlogischen Opernauftritt? Sieht aus wie *der Raub der Sabinerinnen* in Minimalstbesetzung. Wo bleiben die Fanfaren, wo die Gladiatoren, wo die Einspänner mit den Eisenkäfigen?"
„Beim Raub der Sabinerinnen waren keine Morenas vertreten, auch keine Gladiatoren im direkten Sinne!" Dies wusste meine Frau.
„Bei den vielen unlogischen Opern Terras kommt es doch auf solche Kleinigkeiten nicht mehr an, aber zu diesem Anblick hier würde Händels Wassermusik wohl sehr gut passen – ah, nun weiß ich's! Diese eure Aufführung soll wohl *die Mission* darstellen. Die Geschichte des Pantanal bis zu Foz de Iquazu, die Missionierung der Ureinwohner von Südbrasilien? Doch, doch, ich sehe den ersten Akt als schon teilweise gelungen. Musikalische Untermalung wäre aber dennoch auch für die Proben wünschenswert."
„Bernhard! Ich dachte ihr Genkorrigierten der ersten Generation versteht keinen Humor?" Das Mädchen stabilisierte ihre Vertikale und ich konnte sie

aus meinem Arm entlassen. Doch zuerst musste Bernhard seinen harten Logikerstatus verteidigen. „Wenn ich hier Humor erzeugt hatte, dann bitte ich erstens um Vergebung und zweitens beglückwünsche ich mich selbst hierzu. Tamines gab mir Bescheid, dass heute ihre Kollegin kommen wollte um sich vorzustellen. Ich nehme hiermit auch aus logischen Gründen an, dass diese junge Dame Tamiles ist. Ich wusste nur nicht, dass sie in Begleitung von Herrn Dr. Zitzelsberger kommen sollte. Doch ist es mir eine Freude, Fräulein Tamiles nun auch persönlich kennen zu lernen." Bernhard war nun der erste, der die formgerechte Begrüßung erfuhr. Tamiles erweiterte ihr Begrüßungsritual um zwei Küsschen, links und recht auf die Wange, was dem Bernhard sichtlich missfiel.

„Händeschütteln reicht doch bitteschön. Alleine bei diesem Akt werden ja schon Millionen Bakterien übertragen. Muss doch nicht auch noch per Körperflüssigkeitsübertragung eine bakterielle Autobahn eröffnet werden!" Tamiles, obwohl mit einem samtenen Mittelbraun versehen, lief dennoch rot an. Man konnte erkennen, wie ihr das Blut in den Kopf schoss, da die Adern an den Schläfen im Herzrhythmus pulsierten. Wieder wackelte sie etwas, was mich veranlasste, sofort erneut zu sichern. Diese Mal stütze ich sie aber mit beiden Händen und unter den Achseln, wohlbedacht um nicht zu weit nach vorne zu greifen.

„Ah! Der zweite Akt beginnt etwas logischer." Meinte Bernhard nur kurz.

Tamiles de Jesus Nascimento

Nun hatte sich Dr. Siegfried Zitzelsberger aber gefasst und prustete nur so heraus: „Ich hatte Fräulein Tamiles de Jesus Nascimento hierher begleitet, da ich auch der Meinung bin, sie wäre bezüglich ihrer Fähigkeiten eine ideale Ergänzung zur anstehenden Mission nach X2! Dass ihr alles wie eine Oper anschaut, wusste ich nicht. Darf ich zuerst einmal einen wunderschönen Tag wünschen?" Darauf Bernhard: „Dürfen? Du solltest! Das wäre doch wohl das Mindeste für einen mit Anstand gesegneten Menschen, oder?" „Also. Ich wünsche einen wunderschönen

guten Morgen und gleich noch einen wunderschönen Tag!"
Nun konnte ich mich nicht mehr zurückhalten. „Das hättest du auch schon eher sagen können." Siegfried schüttelte nur den Kopf. Wieder hatte sich Tamiles stabilisiert. „Ich bitte vielmals um Entschuldigung. Ich weiß nicht was mit mir passierte. Ich möchte Ihnen allen ebenfalls einen wunderschönen guten Morgen wünschen. Nun sollte ich mich aber auch selbst vorstellen: Also mein Name ist Tamiles de Jesus Nascimento und ich wurde von der Talentförderung der TWC in Camaçari mehrmals ausgezeichnet. Ich spreche außer meiner Heimatsprache auch Deutsch, Englisch und etwas Oichoscha. Oichoscha deshalb, weil ich mich den Fächern Kosmopsychologie und Kosmogeschichte näherte. Ich schrieb bereits Abhandlungen über die geistige Verwandtschaft von Terranern und Oichoschen sowie geschichtliche Übereinstimmungen und extreme Unterschiede. Auch hatte ich einen Schlüsselpunkt gefunden, warum die Oichoschen den Menschen Terras gegenüber dermaßen loyal sind."
„Hallo Tamiles. Wir hatten uns ja schon einmal getroffen. Nun erzähle, warum sind die Oichoschen den Menschen gegenüber so loyal?" wollte meine Frau gerne erfahren. Tamiles hatte sich nun wirklich gefasst! „Weil ihr mit den Kentaurenbewohnern sofort und von Anfang an mit offenen Karten gespielt hattet. Ihr habt keine Schönspielerei vorgeführt, sondern noch vor der großen Abstimmung auf Oichos Bilder der terranischen Kriege vorgeführt, den Schrecken beim Namen genannt und Fehler zugegeben. Das waren humane Züge, wie man diese Bezeichnung auch auf die sensiblen Oichoschen anwenden kann. Ich habe festgestellt, dass auch die Oichoschen uns Menschen lieben, weil wir mit ihnen umgehen wie mit Brüdern. Wir werden noch viel Positives mit den Oichoschen erleben und die Oichoschen werden einmal eine Schlüsselrolle bei der Bewältigung des Erbes von Chorub, dem Chorckkaiser spielen. Weiterhin habe ich erkannt, dass die Oichoschen einen trainierbaren Hypothalamus besitzen. Durch das ʻewige Mittelalter´ in dem sie sich befanden, flocht sich eine lange Hirnanhangdrüse und entwickelte mehr Angstgefühle als nötig. Das war vielleicht eine Art Schutzfunktion. Darum flohen die Oichoschen geistig immer mehr in den Okkultismus, wie ihre Angst vor den Monddämonen bewies. Ich konnte feststellen, dass durch die höhere geistige Aktivität unserer Freunde die Lappen der Drüse zurückgehen und weniger der ʻGlaubenshormone´ produzieren. Die Oichoschen werden sich in Richtung Logiker und Techniker entwickeln. Ein Nebeneffekt wird auch noch eintreten! Als Ausgleich werden in den nächsten Generationen immer mehr Wachstumshormone ausgeschüttet und die Freunde in den Kentauren werden körperlich größer."

Gabriella meinte vorerst nur: „Kommt doch erst einmal rein ins Haus bevor keiner mehr reinpasst, oder sollte der dritte Akt noch vor der Tür geübt werden?" Tamiles schaute etwas beschämt und neigte den Kopf, Siegfried schüttelte sein Haupt ein weiters Mal, Bernhard stakste mit logischen und direkten Schritten los, murmelte etwas von „Hypothalamus, logisch, aha" und ich musste diese zierliche, überaus angenehme Brasilianerin erst einmal am Arm fassen, damit sie auch in Bewegung kam. Sie war schüchtern, aber eine äußerst angenehme Erscheinung! Ich erinnerte mich, dass meine Frau wegen der Talentpreise extra einmal in Brasilien war, wusste aber nicht, dass diese Tamiles unter den Begünstigten war.
Gabriella wies den Freunden nun Plätze auf unserem Aktivsofa zu und die Polsterung stellte sich dementsprechend auf die Körpergröße, Gewicht und Wirbelsäuleneigenschaften mit Nackenunterstürzung ein. Tamiles staunte nicht schlecht. Langsam schweiften ihre Blicke durch den Raum und es war ihr anzusehen, dass ihr das von Gabriella gestaltete Ambiente sehr zusagte. Ich studierte sie von der Seite. Die Gesichtsilhouette verriet eine süße Stupsnase, wohlgeformte Lippen und intelligente Augen. Tamiles hatte ihr Haar straff zu einem Pferdeschwanz gebunden, was ihre tolle Kopfform demonstrierte. Sichtlich nutzte sie Feuchtegel für die Haare und normale Gesichtscreme, da diese makellose glatte, samtene Haut leicht glänzte.
„Tamiles war eigentlich gestern Abend schon angekommen, aber ich konnte sie nicht überreden, noch bei euch hier vorbeizuschauen. Sie hatte Angst, mit den berühmtesten Leuten zusammenzutreffen, welche zurzeit auf Terra weilen. Sie ist furchtbar schüchtern!" Mit diesen Worten Siegfrieds zog Tamiles den Kopf ein und schon wallte wieder Blut bis in ihre Schläfen. Das Aktivsofa stellte die Polsterung nach. Diese Worte waren Anlass für meine Gattin, den Platz zu wechseln und sich neben die Brasilianerin zu setzen. „Tamiles! Du bist hier bei Freunden. Wie willst du mit uns eine Mission bestreiten, wenn du den Kopf einziehst. Du bist doch sicher hier, weil du bei der X2-Mission dabei sein willst, oder?"
Tamiles nickte nur, fühlte sich aber schon etwas besser, da die Berührungsängste durch die sanften Worte meiner Gattin nachgelassen hatten. „Wenn du schon mal hier bist, dann kannst du auch schon bei den Missionsvorbereitungen mithelfen!" Fast ein Aufschrei! „Ja! Gerne! Bin ich schon nominiert, Frau Rudolph?" „Ich habe mich mit deiner Akte befasst und bin überzeugt, dass du mitmachen solltest. Notfalls werde ich dich persönlich nominieren, soweit es in meinem Einfluss liegt." Da wusste aber unser Siegfried schon etwas mehr: „Fräulein Tamiles ist bereits nominiert! Ich hatte es ihr selbst noch nicht gesagt, aber der Ausschuss der TWC bestätigte ihre Befähigung für zu erwartende Missionsaufgaben auf X2."

„Oh! Wie ich mich freue. Ich bin dabei, ich bin dabei! Ich fahre in den Weltraum!" Gabriella staunte. „Du warst noch nie im Raum?" „Nein, nur mit allen möglichen Simulatoren habe ich gearbeitet." „Und die Ergebnisse waren überragend", bestätigte Dr. Siegfried Zitzelsberger und so blickte er unsere neue Kollegin mit einem zwinkernden Auge an. Sigi hatte eine alte Narbe am rechten Auge, hiermit wirkte er manchmal, als ob er schielen würde. Doch spielten ihm nur einige Gesichtsnerven einen Streich.
„Tamiles!" Ich wusste, was nun von Seiten meiner Gattin kommen würde. „Ja?" „Tu uns doch einen Gefallen und sage nicht weiter Herr Rudolph oder Frau Rudolph und so, nenne uns wie unter Freunden üblich einfach Gabriella und Max. Den Sigi und den Bernhard solltest du auch bei den Vornamen nennen, besonders den Sigi, damit er diesen selbst nicht wieder vergisst."
„Hatte ich vielleicht meinen Namen schon einmal vergessen?" „Ja! Beim letzten Nesselweinüberkonsum." „So? Nun ich erinnere mich aber nicht mehr daran." „Da haben wir es schon", bestätigte Bernhard. „Vorfälle schwerster Bedeutungen und eigene Namen vergessen, das habt ihr nun von euren Alkoholausschreitungen."
Ich musste unseren Logiker streng in die Augen sehen, denn heute hatte er einen ungewohnten Anfall von Humor. Doch seine Mimik verriet nichts!
Sigi wollte nun aber dem Logiker eins vor den Bug knallen. „Alkoholausschreitungen? Lieber Bernhard, ich trinke nicht! Ich genieße."
„Hmmh. Genussvergessen – eine besondere, vielleicht angenehmere Version von Alzheimer." Da gab unser Freund Sigi aber endgültig auf. „Heute ist eben nicht mein Tag, dafür aber eurer und ihr seid in der Überzahl! Macht so weiter, ich werde nicht mehr zuhören." „Apathie kann auch eine Folge schweren Alkoholgenusses sein. Ich rate dir, ein paar Wochen lang nur noch sauerstoffangereichertes Mineralwasser zu trinken, Mach jeweils eine Prise Salz ins Glas, du wirst sehen, dein Hirn wird wieder auf Bereitschaft schalten." „Ich höre nicht mehr zu!" „Die Sinneszellen für den Hörsinn sind nicht abschaltbar!" „Ich höre nicht mehr zu!"
Als ich bemerkte, wie meine Gattin mich beobachtete, als ich den Körper unserer neuen Kollegin regelrecht scannte, musste ich aber schnell wegblicken. Tamiles hatte etwas Hocherotisches an ihr! Strammer Po, ein etwas kleiner, aber nicht weniger strammer Busen, eine erstklassige Kopfform, eine süße Nase und einladende Lippen. Dazu kommt noch meine Vorliebe für unparfümierte Frauen, die lediglich nach Seife riechen. Tamiles hatte alle diese Vorzüge und zudem noch eine extrem reine Haut wie purer Samt mit dieser angenehmen mittelbraunen Farbe.

Gabriella forderte sie auf, das Haus zu besichtigen und das brasilianische Mädchen sagte natürlich sofort zu. Vor dem Rundgang befahl meine Gattin dem Küchenserver Brühkaffee vorzubereiten und das Mahlwerk schaltete sofort ein. Tamiles öffnete ihr Haar und damit zeigte sie ein weiteres Schönheitsmerkmal. Sie hatte schwere, fast glatte Haare, diese fielen kurz bis unter die Schultern. Die Haarfarbe würde ich eher als Kastanie dunkel mit einem ebenfalls erotischen Rotschimmer bezeichnen. Ihr Gang wirkte nun fester und sicherer, als sie hinter Gabriella hereilte.

Bernhard eröffnete nun, dass das Team eigentlich schon feststand, welches nach X2 aufzubrechen hatte. „Wir nehmen wieder Gerard Laprone als Kapitän für die DANTON. Er ist der sicherste Frachterführer. Gabriella und du nehmt die WATSON, Tamines und Tamiles die SHERLOCK, Abbasch von der Höhe kommt mit der GAUSS." „GAUSS? Was ist denn das schon wieder?" „Das Schiff oder die Raumgondel, welche Jarvisch noch während der Tagung angekündet hatte. Er selbst kam doch mit der EINSTEIN und nun ist die Gondel fertig, welche auch ein komplettes Rettungsmodul aufnehmen kann."

„Jetzt erinnere ich mich. Donnerwetter, diese Oichoschen machen sich aber. Wollen sie denn den technischen Rückstand von tausend Jahren nun auf zwei, drei Jahre aufholen?" „Scheinbar, aber keine Angst. Technische Rückstände sind nur spartenweise schnell aufholbar. Bis die gesamte Infrastruktur steht, dass dauert an, wie du noch von letztem Jahrhundert weißt, als die Chinesen das technische Zeitalter einläuteten. Sie erhielten immer wieder Rückschläge und solche Rückschläge wird es auch bei den Oichoschen geben. Doch sie sind ein willkommen strebsames Volk."

„Abbasch von der Höhe? Ist das nicht der oichoschische Basketballspieler? Dieser nette, intelligente Junge?" „Du erinnerst dich? Das ist er, ja. Er hatte das Gondelpatent mit Bravour bestanden. Die EINSTEIN wird von Ailikrii gefahren. Jaja! Die Neutros sind nun auch im Kommen. Also: Die DANTON erhält einen Teil Passagierzellen für die Forscher aus allen denkbaren Nationen, der Rest des Frachters wird für Ausrüstungen, Satelliten, Schweber, Bagger und Panzer genutzt." „Panzer?" „Mienenräumgerät! Auf einem Kriegsplaneten müssen wir auch mit Mienen rechnen. Sicher werden auch elektronische und Tachyonenminiradargeräte eingesetzt. Aber es ist nicht auszuschließen, dass die ehemaligen X2-Bewohner metalllose Sprengkörper eingesetzt hatten."

„Für was brauchen wir Satelliten? Wir haben doch schon ausreichend in der SMC." „Normalradiosatelliten. Wir wollen Nachrichten empfangen, welche schon seit kurz vor dem letzten Krieg unterwegs sind. Diese Satelliten fahren wir zwei- dreihundert Lichtjahre von X2 weg, um dann die verschiedenen Frequenzen zu scannen und Kriegsnachrichten abzuhören.

Dazu bedarf es natürlich hochsensible Antennen und mindestens einen Vierfachsuperhet als Empfängerstufe. Doch diese Technik haben wir ja schon wirklich lange. Nur wird sie nun mit automatischer Fahrtregelung per Wafer gekoppelt." „Einleuchtend und klar. Wenn Nachrichten empfangen werden können, haben wir schon sehr viel gewonnen! Wenn dann auch noch die X2-Sprache oder Sprachen analysiert sind und auch die Schriftzeichen, haben wir alles für das große Verstehen vorbereitet, Dann können die Psychologen und Gesellschaftswissenschaftler losschlagen. Dann wird es wohl in eine gewisse Breite gehen."
Es duftete himmlisch nach Kaffee. Sogar Bernhard wurde von diesem Duft umschmeichelt. „Kaffee einer besonderen Sorte, nicht sonderlich das Herz anregend, aber magenfreundlich und die Durchblutung fördernd. Auch gut für das Hirn!" „Richtig, mein logischer Freund. Kaffee von der Insel Fogo, also von den Kapverden. Ich liebe diesen Kaffee und den Wein der von dort kommt." Da meldete sich unser Sigi! „So eine Tasse Kaffee würde ich auch gerne trinken, Ist soviel vorbereitet, dass es auch für mich reicht?"
Bernhard sah den Sigi nun böse an. „Ich dachte, du hörst nicht mehr zu?" „Ich hatte glatt vergessen, dass ich meinen Geruchssinn auch abschalte, so habe ich gewissermaßen mit meiner Nase gehört, dass der Kaffee fertig ist und dieser Effekt hatte dann meine Ohren wieder eingeschaltet." „Und deine Ohren haben wiederum dein Mundwerk zugeschaltet, nicht wahr?" Heute kam mir Bernhard vor, wie ein Komiker. „So war es. Genau so war es! Ich beneide dich manchmal um deine Logik, lieber Bernhard."

Gabriella und Tamiles kamen nun zurück. Beide trugen Bikinis und waren klitschnass. Gabriella hatte mit unserer neuen Kollegin eine schnelle Runde im Pool gedreht. Mich traf fast der Schlag, als ich diese beiden Schönheiten nebeneinander sehen konnte. Gabriella in ihrem goldenen Pailettenbikini und Tamiles hatte sich von meiner Frau einen knallroten Zweiteiler dieser Art geborgt. Es war, als fände in unserem Haus ein Schönheitswettbewerb statt! Nun fehlte eigentlich nur noch Tamines, dann könnte ich alle meine Neider verstehen.
Tamiles hatte kein Gramm Fett zuviel, wirklich eine Figur zum Träumen und ihre samtene Haut überzog nicht nur das Gesicht sondern den ganzen Körper. Die etwas helleren Handinnenflächen und Fußsohlen wirkten obendrein wieder erotisch und süß.
Schon eilten beide, sichtlich sich bestens verstehend zur Hygienezelle und nach nur vier Minuten servierten die Mädchen den Kaffee – für uns alle – auch für den Sigi. Das verursachte ein breites Schmunzeln und ein Zucken des rechten Augenlids. Tamiles hatte von Gabriella einen teiltransparenten Strandumhang bekommen und so holte sie die Krapfen aus dem

Multifunktionsherd. Wenn ein Mann die schwebenden Bewegungen dieser fantastischen Frau nicht mit allen benötigten Sinnen verfolgen würde, dann wäre dies kein Mann! Auch unser Sigi schielte, was er zu schielen vermochte. Die Damen setzten sich wieder zu uns und ich bemerkte eine kleine Falte an Tamiles Bauch. Wäre ich kein standhafter Ehemann gewesen, ich könnte der Versuchung unterliegen, eben dort hinein zu beißen. Gabriella registrierte alles, doch als die Kennerin des Gokk sollte sie mir diesen zumindest visuellen Freiraum vergönnen.

Wir besprachen noch weitere Einzelheiten der Mission, welche schon feststanden. Die beiden Chorck gehen mit dem Frachter von Gerard mit. Sie bekommen dünne Bleimasken wegen der Symbionten, damit sie nicht unter der Reststrahlung zu leiden hatten. Ansonsten würden alle Missionsteilnehmer ohnehin leichte Strahlungsanzüge verwenden. Wir konnten uns auch mehr Informationen über die Strahlungszusammensetzung wegen der Chorck erhoffen, denn anhand des Schmerzgrades erkennen diese abrupte Strahlungsanstiege sofort.
Am 16. April sollte dann eine Versammlung aller Missionsteilnehmer wieder in der großen Pressehalle stattfinden. Auch wird eine Neuvereidigung dieser für den Dienst vorgenommen, sodass niemand alleine aus nationalen Interessen handeln darf. Alle Forschungsergebnisse sollen dem gesamten CET zugute kommen. Eine der ersten Neuerungen des Cosmic Empire of Terra.
Gabriella schmiegte sich an mich. Sie biss mir ins Ohrläppchen und flüsterte: „Sie gefällt dir sehr, nicht wahr, mein großer Mann? Wenn sie die Falle sein wird, in die du einmal tappen solltest, ich könnte dir nicht einmal böse sein." „Es ist immer schwierig für einen Mann, von vielen Schönheiten umgeben zu sein. Das Neue übt immer auch einen neuen Reiz aus, aber die Vernunft sollte siegen und genau diese Vernunft bestätigt im Vergleich meine Liebe zu dir. Doch wir haben eine neue, gute Freundin. Freundschaft ist auch eine Art Liebe, die es zu pflegen gilt. Eine Bereicherung in allen Lebenslagen. Und wir üben Vernunft und gute Freundschaften, nicht wahr meine Göttin?" „Sicher doch. Schau dir dieses Mädchen noch einmal sehr gut an, denn sie wird sich nun umziehen und kommt wieder in schwarzer Jeans und roter, hochgeschlossener Bluse zurück. Übrigens! Sie war bis vor kurzem Crente." „Ach du liebes Bisschen! Das schockt. Eine Zeugin Jehovas?" „Ja, aber sie hat diese Ideale mit ihren Arbeiten und Forschungen verloren. Dadurch ist sie aber immer noch etwas schüchtern.
Tamiles sah mich an, als ich während des Flüsterns zu ihr blickte und damit wusste sie, dass wir über sie gesprochen hatten. Weil ich solche Geheimnistuereien nicht wollte, fragte ich indiskret: „Du warst mal

Crente?" „Sie nickte und senkte den Kopf leicht. „Ich habe mich mit vielen Dingen auseinandergesetzt und ließ dann einmal die Logik entscheiden. Alles, was viele Widersprüche beinhaltete, warf ich sozusagen über Bord, auch meinen Glauben. Ich tendiere mehr zu der Auffassung der Logiker, die positive kosmische Energie, das Kollektiv, das Gesamtheitsprinzip. Das ist, was ich am meisten für möglich halte!"
Da stutze aber unser Bernhard! „Mädchen, welche Überraschung! Ich beglückwünsche dich dazu. Alle Achtung. Selbstkorrektur ist auch eine Eigenschaft der Logik!"
„Dankeschön Herr Bernhard Schramm." „Einfach Bernhard, Tamiles, meine Freundin!"
Danke Bernhard, mein Freund."

Terra, Oberpfaffenhofen, Freitag der 16. April 2095
Bericht Tamiles de Jesus Nascimento:

Waren das aufregende Tage für mich. Elf Tage bin ich nun hier in Oberpfaffenhofen in dieser so genannten Tachyonensiedlung, habe die wichtigsten Menschen hier getroffen und muss nun meiner Kollegin und Gönnerin Tamines absolut Recht geben. Dieser Maximilian war ein versteckt charmanter Mann. Sein Charme spricht nicht direkt an, aber er kann ihn wohl dosieren. Ich konnte es nun nicht glauben, als Tamines mir erzählte, sie hätte ihn fast soweit gehabt, dass er auf sie abgefahren wäre, nun aber sah ich auch seine Frau und erkannte, dass war die beste Defensivwaffe gegen andersweibliche Angriffe. Mir würde Max auch gefallen, doch hätte ich sicher nie den Mut, eine geeignete Situation auszunützen. Schon auch aus dem Grund, da mir seine Gattin Gabriella äußerst sympathisch war und sie mich immer wieder eingeladen hatte. Mal zum Kaffee, mal zum Bad im Pool. Max war wenig zuhause, so kurz vor der Mission. Er beriet sich über die Ausrüstungen mit den Technikern und Organisatoren.
Es herrschte reger Luftverkehr hier. Zubringer aus aller Herren Länder brachten nominierte Forscher, Wissenschaftler, Archäologen. Auf weiteren ausgelagerten Landeflächen standen bereits Hybridpanzerfahrzeuge mit Ketten- und Waferantrieben. Befremdend anmutende Bagger und Raupen, Tachyonenintervallkanonen, fahrbare Desintegratoren sowie containerweise Lebensmittel und Trinkwasser, Strahlenschutzanzüge und Atemmasken. Ich konnte beobachten, wie ein Testbetrieb mit einem Minenspürer erfolgreich durchgeführt wurde. Die meisten Mienen wurden aber elektronisch erkannt. Wie ich erfahren durfte, kamen dabei wieder ein paar Entwicklungen aus

der Ideenschmiede um Bernhard Schramm zum Einsatz. Ein Ionenradar gekoppelt mit leicht gerichteten Tachyonen, damit waren auch nichtmetallische Sprengvorrichtungen zu entdecken. Ein Monsterfahrzeug mit rotierenden Klöppeln voran aus molekularverdichtetem Stahl kann aber auch Wege freilegen, welche schnell von Minen befreit werden mussten. Es sah aus, wie das größte extraterrestrische Unternehmen der Menschheit bisher. Vom Materialaufwand her und für die Kürze der aufgewendeten Zeit sicherlich.
Es herrschte so was wie eine Goldgräberstimmung!
Die Wissenschaftler und Forscher erhofften sich viele weitere Erkenntnisse, was die Kosmologie oder auch was andere kosmische Rassen betraf, wenn auch die Bewohner von X2 allem Anschein nach nicht mehr existierten. Der technische Standart der X2-Bewohner sollte ja auch unserem Standart von vor zwei Jahren entsprechen. Sicher in verschiedenen Sparten in noch weiter entwickelter Form, dafür dann aber auch spartenweise wieder rückständiger.
Das viele Sicherheitspersonal war aber fast unnötig geworden. Seit dem 02. April so schien mir, gab es einen neuen Einheitsgedanken. Ein Teil des Kosmos war bereits in den Besitz des neuen Imperiums eingegangen und alle Menschen waren zuversichtlich, dass für jeden ein ausreichender Happen abfallen wird. Bei diesen Gedanken wurde mir auch bewusst, dass alle Fahrzeuge bereits Embleme der CET trugen! Unsere Galaxie stilisiert im Hintergrund, die drei Buchstaben auf unserem Spiralarm und das E hatte einen leicht verlängerten Mittelstrich, welcher in einer Öse endete und das Menschheitssonnensystem umschloss. Insgesamt ein liegendes Oval mit einem breiten Rand, in dem die Bedeutung der drei Buchstaben in mehreren Sprachen ausgeschrieben war. Ich erkannte auch Oichoscha und! Ich konnte es fast nicht glauben, Chorcklan, die Sprache der Chorck. War das eine Ehrerbietung für ´unsere´ beiden Chorck oder sollte dies eher eine Provokation an das ultimative Imperium sein. Was aber, wenn die Chorck doch einmal so ein Emblem sehen sollten? Könnten sie dann nicht Rückschlüsse auf die Koordinaten der wirklichen Erde ziehen, wenn sie diese stilisierte Galaxie analysierten? Das war mir vielleicht auch etwas zu hoch und in solche Angelegenheiten wollte ich mich nun mal auch nicht einmischen.
Ich spürte einen Infraschall über mir und plötzlich stand ich im Schlagschatten eines riesigen Fahrzeuges. Ich blickte nach oben und vielleicht nur hundertfünfzig Meter über mir passierte der bekannte französische Frachter DANTON die Tachyonensiedlung in Richtung des noch einzig ausreichenden Landeplatzes von Oberpfaffenhofen. Sofort stieg auch die Betriebsamkeit an und ich machte mich auf, in das Labor von

Bernhard zu kommen. Dort sollte ich nun meine restlichen Vorbereitungen vornehmen. Vor der Sicherheitstüre zum Labor stand plötzlich der Präsident Brasiliens, João Paulo Bizera da Silva. „Hallo Tamiles. Es macht mich stolz zu wissen, dass wir Brasilianer nun mit zwei herausragenden Talenten im Kosmos vertreten sind. Sicher, wir stellen auch ein Kontingent an Wissenschaftlern und Forschern, es sind so um die sechzig, aber die Stärke Brasiliens liegt nun in den jüngeren Damen, wie ich positiv zu bemerken habe." „Oh, mein Präsident. Ich bedanke mich für die Vorschußlorbeeren, aber die Stärke Brasiliens lag ja schon immer in den Händen der jüngeren Damen, wenn ich mich recht entsinne." „Jaja, das Betätigungsfeld hat sich lediglich mehr von der Horizontalen abgewandt."
Das war aber hart! Ich spürte, wie mir das Blut wieder in den Kopf schoss. Ich wollte nicht auf die Situation von vor über siebzig Jahren hinweisen, eher auf die Zeit des Wiederaufbaus der Küstenregionen nach der großen Flut von 2039, wie ich von meiner Großmutter immer erzählt bekam, dass sie selbst wieder Steine klopften um die meisten Straßen neu zu festigen.
João Paulo erkannte, dass ich mich seiner Bemerkung entsprechend so verhielt und er entschuldigte sich dafür. Doch dauerte es etwas, bis der Druck in meinem Kopf nachließ. Ich musste mich ärgern, dass ich damit so gehandicapt war. Immer wieder gab es solche Situationen und dann möchte ich mich am liebsten in ein Mausloch verkriechen. Zwar stellten mir Psychologen in Aussicht, mit zunehmendem Alter würde diese meine Reaktion auf peinliche Momente sich bessern, dennoch, das würde sicher noch einige Jahre anhalten. Und welche Frau möchte gerne schnell älter werden? Auch wurde mir bestätigt, dass ich auch deshalb mehr unter solchen körperlichen Gefühlsreaktionen leide, weil ich mich lange Jahre einer einseitigen Religion hingegeben hatte, wie man heutzutage weiß. Ich war seelisch etwas vereinsamt, hatte meine Bezüge in einem Glauben gesucht, welcher zwar nicht verboten wurde, aber zumindest von den Tatsachenforschern entschärft. Ich selbst würde mich heute als einen Tatsachenforscher bezeichnen. Mir gelang es mit eigenen Recherchen zumindest meinen eigenen Glauben zu koordinieren. Vielleicht kämpfe ich auch noch mit den restlichen Fragmenten, die sich noch in meinem, ja sicher auch in meinem Hypothalamus herumtreiben. Glauben entsteht im Gehirn, der Wunsch zur Verbildlichung von Imaginärem und damit der Wunsch zu einem besseren Verständnis. Diese Erkenntnis gibt es nun schon seit über hundert Jahren.
Ich schüttelte den Kopf wie nach einen Schwächeanfall. Fast hätte ich meinen Präsidenten vergessen. Dieser wirkte nun besorgt. „Habe ich dich am falschen Punkt getroffen, meine Schwester? Ich wusste nicht, dass du so sensibel sein kannst. Auch ich hatte deine Akte durchgelesen und habe der

Bitte von Tamines entsprochen und Herrn Dr. Siegfried Zitzelsberger auf dich aufmerksam gemacht. Ich war nach Aktenlage von dir vollkommen überzeugt, dass du auf X2 etwas Bedeutendes zu leisten vermagst. Sollten wir deine Nominierung aus gesundheitlichen Gründen zurückziehen?" „Nein! Nie! Ich fühle eine Art Bestimmung in mir. Ich muss ins All aufbrechen und ich muss Leben erforschen." Dann fiel mir ein, dass es auf X2 vielleicht kein Leben mehr gibt und ich ergänzte: „Vielleicht auch ehemaliges Leben oder den Tod." Alleine das Wort Tod stimmte mich traurig. Ein weiteres Mal schüttelte ich unbewusst den Kopf. Schließlich war auch ich genkorrigiert und konnte noch auf mindestens einhundert und dreißig Jahre hoffen. João Paulo drehte sich um und drückte mit dem Daumen auf den Türmelder. Auch öffnete er die Augen weit, damit der Eyescanner die Iris mustern konnte und – die Tür wurde von Bernhard Schramm und Ralph Marco Freeman zusammen manuell geöffnet. „Unser Freund, der Präsident von Brasilien und – wie schön, unsere Freundin Tamiles de Jesus Nascimento!" Ralph Marco Freeman hatte mich erkannt, ohne dass wir jemals zuvor zusammengekommen waren. Also musste auch er meine Personalakten schon eingesehen haben oder ich war anderweitig im Gespräch. Wieder spürte ich, wie ein Teil meines Blutes meinen Kopf aufsuchte, nur dieses Mal konnte ich das Schlimmste unter höchster Konzentration verhindern. Doch da war etwas. Ich fühlte mich spontan zu diesem Ralph hingezogen. Sein Äußeres, seine Ausstrahlung und sein gütiges Lächeln – ich spürte einen positiven Energiefluss!
Ich rang mich zu einem: „Hallo Ralph" durch und ergänzte: „ich nutze nun das hier übliche Du, nachdem ich festgestellt hatte, dass man ohnehin immer wieder korrigiert wird, wenn man die schwererlernbare Höflichkeitsform in der deutschen Sprache nutzen möchte. Ralph konnte scheinbar seinen Blick nicht von mir lösen, was mich freute. Er stand da und hatte den Mund halb geöffnet, dann entließ er seinem Lächeln aber auch ein: „überflüssig, Tamiles. Ein ´Sie´ würde nur unsere Arbeiten behindern. Lass die Höflichkeitsformen ruhig mal den Legislativen zur Verwendung. Die haben dies am Nötigsten. Ich hatte schon viel von dir gehört. Max schwärmte so von deiner Erscheinung und dass du so eine natürliche Persönlichkeit sein solltest. Nun, nach dem ersten Eindruck kann ich dem nur beipflichten." „Max? Er schwärmte von mir?" „Er sagte, er war sehr erfreut, mit dir Freundschaft zu schließen zu können. Eine Bereicherung der Privatsphäre und sicher des künftigen Arbeitsumfeldes." „Das sagte er? Ich fühle mich geehrt, dankeschön. Mir liegt aber auch sehr viel daran, das Band der Freundschaft ebenfalls hier anzulegen." „Das Fundament steht, Schönheit aus dem Süden!" Mit João Paulo sprach momentan niemand! Darum lamentierte er: „Ich bin auch noch hier, nicht

nur die schönen Mädchen meines Landes!" Ralph Marco zeigte ein breites Grinsen und versicherte; „Und du lieber Freund aus dem Süden bist ja auch ein ganz ein Hübscher." Damit erntete Ralph das Lachen vieler Techniker aus dem Labor, welche nach und nach auf uns aufmerksam wurden.
Bernhard bat uns aber sofort, das Labor zu betreten. „Nicht wahr? Diese Basisunlogischen halten das gesamte Leben für einen großen Ulk und können es nicht lassen, immer und überall ihre Späßchen zu inszenieren. Dabei könnte man in dieser Zeit soviel Sinnvolles unternehmen." „Jedem das Seine", meinte Ralph nun hierzu, „Wasser und Logik für die Logiker, Wein, Champagner und Späße für unsereinen, nicht wahr, Freund João Paulo?" „Weise gesprochen, verehrter atmosphärischer Putzmeister. Ich hoffe wir können heute Abend nach dem Braining wieder unter Jarvischs Fürsorge geraten. Oder wenigstens ein wenig Wein genießen. Was war das doch für ein Weinchen, welchen dieser Max so lobt?" „Oh!" Das wusste unser Bernhard, um die Worte von Max zu wählen. „Vinho do Fogo, ein wirklich sehr guter Wein, von dem ich nur beste Wirkungen bestätigen kann. In Maßen gesund und auch als geistesunterstützendes Lebensmittel zu empfehlen." „Na, dann sind wir ja an einem Punkt angekommen, wo wir Basisunlogischen und die Logiker etwas gemeinsam haben." Lobte mein Präsident und hatte damit einen Grund zum Schmunzeln, denn Bernhard sah ihn unverständig an.
João Paulo verabschiedete sich nun von uns, er wollte zu seiner Gruppe der brasilianischen Wissenschaftler und Forscher. Dazu konnte er den Hinterausgang des Labors nutzen, dieser Weg war der kürzeste und Bernhard wies ihn.

Im Labor hing unter anderem auch noch ein Floatchart aus. Eine Grobskizzierung des Operationsablaufes X2. Demnach werden die Normalradiosatelliten von den Spionschiffen SHERLOCK und WATSON ausgesetzt. Es wird erst einmal drei Satelliten geben, die unabhängig voneinander operieren sollten und sich nach dem Aussetzen in bereits bestimmten Abstand langsam von X2 zu *entfernen* haben. Erste Abstände werden 150, 200 und 300 Lichtjahre betragen, dann suchen die Satelliten wenn nötig in Schritten von zehn Lichtjahren, die letzten Signale, welche von lebenden Intelligenzen kommentiert wurden. Das war auch logisch, denn mit jeder weiteren Entfernung nimmt auch die Intensität der Signale ab. So wird auch der exakte Zeitpunkt der Apokalypse zu bestimmen sein, denn alle knapp dreihunderttausend Kilometer entspricht eine Sekunde. Zwar wird vermutet, dass es Übertragungssatelliten gab, welche auch die so genannten Footprints auf die Planetenoberfläche bezogen hatten, aber nimmt man eine ähnliche Entwicklung wie auf Terra als Voraussetzung,

dann sollte es auch unter anderem noch Ultrakurzwellen-, Kurzwellen-, Mittelwellen-, und Langwellenübertragungen gegeben haben. Gefragt wären Frequenzen oberhalb vierzig MHz, welche von der Heavysideschicht der Planetenatmosphäre nicht mehr zurückgeworfen und somit in den Weltraum abgestrahlt geworden waren.
Erstes Operationsziel bleibt aber unsere Raumstation in der SMC. Dort trennen sich dann die Wege der einzelnen Schiffe und die DANTON wartet in einem Quasiorbit bis die SHERLOCK mit Tamines und Tamiles dort ankommen und einen geeigneten Landeplatz ausmachen. Die EINSTEIN wird mit der Mondforschertruppe den Trabanten von X2 besuchen. Demnach wird die GAUSS eine Schaltzentrale auf dem Planeten einrichten und einen Zentralrechner unterhalten, in dem alle Informationen gesammelt werden.
Für mich wird es abzuwarten gelten, bis in einer Stadt eine Bibliothek oder so etwas Ähnliches gefunden sein würde. Dennoch werde ich versuchen, mich zeitüberbrückend nützlich zu machen.

Gegend Abend war absoluter Hochbetrieb hier in Oberpfaffenhofen. Wieder erkannte ich, wie dieser Schotte Patrick George Hunt emsig an allen möglichen Übertragungen teilnahm. Wieder kündigte er eine Namensänderung für seine Holo-TV-Kette an, welche auch aufgrund der CET-Gründung notwendig war. Auch er wollte eine interaktive Namenswahl, doch proklamierte er bereits seinen eigenen Favoriten: Cosmic Freedom Channel. Damit griff er bereits über den Einflussbereich des CET hinaus.
Dann kamen die nominierten Forscher der Chinesen. Sie landeten mit einem absolut neuen Airbustyp. Ein im Querschnitt rechteckiger Rumpf und direkt angeflanschte Ausleger, auf denen die Streifenwafer angebracht waren. Dieser Airbus sollte auch raumtauglich sein, wie ich von Ralph Marco, welcher sich rührend um mich kümmerte, erfahren hatte. Dabei schmunzelte er wieder und meinte: „Es werden kaum mehr Fahrzeuge dieser Größenordnung gebaut, die sozusagen bedingt raumtauglich waren, weil die Flugparabeln dieser mittlerweile immer bis in den erdnahen Weltraum reichen. Anders wären Entfernungen von hier bis beispielsweise Australien nicht in zwei Stunden zu bewältigen, da die Erdatmosphäre immer noch an den Oberflächen reiben würde."
Sicher war es ein diplomatischer Schachzug, dass den Chinesen fast einhundertdreißig Personen waren. Nur die Deutschen, Österreicher und die Schweizer zusammen brachten diese Anzahl an Fachkräften auf.

Eine Durchsage ertönte. Das war sicher Gabriella.

„Alle Sprecher der einzelnen Gruppen werden gebeten, sich bis zwanzig Uhr zum Briefing in den kleinen Pressesaal zu begeben. Bitte nicht mehr als ein Sprecher pro angefangene Fünfzig der jeweiligen Gruppierungen, dankeschön." Dann folgten die Automatübersetzungen für die verschiedenen Sprachen, dies erschien mir nun nicht mehr sonderlich sinnvoll, da mittlerweile jeder so einen kleinen Universal-Taschentranslator bekommen hatte. Fast alle Sprachen der Welt, Oichoscha und Chorcklan konnten abgerufen werden. Innerlich musste ich fast lachen, denn sollte es irgendwo durch Zufall dazu kommen, mit anderen Chorck zusammenzutreffen, dann konnten diese in ihrem eigenen Kauderwelsch angesprochen werden. Sie hingegen haben vielleicht ein paar Aufzeichnungen von terranischen Sprachen, da gäbe es aber noch viele Möglichkeiten zu wechseln. Vielleicht hätte eine multilinguale Welt doch mehr Vorteile, als wenn eine Gemeinschaftssprache festgelegt würde?

„Aufgeregt Tamiles? Am Montag geht's los. Ich habe meine Atmosphärereiniger einzusetzen. Vielleicht gelingt es damit, die Silberoxydschicht mit der Schmutzschicht langsam zu entfernen. Damit könnte wieder natürlicher Regen entstehen und diese Welt würde sich langsam regenerieren. Du weißt, was ich meine. Zuerst die Troposphäre bis zur Tropopause, da sind die Gase zum Atmen enthalten. Auch die Ozonschicht muss ich erforschen, darum habe ich einen kleinen Stratogleiter genehmigt bekommen. Anfangs, bis deine Aufgabe kommt, könntest du mich auch etwas begleiten!" „Wenn du mich in dein Fachgebiet einweihst, absolut gerne, Ralph." Er gab mir einen Kuss auf die Stirn und schon wieder lief es mir heiß nach oben. Ich hatte kaum Erfahrungen in Beziehungen, doch blieb ich standhaft, denn Ralph gefiel mir wirklich gut. „Wie viele dieser Atmosphärereiniger kommen den zum Einsatz?" „Erst einmal zwölftausend. Es handelt sich um Aerodynamikgleiter, also altertümliche Flugzeuge. Lediglich werden diese mit winzigen Wafern vorangetrieben. Diese Gleiter sind so konstruiert, dass sie untereinander kommunizieren können und stark verschmutzte Atmosphärenabschnitte öfters durchkämmen als weniger verschmutzte. Den Erfolg dieser Geräte kannst du im Kosmonet nachlesen. Der Einsatz auf der Erde jedenfalls war überaus erfolgreich. Ich gehe davon aus, dass der Einsatz auf X2 noch erfolgreicher sein wird, da die statische Schmutzschicht in der Atmosphäre dort sich stabil eingependelt hat. Es herrschen kaum mehr Winde oder Stürme. Wenn diese Gleiter eben genau in der Höhe der statischen Schicht pendeln, erhöht sich die Sammelrate." „Wo geben sie dann diese Kohlenstoff-Pentagone und diesen Kunstdiamantmüll dann hin, wenn sie voll sind?" „Im Falle von X2 werden diese einfach überm Meer

abgeworfen. Es wird um ein Vielfaches effektiver sein, als wenn die Gleiter immer wieder mit Landungen und Neustarts Zeit verlieren." Das erschien mir logisch. „Ich muss nun los", eröffnete ich diesem liebenswerten Menschen. „Wo willst du hin?" „Gabriella bat mich, ihr beim Briefing oder Braining zu helfen, ich möchte schon gut vor Acht dort sein." „Dann sehen wir uns dort, ja? Du wirst doch deine Schüchternheit noch etwas verlieren, oder?" Schon diese Frage brachte mich wieder in Wallung. Doch quetschte ich mir eine Gegenfrage heraus: „Warum fragst du?" „Deshalb", antwortete Ralph Marco und zog mich zu sich heran, er küsste mich leidenschaftlich. Zuerst drückte ich mich mit den flachen Händen von seiner Brust ab, doch dann gab ich meinen instinktiven Widerstand auf, ließ mich von meinen Gefühlen leiten und umarmte ihn. Ein Gefühl von Wärme machte sich in mir breit und ich bemerkte die Bartstoppeln seines Dreitagebartes, welche gar nicht einmal so unangenehm kratzten. Überhaupt! Ich konnte nicht erfühlen, nichts spüren, was mir in seiner Nähe unangenehm gewesen wäre. Er roch gut, er war eine äußerst gepflegte Erscheinung und je mehr ich darüber nachdachte, von reinem Denken konnte ohnehin nicht die Rede sein, desto mehr verspürte ich ein seltsames Gefühl im Magen, welches sich bis in die Brust schlich. War ich verliebt? Vielleicht noch nicht ganz, aber ich war auf dem besten Weg dazu.
Auch bemerkte ich, dass ich unwillkürlich die Augen geschlossen hatte. Schnell blickte ich mich um, ich wollte nicht von allzu vielen Menschen so gesehen werden. Bernhard Schramm saß an seinem Labortisch vor vielen Apparaturen und beachtete uns nicht – oder kaum? Bei so einem Logiker kann man nicht so recht wissen, was in seinem Kopf abläuft. Langsam löste sich Ralph von mir und blickte mich mit feuchten Augen an. „Ich glaube ich bin das erste Mal in meinem Leben richtig verliebt, Tamiles und ich hoffe, du wirst deine Gefühle einmal mit den meinen teilen." Ich sah ihm tief in die Augen und er wich meinem Blick nicht aus. Nun zog ich ihn an mich und tat etwas, was ich in meinem Leben noch nie machte! Ich gab einem Mann aus eigenem Antrieb einen Kuss. Dieser Vorgang wurde von meinem Innersten fast vollkommen automatisch ausgeführt, ich wollte und ich konnte genießen! Bald kam Bernhard vorbei und dieser eiskalte Logiker wusste dann doch einen Kommentar abzugeben. „Seht zu, dass ihr vor Ablauf von neun Monaten von X2 wieder zurückkommt. Es gibt noch keine Dokumente wie ID-Chips mit einer X2-Kennung. Es wäre einfacher, wenn die Geburt auf der Erde oder wenigstens auf Oichos stattfinden könnte!" Wieder wollte sich mein gesamtes Blut im Kopf versammeln, doch drückte mich Ralph angenehm an seine Brust, was mir seelische Stütze gab. Nun wusste ich auch, was mir viele lange Jahre fehlte, was ich nicht wahrhaben wollte.

Langsam entließ mich Ralph aus seiner Umarmung und ich drückte ihm noch ein Küsschen auf den Mund, dann verabschiedete ich mich nur noch mit einem „bis gleich" und eilte zur Tür. Ich brauchte etwas Abstand, ich spürte, dass mein Kopf immer noch kochte. Ich wollte auch Gabriella nicht warten lassen, war sie doch wirklich sehr, sehr nett zu mir.

„Ich hoffe, ich kann dir behilflich sein!" Gabriella kontrollierte gerade die Tonanlage im kleinen Pressesaal, wo das Briefing stattfinden sollte. „Hallo Tamiles! Wie ist die Akustik dort wo du stehst?" „Etwas laut, aber lass es so, denn wenn viele Leute hier sein werden, dann könnte es auch bald zu leise werden." „Gut. Die Meisten können ohnehin deutsch oder englisch und alle anderen haben die Möglichkeit, die Translatoren auf den Tischen induktiv zu koppeln. So werden die Übersetzungsgeräte synchron versorgt. Ich nahm mir einen Makrolonbecher, ließ diesen vom Tischserver füllen und schüttete den Inhalt in einem Zug hinunter. „Die Wasserspender laufen", stellte ich daraufhin fest. Wenigstens war der Druck im Kopf nun weg und auch dieser große Schluck hatte geholfen. „Ist was mit dir, Tamiles? Du wirkst etwas abwesend." Gabriella hatte einen besorgt Miene aufgesetzt, soweit ich dies auf die Entfernung beurteilen konnte. Sie saß gute zwanzig Meter von mir entfernt neben dem ersten Rednerpult an der Schaltstelle. Ich ging langsam zu ihr und fragte vorsichtig: „Wie gut kennst du Ralph Marco?" „Oh? Hat er es dir angetan? Ich kenne ihn als Freund, aber in keinem Falle intim. Dennoch denke ich, dass ich mir ein positives Urteil erlauben kann. Er wirkte immer sehr angenehm auf mich und vor allem ausgeglichen. Er ist hochintelligent, hat teilweise australische Vorfahren ist aber wieder letztlich Deutscher – ein Gringo also." „Nun, ich weiß, dass genau genommen die Deutschen nicht zu den Gringos zählen. Das sollten die US-Amerikaner sein, aber im Sprachgebrauch Brasiliens sind nun alle helleren Menschen einfach Gringos. Diese Bezeichnung betrachte ich als nicht mehr zeitgemäß, da sich in den letzten sechzig Jahren die Menschheit schon viel weiter vermischte, als in den anderen zweihundert Jahren vorher. Doch meine genaue Frage ist: Kann ich ihm trauen, kann ich es mit ihm versuchen?" „Du willst sicher eine einfache Antwort. Wenn du etwas für ihn empfindest und du ihn riechen kannst – Ja! Sein Charakter ist überdurchschnittlich positiv." „Danke, deine Antwort ist Seelenbalsam." „Du wirst sehen, wenn du ihm eine gute Frau sein wirst, wie sich seine Produktivität erhöhen wird und sich seine Energie steigert. Er braucht das, nach dem vielen Pech, welches er in seinen Beziehungen bislang hatte." „Er hatte Pech in seinen Beziehungen?" „Das frage bitte nicht mich, sondern zu entsprechender Zeit ihn selbst, Tamiles. Das ist eine reine private Angelegenheit einmal zwischen euch und kann zu einem

fruchtbaren Boden werden." Gabriella war weise für ihr Alter! Genau dies wäre nun die althergebrachte *Fofoca*, der Tratsch. Dazu nahm sie Abstand. Respekt. „Ich habe dich sehr gut verstanden. Vielen Dank, Gabriella!" Die Frau des berühmtesten Raumfahrers dieser Zeit lächelte gutmütig und meinte nur noch: „Vielleicht solltest du dich einmal etwas mit Gokk befassen. Ich will keine Eigenwerbung machen, aber es würde dir gut tun."
„Ich besuchte bereits ein paar Mal Gokk-Seminare in Salvador. Das war aber in der Zeit, als ich mich noch zu sehr einer Religion widmete." „Da sind nicht viele Unterschiede, Tamiles! In den Religionen huldigt man meist nur einem Gott, im Gokk huldigt man Milliarden Göttern – uns selbst – dem Kollektiv und dem Menschsein. Für was sollen wir vorsorgen, wenn wir noch nicht wissen, ob das, für was wir vorsorgen auch eintrifft? Wir haben sowieso zum Zeitpunkt des Todes alles zu geben, was wir haben – das Leben. Damit gibst du auch alles Materielle ab. Nicht nur deinen Besitz sondern auch deinen materiellen Körper. Wären wir im Kosmos außer bestimmt durch Triebe und Instinkte für einen bestimmten Plan eingesetzt, müsste es auch eine Anleitung dafür geben und diese Anleitung hätte sicherlich keinen Platz auf zehn Tontafeln. Wenn wir nach einer Anleitung suchen, dann in unseren Genen und in unserem Streben. Aber dieses Thema könnten wir unendlich ausdehnen. Schließlich möchte ich dem nur noch eines hinzufügen: Eine Religion kann genauso richtig wie falsch sein. Es gibt Menschen, die brauchen den imaginären Handlauf durch das Leben und andere nicht! Wenn du einen Kaktus dauerhaft mit viel Wasser begießt, geht er ein. Wenn du einer Sumpfpflanze wenig Wasser gibst, geht sie auch ein. Es sind aber beides Pflanzen! Wenn du der Gesellschaft, dem Land, der Bevölkerung, der Menschheit, zum Leben etwas Positives beiträgst, ist es egal, welcher Religion du angehören würdest, du hättest jedwedem Gott wohlgetan."
„Darum vertrete ich nun eher das Gesamtheitsprinzip, welches von den Logikern so hochgeschätzt wird."
„Dies wird dir sicher noch viel Kopfzerbrechen bereiten, denn das Gesamtheitsprinzip ist sehr komplex und niemand wird es wohl ein seiner reinen Gesamtheit überblicken können. Darum flüchten sich eben auch manche Menschen in die Religionen mit den bildlichen Darstellungen, den Statuen, den Symbolen um zumindest dem einfachen Verstand einen optischen Eindruck zu liefern. Gepaart mit ein paar schlau und suggestiv formulierten Sätzen in diversen Büchern, schon haben wir eine Rezeptur, welche den Pöbel in Schach hält."
„Darum dann auch diese häufigen Missbräuche im Mittelalter."

„Immer wo sich Macht bildet, ob politische oder kirchliche, bildet sich auch ein Geschwür. Das gehört aber zur Gesamtheitslehre, wenn man diese grob versteht." „Yin und Yang?" „Auch!"
Nun wollte ich dieses Thema nicht weiter ausreizen. Doch musste ich Gabriella meinen Respekt zollen. Sie denkt mit ihrem Prinzip bereits auf auch kosmischen Bahnen.
Wieder öffnete sich die Türe und Indira Rima erschien. Sie sollte die indische Abordnung zu X2 leiten. Sie wirkte im ersten Moment etwas gefühlskalt. Doch musste ich mich bald korrigieren. Nachdem sie näher getreten war, lächelte sie und zeigte ein etwas unkorrigiertes Gebiss mit zwei etwas überlangen Schneidezähnen oben. Auch hatte sie einen Hang zu Traditionen, ich kam zu dieser Annahme aufgrund des roten Punktes auf ihrer Stirn. „Gabriella und Tamiles, wenn ich richtig informiert bin?" „Beides richtig." Ich antwortete etwas forsch. „Bei Gabriella war ich mir ja sicher, nur bei dir noch nicht. Aber nachdem es eigentlich nur zwei Brasilianerinnen hier gibt, welche auch solche Räume ohne großes Genehmigungsverfahren betreten dürfen, ich ja Tamines bereits bestens kenne, kann es sich bei dir eigentlich nur um Tamiles handeln, nicht wahr?" „Du wärst eine glatte Freude für den großen Logiker Bernhard, Indira!" Ich reichte ihr meine Hand und sie legte die ihre in meine Handfläche. Kein nennenswerter Händedruck! Irgendetwas störte mich nun an dieser Frau. Aber ich wollte mich hierzu selbst als Neuling nicht ausdrücken. Gabriella faltete ihre Hände und verneigte sich vor Indira kurz. Nun, Händedrücken war wohl nicht die gesellschaftliche Form der Begrüßung Indiens, vielleicht erwiderte sie deshalb keinen Händedruck.

„Das Briefing kann beginnen. Obwohl noch etwas früh, schalte ich die Türen bereits auf Teilnehmerkennung." Eine kurze Erklärung Gabriellas, dass sie sich nun sicher schon ausreichend vorbereitet hatte. Warum sie auf eine Extranominierung für ihre Person Wert legte, wusste ich nicht, denn ihr Status innerhalb der TWC würde ausreichen, sich selbst zu nominieren. Außerdem hatte Sebastian sie ohnehin als Koordinatorin neben ihrem Gatten bestimmt. Aber ich war ja der Neuling und wollte auch nicht zu viele Fragen stellen.
Schon nach ein paar Minuten kam die Forschergruppe aus China und suchte die dafür markierten Plätze auf. Die nächste Truppe war bereits die brasilianische, dann ging es aber Schlag auf Schlag. Die Oichoschen, Spanier, Südafrikaner, Engländer, Franzosen, Araber, Vereinigte Staaten, Koreaner, Taiwanesen, Japaner, Australier, ja sogar Portugal hatte einen Trupp zusammengestellt. Israelis und Palästinenser kamen zusammen genauso wie die vereinigten Länder Iran und Irak. Natürlich waren unter

den Archäologen die Erfahrensten! Die Ägypter. Ich kannte all diese Einzelstaaten gar nicht mehr, als sich der `kleine´ Pressesaal fast gefüllt hatte. Zuletzt erschien Prof. Dr. Joachim Albert Berger, der vom engeren Kreis um ihn nur der Yogi-Bär genannt wurde, wie ich auch schon wusste. Ralph betrat nun den Saal und ich spürte einen warmen Stich im Herz. Er lächelte zu mir, nahm aber bald Platz in den ersten reservierten Rängen. Dabei deutete er auf einen Platz neben ihm und nickte mir zu. Er hatte also bereits für mich einen Platz an seiner Seite bestellt. Dr. Dr. Sebastian Brochov betrat nun auch die Räumlichkeit und er gesellte sich bald neben Gabriella. Als Max Rudolph den Saal betrat, erlosch das Raunen und einige der Anwesenden klatschten. Damit wollten sie einem der Erfinder der Neuzeittechnik eine Ehre erweisen. Doch Max nickte nur kurz, winkte, lächelte, dann kam er auch zu seiner Gattin und gab ihr ungeniert einen Kuss. Sogar dafür erntete er einen kleinen Beifall. Er blieb dennoch bei den Sprechern des Briefings, sicher auch deshalb, da er der erfahrenste Raumpionier war, der sich momentan auf Terra befindet. Nach ihm kamen noch beide Chorck auf äußerst leisen Sohlen. Sie hatten wunschgemäß ihre Plätze in einer Randzone des Saales bekommen.
Die Teilnehmer des Briefings waren nun vollständig! Ein Rechner zeigte die Liste auf einem 2D-Flachschirm an und damit auch die Meldezahl und die Ist-Anzahl der Teilnehmer. Beide Zahlen waren nun gleich. 1278 Spezialisten aus aller Herren Länder.

„Pünktlich, pünktlich!" Lobte Gabriella Rudolph und schon mit diesen Worten legten viele der Versammelten ihre Translatoren auf die gekennzeichneten Flächen der Induktivkopplungen auf den Tischen vor Ihnen. Auch die ersten Makrolonbecher wurden von den Tischservern ausgegeben und mit Wasser gefüllt.
„Hiermit erkläre ich das Briefing für die anstehende Mission nach X2, dem Operationsnahmen des zu erforschenden Planeten in der kleinen Magellanschen Wolke für eröffnet. Glücklicherweise sind die politischen Barrieren alle eingebrochen und nun haben die Forscher und Wissenschaftler das Wort. Für diese Spezies, wenn ich dies einmal so profan nennen darf, existierte schon seit Jahren keine Nationalität mehr und ich denke, mit der Gründung des CET arbeiten wir ohnehin nur noch mit einem gemeinsamen Ziel. Dafür standen Wissenschaftler und Forscher schon immer eher ein, als die meisten Politiker!"
Damit konnte man rechnen! Der erste rauschende Beifall für die einleitenden Worte Gabriellas. Indira und ich suchten damit auch sofort unsere Plätze auf und Ralph gab mir einen schnellen Kuss. Wieder wallte

mein Blut, doch ich konnte mich ausreichend konzentrieren und lächelte ihn an, was er dankbar registrierte.
„Sebastian braucht auch etwas von Ihrem Applaus, meine Damen und Herren, liebe Neutros. Darum möchte ich nun das Wort an ihn weitergeben." Eine Kunstpause wurde gestaltet. Sebastian, welcher nach eigenen Worten eigentlich nie eine Tätigkeit ausüben wollte, in der er öffentlich viel zu sagen hätte, hatte sich scheinbar mit seinem Schicksal geeinigt. Somit räusperte er sich vor dem Mikrofon, was ihm von ein paar Vorwitzigen schon verhaltenes Klatschen einbrachte.
Er schaute in die Runde und mahnte: „Vorschußlorbeeren hatte ich noch nie akzeptiert! Wir wollen X2 erst einmal viele Geheimnisse entreißen, dann werde ich mich über Ihren Beifall auch richtig freuen können. Wie sie wissen, bin ich zwar mit dem Amt des Präsidenten des CET bedacht worden, allerdings hat ein Präsident im Parlamentarismus eher eine koordinierende Funktion. Darum stehe ich jetzt und heute ebenfalls als Wissenschaftler vor Ihnen. Eine Verflechtung von Wissenschaft und Politik war aber in den letzten Monaten und Jahren unumgänglich, doch bin ich mir sicher, dass unser CET sich künftig ausreichend stabilisieren kann, um diese Zweige wieder trennen zu können, sich dabei aber trotzdem ergänzen werden.
Alle hier versammelten Wissenschaftler unterliegen dem Eid zum CET, keiner darf Erkenntnisse, welche auf X2 erlangt werden, zum reinen Eigennutz unterschlagen. Dieser Hinweis nur zur Erinnerung.
Folgende Schritte zur Einleitung der Mission sind nun beschlossen: Wir fahren mit der französischen DANTON in den Passagierzellen. Es gibt ausreichend Platz und die Reisezeit ist wirklich kurz. An Bord der Danton werden sich viele Gleiter befinden, wie diese auch von den einzelnen Nationen zur Nutzung bereitgestellt wurden. Darüber hinaus werden die SHERLOCK und die WATSON von der DANTON mittransportiert und diese beiden Gondeln können zuerst Satelliten aussetzen, welche Radiowellen von vor 150 Jahren suchen werden. Dann soll die DANTON auf dem größten Kontinent von den vierzehn auf X2 landen. Die Landung erfolgt außerhalb der großen Stadt und auf der strahlungsärmeren Seite. Dort wird auch das Koordinationslager aufgestellt. Frau Gabriella und Herr Maximilan Rudolph leiten das Koordinationslager, weisen Geräte und Mittel zu oder fahren mit Spezialfahrzeugen, Gleitern oder entsprechend zu den einzelnen Einsatzgebieten, wenn nötig. Auch werden Variolifter und Automatversorger von der DANTON mitgenommen! Trotz dieser Menge an Material, welches zu transportieren sein wird, möchte ich Ihnen erklären, dass die DANTON nicht einmal zu siebzig Prozent belegt ist! Die Freunde von Oichos fahren nun selbst mit der EINSTEIN und mit der GAUSS,

werden dann auch zuerst die einzelnen Einsatztrupps verteilen helfen. Jeder Einsatztrupp *muss* einen Mienensucher mitnehmen. Diese Gefahr sollte nicht unterschätzt werden. Ich appelliere an Sie alle: Verwenden sie vor der Erforschung eines Terrains immer zuerst den Minensucher und gegebenenfalls dann einen Zerstörer oder Entschärfer. Nicht zuletzt aus diesem Grund gibt es in Ihren Reihen auch viele Wissenschaftler aus dem militärischen Bereich mit der entsprechenden Erfahrung.
Bei Entdeckung von vorrangig interessanten Details geben sie sofort Meldung an das Koordinationslager um im Falle eines Falles auch die entsprechenden Spezialisten anzufordern. Erforschen sie nicht alles auf eigene Faust! Ein Goldsucher konnte auch kein Saurierskelett restaurieren, obwohl beides in der Erde gefunden wurde. Kein falscher Stolz bitte, auf vierzehn Kontinenten und unzähligen Inseln gibt es mehr zu tun, als wir alle hier in den nächsten Jahren überhaupt erledigen könnten. Jeder wird seinen persönlichen Höhepunkt finden. Es ist auch gut möglich, dass in den nächsten Wochen das gesamte Kontingent noch mit weiteren Transportern aufgestockt wird. Sollten sich die Bewohner von X2 wirklich vollkommen ausgerottet haben, so wird diese Welt in die CET eingegliedert. Als Terra 2 sozusagen um weiterhin dieses `Gemeinschaftsimperium Andromeda-Magellan´ für künftige Operationen mit dem Plejadenimperium pro Forma aufrecht zu erhalten. Sollte es aber Überlebende geben, welche in der Lage wären, die Infrastruktur ihrer Welt zu erneuern, so steht es im Ansinnen dieser Intelligenzen, was mit deren Planeten geschehen soll! Das CET ist kein Erobererimperium! Jedoch sollte es dann aber die Aufgabe des CET sein, Frieden zu stiften. Auch könnte es natürlich sein, dass hypothetische Überlebende als eine neue Staatswelt in das CET eintreten wollten. Auch dem sollten wir keinen Riegel vorschieben, wenn Richtlinien eingehalten werden, damit weitere Kriege und Diskriminierungen unterlassen werden.
Sicher werden nun einige fragen, warum wir uns dann so bemühen, diese Welt zu erkunden? Zum einen wissen wir noch nicht, ob es Überlebende gibt, wenn ja, könnte es sogar sein, dass aufgrund von Strahlenkrankheiten diese Wesen kaum eine Zukunft mehr haben und wir uns nur noch um sie begleitend kümmern sollten. Nachdem die Kriege etwa 200 bis 300 Jahre zurückliegen und wir dort, oder Tamines dort keine Überlebenden mehr ausmachen konnte, ist also damit zu rechnen, dass hypothetisch Überlebende mit der eigenen, vergangenen Technik nichts mehr anfangen können und wir zumindest in den Genuss des Studiums kommen."
Der Vertreter der chinesischen Forschertruppe meldete sich zu Wort:
„Mein Name ist Dr. Song-Julius Weber, ich möchte die politische Bedeutung von hypothetischen Überlebenden wissen. Wenn wir Intelligenzen finden, die diese Apokalypse überlebten, werden diese dann

automatisch Mitglieder im CET? Oder besser gefragt: Wird die Welt X2 automatisch zu einer Welt in unserer Föderation?"
„Glückwunsch, Herr Dr. Weber, hmmh, ein deutscher Name in China?"
„Mein Vater war Deutscher, er kam als Helfer nach der großen Flut, als die obere Staustufe des Jangtse vom Bruch bedroht war. Er und etwa hundertachtzig andere Deutsche konnten das Schlimmste verhindern. Er blieb dann in China, als er meine Mutter in dieser Zeit kennen lernte. Viele andere übrigens auch." „Oh, wie interessant. Nun gut, also zu Ihrer Frage: Es gibt noch offene Aspekte, welche wir erst beraten können oder sollten, wenn sich die Frage selbst stellt. Wenn wir alle Möglichkeiten vorab erörtern müssten, dann könnten wir diese Mission nicht so schnell durchführen. Das war ein Fehler in der Vergangenheit, man erörterte und erörterte, bis für den eigentlichen Fall keine Zeit mehr blieb oder dieser sich durch überholende Umstände von selbst eliminierte und damit auch gewissermaßen Verluste eingefahren wurden. In unserem Fall zählt aber eine gewisse Eile, denn, wie schon gesagt, es könnte Überlebende geben! Für Überlebende auf einer nun kargen Welt kann auch jede Woche, die wir warten, noch einen Überlebenskampf bedeuten."
Der Halbchinese gab sich mit dieser Antwort vollkommen zufrieden.
Ein Elektroniker aus den Reihen der Inder wollte noch wissen:
„Wir gehen davon aus, dass auch die Infrastruktur der Nachrichtenverteilung auf X2 per Satelliten aufrechterhalten wurde. Sollten wir nicht auch noch solche Satelliten suchen, welches eventuell nicht abstürzten, sondern in den Raum drifteten?"
„Es könnte sinnvoll sein, wenn es um eine Dechiffrierung von Nachrichten geht. Auf einer Welt, wo wahrscheinlich vierzehn Kontinente in einem Krieg verstrickt waren, hat es sicher kein zum Beispiel weltweit freies Fernsehprogramm gegeben. Wenn aber doch, dann unverschlüsselte Propagandasendungen. Dechiffrierungsschlüssel müssten sich auch in den verschiedenen Militärstationen finden lassen. Anderen Falles oder wenn Sie Hinweise finden, dass ein solcher Satellit gebraucht werden sollte, werden wir auch nach solchen Geräten suchen."
Auch dieser Mann gab sich zufrieden. Diese Leute hier waren sichtlich keine Politiker! Sie fieberten einem der größten Forschungsprojekte der Menschheit entgegen und waren schon Feuer und Flamme.
Ein Russe meldete sich noch:
„Ich bin Professor Alexij Koskovjet von Militärakademie Petersburg. Herr Dr. Brochov bitte: Was tuen wir mit Waffen wenn finden große gefährliche und vieles. Beispiel: Waffen wenn uns Gefahr von Chorck drohen, dann auch können solches mitnehmen und nachfabrizieren? Analysieren dann schon auf X2 oder anderes Welt?"

Der Mann sprach ein gutes Deutsch, aber in der Aufregung brachte er dieses nicht mehr grammatikalisch richtig heraus.
„Wenn gefährliche Waffen gefunden werden, sollten diese erst einmal berührungslos untersucht werden. Im Anschluss erhoffen wir uns aber auch Hilfe von den Sprachforschern, dass diese bald die dortige Sprache analysieren und wir schon Automatübersetzer für Beschreibungen und Warnhinweise einsetzen können. Aber keine voreiligen Experimente! Bauen Sie in keinem Fall einen Zünder einer Atombombe aus, auch wenn alle Lämpchen auf grün stehen oder aus sind! Auch deshalb, weil die Farbe Grün bei anderen Intelligenzen möglicherweise schon Alarm bedeuten könnte. Es wird noch scharfe Waffen geben und eine uns absolut fremde Technik sollten wir auch absolut vorsichtig untersuchen. Am besten sollten uns nach einigen Daten und Fakten gewisse Computersimulationen von den dortigen Techniken weiterhelfen. Ich rechne auch damit, dass es bald eine echte Interfacestufe, also gewissermaßen einen Übersetzungscomputer für beide Computersprachen von unseren Rechnern zu einigen X2-Rechnern geben könnte. Unsere Computerspezialisten werden sicher auf allen Forschungsgebieten zusätzlich gefragt sein. Doch auch hier ist wieder Vorsicht geboten, dass nicht eine letzte oder eine noch versteckte Raketenrampe scharf gemacht wird. Wie Sie sehen, steht das gesamte CET vor einer großen Aufgabe und über Eines bin ich mir absolut sicher: es wird nicht die Letzte sein und es werden noch Schwierigere kommen! Auch wenn die Raumfahrt nun allgegenwärtig und bereits wie selbstverständlich in unsere Gewöhnung übergegangen ist, wir stehen immer noch an der Schwelle der kosmischen Erkenntnisse. Sicher wir haben bereits mit den altertümlichen Satelliten wie Hubble, Huygens, Planck, Kopernikus, Yoschet, tiefes Auge, Lorraine und den Marsobservatorien viel erfahren, aber jetzt! Jetzt konnten wir unsere theoretischen Erkenntnisse erst einmal praktisch umsetzen und überprüfen. Demnach sind wir ohnehin schon wieder einen Überholschritt gegangen. Ich habe ohnehin wieder viel zuviel hinzugefügt, was diese Frage betraf, dennoch sollte es aber nie zu wenige Warnungen werden! Noch mal Ihre Frage betreffend: Wenn wir Waffen finden, die uns im Kampf gegen das totalitäre Imperium der Chorck helfen, so möchte ich das Schwergewicht in Möglichkeiten lenken, welche nicht mit Blutvergießen enden. Vielleicht finden wir Waffengattungen auf Strahlungsebene oder Computervirensysteme, welche kopierbar sind. Höchstes Augenmerk sollten wir den Defensivwaffen verleihen."
Auch der russische Professor war zufrieden.
„Ich bin Forschungsleiter der TWC-Graz. Werden wir versuchen, diese Welt wieder in alte Umlaufzeiten zu lenken oder vielleicht sogar in die

originale Umlaufbahn, wenn die jetzige nach der Erforschung aller Daten sich nun als Kriegsergebnis erweist?"
„Wir werden es versuchen. Dieser Test könnte uns gleich von Nutzen sein, wenn wir im Wegasystem die Monde vom neunten Planeten in eine weitere Umlaufbahn dirigieren möchten oder vielleicht sogar einen davon in die Sonne lenken. Wie Sie sicher erfahren haben, hat W9 sehr nahe Monde, welche einer potentiell fruchtbaren Welt Springfluten und vulkanische Aktivitäten liefern. Ohne diese nahen Monde könnte ein neuer Planet gewonnen und in ein paar Jahren sogar schon für eine Besiedlung freigegeben werden. So ein kleiner Test mit den riesigen Waferfeldern oder auch –folien sollte dennoch sehr vorsichtig vonstatten gehen. Wir wollen einen Originalzustand von X2, auch damit sich diese Welt möglichst wieder größtenteils selbst regenerieren kann."
Nun gab es noch ein paar Diskussionen untereinander, auch da jeder Teilnehmer nun eine `Forscher- und Wissenschaftlerknigge´ erhalten hatte. Je ein Schriftstück mit dem organisatorischen Ablauf und den Netzkennungen, nach denen X2 aufgeteilt wird und jeder einem jeden Hotmails zukommen lassen kann. Dazu dann Ratschläge und Richtlinien über persönliches Verhalten.
Doch dauerte es noch über eine Stunde, bis dieses Briefing beendet war. Das oichoschische Neutro Ailikrii meldete sich zum Abschluss: „Ich sollte von meinem Präsidenten noch bestellen, dass von dem Budget des kostenlosen Nesselweines noch knapp ein Hektoliter vorhanden ist. Dennoch wird um maßvolles Zechen gebeten!" Ein hohes rollendes Lachen war Ailikrii eigen. Ein Lachen, welches unbedingt zum Mitlachen einlädt! Noch dazu wenn man dieses ebenfalls sehr verschmitzte Gesicht dieses Neutros betrachtete. Diese Oichoschen, so dache ich bei mir, man muss sie einfach gerne haben. Wenn diese Mission erledigt oder zumindest meine Mitwirkung nicht mehr erforderlich sein wird, ich werde mir einmal Oichos ansehen, die Welt des roten und des Silbermondes, die Kentauren. Auch das neue Lokal von diesem berühmten Neutro mit dem Kosmonetcafé, wie hieß es wieder? Ischii, ach ja. Ich hatte viel darüber gelesen und Holos angesehen. Die Raumfahrt. Einer meiner Träume geht in Erfüllung. Die Raumfahrt wird nun aber nicht so ausgeführt, wie in früheren Geschichten theoretisch aufgeführt. Man ist ja die wenigste Zeit im Weltraum. Die Distanzschritte sind ja fast zeitlos. Damit entfallen auch die meisten Gefahren die bei langen Raumaufenthalten befürchtet wurden.

Der Aufforderung Ailikrii wurde Folge geleistet. Die Leute waren aufgestanden und blickten fragend um sich. Noch wussten sie nicht, wohin sie sich wenden sollten, denn die meisten hier waren ja nicht auf der

Tagung, bei der es um die politische Zukunft der alten Föderation der Neun ging. „In der kleinen Pressehalle, nicht wahr Ailikrii?" Gabriella rief das Neutro in Deutsch ohne Mikrofon. Das Oichoschenneutro sah erstaunt zu ihr und antwortete in Bayrisch: „Ja, freilich doch! Auf geht's, pack ma's Leut'!"
Maximilian Rudolph glaubte seinen Ohren nicht trauen zu können. Auch Gabriella blickte Ailikrii an, als wäre es ohne Ankündigung rematerialisiert. Die Frau von Max schüttelte ihren Kopf, dass ihr Haar nur so wallte. „Ein oichoschisches Neutro, welches Bayrisch spricht, ja um König Ludwigs Willen, wie gibt es denn so was? Ailikrii, kannst du mir das erklären?"
„Kann i scho. I bin vom Organisationskomitee Oktoberfest von Abramortak und mir leg'n Wert auf Originalität. Natürlich auch mit Bier aus München. Schaut's es euch mal an, ja?"
Max hatte sich gerade gefangen. „Oktoberfest in Abramortak? Aber auf Oichos gibt es keinen Oktober, ihr habt doch den Zehnmonatskalender und die Unterverteilung auch noch dezimal?" „Schon klar, aber wir geh'n einfach mit Terra parallel. Damit is des Oktoberfest immer zu einer anderen Jahreszeit. Is ja eh egal, denn Hauptsache Oktoberfest!"
Damit hatte Ailikrii den Vogel abgeschossen, wenn man dies wiederum so profan definieren darf. Mit nun wesentlich gelockerter Stimmung wandten sich die Forscher und Wissenschaftler dem Ausgang zu, auf dem auch der Wegweiser für die Lounge der kleinen Pressehalle ausgewiesen war und so trafen sich fast alle wieder bei Jarvisch, dem Präsidenten von Oichos, der sich riesig freute und sich in seiner Rolle als Schankwirt sichtlich wohl fühlte. Er versuchte noch ein paar berüchtigte Neutrowitze loszueisen, die konnten nun aber doch nicht von Jedermann interpretiert werden.
Doch bildete sich bald eine Gruppe: Gabriella mit ihrem Max, Ailikrii und Abbasch, die beiden Chorck, Sebastian und Joachim, letztendlich auch Ralph Marco und meine Wenigkeit. Mit etwas Nesselwein von Oichos war dann bald auch mein Problem mit der Gesichtsrötung so gut wie ausgemerzt, ja ich konnte sogar die Liebesbezeugungen meines Partners in dieser kleinen Gruppe erwidern, ohne, dass ich meinen Kopf vergrub! Gabriella und Max wirkten aber auch immer noch wie frisch verliebt. Auch deren lockeres Verhalten half mir auf meinem neuen Weg in eine bessere mentale Freiheit. Ich wusste zu diesem Zeitpunkt noch nicht, ob es gut oder ein Fehler war, als ich im Anschluss und leicht beschwippst `meinem´ Ralph Marco ein `Ja´ gab, als er mich anschließend zu sich in sein Apartment einlud. Vielleicht auch ein Effekt meines plötzlichen Freiheitsgefühles oder ein Effekt meiner Euphorie, nachdem ich auch diese Mission begleiten durfte. Oder doch ein Effekt, welcher vom Herzen aus gesteuert war?

Es waren wunderschöne Stunden bei Ralph Marco, Stunden, die mich mit ihm sicher besser verbanden, als ich es mir jemals hätte denken können. Jedenfalls wurde ich mir in jener Nacht sicher: Ich hatte mich in Ralph verliebt. Ich fühlte eine Liebe, wie ich so ein Gefühl noch nie zu definieren hatte. Schwerelos oder körperlos. Wie im Weltraum.

2. Kapitel
Die Mission.

Stadtarchiv von Barricale. Der vierundfünfzigste Korun 13812.
Die Welttournee des Rockclassic-Orchesters Nonabsolutum im Ashan und Korun 13812 nach dem ersten heiligen Krieg. Der Höhepunkt der Tournee fand auf dem zweitgrößten Kontinent Barrica, unserer Welt Parmos statt. Das Konzert wurde im Tal der hüpfenden Winde, außerhalb von Barricale der Hauptstadt ausgetragen. Millionen Barricaner und andere Parmosen folgten dem Ruf der musikalischen Friedensprediger und besetzten Plätze auf den Tribünen oder den befestigten Felsvorsprüngen. Andere suchten wenigstens das Oberland auf, um dem musikalischen Versuch, die Welt zu befrieden, beiwohnen zu können. Bislang konnte das Rockclassic-Orchester immerhin schon geringe Erfolge erzielen indem es das Absolutum als ausweichlich bezeichnete. Das Absolutum sollte keine Prophezeiung sein! Das Absolutum sollte als eine Warnung verstanden werden, als eine Wahrscheinlichkeit, welche nie mit der Wirklichkeit eingetauscht werden durfte! Die Lifte, welche Personen in das Tal brachten, waren ununterbrochen im Einsatz, Parmosen zahlten auf dem Schwarzmarkt oft das zwanzigfache der normalen Preise, welcher nach Abzug der Unkosten den Parmos-Friedensstiftungen zugute kommen sollten.
Zu Beginn hatte Alhas zu Melhaim einen Soloauftritt. Passend zum Austragungsort komponierte dieser begnadete Künstler und Sänger eigens die Rockarie „Im Einklang mit den hüpfenden Winden von Barrica".
Hier ein Auszug aus den Texten dieser Rockarie:
(Die gigantische Kompressorsteinorgel wurde von Merone von Bralha gespielt, welcher sagte, dass die Winde des Tales ihn inspirierten.)
„Lüfte und Winde, Lüfte bewegen, Winde zerren und Stürme zerstören.
Lüfte und Winde, ich atme und reagiere und ich lebe von meinem Atem.
Lüfte und Winde, du atmest und lebst.
Lüfte und Winde versorgen uns mit Leben, versorgen uns alle, gleich von welchem Kontinent.
Feuer und Waffen, auch sie bewegen, zerren, aber erzeugen keine Winde.
Feuer und Waffen, ich atme nicht, aber ich wollte von meinem Atem leben.
Feuer und Waffen, du atmest nicht, du solltest aber leben.
Feuer und Waffen versorgen uns mit Angst und Schrecken, versorgen uns mit Stürmen, gleich auf welchem Kontinent.
Hass und Gier, Hass bewegt, Hass zerrt und Gier zerstört.
Hass und Gier, ich will nicht hassen, ich will auch dich am Leben sehen.
Hass und Gier, du hasst nicht, warum sollte ich dich hassen?

Hass und Gier, sie umrunden uns mit unsichtbaren Bändern, versorgen uns mit Egoismus, gleich auf welchem Kontinent."
Der Chor der Friedensbeter setzte zu einem Canōn an:
„Ihr Gütigen der Dimensionen und der kleinen und großen Teilchen, raubt den Kriegern das Kriegsherz, raubt den Kriegsherren ihren Kriegssinn und weist ihnen Lüfte und Winde zum gemeinsamen Atem."
„Wellen und Winde, ein Wohlgefühl, die Stürme schon mit Ungefühl und Fluten bereits mit Todesangst.
Wellen und Winde, sie schmeicheln dir und mir, die Stürme warnen und die Fluten strafen.
Wellen und Winde, sie wünschen unser aller Leben, gleich auf welchem Kontinent.
Wellen und Winde, sie sorgen sich gleich dir und mir, sie sorgen sich auch der Krieger und ihren Herren.
Feuer und Rauch, ich halte das Feuer klein, sieh mir zu und spare deinen Rauch.
Feuer und Rauch, halte deine Feuer klein und verbrenn nichts von deinem Nächsten.
Feuer und Rauch, versorgt mit Wärme die Lebenden, gleich auf welchem Kontinent.
Feuer und Rauch, ich ziehe den Rahmen und halte beides in seinen Grenzen, so wie wir auch in solchen Grenzen zu handeln haben.
Mut und Kampf, nicht den Lüften und den Winden gleich, denn Mut braucht man zum Leben und nicht zum Sterben.
Mut und Kampf, gönne dir den Lebensmut und kämpfe für den Frieden.
Mut und Kampf, auch dir sei Mut beschieden und kämpfe auch für aller Leben.
Mut und Kampf, lehnt ab den Krieg, so wird euch Mut gezollt, gleich auf welchem Kontinent.
Mut und Kampf, tote Helden dienen nicht und lebende Helden kämpfen nicht.
Erneut sangen die Friedensbeter einen Canōn:
Ihr Gütigen der Dimensionen und der kleinen und großen Teilchen. Suggeriert den Werkzeugen und Herren der Waffen und Bomben, sich wieder anzuwenden, aber zum Teilen derselben. Schafft Frieden für Parmos, lasst die Winde wieder hüpfen, nach ihrer eigenen Melodie.

Der absolute Höhepunkt dieses Konzertes zeigte Atombombenexplosionen mit riesigen Projektoren an die steilen Felswände geworfen, unzählige Feuerwerke auf dem Oberland und die Landung eines Trikopters auf der riesigen Bühne des Orchesters. Der Trikopter startete unter Begleitung

eines langsam anschwingenden Dreiklangs der Steinorgel und hob den Sänger Alhas zu Melhaim an einem Gurt hängend von der Bühne weg. Alhas zu Melhaim hatte ein Funkmikrofon an sich genommen und das Orchester spielte nun komplett am Talboden auf, der Trikopter schaltete seine Bordlautsprecher hinzu und strahle den puren Gesang des Stimmenphänomens aus, als sollten die Schallwellen ganz Parmos erreichen.
Alhas zu Melhaim sang die Rockhymne „Flehen für Frieden", dazu wurden von den Projektoren die Friedensbewegungen und -demonstrationen der ganzen Welt im Zeitraffer an den Felswänden wiedergegeben. Als der Sänger und der Trikopter von den Lichtwerfern fast nicht mehr gesehen werden konnte, klinkte sich Alhas zu Melhaim aus und fiel zurück in Richtung der Talbühne. Das Schreien von Millionen hallte über den halben Kontinent, als sie ihren Star fallen sahen, doch in etwa der Höhe des Oberlandes öffnete sich sein Fallschirm und Alhas landete fast punktgenau wieder an seinem alten Platz. Genau in diesem Moment setzte das gesamte Orchester erneut ein und brachte die Lebenssinfonie mit vollem Einsatz. Zum Ausklang des Konzertes sang Alhas zu Melhaim und Rotota zu Gemerschon das Duett „Sonnenaufgang".
Die Projektoren ließen links zur Talflucht eine Sonne untergehen, es folgte eine Session der Trommler während der absoluten Dunkelphase, welche nur von den winzigen, zugelassenen Friedenslaternen der Besucher unterbrochen wurde, dann warfen die Projektoren rechts zur Talflucht einen wunderschönen Sonnenaufgang an die Steinwände, welcher so programmiert war, dass er bis zum echten Sonnenaufgang andauerte, dieser die Projektionssonne an den Talwänden auf dem Oberland übernahm.
Jedes Orchestermitglied appellierte einzeln und nacheinander an alle Kriegsherren, Vernunft walten zu lassen und das Absolutum nicht zu provozieren. Betört von einem grandiosen Ereignis suchten die Besucher anschließend ihre Wege nach Hause.
Diese Konzerttournee und besonders dieses Konzert hier bei Barricale gingen in die Geschichte ein und es sah demnach auch so aus, als hätten die musikalischen Appelle die richtigen Ohren erreicht. Die Kriegshandlungen nahmen ab, Kultur und Reisen gewannen wieder an Bedeutung. Alhas zu Melhaim starb am einundsechzigsten Olhem 13944. Als wollte der musikalische Friedensbringer seinen Frieden mitnehmen, brachten die berüchtigten radikalen Genesispriester und Anhänger der Genesisheiligen den Terror zurück nach Humola und Barrica. Die Antworten dauerten nicht lange und ein neuer Krieg flammte auf. Dieser Krieg war auf ganz Parmos zu sehen und zu spüren. Nach zwei weiteren Sonnenumläufen kamen die

ersten Atomwaffen zum Einsatz und diese waren schon wieder weiterentwickelt. *Die Forscher und Wissenschaftler aller Kontinente entwickelten nur noch Waffen, sie wollten andere Kontinente austrocknen und brachten somit auch Silberoxydverteiler zum Einsatz, um den Regen über den Meeren sofort wieder abfallen zu lassen, sodass die Winde ihn nicht mehr über die Lande tragen konnten. Gesteuerte Computerviren setzten die Infrastrukturen außer Gefecht und es begann eine Hochzeit der Agenten und Spione, der kleinen Strukturbomben und der Nadelregner. Abermillionen dieser Nadeln mit langsamen Giften wurden über die Städte und letztlich auch über größere Dörfer von Stratosphärenraketen ausgesetzt und radierten das Leben von ganzen Landstrichen aus. Weiter wurden bereits Atombomben genutzt, um einen EMP-Schlag auszuführen. Mit diesen Hochenergieentladungen in der Hochatmosphäre konnten auch die automatisierten Fahrzeugsteuerungen auf den Induktivbahnen lahm gelegt werden. Luftschiffe, Flugzeuge, Bikopter und Trikopter, welche noch in der Luft waren, hatten kaum eine Chance, heil zu landen Das allgemeine Leben war zusammengebrochen, Anarchie breitete sich aus und die Kriegsherren warfen sich gegenseitig Beschuldigungen zu. Jeder stand vor seinem schwarzen Knopf für die ultimativen Waffen, Verbrennungsraketen mit Atombrandbomben und Schleudertanks mit Giften. Der Tag wird kommen, an dem sie diese Knöpfe auch bedienen werden. . .*
Parmos! Wird dies dein Ende sein, oder ein neuer Anfang?
Man erinnerte sich an die Kriegssänger und das Absolutum und wie oft in solchen Zeiten schrieben Künstler daraus eine Oper. Jeder Kontinent ersann je eine eigene Version und dadurch wurde diese Oper auch ein Welterfolg, wenn auch nicht unter geeinten Ansichten.
Diese Oper wurde täglich aufgeführt und sollte erst enden, wenn die Prophezeiung der Kriegssänger eintreffen würde.
Wann würde das wohl sein?

Terra, Oberpfaffenhofen der 19. April 2095:
Bericht Maximilian Rudolph:

Endlich geht es wieder in den Kosmos! Endlich wieder eine Mission, vor allem eine Mission ganz nach meinem Geschmack. Ich stöberte früher ja auch schon so gerne auf dem Dachboden meiner Großmutter herum. Sicher kann ich diese Tatsache nicht mit der anstehenden Mission vergleichen und ich würde diesen Vergleich auch wohl keinem erzählen, dennoch, dieses

Gefühl in meiner Brust lässt sich eben mit jenem Gefühl von damals am besten vergleichen. Wir werden gewissermaßen in der Vergangenheit herumstöbern, wenn auch nicht in der eigenen. Aber einer Alternativeigenen, so wie ich auch die Mission verstehe.
Ich musste letzte Nacht ein zeitcodiertes Schlafmittel zu mir nehmen, damit ich meine Aufregung etwas eindämmen konnte.
Die DANTON machte schon den Startcheck, beide Chorck hatten sich eine Ausrüstung zusammengestellt, welche zum Teil noch aus der APOSTULA stammt und waren bereits an Bord des Frachters. Es fehlte nur noch, dass die SHERLOCK und die WATSON in das hintere Hangarsegment des französischen Riesenschiffes einfahren, dann konnte der Verband auch schon starten.
Die Oichoschen warteten schon fieberhaft auf der EINSTEIN und der GAUSS.
Die letzten Gruppen der Forscher und Wissenschaftler der ganzen Welt fuhren mit den Antigravlifts in die Passagierzellen welche nur im Mittelteil der DANTON eingesetzt waren.
Um 12:35 Uhr waren wir startbereit. Dieses Mal war auch das Frachtschiff zugleich das Kommandoschiff. Es war gut zu wissen, dass ein erfahrender Pilot wie Gerard Laprone das Hauptkommando über hatte. Ich war mit meiner Funktion als Missionsleiter vollauf zufrieden. Außerdem sollte ich ja mit der WATSON zwei Satelliten und Tamines mit Indira noch einen weiteren aussetzen. Diese drei Satelliten hatten nur einen Tachkomtransceiver um mit der Kontrollstation auf X2 in Verbindung zu treten und von dort wieder Steuersignale zu erhalten. Auch würden die Normalradiosendungen der X2-Vergangenheit in geraffter Form zur Mission-Control weiterzuleiten sein.
Gabriella winkte von der WATSON her und signalisierte, dass sie bereits auch das `Privatproviant´ an Bord gebracht hatte. Nun, gewisse Dinge wurden einfach toleriert, da sie auch nicht auf der Versorgungsliste der verschiedenen Bordlogbücher standen und auch weil die Erfahrung gemacht wurde, dass Menschen, wenn sie einen gewissen Grad an persönlichen Genussmitteln auf Missionen mitnehmen können, wieder effektiver arbeiten. Auch Tamines und Indira winkten, als sie in die SHERLOCK einstiegen. Unsere zwei kleinen Raumgondeln sollten erst am Fluchtpunkt etwa 2200 Kilometer von der Erde entfernt eingeschleust werden.
Ich schmuggelte noch zwei Kisten Zigarren mit in die WATSON, da ich mir vorstellen könnte, dass mein alter Freund Georg an Bord der Raumstation in der kleinen Magellanschen Wolke seinen Vorrat schon aufgebraucht haben würde. Solche Kleinigkeiten mussten einfach toleriert werden. Es wusste ja auch offiziell niemand davon . . .

Tamiles kam an der Seite von Ralph Marco Freeman in Richtung der EINSTEIN gelaufen. Sie beide würden von den Oichoschen mitgenommen und ein paar besondere „Gäste" sollten an Bord der GAUSS gehen. Darunter auch ein Beauftragter von Patrick George Hunt, um eine Langzeitberichterstattung, nicht nur für Nachrichten, sondern auch für die Geschichtsarchive aufzubereiten.
Ich hatte mittlerweile meinen Platz in der WATSON neben meiner Gattin gefunden. Punkt 21:41 Uhr an diesem sonnigen aber frischen Montag schaltete Gerard Laprone die Streifenwafer und Kugelsteuerungswafer aktiv. Ein Infraschallwabbern überdeckte den Raumhafen von Oberpfaffenhofen, da die Schiffszellen teilweise keiner Schwerkraft mehr unterlagen und wie Glockenresonatoren schwangen. Nur die Mittelzelle schien stabil genug, da diese mit den Passagierzellen ausgestattet war. Majestätisch langsam schob sich der Riese in den Frühnachmittagshimmel und wurde dabei zusehends schneller. Im Anschluss wurde die Startfreigabe für die EINSTEIN erteilt, kurz darauf folgte die GAUSS. Tamines und Indira aktivierten die SHERLOCK, dann erhielt auch ich die Startfeigabe, leitete diese direkt an den Schiffsrechner weiter. Nach zwei Stunden und zwanzig Minuten befanden wir uns über 2200 Kilometer nach einer leichten Parabelfahrt über der Erde und Laprone schaltete den Radiokom ein. „Fertig zum Einschleusen meine Kinderlein – kommt rein, es ist so kalt da draußen, hohohoho!" „Es ist nicht nur kalt da draußen, auch die Luft ist so schlecht und so dünn, kommt Tamines und Indira, wir fahren in die warme Stube zu Onkel Gerard." Das war wieder ein Anlass für unser Wollknäuel Gerard Laprone, eine Lachsalve abzugeben, dass ich schon wieder Angst wegen des Pilotensessels der DANTON bekam. Gerard hatte sicher schon die Pseudogravitation zugeschaltet und erhielt so sein normales Gewicht zurück, was ich ja auch wiederum nicht als normal bezeichnen würde.
Tamines schleuste bereits ein und meinte dabei: „Gut dass Onkel Laprone so einen dicken Bauch hat, da haben wir alle Platz! Moment noch. So, die Magnetfesseln sind aktiv." Das war nun für mich das Zeichen um ebenfalls einzuschleusen. Kaum befand ich mich im Innenraum des Riesen, schlossen sich die Schleusentore automatisch. Dennoch würde hier ein Vakuum verbleiben. Die Luft wurde über Ventile noch in der Erdatmosphäre ausgegeben. Die anderen Maschinen, welche in den verschiedenen Variodecks untergebracht waren, benötigten keine Luft für den Transport. Der Mittelteil mit den Passagierzellen wurde selbstverständlich komplett versorgt.
Um aber zu wissen, was so um uns abläuft, forderte ich von Gerard einen Intrakomkanal an. „Wohl neugierig, mein Guter", Wollte der Franzose wissen. „Ich will dir nur auf deine Wurstfinger schauen, damit du keinen

falschen Knopf drückst." Ich dachte fast, das Lachen Laprones über die Schiffswandungen bis hierher spüren zu können, dabei befand sich seine Kommandozelle eigentlich um die dreihundert Meter weiter vorne. „Hallo Max, wie ich die Mimik der Terraner nun zu verstehen gedenke, bist du sehr glücklich, wieder zu einer Mission berufen zu sein, nicht wahr?"
Valchaz Chandor es Sueb übernahm die interne Kommunikation, als Laprone den ersten Schritt zur SMC verbal programmierte. Ich sah den Chorck eigentlich immer noch mit etwas gemischten Gefühlen an, wobei ich wusste, dass ich keine Gründe mehr dazu gehabt hätte. „Chandor, ach ja, du und Saltud seid ja in der Kommandozentrale. Wie fühlt man sich, wenn es wieder in den Raum geht?" „Nachdem ich gewissermaßen ein Drittel meines Lebens im All verbracht hatte, vergleiche ich es fast mit einer Heimfahrt." Chandor sprach ein mittlerweile ausgezeichnetes Deutsch. Die Genkorrekturen der Chorck waren zumindest in diesem Punkt des hochkonzentrierten Lernens uns einen gewaltigen Schritt voraus. Sie hatten es fertig gebracht, Lernprozesse zeitlich extrem zu minimieren, was allerdings dann noch eine lange Erholungsphase einleitete. Vielleicht war das dann auch eine Reaktion des Natürlichen zum Ausgleich?
Gabriella hatte weniger der instinktiven Contraeinstellung gegen diese Chorck. „Chandor! Wie geht es Laprone, nachdem er nicht mehr der Größte in der Kommandozentrale ist?" „Nun beruft er sich ausschließlich auf sein Körpergewicht, er meint, er würde keines seiner Pfunde mit Gold eintauschen. Auch hier möchte ich anmerken, dass dieser Wertvergleich hypothetisch gemeint sein dürfte, denn Gold wäre bei uns in den Plejaden kaum mehr wert als molekularverdichteter Edelstahl. Für langlebige Kontaktgeber in der Elektrik von universellen Raumschiffen oder -gondeln kommen eben nur Vakuumschalter oder Goldkontakte in Frage." „Ich hoffe, ihr seid ebenfalls an den Sitzen angeschnallt, damit Laprone nicht immer eine Körpergröße von über drei Metern vor Augen hat!" „Das sind wir! Wir lassen auf X2 auch Laprone zuerst aufstehen." „Gut so!" Meine Gattin lobte diese Einstellung. Langsam musste ich dann doch einsehen, dass wir auch mit diesen beiden Chorck doch gewissermaßen einen Glückstreffer gelandet hatten.
„Achtung! Der erste Schritt wird eingeleitet. Die DANTON geht als erstes Schiff, die beiden Oichoschengondeln werden von der DANTON zeitversetzt gesteuert!" Gerard ließ den Sempex counten und kurz vor ˋNull´ schaltete die künstliche Schwerkraft in der Kommandozentrale und den beiden Gondeln im Hangar sowie in den Passagierzellen kurz aus, dann verfolgten wir nur noch dieses seltsame Lichtphänomen über die Rundumanzeigen, welche Laprone durchgeschaltet hatte. „Erster Schritt über 120000 Lichtjahre erfolgreich vollzogen. Korrekturberechnungen

laufen, Abweichungen 1,8 Prozent minus. Das Programm der Oichoschen ist ein wahrer Erfolg. Die Gravitationswellen können so gut wie vollkommen kompensiert werden." Es dauerte eine knappe Minute, dann meldete sich die EINSTEIN per Normalradio. Laprone bestätigte wieder: „Die EINSTEIN ist hier. Schrittdifferenz zur DANTON – haltet euch fest! Bei einer Schrittweite von fast 117000 Lichtjahren nur knappe fünfundzwanzigtausend Kilometer inklusive des beabsichtigten Seitendrifts! Glückwunsch an Ailikrii!" „Danke, großer Freund aus dem Lande der Croissants. Übrigens! Hast du schon mal Croissants mit eingebackenen Bimuswurzeln probiert? Eine Spezialität auf Oichos bei Ischii!" „Ich werde sie einmal probieren, dabei aber auch gleich die Urheberrechtsabgaben für Frankreich kassieren." „Aber wir zahlen diese doch!" „Ruhe jetzt! Die GAUSS meldet sich ebenfalls – ha! Ein Volltreffer! Viertausendachthundert Kilometer! Das wird ja immer besser, bald können wir Tandemspringen!" Abbasch von der Höhe schaltete sich hinzu, „na, dass hat gesessen, nicht wahr? Was war das gerade mit diesen Croissants? Ah, Laprone, du musst mal bei Gelegenheit bei Ischii in Oiolamortak vorbeischauen. Sie macht Croissants mit eingebackenen Bimuswurzeln! Eine Delikatesse, sag ich dir!" „Weiß ich schon. Wie steht es mit den Urheberrechtsabgaben? Werden die auch sicher bezahlt?" „Oh – das weiß ich nicht, Gerard. Aber Ischii hat doch neue terranische Partner für ihr Kosmonetcafé und in der Backstube arbeiten nur Franzosen. Ischii will, dass regionale Spezialitäten auch von regional erfahrenen Spezialisten erzeugt werden. Also alles in französischer Hand!" „Das ist aber auch gut so", murrte Gerard belustigt. „Nein!" Ailikrii widersprach. „Das oichoschische Oktoberfest ist nicht in französischer Hand! Da sind bayrische Organisatoren und wir vom oichoschischen Oktoberfest-Komitee, dann die Schuhplattler und die Gstanzlsänger, dann auch noch . . . „Das reicht, Ailikrii, ich komme dann mal mit Max und Gabriella, auch mit Chandor und Saltud auf eine Maß vorbei. Doch lass uns erst einmal die Mission erledigen, ja? Darf ich?" „Rede nicht lange sondern handle." „Danke. So, nun kommt der zweite Schritt, dieser sollte uns bis kurz vor die Station führen. Sicherheitshalber folgt dann ein kurzer Korrekturschritt – Sempex, nächster Schritt nach Programm!" Wieder zählte der Rechner der DANTON seinen Countdown und die Pseudoschwerkraft wurde wieder unterbrochen um dem Schritt keine `Breite´ zu geben, welche in der `Länge´ also wieder zu korrigieren gewesen wäre. Das Schrittphänomen konnte über die Rundumwiedergabe aber dennoch nicht so schön erkannt werden, als bei einem echten Ausblick aus den Schiffsfenstern. Das Universum explodierte in der Breite und in der Länge stauchte es sich. Der errechenbare Lichtblitz blieb jedoch für unsere Wahrnehmungsorgane aus, denn wir unterwanderten mit den

Dimensionsverzerrungen auch die Relationen von der Größe der Lichtteilchen her. Darum auch diese seltsame `dunkle Transparenz´, welche sich nur für einen kaum wahrnehmbaren Zeitraum zeigte. „Sprungabweichung nur noch bei 0,2 Prozent – die EINSTEIN ist auch wieder hier, fast eine Parallelfahrt! Die GAUSS! Ebenfalls in minimalsten Toleranzen. Wir sind ein gutes Team, Leute!" Gerard freute sich sichtlich, der 2D-Schirm zeigte sein Abbild mit seinen blütenweißen Zähnen zwischen seinem Vollbart. „Achtung, ich schalte eine kurze Tachkomübertragung zur SMC-Station." Gerard gab die Schiffskennung ab und Georg schaltete sofort durch. „Pünktlich, pünktlich. Ganz im Gegensatz zu euren früheren Schnellzügen in Frankreich. Ich muss schon sagen, ihr habt was gelernt!" Georg schmunzelte und Gerard blieb erstmals der Mund offen. Das nutzte Georg sofort um einen weiteren Scherz loszubrechen. „Gerard, weißt du schon, auf Oichos und bei Ischii in Oiolamortak gibt es jetzt Croissants mit eingebackenen Bimuswurzeln! Eine Delikatesse sag´ ich dir! Als die EINSTEIN-Gondel ihre Jungfernfahrt machte, war sie kurz hier und hat einen Lebensmittelcontainer voll hier gelassen. Musst dich aber beeilen, denn wir haben nur noch drei Dutzend!" „Habt ihr heute ein Croissantsattentat auf mich vor?" „Warum denn?" „Weil wir dieses Thema schon die ganze Zeit mit uns führen." „Da siehst du, wie gut diese Dinger sind, wenn es sich schon im ganzen Kosmos herumgesprochen hat!" „Ach, dass ist ja . . . nein, ich lasse mich auf keine Diskussionen ein. Ich leite nun den letzten Schritt ein, dann können wir auf Normalradio umschalten. Sempex! Letzter Schritt zu den Zielkoordinaten – jetzt!" Der Bordsempex zählte und dieser vorläufig letzte Schritt wurde ausgeführt. Die Begleiterscheinungen waren nun wieder entsprechend minimal. Nachdem auch die beiden Oichoschengondeln den künstlichen Dimensionstunnel verlassen hatten, zeigten die Radarbilder bereits die Station. Optisch wurde sie erst dann erkennbar, als die DANTON ihre riesigen Scheinwerfer darauf richtete. Hier im Leerraum zwischen zwei Sonnensystemen herrschte eine bedrückende Dunkelheit. Georg bestätigte ebenfalls den Radar- und Normalradiokontakt.
Die DANTON dockte langsam an und ein paar Techniker wurden der SMC-Station oder wie wir sie nannten, der CLOUDIE übergeben. Dafür machte sich Georg und Silvana daran, zur DANTON überzuwechseln und mit zu X2 zu reisen. Sie wollten wieder einen Planeten unter den Füßen haben. Nachdem auch noch die Versorgungscontainer umgeladen waren, waren wir eigentlich schon für den nächsten Schritt der Mission bereit.
Der Frachter entfernte sich wieder von der Station, Georg und Silvana wurden in den Passagierzellen stürmisch begrüßt und mit Fragen nur so überschüttet, wie denn wohl ein Langzeitaufenthalt auf einer solchen

Station sei. Wir bekamen die Übertragung auf einen kleinen Holoprojektor geschaltet und mein Studienkollege gab bereitwillig Auskunft. „Mit den Zonen der Pseudoschwerkraft ist so ein Aufenthalt kein Problem mehr. Auch die Hydrowald- und pflanzenkulturen in Form von Parks können dem Wohlbefinden zuträglich sein. Dennoch, der Mensch denkt zwischendurch wieder daran, wo man sich eigentlich befindet und dann zieht es in der Seele, dann will man wieder zu einem Planeten mit natürlicher Umwelt."
Auch Laprone hatte die Worte Georgs vernommen und nickte nur verständlich. Er war mit Leib und Seele Frachterkapitän, er möchte sicher nie mit einer Station tauschen. Und er mochte zwischendurch die verschiedenen Planetenoberflächen besuchen.
„Nun los. Die Mission wartet und Tamines und Max wollen ihre Satelliten loswerden."
Aus Laprone sprach wieder der Tatendrang. Es sollte noch so bald wie möglich die ersten Wohncontainer für die verschiedenen Teams aufgestellt werden, damit diese Leute nicht in den Passagierzellen zu nächtigen hatten. Obwohl diese zwar relativ geräumig waren, konnte auch nicht ausgeschlossen werden, dass bei diesem oder jenem die Klaustrophobie durchschlägt.
„Wir befinden uns also in einem Gravitationsneutral zwischen zwei Sonnensystemen. Das eine Sonnensystem wurde X-System genannt, da dort die zweite Welt auch im radioaktiven Bereich strahlt. Modulierte, künstliche Radiostrahlung selbst haben wir hier noch nicht empfangen, dazu versiegten die Emissionen schon viele Jahrzehnte zuvor. Das andere Sonnensystem wurde nun noch nicht erforscht. Der Einfachheit halber nannten wir damals dieses System einfach Y-System. Eine Namensgebung steht noch aus, wie gesagt aber auch erst nach der Mission zu X2. Der Abstand beider Sonnensysteme beträgt nun nach genauesten Messungen vier Komma vier Lichtjahre. Ähnlich der Abstand Sol und Blisch. Wir können unsere Galaxie leicht seitlich sehen, auch Andromeda erscheint um Einiges größer."
Laprone hatte seine Durchsage und die Bilder natürlich auch in alle Passagierzellen geschaltet. Damit wollte er auch den Tatendrang oder gewisse Aufregungen vorerst eindämmen.
„Wir starten nun den ersten Schritt, der uns bereits an einen Quasiorbit an X2 heranführt. Quasiorbit deshalb, meine Damen und Herren, liebe Neutros, da ein echter Orbit eine gravitationsneutrale Planetenumlaufgeschwindigkeit bedeutet. Nachdem es uns nun möglich ist, mit den Tachyonenwafer die Raumandrückkraft zu beeinflussen, sind wir auch nicht mehr auf `Fluchtgeschwindigkeit´ für orbitale Flüge angewiesen. Also sollte der Quasiorbit eine fast geostationäre Bahn wieder etwa 2200

Kilometer über der Planetenoberfläche beschreiben. Sicherheitshalber entfernen wir uns von der Station in einem Neunziggradwinkel, um beim Initiierungsimpuls der Schiffswafer keine Schädigungen an der Station zu verursachen. Diese Maßnahmen dürften mittlerweile fast jedem Techniker bekannt sein. Ich schalte nun auf Programm zwei des Sempex."
Wieder konnten alle hören, wie der Sempex zu counten begann. Wieder schalteten sich kurz alle Wafer für die Pseudogravitation ab, dann konnte ich bereits die zu untersuchende Welt auf dem kleinen Holoprojektor betrachten. Dieses Bild wirkte einladend, aber mit den damit verbundenen Gedanken, dass dort ein grausamer Atomkrieg herrschte, schlich sich doch ein Leeregefühl in den Magen ein.
Eine grau-braune Welt mit grünen Elementen und blauem Wasser. Diese grünen Elemente konzentrierten sich jedoch mehr an den Küstenregionen.
Noch kamen wir etwas näher, dann teilte Gerard Laprone sachlich mit: „Wir haben den Fixpunkt oder den Quasiorbit erreicht. Max und Tamines, macht euch bitte zum Ausschleusen bereit."
Damit öffneten sich auch schon die Hangartore und ich verließ mit meiner Frau als Copilotin die DANTON. Tamines folgte kurz darauf. Nun konnten wir diese Welt rein optisch erkennen. Gabriella meinte: „Wie friedlich so eine Welt mit etwas Abstand wirkt." „Diese Welt ist sicher wieder friedlich, doch zu welchem Preis? Erinnerst du dich an die Geschichten der ersten irdischen Raumfahrer? Auch sie hatten diesen Eindruck von Terra. Wie klein sind doch solche Streitigkeiten über Rassismus oder Religionsfanatismus, wenn man mit Abstand betrachten kann. Schade, dass viele Intelligenzen nie oder nicht einen solchen Abstand erreichen können. Auch nicht im übertragenen Sinne." „Ich habe trotzdem ein mulmiges Gefühl, Liebster." „Alles was mit Geschichten, Kriegen und Tod zu tun hat oder hatte, bereitet solche Gefühle. Das ist normal. Wenn wir uns erst einmal etwas in die Geschichten dieser Welt hineinstudiert haben werden, wird mit der persönlichen Identifikation auch dieses Gefühl weichen. Zumindest bis auf einen kleinen Rest." „Dafür könnten andere Gefühle die Oberhand gewinnen. Ich denke an Entsetzen, an Unverständnis oder sogar an Grauen." „Wir werden sehen. Wir haben Schritte eingeleitet, für die es kein Zurück mehr gibt. Alles was wir im Kosmos zu tun haben ist: vorwärts zu denken und vorwärts zu handeln. Und vor Allem: Fehler vermeiden."
Meine Frau blickte diese Welt an, als könnte sie bereits einige Geheimnisse dieser lüften. „Schau, die Wassermassen sind weniger als auf der Erde. Dafür gleichen die vielen Kontinente die Luftumspülungen wieder aus – halt ich korrigiere mich – sie glichen die Luftumwälzungen aus, wie wir ja von den Aufzeichnungen erfahren hatten." „Eine Welt, auf der sicher nie extreme Stürme auftraten. Die Schwerkraft ist auch etwas niedriger als auf

der Erde, die Umlaufzeit ist relativ hoch, dabei denke ich, dass diese auch leicht beschleunigt wurde. Auch das könnte ein Resultat einer Explosion gewesen sein, wenn eine solche an einer Gebirgskette stattfand, damit der Abstrahldruck seitlich austreten konnte. Was muss das wohl für eine Bombe gewesen sein?"

Tamines meldete sich: „Hallo Gabriella und Max. Ich starte jetzt mit meinem XRADIOSCAN 3 und postiere ihn etwa in 300 Lichtjahren Entfernung. Die Richtung ist klar, dort wo sich der intergalaktische Leerraum im Hintergrund befindet, um die kosmischen Störstrahlungen weitgehendst auszuschalten." „Gut, Tamines. Wir starten fünf Minuten nach dir und setzen den XRADIOSCAN 2 in zweihundert Lichtjahren aus, Dann den XRADIOSCAN in hundertundfünfzig Lichtjahren. Wir kehren anschließend sofort zurück, du wartest bitte etwa zwanzig Minuten." „Ist gut. Wir sehen uns auf X2!" Damit suchte die junge brasilianische Pilotin einen ausreichenden Sicherheitsabstand und verschwand mit ihrer indischen Begleiterin in Richtung intergalaktischem Leerraum.

Auch ich programmierte meinen Sempex verbal für diese 200 Lichtjahre in dieselbe Richtung. Dann bestätigte ich dem Kapitän des Frachters noch: „Gerard! Du kannst langsam den Sinkflug einleiten und einen geeigneten Landeplatz suchen. Nimm nach Tamines Aufzeichnung zuerst den zweitgrößten Kontinent. Achte auf die Strahlendosis, suche ein möglichst gering verseuchtes Gelände!" „Soll die X-Mond-Mannschaft zuerst mit auf X2 runter oder können die Oichoschen sie schon dorthin bringen?" „Runter auf X2! Wir suchen erst Pläne der Mondstation, sollten wir innerhalb der nächsten Woche keine finden, wird der Mond und die Station dort erst einmal gründlich gescannt und nach diesem Scan die Vorgehensweise erörtert. Also bis in etwa einer Stunde. Wir holen euch dann in der Atmosphäre wieder ein." „Wird gemacht Chef!" „Danke mein Freund mit der Putzwolle im Gesicht!" Wie als hätte er seinen eigenen Bart vergessen, wischte sich Laprone mit dem Handrücken über seine Gesichtshaare.

Der Sempex verzichtete auf die Warnung, dass die Pseudogravitation abgeschaltet würde, denn wir waren beide angeschnallt und der Schritt der WATSON wurde eingeleitet. Die faszinierende Dunkeltransparenz konnte ich wieder voll erleben, wenn auch nur sehr, sehr kurz. Dann wartete ich die Bestätigung des Rechners ab und öffnete die hintere Bodenschleuse meines achterförmigen Schiffes. Ein Display leuchtet auf und der Satellitenrechner meldete sich. „Extraorbitaler Aktivsatellit Sondermodell XRADIOSCAN 2 meldet Aktivierung. Soll nach Grundprogramm verfahren werden?" Das übernahm meine Gabriella: „Verfahren nach Grundprogramm, Programmänderungen nach Rückfrage über den Tachkomstream zu den SMC-Satelliten oder direkt von der Operationsbasis auf X2. Aktiviere

89

Arbeitsprogramm." Nur ein Piepton versicherte uns die ordnungsgemäßen Systemanläufe. Wir hörten noch kurz in den Scanbereich hinein, aber es konnten noch keine Rundfunksendungen vernommen werden. Das könnte auch bedeuten, dass vor zweihundert Jahren diese Welt schon untergegangen war und es keine modulierten Radioaussendungen mehr auf X2 gab.
Schon leitete ich den Schritt für fünfzig Lichtjahre zurück ein, welcher wieder vollautomatisch ausgeführt wurde. So öffnete ich damit die vordere Bodenschleuse und wir wiederholten dieselbe Prozedur. Auch der Satellit Nummer eins nahm seinen Betrieb auf. Auch in einer Entfernung von eben den restlichen 150 Lichtjahren war kein Normalradiosignal mehr aufzunehmen.
Damit war diese Teilmission jedoch abgeschlossen, bei Bedarf sollten diese Satellitenscanner von X2 aus wieder weiter in den Raum dirigiert werden. Dazu verfügten diese Kleinstfahrzeuge über eigene Wafer.
Meine Verbalorder erging wieder an den Rechner und kurz darauf sahen wir die zu untersuchende Welt wieder. Nach weiteren sieben Minuten meldete sich auch Tamines aus der SHERLOCK. „Hat alles bestens geklappt Gabriella und Max! Übrigens! Es gab bereits eine Menge an Radiosignalen dort in dreihundert Lichtjahren Entfernung. Wie bereits vermutet, tummeln sich viele solcher Sendungen vom Sechsmeterband bis zum Vierzigzentimeterband. Dabei sind sehr viele Digitalsignale, die der Satellitenrechner nicht dechiffrieren konnte. Entweder . . ." „Wir verstehen die allgemeine Kodierung noch nicht, oder es könnte sich auch um absichtlich verschlüsselte Militärinformationen handeln", ergänzte Gabriella. „Genau. Das ist nun aber nicht unsere vordringlichste Sache. Zuerst sollten die Transputer angeschaltet werden und Gemeinsamkeiten in der Signalstruktur erkennen. Also nichts wie runter auf X2. Wo ist Gerard?"
„Der ist schon fast unten. Hallo Gerard, melde dich!"
„Hier Gerard von der DANTON in einer äußerst langsamen Vertikalfahrt. Die EINSTEIN und GAUSS sind beide jeweils seitlich über mir. Ich habe die Empfehlung angenommen und habe den zweitgrößten Kontinent angesteuert. Dort erkannte ich ein sehr strahlungsarmes Gebiet neben einem tiefen Tal. Eine lang gezogene Ebene, welche bis zu einer Stadt reicht. Die Seite der Stadt, welche zur Ebene zeigt, sieht noch gar nicht so schlecht aus. Diese Stadt ist von einem Gebirgszug geteilt. Die andere Seite, also die andere Hälfte der Stadt ist jedoch vollkommen verbombt. Dass es sich um eine einzige Stadt handelt, kann ich aus dem Tiefenradar erkennen. Der Gebirgszug wurde mehrfach durchtunnelt und es wurden viele Abluftkamine eingezogen. Das mussten schon sehr hoch erfahrene Techniker gewesen sein, diese Leute hier. Damit waren beide Stadtteile in

ihrer Infrastruktur eins. Seht doch! Der Geiger-Müller-Zähler geht nun fast vollkommen zurück. Zumindest auf dieser Ebene haben wir keine akute Gefahr, was von Radioaktivität herrühren könnte. Noch vierhundert Meter – dreihundert Meter, Zweihundert Meter, einhundert Meter!" Wir konnten verfolgen, wie sich auch in dieser Zeit die Landestützen aus den Segmenten der DANTON schoben und der Riesenfrachter setzte auf. Aus den Passagierzellen erklang über die Intrakomanlage Applaus der über 1200 Forscher und Wissenschaftler.
Wir hatten die beiden Oichoschengondeln fast eingeholt, als auch die EINSTEIN Bodenkontakt meldete. Anschließend setzte die GAUSS auf und ich wollte neben dieser Raumgondel runtergehen, da gab es eine Explosion unter der GAUSS! Instinktiv schlug ich den Knopf zur Manuellsteuerung und zog die WATSON stark beschleunigend schräg über das Tal hinweg! Gerade konnte ich noch sehen, wie die neueste Oichoschengondel einknickte und umzufallen drohte. Doch Abbasch reagierte meisterhaft, beschleunigte sicher auch mit Manuellsteuerung und hätte mich im Landanflug sicher getroffen, da auch die GAUSS nun schräg über das Tal zog. Dabei stabilisierte sich die Fluglage wieder einigermaßen und bald darauf verharrte die GAUSS etwa in der Mitte des Tales. Langsam wurde sie von Abbasch zurückdirigiert.
„Was war denn das?" Erklang der besorgte Bass von Laprone. „Ich muss mir das erst einmal ansehen! Ich erkenne nun einen Krater an der Stelle, wo eine der Teleskopstützen den Boden berührte. Das war mit an Sicherheit grenzender Wahrscheinlichkeit eine besonders scharfe Bodenmiene. Seht doch! Der Krater hat mindestens einen Durchmesser von fünf Meter und ist mindestens drei Meter tief. Ich habe eine meiner Stützen verloren! Was machen wir zu unserer Sicherheit?"
Ich hatte eine Idee. „Wir starten noch einmal! Alle Schiffe steigen auf eine Höhe von zweihundert Meter an und Tamines und ich nehmen diese Ebene mit den Intervallkanonen unter leichten Beschuss. So könnten wir eventuell weitere Mienen auslösen und zumindest schon einmal dieses Gebiet hier freistellen. Schließlich brauchen wir auch Terrain für unsere Schaltstelle, die Wohncontainer und die Passagierzellen, nicht zu schweigen vom Platz für alle Fahrzeuge. „Gerard fragte nicht lange nach. Der Schock stand ihm noch im Gesicht geschrieben, als wir ihn über die Holoübertragung sahen, dass er genau dieses Manöver einzuleiten gedachte.
Die DANTON hob sich wieder an und die EINSTEIN folgte. Abbasch wartete einfach schwebend über dem Tal.
„Tamines, du übernimmst die Hälfte vom Tal weg und ich übernehme die Hälfte stadtseits. Wir überkämmen eine Länge von drei Kilometern rauf und drei Kilometer runter." „Alles klar." Die SHERLOCK drehte sich in

Schwebefahrt und zog drei Kilometer am Talrand hinunter. Ich nahm die gleiche Richtung ein, jedoch mittig der Ebene. Dann begannen wir fast gleichzeitig mit dem Beschuss. Wir mussten den Bodenradar einschalten, denn kleine Steine und Staub wurden fünfzig bis hundert Meter hoch geschleudert. Unter Tamines gab es die nächsten Explosionen und während ich mir das schaudernde Spiel genauer betrachtete, knallte es auch schon zweimal unter mir. `Die Höhe! Das sind extrem scharfe Minen! ´ Ich dachte es noch und schon schrie ich ins Mikrofon: „Noch weitere zweihundert Meter steigen! Die X2-Krieger haben schwerstens vermint! Das sind Panzermienen mit sehr hoher Durchschlagskraft!"
Als alle Schiffe um diese zweihundert Meter höher gegangen waren, setzten wir den Intervallbeschuss fort. Alle Minute mindestens konnte eine starke Explosion verzeichnet werden, alle halbe Minute eine weniger starke. Dabei war die Miene, welche von der GAUSS berührt wurde, allem Anschein nach eine der schwächeren Art. Ein eindeutiges Beispiel von Glück im Unglück! Abbasch erkannte dies aus seiner Beobachterposition. „Hätte ich auf einer der stärkeren aufgesetzt, wäre es wohl aus mit der GAUSS, oder?"
Da antwortete Gabriella: „So schnell kann ein molekularverdichteter Raumschiffsmantel nicht durchschlagen werden. Aber die CET hätte sicher das erste Wrack zu vermelden."
Nach etwa eineinhalb Stunden hatten wir die Ebene mit leichtem Intervallbeschuss gesäubert. Dabei waren etwa siebzig schwere Mienen und einhundertundfünfzig leichtere hochgegangen. Es dauerte dennoch noch etwa zwanzig Minuten, bis sich der Staub legte und die Schiffe erneut zur Landung ansetzen konnten.
„Was mache ich denn nun mit nur drei Landebeinen?" Abbasch jammerte.
„Du musst deinem Sempex vollaktiv geschaltet lassen, damit er mit dem Topwafer die Gondel in der Halbschwebe belässt und mit dem Steuerungswafer einen Ausgleich schaltet. Doch warte mal! Warum drei Landebeine? Ich dachte die TWINSTAR-Klasse hat fünf?" „Schon, ein Landebein ist von der Explosion abgerissen worden, ein weiteres hat es mittig umgeknickt und ist instabil."
„Na, dass werden wir wohl morgen schon wieder reparieren können. Also bleibe mal in der Schwebe, mein Freund!" „Mache ich. Jetzt müssen wir aber alle etwas schneller machen, Max! Es wird sicher bald dunkel und die Tage sind sehr kurz hier!"
Abbasch hatte seine Unterlagen gut studiert. Vielleicht hätten wir noch zwei Stunden natürliches Licht, wenn wir die Dämmerung miteinbeziehen würden. Unsere geografische Position war etwa so wie Süditalien im Vergleich zu Terra. Also eine etwas längere Dämmerung als am Äquator. Letztlich sollte aber Gerard die Powerflächen-LEDs an der DANTON

einschalten, das müsste für die heutigen Arbeiten auch genügen. Doch dazu sollte sich der Frachter erst einmal teilen, um die Passagierzellen auszugeben, welche als Schlafquartiere verwendet werden. Auch die Wohncontainer aus dem ersten Segment und ein paar Fahrzeuge wären gut, heute noch abzustellen.

Nun wollte ich erst einmal landen uns stellte die WATSON an einen für die Wohncontainer ungünstigen Platz vorne schräg halb Steuerbord der DANTON. Tamines gesellte sich gleich hinter mich und auch ihre Achtergondel federte in den Landebeinen ein. Wir würden in den Kojen unserer Gondeln bleiben, auch wenn diese bei Weitem nicht so attraktiv waren wie jene der TWINSTAR-Klasse oder sogar der gehobenen TWINSTAR-Klasse wie der WEGALIFE. Aber es war alles da, was man sich wünschen konnte. Dampfduschen und Lebensmittelserver waren nun mal für mich etwas vom Wichtigsten. Für die verschiedenen Teams sollten aber zuerst die Gemeinschaftscontainer aufgestellt werden, damit alle erst mal zu einer Nahrungseinnahme kommen.

Gerard beherrschte seinen Frachter perfekt. Ich beobachtete, wie er die Landebeine etwas einfuhr, dabei rührte sich das Schiff kaum und er leitete mit den verschiedenen Modulrechnern die Teilung ein. Auch die Ausgabe der Container bekam er mühelos in den Griff. Eine fast gespenstisch anmutende Situation, als diese tausende von Tonnen nur von einem leichten Summen begleitet sich auf best berechnete Plätze senkten. Mit dem letzten Sonnenstrahl kombinierte Gerard die Einzelsegmente wieder zu einem kompletten Schiff und erst als er die Streifenwafer ausschaltete, schwangen die Frachterringe wie eine Glocke von ihrem plötzlichen Eigengewicht gewalkt.

Der Gemeinschaftscontainer öffnete sich rundherum und die Seitenwände wurden hiermit zu Ausstelldächern. Langsam kamen die verschiedenen Teams von Forschern und Wissenschaftlern aus den Passagierzellen zum Vorschein. Einige waren den Raumflug nicht gewöhnt und hatten sichtlich Schwierigkeiten sich auf den Füßen zu halten, andere waren zum Teil kreideblass im Gesicht. Fast hätte ich Mitleid mit diesen Leuten bekommen, doch heutzutage muss ein jeder mal in den Raum.

Als ich die WATSON verließ, wusste ich auch warum manche blass geworden waren. Der Sauerstoffgehalt der Atmosphäre von X2 war sehr gering im Vergleich zur Erde. Nur siebzehn Prozent. Mal sehen, was Georg dazu meint, wenn ich ihm noch vorerst eine Kiste von den Zigarren überreichen würde.

Chandor Valchaz kam nun aus der Kommandozentrale der DANTON und jammerte leicht. „Was ist los, Freund aus den Plejaden?" „Oh, Max! Mein Symbiont kribbelt. Ich wollte die Bleibinde nicht aufsetzen, da laut den

Anzeigen hier wirklich ein strahlungsarmer Ort ist. Aber auf Dauer möchte ich nicht so rumlaufen. Ein paar Tage maximal." „Setze doch die Binde auf! Vielleicht brauchen wir deine Sensibilität oder die des Symbionten noch einmal dringend." „Gut. Morgen werde ich sie anwenden. Heute noch nicht, denn ich versuche etwas herumzuspazieren und festzustellen, ob es größere Schwankungen gibt." „Das ist natürlich auch eine gute Idee." „In jedem Fall ist dieser Ort hier für Biologische wie euch kaum gefährlich, ich verspüre eine Altstrahlung." „Altstrahlung?" „Ja, die flüchtigen Elemente sind in ihren Halbwertszeiten schon weitgehendst auf natürlichem Niveau angelangt." „Das ist natürlich besonders interessant. Wie lange schätzt du, dass die letzten Explosionen radioaktiver Waffen hier her ist?" „Ich gehe von einer Zusammensetzung aus, wie auch auf Terra laut den Geschichtsunterlagen verwendet wurde. Demnach müsste diese Apokalypse etwa 230 bis 260 Jahre her sein." Ich freute mich nun, dass wir Chandor Valchaz es Sueb dabei hatten. Ich konnte es mir fast nicht vorstellen, dass er auch eine gewisse Zeiteinschätzung anhand der Reaktion seines Symbionten ʿerfühlenʹ konnte, aber dem war sichtlich so. Nachdem Tamines auch bestätigte, dass der XRADIOSCAN 3-Satellit in einer Entfernung von 300 Lichtjahren Radiosignale von X2 empfangen hatte, hatte es auch vor 300 Jahren noch regen Funkverkehr gegeben. Und nach Einschätzung von Chandor Valchaz geschah die X2-Apokalypse dann vierzig bis siebzig Jahre später. Ein Schaudern durchlief mich, als ich erkannte, dass wir anhand der XRADIOSCAN-Satelliten den Zeitpunkt dieses Weltuntergangs ziemlich genau bestimmen können und auch noch gewissermaßen ʿliveʹ aus der Vergangenheit.

Tamines kam auf mich zugelaufen. „He Max! Dreißig Kilometer von hier gibt es noch Generatoren in diesem Tal, welche noch funktionstüchtig sind. Wasserkraft also. Wir konnten typische Radiostöremissionen anmessen. Ich hatte dies auch schon bei meinem ersten Überflug dieser Welt feststellen können. Diese Knickhälse hatten eine solide Technik, wenn solche Anlagen heute noch Strom produzieren." „Stellʹ dir mal vor, mechanische Kugellager halten 250 Jahre! Das ist ein Rekord." „Hm, vielleicht hatten die Knickhälse etwas anderes als Kugellager? Ein Magnetschwebeverfahren vielleicht. Kugellager also nur für einen einmaligen Start der Generatoren und dann ziehen sie eigene Energie für das Magnetfeld ab." „Das wäre dann eine Langzeittechnik, welche fast wartungsfrei funktionieren kann. Wir brauchen fast keine Generatoren mehr dieser Art, dennoch möchte ich diese Verfahrenstechniken eingehendst studieren. Das wir schon mal ein Punkt für morgen sein. Ist bei den Forscherteams alles in Ordnung?" „Soweit ich weiß schon. Einige sind noch dabei Aluminiumfaltzelte aufzustellen, sie wollen nicht in den Passagierzellen schlafen, nachdem es für die Strahlung

hier gewissermaßen Entwarnung gegeben hatte." „Gut dann, ich will mir noch ein leichtes Bierchen gönnen, dann werde ich versuchen, ob mich mein Nervenkostüm schlafen lässt."
Der Versorgungscontainer war glücklicherweise schon in Betrieb, meine Frau kam auch langsam und mit traurigem Blick heran. Ich bestellte mir eine Currywurst aus Fleischersatz, also ein Sojaprodukt und ein Leichtbier. Gabriella bestätigte diese Bestellung ein zweites Mal, dann schaute Tamines das Resultat erst einmal an und bestelle sich das Gleiche.
„Gabriella, warum schaust du so traurig?" Tamines machte ein besorgtes Gesicht. „Ich weiß nicht ganz. Ich habe ein Drücken in der Brust. Wir stehen hier auf einer Welt, welche uns nicht gehört, die eigene Bevölkerung hat sich gegenseitig umgebracht und die Signale der Zerstörung werden noch von Wandersatelliten aufgezeichnet. Der Odem von Schmerz und Leid, Kummer und Zerrissenheit liegen hier in der Luft. Wenn ich bedenke, dass möglicherweise dort, wo ich schlafen werde, viele Intelligenzen das Leben ließen, dann wird es wohl mein Schlafbedürfnis beeinflussen."
Tamines nickte verständnisvoll und ich versuchte etwas beruhigend einzuwirken. „Dem kannst du auf Terra auch nichts entgegenwirken. Wer weiß, ob nicht auch viele Terraner der Altzeit ihr Leben dort ließen, wo es heute Städte und Häuser gibt. Die Normandie ist heute auch dichter besiedelt als zur Zeit Napoleons. Dort gab es eine der größten Schlachten der Altgeschichte und heute müssen die lebenden Menschen dort auch schlafen. Der Tod ist eben leider eine logische Folge der Geburt und im Tierreich ist ein Alterstod ohnehin nicht alltäglich."
„Sicher hast du Recht, Liebster. Aber die viele Gewalt, die hier an der Tagesordnung war, lässt mich schaudern." „Wir wissen noch nicht viel von diesen Knickhälsen, wie Tamines die ehemaligen X2-Bewohner nennt. Möglicherweise war auch der Krieg oder die Kriege eine Folge von hohen Geburtszahlen. Was, wenn X2-Frauen in der Regel nicht nur ein Kind bekamen sondern drei oder vier. Dann wäre bei drei, vier vollendeten Schwangerschaften eine Fußballmannschaft komplett. Lass uns erst einmal Fakten sammeln, dann können wir uns immer noch gruseln!"
Diese Aussage gefiel Tamines dermaßen gut, dass sie sich vor Lachen bog. Chandor Valchaz kam nun auch nach zum Versorgungscontainer und soweit ich die Mimik des Chorck schon beurteilen konnte, wollte er den Grund des Heiterkeitsausbruchs von der Brasilianerin wissen. Sie erklärte so gut es ging, doch kam die Pointe nicht so recht rüber. Aber Chandor stand leicht gebückt, da er sich ansonsten den Kopf an den Luken stoßen würde und bestellte sich ebenfalls ein Leichtbier. Ihm gefiel besonders der Schaum bei solchen Getränken, er schlürfte diesen erst einmal genussvoll, bevor er sich dann an das Getränk selbst machte.

„Du bist immer noch etwas misstrauisch uns Chorck gegenüber, nicht wahr Max?" „Du hast es bemerkt, ja? Ich möchte mich aber dafür entschuldigen, Valchaz. Es ist nicht einfach, ein diktatorisches, menschenrechts- oder äquivalent –verachtendes Volk zu entdecken und dann sofort mit zwei Mitgliedern konfrontiert zu sein, welche zwar der Sache an sich abgeschworen hatten, aber eben an die Bilder der Warnungen und Propagandasendungen erinnern. Verstehst du das?"
„Ich verstehe es sehr gut. Ich kann dir versichern, dass ich diesen Teil meines Volkes ebenfalls zu hassen gelernt habe – mehr noch – ich hasste die Fanatiker meines Volkes bereits vorher, ich wäre auch gerne zu den Chonorck übergelaufen, aber dazu hatte ich, als ich eben wollte, keine Gelegenheit mehr. Vielleicht war dies auch ein Wink des Schicksals, wie ihr öfters in der Geschichte solche Situationen beschreibt. Heute bin ich hier bei euch und unter euch und fühle mich, bis auf die geschlechtliche Einsamkeit, überaus wohl. Mein Leben hat einen neuen Sinn bekommen, auch in Folge der Erbaussage des Kaisers Chorub. Ein weiterer Grund, euch Terranern meine Loyalität weiter zu versichern. Ich betrachte Tamines als eine Retterin, als einen Wendepunkt der Geschichte unseres ultimativen Imperiums, auch wenn sich die Resultate noch viele, viele Jahre verzögern werden."
„Das hast du wirklich schön gesagt, Valchaz. Ich glaube dir ja. Und wir Terraner brauchen auch noch etwas Gewöhnung für Neues."
„Das verstehe ich auch. Also, zum Wohl, Freund Max." Der Chorck hielt mir seinen Makrolonbecher entgegen und zeigte ein typisches, lippenloses Chorcklächeln. Wir vier stießen also gegenseitig an und ich dachte auch, dass meine Vorurteile sich zu legen begannen.
Wider erwarten konnte meine Gattin dennoch tief und fest in der kleinen Koje der WATSON schlafen. Es war eine kurze Nacht hier auf X2 und ein ebenfalls silbriger Mond begleitete uns. Auch dort galt es noch, Geheimnisse zu lüften.

Dienstag der 20. April 2095
Bericht Ralph Marco Freeman:

Wie immer in solchen Situationen, in denen es galt mit Experimenten etwas zu gestalten, brauchte ich nicht viel Schlaf. Ich war schon bei Sonnenaufgang aufgestanden und brauchte für meine Morgentoilette und Frühstück kaum mehr als zehn Minuten. Daraufhin öffnete ich bereits den Container mit den Aerodynamikflugzeugen, welche diese Atmosphärenreiniger eingebaut hatten. Auch dieses System funktionierte auf Waferbasis und hatte sich bereits auf der Erde hervorragend bewährt. Zuerst bauen diese Kleinstflugzeuge ein statisches Feld vor sich auf, welches die Schmutzteilchen der Lufthülle einfangen, die Atombindungskräfte fast neutralisiert, dann wurden sie von Intervallkanonen dermaßen hoch gepresst, dass komprimierter Kohlenstoff entstand, also Kunstdiamanten. Die Ergebnisse waren winzige Pentagonscheibchen und achtzehneckige Kügelchen. Die anderen Bestandteile verflüchtigten sich nach der Erstbestrahlung der Desintegratoren.

Tamiles kam angelaufen. „Ralph! Warum hast du mich nicht geweckt?" Du hast so süß geschlafen, ich wollte dich nicht wecken." Tamiles sah mich gespielt böse an. „Ich hatte doch ausdrücklich darum gebeten, ich sagte doch, ich möchte mich nützlich machen! Deine fliegenden Staubsauger sind ja sehr wichtig. Also helfe ich! Keinen Widerspruch."

„Ich widerspreche nicht und außerdem habe ich noch nicht einmal angefangen. Also los, mach den Container auf." Tamiles ging zum Container und betrachtete diesen wie vor einem großen Rätsel. „Äh, wie geht der denn auf?" „Das ist noch ein altmodischer Aluminiumcontainer. Zieh die beiden Bolzen an den Seiten heraus, dann kannst du das grüne Seil nehmen und fest anreißen. Nach hinten reißen, dann wird Containerklappe nach vorne fallen." Nun hatte sie aber kapiert und bald fiel die Klappe ab. Da waren nun schon mal viertausend von diesen kleinen wafergetriebenen Fliegern. „Nun kannst du einen nach dem anderen herausziehen und die Flügel ausklappen. Dazu drückst du nur jeweils auf einen Bolzen oben auf dem Rumpf. Ich schalte nun den Koordinationsrechner ein, wir definieren noch eine Startbahn, alles andere erledigt dann der Logpuk." „Aha. Oh! Der Flügel hätte mir fast den Fersknöchel zerschlagen!" „Nein, das sicher nicht. Aber es ist besser, du stellst dich genau vor diese Flieger und drückst den Knopf. Nicht seitlich!" „Alles klar."

Ich definierte nun eine Startbahn per Videobefehl, sie war etwa zwanzig Meter lang, anschließend folgte das Tal. Doch die Distanz reichte allemal und falls wirklich nicht, könnten die Kleinflugzeuge auch Schwung beim Talsturz holen. Diese kleinen Segler mit den Waferantrieb hatten nur ein einziges Rumpfrad. Die Balance konnte ebenfalls mit den Steuerungswafern erzeugt werden.

„Stelle den Flieger nun in diese Richtung!" Ich deutete zum Tal und Tamiles hatte die Vorgehensweise bereits kapiert. Nachdem kein Hindernis mehr in der Startrichtung war, schaltete der kleine Bordcomputer entsprechend meinem Logpuk aktiv und rollte los. Schon nach zehn Metern war der erste Atmosphärenreiniger unterwegs. Er würde noch bis etwa siebzehnhundert Meter steigen, bevor er die Bugklappe öffnet und das

elektrostatische Feld aufbaut, welches die Staubteilchen der Atmosphäre einsammelt um unter die Desintegratoren und Intervallhämmer zu geraten. „Jetzt geht es aber schnell!" „Sicher doch. Mehr brauchen wir nicht tun, aber dies eben zwölftausend Mal." „Oh!"
Georg Verkaaik kam auch zu uns herüber und lachte. „Ralph, zwei in der Minute, das sind 120 in der Stunde. Wie viele hast du zu starten?" „Guten Morgen Georg. Zwölftausend haben wir dabei." „Also in zehn Stunden 1200, ich helfe mit und Silvana kommt dann auch gleich."
So hatten wir dennoch in gut einer Stunde den ersten Container leer. Tamiles gab sich unersättlich und öffnete bereits das zweite Behältnis mit diesen Gerätschaften.
Ich beobachtete den Holoprojektor meines Logpuk, welcher die Verteilung der Reiniger schematisch darstellte. Die ersten hatten bereits ihre Arbeit aufgenommen und warfen ihre Last bereits über dem Meer ab.
Plötzlich kamen vom Stadtrand auf der anderen Seite ein paar seltsame Fluggeräte heran und begannen auf die Atmosphärenreiniger mit Miniraketen zu schießen. Drei stürzten bereits ab.
Eine Alarmsirene heulte auf und die Forscherteams, welche schon auf den Füßen waren, zogen sich in die Nähe der Raumgondeln zurück. Das war ein Teil der Sicherheitsorder, da nur die Gondeln und der Frachter Verteidigungsmaßnahmen ergreifen konnten.
Tamines reagierte schnell und startete mit der SHERLOCK, sofort kamen weitere dieser dreiteiligen Doppelrotorflugmaschinen und schossen auf die Achtergondel. Tamines drehte die Gondel während des Starts in die Richtung der anderen Stadtseite und schaltete den Intervallbeschuss aus den Wafern ein. Dazu erzeugte das tachyonenbasierende Waffensystem einen breiter gefächerten Gegenschub auf der Rückseite des Fahrzeuges.
Die heranfliegenden Miniraketen stellten kein Problem dar. Durch den Beschuss explodierten diese schon in weiter Ferne. Doch für uns stellte sich ein Problem! Warum griffen diese seltsamen Drohnen nicht schon unsere landenden Schiffe an, sondern erst, als viertausend Atmosphärereiniger in der Luft waren. Auf was reagieren diese Drohnen oder hatten sie einen Defekt? Verschmutzte oder veraltete Sensoren? Wieso funktioniert noch ein automatisches Verteidigungssystem wobei die anderen Schaltzentralen wie zum Beispiel für den öffentlichen Verkehr, auch wenn keine Fahrzeuge mehr fuhren, nicht mehr?
Ich konnte erkennen, wie Tamines hochzog und Jagd auf die dreiachsigen Drohnen machte. An jedem Endpunkt saß ein Doppelrotor, ich nannte diese Fluggeräte erst einmal bei mir Trikopter. Erst jetzt wurde von diesen Geräten die SHERLOCK erkannt und sofort unter Beschuss genommen.

Doch Tamines hatte eine Reaktion wie eine Capoeira-Kämpferin. Leider schoss sie bei einem Manöver zwei meiner Kleinflugzeuge mit ab. Dann stellte sie einen Kurs ein, von wo diese Drohnen gekommen waren und mit den Knallern, die ihr nun voraus gelaufen waren, wussten wir alle, dass da noch so einiges auf sie zukam. Nach etwa zwanzig Minuten, wir hörten und sahen nichts mehr von unserer bewährten Agentin, war noch eine größere Explosion zu vernehmen. Schon fuhr mir der Schock in die Glieder. Hoffentlich war es nicht doch den maschinellen Kriegserben gelungen, diese Achtergondel abzuschießen.

Ich war zum Container der Kommandozentrale gelaufen. Max rief die Brasilianerin über Funk.

Es dauerte etwas, dann meldete sie sich glücklicherweise:

„Ich habe das Nest gefunden und ausgeräuchert. Diese Drohnen hatten ein zentrales Radarsystem, welches sich ja nicht mehr drehen konnte. Darum wurden auch erst die kleinen Flieger entdeckt, als sie sich vor der Abstrahlrichtung der Radarsignale befanden. Doch ist noch Vorsicht geboten, denn ich habe nicht alle Drohnen vernichtet! Passt auf, dass nicht noch ein paar dieser Miniraketen auf euch zukommen. Wucherndes Moos ist uns auch zugute gekommen!" „Was, Moos?" echote Max. „Bei dem spärlichen Pflanzenwuchs hier gedeihen aber ein paar strahlenmutierte Moosarten besonders. Diese verlagern ihre Wurzeln wie ich bereits erkannte. Sie wachsen nun nicht mehr sonderlich in die Breite, sondern suchen den Kondensniederschlag auf Wänden und Flächen indem sie sich selbst verlagern. Besonders metallhaltige Oberflächen bieten einen höheren Kondensniederschlag, also verbleibt mehr Moos an Antennen oder Sensoren. Ich gehe mal in den Bunker dieser Drohnen. Keine Angst, ich ziehe gerade meinen Strahlenschutzanzug an und nehme den Handintervallstrahler mit. Hier wäre es wohl sehr ungemütlich für unseren Freund Valchaz oder für Saltud!"

„Pass bloß auf dich auf, Kleine!"

„He!" Tamines hatte nun bereits auf den Anzugkommunikator umgeschaltet, da der Hall ihrer Stimme eher nach einem Plastikeimer klang. „Wer ist denn hier eine Kleine? Oh, ich messe eine autarke Energieversorgung an. Atomzerfallsbatterien. Kein Wunder, dass diese Dinger bis heute funktionieren. Die Knickhälse hatten bereits Flachbildschirme und so was wie Leuchtdioden. Doch die optischen Systeme zeigen kaum mehr etwas an. Die Kameras müssten demnach von den Moosen oder anderen Sachen bedeckt sein." Ein Blubbern wurde übertragen. „Tamines! Brauchst du Hilfe?" „Nein! Da war noch eine Alarmvorrichtung. Die habe ich aber mit meiner Handkanone ausschalten

können." „Komm wieder zurück, es wäre besser, wenn ein paar waffenkundige Techniker den Ort untersuchen."
Es gab einen Knall auf der Ebene, auf der wir uns befanden. Abbasch von der Höhe hatte zwei dieser Drohnen mit den Intervallkanonen der GAUSS bestrahlt. Eine explodierte mit den Miniraketen an Bord, die andere Drohne war scheinbar leer und eierte langsam zu Boden. Nun würden wir das erste noch teilweise funktionierende technische Relikt dieser ehemaligen Zivilisation hier untersuchen können.
Besonders die Chinesen wollten den Anfang machen!
„Sicherheitsanzug!" Ich wollte Dr. Song-Julius Weber warnen, als er sich höchstneugierig dieser sechsrotorigen Drohne näherte, da schoss dieses Ding dennoch eine dieser gefürchteten Miniraketen ab und Herr Dr. Weber brachte nur noch einen schrillen Schrei zustande, dann verging er in einem Feuerball. Diese Miniraketen schienen eher auf Napalmbasis zu funktionieren oder es gab verschiedene Varianten.
Nun hatte unsere Mission bereits das erste Opfer gefordert.
Die Gruppe der Chinesen, welche sich eigentlich auch an diese Drohne heranmachen wollte, stand schockiert auf der Ebene und wusste nicht so recht, ob sie nun weiter vorwärts gehen sollten oder wieder zurück.
Da schaltete Max als Koordinator sich über einen Funkrundruf ein. Die Empfänger dafür hatte ein jeder bei sich, auch über Translator geschaltet.
„Alle zurück! Wir schicken erst einen ferngesteuerten Roboter zur Untersuchung der Drohne."
Das wirkte. Die Chinesen trotteten tief betroffen zu den Passagierzellen zurück. Gegen hiesigen, späten Nachmittag war der Untersuchungsroboter einsatzbereit. Als dieser sich dann von einem indischen Techniker ferngesteuert der Drohne näherte, konnte sogar noch das Unterprogramm dieser Drohne verstanden werden. Es gab sogar einen ultimativen Kamikazebefehl in der Drohnensteuerung. Dieser Trikopter versuchte noch einmal abzuheben und sich auf den Roboter zu stürzen. Doch dies gelang nicht mehr. Dem Roboter gelang es aber, die Rotoren zu blockieren und das Waffenmagazin im Mittelbauch einzusehen, ob nicht doch noch eine Überraschung versteckt sein könnte. Der Raketenwerfer war leer.
Max meldete sich nun und wandte sich an die Gruppe der Chinesen: „Chinesisches Forscherteam leider nicht mehr unter der Leitung von Dr. Weber. Diese Drohne ist soweit entschärft, wollen Sie nun die Untersuchung aufnehmen?"
Ein paar Minuten lang meldete sich niemand. Dann kam ein Chinese zu diesem Container für die Koordination und machte Max persönlich eine Mitteilung: „Wir sind tief betroffen, was mit unserem Freund und Leiter geschehen ist. Mein Name ist Yuling Sem Ho und ich bin oder war der

Stellvertreter von Dr. Weber. Nun bin ich dem System nach also der Leiter, dennoch möchte ich mich auch im Namen meines verstorbenen Leiters entschuldigen, aber die Neugier ging mit uns allen durch." Ich erkannte, dass dieser Chinese über den Translator sprach, also nicht wie Dr. Weber Deutsch oder Englisch konnte.
Max antwortete scharf und in einem klaren autoritärem Ton!
„Durch ihre Unvorsicht haben wir nun ein oder das erste Missionsopfer zu beklagen. Dabei war diese Situation an und für sich noch nicht übermäßig gefährlich! Ich erinnere mich noch an den Marsfrachter, der auch durch das Verschulden von chinesischen Technikern auf dem Marspol zerschellte und das komplette Marsprogramm fast in Frage gestellt hätte. Was sollte denn das? Warum stürmt eure Gruppe sofort los, wenn es um die Erforschung neuer Dinge geht? Habt ihr es immer noch nicht kapiert, dass die Menschen nun Eins sind? Nicht nur die Menschen sondern auch schon Extraterrestrier. Wir ziehen an einem Strang und wenn dies irgendjemand nicht so will, dann soll er wenigstens nicht dagegen schieben. Möglicherweise werden wir noch weitere Opfer zu beklagen haben, wenn wir uns näher an die hiesigen Waffensysteme heranarbeiten, doch ich möchte es nicht mehr sehen müssen, dass eine Person mit offenen Armen in die unbekannten Raketenwerfer oder Drohnen oder sonstige Kriegsintrumentarien der ehemaligen Bewohner dieser Welt entgegenläuft. Wenn jemand Suizid machen möchte, das wäre auf Terra billiger und ich müsste mich nicht verantwortlich fühlen."
Das saß aber! Der Chinese senkte seinen Kopf wie ein kleiner Junge und scheinbar wurde erst jetzt die Autorität von Maximilian Rudolph als Koordinator richtig anerkannt.
Etwas traurig, aber mit einem versöhnlicheren Ton sprach Max, das Schweigen des Chinesen als Antwort akzeptierend weiter: „Wir haben nicht einmal etwas, was wir beisetzen können. Außerdem wäre eine Bestattung nicht im Sinne von Dr. Weber gewesen. Also: Sein Körper ist vollkommen verbrannt, wir denken an ihn, wenn wir mit der Mission weitermachen. Ich werde alles bestens im E-Logbuch festhalten. Es gibt eine automatische Videoaufzeichnung des Vorfalles, welche ich mit meinen Aufzeichnungen verlinke. Da ihr nun schon einmal so scharf auf die Untersuchung dieser Drohne gewesen seid, nun bitteschön! Setzt diese Untersuchung fort und macht eure Aufzeichnungen, welche dann anschließend in den Zentralrechner eingespeist werden. Verstanden, Herr Sem Ho?"
Der Chinese stand immer noch wie ein begossener Pudel vor Max. Er nickte, verneigte sich abermals und trottete von dannen. Es dauerte etwas, bis die Chinesen dann im Anschluss mit einem Kettenschlitten diese Drohne

holten und in ihren Laborcontainer brachten. Es begann eine vorsichtige Demontage.
Von weit her rollte der Hall einer weiteren Explosion über die Ebene. Wieder erschrak ich, ebenfalls Max. Sofort rief er Tamines per Funk. „Brasilianische Superagentin! Habe ich dir nicht verboten zu zündeln? Was hast du wieder angestellt?" Keine Antwort. Max wurde blass. Ich wollte ihn etwas aufmuntern:
„Tamines kriegt so leicht keiner klein, auch keine übrig gebliebenen Maschinen einer alten Welt."
„So ist das aber auch nicht, Ralph! Ich fühle mich für alles und jeden verantwortlich. Sicher, was Dr. Weber betrifft, lehne ich nun wirklich die Verantwortung ab, da ich nicht für unplanmäßigen Leichtsinn zur Verfügung stehe, aber Tamines hatte einen Auftrag und dieser Auftrag sollte unsere Sicherheit gewährleisten. Ich hatte schon viel mit dieser Frau unternommen, die Wegamission, der Plejadeneinsatz, auch wenn ich nur in der SMC-Station wartete, Tamines hat sich verdient gemacht und ich möchte sie noch auf vielen künftigen Einsätzen wissen. Ich hoffe nun, dass . . ."
Der Empfänger schaltete sich zu und endlich hörten wir die Stimme der Brasilianerin: „Hallo ihr dort! Könnt ihr nicht warten, bis sich eine Frau wieder umgezogen hat? Ich bin wieder in der Luft und schwebe durch die Straßen von dieser Stadt, westlicher Teil. Hier sind viele Gebäude noch in guten Zustand! Übrigens, es gibt auch Drohnen mit bodengebundenem Antrieb. Doch diese sind fast orientierungslos. Mit meinem Tiefenradar habe ich feststellen können, dass diese Straßen hier ein Spulennetz besitzen. Außerdem eine Magnetspur für Informationstransport, welche aber jetzt sicher nicht mehr funktioniert. Darum sind die Fahrdrohnen auch sozusagen aus der Spur geraten. Ich habe sie leicht desintegriert, damit sie nicht mehr gefährlich werden können. Eine Fahrdrohne habe ich an Bord gehievt und die Batterie entnommen. Diese Dinger verschießen Nadeln, sind also reine Personenwaffen. Nachdem die Nadeln sehr dünn sind, aber winzige Schäfte haben, gehe ich davon aus, dass sie Gifte transportieren. Dieses Volk hier oder besser, diese Völker hier auf dieser Welt waren wirklich Apokalyptiker. Also, wenn wir uns der Stadt einmal nähern, so sollten wir entsprechende Anzüge wählen."
„Interessant", Max bekam langsam seine normale Gesichtsfarbe zurück, „ich dachte schon, nun wäre auch dir etwas passiert. Was war das für eine Explosion? Beim Desintegrieren von den kleinen Fahrdrohnen kann doch kein solcher Knall entstehen?" „Ich habe die `Garage´ dieser Dinger gefunden und mit einer herkömmlichen Überladungskombirakete beschossen. Damit konnte ich sicher alle dieser Plastikbiester erwischen.

Übrigens: Die Batterien sind sehr interessant. Fast wie Litium-Ionen-Akkus, aber auch mit einem Anschluss für elektrolytische Regenerierung! Dennoch ist der Zahn der Zeit nicht spurlos vorbeigegangen. Sie haben achtzig Prozent der Speicherkapazität verloren. Die Aufladung konnte auch induktiv erfolgen. Damit auch über das Straßennetz hier."
„Damit hast du sicher schon mehr herausgefunden als das chinesische Team! Kommst du wieder zurück?" „Nein. Ich gleite noch etwas durch die Strassen und sehe zu, dass ich mal so etwas wie eine Bibliothek finde. Leider kann ich die Schriftensymbole nicht lesen. Auch keine Wegweiser. Was mich wundert, ist, dass ich im Freien keine Überreste von Toten erkennen kann. Eine Geisterstadt! Auch die Fahrzeuge stehen alle in Buchten oder an markierten Plätzen an den Straßenrändern. Fast, als hätte noch jemand aufgeräumt. Halt! Hier steht noch ein halbes Hochhaus! Ich drehe mich mal ran – da! Das war eine Sendeanstalt für Radio und TV! Da ist eine Leiche in einem Bleiglaskubus. Ein ehemaliger Moderator! Bleiglas deswegen, weil ich Radarsignale zurückbekomme. Der Strahlenschutz war aber nicht ausreichend, wie ich feststellen kann."
„Gut, Fräulein Universal. Nun komm wieder zurück. Morgen stellen wir ein Team zusammen, welches diese Sendezentrale inspiziert und auch die Leiche untersucht. Damit kommen wir sicher schon einen großen Schritt weiter." „Gut. Also ich komme. Nein, ich komme noch nicht! Mein Empfänger registriert ein schwaches Funksignal. Eine digitale Signatur, ein Code. Kommt von einem Gebäude etwa dreihundert Meter vor mir – ich nähere mich – jetzt bin ich genau darüber! Dieses Signal ist extrem schwach. Möglicherweise eine Automatenbake, Frequenz 198,2 MHz, Breitbandformat für mittleren Datenfluss. Ich zeichne auf!"
„Gut, zeichne ein paar Minuten davon auf, ich bin sicher, dass es sich um sich wiederholende Daten handelt. Dann komm aber wieder zurück! Es wird bald wieder dunkel und vorerst möchte ich uns alle an einem Ort zusammen wissen, wenn die Nacht kommt." „Alles klar Chef. Die Nachricht wiederholt sich wirklich! Der Rechner zeigt bereits eine Übereinstimmung. Ich komme also." „Bis gleich!" Die Funkanlagen gaben die automatische Kennung ab, dann war Ruhe.
Auch ich war erleichtert, dass unserer bewährten Agentin nichts passiert war. Sie hatte wirklich die Vorsicht im Blut, gepaart mit der notwendigen Neugier und dem passenden Fingerspitzengefühl für die jeweiligen Situationen.
Ich musste auch Max bewundern. Er hält den Überblick, mahnt zu Vorsicht, weiß aber auch genau, dass er sich auf bestimmte Leute wie Tamines verlassen konnte. Besonders solchen Personen lässt er etwas mehr Freiraum ohne dass es andere direkt spüren. Auch ich kann diesen Vorteil für mich in

Anspruch nehmen, wie ich bereits ohne große Worte feststellen durfte. Sicher, ich gehöre schon seit langem zum Basisteam der TWC. Von Anfang an eigentlich.
„Max!" „Ja, Ralph Marco?" „Morgen werde ich mal mit dem Gleiter die Arbeiten von den Aircleanern überprüfen. Du weißt, mein speziell programmierter Logpuk macht das ganz gut, aber ich will mir einen eigenen Überblick verschaffen."
„Das halte ich auch für vorteilhaft. Dennoch sollten ein paar Militärs mit ein paar Schwebepanzern die ersten Male mitgehen. Nicht dass noch ein paar dieser antiken Wunderwaffen plötzlich aus ihrem Dornröschenschlaf aufwachen und versuchen, einem vermeintlichen Gegner den Garaus zu machen."
Gabriella kam wieder. Es dämmerte bereits. „Wer soll wem den Garaus machen?" Sie hatte das Gespräch nicht vollkommen verfolgt. „Ach, wir sprachen über eventuell weitere automatische Abwehreinrichtungen. Ralph geht morgen mit dem Gleiter seine Putzteufel kontrollieren."
„Ja richtig! Es gilt immer noch aufzupassen. Ich war gerade beim Team `Planetenkorrektur´. Sie wollen ebenfalls anfangen, die Waferfolie am Berghang zu montieren. Nachdem deren Berechnungen schon so weit fortgeschritten waren, dass sie anhand des Explosionskraters kalkulieren konnten, dass eben von dort eine leichte Bahnverschiebung und auch eine Umdrehungsbeschleunigung eingetreten waren, können sie auch die Waferfolie oder das Wafernetz schon anbringen. Nur wäre es im Anschluss abzuwarten, bis wir erste Übersetzungen haben, welche uns dann auch exakte Daten liefern, wie diese Zeiten eben einmal gewesen sein sollten. Dazu brauchen wir eine Bibliothek oder andere Datenspeicher. So was konnte von Tamines noch nicht gefunden werden."
„Wir werden morgen von der Radio- und TV-Zentrale anfangen zu suchen. Dort kann es erste Hinweise hierzu geben." Max gab sich sicher.
Zwischendurch haben die Militärs einen Ring aus Panzern und anderen Fahrzeugen um unsere provisorische Siedlung gezogen. Flugabwehrintervallkanonen mit Freund-Feind-Kennung und sogar ein paar technisch als alt geltende Raketenbatterien mit Überhorizont-Verfolgemechanismus fanden Anwendung.
Ein amerikanischer General der *Federal Space Security Agency* kam zum Koordinationscontainer. Er erklärte:
„Herr Rudolph, ich bitte darum, morgen mit den SWACS und den Slidetanks in die erste größere Erkundung gehen zu dürfen."
Max las den Namen des Generals an der leicht strahlungsschützenden Uniform ab.

„Herr General Jonathan T. Hunter, ich danke Ihnen, dass sie sich der Koordination unterstellen. Dies ist sichtlich notwendig. Wie stellen Sie sich Ihren Einsatz vor?"
„Ich möchte die SWACS dazu einsetzen, erst einmal eine Stadtkarte von dieser sichtlichen Hauptstadt auf diesem Kontinent erstellen. Nicht nur eine Stadtkarte im herkömmlichen Sinne, sondern auch eine Bunkerkarte. Dazu möchte ich den Tachyonendopplerradar einsetzen. Wir vermuten, dass es auf einer Welt, welche von dermaßen vielen und aktiven Kriegen heimgesucht wurde, auch entsprechend viele Bunker gebaut wurden. Sie suchen eine Bibliothek? Die Führung der FSSA ist der Meinung, dass das gesammelte Wissen immer unter besten Sicherheitsvorkehrungen konserviert sein sollte. Auch auf Terra ist dies ja der Fall."
Gabriella mischte sich in das Gespräch ein: „Was ist denn ein SWACS, was ist den ein Slidetank?"
Hierzu kam ich Jonathan zuvor. „Gabriella, ein SWACS ist ein *Spaceborne Warning And Control System* und ein Slidetank ist ein Gleiterpanzer. Die SWACS sind in Anlehnung an die früheren AWACS, also *Airborne Warning And Control System* entstanden."
„Ach, ja? Nun, Militärisches hatte mich nie übermäßig interessiert. Aber unser Einsatz auf dieser Welt macht dies notwendig." „Und weitere eventuelle Konfrontationen mit den Chorck werden das Militär in eine neue Generation begleiten. Dazu aber bereits unter anderen Voraussetzungen. Ich meine, als gemeinsames Militär aus Sicht des CET." Max ergänzte feinfühlig, um dem General in seiner Aufgabe zu bestätigen. Er nickte und wartete spürbar auf eine positive Antwort. Diese wollte Max ihm natürlich nicht vorenthalten. „Gut Jonathan. Ich bitte Sie nur, nicht alle Sicherheiten von hier abzuziehen. Beginnen Sie erst einmal mit einem oder zwei SWACS und pro SWACS vier Slidetanks zu deren Schutz."
„Herr Rudolph, so ähnlich hatte ich es mir auch vorgestellt. Wenn wir einmal die Stadt unter der Stadt kennen, dann können wir auch weitere vermeintliche Gefahren ausschließen und uns langsam auf die anderen Kontinente ausbreiten. Schließlich sollten Teams mal mit den Varioliftern ausschwärmen und diese sind nun mal nicht bewaffnet.
Also, Sie können sich im Gegensatz zu den großen Asiaten auf uns verlassen."
Max schmunzelte. Endlich gab es einen ranghohen Mann, der die Notwendigkeiten der Koordinationen vollkommen zu schätzen wusste. Damit hat sich Jonathan sicher ein paar Extrapunkte eingeheimst. Max gab ihm die Hand, woraufhin der Amerikaner sofort zugriff und sich sichtlich freute. Ich konnte mir auch denken, dass sich fast jeder Teilnehmer dieser Mission schon deshalb freute, da er mit dem wohl berühmtesten Mann der

Neuzeit zusammenarbeiten durfte. Nach Umfragen auf Terra und den Kolonialwelten, sowie auf Oichos belegte Max den Bekanntheitsgrad Nummer eins gefolgt von Georg. Bei den Frauen also Gabriella gefolgt von Silvana. An dritter Stelle der Männer kam dann aber auch schon der ehemalige Fischer von Oiolamortak Norsch Anch. Das bekannteste Neutro war damit Schrii, der Drittelpartner des dreigeschlechtlichen Ehesystems der Oichoschen. Klar! Auf Terra gab es keine Drittgeschlechtlichen aus natürlichem Bestand. Auch wieder eine Angelegenheit, warum die Oichoschen so überaus interessant sind. Nach Schrii reihte sich aber schon das Wirtsneutro Ischii ein, welches bereits mit Franzosen zusammen die Kneipe ausgebaut hatte und sogar ein Kosmonetcafé betrieb.
Jonathan ging und es war bereits wieder dunkel.
Ich war überhaupt nicht müde, eine Folge des kurzen Tages hier.
„Ein vorbildlich netter Zeitgefährte!", lobte Gabriella diesen Jonathan. „Ich gebe dir uneingeschränkt Recht, meine liebe Frau. Diesen Mann werde ich öfters kontaktieren, um die Ordnung zu behalten. Schon seine Uniform verschafft ihm auch Respekt unter all den Zivilisten."
„Solche Gedanken hegte ich bereits während eurer Unterhaltung." Ich musste meinen Senf hinzufügen.
„Wo ist Tamiles", wollte Gabriella wissen. „Ich denke, sie ist bei den Chinesen. Sie möchte sich nützlich machen und hofft, bereits ein paar Schriftzeichen oder anderes auf der Trikopter-Drohne zu entdecken und zu entschlüsseln. Einfach einen Anfang machen."
„Das wird die Chinesen wahrscheinlich nicht sonderlich freuen, aber für einen Test zur Zusammenarbeit kann es sehr nützlich sein." Sicher hatte Max mit seinen Bedenken ins Schwarze getroffen.
Georg kam mit Silvana und lobte das Team mit den Wafernetzen und Waferfolien. „Diese Gruppe hat schon einen konkreten Plan. Sie wollen bereits in drei Tagen ihre Wafer auf zehn Prozent fahren. Damit verlangsamt sich die Planetenumlaufgeschwindigkeit nur minimal, aber es kann schon helfen, einmal dem richtigen Wert entgegenzukommen. Für weitere Feinkorrekturen möchten sie auch die DANTON einsetzen."
„Die DANTON?" Echote Max. „Ich glaube ich verstehe. Was wir auf Terra vermeiden, also einen Schiffsstart gegen die Planetenrichtung kann hier zu einem Erfolg führen, wenn ein Frachter wie die DANTON kurz außerhalb der Lufthülle einen Schritt vollzieht und große Teile der Oberfläche in eine Tachyonenvakuole geraten. Damit könnten sie auch die Umlaufbahn in vielen Einzelschritten und in Zusammenarbeit mit den riesigen Netzen neu einjustieren. Ich selbst hätte es nicht für möglich gehalten, dass wir technisch schon so weit sind, ganze Welten zu bewegen." „Richtig Max. Dennoch wollen die Wissenschaftler diese Tachyonenvakuole auf einem

Festland entstehen lassen, ansonsten würde zuviel Wasser angesaugt und es gäbe einen halbglobalen Tsunami." „Auch wahr. Wie sieht es mit der Kontinentalverschiebung aus? Würde da nicht ein riesiges Erdbeben entstehen?" „Das wird es. Sie berechnen ein Zeitfenster nach einem Umlaufdiagramm dieser Welt um dieses Experiment zu einem Oberflächenteil zu leiten, auf dem ohnehin nichts mehr zu retten gibt. Das erste Experiment sollte so ausgeführt werden, dass sich die DANTON in einen kurzen Schritt begibt. Das führt wieder zu Daten über die Effektivität und wie oft man solche Einsätze wagen kann oder sollte." Georg gab sich zweifelsfrei begeistert von diesem Vorhaben `Planetenkorrektur´.
„Dann lasst uns mal zu Bett gehen. Auch wenn wir sicher noch nicht müde sind, sollten wir versuchen, uns erst einmal an die hiesig geltenden Zeiten anzupassen um unsere eigene Effektivität zu erhöhen." Silvana sah aber trotzdem müde drein. Doch ich selbst verspürte sogar etwas Schlafbedürfnis mittlerweile.
Plötzlich erschien Tamiles mit Tamines. Beide hatten leichte Strahlenschutzanzüge, strahlten aber erst einmal vor Freude.
„Unbemanntes Trikopter-Verteidigungssystem RORO und die Bordsteuerung funktioniert nach einem hexadezimalen Computersystem auf binärer Aufbereitung, ähnlich der alten terranischen Rechnersysteme von vor knapp hundert Jahren. Auch die Bodendrohne oder Fahrdrohne, welche Tamines mitgebracht hatte, stammt von dieser Firma RORO."
Da musste sogar unser Max staunen. „Wie habt ihr denn dies nun auf die Schnelle herausgefunden?"
Tamiles: „Die Chinesen waren schon auf dem richtigen Weg, doch konnte ich den ersten Adapter für eine Schnittstelle konfigurieren. Es gibt so eine Art PROM in den Rechnern, also ein *Programmable Read Only Memory*. In diesem PROM gehen die Daten nicht mehr verloren. Dann gibt es Datenfäden auf winzigen Spulen, die arbeiten so schnell wie unsere alten Festplatten der Halbzollgeneration. In beiden Speichern gibt es abholbare Informationen. Der Flash-Speicher dient zur aktuellen Navigation nach Eingangsdaten über Miniradar oder Zentralsteuerung per Funk. Ein weiterer Grund, warum diese Drohnen uns nicht sofort angegriffen hatten, ist ganz einfach die Satellitennavigation, welche nun einmal komplett ausgefallen war. Diese Drohnen haben Satelliten-Direktempfänger auf einer Dreißiggigahertzbasis, also einer vorzüglichen, breiten Satellitenfrequenz. Die Zeichenentschlüsselung erfolgte über den Herstellercode im PROM. Dummerweise haben wir zwar die ersten Digitalsignaturen übersetzt, aber wir können noch keine Buchstaben der herkömmlichen Schreibweise zuweisen. Doch das schaffen wir bald!"
„Bist du auch so eine Hackerin wie Tamines?"

Tamiles senkte ihren Kopf leicht. „Nein. Ich kann schon gut mit Rechnern umgehen, aber die entscheidenden Tipps kamen nun mal von Tamines. Sie fand die Bänke für die Upper- und Lowerbytes, was das binäre System zum Hexadezimalsystem aufstockt. Allerdings, nachdem der erste Adapter fertig gestellt war, konnte ich mit meinem Logpuk schon vieles ausfindig machen. Zeichenketten und Wiederholungen, Häufigkeitsanalysen und Zugriffsbestimmungen. Damit haben wir bereits ein Alphabet mit vierzig Buchstaben bestimmt. Wir können davon ausgehen, dass es aber in der reinen Schriftform möglicherweise noch ein paar Buchstaben mehr geben sollte. Schon einmal wegen der vielen Sprachen oder Dialekte auf dieser Welt. Von der allgemeinen Sprachentwicklung selbst wissen wir eben so gut wie noch gar nichts."

Max schaltete am Koordinationsrechner und rief eventuelle Eingaben der Forschungsergebnisse von Seiten der Chinesen ab. Tatsächlich kamen bereits die Daten, wie sie von Tamines und ihrer Landesgefährtin beschrieben wurden. Sogar eine Zuweisungstabelle für die Buchstaben war angefertigt worden. Allerdings nach einer Art ASCII-Code, was über die eigentlichen Buchstaben nichts verrät. Dennoch! Wir bräuchten nur ein Buch, ein Lehrbuch aus einer Bibliothek in dem diese Computercodes tabelliert wären, schon hätten wir wieder eine Türe offen.

Das Totenreich dieser Welt würde seine Geheimnisse nicht für sich behalten können!

Darum riet ich: „Wir sollten uns dem Rat von Silvana unterwerfen. Es könnte ein sehr interessanter Tag morgen werden!"

„Richtig!" Max bestätigte mich und alle anderen machten sich auf den Weg. Max schaltete die Rechnersysteme auf automatischen Betrieb und kontrollierte noch die Terrazeit nach europäischer Zeitrechnung. Dort schrieb man den 21. April 2095, 14:30 Uhr. Die innere Uhr in uns war durcheinander geraten. Dann ging auch er mit seiner Gattin in Richtung der WATSON. Nein! Er machte einen kleinen Bogen und bestellte sich noch je einen Schoppen Rotwein und ein Käse-Trauben-Sandwich für Gabriella und ihn am Versorgerserver. Ich winkte nur noch und suchte mein Quartier in der Oichoschengondel auf. Noch war ich nicht dazugekommen, ein externes Quartier zu bestellen. Doch das eilte nicht, nachdem die Oichoschen dermaßen zuvorkommend waren und mich als `Luftputzer´ verehrten.

Sicherheitshalber nahm ich ein zeitcodiertes Schlafmittel ein und verbrachte eine traumlose Nacht auf X2 – einer Welt, deren echten Namen wir immer noch nicht kannten.

Terrazeit: 22. April 2095, 01:43 Uhr nach europäischer Zeitrechnung.
Bericht Jonathan T. Hunter, General der Federal Space Security Agency unter der CET:

Hier auf der Operationswelt X2 war die Sonne aufgegangen und bestrahlte in einem bedrohlichen Glühen die statische Luftschmutzschicht von unten an. Somit gab es ein unwirkliches Reflektionslicht von oberhalb der Sonne selbst. Als ich meine Passagierzelle frisch nach der Ultraschallneblerdusche verlassen hatte, betrachtete ich die vielen Aircleaner, welche von Ralph Marco Freeman ausgesetzt wurden. Fast bildete ich mir ein, dass diese kleinen fast autark operierenden Geräte schon einen Erfolg aufweisen könnten. Auf Terra vollbrachten sie wahre Wunder in den letzten fast zwei Jahren. Terra ist fast vollkommen regeneriert, mittlerweile konnte auch Brasilien seinen Regenwald mit genstabilisierten Pflanzen wieder aufforsten. Auch hier waren bereits ein paar Erfolge zu verspüren.
Ich hatte einen hohen Respekt vor diesem Maximilian Rudolph, da doch all diese neuen Errungenschaften auf seine und die Erfindungen von Georg Verkaaik basieren. Dieser Mann wäre durchaus geeignet, auch ein Sternenreich oder unser CET zu koordinieren und zu führen. Doch wollte er sich nicht aktiv in Politik einmischen. Viele Politiker handeln ohnehin nach seinen Ratschlägen. Was diesen Mann so sympathisch macht, ist seine natürliche Art wie er mit anderen Menschen umgeht. Er gibt sich einem jeden freundschaftlich gegenüber, außer in berechtigten Situationen wie derjenigen bezüglich der Unvorsicht der Chinesen. Er hatte aber auch vollkommen gerechtfertigt Kompetenz gezeigt. Wenn ein jeder sein eigenes Süppchen kochen möchte, wäre das Chaos dieser Welt wieder nicht zu Ende.
Ich bereitete meine erste eigene Mission vor. Ich wollte auch meinen positiven Beitrag zur Ergründung der X2-Geheimnisse beitragen.
„Erwarte umgehend die Startklarmeldung der zwei SWACS und der acht Slidetanks, ich selbst gehe an Bord des Boeing-SWACS `James Brown´."
Nachdem ich diese Worte in meinen Kommunikator gesprochen hatte, kamen nach und nach alle erwarteten Meldungen durch. Damit rannte ich los und ließ mich von dem Lukenantigravlift in die `James Brown´ heben. Die SWACS waren sogar bedingt raumtauglich, nur hatten sie keine Flächenwafer für diese Transportschritte.
„Simultaner Start der beiden SWACS, dann simultaner Start der Tanks zur Formationsfahrt nach Nordwest der Stadt. Wir gestalten ein Koordinatennetz für die doppelte Stadtkarte. Wir überziehen die Stadt mit dem Oberflächenradar und die SWACS `Janis Joplin´ arbeitet mit dem Tachyonendopplerradar unter minimalstem Strahlungsausstoß. Die Daten

werden sofort über Digikom hier addiert. Wir fertigen eine elektronische Karte an, welche anschließend zur Koordinationszentrale gesendet wird." Ich erhielt die Bestätigungen aller Fahrzeugführer. Ich war mir sicher, ich konnte mich auf mein Team vollkommen verlassen. Jeder hatte einen strahlenschützende Uniform angelegt und damit fühlte auch ich mich ausreichend sicher. Die Slidetanks besaßen Intervallkanonen und kleine Raketenwerfer mit multifunktionalen Sprengköpfen. Als Handfeuerwaffen hatten wir zum einen Projektilpistolen sowie diese neuen Intervallerzeuger mit einem Überschulterbreitverteiler, damit es zu keinem Rückschlag kommen konnte.

„Wir beginnen am Stadtrand, etwa an dem Punkt wo Frau Tamines gestern diese Sendezentrale gefunden hatte. Auch sollten wir das Gebiet um die Sendezentrale genauer erkunden, um dem Einsatz von Herrn Rudolph später dort abzusichern."

Nach langsamer Fahrt bis in eine Höhe von etwas mehr als zwölfhundert Metern und in die angegebene Richtung, schaltete ich auch den Oberflächenscan ein. Auf der Kartentischprojektion war bereits das Koordinatennetz grünlich schimmernd zu erkennen. Die ersten Daten wurden hinzugefügt und langsam bildete sich eine Stadtkarte. Die Daten der 'Janis Joplin' wurden hinzukopiert und ich konnte bereits erste Überraschungen erkennen. Ich schaltete eine Verbindung zu Max Rudolph, die Kennungen wurden automatisch übermittelt. „Herr Rudolph, hier Jonathan T. Hunter. Ich kann bereits ein Bunkersystem in dieser Stadt ausmachen. Die meisten Bunker verlaufen direkt unter den Straßen! Damit erfüllen sie sicher mehrere Zwecke. Zum einen konnte von dort das induktive Steuerungssystem der Straßen unterhalten werden, zum anderen waren dies bereits ausreichende Bunkervorrichtungen für Kurzzeitaufenthalte der Bevölkerung. Für einen Atomkrieg, in dem beabsichtigt leichte, hochstrahlende Elemente ausgestoßen wurden, reichte sicherlich die Strahlungsfestigkeit nicht mehr aus oder auch die Nahrungsversorgung. Ich persönlich vermute ebenfalls, dass es auf X2 bereits auch Neutronenbomben gab. Die absichtliche Zerstörung von Leben und der Schutz von Material. Eine gute Waffe, wenn man sich den Besitz der Anderen aneignen möchte, ein Fehler aber, wenn alle diese Waffe besitzen." „Respekt, Jonathan! Das nenne ich eine schnelle Kombination! Die Neutronenbombe! Daran hatte ich noch gar nicht gedacht. Ich war zu sehr von dem Atombombenkrater in diesem Stadtviertel auf der Westseite vom Gebirgszug abgelenkt, dass ich an eine Neutronenbombe gar nicht gedacht hatte."

Ich konnte zwar spärlich Deutsch, dennoch zog ich es vor, den zwischengeschalteten Übersetzer für uns arbeiten zu lassen. Auch wollte ich

Rudolph nicht damit quälen, sein zwar gutes Englisch einzusetzen, dabei könnten Feinheiten überhört werden.
„Alles weist darauf hin, auch rein rechnerisch. Lege ich die Daten einer Atombombenexplosion zugrunde wie sie von Hiroshima berechnet wurden, dann könnten auch zwanzig solcher Bomben nicht eine ganze Welt entvölkern. Zumindest nicht überall, es müsste Überlebende geben. Aber mit einer Welle von Neutronenbomben als möglicherweise ultimative Waffe und dies von allen Seiten, das könnte diese vorliegende Theorie dieser ehemaligen Apokalypse vertiefen."
„Ihre Vermutungen werden vom Zentralrechner mit fast hundertprozentiger Wahrscheinlichkeit bestätigt. Alle Daten sprechen dafür. Auch die Kombination von den Bunkern unter den Strassen. Ich bekomme erste Rekonstruktionsbilder ihrer Informationen. Ich erkenne fertige Bunkerbausteine in solchen Variationen, dass damit auch diese Strassen vollkommen erschaffen werden konnten. Die X2-Bewohner hoben lange Schächte aus und setzten vorgefertigte Straßen-Bunker-Module ein. Nach diesem Aufwand zu schätzen, mussten aber diese Leute schon harte Krieger gewesen sein. Ein durchaus genetisch-kriegerisch veranlagtes Volk."
Ich bemerkte ebenfalls diese Modulbauweise der Bunker. Da war Platz für die Stadtbevölkerung, aber nicht für ausreichend Frischwasser und Nahrungsmittel über einen langen Zeitraum. Außerdem rechnete ich damit, dass die Bunkerdecke, also die Strasse einer Hochstrahlenden Neutronenbombe standhalten könnte. Ein Atombombe in einem Abstand von ein paar Kilometer, ja.
„In meiner Studienzeit habe ich mich auch mit Psychologie befasst, Herr Rudolph. Dadurch habe ich auch einen anderen Verdacht, warum diese X2-Bewohner so kriegerisch veranlagt waren. Ich vermute, dass diese einer hohen Reproduktionsrate unter möglicherweise auch kurzem Zeitraum unterlagen. Ich denke, bei der Fortpflanzung kam es dann immer zu mindestens zwei, drei, vier oder auch fünf Nachkommen. In diesem Sinne greift auch die Evolutionstheorie. Es gibt eine höhere natürliche Auslese, der Stärkere gewinnt Land und Nahrung. Nur konnte sich diese natürliche Auslese nicht so schnell an die Technisierung anpassen. Die Natur selbst plant ja nicht mit Kernspaltung außer im langsamen natürlichen Zerfall oder der Fusion in der Sonne."
„Eine sehr interessante Theorie, lieber Jonathan. Doch solche Gedanken gab es dazu bereits. Aber es freut mich sehr, denn umso mehr denselben Gedanken hegen, umso höher wird die Wahrscheinlichkeit auch ohne Computerberechnung. Was ist das? Sehen Sie auf Ihren Radar – was ist das frisch eingeblendete Rund?"

„Ein runder Bunker mit einer Zentrale? Nein – Alarm! Das ist ein Raketensilo – Alarm – es wird Aktivierung angezeigt. Die spinnen doch diese X2-Leute, bauen mitten in einen Stadtpark ein Raketensilo ein. Ein Slider mit Desintegrator soll den Raketenkopf von dreißig Grad seitlich abschießen, schnell, der Silodeckel vierteilt sich!"
Ich bemerkte, wie der vorderste Slider in einer wahren Sturzfahrt und mit ausgefahrener Desintegratorkanone sich zum Silo stürzte. Der Tachyonenbeschuss oder die Bündelung hob die molekularen Bindungskräfte auf und Kopf der Rakete löste sich in eine feine Staubwolke auf. Da war sicher auch die Steuerungselektronik eingebaut, denn die Flugwaffe hob sich noch aus dem Silo bis in eine Höhe von vielleicht hundert Meter, dann überschlug sie sich und begann zu kreisen. Sie näherte sich wenigstens dabei dem durchtunnelten Gebirgszug und zerschellte an einem Felsvorhang. Dabei stieg ein Feuerball auf, der uns wieder das Grauen dieser eigentlich immer noch kriegerischen Welt vorführte. Eine Rakete mit einer Neutronenbombe würde uns gerade noch fehlen! Ich schreckte mich selbst mit meinen Gedanken, doch eigentlich sollten alle Neutronenwaffen ihren Einsatz schon gefunden haben, bei dieser sicher lückenlosen Zerstörung dieses Planeten.
Wieder stellte sich mir die Frage, warum gerade jetzt sich diese Rakete aktivierte! Wieso reagierten die Sensoren nicht auf unseren ersten Anflug?
Der Slidetank inspizierte nun das Silo und eine Videowiedergabe zeigte, wie sich das Silo nun mit Wasser flutete, um zu kühlen. Ich beschloss, mich selbst um diese Angelegenheit zu kümmern und wollte mit einem kleinen Beiboot aussteigen. Die Geiger-Müller-Zähler mahnten mich, auch den Strahlenschutzhelm anzulegen, obwohl die Werte nicht im lebensgefährlichen Bereich lagen. Aber nachdem ich wohl noch viele Wochen auf dieser Welt verbringen werde, sollte ich auch geringe Strahlung nicht unterschätzen. Eine größere Gesamtsumme sollte vermieden werden. Zuerst rief ich Max Rudolph, um ihn von meinem Vorhaben zu unterrichten, denn ich wollte in keinem Fall gegen die Koordination vorgehen. „Herr Rudolph, hier Jonathan T. Hunter. Sie haben sicher mitbekommen, was soeben geschehen ist. Nachdem dieses Raketensilo nun leer ist, bitte ich um die Genehmigung, dieses persönlich unter Sicherheitsvorkehrungen inspizieren zu dürfen. Vom Silo selbst sollte eigentlich keine Gefahr mehr ausgehen. Ich möchte nur herausfinden, wieso sich diese Rakete erst jetzt aktivierte und nicht schon bei unserem Erstanflug. Wenn wir dies wissen, könnten wir weiteren Gefahren auf anderen Kontinenten vielleicht schon im Vorfeld begegnen."
„Sie sind ein erfahrender Mann, Jonathan. Ich bin einverstanden, aber bewaffnen Sie sich entsprechend und nehmen Sie einen Topwaferrucksack,

mit dem sie in das Silo einschweben können, bei Gefahr auch schnell wieder herauskommen!" „Das hatte ich ohnehin vor! Ich melde mich für weitere Berichterstattungen, wenn es etwas Interessantes gibt." „Ich zähle auf Sie, Jonathan. Sie sind ein Beispiel für eine kooperative Mission." „Danke und Aus.!"
Mit der kleinen Beibootkapsel im Heck der `James Brown´ trennte ich mich vom Verband, dieser sollte nach gewohnter Manier weiter eine Tiefenkarte der Stadt erstellen.
Ich landete mit der Kapsel direkt auf dem Park, vielleicht fünfzehn Meter neben dem Silo. Der Silodeckel schloss sich nicht mehr, die Mechanik hatte nur noch das Öffnen überlebt, das Zucken eines der Viertel bewies aber, dass die Automatik noch ansprechen wollte.
Ich musste das Design des Parks bewundern. Sicher hatte es vor dem Tag X Bepflanzung gegeben. Nun herrschten nur noch eine leichte Staubschicht und ein paar schillernde Moose vor. Auch noch ein paar versteinert wirkende Baumstämme. Der Silodeckel war Bestandteil eines Skulpturfußes, die Skulptur selbst war in ein Bassin gekippt, welches vielleicht einmal Wasser enthielt. Ihr war nichts geschehen. Ich betrachtete diese Abbildung eines dieser ehemaligen X2-Bewohner und bemerkte, dass er ebenfalls die Nachbildung eines Raumanzugs trug. Darunter war eine große Plakette angebracht und in relativ kleiner Schrift vier Sätze. Ich konnte erkennen, dass es vier Sätze waren, auch von links nach rechts geschrieben, denn nach jedem Satzende stand der letzte der noch undefinierbaren Buchstaben etwas tiefer und links waren die Buchstaben bündig in der Vertikalen. Eine weitere Gemeinsamkeit mit Terra, abgesehen von den Ursprachen mancher Völker und der arabischen Schrift. Ich fotografierte und filmte, dabei achtete ich bereits auch darauf, dass meine Daten sofort zur Zentrale übertragen wurden. Dann aktivierte ich meinen Tornister mit dem Wafer, von uns einfach `Rucksack´ genannt und ließ mich zum Boden das Silos hinab. Der mobile Zähler für Radioaktivität wanderte in seiner Anzeige zurück. Hier war der Strahlungspegel gering und ich klappte meinen Helm zurück. Es stank nach Brackwasser und es war Brackwasser, mit was hier geflutet wurde. Die Abpumpvorrichtungen waren noch in Funktion, nur nicht in voller Leistung. Sicher litten auch die Dichtungen im Laufe der Zeit. Trotz allem konnte ich eine überaus solide Technik attestieren!
Ich stand bald in diesem Wasser und war froh, dass sich der Spiegel bereits auf etwa acht Inch abgesenkt hatte. Damit war ich vor nassen Füßen sicher, meine Stiefel hielten dicht. Eine Instrumententafel hinter einem dicken Glasdeckel zeigte verschiedene diodenartige Lämpchen, vier davon blinkten und vier waren auf Dauerlicht geschaltet.

Ein Flachbildschirm sollte sicher noch andere Informationen verraten, doch ich konnte nur noch einen leichten Kontrast von Anzeigen zum Hintergrund erkennen. Ich versuchte es mit einem Trick: Ich schoss eine hochauflösendes Foto und erhöhte den Kontrast im Foto und auf meiner Anzeige. Schon konnte ich wieder Schriftzeichen erkennen, nur noch nicht lesen. Aber eine Tabelle war ebenso dabei. Wieder sandte ich beide Bilder, das unbearbeitete und das bearbeitete an die Zentrale. Max meldete sich daraufhin: „Sehr interessant, Jonathan! Die Struktur erinnert etwas an das uralte Windows-Betriebssystem von vor achtzig Jahren. Sogar Farben kann man noch aus dem Kontrast herausarbeiten." Tatsächlich? Das war mir noch gar nicht aufgefallen, weil ich den Monitor als ´erblindet´ betrachtete. Langsam wurde mir übel und so nahm ich mir wenigstens eine Atemmaske, um den Gestank nicht mehr ertragen zu müssen. Ich wollte noch die nähere Umgebung absuchen, um vielleicht irgendwelche Sensoren zu finden, welche den Raketenstart ausgelöst hatten.
Schon bemerkte ich ein paar kleine Kuppeln, bei denen ich dachte, sie würden zu diesem Kunstwerk gehören. Geschwärztes Glas war mein erster Eindruck. Ich wollte nichts unversucht lassen und nahm ein kleines Desintegratormesser, trennte die Kuppel vom Sockel und es kam ein – ja ein Wafer zum Vorschein! Ich schaltete eine Verbindung mit Vorrang: „Herr Rudolph! Ich schicke Bilder von meiner Helmkamera, die X2-Leute kannten bereits Wafer, wieweit sie diese Technik allerdings schon vorangetrieben hatten, kann ich noch nicht sagen. Wenn es das ist, was ich vermute, dann weiß ich auch, warum die Rakete startete. Gesteuerte Tachyonenaktivität schaltete einen oder mehrere Sensoren durch!"
„Was? Wafertechnologie? Nun haben Sie mich vollends neugierig gemacht. Gelingt es Ihnen einen dieser Sensoren wie im Bild abzutrennen und mitzubringen? Ich möchte eine Nanountersuchung starten, wieweit diese Wafer sich bereits der absoluten Materieresonanzfrequenz nähern können. Wie Sie wissen, gelang uns dies nur mit dem Trick der Mischfrequenz über ein System von jeweils drei Hornantennen auf Nanobasis, denn ansonsten würde sich der Wafer selbst auflösen. Das Resonanzfeld entsteht dabei um einiges oberhalb des Wafers. Möglicherweise hatte sich dieses Volk kurz vor dem Durchbruch ausgerottet. Doch wenn sie immerhin schon künstlich modulierte Tachyonenfluktuationen anmessen konnten, dann ist klar, dass euer Dopplerradar den Raketenstart ausgelöst haben musste. Wir können auch davon ausgehen, dass dieses Silo eine der absolut letzten Neuerungen auf dieser Welt war."
Meine Stellvertreterin Aretha auf der ´James Brown´ meldete sich: „Sir! Wir scannen gerade so etwas wie eine Opernhalle. Darunter befindet sich ein Bunkertank, welcher mit einem Lift bewegt werden konnte."

„Wie soll ich denn das verstehen? Ein Bunkertank? Mit Lift?"
„Ja, Sir. Ein sechseckiges Nebengebäude dieser Opernhalle, wir nennen diese einmal so, besitzt ein Schienensystem mit angehängter Liftgondel. Diese Liftgondel wurde aber abgefahren und anschließend von oben her versiegelt, wie unsere Untersuchungen zeigen. Das bedeutet, dass die X2-Bewohner irgendwelche Güter vor der Zerstörung bewahren wollten. Dass es sich nicht um Überlebenskapseln handelt, ist ebenfalls zu folgern, denn es gibt keine Versorgungskanäle zu dem eingegossenen Bunker oder Bunkerliftgondel oder wie auch immer. Im Übrigen befindet sich diese Opernhalle in der Nähe der Sendezentrale, welche Tamines entdeckt hatte."
„Herr Rudolph, Sie haben sicher mitgehört?"
„Habe ich, Jonathan. Endlich kommen wir einen entscheidenden Schritt weiter, denn wenn es sich nicht um einen Personenbunker handelt, dann kann es sich aller Logik nach nur um einen Kulturschatz handeln, der gesichert werden sollte. Ich werde bald selbst starten, ich warte nur noch ab, bis ihr diese Sendezentrale erfasst habt und ziehe mir davon bereits einen Kartenausschnitt heraus." „Freut mich dass mit uns Amerikanern die Zusammenarbeit so gut klappt, nicht wahr Herr Rudolph?" „Mit den Amerikanern konnten wir bis auf zweimal immer gut zusammenarbeiten, wenn ich die Geschichte so verfolge. Dabei gab es ja auch einen gemeinsamen Teilursprung, wenn ich nun mal nicht komplett bis Adam und Eva zurückgreife. Schließlich sollte doch vor dreihundert Jahren fast die deutsche Sprache amerikanische Amtssprache werden. Wurde nur mal um eine einzige Stimme überstimmt. Also wanderten in paar Deutsche zuwenig aus. Aber was soll's, Englisch ist ja auch sehr melodiös und das Deutsche hat im Sprachschatzvolumen der Neuzeit sehr viel gewonnen."
„Dem kann ich nun momentan nicht folgen!"
„Das erörtern wir einmal bei einem bayrischen Bier, Jonathan, aber an einem Tag vor einer Ruhephase, damit ich auch mal Nullbier oder das Leichtbier ignorieren darf."
„Ist gut, ich freue mich darauf! Dann probiere ich auch meine mageren Deutschkenntnisse aus!"
„Sie verfügen über Deutschkenntnisse?" „Ja, aber eher dürftig." Diesen Satz sprach ich mit ausgeschaltetem Translator und in Deutsch.
„Respekt, Jonathan. Fremdsprachen bei Amerikanern war immer schon eine Rarität!" „Wird immer besserer, Herr Rudolph! Schließlich haben Deutschland viel gute Literatur und ich mögen gerne lesen. Dann ich machen weitere Arbeiten. See you later!" „Alligater" setzte Max Rudolph hinten an. Ich musste lachen. Der Mann besaß in allen Situationen immer noch einen angepassten Humor.

Um diesen Platz war ein Kreisweg angelegt, welcher sich strahlenförmig ausweitete. Ich erkannte hinter mir silbrige Nadeln auf dem Boden, nachdem ich den Staub beim Gehen verwehte. Ich bückte mich, um eine dieser zwei Inch langen Nadeln aufzuheben, dabei wusste ich nicht so recht, ob dies nicht Abfall sein sollte. Diese Nadel puffte kurz und schob sich blitzschnell teleskopartig auseinander. Dabei durchstieß eine Seite doch glatt meinen Anzug und plötzlich brannte es auf meiner Haut wie Feuer. Ich wollte sofort meinen Handschuh ablegen, doch spürte ich langsam eine Lähmung im Arm und schon bekam ich einen Schweißausbruch.
„Giftalarm! Es liegen viele Nadeln im Park, welche einen mittigen Druckerzeuger haben um Gifte zu injizieren! Ich wurde gestochen!"
„Laufen Sie so schnell sie können und wenn Sie noch können zu ihrer Beibootkapsel, schalten Sie auf Fernsteuerung um. Ich komme!"
„Das war typisch für diesen Maximilian Rudolph. Er konnte eine Situation sofort einschätzen und danach handeln. Ich tat wie mir geraten und lief, das Laufen fiel mir nun auch schon schwerer, es wurde zu einem schnellen Gehen, dann nur noch zu einem Gehen und mit letzter Kraft erreichte ich die Kapsel und schaltete auf Fernsteuerung um. Kaum zu glauben, aber ich hörte bereits die WATSON über mir surren. Schon startete meine Kapsel und der Schweiß lief mir bereits in Bächen von der Stirn in meine Halsmanschette mit dem Bajonettverschluss. Ich bemerkte, wie sich mein Körper zusehendes verkrampfte und ich sorgte mich darum, ob dieses Nervengift wohl vor meinem Herzmuskel halt machen würde oder nicht.
In einem Parallelflugmanöver zurück zum Operationslager setzte mich Max per Fernsteuerung direkt vor dem Medicalcontainer ab. Drei Mann holten mich aus der Kapsel und ich konnte beim besten Willen nicht mithelfen. Ich fühlte mich wie ein Embryo, so sollte auch der Eindruck für die Anderen sein. Mein Körper schmerzte vor Muskelkrämpfen und langsam wirkte das Gift auch auf meine Augen!
Ich konnte meine Augen kaum mehr drehen! Auch mein Lidschlag wurde langsamer und mit letzter Kraft schloss ich die Augen, damit diese nicht austrocknen. Mein Herz begann zu stechen! Mein Atem wurde langsamer! Die Luft die ich atmete, brannte wie heißer Rauch. Ist das mein Ende? Habe ich wenigstens dem CET ausreichend gedient, würde mein Tod nicht umsonst gewesen sein? Bevor ich ohnmächtig wurde, was ich selbst als meinen Tod ansah, spürte ich nur noch etwas in meiner Luftröhre und ein paar Elektroschocks.
Dann holten mich die Todesvisionen zu sich!
Ich wusste von den Bildern, die von Leuten berichtet wurden, welche bereits sich auf der Flatline zum Tod befanden und gerade noch mal den Rückwärtsgang einlegen konnten. Lichter wurden sichtbar und die

Versuchung war groß, sich diesen Lichtern zu nähern, dabei aber auch den seltsamen Wesen am Ende des Tunnels zu nähern. Engel? Nein. Auch in diesem Moment wusste ich, dass diese Bilder nur von der Sauerstoffarmut im Gehirn erzeugt wurden.
Eine Schutzvorrichtung der Natur, um den Tod leichter hinzunehmen, wenn er sich unbarmherzig näherte.
Hirngespinste oder vollkommene Halluzinationen? Natürlich Halluzinationen wegen der abklingenden Sauerstoffzufuhr im Gehirn und das Licht am Ende des Tunnels wurde immer größer und der Tunnel immer kürzer, ich wurde immer williger zu sterben! Die Fähigkeit, mich zu konzentrieren war auch fast vollkommen erschlafft.
Ich verspürte Wärme und fast meinte ich, ich könnte aus meinem Körper steigen. Ich wollte lachen und konnte nicht!
Ich sterbe einhundertsiebzigtausend Lichtjahre von meiner Heimat entfernt! Ich empfand dies als extrem belustigend und bald empfand ich gar nichts mehr oder ich konnte mich nicht mehr erinnern. Ich wollte nur noch schweben, fliegen, mich vernetzen . . .

Mich vernetzen? Wo war ich jetzt? Ich sah vor meinem inneren Auge ein gigantisches Schachbrettmuster. Wenn ich einen Arm bewegen wollte, bewegten sich Wellen über dieses Schachbrett, fast wie eine Computersimulation von Einsteins Gravitationstheorie der Planeten zueinander und um die Sonne. `Die Delle im Raum´. Ich war Teil einer Delle! Wo war ich? Es war nicht dunkel, aber ich sah nichts. Dass es so viele Farben geben konnte, war mir in meinen Gedanken noch nicht ganz klar und meine Gedanken liefen langsam wie durch Viskose.
Bin ich Teil des Kollektivs geworden, so wie die Logiker dies für die wahrscheinlichste Form des Phanta Rei halten, Alles im Fluss, vor dem Tod und nach dem Tod? Ich dachte und dachte und dabei kam mir der erste klare Gedanke: Ich denke, also bin ich! Auch ein guter Spruch.
Schatten liefen umher und ich plötzlich hörte ich Stimmen wie aus einer anderen Dimension.
„Ein zäher Bursche." Das war der erste Satz, den ich verstehen konnte. Langsam wurde mir auch klar, dass ich nicht tot war. Eine Frau sagte: „Die X2-Leute habe wirklich nichts unversucht gelassen, das Leben dieser Welt zu vernichten. Keine Gnade vor Tieren und keine Gnade vor intelligentem Leben." Das musste doch diese Gabriella gewesen sein, Sie hatte vielleicht eine süße Stimme! Doch diese Worte waren unschön gesprochen.
Die Konturen wurden schärfer und plötzlich spürte ich den Nadelstich wieder. „Au!" Ich fuhr mit dem Oberkörper auf, ließ mich aber sofort

wieder zurücksinken, denn meine Muskeln schmerzten, als wäre ich eingefroren gewesen.

„Ja, da ist er ja wieder, unser lieber Jonathan! Hatte Mama nicht zu dir einmal gesagt, dass du nicht mit fremden Spielsachen herumspielen solltest? Du warst aber ein böser Bube!" Das war Silvana! Die dunkelhaarige Schönheit an Seite von Georg. Sie sprach aber ein exzellentes Englisch.

Meine Augen machten noch nicht so richtig mit, aber diese langen schwarzen Haare konnte ich alleine schon wegen dem Kontrast ausmachen. Auf diesen schwarzen Humor wollte ich spontan antworten, doch diesbezüglich kam ein langer gequälter und sicher undefinierbarer Laut aus meinem ach so trockenen Mund. „Gebt ihm Wasser! Der Schluckimpuls ist auch wieder zurückgekehrt und schon rann mir Wasser in die Kehle und aus dem Mund am Hals hinunter. „Danke!" Na das klang doch schon ganz ordentlich.

Gabriella fragte: „Kannst du mich schon verstehen?" Ich nickte eifrig, bemerkte aber, dass mein Nicken immer noch schwammig wirkte und mein Nacken dabei zu pendeln drohte, als ich mich halbwegs aufrichtete. Schlagartig kam mein Sehvermögen zurück. Ich befand mich in dem Medicalcontainer und viele grelle Lampen waren auf mich gerichtet – nein – ein paar waren bereits weggedreht worden und bestrahlten die weißen Wände.

„Ich konnte den Tunnel sehen! Der Tod streckte seine Hand nach mir aus! Auch das Licht war da."

Max´ Frau sah mich an und sie wusste ebenfalls von den Symptomen. „Dein Herz stand fast still und dein Gehirn litt für vier Minuten unter akutem Sauerstoffmangel. Unser Krampflöser wirkte. Dann warst du aber auch vollkommen weggetreten und konntest dich in einem Kurzkoma erholen. Auch das ist eine natürliche Reaktion des Körpers. Übrigens! Das Gift in den Nadeln ist schon größtenteils zerfallen. Der Wirkungsgrad liegt bei höchstens noch fünf Prozent! Zu den Zeiten, als die Gifte noch frisch waren, hätte dich keiner mehr von der Schaufel holen können."

„Hatte ich Glück gehabt?" „Wir hatten Glück gehabt, wir brauchen dich nämlich noch!" Nun bemerkte ich auch die persönlichere Form, in der zu mir gesprochen wurde. Da nun auch wieder der Translator ansprach, war dies noch nicht vollkommen klar. Ich war aber für diese persönlichere Form in diesen Momenten dankbar.

Gabriella informierte mich weiter:

„Die Giftform ist vertraut. Es handelt sich um Alkaloide, Kaliumcyanid oder besser bekannt unter Zyankali, Strychnin aus der Gruppe der Botulinustoxine. Aufgrund der organischen Zusammensetzung oder besser gesagt, aufgrund dessen, dass diese Gifte aus gezüchteten Bakterien

gewonnen wurden, erklärte sich auch der Zerfall in den Nadeln. Wir konnten sogar eine Art `Leichengift´ feststellen. Also die leicht angegorenen Zellen, aus denen die Zellflüssigkeit ausgetreten war. Wiederum war es gut, dass diese Nadeln bis auf die Oxygendiffusion hermetisch dicht waren. Andererseits, wären diese Nadeln schon vor langer Zeit alle undicht geworden, hätten sich auch die Toxine weiter abbauen können. Immerhin wissen wir nun, welche Injektionsmixtur ein Jeder mitführen sollte!"
„Ich war doch ein wunderbares Versuchskaninchen, nicht wahr?"
„Aber auch nur, weil du überlebt hattest!"
„Kann ich wieder meinen Dienst aufnehmen?"
„Crazy? Wir haben einige Minensucher mit Magnetspulen losgeschickt. Zumindest sollten die Straßen und Wege, die wir demnächst zu befahren gedenken von den Nadeln befreit werden. Sie sind glücklicherweise leicht magnetisch. Und du, lieber Jonathan, bleibst erst einmal drei Tage liegen!"
„Können wir verhandeln? Wie wäre es mit einem halben Tag?"
„Wir handeln nicht, aber vielleicht geht es bereits nach zwei Tagen."
„Gut, einen Tag erlaube ich mir ja selbst. Ihr habt mich ja ohnehin gut aufgeputscht." „Nanana! Du warst ja auch fast einen Tag bewusstlos!"
„Was? Na dann kann ich ja schon aufstehen, oder? Ein Tag war abgemacht!" „Aber ab jetzt! Nicht inklusive!"
„Ich muss mich aber um mein Team kümmern."
„Das kann Aretha fast genauso gut wie du. Der Stadtplan ist fast fertig und Max startete einen Tag verspätet, also heute, um die Sendestation zu inspizieren. Er wartete auf die Befreiung von den Nadeln durch die nun in einem Doppelsystem arbeitenden Mienensucher, zumindest in und um die Sendestation."
„Gut, ich gebe mich geschlagen. Ich werde also noch ein Stündchen hier bleiben." „Das ist doch ein harter Bursche", Silvana kam wieder heran und mittlerweile konnte ich ihr wunderschönes, zigeunerartiges Gesicht in voller Bildschärfe bewundern. „Hätte dich der Sensenmann voll erwischt, dann hättest du auch deine restlichen Kontrollen komplett verspielt."
„Das ist noch nicht vollkommen bekannt! Aber sei es doch drum. Das war eben nicht so und nun bin ich wieder so gut wie neu!"
Ich wollte den Beweis erbringen und kurz mal aufstehen, da ich einen Druck in der Blase verspürte, schon wurde mir schwarz vor den Augen und meine Blase entleerte sich ohne meine Kontrolle.
Beide Damen hielten mich und sogar der Mediziner, der sich die ganze Zeit im Hintergrund gehalten hatte, kam angelaufen, doch die Damen schafften es, mich solange zu stützen, bis ich mit meinem unfreiwilligen Wasserlassen fertig war.

„Na? Möchtest du so deine Stellvertreterin Aretha ersetzen? Mit tropfendem Pinsel? Da würdest du dir keine Pluspunkte einstreichen."
Silvana schien etwas rabiat in ihrer Wortwahl zu werden und angesichts meiner Blamage würde es wohl besser sein, einzulenken. Vorläufig zumindest, bis ich auch diesen Muskel wieder voll kontrollieren konnte.
Der Mediziner meldete aber Beruhigendes: „Der Mann ist gut konditioniert. Ich glaube, nach einer letzten Infusion mit Aufbaupräparaten und anschließender breiförmiger Nahrungsaufnahme können wir ihn in etwa drei Stunden entlassen. Er sollte aber noch mindestens zwei, drei Liter Wasser trinken. Die Gifte hatten den Körper leicht dehydriert." Na das hörte sich doch schon gut an.
„Zeigt mir wenigstens Bilder aus den Sliders oder den SWACS, ich möchte mich informieren, was zwischenzeitlich geschehen ist!"
Dieser Wunsch wurde mir erfüllt und mein Team freute sich, von mir zu hören. Ich hob ein Glas voll Wasser und begann damit, so schnell wie möglich meinen Wasserhaushalt einzuregulieren.

Bericht Maximilian Rudolph:
Ich wusste gar nicht mehr genau die Terrazeit, aber es musste noch der 22. April nach europäischer Terrazeit gewesen sein, als Jonathan die Giftnadel abbekommen hatte. Es hatte sich herausgestellt, dass sich das Gift aber bereits so weit zersetzt hatte, dass ein Überleben mittels sofort verabreichter Medikamente möglich war. Bei Jonathan hätten wir keine fünf Minuten länger brauchen dürfen, denn das Gift war kurz davor, seinen Herzmuskel zu lähmen.
Ich startete sofort mit einer Crew, um die Mienensucher leicht zweckentfremdet einzusetzen, sie sollten diese Nadeln aufspüren und sammeln. Wenigstens konnte dieses Vorhaben mit Magnetspulen durchgeführt werden, da diese Nadeln darauf reagierten.
Mittlerweile zeigte mein Chronometer den 23. April 2095 nach mitteleuropäischer Terrazeit an und es sollte 02:30 Uhr sein. Hier auf X2 schien eine verführerische Nachmittagssonne, sie verriet nichts darüber, was noch so alles auf uns warten sollte.
Nun war ich wieder mit der WATSON unterwegs. Tamiles und ein Sprachforscher begleiteten mich. Das Gelände um den Radiosender war von den bekannten Problemen befreit und wir hatten schon die ersten Stadtkarten. Auch die Oper sollte mich interessieren und der Platz mit den Skulpturen, welche Tamines schon bei ihrem ersten Überflug entdeckt hatte. Also hatte auch ich den leichten Strahlenschutzanzug an und

wunderte mich dennoch, dass es in diesem Stadtviertel kaum eine Reststrahlung gab.
Dieses halbe Hochhaus mit dem Bleiglasstudio beeindruckte mich. Die niedrigeren Häuser rundherum waren nach dem Bombeneinschlag relativ heil geblieben. Sicher, der Abstand war noch ausreichend, denn dem Bombenherd näher liegende Gebäude standen kaum mehr. Doch das Hochhaus hatte es noch erwischt.
Ich verankerte die WATSON schwebend an der Fassade und sprang, natürlich mit einem Wafertornister beziehungsweise Rucksack in das Gebäude. Ich konnte den hermetisch isolierten Körper des X2-Mann - es war doch sicher ein Mann – sehen. Vorsichtig schnitt ich mit dem Desintegratormesser ein Rechteck in den Glaskubus und lies die Seite in die Tiefe fallen. Der erwartete Gestank fiel wesentlich geringer aus, als befürchtet. Der Mann war wahrscheinlich nicht einmal erstickt, sondern einfach ein Opfer der Strahlung geworden, da er direkten Blick zum Bombenkrater hatte; spätestens dann, als die Gebäudehälfte einstürzte. Dennoch hatte irgendwann die Luftautomatik ausgesetzt. Tamiles war mir gefolgt und half mit, eine Vakuumhülle um den Toten zu stülpen. Um nichts zu zerstören, stülpten wir die Hülle also auch noch über den seltsamen Bürostuhl. Als beide Enden sich verschweißt hatten, sog eine kleine Automatikpumpe die Luft heraus und wir hatten den ersten X2-Bewohner isoliert, wenn er auch tot war. Aber auch Tote verraten zudem hin und wieder Geheimnisse. Der Forscher, Josef Zelzer war sein Name, half wortlos und mit erkennbarem Übelkeitsgefühl tapfer mit, den Mann von X2 im Frachtraum der WATSON zu verstauen. Trotz der Situation hier, man musste diese einfach einmal so akzeptieren wie sie war, brachte ich ein Schmunzeln zustande, als ich diesen Hals des Radiosprechers sah. Die Bezeichnung Knickhals drängte sich wirklich regelrecht auf.
Nun betrachtete ich noch die weitere Technik und ich erkannte Tonaufzeichnungsgeräte mit seltsamen Kassetten, in denen sich silbrige Fäden befanden. Diese Geräte hatten Bajonettstecker mit in den Wänden eingelassenen Steckdosen, verschiedene Rundkabelanschlüsse und im Anschluss fand ich noch eine Menge Akten und handschriftliches Material. Eine Kunststoffkiste beherbergte endlich etwas, nachdem wir schon suchten: Bücher! Eine Weitere Kiste erwies sich als kleine Schatztruhe! Bilder dieser Welt von vor der Apokalypse! Sie waren in diesem Glaskubus gut erhalten, nur die obersten Bilder waren verblasst und vergilbt. Diese waren den Sonnenstrahlen und damit der UV-Strahlung ausgesetzt. Noch konnte ich nicht sagen, ob es sich hierbei um digitale Druckerzeugnisse handelte oder um chemisches Fotopapier – oder um Beides.

Zurück in der WATSON ließ ich das Fahrzeug erst einmal langsam an diesem Gebäude herabschweben, denn ich wollte wissen, ob sich noch etwas vordringlich Interessantes darin befinden könnte.
Da war noch eine Art Wohnzimmer zu sehen. Wieder hielt ich an und stieg über. Viele verzierte Schriftstücke hingen sogar noch an den restlichen Wänden, andere waren abgefallen. Hier könnte ein Wissenschaftler gewohnt haben und die verzierten Folien könnten Urkunden, Meisterbriefe oder Diplome sein. Ich nahm sie alle mit, nahm auch Bücher aus dem Schrank. Schon von den Farbaufdrucken der verschiedenen Titelbilder war zu erkennen, dass sich der ehemalige Besitzer viel mit Genetik und Elektronik befasst hatte. Schon wollte ich wieder gehen, da sah ich eine Tür mit Spielzeugsymbolen. Wieder zückte ich das Desintegratormesser und schnitt so das Schloss aus. Noch wollte die Türe mir den Gefallen nicht erweisen, mit ihr Dahinter zu verraten, da schnitt ich auch die Angeln aus.
Ein Kinderzimmer mit Luftbetten in denen keine Luft mehr war. Doch wiederum konnte ich auch keine Leichen entdecken! Auch keine Rückstände von Verwesungen oder Entsprechendes. Aber erneut Bücher! Kinderbücher, Lehrbücher und Bücher mit großen Lettern! Das könnte der Beginn für die Sprachentschlüsselung sein!
„Josef!" Ich rief den Sprachforscher und Kulturspezialisten. Josef kam und erkannte wundersame Schätze, seinem Blick nach zu urteilen. „Oh!" Machte er nur und schritt auf die Bücher los. „Erste Klasse, Sprachtraining mit Beispielen der Kehlkopfanwendung bei bestimmten Buchstaben und der passenden Halsstellung." Langsam blätterte er in diesem Buch. Auch die Bücher waren von links nach rechts geschrieben. „Hier! Ein Bild von dieser Welt und – hier, etwa sechzig Seiten weiter vorne das Alphabet mit ah, ah, ah, ah, ja, vierundvierzig Buchstaben. Auf den folgenden Seiten werden Die Kehlkopflaute und die Mundformung gezeigt. Nun vergleiche ich noch die Zeichen über diesem Weltbild und suche die entsprechenden Mundformen dazu. Es handelt sich um eine Sechserkette. Also, das erste Zeichen zeigt einen geschlossenen Mund mit Pfeilen zum Öffnen. Das Luftsymbol zeigt nach außen, es dürfte sich um ein P handeln, dann der offene Mund und das freundliche Gesicht, O-förmiger Mund und ein Nasenzeichen. Das könnte ein A sein. Weiter ein grimmiger Gesichtsausdruck mit der Zunge zwischen den Gebissleisten, ein R, ein weiterer grimmiger Gesichtsausdruck mit geschlossenem Mund und ein Nasalzeichen, also ein M, ein erstaunter Gesichtsausdruck mit einem deutlichen O-Mund, also auch ein O und eine gepresste Zunge an den Gebissleisten mit leicht offenen Mundwinkeln. Das sollte doch ein S sein, nicht wahr?"

Tamiles sah Josef an, als hätte sie nun einen lebenden X2-Mann vor ihr. Sie wiederholte: „PARMOS! Kein schlechter Name, nur der Welt ist schlecht geworden.
Ich ordnete an: „Mitnehmen! All diese Bücher mitnehmen. Es kann sich wohl kaum mehr um einen Diebstahl handeln. Josef handelte schnell, sortierte dennoch ein paar zerrissene Bücher aus, fand zwischendurch sogar noch ein paar gut erhaltenden Comics. Auch diese könnten den Sprachforschern wertvolle Dienste erweisen.
Welche Parallelen für unser Terra und dieser Welt! Wo werden sich noch Parallelen finden lassen und wo werden diese enden? Hatte Terra ein Quäntchen Glück mehr als Parmos, oder hatte Parmos nur ein Quäntchen Pech mehr als Terra? Ich ertappte mich dabei, dass ich nun sofort diese Welt schon Parmos nannte. Doch bei einem Typ wie dem Sprachforscher Josef Zelzer konnte man schon davon ausgehen, dass diese Welt wirklich Parmos heißt, beziehungsweise hieß, lediglich könnte die Aussprache und die Betonung noch korrigiert werden müssen.
Tamiles half eifrig Josef und, unterbrach sich, sprach laut: „Parmosen, wir müssen den Planetennamen nun auch auf die Bewohner umleiten, damit wären die ehemaligen X2-Bewohner also Parmosen."
Ich beobachtete die Brasilianerin und stellte ein seltsames Glühen in ihren Augen fest. Jetzt hatte sie richtig Feuer gefangen. Sie nahm das Buch, durch dessen Josef Zelzer bereits den Planetennamen unter der Eigenbezeichnung des ehemaligen Volkes hatte feststellen können. Sie begann etwas zu studieren und ich ließ sie gewähren, wollte vielleicht erst in einer Stunde drängen. Ich wusste, dass in solchen Momenten, in denen der Enthusiasmus ausbricht, viel Neues entdeckt oder erahnt werden konnte. Tamiles blätterte und verglich mit dem Alphabet und der Sprachdarstellung. Kurze Zeit später erklärte sie: „Der Mond heißt PHERO und die Sonne wurde NOARIS genannt. Das H bei dem Mond wird sogar als Dehnung des Wortes dargestellt. Damit ergibt sich erneut eine kleine Übereinstimmung mit einigen Sprachen Terras. Im Übrigen stelle ich eine gewisse Ähnlichkeit mit uns Terranern und den Parmosen fest. Der Körperbau ist ebenfalls weitgehend ähnlich, nur könnten diese Parmosen eine Zwischenentwicklung von Chorck und Menschen sein. Sie sind zwar prinzipiell Zehenläufer, wie so manche Abbildungen zeigen, aber wenn sie stehen, dann bleiben sie auf den Fersen. Auch auf einigen Abbildungen zu sehen. Weiterhin wurde der Knickhals mit zur Gestik verwendet. Das Alphabet sollten wir doch bis übermorgen so im Groben entschlüsselt haben, wie meinst du Freund der Orthografie und Kultur?"
Damit hatte sie Josef angesprochen, dieser jedoch hatte sich in einen Bildband vertieft und war komplett in Gedanken versunken. Dabei

murmelte er fast wie nebenbei: „Die Oper hatte einen großen Bestandteil in der hiesigen Kultur, doch wurden immer nur Kriegsszenarien gespielt, wie hier auf den Abbildungen zu sehen. Die Darsteller hatten Langschwerter oder Feuerwaffen umhängen, dazu noch ein sonderbares Instrumentarium."
Tamiles legte `ihr´ Buch zur Seite und blickte Josef über die Schulter, der die Bilder des Buches regelrecht verschlang.
„Siehe doch die Aufnahmen vom Tal hier! Donnerwetter hatte dieser Planet einmal einen wunderschönen Pflanzenwuchs. Dort wo unsere Gondeln stehen gab es auch einmal eine Art Autobahn über das Tal zur anderen Seite. Davon ist absolut nichts mehr zu erkennen!"
„Der Ausgang für diese Strasse ist auf der Gebirgssüdseite. Sie wurde sicher öfters bombardiert, um Versorgungen zu unterbinden." Josef murmelte nur beiläufig, dann blätterte er weiter und erkannte ein weiteres Tal, ähnlich dem Tal und der Ebene unserer Gondeln. Doch war vollkommen ersichtlich, dass es sich um einen komplett anderen Ort handeln musste. Auch der Verlauf des Tales war sichtlich von einer anderen Gesteinsstruktur. Es gab mehrere Felsvorsprünge und dort waren sogar Geländer angebracht. Als wenn es etwas in diesem Tal zu sehen gegeben hätte."
Ich sah mir selbst diese Bilder etwas an und konnte aber auch eine Aufführung eines Konzertes oder Ähnliches erkennen, bei der die Musiker keine Waffen trugen. Nun, so würden wir nicht mehr weiter kommen und ich forderte Josef und Tamiles auf, die Bücher in die WATSON zu verfrachten und auch zu vermerken, wo diese gefunden wurden. Zwar würden wir diese sicher nicht mehr ihrem rechtmäßigen Besitzer zurückgeben können, aber auch der Fundort sollte möglicherweise einmal verschiedenen Kulturen zugewiesen werden müssen.
Nur langsam trennte sich Josef von den Bildinformationen, sah doch dann die Notwendigkeit ein, mit anderen Methoden in unserem Lager an die Sache heranzutreten. Fast alle gut erhaltenen Bücher und sogar einige Zeitschriften, Comics wurden verstaut. Ich bemerkte, dass sowohl Tamiles und Josef je ein Buch unter die Arme nahmen. Während der Weiterfahrt blätterten sie und studierten die Bilder und die Schriftzeichen in Bezug zum bereits gefundenen Alphabet.

Nachdem wir also wieder in der WATSON Platz gefunden hatten, steuerte ich diese Opernhalle an. Ich näherte mich sehr, sehr langsam. Der Turm vor der eigentlichen Halle war teilweise zerstört, die Halle selbst teilweise abgedeckt. Doch sollte uns erst einmal der Turm interessieren, denn der Dopplerradar der `James Brown´ hatte dort einen runden Bunker nachgewiesen. Hier war leider die Reststrahlung noch relativ hoch und ich machte meine Beifahrer darauf aufmerksam. Mit einer Computerberechung

wollte ich etwas von der Statik des Restgebäudes ermitteln, ob ich es mir leisten könnte, auf der Bunkerplatte zu landen, ohne das über mir die Strukturen einstürzen.
Der Sempex gab grünes Licht, so setzte ich in einer langsamen Parabelfahrt vorsichtig auf der Platte auf. Rundherum konnte ich Schienen an den Wänden erkennen, die eigentlich nach meinem Verständnis nach für einen Aufzug gedacht sein müssten. Demnach fuhr irgendwann früher einmal auch ein Aufzug in den Bunker und eine Automatik verschüttete oder versiegelte den Zugang mit einer Mehrkomponentenmasse.
Demnach sollte auch hier etwas Wertvolleres verborgen sein, so hoffte ich natürlich. Die Strahlung fiel wieder auf akzeptable Werte.
Ich richtete den Kanonenwafer auf die hinterste Seite der Bunkerplatte und justierte auf leichte und langsame Desintegration. Zum einen der Schrägbeschuss, damit ich nichts vom Inhalt versehentlich zerstören würde, zum anderen, weil die hintere Mauer noch strahlungsschützend funktionierte. Mein Schiffsradar zeigte Metallfäden im Putzmaterial, also sorgten sich die Parmosen schon länger um radioaktive Bestrahlungen. Deshalb war die Strahlung abgefallen!
Ich stieg aus meiner Gondel und betrachtete das Zwischenergebnis. Die gerichteten Strahlen fraßen sich langsam in die plastikzementähnliche Gussplatte, bis bald eine Metallplatte, also die Decke des riesigen Liftes zum Vorschein kam. Ich wartete auch noch so lange, bis sich die erste Öffnung zeigte. Als diese so groß war, dass ich einsteigen konnte, schaltete ich den Desintegrator per Anzugkommunikator ab.
Josef Zelzer und Tamiles de Jesus Nascimento kamen daraufhin mit Power-LED-Strahlern und so orientierten wir uns erst einmal von oben, was in dieser Liftkammer zu entdecken sein könnte. Gerade als ich als erster einsteigen wollte, flammte die Beleuchtung im Bunker auf. Es war taghell darin geworden!
Die Parmosen nutzen eine fast nahtlose Deckenplatte mit einem schrecklich hellen Licht als Beleuchtungssystem.
Ein Stimme erklang, sicher eine Aufzeichnung. Ich zog mich vor Schreck wieder zurück, denn nach den Erfahrungen hier auf X2 oder Parmos, könnte es durchaus sein, dass ich bald von hunderten Giftnadeln durchlöchert sein würde. Tamiles bückte sich und schrie in die Bunkerhalle: „Hakko! Hakko, eme Lotparmos, Hakko!"
Ich drehte mich verwundert zu Tamiles und sah sie an, als hätte ich eine Parmosin vor mir. Nachdem die Automatenstimme sich selbst unterbrochen hatte, hörten wir nur noch ein: „Melodon Sink eme rem. Hakko radadal. Lotparmos proforessital. Konkov leapordil."

125

Damit war die Automatendurchsage abgeschlossen und es tat sich – nichts! Bis auf, dass sich die Beleuchtung auf eine mildere Farbtemperatur zurückschaltete und an Intensität verlor.

„Sag mal, Tamiles! Was war das eben? Warst du schon einmal hier?"

„Nein Max. Ich hatte noch etwas in diesem Kinderbuch geschmökert und stellte fest, dass `Krieg´ und `Frieden´ oft genutzte Wörter sind. Ich konnte dies über die Symbolik feststellen, wie sie die Bilder dazu vergeben. Hakko heiß Frieden und Lot heißt `außer´ oder `nicht´. `Eme´ steht für stehen oder sein. Mehr konnte ich allerdings auch nicht herausfinden, doch scheinbar nützten diese Worte schon."

Josef Zelzer ergänzte: „Tamiles sagte also: Frieden, Frieden, sind Außerparmos oder Nichtparmos, Frieden. Wenn nun ich noch die Antwort interpretieren darf, dann sollte diese Folgendes bedeuten: Vorgesetzte Zeit abgelaufen, Frieden akzeptiert. Außerparmos oder Außerparmosen irrelevant. Archiv freigegeben."

„Spinn ich?" Ich musste mich wirklich wundern. „Wie konntet ihr denn das in dieser kurzen Zeit erfahren?"

Josef meinte nur: „Dieses weiterführende Buch, aber immer noch mit den skizzierten Gesichtsmimiken von Parmosen handelt eigentlich fast nur um Kriegsgeschehen und Friedensbemühungen. Tamiles hatte sich vom Alphabet eine Direktkopie per Einmal-Copypaper angefertigt und die Bilder des Friedenspredigers oder Friedenssängers richtig interpretiert. Außerdem hatte sie auch die Vorsilbe `Lot´, also `Anti´ oder `Nicht´ feststellen können. Das reichte bereits. Ich konnte erkennen, was `Zeit´ und was `abgelaufen´ oder `beendet´ hier bedeutet. Die erste Kommunikation war entstanden, wenn auch nur mit einem Automaten. Dieser Automat, oder der Automatenwächter hatte sicher nur eine bestimmte Zeitspanne zu wachen, denn er teilte ja mit, wenn ich mich nicht grundsätzlich getäuscht hatte, dass seine vorgesetzte Zeit nun abgelaufen war. Außerdem arbeitete dieses Wachsystem in einem energiesparenden Zeittaktsystem. Alles klar, Max?"

„Momentan ist mir schwarze, hochkonzentrierte Tinte noch etwas klarer, aber was soll's? Dafür seid ihr ja hier! Was meint ihr nun? Können wir einsteigen?" Beide wie aus einem Mund: „Ja!"

Doch noch wollte ich nicht so richtig. Also fragte ich Josef noch einmal: „Warum denkst du, dass ausgerechnet hier eine Automatik die Wachfunktion abschaltet und die Trikopter-Drohnen oder bestimmte Raketensilos noch auf Bereitschaft standen?"

„Tja", meinte der Sprachforscher und Kulturverständige, „hier waren intelligentere Parmosen am Werk. Parmosen, die sich vielleicht nur zweitrangig um das Kriegsgeschehen kümmerten. Sie waren sicher auch der

Meinung, wenn alle Abwehrmaßnahmen der Kriegsherren doch noch Leute bis hierher durchgelassen würden, dass dann entweder diejenigen, die hier eindringen, ohnehin berechtigt sind, oder dass die Abwehrmaßnahmen dann auf Dauer auch nicht mehr ausreichend wären. Hier werden mit Sicherheit Kulturgüter, das Wissen dieses Kontinents gespeichert. Wenn kein Parmose innerhalb von 200 Jahren mehr danach sucht, dann können diese Güter auch allgemeinzugänglich gemacht werden. Das hört sich sicher auch etwas lustig an, denn es kommen so nur noch `Losparmos´, also Nichtparmosen in Frage. Ob die Parmosen von anderen Intelligenzen im All wussten, sei noch dahingestellt; doch auch auf Terra gibt es das Menschheitswissen in allen möglichen Datenformen und als konservierte Bücher. Sicher in erster Linie, um dies für die Nachwelt bereitzustellen. Doch wenn etwas für eine halbe Ewigkeit konserviert wird, dann kann es auch sein, dass die kleine Wahrscheinlichkeit von Besuchern aus den Tiefen des Kosmos irgendwann zutrifft. Wir wissen nun, dass wir bei Weitem nicht die Einzigen im All waren und sind, die Parmosen dürften auch ähnliche Vermutungen gehegt haben. Doch dazu dann einmal mehr, wenn wir dieses Alphabet und diese Sprache erste einmal zerlegt und die ersten Grundsprachformeln in eine übersetzte Form gebracht haben. Mit den Transputersystemen dürften wir nun doch in zwei Wochen so weit sein."
„In zwei Wochen schon, denkst du?" Da nickte Tamiles ebenfalls eifrig.
„Ich erachte diese Sprache als eine globale Variante. Unterschiede liegen sicher nur in den Dialekten. Ich habe den Eindruck, dass Parmoscha eine mathematische Sprache ist, welche in einer lang anhaltenden Friedensphase entwickelt und durchgesetzt wurde."
„Ja? In einer Friedensphase? Dann hatte diese Sprache aber nicht viel genützt!"
„Auch das lässt sich sicher aus psychologischer Sicht erklären. Die Evolution drängt zum Bereichern, damit ein starker Mann eine gut gebärfreudige Frau bekommt. Dieses Pärchen muss sich immer wieder neu beweisen, damit auch die Nachkommen gut versorgt und gesund aufwachsen können. Der Zyklus beginnt von neuem. Irgendwann kommt es beginnend bei einer Lebensform auf einem Planeten zum Versuch der Beimischung von Intelligenz. Doch der alte Hormonhaushalt ist noch vorhanden, was die ersten größeren Kriege verursacht. Viele stehen gegen einen gemeinsamen Feind zusammen und werden in der Masse stark. Andere entwickeln in dieser Folge auch Massenvernichtungswaffen und können so den weniger Intelligenten auch eins auswischen.
Die Waffen werden immer mehr und mehr und letztlich mit der Sprengkraft der Elemente, also Atomwaffen. Diese nun in den falschen Händen bedrohen bereits die pure Existenz der Planetenbewohner und nur ein paar

wenige sitzen an den Knöpfen. Sehen wir uns doch das alte terranische System an! Als dann auch noch die radikalen Glaubensgruppierungen über die Atombombe oder wenigstens über eine `Dirty-Bomb´ verfügten, musste also erst einmal viel gesprochen und verhandelt werden. Auf Terra ging die technische Entwicklung sehr rasch voran wie wir heute wissen, vielleicht zum Teil auch etwas zu schnell, das reine Mittelalter war demnach sehr kurz. Für Parmos gehe ich davon aus, dass es ein langes Mittelalter gab und eine relativ langsame Technisierung. Damit sollte also in einer Friedensphase eine gemeinsame Weltsprache entwickelt worden sein, welche sich über viele Generationen hinweg auch durchsetzen konnte. Mit dem einheitlichen Verständnis kamen aber auch wieder die Möglichkeiten, wesentlich schneller in eine Streitsituation zu geraten, da auch die, ich sage mal der Einfachheit halber `Schimpfwörter´ auch sofort verstanden werden konnten und schneller darauf reagiert wurde.
Alles was gut ist hat auch eine dunkle Seite und alles was schlecht ist, auch dies ist uns bekannt, zeigt sich manchmal von seiner hellen Seite.
Wenn nun auch der bereits angesprochene Faktor einer schnelleren oder höheren Reproduktion, sprich kurze Geburtsphasen oder hohe Geburtszahlen aufgrund von grundsätzlichen Mehrfachgeburten hinzukommen, dann ist die Gleichsprachigkeit schnell ein Komplikationsfaktor. Weiter kommen noch die vielen Kontinente von Parmos mit sicher einzelnen hochtrabenden Landgewinnversuchen, also Übergriffen auf andere Kontinente.
Sicher hatte es einmal Geburtskontrollen gegeben. Davon bin ich auch überzeugt, aber wenn dann noch so ein kurzsichtiger Irgendwie-Geistlicher die Empfängnisverhütung aufgrund von undurchsichtigen Prophezeiungen von ebenfalls undurchsichtigen und unbekannten Propheten ablehnt oder gar verbietet, dann hat dieser eigentlich schon wieder einen Krieg vorprogrammiert. Wenn auch nicht in Bälde, so aber für irgendwann in der Zukunft. Die natürlichen Parallelen von den nun uns bekannten Extraterrestriern zu Terra sagten bereits viel über eine ähnlich Entwicklung unter ähnlichen Umständen aus. Hier liegen nun leicht erschwerende Faktoren für das frühere natürliche Überleben vor, also die vielen Kontinente und dann auch noch das vermutete lange Mittelalter und letztlich nach der langen Friedensphase der befreiende Sprung in den Kosmos! Verstehst du? So könnten die Zusammenhänge aussehen."
Ich bestätigte. „Ja, Teile deiner Ausführungen hatte ich sogar schon vermutet. Dermaßen ausführlich allerdings noch nicht. Ich gebe dir dafür einen sehr hohen Wahrscheinlichkeitsgrad. Doch nun was Anderes!"
Josef sah nach langem Überlegen mir in die Augen. „Was denn?"

„Können wir einsteigen? Ihr wisst doch, die Tage hier sind sehr kurz und ich möchte wieder bei Dunkelheit im Lager sein."
„Ah, jaja! Natürlich Max. Ich gehe voran!"
Josef Zelzer sah kurz auf den Multimeter für den Kleinsttornister und die Strahlungsanzeige, dann stieg er durch das Loch und ließ sich noch etwa einen knappen Meter fallen, denn am Rand des Bunkers war ein Rundumtisch mit Wandinstrumenten aufgestellt.
„Die Beleuchtung wird immer dunkler." Stellte er fest.
„Dem Bunker geht der Saft aus", antwortete Tamiles belustigt und motiviert, nachdem es ihr nun gelungen war, hochwahrscheinliche Zusammenhänge früh zu erkennen.
Die Tischplatte zeigte sich abermals als gut einen Meter und zwanzig über dem Boden. Damit waren die unterschiedlichen Proportionen von Menschen zu den Parmosen schon aufs deutlichste zu erkennen. Tamiles drängte direkt nach Josef durch das Loch und ich lies sie gewähren. Das war auch nicht mein Fachgebiet und ich unterstützte gerne auch andere auf eben ihren Gebieten, wenn offensichtlich ist, dass sich dabei Erfolge abzeichnen. Ich zog dennoch die Power-LED-Strahler heran, um diese mitzunehmen, denn die Beleuchtung wurde tatsächlich dunkler und dunkler. Die Bemerkung Tamines´ dürfte ebenfalls Wahrscheinlichkeitscharakter besitzen.
Dieser Bunker hatte nun geschätzt einen Durchmesser von sechzig Metern und ich konnte wiederum erkennen, dass es drei Wendeltreppen abwärts gab. Sofort begab ich mich zu einer der Treppen und konnte ein unteres Geschoss erkennen. Auch dort wurde das Licht immer schwächer. Ich schwang mich die Stufen hinab, auch die Stufenmaße waren nicht unbedingt für menschliche Beine geschaffen, dieses Geschoss hatte wiederum drei Wendeltreppen, jedoch im Vergleich zum oberen Bunkerteil um 120 Grad verdreht. Wieder stürmte ich los und erreicht dann das unterste Bunkerteil.
„Josef!" Josef Zelzer war mir nun gefolgt und starrte auf diese vielen Buchexemplare sowie gefasste und gesammelte Zeitungen und Zeitschriften, welche um untersten Bunkerteil deponiert waren. Alle Druckerzeugnisse waren fest in transparente Kunststofffolien eingeschweißt. Er stand halb auf der Wendeltreppe und blickte einmal rundum. „Ein Paradies! Ein erhaltenes Paradies. Der Bibliothekar muss ein Typ wie ich gewesen sein!" „Warum? Schweißt du deine Bücher zuhause auch immer ein?" „Äh, was Max? Nun nicht alle, aber ein paar habe ich schon konserviert und auch konservieren lassen. In einer Unterdruckkammer, welche mit Kupferoxydgas geflutet wurde. Damit verzögert sich der Zerfall von Holz, sprich auch von Papier. Aus welchem

Material sind denn nun die Bücher hier? Haben die Parmosen auch Bäume zermalmt, damit sie Papier herstellen konnten?"
Diese Frage geistere bereits durch meinen Kopf, ohne ihn richtig greifen zu können. „Wenn die Exemplare vakuumiert wurden, kann man davon ausgehen, dass die Bücher und eben das Papier organischen Ursprungs sind. Hier in diesem Bunkerteil jedenfalls. Der mittlere Bunkerteil stammt sicher aus der neueren Zeit und es könnten andere Materialien zur Verfügung gestanden haben. Der obere Bunkerteil enthält digitale Aufzeichnungen und Filme, so meine Einschätzung. Digitaltechnik hatte hier schon seinen Durchbruch, wie wir bereits bei den Drohnen, beim Raketensilo und anderen Einrichtungen feststellen konnten. Nun ist es nur noch eine Frage der Zeit, bis wir Wiedergabegeräte zum Laufen bringen und wir uns die Daten per Translator verständlich machen."
„Was nehmen wir nun von hier mit?" Josef war voll in seinem Element.
„Wir müssen öfters hierher kommen. Wir brauchen einen Waferantigrav, um Material wegzuschaffen. Tragen können wir nicht viel. Ich schlage vor, ihr beide versucht, die interessantesten Erzeugnisse zu ermitteln und davon nur ein paar Exemplare mitzunehmen. Versucht aber auch zu markieren, aus welchem Regal sie entnommen wurden. Ich versuche eine Videomaschine aus dem oberen Bunkerteil komplett verstauen zu können. Dann kehren wir wieder zurück, wenn ihr die ersten Titel lesen könnt, denn nur so kann eine tiefere, sachorientierte Suche absolviert werden."
„Stimmt." Josef gab mir Recht und er wanderte die Regale entlang. Ein Buch auf dem er sicher war, dass unter anderem wieder `Hakko´, also Krieg stand, nahm er sofort heraus. In anderen Regalen fand er Bücher der Mathematik, er erklärte kurz: „Ich kann Formeln erkennen. Es wurden zwar andere Zeichen verwendet, doch die Anwendung der Mathematik kann sich im gesamten Universum nicht anders verhalten als auf Terra. Ebenso die Physik.
Ich setzte eine Grenze: „Jeder von euch nimmt fünf Bücher mit, wir kommen ja wieder!" Ich wanderte nach oben und suchte ein mobiles Gerät für die digitale Wiedergabe von Ton und Filmträgern, sowie anderen Speichermedien. Natürlich wollte ich auch einige Speichermedien selbst haben. Da fiel mir ein Modultisch auf, der sogar kleine Räder besaß. Ein Flachmonitor darüber und verschiedene Slots für die Aufnahme von Kassetten und Speicherbausteinen. Der Flachschirm ließ sich abklappen und das Modul konnte man von den Rädern heben. Mit etwas Mühe schaffte ich diesen etwas großen Laptop, wie ich diesen wie ich hoffte Universalleser nannte, durch das Loch in der Decke. Ich stellte mir noch einen niedrigen Beistelltisch unter, nur so war dies dann machbar. Dann kehrte ich zurück und nahm einen Sortimentskasten mit Kassetten und Speichermodulen.

Sogar eine Art CD-Archiv innerhalb einer langen Spindel fand mein Interesse! Klar, der Laser musste von einer technisch hoch stehenden Rasse irgendwann einmal erfunden worden sein! Nachdem ich diese Medien ebenfalls durch das Loch nach oben geschoben hatte, erschienen Josef und Tamiles aus dem Untergeschoss. Sie trugen mehr Bücher und Druckerzeugnisse, als abgemacht war, nur ich musste schmunzeln, ich wollte die Motivation der Beiden nicht bremsen.
Ich half wortlos, all diese noch stummen Zeugen einer alten Kultur nach oben auf die Gussplatte zu hieven, dann bemerkten wir aber auch, wie die Dämmerung diese Geisterstadt einnahm und so hurteten wir uns mehr, um auch wieder ins Lager zu kommen.
Wieder in der WATSON, kurz nachdem ich gestartet war, erklärte mir Josef Zelzer: „Ich fand noch ein Buch über das Sonnensystem hier! Das musste ich noch unbedingt haben, denn das Team `Planetenkorrektur´ wartet doch auf genaue Daten der Umlaufzeiten und –achsen, nicht wahr? Außerdem mussten wir keine Markierungen anbringen, denn alle Verpackungen besitzen Aufkleber. Also gilt es nur noch, die Schrift zu enträtseln, dann können wir dieses Archiv neu konfigurieren! Mit Aufkleber in Parmoscha und Terranscha."
Ich musste einen Stosslacher abgeben. „Terranscha? Wir haben noch keine Universalsprache, vielleicht war dies bislang recht gut. Auch die Chorck sprachen von einem `Intergalak´, ich bin mir noch nicht so sicher, ob unsere Sprachforscher diese einmal übernehmen wollen." „Teilweise sicher, denn sie ist mathematisch sehr gut begründet. Ich habe eine Abhandlung darüber veröffentlicht. Intergalak könnte man innerhalb von vier Wochen einstudieren. Doch sollten wir uns erst einmal noch andere Beispiele ansehen und anhören, bis wir unser UNILING gestalten." „Uniling?" „Lingua universale – universale Sprache. Ich denke auch daran, dass wir nach diesem Parmoscha auch wieder mehr Erfahrungen besitzen werden." „Das mit Sicherheit, eine Welt, welche eine Einheitssprache durchgesetzt hatte, um sich danach auch einheitlich selbst zu zerstören." „Das meinte ich nicht. Den Parmosen gelang der befreiende Schritt in den Kosmos nicht. Sie trafen keine für sie Außerirdischen und kannten damit nur die eigenen, selbst gemachten Probleme, in deren Stricken sie sich selbst unrettbar verfingen."
Ich nickte. Die letzten Sonnenstrahlen reflektierten sich an der statischen Schmutzschicht in der Atmosphäre, die zumindest in diesem Bereich dieser Welt sich leicht zu ändern schien. Sollten vielleicht auch schon die Aircleaner vom Ralph dazu geführt haben? Hier örtlich gesehen, könnte es durchaus möglich sein, denn diese Welt zeigte kaum Winde oder gar Stürme und das Abregnen erfolgte ohnehin fast nur über dem Meer.

Fast als sollte ich meiner Gedanken bestraft werden, nieselte es leicht, als wir uns unserem Lager näherten.
Nach der Landung an unserem angestammten Platz kam mir auch sofort Ralph Marco freudig entgegen.
„Max! Der erste richtige Regen seit Langem! Durch die relative Luftruhe konnten die Aircleaner bereits ein relativ großes Gebiet zum Teil säubern. Bald wird es wieder grüner hier."
„Das ist aber dumm! Ich weiß nicht, ob wir ausreichend Regenschirme mitgenommen haben. Josef! Tamiles! Passt auf, dass eure Bücher nicht nass werden, wenn doch, dann ist Ralph schuld."
Tamiles meinte erfreut: „Morgen werde ich erst einmal mit dem Ralph die Aircleaner kontrollieren. Auch dies ist so ein Punkt der Mission, der mich brennend interessiert. Ich möchte, dass es noch mehr regnet! Ich liebe Regen! Besonders in Gebieten, in denen es schon lange nicht mehr geregnet hatte."
Zelzer empörte sich künstlich: „Tamiles! Du kannst mich doch nicht mit dieser Menge an Büchern sitzen lassen! Nachdem du schon so toll ein paar Zusammenhänge analysiert hattest, brauche ich dich!"
„Josef, ich danke dir, ich helfe natürlich auch hier mit, dennoch, zuerst müsst ihr ja die Bücher erst einmal nach Sachgebieten ordnen. Im Anschluss müssen die Computer ran und die hiesige Sprachlogik definieren, dann bin auch ich wieder dabei, ich verspreche es."
„Gut Tamiles."
Ich musste, was dieses neue Wetterphänomen betraf, noch ergänzen: „Leute, wenn es nun leicht regnet, so heißt diese noch lange nicht, dass diese Welt wieder in Ordnung kommt, so wie sie einmal war. Ihr wisst von der Umdrehungsbeschleunigung und davon, dass sie etwas `eiert´. Auch dies gilt es zu korrigieren. Wenn die Aircleaner von Ralph Marco auch viel von dem Silberoxyd ausfiltern, der natürliche Kreislauf ist noch nicht wieder hergestellt. Man sieht dies an den ausgetrockneten Flussläufen im Hinterland. Ich möchte dich, Josef doch bitten, dass du vornehmlich nach den Ursprungsdaten dieser Welt suchst, also, Umlaufs- und Achsenparameter. Das Team `Planetenkorrektur´ ist schon ganz heiß darauf, die Wafernetze und –folien an den Berghängen langsam in Gang zu setzen."
„Klar Max. Das hatte ich auch in dieser Reihenfolge vor. Darum hatte ich auch noch ein Büchlein mehr mitgenommen, als du empfohlen hattest. Dies sprang mir einfach mal so in die Augen, schau . . . „
„ . . .ein Büchlein mehr?" „Äh, naja, das sind ja sicher wissenschaftliche Fortsetzungswerke, da kann man ein Einzelbuch schlecht definieren . . ."
Josef Zelzer hielt mir zwei Bücher entgegen, schon die Cover verrieten,

dass es sich hierbei um das hiesige Sonnensystem handeln musste. Sogar ein paar künstliche Satelliten waren bereits zu erkennen. Also konnte es unmöglich ein Buch sein, in dem noch mit geahnten Parametern jongliert wurde – mehr noch! Nachdem Josef etwas blätterte, kamen auch viele Aufnahmen zutage, welche unbedingt Hochqualitätsfotografien sein mussten! Viele Statistiken, viele Formeln, visualisierte Schwerkraftdiagramme in Gitterform, wie auch auf Terra einmal üblich. Damit kamen wir unbedingt einen großen Schritt voran.
Ich rief den Leiter der deutschen Mediziner und Kosmobiologen, Herrn Dr. Günter Seidl über den Bordkommunikator. Ich hatte das Gefühl, er wartete schon sehnsüchtig auf diesen Anruf. „Hier Dr. Seidl, was haben Sie für uns, Herr Rudolph?" Ich hatte erst einmal kurzen Kontakt mit diesem sympathischen Mann, der infolge des terranischen Griffs nach den Sternen sofort sein Interesse an Kosmobiologie und Kosmomedizin bekundete und alle neuen Informationen regelrecht in sich aufsog. Er arbeitete mit großem Erfolg an der Analyse der Körperfunktionen der Oichoschen. Besonders bezüglich der Extrafunktionen dieses Universalorgans, was die Kentaurenbewohner zusätzlich besitzen und wie ein Biolabor mit einem Trial-And-Error-System arbeiten kann. „Herr Doktor Günther Erich Seidl, wir haben einen parmosischen Patienten an Bord! Es eilt nicht mehr so sehr, denn wir haben ihn luftdicht verpackt und er atmet ohnehin schon weit über zweihundert Jahre nicht mehr. „Parmosischer Patient?" Ich hatte doch vergessen, dass nur wir von der WATSON-Besatzung erst die Planetenbezeichnung und den Sammelbegriff der Bewohner wissen. „Josef Zelzer und Tamines haben den Planeteneigennamen und die Bezeichnung der Bewohner ergründen können. Also X2 heißt Parmos, die Bewohner sind Parmosen, der Mond heißt Phero und die Sonne Noaris!" „Das ist klasse, bezüglich des Parmosen erwartet aber nicht, dass ich oder wir ihn wieder zum atmen bringen!" „Wäre nicht schlecht, aber auch ich weiß, wo uns die Grenzen gesteckt sind!" „Ich komme mit ein paar Mitarbeiter und einer Antigravtrage um den Radiomoderator zu holen. Das ist doch der von diesem Studio, oder?" „Das ist er, bis gleich!"

„Heute hole ich mir aber ein Bierchen." Tamiles quietsche vor Vergnügen, auch weil sie sich schon ein bisschen für diese Mission bestätigt fühlte. „Oh ja, ich auch", meinte Josef, da schloss ich mich gerne an, Ralph nahm die schöne Brasilianerin in den Arm und wir zogen zum Versorgungscontainer.
Dr. Günter Seidl winkte, als er mit seinem engeren Team den Parmosen aus der Ladebucht holte. Ich winkte zurück. Günter war übereifrig an der Sache. Klar! Solche Untersuchungen konnte man sicher nicht jeden Tag antreten.

Mein Blick schweifte umher und das große Lager hier hatte sich schon gewaltig verändert. Teilweise standen Metallverbundfolienzelte, vor allem für die Teilnehmer, welche sich mit den zwar geräumigen, aber dennoch einheitlichen Passagierzellen nicht mehr zufrieden gaben. Wieder siegte Individualität! Eine Gabe, die nicht immer Frieden bedeutete. Für die raumfahrende Menschheit mittlerweile aber immer mehr.
Auch Individualität braucht Platz und Platz gab es nun theoretisch zuhauf. Tamiles bestellte tatsächlich ein Märzenbier vom Server, Ralph ein Leichtes und ich bevorzugte heute mal ein leichtes Weizenbier. Josef sah erst mein Tulpenglas an, dann meinte er, „ja, danach steht auch mein Sinn heute." Der Server versorgte uns im Anschluss noch mit anständigen Grilltellern und Salaten. Fast wäre es einem Grillabend wie zuhause ähnlich gewesen, wenn nicht dieser blendende Mond genau über der Schlucht aufgetaucht wäre und rechts etwas seitlich die Zentralballung der kleinen Magellanschen Wolke. Links davon konnten wir Andromeda erkennen.
Andromeda! Ich wusste nicht, warum mich diese Galaxie so faszinierte. Vielleicht war meine Neugierde nur deshalb so groß geworden, weil diese Galaxie von den Chorck als `Lebenssporengalaxie´ bezeichnet wurde? Weil, wie auch in den Sagen der Chorck entsprechend und in den Daten von Chorub dem ehemaligen Chorck-Kaiser, dort der Ursprung des Lebens in unserem Sektor des Universums entstand? Welche Arten von Leben könnte es noch geben? Biologisches Leben kennen wir nun schon in Variationen, welche niemand mehr zählen kann, schon auf Terra hatte man es aufgegeben, die Tiefseevielfalt komplett zu katalogisieren. Es stellte sich nicht nur mir die Frage: Gibt es auch Leben in anderen Formen, intelligentes Leben auf Basis von zum Beispiel Silizium? Ich meine damit nicht diese Siliziumpatras, die ja programmkünstlich entstehen, ich meine eine Ursprungsreaktion, eine Initialzündung für eine andere Lebensbasis.
Gibt es Intelligenzen, die vielleicht ohne Sauerstoff zu atmen auskommen? Ähnlich dieser eisenfressenden Viren, aus denen wir letztendlich entstanden sind? Gibt es hier noch eine Parallelentwicklung?
Gibt es Intelligenzen, welche vielleicht eine andere Gasmischung atmen? Vielleicht eine Stickstoff-Ammoniak-Methan-Mischung? Methan als `Muskelmotor´ oder noch weit abwegigere Kombinationen, welche wir heute noch gar nicht erahnen. Vielleicht langzeitreaktionierende Kombinationen, die wir zuerst als überhaupt kein Leben definieren können, grob verglichen mit Algenstöcken, weil für solche Wesen eines unserer Jahre vielleicht eine Sekunde wäre?
Ich verspüre schon, wie ich einerseits Energie laden möchte, alles zu erforschen und andererseits schon fast designiere, weil mit jeder Türe, die

aufgestoßen wird, das zu Erforschende wie tausend Springfluten über die Schwellen drückt.
Und nie gibt es ein Zurück!
Meine Gedankengänge stimmten mich melancholisch. Tamiles kuschelte sich an Ralph Marco, Josef bestellte sich noch mal ein Weizenbier, aber ein `Vollwertiges´ wie er es bezeichnete. „Ich denke, ich habe mir das heut´ mal verdient", deutete ein Prost an und sog genüsslich am fast überquellenden Schaum. Recht hat er. Auch ein vollwertiges Bier kann Lebensqualität sein, so bestellte ich mir ebenfalls ein frisches, wollte es dann aber dabei belassen, denn besonders ich sollte auf der Hut sein. Noch konnte niemand garantieren, dass wir alle Gefahren dieses Kontinents erkannt oder ausgelöscht hatten.
Doch hatte es trotz verschiedener Flug- und Fahrmanöver aller möglichen Fahrzeuge keine Angriffe von automatischen Waffen mehr gegeben.
Nach diesem Bier meldete sich meine Gabriella über IEP und forderte mich auf, doch bald in die Koje der WATSON zu kommen. Ich wollte ohnehin gerade gehen und wünschte noch eine gute Nacht. „Gute Nacht Max!" Josef grinste mich freudestrahlend an, sein ergrauter Schnauzer spreizte sich mit der Oberlippe. „Morgen liefere ich dir die Planetendaten, ich verspreche es dir!" „Sicher! Sieh zu dass du dich aber nicht verrechnest, denn wenn ein Faktor nicht stimmt und wir beschleunigen oder bremsen diese Welt zu stark, dann kann das auch tief greifende Folgen haben!" „Nein, nein. Eines wissen wir ja bereits, diese Welt wurde beschleunigt. Das ist aus diesem riesigen Schrägkrater zu erkennen. Dieser liegt ja gegen dem äquatorialen Drehsinn, sodass speziell der Bombeneinschlag hier eben dieser Welt einen Schubs gegeben hatte." „Gut, hast ja Recht. Also lass uns morgen mal sehen. Gute Nacht Josef!"
Ich bemerkte noch, wie Josef den Rest seines Glases genüsslich in seine Gurgel kippte, dann machte er sich auch schon auf, um die Nachtruhe einzuleiten.
Vielleicht sollte ich mir auch ein solches Metallverbundfolienzelt aufstellen. Das waren ja ohnehin schon fast Häuser. Obendrein auch noch bedingt strahlungsschützend. Plötzlich tränten mir die Augen und ich musste zusehen, dass ich in meine Koje kam. Mich übermannte eine selten starke Erschöpfung. Die komischen Zeitabläufe hier, die Einsätze immer unter der Anspannung und den imaginären Gefahren, die Sorgen um die Missionsteilnehmer, der Tod von Dr. Song-Julius Weber, der nicht hätte sein müssen. Welchen Sinn macht die Suche nach anderem Leben, wenn man selbst dabei draufgeht? Ein Paradoxon? Was ist der Gegenwert für ein Leben? Hans Stern, ein jüdischer Überlebender des Holocaust vor einhundertfünfzig Jahren, welcher von Oscar Schindler gewissermaßen

gerettet wurde, sagte damals: „Wer ein Leben rettet, rettet eine ganze Welt." Damit meinte er sicher die personenbezogene Sicht dieses angesprochenen Lebens, denn wer tot ist, kann die Welt nicht mehr mit den bekannten Sinnen erkennen. Und heute? Rettet man ein Leben, wird damit nicht ein ganzes Universum gerettet? Oder noch mehr?
Eine kleine Serie solcher Gedanken quälte mich noch, dann musste ich aber bald eingeschlafen sein. Ich spürte nur noch, wie sich meine Frau an mich schmiegte und mir auf diese Weise und ohne Worte Energie verlieh. Energie? Ist nicht alles Energie?

Bericht Josef Zelzer:
Mitteleuropäische Terrazeit, 24. April 2095, der Tag auf der Erde war nun gerade erst einmal vier Minuten alt und auf Parmos war es bereits wieder Spätnachmittag.
Mir war es nun gelungen, einige mathematische Formeln und Zeichen zu entschlüsseln. Die Astronomiebücher, welche wir gestern aus der Bibliothek des Opernhauses mitgenommen hatten, gaben mir nun alle Informationen, welche ich oder wir haben wollten.
So rechneten auch die Parmosen mit einem Jahr, also einer genauen Sonnenumkreisung dieser zweiten Systemwelt um diese dreihundertsechzig Grad. Ich musste nur eine Tausenderkreisteilung umrechnen, die Intelligenzen dieser Welt hatten das Dezimalsystem. Nachdem ich auch entdeckte, dass fast regelmäßig Einerunterteilungen auch auf einen Tausenderfaktor umgelegt wurden. Um auch sicher zu gehen, ob sich nicht auch der Sonnenumlauf verändert hatte, ließ ich meinen Logpuk den Schwingkreis des Uhrenquarz aus dem Universallesegerät, welches Max mitgenommen hatte, induktiv ausmessen und konnte mit dem Aufdruck schon einen Vergleich ziehen. Der digitale Grid-Dipper, also der Schwingkreisresonator eichte uns nun die erste Uhr für diese Welt und wieder hatten wir einen Zehnstundentag, ähnlich Oichos, nur brachten die Ergebnisse die Erkenntnis, dass sich die Sonnenumlaufbahn selbst absolut vernachlässigbar geändert hatte. Die Planetendrehung hingegen war um fast zehn Prozent gestiegen! Außerdem gab es eine Äquatorialverschiebung, damit wieder ein ´eiern´, da sich diese Welt wieder einpendeln möchte. Die Zentrifugalkräfte drängten hierzu. Nur war da auch das Massenproblem, so schnell sollte dies auf natürlichem Weg nicht möglich sein.
Meine zusammengestellten Fakten:
Parmos sollte einen Umlauf von genau sechzehn Stunden, vierzehn Minuten und 2,224 Sekunden haben. Zurzeit hatten wir fünfzehn Stunden, drei Minuten und vierundvierzig Sekunden. Eine Parmosdezimalstunde hatte

demnach etwas mehr als, auch bei dezimaler Unterkategorie - das heißt Hundertsekundenminuten und Hundertminutenstunde - achtundfünfzig Minuten zum terranischen Vergleich. In Sechzigsekundenminuten und Sechzigminutenstunden wäre dies so um eine Stunde und vierzig Minuten.

Weitere Bereichungen verrieten, dass die Wafernetze hier schon eine Korrektur von über achtzig Prozent vollziehen könnten, dann sollte auf dem zweigrößten Kontinent noch eine `Antischlingerkur´ gestartet werden. Diese war nur mit genau berechneten Interfallaktivierungen der Netze und Folien zu erreichen.

Demnach berechnete ich weiterhin die `Tunnelung´ mit der DANTON. Also der Effekt, wenn die DANTON, der Riesenfrachter einen Schritt weg von Parmos macht und dabei diese Welt im Fluchtschatten lässt. Dies bewirkt eine Gravitationsvakuole, was den Gesamtplan nun vollkommener ausführbar macht. Der Planet würde dabei den Schub von der anderen Seite bekommen! Gravitation musste ja neu definiert werden, es handelt sich ja um den Effekt der Raumandrückkraft, welche entsteht, wenn sich das Universum um einen oder mehrere Körper zu dehnen hat! Schon früher als `braune Energie´ vermutet.

Ich vergleiche genanntes System immer wieder mit der Elektronik. Der technische Stromfluss ist von Plus nach Minus, so wird auch gemessen. Der physikalische Stromfluss sieht aber anders aus. Von Minus nach Plus, was auch der Grund ist, warum der Elektronenstau am Minuspol stattfindet und besonders das Massekabel zum Beispiel bei Fahrzeugen ausreichend konditioniert sein sollte. Also nimmt man heute die Gravitation ebenfalls so zur Berechnung, damit eine Waage auch nach wie vor unter das zu wiegende Gut gestellt wird und nicht ein Tachyonenfluktuationsmessgerät darüber!

Diese Daten hatte ich bereits hunderte von Malen nachberechnen lassen und so gab ich sie für die Techniker frei. Diese zehnprozentige Aktivierung der Wafernetze und Folien sollte heute noch geschaltet werden, und wenn die DANTON viermal in den Einsatz gehen würde, könnte sich der Planet bereits in zweieinhalb Wochen eingependelt haben. Zwei Einsätze der DANTON könnte ich dann als `Wuchtverfahren´ werten.

Sicher würden ein paar Altvulkane wieder aktiv werden, Erdbeben könnten sich melden, aber es gab einfach Situationen, bei denen man Gefahr und Ertrag auf die Waagschalen zu legen hat und wenn der Ertrag sich als ausreichend gut erweist, dann war die Aktion schon ausgerufen. Außerdem hatte dieses Pendeln der Welt Parmos zweifelsohne bereits ausreichend andere tektonische Verschiebungen hervorgerufen, die sich nur eben mal in den letzten etwa 250 Jahren wieder `kurz´ beruhigt hatten.

137

Um effektiver vorgehen zu können, versuchte ich ebenfalls diesen äquivalenten ASCII-Code, den digitalen Buchstabencode aus den Drohnencomputern ebenfalls gleich zu ordnen. Damit könnten wir bei digitalen Bibliotheksaufzeichnungen schneller auf Zugriff hoffen. Techniker bastelten bereits Interpreter-Interfaces für die verschiedenen Computeranbindungen. Ich arbeitete diese kurze Parmosnacht durch und als mich die Müdigkeit überfiel, zeigte das Chronometer nach Terrazeit zwar immer noch den 24. April 2095, aber bereits fast 18:00 Uhr. Ich konnte nicht mehr und in meinen Augen blitzte es bereits vor Erschöpfung.

Das Alphabet konnte bereits exakt gelesen werden, nun sollte es noch um die Breite der Wörterbildung und deren Übersetzungen gehen. Hier begann die eigentliche Arbeit. Automatenscanner zogen sich bereits die Seiten der Bücher ein und speicherten sie nach diesem Buchstabencodex ab.

Das sollte meine vorläufige Ruhepause sein.

Bericht Dr. Günter Erich Seidl:

Seit gestern, gestern nach Terrazeit wohlgemerkt, studierte ich diesen Parmosen-Mann mit meinem Team. Wir hatten ihn in einen hermetisch dichten Medicalcontainer gebracht und uns selbst mit Schutzanzügen versehen. Zuerst generierten wir ein hochauflösendes 3D-Bild von ihm, anschließend erlösten wir ihn von seinem Bürostuhl und wiederholten diesen Vorgang.

Der nächste Schritt sah eine Computerfalschfarbentomografie vor und zuletzt einen Molekularscan vom Gehirn. Bedauerlicherweise war das Gehirn trotz des Bleiglaskubus, in dem `Letterman´, so nannte ich diesen Parmosen, biologisch zerfallen. Ich konnte keine Eiweißketten rekonstruieren um vielleicht auf gewisse ehemalige Denkprozesse oder Gedankenstrukturen bezüglich des Erinnerungsaufbaus Rückschlüsse zu gewinnen. Dennoch, die grobe Gehirnstruktur wurde katalogisiert und es überraschte sicher nicht, dass wieder Ähnlichkeiten mit den Gehirnen der Menschen und den Oichoschen zutage traten. Ich hatte auch von der Chorck-Philosophie erfahren, die besagt, dass das Leben mittelbar aus Andromeda kommen sollte. Immer mehr wurde ich auch davon überzeugt! Die Ähnlichkeiten sollten doch wirklich kein Zufall mehr sein. Ein Urprogramm, welches sich den Gegebenheiten zwar anpassen kann, aber volksindividuell doch leicht verschieden ist.

Die Parmosen hatten schmale Köpfe und gewannen damit etwas höher gestapelte Gehirne, nach hinten leicht ausladend. Eine Besonderheit bei

diesen Wesen hier waren diese Knickhälse mit Wurzelknochensegmenten wie unsere Handwurzelknochen, aber noch ausgeprägter. Dabei zogen sich Kreuzbänder über die Wurzelknochenbündel ähnlich denen unserer Knie, nur breiter stützend.
Also hatten die knickbaren Hälse weitere Bedeutungen. Ich dachte an den Kultursachverständigen Josef Zelzer. Er war der Meinung, dass die Parmosen mit diesen Knickhälsen zusätzlich oder sogar in erster Linie Mimiken untermalten. Ein eingezogener Hals bedeutete vielleicht Unterwürfigkeit, ein gestreckter Hals vielleicht eben ein Machtgehabe oder Machtanspruch. Im Instinktleben könnte damit ein voll gestreckter Hals äquivalent einem Balzverhalten gleichen, ähnlich wie Terramänner oft an Stränden den Bauch einziehen und die Brust herausdrücken um den weiblichen Artgenossen zu imponieren.
Dies alles würde natürlich auch bestens zu so einem kriegerischen Volk passen. Ich war neugierig auf die ersten Videowiedergaben, wenn das Universallesegerät, wie Max vermutete, nach der technischen Überarbeitung seinen Dienst aufnehmen wird und wir endlich laufende Bilder der damaligen Geschehnisse erhalten.
Dennoch konnte ich schon ein paar Vermutungen anstellen. Der Hypothalamus war sehr ausgeprägt! Das könnte nach den Theorien der Logiker einen übermäßigen Hang zu Okkultem und Religiösem bedeutet haben. Vielleicht sogar noch etwas schlimmer, denn dieser Hypothalamus spaltete sich zu winzigen Büscheln auf. Eine schnelle Hormonabgabe könnte hier eine Folge gewesen sein. Eine Simulation einer Augen-DNS verriet, dass `Letterman´ eine giftgelbe Iris besaß. Von diesem Gelb konnte aktuell nichts mehr erkannt werden. Die gesamte Wirbelsäule zeigte eine Wurzelstruktur, wie bei den Hälsen, nur etwas über dem Gesäß befand sich erneut eine Kreuzbandstruktur auf einer Knochenwalze. Die Parmosen waren etwas stabiler gebaut als Menschen, nur die Körperkräfte selbst dürften im Schnitt unter den Kräften der Terraner gelegen haben. Auch kein Wunder, wenn man die etwas geringere Schwerkraft in den Berechnungen mit einbezieht.
Es gab kein Nasenbein, obwohl diese ehemaligen X2-Bewohner sichtlich Nasen hatten. Also Knorpelnasen. Den Gebissleisten nach hatten wir es aber mit Allesfressern zu tun, mit einem höheren Prozentsatz zur vegetarischen Nahrungsaufnahme. Die Gebissleisten zeigten sich wieder ähnlich den Oichoschen und den Chorck sechsteilig und aus nachwachsendem Hornmaterial. Der Mund hatte dennoch weiche Lippen.
Insgesamt gesehen, würde man einen Menschen vor einen vertikal-konvex gewölbten Spiegel stellen, wäre durchaus schon eine große Ähnlichkeit mit diesen Parmosen vorhanden. Alles in allen ein schmaler Körperbau.

Zudem vermutete ich, dass die Knickhälse auch noch Resonanzblasen bilden konnten, die diese hiesige Sprache von der Betonung her unterstützte. Oder einem Sänger eine große Fülle an Stimmvarianten bescheren konnte.
Ich sah auf meinen Chronometer und erkannte bereits, dass in Europa auf Terra der 26. April angebrochen war. Nicht nur angebrochen sondern dort schon ein schöner Vormittag sein sollte.
Ich zog mich durch die Schleuse zurück und wurde erst einmal chemisch besprüht, damit eventuell noch unbekannte Bakterien oder Leichengifte nicht in den Eingangsbereich gelangten, kurzzeitig flammte hartes UV-Licht auf, mein Visier schaltete derzeit automatisch auf dunkel, dann konnte ich in der nächsten Kammer meinen Anzug ablegen.
Ich fühlte mich geschafft.
Ich wollte nur noch eines, ich wollte ein kühles Bier und dann ins Bett. Da kam Max auf mich zu. „Ein leichtes Bierchen?" „Nein, ein Schweres!" „Oh! Nach Ihrer Akkordarbeit ein schweres Bierchen? Dass das aber nicht zu leichtem Schwindel führt!" „Sollte es aber, Herr Rudolph. Manchmal braucht man so was um der Matratze gefälliger zu werden." „Schön gesagt. Ich hätte auch eine Bitte." „Welche?" „Mir ist bei solchen Zusammenarbeiten ein persönliches `Du´ lieber! Erst wenn gestritten wird, möchte ich wieder auf das `Sie´ umstellen."
„Oh, danke. Aber wir werden sicher beim `Du´ bleiben. Ein Streit könnte höchstens in sachdienlicher Natur entstehen, also während einer Diskussion über Bedeutungen und Deutungen, nicht aber persönlich. Das hatte ich bereits zuhauf mit meinen Frauen und darum bin ich ein gebranntes Kind, ziehe zurzeit einfach meine Arbeit vor."
„Das kommt mir doch alles so bekannt vor. Warst du schon einmal verheiratet?" „Einmal? Dreimal! Entweder hatte ich eine Frau, für die ich zu wenig Zeit hatte, finanziell konnte ich schritthalten, dann nörgelte diese, ich würde mich nicht um sie kümmern, aber wollte wieder Geld zur Trennung. Für die nächste Frau nahm ich mir vor, etwas mehr Zeit zu investieren, sie klagte dann über meine dauernde Nähe und dass ich damals natürlich nicht ausreichend verdiente, nach Ablauf des Ehevertrages wollte sie natürlich wieder Geld, ich habe erst vor zwei Jahren die letzte Rate gezahlt. Dann gab es noch eine Kurzehe mit einer Halbitalienerin. Als diese zu bröseln begann, hattet ihr bereits das Tachyonenprinzip entdeckt und daraufhin auch diese Oichoschen. Ich stürzte mich in neue Studien und nun bin ich der Leiter der deutschen Missionsabteilung für Kosmobiologie und Kosmomedizin. Eine neue Lebensgefährtin gibt es vorläufig nicht, ich brauche auch etwas Abstand vorerst. Dennoch sehne ich mich nach einer stabilen Beziehung, nur setzte ich erst einmal Prioritäten."

„Bist du genstabilisiert?"
„Ja, auch zweite Generation wie du."
„Na, dann hast du ja sicher noch weit über hundert Jahre Zeit. Was anderes: Wir haben den Universalleser zum Laufen gebracht. Es gibt erste Videos vom Leben und Kultur der Parmosen."
„Wirklich?" Plötzlich war ich wieder putzmunter. Ich suchte in meinen Taschen nach einem Vitaminaufbaupräparat, um meinen Muskeln auch neue Energie zukommen zu lassen. „Deshalb wollte ich dich aufsuchen, das Bierchen also etwas später, nicht wahr?" „Sicher, zuerst ein sauerstoffangereichertes Wasser mit Eiswürfel, wo steht der Universalleser?" „Langsam mein Freund. Er steht bereits im Zentralcontainer für Koordination. Wir flanschen einen weiteren Container für mehr Platz an, um alle Daten auf terranische Computerformate zu überspielen. Komm mit, wir holen nur noch unseren Kultursachverständigen Zelzer ab. Den müssen wir sicher aus dem Bett werfen."
„Zelzer? Zelzer Josef? Der ehemalige Lehrer und immer noch hochaktive Amateurfunker?" „Josef ist Amateurfunker? Ich auch, nur kam ich die letzten Jahre nicht mehr sonderlich dazu. Ich war nur bei der Einweihung der Lowpower-Wandersatelliten dabei, die auch schon Tachkom-Up- und Downlink betreiben. Es gibt schon Ketten bis nach Oichos und bis zu den Wegawelten. Natürlich unter strengsten Tachkom-Emissionsbeschränkungen wegen den Chorck. Mein Faible war die digitale Kurzwelle, auch um die ionisierten obersten Atmosphäreschichten der Erde zur Reflektion zu nutzen, also die so genannte Heavysideschicht. Etwas Nostalgie halt. Aber die Erde wurde irgendwann immer kleiner mit dem Blick auf den sich öffnenden Kosmos, und ich hatte mehr und mehr meine heimatliche Funkstation mit den Bordkommunikatoren der verschiedenen Raumgondeln getauscht. Wenn ich nun mal wieder zuhause bin, schalte ich mein Equipment kaum mehr ein."
„Verständlich. So wie es mir mit den Frauen ging!"
„Ha, Günter, für alles wird es einmal eine Renaissance geben! Da bin ich mir absolut sicher."
Ich winkte dem visuellen Melder am Metallverbundfolienzelt vom Josef und dieser gab meine Kennung an den Einzelbewohner weiter. Nach einer Weile kam ein zerknittertes und verschlafen wirkendes Gesicht zum Vorschein. „Was soll denn das? Mitten in der Nacht?"
„Ja hier auf Parmos. Aber auf der Erde ist sicher ein wunderschöner Aprilmittag und bislang richteten wir uns eher nach der Terrazeit, da wir diese Welt erst noch korrigieren müssen, bevor wir hiesige Uhren und Uhrzeiten verwenden."

„Auch richtig! Oh, Günter, habe schon viel von dir, äh Ihnen gehört!" „Wir bleiben auch beim `Du´, Josef. Der erste Universalleser wurde aktiviert. Wir können uns also erstes Videomaterial ansehen. Kommst du mit?" „Wa-, was? Erstes parmosisches Kino? Einen kleinen Moment, bin so gut wie fertig!"
Tatsächlich dauerte es kaum drei Minuten, bis Josef angezogen und von der Schnelldampfwäsche noch feucht aus seiner Unterkunft trat. Sogar sein weißes Hemd zeigte Wasserflecken. „Im Zentralcontainer gibt es wohl Kaffee, oder", fragte er, aber wartete die Antwort gar nicht mehr ab. Ob er die Worte von Max überhaupt registrierte, die besagten, dass es Kaffee geben würde?
Am Zentralcontainer arbeiteten einige Techniker verschiedener Nationen. Die Chinesen wollten sichtlich ihren Ruf wieder aufbereiten und beteiligten sich auffallend aktiv bei diesen Arbeiten. Der Zugang erfolgte vorläufig aber noch über die Koordinationszentrale.
Dann stand er vor uns: der viel versprechende Universalleser oder der parmosische Laptop. Etwas groß geraten für einen mobilen Rechner, wie ich bemerken musste. Dennoch, vielleicht war dieser Apparat eben so groß, da er hoffentlich auch alle möglichen Formate abspielen kann oder es handelt sich ohnehin um ein professionelles Gerät.
Max erklärte: Die Interfaces arbeiten alle einwandfrei. Wir haben einen unserer Logpuks für die Spannungsüberwachung eingesetzt, das Lesegerät hatte sogar einen Akkusatz, welcher aber dem Zahn der Zeit nicht mehr gewachsen war. Auch Systembatterien mussten wir ersetzen. Der Vorteil der mobilen Spannungsversorgung lag auf der Hand: wir konnten die Zellen auszählen und ausmessen und dadurch die Spannungsversorgung errechnen. Akkuzellen haben von Natur aus nun einmal zwischen 1,2 und 1,5 Volt. Unser Modell hier wurde mit einem Akku von 18 Zellenpacks versorgt, damit ließ sich eine Spannung von zwischen 21.6 und 27 Volt errechnen. Wir einigten uns demnach auf 24 Volt und haben damit sicher einen Idealwert getroffen."
Ich empfand die Ausführungen des Koordinators sicher interessant, doch hatte ich mit der puren Technik nicht viel am Hut. Doch wartete ich geduldig, bis Max und der Technikerstab grünes Licht für die ersten Videoabspielungen gaben. Wieder erklärte Max: „Wir sind natürlich sehr vorsichtig und haben bereits unsere Rechner soweit angeschlossen, dass alles, was dieser Leser von sich gibt, in unseren Speichern unterkommt. Es darf nichts verloren gehen. Kein Videospulenfaden, keine Kassette, kein Speicherchip und keine dieser Hochrotations-CD´s. Bedauerlicherweise sind einige dieser CD´s schon über den Jordan gegangen. Trotz des Bleiglaskubus.

Es bleibt nur zu hoffen, dass wir weitere dieser Speicher finden werden.
Josef begeisterte sich und: „Ich möchte endlich solche Parmosen sprechen hören!" Max lächelte, überprüfte alle angeschlossenen Rechner, die eine Externkontrolle und Mitschnitte zuließen, dann schob er eine dieser seltsamen Videokassetten ein. „Das Abspielverfahren ist etwas eigenartig. Die Daten liegen zwar digital auf einem Videofaden vor, werden aber dennoch mit einem Analogsignal gekoppelt. Dieses Analogsignal dient dazu, das digitale Stufenmuster zu kompensieren. Dazu wird der Videofaden aber auch noch eine Zeit in das Gerät gespielt, bevor gewissermaßen etwas zeitversetzt die Signale aus dem Stackspeicher oder Eimerkettenspeicher kommen. So, jetzt sollte es losgehen.
Der Universalleser gab eine Markenkennung von sich, die wir natürlich überhaupt in noch absolut keine Kategorie einordnen konnten. Es zeigte sich eine weitere Parallele zu Terra, denn es folgte ein Countdown und damit bestätigten sich bereits die Zahlen. Josef lächelte, ich denke, er kennt die parmosischen Zahlen bereits genau.
Nun hörten wir bereits die ersten Töne einer musikalischen Darbietung von Parmos. Es war unglaublich, was dieser Universalleser für ein Klangvolumen zutage brachte. „Schallwandlerschaum!" Erklärte Max. „Alle nichtaktiven Bauteile des Lesers sind mit einem Schallwandlerschaum versehen worden, eine Art Lack mit Piezoelementen, welche aber elektrostatisch aktiv gehalten werden. Obendrein auch noch ein Siebenkanalverfahren mit künstlicher Bandbreitenkoppelung und Reflektoren für akustische Breitenwirkung auch für Hinten. Alles in Allem ein gelungenes Verfahren. Doch nun seht euch das mal an."
Josef wollte noch wissen: „Wo ist Tamiles? Wollte sie nicht auch diese Aufzeichnungen ansehen?"
„Sie kann sich alles ein andermal ansehen, wir speichern ja auf unsere Rechner ab. Sie ist mit Ralph Marco irgendwo dort oben." Der Koordinator deutete über das Tal schräg in den Himmel und lächelte. „Ah ja", bestätigte Josef. Nun wollten wir aber die ersten Bilder sehen. Josef wegen der Sprache und Kultur und ich wegen des Körperstudiums und der Mimiken, des Bewegungsverhaltens, sowie speziell auch, weil ich wissen wollte, wie ausprägend sich diese Knickhälse in der parmosischen Artikulation bemerkbar machten.
Ein Titel wurde eingeblendet, die Musik schwoll an, sie machte einen klassischen Eindruck, wanderte aber bald ins Rockige ab. Wieder wurde ein Name eingeblendet oder besser ein Titel, Josef erklärte nur kurz: „Etwas mit Krieg, Krieger oder Kriegshuldigung!" Als sollten seine Worte bestätigt werden, stieg ein Parmose, welcher herangezoomt wurde, auf eine erhabene Kleinbühne auf einer großen Bühne und hob ein Maschinengewehr schräg

143

über das Tal. Ach ja, dieses Ereignis fand damals scheinbar auf `unserer´ Ebene statt. Der Parmose streckte den Hals schnurgerade aus, erhob seinen Kopf und begab sich auf die Zehenspitzen. Damit reichte es fast für sicher drei Meter Körper insgesamt. Er schrie etwas, das Volk jubelte und dieser Parmose zog am Auslöser. Ratternd arbeitete die Waffe und der Mann neigte die Waffe in Richtung Horizont. Wir wussten, dort war der zweitgrößte Kontinent dieser Welt. Also richteten sich seine aggressiv formulierten Sätze gegen die Bevölkerung dort. Eine Salve von Feuerwerksraketen wurden im Anschluss ebenfalls in diese Richtung geschickt, dann begann der Mann zu singen. Er besaß eine volle Stimme von sicher acht oder sogar neun Oktaven bis kurz vor dem Ultraschall. Wieder jubelte das Volk und als sich auch ein Rhythmus stabilisierte, zogen sich die Knickhälse in diesem zusammen und auseinander. Mittlerweile konnte ich auch einen Kehlsack erkennen, der bei unserem `Letterman´ geschrumpft war. Ich vermutete ein Fettgewebe, in denen Sprachorgane geschützt untergebracht waren, sowie auch die komplizierten Speise- und Atemröhren, welche ja dem Knickgehabe zu folgen hatten.
Noch etwas fiel mir auf!
Die Bildwiedergabe war im Hochformat!
Vielleicht hing dies auch mit den schmalen Köpfen der Parmosen zusammen? Sie hatten trotz der stereotypen Augenausrichtung ein Hochformatsehen, ähnlich unserem Breitenverhältnis von 16 zu 9 visuellen Panoramen, nur eben hochgestellt. Hier vielleicht eher 3 zu 4, also vier Anteile hoch und drei Anteile breit. Ich musste noch einmal die Augen von `Letterman´ genauer unter die Lupe nehmen.
Die Musik klang gar nicht einmal so arg fremd. Eine rockige, erfrischende Musik, jedoch mit spürbarem aggressivem Unterton.
Alle Musiker trugen Waffen, jeder eine andere Art und als Tänzer die Bühne betraten, schlugen sie sich mit langen Säbeln in einer gut einstudierten Abfolge, damit sich diese Waffenklänge auch noch akustisch einwandfrei mit den Trommlern ergänzten.
Wieder schrie der Sänger etwas zu seinem Publikum und das Volk wiederholte sein Gesagtes, alle deuteten über das Tal und schrieen und sangen Parolen. Der Gesangsheld holte nun eine andere Waffe, und feuerte eine Art Panzerfaust ab, allerdings in eine andere Richtung. Die Knickhälse folgten dem Geschoß, sie jubelten und reckten die Hälse in die Richtung des flüchtenden Geschosses. Als ein paar Parmosen dieses Volkes herangezoomt wurden, war es nicht undeutlich zu erkennen, dass sich in ihren Augen blanker Hass spiegelte. Sie trugen Halsketten mit einem Symbolanhänger. Drei Wellenlinien, eine aufgehende Sonne und drei Strahlen von der Sonne weg in drei Richtungen, aber die Sonnenstrahlen

mit Pfeilen versehen. „Fast wie die Genesis", meinte Josef Zelzer, dabei wusste er noch nicht, wie genau er den Sachverhalt hierzu getroffen hatte. Harter Rock brandete auf und die Knickhälse der Parmosen wurden weiter einer Dauerprüfung unterzogen. Der Kameramann zoomte zurück und so bekam das Geschehen den Eindruck, als hüpften die Zuhörer und Zuseher eher in einem `La Ola´ - Rhythmus.
„Eindeutig absolute Kriegsfanatiker, Krieger ersten Grades und ohne jegliche Furcht um das eigene Leben, so scheint es." Josef blickte etwas erschüttert. Max folgerte dazu: „Ich nehme an, dass es nun zu einer sittlichen Verrohung nach relativer Friedenspause gekommen war, was den Zeitpunkt dieser Aufnahmen betrifft. Eine Degenerierung der Gesellschaft. Sie hatten alles und wollten nun noch mehr, sie hatten sichtlich Wohlstand, gut funktionierende Techniken, Fahrzeuge, Arbeit, ein einigermaßen soziales System – was bringt so ein Volk dazu, sich gegenseitig auszuradieren?"
„Sie haben noch etwas", wusste ich.
„Was meinst du Günter?" Max fragte mich, ohne seine Augen vom Universalleser und dem scheinbaren kriegsmotivierendem Konzert zu lassen.
„Sie haben einen langen Hypothalamus mit verwurzeltem Anhang. Einen starken Mittellappen, der bei uns Menschen nur in den sehr jungen Jahren noch vorhanden ist. Sicher kann es auch ein paar Unterschiede zu uns Menschen geben, dennoch sehe ich hier ein religiös oder okkult geprägtes Volk, welches sich wegen imaginärer Ideale regelrecht zerfressen hat. Wie seit vielen Jahren bekannt ist, hat die Länge der Hirnanhangdrüse auch mit dem inneren Gottesbild zu tun. Die dabei produzierten Engelshormone, welche bei uns erst 2055 endgültig und in der vollkommenen Wirkung nachgewiesen wurden, stellen einen Balanceakt des Gehirns zwischen abschätzender Wirklichkeit und angestrebtem Wunschdenken dar. So wie ich diesen Hypothalamus bei den Parmosen einschätze, trägt er zwar noch weitere Funktionen, sicher auch wegen der Fortpflanzungsstimulierung, welche aber auch wieder eine Folge der Religiosität sein könnte. Jedenfalls hatten die Parmosen einen starken Hang zum bildlichen Wunschdenken."
Max wandte sich mir nun auch optisch zu: „Wie meinst du dies, dass die Fortpflanzungsstimulierung auch eine Folge der Religiosität sein könnte?"
„Das Aufschaukeln in der Gesellschaft und der natürliche Ausgleich, eine Regulierung der Evolution und der Gemeinschaftsgedanke, der auch bei kriegerischen Wesen vorhanden ist, wenn auch unter einer anderen Steuerung, will ich mal sagen. Also: Zum Beispiel sagen wir mal, die Parmosen hatten ein Gebärverhalten wie wir Menschen, aber die Funktion einer besonders religiös stimulierenden Hirnanhangdrüse. Dann natürlich

auch verschiedene Religionen untereinander, was bewirkte, dass sich diese Einzelgruppen irgendwann bekriegten und das Volk in der Frühzeit erheblich dezimiert wurde. Von allen Gruppen gab es Überlebende, sie bekriegten sich zwar nicht mehr oder nur wenig, weil es sich eben kaum rentierte, aber nun regten die Engelshormone den Vorder- und Mittellappen an, wobei besonders der Mittellappen, der bei uns Menschen unterentwickelt ist und kaum Funktionen besitzt, bei den Parmosen die Mehrfachgeburten anreizte und vielleicht sogar die Schwangerschaftszeiten herunterregelte. In vielen Generationen wohlgemerkt!

Nachdem sich die Gruppen wieder von der Population her gesunden konnten, der falsche Idealismus aber geblieben war, wurde dieser eben wieder neu verteidigt. Die neuen Kriege brachen aus, sicher auch schon mit moderneren Waffen. Irgendwann legten sich diese natürlich wieder, die Parmosen konzentrierten sich wieder auf ihre okkulte Seite, doch die Steuerung für Mehrfachgeburten war nun schon angeregt und im jeweiligen Unterbewusstsein dürfte auch schon so eine Phantasie angeregt worden sein, dass es irgendwann einmal zu einem ´heiligen Krieg´ kommen sollte, ein Krieg, in dem nur noch eine der Glaubensgruppierungen als Sieger hervortreten dürfte und all die Anhänger dieser dann ihre Hälse strecken dürfen. Das ist aber eine Teufelsspirale, denn wenn es wieder nur noch eine einzige Gruppierung gäbe, dann spaltet sich diese irgendwann auch mal wieder und die Kriege würden unter anderen gegenseitigen Beschuldigungen neue Nahrung finden. Noch einmal darf ich einen Vergleich bringen. Unsere Erde im neunzehnten und zwanzigsten Jahrhundert. Die Juden. Wäre es den verschiedenen Idealvorstellungen gelungen, die Juden auszurotten, wäre dann wohl Frieden gewesen? Sicher nicht. Dann wären neue Feindbilder generiert worden und neue Kriege hätten sich eingestellt, welche andere Voraussetzungen gehabt hätten.

Der mittlerweile gemäßigte Islam auf Terra hatte diese Selbstmäßigung auch nur angenommen, weil viele der Forscher, welche das Engelshormon definierten, auch aus deren Reihen kamen und nach vielen Selbstversuchen mit Hormonsneutralisierungen plötzlich keinen inneren Drang mehr zur täglichen Glaubensbekenntnis besaßen.

Vielleicht hatte die Evolution diesem Volk hier mit der Selbstausrottung einen Riegel vorgeschoben, um diese Ideale nicht mehr in den Kosmos oder nicht weit in den Kosmos tragen zu können – das weiß ich natürlich nicht, aber ich betrachte die Evolution als ein Unterbewusstsein aller artgleichen Bewusstseinsebenen. Es muss nicht immer ein Riesenmeteor sein, der eine Spezie auslöscht, wie auf Terra die Dinosaurier, nein, vielleicht gibt es andere Regulatoren!

Der Sprung in den Kosmos ist meiner Ansicht nach eine Hürde, wie sie nur wenigen Planetenentwicklungen angehängt werden sollte.
Auch hier erkenne ich die Notwendigkeit der Überarbeitung des jeweiligen Genoms. Nur wer sich selbst versteht, kann sich selbst verbessern. Zuerst natürlich psychisch, dann aber irgendwann einmal unter Generationsgedanken auch physisch! Die Genforschung und die so genannte Gentechnik sind absolut unerlässlich! Auch wenn ich das Wort ´Gentechnik´ ablehne, denn das ist keine Technik, das ist evolutionäre Beschleunigung wenn es funktionierte und wenn nicht, dann ist es Evolutionsmord."

„Du weißt schon wie tief du dich in die neue Kosmopsychologie hineingewagt hast?"
„Darüber bin ich mir durchaus bewusst, aber wir suchen den Stamm vom Ast her und wenn wir nicht allen Verästelungen folgen, werden wir den Stamm wohl nie finden!"
„Donnerwetter Günter. Ein weises Wort."

Das Konzert nahm seinen Verlauf und wurde wieder mit einem Feuerwerk in Richtung des zweitgrößten Kontinents beendet. Eine andere Kameraperspektive zeigte auch eine breite Autobahn mit Brücke über dieses riesige Tal. Wir konnten auch erkennen, dass sich diese Autobahn aus den vielen Tunneln nach dem Gebirge vereinte und sich mit hellem Licht das von einer Seite zur anderen zog. Dort entwirrte sich das Geflecht wieder und strebte die verschiedenen Richtungen an. Einige auch die Küsten, wo es vielleicht einmal schöne Strände gegeben hatte.
Als Außenstehender hätte man die Parmosen vielleicht leichtfertig als ´Wahnsinnige´ bezeichnen können. Doch mit diesem Wort oder mit solchen Bedeutungen sollte man wirklich vorsichtig sein, denn, wenn man selbst unter gewissen Voraussetzungen lebt oder leben muss, kann es auch durchaus sein, dass man eben auch von einem anderen als Wahnsinnigen bezeichnet würde, der selbst wieder von einer anderen Perspektive her unter so eine oder ähnliche Bezeichnung zu fallen hätte.
Sind nicht die Atheisten die Wahnsinnigen aus der Sicht von religiös fundierten Gruppen, da sie sich keinem übersinnlichen Schutz anvertrauen? Die Sichtweise von der anderen Seite her brauche ich nicht lange durchdenken.
Der Film war zu Ende. Max drückte den Kassettenauswurf, als hätte er noch nie auf anderen Geräten gearbeitet. Es war ein Summen zu hören, welches immer schriller wurde, dann ein kurzer Schlag und die Kassette kam zum Vorschein.

„Wie ich schon erklärte, arbeiten diese Kassetten ähnlich den Streamern, welche es so bis 1990 gegeben hatte, um Computerdaten zu sichern. Der Videofaden wird aber dabei komplett in ein langes Umlenksystem im Gerät eingezogen und mit mehreren Leseköpfen abgetastet. Dabei ergeben sich auch relativ schnelle Zugriffe. Interessant ist dabei auch, dass der Videofaden von sechs Seiten abgetastet wird. Eine Seite ist glatt, danach richtet sich dann auch der Einspulvorgang, dann kommen noch fünf weitere Kantenseiten hinzu. Also im Querschnitt ein Rechteck, von dem zwei Kanten auf einer Seite noch zu fünfundvierzig Grad abgehobelt wurden. Die der breiteren Seite gegenüberliegende schmale Seite ist eine optische Lesespur, die anderen sind magnetisch. Eine gute Kombination, um die Daten auch relativ sicher zu halten. Auch die Überlagerung mit Analogsignalen erachte ich gar nicht einmal so schlecht.
Auf Dauer gesehen müssen wir uns aber noch um weitere Lesegeräte umsehen, denn mit dem einen hier werden wir wohl ewig brauchen, bis wir dieses Altvolk studiert haben werden."
Josef meinte logischerweise: „Aber diesen lassen wir dann aber hier, um für unsere persönlichen Untersuchungen einen Schnellzugriff zu halten, oder?"
Er war Feuer und Flamme, diese Parmosen zu studieren, hatte Angst, dass ihm nun das Idealwerkzeug weggenommen werden könnte oder anderweitig in Beschlag geraten könnte.
„Vollkommen klar, Josef, dieses Gerät bleibt hier für die kulturellen und sprachdienlichen Arbeiten."
Josef atmete sichtlich erleichtert aus.
Max meinte dazu: „Josef und Günter, ihr könnt nun hier weitermachen und weitere Videofäden begutachten. Auch diese neueren Lesespeicher könnt ihr untersuchen, aber achtet darauf, dass immer von unseren Rechnern mitgeschnitten wird.
Für mich wird es nun langsam Zeit, den zweiten Teil der Mission einzuleiten.
„Wie soll der zweite Teil denn aussehen?" Wollte ich natürlich wissen, obwohl ich es mir ja auch denken hätte können.
„Wir müssen langsam die Aufzeichnungen der ehemaligen Kontrahenten dieser Kriege einsehen! Die Aufgabe von Josef und seinem internationalem Team liegt nun dringlichst auf der Hand: Die Entschlüsselung der hiesigen Sprache in Wort, Bild und Mimik! Jonathan sollte aber bald den zweitgrößten Kontinent sichern und wir suchen dort weiter. Dann der dritte und so weiter. Tiefenerforschung sollte nach einer Grobübersicht erfolgen."
„Auch klar. Wir brauchen erst einmal die Struktur, um dann ins Detail gehen zu können." „So ist es!" Max winkte und wanderte langsam in die Richtung der militärischen Basis Jonathans.

Der nächste Film präsentierte sich als edukativ für die ethnisch reinen Familien. Noch konnten wir nicht viel verstehen, aber dass Mehrfachgeburten von drei bis sieben Nachkommen auf einmal in der Norm lagen, dieses Wissen drängte sich uns bereits auf. Vieles, was ich nun bereits vermutete, bestätigte sich also.

3. Kapitel
Die Breite und die Tiefe einer Mission fern der Erde.
„Live-Nachrichten" aus der Vergangenheit.
Liebe und Hass sind Brüder.

Auszüge aus den Aufzeichnungen des Geschichtsrestaurateurs Harmo zu Barnubon, der vierzehnte Aliam 8945 neuer Zeitrechnung, Zentralbüro leomonischer Geschichte von Parmos, Opernbibliothek, Hauptstadt Lettos:

Im Jahre 18211 alter Zeitrechnung wurde der vermeintlich letzte heilige Krieg ausgerufen. Videozusammenschnitte mit geschichtsrelevanten Daten erfolgten von Nachstellungen und Nachverfilmungen, da es im Jahre Null noch keinerlei Aufzeichnungsmöglichkeit gab.
Der letzte heilige Krieg wurde ausgerufen. Die Genesispriester standen unter Waffen gegen die nicht minder bewaffneten Aurenheiligen.
Unser Kontinent sollte dem Untergang geweiht sein und unsere Genesispriester wollten lieber tot sein, als sich von den Auren einlullen zu lassen. Die Aurenheiligen waren des Glaubens, dass nur Ländereien, welche von ihnen geweiht wurden, fruchtbar sein könnten und weniger Krankheiten verbreiten. Sie sahen sich als die rechtmäßigen Herren der gesamten Welt und alle anderen Parmosen sollten ihnen Tribute für ihre geistige Arbeit zollen.
Ein Wunder sollte geschehen und ein Wunder geschah!
Aus der Armee der Genesispriester trat eine Sängergruppe hervor, welche mit ihrem Gesang, so steht es im Alamanimikesch, im Einklang mit der Berufung war.
Begannen sie zu singen, war der Sieg bereits eingeläutet und bald wurden diese Sänger zu den Kämpfern an den härtesten Fronten geladen und sie sangen und unsere Krieger siegten. Bald erhielten sie die endgültige Bezeichnung `Die Kriegssänger´.
Schon die magischen Melodien ließen den Gegnern das Blut in den Adern gefrieren, nahm denen jegliche Energie und Mut weg und gab diese den Genesistruppen weiter.
Die gewaltigen Stimmen animierten und brachten den Genesistreuen enorme Schlagkraft in Arm und Schwert. Die ersten Kanonen von Leomon arbeiteten genauer, trafen besser und brachten eine höhere Zerstörung in die Lager der Aurentreuen und den Steinanbetern.
Tausende von Liedern hatten die Kriegssänger mittlerweile komponiert, und die Magie des Krieges bescherte Leomon die ersten großen Erfolge.

Als dann der größte Kontinent Humola von Leomon eingenommen werden konnte, hätte der Jubel nicht größer sein können.
Die Texte der Kriegssänger wurden als eine Art Gebetsbuch verheiligt und man sagte den Kriegssängern etwas Heiliges nach, wenn sie nicht, ja wenn sie nicht nach den vielen Siegen und nach dem Ende des vermeintlich ultimativen heiligen Krieges von neuen Kriegen gesungen hätten, vom Absolutum und von der Apokalypse von Parmos.
Die Siege über Humola und Barrica sollten eigentlich das Absolutum sein Etwas anderes wollten natürlich auch wir Leomoniden nicht!
In den weiterführenden Texten stand zum Beispiel:

Ihr Feinde seid am Boden, ihr Aurengläubigen,
hackt die Köpfe mit den Schwertern,
hackt sie zweimal und bewahrt den Knick als Warnung.
Das Blut des Feindes düngt die Felder und macht die Genesis reich, denn auch so wollten die Auren uns zwingen zu glauben.
Sammelt die Herzen, sammelt deren Kraft und sie wird dem einzigen Wahrscheinlichen zum Absolutum verhelfen.
Ist kein Feind mehr im Zugriff deiner Waffen, so suche, denn auch dein Bruder kann dein Feind sein.
Oder finde dein Parmos wieder im Totenreich und unsere Welt wird Genesis heißen.

Schwört dein Vater oder Mutter, deine Schwester und dein Bruder nicht der Genesis mit gestrecktem Hals, so denke nicht, so zögere nicht, so töte bald. Schmiede deine Waffen immer wieder neu und härte sie in den Körpern derer, welche nicht deines, nicht unseres Sinnes sind.
Ereilt dich selbst der Tod im zarten Kampf der großen Sache, du wirst von allen weltlichen Entbehrungen dann im Überfluss belohnt. Die neue Welt Genesis wird dich deiner Kriegskunst entlohnen und süße Träume von immertoten Feinden werden deine Nächte erhellen.

Die schönsten Frauen mit den schönsten Hälsen werden nur noch auf dich hören und dich eine Viertelewigkeit begleiten.
Dann jedoch sollst du dich wieder vorbereiten!
Die weltliche Armee ruft die Größten und die Besten zur letzten Schlacht und zur Wiedergeburt aus diesem Grund.
Die letzten Krieger werden mit den Schwertern geboren und kämpfen dann ein letztes Mal. Das wird der Kampf um die

Herrschaft im Jenseits und das Jenseits wird ebenfalls Genesis heißen.
Darum verstecke dich nicht, denn wenn dich dein Bruder im Versteck findet, so sollst auch du getötet sein, denn wer sich versteckt, hat auch nur den Namen des Feindes verdient!
Ich werde noch lange zu schreiben haben, um all diese Texte neu zu dokumentieren. Die Originale sind zerflissen und befleckt. Sie sollten nur aus geschichtshistorischen Gründen erhalten werden. Die Genesisphilosphie hatte mittlerweile etwas an Wert verloren.
In der Neuzeit haben sich sogar Gruppen von so genannten ethnischen Atheisten gebildet. Diese wollen sich mit gar keiner der Glaubensgruppen auf Parmos identifizieren.

Auszüge aus den Aufzeichnungen des Geschichtsrestaurateurs Trumo zu Seralhan, der dreiundfünfzigste Hodrud 8948 neuer Zeitrechnung, Zentralbüro leomonischer Geschichte von Parmos, Opernbibliothek, Hauptstadt Lettos:

Ich wurde von den Stadträten bestimmt, nun die Arbeit meines Vorgängers wieder aufzunehmen. Harmo zu Barnubon wurde von einer Guerrillatruppe, welche sich `Die Diener des neuen Aurenheiligtum´ nennt, ermordet.
Zusammenfassung:
In den letzten Jahren bildeten sich kleine Glaubenstruppen, welche glauben machten, den Rachebefehl ihrer verstorbenen Ahnen empfangen zu haben. Die Aura oder die Auren seien unsterblich, auch wenn ein realer Krieg verloren ging. Die Auren sollten solange zurückkommen, bis die Ungerechtigkeit der Genesispriester gesühnt werde.
Nach dem ultimativen heiligen Krieg wurde der Kontinent Humola und der Kontinent Barrica unter leomonische Verwaltung gestellt und das Alamanimikesch, die Niederschrift des Genesispriestertums als Staatsreligion eingeführt.
Doch schon im Jahre 1210 standen die Neuhumolen auf und erklärten eine Überarbeitung der Genesisschriften. Sie verboten bestimmte Texte aus dem Buch der Kriegssänger, worauf die Neubarricaner protestierten.
Erste diplomatische Niedergänge traten auf und es kam ein kalter Krieg nach Parmos zwischen den größten Kontinenten.
Nach weiteren vierhundert Jahren konnten sich auch die zwei Inselstaaten, die Pharogras-Gruppe und die Tuskaminseln als unabhängig erklären. Sie erklärten den ersten Aurenkrieger als Hauptheiligen und wollten in seiner

angeblich noch existierenden Aura den Wandel von Parmos herbeiführen. Die drei größten Kontinente lachten und schafften es sogar, vorübergehend wieder diplomatische Gespräche zu führen. Doch schon waren die Interessen zu weit auseinandergedriftet. Als dann die Diplomatie wieder den Verliererweg ging, hatte die Stunde der Neuauren geschlagen. Mit ersten Fluggeräten zielten sie genau in die Herzen der Kontinentalhauptstädte. Mit Sprengsätzen beladene Krieger brachen durch die Dächer und zündeten sich selbst; Sie waren von der Aura Xermons vom Klarsee, dem ernannten Kriegsheiligen geschützt und sollten mit ihrer Tat in den satten Farbenkosmos geraten, der Ort, an dem es weder Schmerz noch Hunger, weder Durst noch Langeweile geben sollte.
Die Kontinentalhauptstädte begannen ihren Untergrund auszuarbeiten und Schutzbunker zu schaffen.
Viele waren nun der Meinung, dass die Kriegssänger, welche namenlos geblieben waren, als Philosophen zu verehren wären, denn sie hatten die neuen Kriege vorausgesehen.
Als Beweis dafür galt, dass sie nach dem Jahr Null immer noch von Kriegen gesungen hatten! Sogar noch von noch schlimmeren Kriegen und von Kriegen mit fliegendem Eisen und Feuer am Himmel!
Heute könnte man dies bereits als Wahrsage definieren, denn die ersten Maschinen waren bereit an den Himmeln über Parmos zu sehen und die Rüstungsexperten sagten weiteres voraus. Auch schwärmten sie von einer Kriegskontrollbasis auf unserem Mond Phero! Eine Kontrollbasis, nach der die Auren nicht und nie gelangen sollten.
Um den Mond zu erreichen, wussten unsere Ingenieure, dass man auch die Atemluft mitnehmen musste. Es wurde nach Möglichkeiten gesucht, Bomben so kontrolliert zu zünden, dass man auf ihnen reiten kann, aber die ersten Versuche scheiterten kläglich.
Bis die Neuauren von den Tuskaminseln plötzlich mit Schiffen zu den Großkontinentalküsten kamen und so genannte Raketen verwendeten, um den Genesispriestern und den Realgenesen das zu schenken, was die Genesis brauchen würde: Feuer!
Von da an wussten die Parmosen, dass der Mond in Reichweite kam, wenn sich Parmos nicht vorher ausrotten sollte.
Eine neue Technologie wurde geboren, die Elektronik. Bald bauten Techniker Schirme, auf denen solche Raketen schon zu sehen waren, als sie noch gar nicht von Augen erfasst werden konnten. Die Systeme wurden immer besser und auch die Raketen.
Und ich erinnerte mich an die Kriegssänger:

„Lass das langsamste fliegende Feuer zuerst frei und der Letzte sollte das schnellste fliegende Feuer haben, so wird die Apokalypse Parmos mit nur einem kurzen Schmerz heimsuchen!"

Sollten die Kriegssänger letztlich doch Recht bekommen? Wer könnte das wissen?

Raketenalarm! Ich bringe meine Aufzeichnungen in den Tiefbunker der Opernbibliothek und hefte sie an die Restaurationen meines Vorgängers an. Den Segen der Genesis für euch alle und für mich. Heil uns Genesisstämmigen und Halsdurchschläge den Auren und den Ungläubigen.

Gez. Trumo zu Seralhan.

Zwischenbericht Silvana Verkaaik:

Am 28. April 2095 mitteleuropäische Terrazeit wurde das Team `Planetenkorrektur´ aktiv. Die Wafernetze wurden zuerst einmal auf zehn Prozent geschaltet und es sollten erste Werte angemessen werden, bevor die Intensität erhöht wurde.
Josef Zelzer arbeitete fast wie im Akkord an der Entschlüsselung der Sprache. Sein Team, welches international besetzt war, konnte er auch bestens motivieren.
Am 29. April wussten wir bereits, wie die Kontinente unter den Parmosen genannt wurden:
Der größte Kontinent war Humola, dann Barrica, Leomon, Derram, Sochara, Aladeia. Memcor, Aoa, Sabara, Tamoa, Surtia, Keff, Nottos und Weiker. Die Inselgruppen, welche sich zu je einer politisch-religiösen Einheit zusammengeschlossen hatten, waren zum einen die Pharogras-Gruppe und die Tuskaminseln.
Am 30. April 2095 konnte die Umdrehungsverlangsamung bereits technisch angemessen werden. Doch der Planet bekam einen leichten Drall.
Am 01. Mai 2095 startete die DANTON, um diesen Drall mit einer Tachyonenvakuole zu kompensieren. Auch sollte diese Vakuole so gesetzt werden, dass der Planet in seiner jetzigen Rotation weiter gebremst werden konnte. Nach langen Berechungen setzten die Forscher die Vakuole über den Inseln der Pharogras-Gruppe. Dort kam es erwartungsgemäß zu einem Tsunami, welcher aber auf dieser Welt wohl kaum mehr etwas zerstören konnte.

Am dritten Mai erzeugte der Riesenfrachter erneut eine Tachyonenvakuole über Nottos. Der komplette Planet schien beben zu wollen. Uralte Vulkane auf der Südhalbkugel brachen aus, beruhigten sich aber überraschend schnell.
Ab dem vierten Mai verteilten sich die Aircleaner auf weitere Kontinente und die Wafernetze wurden kurzzeitig auf sechzig Prozent geschaltet. Unser Tal wurde breiter, da genau in diesem Tal die Kontinentalplatte verlief. Wir befürchteten schon, dass wir das Lager schließen müssten, denn es quoll Lava aus den Rissen, dabei wurde aber lediglich das Tal etwas gefüllt. Damit müssten auch die künftigen Flüsse vielleicht anderen Bahnen folgen.
Am sechsten Mai startete Jonathan T. Hunter mit seinen Sliders und seinen SWACS sowie Abbasch von der Höhe mit der GAUSS um die Hauptstädte der anderen Kontinente von den bekannten Gefahren zu befreien. Prinzipiell hatten alle Kontinente die gleichen Waffensysteme. Jedoch nur die fünf Großkontinente besaßen Atomraketensilos. Das Geheimnis, welcher oder welche Kontinente nun Neutronenbomben besaßen, war bislang noch nicht gelüftet.
Abbasch von der Höhe wurde von Max gleich aufgefordert, nach den Bibliotheken in den anderen Städten Ausschau zu halten. Dabei zog sich wieder ein roter Faden durch die parmosische Organisation. Die Stadtbibliotheken befanden sich immer an den Staatsopern und waren alle mit einem Bunker versehen, in dem das wertvolle Wissen eingelagert wurde.
Vierzehn dieser Universalleser wurden mittlerweile aktiviert und gaben viel Wissen dieser Welt preis.
Am zehnten Mai 2095 präsentierten Josef Zelzer und sein Team stolz den ersten vollprogrammierten Translator, welcher die Sprache und die unterschiedlichen Dialekte der Parmosen simultan übersetzen konnte. Ralph Marco schaffte es in der Zwischenzeit noch, einen `Scanreaderpanel´ zu konstruieren und programmieren. Diesen legte er einfach auf eine Buchseite und nach ein paar Sekunden konnte der Text in Deutsch oder Englisch und je nach Programmierung dann auch in anderen Sprachen abgerufen werden. Das war für eine schnelle Orientierung hervorragend. Der Clou an der ganzen Sache war aber der, dass Bezüge zu Zeichnungen oder zu einem Hintergrunddesign erhalten blieben.
Das Team `Planetenkorrektur´ kam auf die Idee, die Wafer mit Intervallaktivierungen zu versorgen. Sie berechneten eine Inresonanz zu den Erdmassen. So wurden die Nebenwirkungen dieser enormen Aktion etwas vermieden.
Am 16. Mai startete Max Rudolph mit Gabriella und Tamiles de Jesus Nascimento nach Barricale, der Hauptstadt vom zweitgrößten Kontinent

Barrica. Ihre Mission war wieder einmal ein Opernbesuch, jedoch weniger zu dem ursprünglichen Zweck, das einem Opernbesuch eigen sein sollte. Am 17. Mai begann es zu regnen. Es schüttete wie aus Eimern hier auf Humola mit der Hauptstadt Harlam. Der Himmel war sichtlich klarer und die statische Schmutzschicht schon transparent, wenn die Sonne auf- oder unterging.

Max kam mit seinen Begleiterinnen zurück und alle wollten bald wissen, was die drei auf Barrica ausfindig machen konnte.

Europäische Terrazeit 17.05.1095, Mittag. Auch auf Parmos schien die Sonne im Zenit. Immer noch war es nicht möglich, eine eigene Parmoszeit zu setzen, denn nun war ja auch die Aktion ´Planetenkorrektur´ voll im Laufen. Daher war es besser, mit unserer terranischen Reverenzzeit zu arbeiten und lediglich die Dunkelphasen in ausgedruckten Kalendern bekannt zu geben, welche nun wieder nicht mehr stimmten, denn genannte Aktion machte überraschend schnelle Fortschritte.
Wir waren in der Oper von Barricale, der Hauptstadt vom Kontinent Barrica. Wir konnte uns nach dem gleichen System Zutritt verschaffen wie in Harlam.
Nebenbei startete ich aber einen weiteren Versuch. Ich wollte auch wissen, warum alle Fahrzeuge sauber geordnet in den Straßen standen und zog so einmal eines dieser Vehikel ganz altmodisch mit einer Kette an der WATSON aus der Parkzone. Von diesem Hybridmotor aktivierte sich sogar noch der Elektroteil und das Fahrzeug versuchte selbsttätig, in seine Parkbucht zurückzufahren, was aber nicht mehr gelang, da die Batterie zusammengebrochen war.
Nun war aber klar, dass auch die Fahrzeuge hier, welche auf Induktivsteuerung ansprachen, ebenso auch auf Kriegswahrscheinlichkeiten programmiert waren. Kam das Signal der Kontinentalverwaltung, wurde ein sofortiger Parkbefehl ausgeführt, um eventuellen militärischen Bodentruppen, entsprechenden Fahrzeugen oder auch den bodengebundenen Drohnen das Vorfahrtsrecht einzuräumen. Damit war der Individualverkehr innerhalb kürzester Zeit unterbunden.
Natürlich interessierten mich weitere Details, so brach ich auch eine Strasse mit der Intervallkanone auf. Ich wollte das Innenleben dieser Bunkerstraßen sehen. Vom Innenleben konnte aber nicht viel erkannt werden.
Unter den Strassen stank es immer noch, die Luftzufuhr funktionierte nicht mehr und es gab Reste von Leichen der Parmosen. Des Weiteren waren einmal Automatenfahrzeuge im Einsatz, welche die Leichen sammelten, nur

bei diesen war im Laufe der Zeit ebenfalls die Energieversorgung zusammengebrochen.
Nachdem ich aber wissen wollte, was diese automatischen Leichensammler mit den Leichen machten, erneuerte ich eine dieser Batterien mit einem eigenen Umbausatz und siehe da, dieses Zweckgerät für grausige Einsätze steuerte im Untergrund zielstrebig leblose Überreste an, packte diese lieblos in die mitgeführte Trommel und brachte alles in eine der zahlreichen Krematorienkämmer, welche etwa alle dreieinhalb Kilometer in einem Straßenmodul integriert waren. Das Fahrzeug selbst öffnete eine in den Wänden eingelassene Gaszufuhr, zündete mit seiner Bordbatterie an einem Kontakt und schon brannten die sterblichen Überreste.

Dieses grausame System hatte wenigstens für Überlebende den Vorteil, dass die Seuchengefahr etwas eingedämmt war. Doch stellte sich bei dem letzten Krieg ja auch die Frage: Was hatte es im Endeffekt noch genützt?
Das war also ein Volk, welches durchgehend auf Kriegshandlungen und Folgen daraus eingestellt war.

Wir stellten alles, was wir in Erfahrung bringen konnten in einem Videostream zusammen und begaben uns zur Oper.
Dort ging ich nach bewährter Methode vor und Tamiles sprach die gleichen Worte, wie beim Eindringen in die Opernbibliothek von Harlam. Auch dieser Zentralrechner, welcher mit den letzten Resten seiner Energie zu kämpfen hatte, verglich die vergangene Zeit mit einer Atomszerfallsuhr und maß der Jetztzeit keine kriegsrelevante Notwendigkeit mehr zu.

Mit mitgebrachten Rolls Royce-Generatoren versorgte ich hiesige Videoapparaturen und so wurden wir verspätete Zeitzeugen einer Konzertaufführung im Tal bei Barricula, eines tatsächlich begnadeten Sängers Namens Alhas zu Melhaim, dem Sänger eines Rockorchesters, welches sich *Nonabsolutum* nannte.

Aus dem Inhalt wurde erkennbar, dass die originalen Kriegssänger den Erfolg eines heiligen Krieges besungen hatten und damals diese Welt auf fragliche Weise erst einmal zwangsgeeint war.
Jener Krieg oder besser, der Ausgang jenes Krieges bedeutete auch den Beginn einer neuen Zeitrechung.
Diese Aufführung des Friedensorchesters war im Jahre 13812 der neueren Zeitrechung, was in etwa vor siebentausend Erdenjahren gewesen sein musste. Der Plan Alhas zu Melhaim sah vor, das *Absolutum*, also die

Prophezeihungen der Kriegssänger zu entkräften und unter anderem mit musikalischen Mitteln dem Frieden zu dienen.
Ein Auftritt der absolut pompösen Art, wie es auch auf Terra nicht anders hätte sein können.
Ich interessierte mich nun auch brennend für diese Kriegssänger und die Oper, welche sicher auch hier aufgeführt wurde, dennoch sollte nach hiesigen Aufzeichnungen die Oper auch auf Humola mehrfach und auch in einer anderen Variante gezeigt worden sein. Wir mussten dort weiter suchen, um zeitlich dem Tag der Planetenapokalypse nahe zu kommen.

Wieder konnte erkannt werden, hier handelte es sich um ein Volk, welches eine sehr lange Mittelalterphase durchgemacht hatte und sicher auch eine lange Phase frühtechnischer Natur. Statt größerer Fortschritte wurden lediglich die Techniken selbst immer etwas besser oder perfekter, wie man auch an den Straßenbunkersystemen oder des Steuersystems vom Individualverkehr erkennen konnte.
Aus den Aufzeichnungen eines gewissen Nalom von der Bleigieße, der Nachname entstand nach der sinngemäßen Übersetzung, war zu entnehmen, dass aus den ehemals schriftlichen Aufzeichnungen und den Notenblättern, sowie den Textbüchern dieser Kriegssänger eine Art Musikbibel entstanden war und diese in eine Oper umgesetzt wurde.
Nur war Nalom von der Bleigieße ein Bibliothekar von Humola!
Die Kontinente Humola und Barrica standen sich in den letzten Phasen des Krieges scheinbar noch näher, als andere Kontinente untereinander.

Seltsamerweise gab es verschiedene Variationen dieser Oper auf den verschiedenen Kontinenten. Dies wurde sogar hier am Rande vermerkt. Es wurde auch vermerkt, dass die verschiedenen Glaubensrichtungen diese Weissagungen nunmehr in Opernform den eigenen Bedürfnissen anpassten! Die jeweils anderen Versionen sollten aber dann auch die falschen Auslegungen sein. Aus egoistischen Gesichtspunkten vollkommen nachvollziehbar.
Wie hätte es denn auch ansonsten zu solchen Entzweiungen kommen sollen!
Das war die pure Glaubensspaltung! Ähnlich auf der Erde, wo wieder irgendwelche Bibelforscher einen Ansatzpunkt fanden, etwas in Zweifel zu stellen und zuerst eine Untergruppierung eigener Gleichgesinnter in einer entsprechenden Religion anstreben, bis sich irgendwann einmal eine Komplettrennung von einem Glaubensstrang ergab.
Wieder im Laufe der Jahre, oder wie hier im Laufe von Jahrhunderten und sogar Jahrtausenden wichen die Auffassungen erneut so weit voneinander

ab, bis sich als letzte Konsequenz nur noch eine kriegerische Auseinandersetzung ergab.
Der oder die heiligen Kriege!

Besonders bei den Parmosen sollte ja das okkulte oder religiöse Bedürfnis besonders ausgeprägt gewesen sein, wie Dr. Günter Seidl mit seinen Untersuchungen bestätigen konnte.
Die Menschen der Erde schafften es indes, das restliche Religionsbedürfnis hinten anzustellen. Also nicht mehr die Fahnen eines Glaubens voran zu tragen, sondern die Essenz der positiven Seiten der jeweiligen Religionen zu kombinieren und was dabei herauskam, kam auch allen Erdenbürgern zugute.

Dennoch hielt der Trend an, sich überhaupt von Religionen zu befreien, denn Geschichten einer Zeit, in der die Menschen einen sehr verminderten Wortschatz besaßen und mit Gleichnissen nur so um sich warfen, nur jeder fünfzigste vielleicht schreiben konnte und dies meist nur unter Einfluss von bewusstseinserweiternden Drogen, daraus konnte irgendwann nur noch jeweils ein Abbild einer zwar abenteuerlichen, sicher teilwahren, aber dennoch unvollständigen Geschichte erstellt werden.
Spätestens nach der Öffnung der Kaschmirgrotte und dem Fund von Gebeinen mit Narben wurde klar, dass die Bedeutung `Sohn Gottes´ eine übertragene Bedeutung zu sein hatte, welche alle Erdenbürger betraf.

Die Geschichte der Parmosen verlief sicher wesentlich ausgedehnter! Dennoch konnten wir erkennen, dass es überaus viele Parallelen mit Terra gab. Die Tatsache, dass dieser Planet Parmos mehr Kontinente hatte, trieb die Glaubensunterteilungen voran. Auch die Tatsache, dass die Parmosen einen wesentlich ausgeprägteren Hypothalamus besaßen, lies entsprechende Rückschlüsse bezüglich der Glaubenskriege zu. Letztendlich sollten doch alle Kriege irgendwie einer gewissen Glaubensstruktur zugewiesen werden können, wenn es nicht rein um die Eroberung von Rohstoffen oder Lebensraum geht.

Schon aus diesem Sinne sollte zu erkennen sein, dass egal welcher Meinung Religionsführer waren oder auch noch sind, die Evolution die Intelligenz in den Kosmos führen muss! Bleibt man auf dem Entstehungsplaneten verwurzelt, wird man vom Akteur zur Zeiterscheinung degradiert.
Schon aus dem Gesichtspunkt der vorhandenen Rohstoffe einer Welt, welche irgendwann doch einmal zu Ende gehen, bleiben keine Alternativen!

Ich erinnerte mich an die Aussage von dem begnadeten Quantenphysiker und Wegbereiter der kosmischer Techniken Stephen Hawking, welcher klar definierte:
„Die Erde ist die Wiege der Menschheit, dann kann das eigene Sonnensystem nur die Kinderstube sein!"
Will die Menschheit einmal erwachsen werden, so kann man getreu dieser Aussage nur den näheren und dann den weiteren Kosmos ins Auge fassen.

Am 17.05.2095 kamen wir nach Humola auf die Ebene zurück. Wieder hatten wir einige Videoaufzeichnungen mehr und ebenfalls eine Auswahl von Büchern, welche nun aber schon unter anderen Gesichtspunkten ausgewählt werden konnten. Dieser Plattenscanner mit Screen von Ralph Marco aus einfachen Komponenten entwickelt und zusammengebaut, war für uns eine Wucht. Damit konnten die Bücher sofort identifiziert und den bestimmten Kategorien zugeordnet werden.
Der zentrale Koordinationscontainer wurde wieder erweitert und mittlerweile arbeiteten fast fünfzig Leute an der Katalogisierung von Videoaufnahmen, Fotodateien und Schriftwerken.
Auch Comics zeigten Kriegshelden, welche den Weissagungen der Kriegssänger folgten und nach erfolgreichem Handeln der neuen folgenden Genesis dienten, ja dort sogar Schlüsselrollen zugeteilt bekamen!
Wenn die Parmosenkinder von klein an in dieser Art erzogen wurden, war das spätere Handeln schon eingraviert.

Auf Surtia war es einer Gruppe von chinesischen Technikern gelungen, ein weitgehend intaktes Flugzeug der Parmosen wieder in Gang zu setzen.
Unter anderem wurden auf Sabara Schienenverkehrsfahrzeuge untersucht. Es gab keinen übermäßigen Ausbau von Schienennetzen, da dies auch wegen der vielen und kleineren Kontinente nicht als übermäßig sinnvoll erschien.

„Max, ich bitte darum, mit einem Gleiter nach Harlam in die Stadtbibliothek zurückkehren zu dürfen. Ich möchte die Aufnahmen der Oper über die Kriegssänger suchen. Wie du weißt, kann ich bereits etwas von dieser Sprache direkt verstehen und lesen und werde unter diesen Voraussetzungen sicher schneller fündig."
Tamiles sprühte in den letzten Tagen nur so von Energie, sie hatte auch grundsätzlich viel dazu beigetragen, dass Josef Zelzer und sein Team die Schrift und Sprache doch relativ schnell entschlüsseln konnten.

„Die üblichen Vorsichtsmaßnahmen darfst du aber nicht außer acht lassen, verstanden?"
„Aber ja doch. Schutzanzug mit Warnvorrichtungen und so weiter."
„Richtig so!" Mittlerweile waren die Kleincomputer in den Schutzanzügen auf die möglichen Gefahren hin programmiert worden und konnten selbsttätig warnen und gegebenenfalls sogar verteidigen.
Tamiles startete sofort und ich überlegte, ob ich nicht von Terra noch mehr Leute anfordern sollte, denn diese Mission war schon dermaßen in die Breite gegangen, dass hier auf der Ebene kaum mehr was los war. Zwar sollten alle Missionsteilnehmer einmal pro Terrawoche wieder hier erscheinen, auch wenn es Funkverbindungen über ausgegebene Satelliten gab, doch verzögerten sich diese Abmachungen, da bestimmte Untersuchungen nicht unterbrochen werden wollten.

Ich las die Zwischenberichte, welche immer wieder per Sprachzeichnung geschrieben wurde, zuletzt war Silvana am Sprachzeichner.
Tamiles kam nach einigen Stunden zurück und berichtete, dass sie glaubte, einige Aufzeichnungen der Oper und vor allem auch die letzte gefunden zu haben. Der digitale Zeitschlüssel war auf das Jahr 13946 gesetzt.

Anschließend sah ich zum Fenster des Containers hinaus und bemerkte, wie sich die Pflanzenwelt scheinbar langsam erholen konnte. Wieder waren es die Moose, die die Böden als erste eroberten, aber es folgten schon Farne.
Ich überlegte, ob es nicht besser sei, brasilianische, genkorrigierte Urwaldpflanzen anzufordern, denn bis sich die parmosische Pflanzenwelt von selbst erholen würde, dass könnte noch lange dauern. Da kam uns ein Zufall zur Hilfe!
Der Pflanzenbiologe Robert Hmkala, ein Ghanese, fand bei einer Inspektionsfahrt auf Aladeia, dem nördlichsten Kontinent ein riesiges Pflanzensamendepot in einem Tiefbunker. Alle Pflanzensamen waren in aluminierte Plastiksäckchen eingeschweißt und unter besten und niedrigen Temperaturen dort erhalten geblieben.

Damit wurde am 20.05.2095 eine Suche nach weiteren Depots dieser Art gestartet. Dem Vorbild von Aladeia entsprechend konnte sich das Neutro Ailikrii mit der EINSTEIN bewähren, es fand weitere Depots per Dopplerradar. Zum Glück waren alle Depots dieser Art irgendwie wieder ähnlich, was das Auffinden erleichterte.
Die Pflanzensamen wurden angesetzt, geklont und ausgesät. Für die Orte der Aussaat sollte sich auch Robert Hmkala verantwortlich zeigen und dies koordinieren. Er wollte anhand alter Bilder die Orte der Saaten in etwa

bestimmen. Übersetzungen von Büchern über die Flora dieser Welt halfen bedingt weiter.
Am 21.05.2095 wurde nun der Tag der Apokalypse genau bestimmt.
Das Jahr 13946 sollte das letzte des parmosischen Volkes gewesen sein, wenn nicht allen Wahrscheinlichkeiten zum Trotz doch noch ein paar auf irgendwelche Weise überlebt haben. Die Wahrscheinlichkeit war natürlich sehr gering und wurde immer geringer, mit jedem Tag, den wir auf dieser Welt zubrachten und hier suchten und forschten.
Unsere Wandersatelliten schickten nun unaufhörlich Streams von den damaligen Radiosendungen.
Der XRADIOSCAN 3-Satellit war in seiner Strecke in Richtung Parmos `zurückgefahren´ und hat den letzten Tag von Radiosendungen gefunden.
Das lockte wieder viele Techniker zu unserem Container und meine Frau Gabriella koordinierte dieses Ereignis. Auch Josef Zelzer wurde davon angelockt, wenn man diesen Ausdruck für einen Forscher verwenden darf.
Das war natürlich auch eine Sache für Tamiles, welche von Josef gerufen wurde und zwischenzeitlich ihre Kulturübersetzung der Oper des Absolutum, der letzten Aufführung in der Opernhalle von Harlam aufgenommen hatte. Sie hatte es sich zu Aufgabe gemacht, diese Oper auch hinsichtlich der Verständlichkeit soweit zu übersetzen oder sinnvolle Ergänzungen vorzunehmen, oder auch die Wortwahl so vorzunehmen, dass sich Reime in der Übersetzung nach Möglichkeit anglichen, solange es dem inhaltlichen Sinn nicht widersprach. Dafür war wohl bis heute kein Computer oder Transputer in der Lage.

Die nun folgenden Nachrichten wurden teilweise von einem programmierten Translator automatisch übersetzt und von Josef, sowie Tamiles gegebenenfalls sinnvoll ergänzt:
Gabriella erklärte:
„Der XRADIOSCAN 3 befand sich nun genau 252 Lichtjahre, vier Lichtmonate und dreizehn Lichttage von uns entfernt, als er diese Sendungen auf einem Radioband im Bereich von zweiundachtzig Megahertz aufzeichnete und uns nun über einen Tachkomstream zukommen ließ. Damit steht nun auch der Zeitpunkt der Apokalypse von Parmos fest und auch die Einschätzung von den Chorck, was diesen Zeitpunkt betrifft, war vollkommen richtig. Nicht nur dies, auch das Auffinden dieser Sendung können wir Chandor Valchaz es Sueb und Saltud verdanken. Beide hatten sich rar gemacht und in dieser Zeit die Suchsteuerungen der XRADIOSCAN-Satelliten übernommen. Nicht zuletzt damit sie auch ihre empfindlichen Symbionten nicht zu lange einer Reststrahlung aussetzen mussten.

Alle warteten noch etwas, bis die aufgezeichnete und gefilterte Übertragung ablaufen sollte, aber es dauerte. Josef Zelzer hatte Chandor Valchaz Bescheid gegeben, er sollte doch diesem Ereignis beiwohnen.
Als der für uns riesige Chandor Valchaz und der nur minimal kleinere Saltud diesen Anbau des Koordinationscontainers betraten, sahen die Forscher und Wissenschaftler nur noch kurz auf, lächelten grüßend und konzentrierten sich wieder aufg die Dinge die da kommen sollten. Die beiden Chorck waren bereits dermaßen integriert, dass sie gar kein so großes Aufsehen mehr verursachten. Außerdem hatten die intelligenteren Menschen ohnehin keinen Drang zur Differenzierung.
Das bedeutete für mich natürlich auch, dass sich die Menschheit auf dem richtigen Weg befand.
Trotz des relativ gesehen frühen Zugriffs zu den Sternen!

„Hallo Valchaz, hallo Saltud!" Meine Frau begrüßte die beiden Chorck extra, um herauszustellen, dass es den eben diesen Beiden gelungen war, diese Radiosendungen hörbar aufzubereiten und sich damit wieder einmal dem CET, der Menschheit und seinen Kolonien und auch den Oichoschen verdient gemacht hatten.
„Hallo alle zusammen, besonders unserer Chefkoordinatorin Gabriella Goldhaar." Valchaz lachte auf typisch chorckscher Art und zeigte seine Gebissleisten. Er hatte es gelernt, humorvollen Zynismus in seine Sätze zu integrieren, wie er dies mit der Bezeichnung des Oichoschen Norsch für Gabriella unter Beweis stellen wollte. Norsch hatte meine blonde Gabriella anfangs immer nur Goldhaar genannt.
Saltud ergänzte:
„Wir haben hier eine Nachrichtensendung von Humola ausgefiltert, welche uns am informativsten erschien. Doch sind auch noch viele andere Sendungen aufgezeichnet worden, viele von Barrica, von der Pharogras-Gruppe, und noch ein paar eindringliche von Keff. Aoa hatte die Genesispriester mit Fluchsendungen aus dem Aurenreich oder Farbenreich verbannt, Ähnliches auch von den Tuskaminseln und den kleineren Kontinenten.
Es gab eine große Koalition der Atheisten! Diese hatten sich mehr der Zukunft und der Technik verschrieben, doch dazu kommen wir später.

Also hier erst einmal die wahrscheinlich gehaltvollste Sendung von Harlam. Wir wissen mittlerweile, dass diese Sendung von dem Mann verfasst wurde, den wir `Letterman´ nannten und der innerhalb seines Bleiglaskubus seiner letzten Sekunde entgegensah und es nicht unterließ, seine letzten Wahrnehmungen auch detailliert zu schildern. Man bemerke seinen überaus

schwarzen Humor zur Sache! Herr Dr. Günter Seidl hatte diesen Parmosen bereits genauestens untersucht. Im Übrigen hieß der Radiosprecher Lethar vom kleinen Bergkamm. Der Kosename Letterman passt nun fast genau!"
Gabriella schmunzelte.
„Valchaz und Saltud. Letterman ist keine Abkürzung. Vor über hundert Terrajahren gab es einen überaus berühmten Fernsehtalkmaster, welcher Letterman hieß. Diese Talkshows wurden später noch zu Lehrzwecken ausgestrahlt und sogar noch kopiert. Danach wurden solche Sendungen oft nach diesem Moderator benannt."
„Gut", meinte Valchaz, „so was in diesen feinen Details konnten wir natürlich nicht wissen. Uns hatte es schon gewundert, wie ihr zu dieser Abkürzung gekommen ward. Nun ist aber auch das geklärt. Wenn nun alle fertig sind, dann starte ich den Ausschnitt, aber macht euch auf einige Stunden prickelnder Berichtserstattung gefasst, ja? Außerdem laufen nun dauernd die Streams ein. Wir werden öfters etwas vorzuführen haben. Alles wird aufgezeichnet. Los geht's!"

Die Stimme aus der Vergangenheit wurde vom Tonfall her in die Übersetzung miteinbezogen. Lethar vom kleinen Bergkamm, der Moderator aus Harlam, welcher sich in einen Bleiglaskubus eingeschlossen hatte, trat somit vor über 252 Jahren seinen letzten Arbeitstag an:

„Einen wunderschönen guten Morgen, liebe Zuhörerinnen und Zuhörer, es ist Punkt drei Uhr und ich habe für diesen ereignisreichen Tag meinen Dienst früher als sonst angetreten. Ich habe zwei Sonnenaufgänge zu vermelden. Einen natürlichen, von dem ich die Sonnenstrahlen bereits erkennen kann und einen künstlichen, welchen ich auf einem der Monitore verfolge. Damit können nun einige Weiker und Keffen meine Sendung nicht mehr verfolgen oder sie müssen dies von der Farbsphäre aus tun.
Ihr wisst, ich bin nun bereits seit über einer Woche (Dezimalwoche) hier in meinem Bleiglaskubus tätig und hoffe immer noch, dass ich diesen nicht zu dem Zweck brauchen werde, zu dem ich ihn bestellt hatte.
Heute bekenne ich mich einmal öffentlich zu meiner These der Irregularitäten bezüglich unserer Religionen. Ich war tief von der neuen Genesis überzeugt und habe mich informiert, ich hatte mich aber selbst informiert und kann mich nun nicht mehr damit identifizieren. Ich wünsche mir einen Glauben, einen festen Glauben um mich halten zu können, aber die Traurigkeit in meiner Seele zerreißt mir jegliche Bindung dazu.
Ich beneide euch Atheisten für eure Neutralität, was sicher nicht jeder Parmose fertig bringen kann. Heute habe ich mir eine hohe Dosis Hormonkiller erlaubt und kann in meinem Glaubenszentrum keinen

dermaßen festen Glauben mehr erkennen, dass ich noch mit Freude darauf warten könnte, wie mich eure strahlenden Waffen und Nadeln, Granaten und Bomben, Gewehre und Automatiklader ins neue Genesis befördern.

Ihr Kriegsherren habt den heutigen Tag zum Tag der Reinigung ernannt? Ihr habt den heutigen Tag zum Stichtag des neuen heiligen Krieges erklärt? Ihr Kriegsdiener habt den Kriegsherren die Treue bis ins Totenlager geschworen?
Dafür bekommt ihr erst einmal Musik! Musik vom Tal von Barrica, eine Live-Aufzeichnung des Nonabsolutum mit dem unsterblichen Sänger Alhas zu Melhaim und dem berühmten Steinorgelspieler Merone von Bralha."

Die bereits bekannten Musikstücke mit der wirklich überragenden Stimme Alhas ertönten. Auch der Text dieser Musik war übersetzt und von einem Synthesizer wie original klingend rekonstruiert.
Alhas zu Melhaim schaffte es, in seinem Gesang neun Oktaven zu umfassen. Eine zweite Singstimme mischte sich hinzu. Eine definitiv weibliche Stimme! Rotota zu Gemerschon wie wir ebenfalls mittlerweile wussten. Dieses Stück nannte sich `Sonnenaufgang´. Sehr treffend gewählt!

Nach acht Minuten meldete sich Lethar vom kleinen Bergkamm wieder:

„Hört ihr, ihr Kriegsherren und Kriegdiener? Ich spielte den Sonnenaufgang für euch, vielleicht könnt ihr damit auch eure künstlichen Sonnenaufgänge unterlassen. Lasst die Finger weg von den Knöpfen, rettet diese Seite des Lebens, die andere Seite kann getrost warten. Ihr werde noch früh genug erfahren, was euch jenseits der Dunkelheit erwartet. Schon lange fliegen keine Flügelwölfe mehr, schon lange fliegen keine Karaliten mehr, auch die Chitinbehäuteten vermehren sich nicht weiter. Das habt ihr mit euren Strahlungsmaschinen bereits geschafft! Die Bäume verlieren Laub im Sommer und die Rinden fallen ab. Unsere Nahrung ist fast nur noch synthetisch und die Luft trägt weniger Atemoxygene. Doch wenn ihr es heute, am Tag der Reinigung schafft, die Finger von den Knöpfen zu lassen, dann hat auch Parmos wieder eine Chance. Wir können unsere Welt zu einer neuen Blüte führen, wir können es. Ich weiß das.

Nun spiele ich euch Kriegsherren noch ein Liedchen. Ihr wollt doch immer von den namenlosen Kriegssängern hören, von den Heiligen der Kriege, hier habe ich eine spezielle Version."

Eine Stimme begann zu singen:

„Lass das schnellste fliegende Feuer zuerst frei und der Erste sollte das schnellste fliegende Feuer haben, so werden vielleicht auch die Richtigen an den Köpfen getroffen und die letzten Parmosen können Parmos in Rettung halten!"
Ein Chor: „Feuer, Eisen, Hitze, Rauch – zum Kochen gut, zum Töten leider auch!"
Ein zweiter anderer Sänger:
„Fragen mit großer Dummheit fordern Antworten mit möglichst größerer Dummheit. Kleine Dummköpfe erzeugen Wärme, größere Dummköpfe machen Hitze und der größte Dummkopf reißt viele Seelen mit einem Schalter ins Nichts. Ein Kriegskopf ist das ultimative Vakuum, wie die schwarzen Löcher zeigen."
Ein Chor: „Feuer, Eisen, Hitze, Rauch – für Fortschritt und Technik reicht es dann auch!"
Eine dritte Stimme:
„Die Dummen fragen nicht und die Antworten lassen trotzdem nicht auf sich warten. Die Nacht soll weichen, nur für was? Die Wolken sollen sich mit Dummheit mischen und sich unsinnigen Fragen stellen. Glück dem, der sich zur Mission entschieden hat, auch wenn die Zukunft ungewiss ist. Doch besser eine ungewisse Zukunft, als ein gewisser Tod unter engstirnigen Kriegsdienern."
Der Chor: „Feuer, Eisen, Hitze, Rauch – lasst die Finger von den Knöpfen, hört doch einfach auf!"
Eine vierte Stimme:
„Muss es denn in Kürze sein, was das All in Langem macht. Raffgier, Neid und Hass hat noch keinem Glauben gebracht. Der Tod kann Frieden sein, das intelligente Leben aber umso mehr. Ich kann nur mit dem Leiden ringen, welche mir die Erkenntnis über eure Dummheit verschafft. Auch ich will leben aber nie mehr von den dummen Kriegen singen . . ."

Gabriella sah mich an, dann sah sie zu den Chorck.
Valchaz meinte: „Sicher, aus den Versformen der Parmosen lässt sich nicht unbedingt ein neuer Vers in den terranischen Sprachen bilden; wir haben das Beste daraus gemacht was in der Kürze der Zeit möglich war. Am Wichtigsten ist jedoch, dass wir den Inhalt der jeweiligen Texte vom Philosophischen her erkennen können. Doch es kommt noch besser! Achtet besonders auf die Aussagen von Lethar! Er fühlt sich immer mehr in Bedrängnis. Es geht weiter . . ."

Lethar war wieder an seinem Mikrofon:

„... wichtig, euch eine Parodie zu spielen, auch wenn diese nicht unbedingt auf der erlaubten Liste steht. Doch heute ist es egal. Wenn Parmos diesen Tag übersteht, so werden bald die Köpfe der Dummen rollen, die Köpfe der Knöpfchendrücker, wie ich nun wieder feststellen darf oder muss.
Ein weiterer Sonnenaufgang über Sochora! Der vielfache Morgen kommt weiter heran und ebenfalls reist soeben ein Sonnenaufgang in Richtung Tamoa ab! Auch ihr Tamoasen dürft einen Einblick erhaschen, wie es eure Priester der radikalen Genesiselite auf der anderen Seite geht. Geht dorthin und kommt ja nicht wieder zurück, wenn ihr auch auf euere weiteren Knöpfchen drückt! Ah, liebe Zuhörerinnen und Zuhörer! Ich sehe gerade auf der Satellitensimulation, dass die Tamoasen die erste stille Todesrakete abgefeuert haben. Damit sinken die Chancen für unsere Welt weiter.
Ich gratuliere den Kriegsherren, mit welchem Eifer man doch Unheil anrichten kann. Hättet ihr in dieser Perfektion dem Leben gedient, ihr hättet weniger Orden, ihr hättet weniger Hass ausspielen können, aber ihr hättet vielleicht ein Häuschen im Grünen an einem See und könntet mit euren vielen Kindern baden oder im Stillen eurer Genesis oder den Auren huldigen können. Aber nein! Ist diese euer Wollen, ist dies euer Wille des jetzigen Seins, über das Leben von intelligenten Wesen zu entscheiden? Mach euch dies glücklich? Ich kann nur ... „

Die Sendung wurde unterbrochen!
Valchaz wies uns darauf hin, dass es aber gleich weitergehen sollte.

„Ah! Hättet ihr wohl gerne? Mir einfach die Energiezufuhr abzunehmen! Ich hatte es geahnt! Meine Sendestation wir nun autark per Leistungsgenerator versorgt.
Liebe Zuhörerinnen und Zuhörer. Die ersten stillen Todesraketen wurden gestartet. Immer mehr und mehr! Ich bleibe bis zur letzten Sekunde meines Lebens auf Sendung, ich möchte den Wahnsinn mit meinen Worten begleiten. Ich habe drei Rückkanäle geschaltet. Ihr könnt auch versuchen mich über das Telekommunikationsnetz zu erreichen: Die Nummer ist 000 für Harlam, dann A7714F für meine Sendestation. Hört! Wenn eure Kommunikatoren noch laufen, ruft an, denn die nächste Rechnung braucht ihr sicher nicht mehr begleichen!"

Eine Zuhörerin meldete sich:
„Lethar, Herr der Wellen, erzürne dich nicht über den Willen der Genesispriester und der Neu-Genesen. Wenn deine Stunde kommt, dann

solltest du unserem Reich fern bleiben müssen. Nimm dein Schicksal wie es nun kommen sollte."
„Wie heißt du, meine Königin?"
„Ich bin Helame zu Frelemen und ich rate dir . . ."
„Von wo rufst du denn an?"
„Ich bin bereits in der Unterstrasse und warte mit meinen vierzehn Kindern auf den Tag der aufgehenden Türe, um an der neuen Genesis teilzunehmen! Der Glauben macht mich stark!"
„Genau das wünsche ich dir! Ich wünsche dir aber auch viel Geduld und hoffe, dass du ausreichend Konzentratnahrung eingepackt hast. Wenn der erste EMP-Schlag kommt, wirst du wohl keinen Nahrungsautomaten mehr nutzen können."

„Hüte deine Sprachorgane Lethar! Wir werden uns wieder sehen. Der Tag der Reinheit geht in den Tag der Entscheidung . . ."

Die Stimme brach ab und ein Krach wie konzentriertes Donnergrollen kam aus den Lautsprechern. Dann war die Sendeenergie abgefallen.
Nach ein paar Minuten war Lethar wieder zu hören:

„Bei allen Dimensionen der kleinen und der großen Teilchen, der erste EMP-Schlag hatte Humola heimgesucht! Ich sehe aus meinem Fenster und erkenne, wie sich die Fahrzeuge automatisch in die Außenspur einreihen, um den Raketenschlitten Platz zu machen. Meine Sendeanlage ließ sich dennoch wieder aktivieren. Liebe Zuhörerinnen und liebe Zuhörer! Ich sagte schon: ich bleibe also bis zur letzten Sekunde meines Lebens auf Sendung. Ich habe drei Rückkanäle geschaltet, der oberste Kontrollkanal Serpem, (Anmerkung des Rechners: 40,220 MHz) der unterste nicht benutzte Radiofeed Vorpem (Anmerkung des Rechners: 78,430 MHz) und der Stützkanal vor den Videostreams, welche aber ohnehin nicht mehr laufen, also Konpem. (Anmerkung des Rechners: 441,780 MHz) Die Rufnummer nach wie vor: 000 für Humola. Dann A7714F für meine Sendestation, falls eure Kommunikatoren noch durchschalten. Ah ein Rückkanal? Das ist schön, ich schalte auf Duplex, einen Moment, mit wem spreche ich?"
„Admiral Norgal zu Sermbergen. Lethar! Ich spreche von der Pherostation! Ich nutze den Notlink über den Pherosatelliten und den Downlink vom Parmosorbitaler 61 um Parmos. Wie du weißt, besteht die Mondstationsbesatzung nur noch aus Atheisten. Wir hatten lange genug davor gewarnt, doch nun kann es wirklich zu spät sein. Müssen Glaubensunterschiede wirklich mit Waffen ausgeglichen werden? Du weißt

von den Hormonkillern, die wir Atheisten entwickelt hatten? Ich glaubte, du hattest etwas von einer Nutzung erwähnt?"

„Admiral Norgal! Welche Ehre in den letzten Minuten oder Stunden meines Lebens. Liebe Zuhörerinnen und liebe Zuhörer, es ist in unserer aller Ehre, noch eine Live-Verbindung von der Mondstation Pheromolon zu erhalten. Wie stellst du dir das Überleben dort vor, Admiral?"
„Lethar! Es wird auch kein Überleben auf der Mondstation geben. Die Versorgungstriplone wurden bereits gestern eingestellt, der Mondorbiter stürzt langsam aber sicher ab. Wir werden sicher noch ein paar Wochen aushalten können, dann ist es aber auch um Phero geschehen. Ich kann leider keinen Videostream mehr durchschalten, aber ich kann dir verraten, dass ich die stillen Todesraketen auf meinen Monitoren verfolge. Alle Kontinente feuern nun mit Allem was sie in den letzten tausend Jahren an Waffen zusammengeschweißt haben. Ich gratuliere dir zu deinem Entschluss, Hormonkiller anzuwenden, wenn es dir sicher auch nichts mehr nützen wird."
„Admiral! Glaubst du an außerparmosisches Leben?"
„Unbedingt! Auch wenn solches nicht in unmittelbarer Entfernung vermutet werden kann. Vielleicht bedeutet die Mission noch einen Schimmer an Hoffnung, wie du weißt. Doch die Mission wird erst in ein paar Jahren vom Schicksal von Parmos hören."
„Gerne wäre ich ein Mitglied der Mission."
„Ich unter diesen Umständen auch! Admiral! Wir lassen den Kanal offen geschaltet, es kommt doch tatsächlich noch ein Anruf!"

„Hier Leutnant Heker von der Talkante. Ich befehlige die Truppen von Südhumola. Ich befehle dir, Lethos, mit sofortiger Wirkung den Sendebetrieb einzustellen!"
„Warum?"
„Weil sich das Volk mit höchster Glaubenskonzentration auf den Dimensionswechsel vorzubereiten hat! Ich bin mir sicher, heute ist der Tag der Reinigung und des Sieges der Neu-Genesen, ich fordere dich also ..."

„So einfach wird die Sache, wenn man einen Schalter hat. Was ich früher sicher nicht getan hätte, habe ich heute vollbracht! Hahaha! Ich habe einem Leutnant das Wort genommen. Nun habe ich auch noch seine Nummer blockiert. So Leutnant! Ich habe noch ein Liedchen für dich! Es nennt sich: `Dummheit auf der Schnellspur´, gehört übrigens zu den zensierten Stücken des Dramatikers Seralon zur Geistesschmelze, ein Künstlername! Was die

Zensur angeht, so ist mir das heute und mit sofortiger Wirkung absolut egal."

Es ertönte Schnulzenmusik, welche sich mit terranischen Äquivalenten durchaus hätte messen können. Der Text indes war gegen die Neu-Genesen und sogar gegen die Neu-Auren und die Aurenheiligen gerichtet:

> „Wer will mit dem Hammer Glauben schaffen, wer will mit Waffen missionieren? Wer hat religiöse Gesetze erlassen, wer will diese zu befolgen wissen?
> Welche Hände haben Bücher geschrieben, welche sie verbessert?
> Welche Kraft liegt in den Worten, welche Kraft gehört der Lüge?
> Doch nur die, die Glauben mit der Klinge weisen, stoßen sich am Rechten.
>
> Hat der Irrsinn seine Wirte erst einmal gefunden, krallt er sich in deren Geiste, bis sie nur noch ihm Gefolgschaft leisten.
>
> Parmos hieß es, eine schöne Welt, bis die ersten Gifte die Tiere zur Genesis brachten. Willst du Priester, nun den Tieren folgen, einem Pfad der Exkremente,
> so stapfe wohl voran und schließe die Pforten hinter deiner erbärmlichen Erscheinung, dass ich dich nie wieder sehen kann.
> Weder hier auf Parmos noch in denen Sphären.
> Auch ihr Heiligen, wie ihr der scheinbaren Auren entsprungen, auch ihr könnt Türen schließen und eure eigenen Gnaden genießen. Erspart mir doch die Gnade, erspart mir doch die Sphäre, erspart mir doch eure Worte, eure Strophen, eure Psalme, euren Atem, eure Gesellschaft.
>
> Haben eure Heiligen jemals zu euch gesprochen, gebt mir den Beweis und ich werde meine Worte wieder einholen, schlucken, sie im Halsknick sperren, bis sich meine Gedanken an den euren gleichen.
>
> Ein Priester der Genesis, ja das ist ein Mann, seine Predigt ist die gleiche, wie von den Irren in der Nervenkammer (Hinweis der Übersetzerspur: Nervenheilanstalt) nebenan.
> Ein Priester von den Auren, auch das ist vielleicht ein Mann, seine Predigt hört sich dennoch schlimmer als von den Genesen an.

Ich warte, bis sich eure Pforten öffnen, und sehe ich den Schein, husche ich ganz schnell empor und folge eurem Sein.
Bleiben euch die Pforten doch verschlossen, kehre ich auf Fers ganz unverdrossen, genieße meine Freiheit, bis ein Irrer mit seiner Klinge mir den Glauben bringt, für den ich sterben werde.
Doch von euch Auren und Genesen, war es dann sicher keiner gewesen."

Valchaz unterbrach schnell und erklärte: „Hier waren die Verse nur minimal zu synchronisieren, darum hatte ich die Musik selbst eher ausgefiltert und im Hintergrund laufen lassen. Doch nun meldet sich der Leutnant noch mal, also aufpassen:

In der Aufnahme wurde ein Kommunikationssignal abgespielt und Lethar, der Moderator schaltete den Zugriff:

„Noch ein Anruf in den schweren Zeiten, in der Zeit, in der der Faden von Parmos immer dünner wird. Ich freue mich, mein Freund und noch Lebender. Mit wem spreche ich in den letzten Stunden oder Minuten unserer Welt?"
„Hier noch mal Leutnant Heker von der Talkante, Lethar, ich beschwöre dich, Maße dir nicht zuviel an, wir werden uns treffen, wir werden uns wieder sehen und dann werde ich dich zur Rechenschaft ziehen. Spiele standesgemäße Musik, welche für einen großen Tag wie heute angebracht ist. Wenn die Genesen nicht überleben werden, sollen die Auren und die Atheisten auch nicht überleben. Wir wechseln nur die Dimension und dann wird es den heiligen Krieg geben, der die Geister wäscht, du Ungläubiger, Hormonkiller schluckender Schnabelbohrer!"

„Jups, Krarararar."
Valchaz erklärte erneut: „Dies ist ein Lachen von Parmosen, wenn sie dabei die Hälse hüpfen lassen, ein Zeichen der vollkommenen Gleichgültigkeit."
„Aha!" Machte Gabriella, doch schon ging es weiter:
„Lieber Heker vor dem Abgrund, so könnte ich doch deinen Generationsnamen interpretieren, also lieber Heker. Sieh zu, wie lange du noch leben kannst. Ich werde hier in meinem Bleiglaskubus wohl noch ein paar Minuten länger haben, als du auf dem Boden. Ich erkenne gerade eine Nadlerrakete im Anflug. Pass lieber auf, dass dich nichts sticht! Hast du dir einen anderen Kommunikator besorgt mein Lieber? Ich hatte doch deinen Alten bereits gesperrt!"

„Dich werden doch die schwarzen Löcher und die kosmischen Staubschleier holen, mein lieber, unbelehrbarer Lethar. Ich selbst vergebe dir. Für mich ist heute der größte Tag der Geschichte von Parmos, ich gehe in die Ewigkeit als Held und du? Du gehst ein als Feigling, als Dummkopf und als Blasphemist. Du wirst eine Ewigkeit im kalten Gussmantel verbringen müssen, bis du deine Sünden bereut haben wirst. Ahhrg! Ah! Ich habe – mich hat es – Nadeln! Ah . . ."

Man hörte nur noch den Kommunikator Hekers fallen, dann schaltete Lethar die Verbindung ab.
„Wieder wurde ein Dimensionswechsel erfolgreich durchgeführt! Ich wünsche dir Heker die Erfüllung und die Vollendung deiner weltlichen Träume – und bleibe mir fern damit.
Admiral! Bist du noch auf dem Duplexband?"

„Aber ja, Lethar. Ich bleibe ebenfalls so lange auf Sendung wie ich kann, denn der letzte Versorgungscontainer, der zu Phero kommen sollte, wurde von der radikalen Genesiselite, welche sich auch noch über die normalen Neu-Genesen erheben, sie fühlen sich als die geborenen Legislativen, als die Führer; nun führen sie auch noch die Mondstation in den sicheren Tod. Obwohl, damit verkürzen sie unser Leben nur noch um vielleicht einen Monat oder eineinhalb bestenfalls. Ich, lieber Kollege der letzten Stunden der Parmosen, ich werde mir einen Traum wahr machen, wenn es denn soweit ist und hier der letzte Flaschenatem die Ventile verlässt."
„Du erfüllst dir noch einen Traum? Was für einen Traum kann man sich denn auf Phero erfüllen?"
„Ich werde ohne Schutzanzug die Mannschleuse mit gestrecktem Hals verlassen und so lange ich dies aushalte, bevor mein Blut zu kochen beginnt, werde ich auf Phero mit dem feinen Sand spielen, mich hinlegen und mit gestrecktem Hals dafür danken, dass ich mein Leben lang ein friedliebender Atheist war, der zwar alles versuchte, um Frieden zu stimmen, aber was soll denn eine Kerze gegen einen Eimer Wasser ausrichten?"
„Hast du noch einen bestimmten musikalischen Wunsch, mein Freund von Phero? Heute kann ich dir in dieser Richtung noch entgegen kommen, morgen ist diese Wahrscheinlichkeit nicht mehr so hoch."
„Oh, gerne, Lethar. Ich möchte die Friedenstrommler hören. Ein Ausschnitt vom Konzert des Nonabsolutum auf Tuskilla, der Hauptinsel der Tuskaminseln, das wäre schön."

„Dein Wunsch ist mir ein Vergnügen, Admiral Norgal, auch ich finde diesen melodischen Trommlercanon hervorragend. In diesem Rhythmus können heute die bis in die Irre Gläubigen ihre Raketen zünden!"

Ein Musikstück besonderer Art begann. Zuerst ein paar Trommelschläge, leise und in gleichem Rhythmus, bis sich dann mit steigender Geschwindigkeit ein Zweierschlag einschlich. Dann ein doppelter Zweierschlag, aber kein Viererschlag. Erst nach ein paar Sekunden wechselte der Rhythmus zu einem reinen Viererschlag und andere, leisere Trommeln zogen nach und wurden lauter bis die erste Gruppe in der Geschwindigkeit zunahm und in einen Achterrhythmus überging. Wir konnten diesem Orchester ein gigantisches Geschick bescheinigen und waren umso überraschter, als es auch noch gelang von einem Sechzehner- bis zu einem Vierundsechzigerrhythmus zu wechseln. Das war schlichtweg unglaublich, weil sogar die Großtrommeln noch so schnell und in dieser Folge exakt geschlagen wurden.

Der heute absolut stille Georg, mein Freund und Studienkollege raffte sich nun auf um einen sehr interessanten Kommentar abzugeben.
„Rein mathematische Musik!"
„Wie bitte? Wie meinst du? Ach ja, jetzt fällt es mir auch auf!"
„Genau! Die Chaostheorie! Vom Einzeltakt zum Doppeltakt, dann erneut die Verdopplung bis zum Vierundsechziger, von da an verbreitet sich das Chaos mit zunehmenden Unwahrscheinlichkeiten. Wie bei den Versuchen mit dem Doppelpendel, erinnerst du dich?"
„Ich erinnere mich. Nach dem vierundsechzigsten Pendelhoch kann die Gravitation eines Flohs in dreißig Metern Entfernung das Pendel sowohl nach links oder nach rechts zum Fallen bringen."
„Damit ist diese Musik für Intellektuelle komponiert worden, ob dies nun von den Aurenheiligen und den Genesispriestern richtig interpretiert wurde, dürfte aber irrelevant sein, denn . . ."
Gabriella sinnierte ergänzend: „ . . . denn Gläubige oder besonders Glaubensmissionare interpretieren alles immer aus eigener Einbildung oder wie sie eben ihre eigenen Lücken zu füllen imstande sind."
„Eine traurige Erfahrung, die immer noch trauriger macht, wenn man dieses Geschehen hier so intensiv mitverfolgen kann, wie es uns nun möglich wurde."
Auch ich war schwer betroffen, wenn ich mir vor Augen führte, dass alles was wir nun miterlebten, auch einmal exakt so geschehen war.

Diese Trommlersession des Nonabsolutum hatte den Höhepunkt überschritten und wurde wieder langsamer, dennoch nicht geordnet langsamer, sondern es waren falsche Trommelschläge eingebaut, etwas Unregelmäßigkeiten, die in sich aber wieder regelmäßig wirkten. Eine Art Überlagerung oder noch besser ausgedrückt: Gewollte Interferenzen. Damit drückten diese parmosischen Künstler aus, wenn das Chaos erst einmal etwas, ein Land oder ein System, oder noch schlimmer, die Ordnung des Geistes heimgesucht hatte, es sich nicht mehr so einfach unter Kontrolle bringen lässt.

„Lethar vom kleinen Bergkamm! Eine der stillen Todesraketen zieht von Derram nach Humola. Ich hoffe, dass dein Bleiglaskubus dich noch lange vor den Neuronen schützen kann!"
„Danke Admiral! Ich danke dir. Ich lasse noch mal eine Aufnahme von Rotota ablaufen, wir können aber diese Rakete gemeinsam verfolgen. Vielleicht bleiben mir doch noch ein paar Stunden. Ich gebe nicht auf auch wenn ich aufgegeben wurde."

„Noch was, mein Freund auf der dem Tod geweihten Welt. Irgendwelche Irren haben die Shuttlestation auf einen Absturzkurs gelenkt! Damit gäbe es auch keine Rückfahrtsmöglichkeit nach Parmos mehr für uns hier. Die Station wird in zwei Stunden und siebzig Minuten auf Phero aufschlagen. Eigentlich sollte unsere Station einmal die Geschicke von Parmos lenken. Soweit war es nun doch nicht gekommen. Wenigstens wurde `die Mission´ realisiert, so dass es noch einen kleinen Hoffnungsschimmer gibt, dass es nach uns noch Parmosen geben kann."
„Was würde dir eine Rückfahrkarte zu einer Welt nützen, die vom Atom angeregt wurde und mit Neutronen überflutet, auf der keine Nahrung mehr gedeiht, auf der fast alle essbaren Tiere ausgestorben sind und die letzten Arten nun ebenfalls den Priestern in deren Reiche folgen sollten. Meinst du, dass sich dann die Priester in den anderen Dimensionen die Bäuche damit voll schlagen?"
„Krararar, wenn, dann können sie sich nur die Bäuche voll schlagen. Bauchlose hatte es noch nie gegeben, diesbezüglich eigentlich nur Hirnlose oder von der Gebetskrankheit Befallene. Das brachte manchmal den Kopf zum Schrumpfen."

„Admiral! Die Rakete ist auf der anderen Stadtseite eingeschlagen. Ich sehe noch eine Rakete anfliegen, was ist denn das für eine?"
„Moment, ich erkenne sie nicht."
„Sie zerteilt sich in großer Höhe?"

„Sicher eine multiple Bunkerfaust."
„Bunkerfaust?"
„Ja, eine Rakete, welche sich in viele Einzelraketen aufteilt und anschließend selbsttätig die Straßenbunker sprengen sollte, damit auch dort keiner mehr sicher sein konnte. Außerdem treten im Anschluss Botulinustoxine aus. Aber keine Angst, die Gifte wirken schnell und dies besonders in den Bunkern."
„Es wird verdammt hell hier! Aber ich höre keinen Knall!"
„Die stillen Todesraketen knallen nicht allzu stark, mein Freund. Aber ich denke, deine Tage sind nun weitgehend gezählt! Wenn es dich innerlich etwas brennt, wenn du müde wirst, ich rate dir, lege dich irgendwo hin und sammle deinen Geist, um wenigstens in deinem Kopf komplett zu bleiben."
„Au – ein Blitz! Ich sehe fast nichts mehr. Gut, dass sich mein Glaskubus selbst etwas abdunkeln kann. Aber ich sehe wie durch Russglas!"
„Deine Sehrezeptoren sind teilweise verbrannt, mein Freund. Aber du wirst deine Augen ohnehin bald nicht mehr brauchen. Bleibe ruhig, spiele noch etwas Musik und wir versuchen, so lange wie möglich beisammen zu bleiben."
„Noch eine Rakete, Norgal! Sie schlug nicht weit von hier ein – eine Druckwelle! Das ganze Gebäude wackelt! Nein! Es stürzt zusammen, das war es dann also, Norgal, ich wünsche dir einen traumhaften Tod, spiele mit dem Sand von Phero und schiebe etwas davon in meine Richtung."

„Wir sind aus Energie geboren, mein Freund und wir werden wieder in die universelle Energie eingehen. Keine Religion der Atheisten, sondern eine logische Gedankenkette. Stirb glücklich und nimm niemanden mit, auf deiner Fahrt ins Positive!"
„Krararar. Noch ist es nicht vorbei, Admiral. Das Gebäude der Sendestation wackelt zwar immer noch, ist aber nur zur Hälfte eingestürzt. Noch eine Explosion! Wieder wackelt alles! Ich hoffe, dass meine Hälfte auch diese Explosion noch mitmacht! Ich sehe wieder etwas besser – ich spiele dir zu Ehren 'Die Armee der Körperlosen' aus der Operette 'Der Dirigent des Totenreiches'."
„Naja, muss denn das noch sein?"

Doch die Musik war bereits angelaufen und der Text stand seinem Titel kaum nach. Dem Stil nach hätte für die Beleuchtung einer Riesenbühne eine Kerze wohl ausgereicht.

„Lethar!"
Trotz der laufenden Musik setzte der Dialog nicht mehr aus.

„Was ist mein Admiralsfreund?"
„Ich messe eine Verschiebung von Parmos an. Die letzten beiden Einschläge an der Gebirgskette hatten sogar das Massiv leicht verschoben und unseren Planeten beschleunigt. Die Fahrbahnen über dem Rentetor-Tal sind im wahrsten Sinne des Wortes pulverisiert worden. Krasserweise hatte es aber eine tektonische Verschiebung bis nach Sochara gegeben, von wo die letzte Rakete kam. Sochartis bricht in sich zusammen, diese Stadt war noch am besten erhalten, aber jetzt – jetzt sehe ich noch einige Raketen, welche in Sochartis einschlagen. Die letzten Zuchtwälder kann ich bereits mit bloßem Auge von Phero aus brennen sehen. Es geht wirklich zu Ende, mein großer Freund."
„In der Tat. Nun sehe ich auch wieder schlechter, aber es macht mir nicht mehr viel aus. Ich weiß nicht warum, aber ich bin in einer seltsamen Hochstimmung. Ich spiele noch die Begleitmusik und weiß, dass meine Funkwellen auch noch dich auf Phero erreichen. Meinst du, dass meine Nachrichten, wenn man diese Sendung noch als Nachrichtensendung bezeichnen kann, noch von anderen gehört werden können?"
„Theoretisch ja. Spätestens könnten die Missionsteilnehmer in sechs bis sieben Jahren deine Signale auffangen, wenn sie die Antennen behutsam einwinkeln."

Silvana unterbrach kurz:
„Von welcher Mission sprechen denn diese Beiden?"
„Wir wissen es noch nicht, werden aber nach dem Ende dieser Sendung darüber diskutieren. Das müssen wir natürlich wissen!"
Ich wollte erst einmal die komplette Sendung hören, bevor wir an das Lüften weiterer Geheimnisse gehen.

„Ich grüße demnach die Missionsteilnehmer der Aktion `Morgenblüte´ und bitte euch, die Fehler von Parmos nicht zu wiederholen, wenn ihr einmal eine Welt finden solltet, die unser Leben weiter tragen könnte. Wenn ihr diese Signale zu empfangen imstande seid, werde ich bereits tot sein und sicher auch Admiral Norgal. Parmos geht seinen Weg, den Weg der Irre und des Wahnsinns in einer ungetrübten Perfektion. Admiral! Mir ist furchtbar übel und es juckt mich bereits innerlich, ein seltsames Gefühl, verdammt noch mal."
„Hast du Schmerzmittel, Halbbetäuber?"
„Ja habe ich. Nur muss ich mich konzentrieren, diese noch zu finden. Meine Augen sehen nur noch zwei transparente Vertikale. Ich kann die Perspektive nicht mehr richtig koordinieren!"
„Auch ich grüße dich, Lethar vom kleinen Bergkamm!"

„Wer grüßt? Ach mir tun die Knochen weh – jeder Schritt ist eine Qual. Sollte das wirklich der gewünschte Übergang zu den glorreichen Dimensionen und zur Schmerzlosigkeit sein? Welche Kranken haben sich denn so etwas ausgedacht? Hier ich habe gefunden was ich brauche! Noch eine Portion Hormonkiller und Codein! Lieber etwas wirr im Kopf als so irr, wie die Prediger aller Dimensionsbereiter. Ach noch mal! Wer grüßte mich noch, ist da noch jemand auf einem Rückkanal?"
„Doktor Heram zu Sinzana, ich bin hier auf Phero der Stationschefarzt und wollte gerade Norgal ablösen. Aber er bleibt bei dir, auch wenn es nur eine Mehrfach-Linkverbindung bis zu deiner Sendezentrale ist. Besser: Wir bleiben bei dir, es kommen mittlerweile noch mehr Leute von der Station, um das Geschehen zu verfolgen. Allerdings sind bereits vier Monitore der Parmosobservation ausgefallen. Also, fast die ganze Stationsbesatzung grüßt dich, Lethar und beglückwünscht dich zu deiner Haltung. Fast alle anderen Sendestationen haben den Betrieb eingestellt. Außerdem hast du anscheinend ohnehin den besten und stärksten Sender, auch von der Frequenzvielfalt und den Abstrahlrichtungen."
„Danke, Doktor – äh – ich muss mich stark konzentrieren, denn mir ist so etwas von übel, ich kann kaum mehr – ah! Doktor! Ich fuhr mir mit der Hand über den Kopf und siehe da! Ich halte nun ein großes Büschel Haare in der Hand. Aber es tat nicht weh. Wie kann das denn sein? Ich bin doch in einem Bleiglaskubus!"
„Auch dein Kubus schützt dich nicht mehr bei so einer heftigen Strahlung. Zuerst die zwei Atombomben, dann die stille Todesrakete mit den harten Neuronen. Wir erkennen weitere stille Raketen, mein Freund. Bald wird es noch schneller gehen. Ach, ganz Parmos wird nun mit den stillen Raketen eingenommen. Die letzten Reserven werden ausgegeben. Ich dachte, nach dem letzten Abrüstungsvertrag vor dem Tod des begnadeten Alhas von Melhaim sollten doch diese Waffen vernichtet werden? Es wurden sicher nur Attrappen vernichtet, um den Televisoren etwas zeigen zu können. Rotto vom Tafelgrün möchte mit dir sprechen."

„Ja! Ja bitte, ich versuche gerade noch etwas rein Instrumentales vom Nonabsolutum zu finden, aber ich sehe fast nichts mehr – ach da – ich hatte es ja schon vorbereitet. Rotto? Rotto, bist du es wirklich? Seit wann bist du auf Phero?"

Schnell musste ich meinen Kommentar abgeben:
Die Mission ist eine Raumfahrt, Leute, die Parmosen haben ein bemanntes Raumschiff auf den Weg gebracht! Nur ist die Frage: Wohin? Das muss

dann aber vor etwa 252 plus sieben, also 259 Jahren gewesen sein! Ob da noch was existiert?"
Valchaz erwiderte sarkastisch: „Zumindest das Schiff selbst, wenn es nicht auf einen Absturzkurs gebracht wurde. Doch nun weiter."
Eine wunderschöne Musik lief an. Fast eine Geigensession mit dem durchdringenden Sound dieser nun bereits bekannten Steinorgel, Kein Orchester der Erde hätte zu diesem absolut schwarzen Tag eine passendere Musik spielen können. Es waren Künstler, diese Parmosen. Mehr Künstler als Techniker, was die lange Mittelalterphase schon erklärte.

Rotto vom Tafelgrün antwortete, nachdem die ersten Takte der Musik abgespielt waren. „Ja mein Freund Lethar, ich bin es. Wir haben uns ja schon fast achtzig Jahre nicht mehr gesehen. (Anmerkung der Übersetzungsspur: Rund dreiundvierzig Terrajahre.) Wie kommst du nach Phero?"
„Ich hatte den Tachyonenwettbewerb gewonnen! Ich hatte den ersten Platinengenerator gebaut, der mehr Energie abgab als er aufnehmen musste. Um dies in passender Umgebung in einen Großtest zu fassen, erhielt ich das Wissenschaftskommando für solche Experimente auf Phero."
„Und?"
„Mit 2000 Quadratkellen (Anmerkung der Übersetzerspur: 3840 Quadratmeter) könnten wir die Pherostation voll mit Energie versorgen."
„Schafft ihr das noch?"
„Sicher nicht mehr, warum auch. Lethar! Ich sehe gerade die letzten EMP-Explosionen in der Atmosphäre rund um Parmos. Jetzt wird aber gründlich aufgeräumt! Auch die letzten Luftfahrzeuge, welche sich noch halten konnten, verlieren an Höhe und stürzen ab. Sogar die Militärtransporter können sich nicht mehr halten. Ein Transporter des Militärsektors der Aurenheiligen ist ins Trudeln geraten, als er in das EMP-Vakuum einflog. Wenigstens dürfte diese harte Strahlung die Insassen sofort getötet haben, sodass sie den Aufschlag nicht mehr erleben müssen. Welches Glück kann ein schneller Tod sein, nicht wahr, Lethar?"
„In der Tat! Aber ich habe mehr Glück, ich habe noch einige Portionen Codein! Niemand kann mich nun mehr für diesen illegalen Besitz bestrafen. Und meine Portionen an Hormonkillern! Wisst ihr, zu was diese mich befähigen?"
Rotto antwortete: „Ich könnte es mir sicher denken, aber sage es du uns!"
Doktor Heram zu Sinzana unterbrach: „Lethar!" „Ja?"
„Ich muss, oder ich kann nun auch öffentlich etwas gestehen."
„Na, so öffentlich ist dies nun jetzt ja nicht mehr."

„Mag sein. Ich habe früher für die Aurenheiligen Dienst getan und bin später zu den Neutral-Atheisten gezogen."
„Ja und? Würde ich auch noch tun, wenn es noch die Möglichkeiten gäbe."
„Ich ging von den liberalen Neutral-Atheisten wieder weg und wurde Mitglied bei den radikaleren Pro-Atheisten."
„Hmmh, ja gut, in deiner Stellung hast du sicher bei den technisch und medizinisch versierteren Pro-Atheisten mehr Zuspruch gefunden."
„Das habe ich. Ich wollte dir nur erklären, dass ich ein Hormonpräparat entwickelt hatte, welches in der Gehirnwurzeldrüse (Anmerkung der Übersetzerspur: Hirnanhangdrüse) irreparabel bestimmte Bereiche abtöten kann. Damit erlosch bei meinen Selbstversuchen auch der Drang, etwas Unlogisches zu glauben. Zumindest konnte mich niemand mehr per gesellschaftliche Hirnwäsche beeinflussen und ich wurde mehr und mehr zu einem Logiker. Das Funktionsprinzip ist dem der eigentlich auch illegalen Hormonkiller gleichzusetzen, nur dass es eben nicht mehr rückgängig zu machen war."
„Ich beglückwünsche dich zu deiner Erfindung, doch sie kam um einige Monate zu spät!" „Das bemerke ich nun auch. Man hätte dieses Produkt auch per modifizierte Viren übertragen können. Ein Jahr und halb Parmos wäre davon eingenommen worden."
„Hast du es nicht früher geschafft, dieses Produkt so zu konzeptionisieren?"
„Ich hätte vielleicht, aber ich fürchtete Konsequenzen."
„Wären die Konsequenzen schlimmer gewesen, als die Konsequenzen, welche nun zum Tragen kommen?"
„Sicher nicht, Lethar, aber auch ich konnte diese nun so schnell anrollende Gewaltwelle nicht erkennen."
„Du wärst vielleicht einmal als Retter der Parmosen in die Geschichte eingegangen."
„Mag sein. Nun ist es in jedem Falle zu spät, Lethar. Spiele uns noch ein paar Stücke des Nonabsolutum. Hast du noch Aufnahmen von Rotata, als sie vor dem Tuskamvulkan sang?"
„Habe ich auch, muss ich nur noch finden – ah! Ich habe mich angestoßen! Ich kann meine Haut abreißen, ohne dass ich etwas spüre!"
„Langsam Lethar, langsam. Bei dir wirken mehrere Faktoren zusammen! Deine Halbberuhiger und die Hormonkiller sowie die letztendlich tödliche Strahlendosis. Besinne dich in deinen letzten Minuten deines Lebens, welches gar nicht so schlecht war. Du hattest immer etwas zu sagen!"
„Zu sagen? Zuerst nur was die Neu-Genesen diktierten, Jetzt habe ich etwas zu sagen: Ihr Neu-Genesen, ihr Genesispriester, ihr Aurenheiligen, ihr Neu-Auren, ihr Progressiven und ihr Religionsforscher aller Nationen und Kontinente, wenn ihr noch lebt, seht euch um, was ihr aus der schönen Welt

Parmos gemacht habt! Ihr solltet normalerweise nicht in das Totenreich wandern, ihr solltet hier bleiben müssen! Auf eine lange Ewigkeit und weitere Intervalle der kosmischen Schwingungen! Ich kann nur noch eines, ich kann euch nur noch verfluchen. Ihr habt Milliarden Welten gestohlen, denn für jeden Parmosen gab es eine eigene Welt. Krarkrarkrar – nun müsst ihr das Leiden sehen und dürft es auch noch selbst erleben!"

Lethar vom kleinen Bergkamm verfiel in ein hysterisches Lachen! Im Hintergrund sang Rotota ein melancholisches Lied, welches nicht übersetzt wurde oder nicht übersetzt werden konnte, da Lethars Lachen zu viele der Textteile überlagerte. Dennoch klang die Musik auch für menschliche Ohren durchaus als angenehm und schwer. Wieder passend für solche Momente – viel zu passend!

Der Admiral vom Mond Phero meldete sich noch mal: „Lethar! Es kommt noch eine Atomrakete auf dich zu. Wenn du dies noch überleben kannst, dann bist du der glücklichste Mann auf Parmos! Nun ist auch noch dieser Monitor lahm geworden. Auch hier auf dem Mond werden wir bald isoliert sein und können noch etwas dahinsiechen – was war das? Ein Mondbeben?"
Rotto antwortete neben dem Admiral: „Das Stationsshuttle ist nicht weit von hier aufgeprallt. Das war es dann, Admiral. Du kannst deine Orden ablegen. Nichts mehr wird diese tote Wüste mehr verlassen. Zumindest nicht lebend."
„Hier, Orden hatten mir nie etwas bedeutet."

Ein Klimpern war zu hören, als der Admiral seine Orden dem Klang nach zu Boden warf.
Zwischendurch verfiel Lethar vom kleinen Bergkamm aus seinem hysterischen Lachen in eine Stillephase, erklärte nur noch: „Jetzt bin ich der glücklichste Mann von Parmos, aber nur, weil ich vielleicht auch der letzte bin. Die Bombenrakete schlug wieder genau in den gleichen Krater der letzten beiden ein. Alles wackelte und wackelt immer noch, ein paar weitere Gebäudeteile waren abgefallen, aber mein Kubus hält sich, hört ihr! Mein Kubus hält immer noch! Krararar. Es geht dem Ende zu, meine Freunde. Ach Parmos, was hattest du für Kreaturen hervorgebracht?"

Noch legte Lethar vom kleinen Bergkamm weitere Musik auf, doch wurde die Übertragung von einem stärker werdenden Schluchzen übertönt. Lethar weinte ebenso hysterisch, als er vorher lachte. „Meine Knochen – ach – mir tun die Knochen so weh und ich verbrenne innerlich! Ich sehe nur noch

fadenfeine Umrisse – es blitzt, wenn ich die Augen schließe und wenn ich die Augen wieder öffnen will, meine ich, ich hätte Sand groben Sand unter meinen Lidern. Es blitzt immer mehr, sind es noch Bomben oder ist dies das Signal meines Gehirns, dass ich nun Abschied zu nehmen habe? Ich weiß es nicht. Mein Kubus tanzt. Ich spiele euch die letzten Aufnahmen alle noch mal ab. Das kann ich mit meinem Tastsinn noch erreichen, mehr ist nicht mehr möglich. Ach wie tun die Finger weh! Rotto, Heram, Norgal! Ich spüre den Tod mit festen Schritten nahen!"
Wieder begann das Nonabsolutum mit dieser unvergleichlichen Musik und dem neunoktavischem Gesang von Alhas zu Melhaim.

Lethar gab nur noch einige gedehnte Seufzer von sich, ein letztes „Krararar", dann wurde die Musik aus der Bleiglaskubussendezentrale nicht mehr unterbrochen. Von gar nichts mehr!
Norgal sprach noch ein paar passende Worte: „Parmosen wie du, Lethar, hätten die Welt besser machen können, grüße die positiven Schwingungen und versuche diese weiter zu reflektieren."
Rotto war nun an der Reihe. „Einen Freund zu verlieren ist vielleicht schlimmer als eine Welt voll von Verrückten zu verabschieden. Ich wünsche dir eine frohe Wanderschaft deines Geistes."
Heram schloss sich an:
„Diese Welt hatte dich nicht verdient, Lethar, Freund der fröhlichen Wellen. Mit dir ist nun Parmos endgültig gestorben. Die letzten Monitore zeigen nur noch Feuerwellen, welche sich langsam wieder legen. Eines Tages wird Parmos wieder Früchte tragen, Lethar, aber ob aus den Früchten wieder Parmosen werden?
Ich rufe nun in den Kosmos hinaus:
Ich rufe in die unendlichen Distanzen und auch direkt in die Unendlichkeit. Sollte eines Tages jemand unsere Nachrichten, welche sich langsam in die Unendlichkeit wagen, hören und verstchcn können, hütet euch vor einer derartigen Engstirnigkeit, wie es uns Parmosen aufgebürdet war.
Der Aufbau ist ein großer Akt, die Zerstörung nur ein kleiner.
Der Aufbau dauert, die Zerstörung indes kann in Kürze erfolgen.
Der Sinn der Intelligenz besteht nicht darin, langatmig Erbautes schnell wieder zu zerstören! Vielleicht erreicht unsere Nachricht doch noch jemanden aus unserer kleinen Galaxis oder aus der größeren Schwester oder vielleicht sogar aus dem Galaxienvater und der Galaxienmutter: Wir, die letzten Wissenschaftler auf dem Mond Phero des nun toten Planeten Parmos appellieren in die Unendlichkeit:
Schafft Frieden und bewahrt diesen!

Gründet Freundschaften, auch wenn sie manchmal nur zweckdienlich sind, wenigstens um wieder dem Frieden eine Basis zu schenken.
Stellt eure Religionen in den stillen, intimen Bereich eurer Gehirne oder Denkzentralen.
Glaubt, wann ihr wollt und glaubt was ihr wollt, aber drängt euren Glauben nicht den Mitkreaturen auf.
Sammelt das ethische Gut und führt es zu einer Gesellschaftsform der gegenseitigen Achtung und Unterstützung.
Teilt euch Nahrung und Wasser, solange es beides gibt, lebt keine Träume, die sich nicht mit den Träumen anderer kombinieren lassen.
Überschreitet keine Grenzen, welche das Minimum des anderen weiter begrenzen würde.
Nehmt geringe Verluste in Kauf, wenn dafür ein Frieden gewahrt bleiben kann.
Arbeitet zusammen, forscht zusammen, habt keine Angst vor Versuchen, wenn diese ausreichend abgesichert werden.
Sucht das Fenster zum Kosmos, dieses war nämlich das meistversprechendste, was Parmos uns in der Neuzeit bieten konnte. Wir konnten das Fenster einen kleinen Spalt öffnen und nun, wo wir davon einen kleinen Ausblick erhascht hatten, müssen wir gehen, wir alle! Ohne zu wissen, für was wir leben durften. Ohne zu wissen, was wir noch alles hätten machen können.
Tausende von Möglichkeiten standen offen und jetzt gibt es nur noch eine einzige Möglichkeit für uns: Die allerletzte Möglichkeit. Den Tod. Den gemeinsamen Tod.
Ein letzter Ruf an die Mission: Solltet ihr ein derartiges Ziel finden, für was sich diese Mission auch stark gemacht hatte, schreibt klar in den Gesetzen, was ich bereits erklärt hatte: Keine Macht einem Glauben. Glauben heißt nicht wissen und nichts sollte auf einem Faktor Unbekannt aufgebaut werden. Achtet auf die Gesellschaft und beruhigt eine starke Vermehrung gegebenenfalls. Aber tötet nicht, der Tod ist ohnehin ein ständiger Begleiter. Raubt nicht, denn auch ihr könnt beraubt werden und wuchert nicht, denn Wucher ist nur eine andere Form des Raubes und des Diebstahls.
Ohne zu wissen, ob diese Worte jemals einen Hörer erreichen, nehmen wir nun auch Abschied. Admiral Norgal geht seinen Weg schon heute, er erfüllt sich soeben seinen großen und letzten Traum. Wir hindern ihn nicht daran, seinem Leben in dieser Form ein Ende zu bereiten.
Der Admiral ist in die Mannschleuse gegangen und hat das Innenschott verriegelt. Er öffnet nun das Außenschott, ohne die Atemluft absaugen zu lassen. Von dem Druck der Schottfüllung wird er nun hinausgeschleudert,

er legt sich mit gestrecktem Hals in den feinen Sand von Phero und spielt mit ihm.
Seine Finger bewegen sich noch leicht, Norgal kippte mit dem Gesicht zur Seite, die letzten Moleküle seines Atems ziehen einer kleinen Wolke gleich von ihm weg und er verabschiedet sich mit einem schmerzlichen Lächeln.
Er folgt Lethar, dem unvergesslichen Vergessenen, dem letzten Moderator von Parmos, dem Moderator, der das Absolutum mit Musik vom Nonabsolutum begleitete.
Er hat die Apokalypse dort am längsten überlebt, er hat seine Welt als letzter verlassen.
Sein Geist will Anklang finden bei den anderen Geistern und Energien in diesen unendlichen Weiten.
Spiele deine Musik, Lethar, höre nie damit auf! Singe und bring Rhythmus in die Wellen der Unendlichkeit.
Ein letzter Aufruf an all das Unbekannte, was wir nicht mehr erfahren durften. Nur ein kurzer Satz:
Macht und schafft Frieden. Frieden für alles was lebt und einmal leben kann.
Die Besatzung der Mondstation von Phero verabschiedet sich nun und wir gehen ebenso die vorgezeigten oder die unausweichlichen Wege ..."

Ein Knacks in den Lautsprechern, die Station auf Phero war damit weggeschaltet. Nur die Trägerwelle von Parmos konnte noch gute drei Stunden registriert werden, eine Information von Valchaz, bis dann dieser Generator aus der Sendezentrale des letzten Moderators Lethar vom kleinen Bergkamm versagte oder sich selbst abschaltete.

Tiefe Betroffenheit herrschte unter uns Zuhörern! Wir hatten nun 'Quasi-Live' einen Weltuntergang miterlebt. Und in welchen eindrucksvollen Schilderungen. Eine Videoaufnahme hätte dieses Szenario wohl kaum besser wiedergeben können, als in diesen Dialogen mit den verschiedenen anderen Parmosen, ob anfangs auf dieser Welt oder vom Mond Phero.

Ich wollte dieses vorherrschende Schweigen brechen. Die Zuhörer befanden sich in einer Art Trance, sie mussten die letzten Minuten des Lebens dieses Planeten erst noch verarbeiten.
„Jetzt wissen wir zumindest schon im Großen und Ganzen, was sich hier auf Parmos abgespielt hatte."
Langsam wandten sich die Zuhörer mir zu und ich konnte meist in den Augen der Frauen Rötungen und sogar Tränen erkennen.

183

Tamiles liefen die Tränen gar die Backen herunter.
„Stellt euch einmal vor, wie nahe auch unsere Erde einer solchen Apokalypse mehrfach war, ein solches Absolutum. Mich schaudert es, auch nur mit schnellen und kurzen Gedanken unsere schöne Welt mit einzubeziehen. Wie ähnlich können Schicksale denn sein? Was genau bringt den Grad der rechtzeitigen Wende oder wie hier, der viel zu späten Einsichten?"
Dr. Günter Seidl, auch schwer von diesen bildhaften Erzählungen getroffen, meinte: „Wie viele Intelligenzen muss es denn im Universum geben oder hat es gegeben, sodass eine immer noch akzeptable Menge übrig bleibt. Ist dies hier ein Einzelfall? Nach heutigen Hochrechnungen kann doch auch dies kein Einzelfall sein! Solche Schicksale in ähnlicher, schwächerer oder sogar noch stärkerer Form müsste es demnach auch schon zigtausende von Malen gegeben haben."
Ich fragte in die offene Runde: „Wenn Intelligenzen dann per Raumfahrt in die Tiefen des Kosmos eingedrungen sind, ist dann die Kriegslüsternheit zu Ende oder beginnt diese ab einem bestimmten Stadium erneut? Das ist es, was mich besonders interessiert, denn, nun haben wir mit dem Sprung in den Kosmos der Menschheit ein Fenster geöffnet und der psychologische Effekt war eben der, dass niemand mehr anderen Boden und Land neiden muss. Gibt es diesbezüglich einen Wiederholungseffekt auf höherer Ebene, ich will sagen, gibt es irgendwann einmal eine verstärkte Raffgier, in dem Bodenspekulanten sich einmal viele Welten unter den Nagel reißen möchten oder Rohstoffwelten von einem Privatimperium von Materialisten eingegliedert werden könnten, wenn die technischen Voraussetzungen einmal gegeben sind? Wird sich womöglich auch dann wieder eine Art Sklaverei etablieren? Wie könnte man solches verhindern?"

Silvana wischte sich ihre Tränen ab und antwortete mit schwacher Stimme: „Es hilft uns alles nichts, wenn wir aufgrund von Abwägungen unsere Wege abbrechen, unsere Richtung aufgeben. Das Einzige was wir tun können ist, den Frieden zu predigen und immer wieder zu predigen. Vor allem anderen, was es sonst noch gibt oder geben könnte. Erst wenn der Wunsch nach Frieden so oft und fest gepredigt wurde, dass er sich nach Generationen in den Geburtsseelen, in den Instinkten unserer späten Nachkommen eingefressen hat, dann können wir davon ausgehen, dass die Menschen etwas von dem Richtigen, was der Kosmos uns an guten Möglichkeiten bietet, tun werden.
Zweifelsohne ist das Leben an und für sich, in jedweder Form die Hoffnung des Alls und des Universums. Vielleicht auch der Zweck des Universums, denn wer würde ein Theater ohne Zuschauer inszenieren. Machen wir

weiter! Wir alle zusammen, wie wir nun doch schon so bewährt vieles erreicht hatten. Wir sind immerhin schon ein Team aus drei verschiedenen Planetenrassen: Terraner, Oichoschen und Chorck, wenn auch letztere noch in ihrer Zahlenmäßigkeit schwach vertreten sind. Aber dennoch, die Leistungen, welche die Chorck bereits erbrachten, zählen bereits zu den Großtaten in unserem Cosmic Empire of Terra, welches sich hoffentlich einmal von solchen Gelüsten wie des oder der Kriege endgültig lösen können wird."

Genau da wusste aber Valchaz eine sensible Antwort, welche zugleich eine neue Frage bedeutete:
„Was aber, wenn dieses pompöse und übersättigte Imperium, dem ich leider auch entsprungen war, doch eines Tages die wahren Koordinaten Terras und des Solsystems herausfinden und euch zwei Möglichkeiten offerieren wird: Die Mitgliedschaft oder den Krieg?"

„Mein Freund Valchaz, nun bin auch ich absolut bereit, dich als Freund zu bezeichnen, denn du hast dich nachhaltig auf die Seite des CET geschlagen. Wenn diese Stunde kommt, dann würde ich mich dennoch freuen, deine Ratschläge in unsere Handlungsweise miteinbeziehen zu können. Eine Mitgliedschaft im universellen Imperium der heutigen Form in den Plejaden wird es für die freie Menschheit und das CET oder statt des CET nie geben. Dazu dürftest du uns Terraner schon gut genug kennen. Also würde es dann logischerweise einen Krieg geben. Einen Krieg, den auch wir noch nicht vorausberechnen können. Doch darf ich dann diesen Konflikt als eine andere Art bezeichnen, als den vergangenen Krieg hier auf Parmos. Mit der Sichtweise aus dem Kosmos sollte es dann bereits um angestammte Verhältnisse gehen, um eigene Mutterwelten. Wir würden uns es auch nie erlauben, den Chorck eine Welt oder gar den Urplaneten wegzunehmen oder ein Volk zu unterjochen. Sicher ist Krieg immer wieder Irrsinn und schon in den Dimensionen innerhalb einer Galaxie eigentlich nur noch Irrsinn in eben einer größeren Dimension.
Darum stelle ich dir nun eine Gegenfrage: „Wenn innerhalb deiner Lebensspanne dieser angesprochene Konflikt ausbräche, was würdest du dann machen? Würdest du zum CET, also zu den Terranern halten und an unserer Seite gegen dein eigenes Volk kämpfen, würdest du an unserer Seite gegen uns oder an Seite deines Volkes gegen uns kämpfen oder gäbe es noch weitere Alternativen für dich?"

„Die Frage ist schwieriger zu beantworten, als sie zu stellen war. Ich denke ich würde erst einmal die Eingangsgespräche abwarten, denn mein Ziel ist

185

es, dem letzten Wunsch des Kaisers zu entsprechen. Ich würde letztendlich dann an der Seite bleiben, welche eben diesem am weitesten entspräche."
„Darf ich raten? Wenn sich die Einstellung der Menschen und des CET nicht ändert, würdest du an unserer Seite solange gegen dein Volk kämpfen, bis sich etwas bezüglich des Vermächtnisses Chorubs getan hätte. Wenn dies dann weitgehendst erfüllt wäre, dann würdest du dich auch allen Verantwortungen entbinden."
„So ähnlich. Nur würde ich nicht gegen Terraner kämpfen, wenn für diese nach wie vor der Frieden das Ziel bleibt. Eher verhalte ich mich neutral und würde ein Exil vorziehen. Haha – ein anderes Exil."
„Eine gute Einstellung. Nun, noch ist es nicht soweit und ich hoffe, eines Tages Möglichkeiten zu finden, einen solchen Konflikt noch vermeiden zu können. Vielleicht eine Kooperative mit den Chonorck?"
„Das wäre nahezu ein Idealfall!"
„Das wäre auch in erster Linie zu erstreben!"

Silvana sammelte sich gerade wieder. Sie war immer noch von dem Gehörten zerrüttet. „Wir brauchen noch alle möglichen Unterlagern über diese Kriegssänger. Eine Musikergruppe am Anfang des hiesigen Mittelalters hat ein ganzes Volk in den Bann gezogen und mit ihm Marionetten gespielt."
„Nicht ganz, Silvana." Gabriella wollte hier berichtigen. „Wenn es nicht diese Musiker oder Sänger gewesen wären, dann hätte es andere Drahtzieher gegeben. Du darfst nicht vergessen, was Günter herausgefunden hatte. Dieses Volk war prädestiniert für ihren Hyperglauben. Der hochausgeprägte Hypothalamus und die gewaltigen Hormonausschüttungen der Parmosen hatten hierzu ihre Anteile. Ein schlechter Scherz der Natur oder das evolutionäre Wunschverhalten? Oder vielleicht auch ein Resultat einer sehr langen und langsamen Gesamtentwicklung. Wenn sich dieses Volk schneller entwickelt hätte, vielleicht wäre dann auch der Forscherdrang in den Vordergrund geraten."

Ich dachte nach.
„Der Gedanke ist gar nicht einmal so schlecht. Gehen wir einmal davon aus, dass die begründete Sage aus der Chorckgeschichte in etwa stimmt. Also dass Andromeda die oder eine Lebenssporengalaxie ist. Dann wäre auch dieser Planet hier, ich rede einfach mal ganz profan daher, eher mit den Lebenssporen befruchtet worden. Damit hat sich also ein Volk wie die Parmosen gebildet und schon viel, viel eher als sich die Oichoschen oder die Menschen bilden konnten. Dennoch blieben die Parmosen dann so weit in ihrer Entwicklung zurück, dass wir heutzutage eventuell auf einen

Gleichstand gekommen wären, wenn, ja wenn nicht diese kriegerische Parallelentwicklung hier abgelaufen wäre. Mit anderen Worten: Die Evolution wollte vielleicht einen Beschleuniger ins Spiel bringen, der sich aber in den Gehirnen der Parmosen anders ausgewirkt hatte. Okkultismus und Forscherdrang liegen sehr nahe beisammen. Die einen sammeln Wissen und Erfahrungen und die anderen sammeln nur Erfahrungen, auch in einer Pseudoform und natürlich auch Pseudowissen!"
Georg lachte. „Das ist tiefste kosmische Psychologie oder eine neue Form: Evolutionspsychologie, wobei der Ausdruck nicht ganz stimmen kann, denn wir können die Evolution nicht als Basisprogramm für alles kosmische Leben ansehen. Dazu gibt es den Menschen oder auch andere Intelligenzen noch nicht lange genug."
„Wenn die Logiker Recht behalten sollten, dann ist die Evolution eigentlich nichts anderes, als unser eigenes Startprogramm. Das Kollektiv, die Essenz von allem was jemals gelebt hat, lebt und einmal leben wird, braucht alle Zeiten der Existenz um das Basisprogramm zu schaffen um also das Kollektiv zu erhalten. Damit hatten die alten Griechen schon einen Ausdruck geprägt: Phanta Rei – Alles im Fluss."
Ich musste eben oft an die Darstellungen der Logiker denken, besonders in solchen Momenten. Die Gesamtheitstheorie, für mich auch das Einzige, was Sinn macht. Viel zu oft spürte ich die Richtungsweisung, etwas dann zu tun, wenn die Zeit dafür reif ist. Andernfalls funktioniert manches Vorhaben gar nicht.
Ich schüttelte den Kopf. Jetzt war nicht die Zeit um zu philosophieren.

„Also, wir brauchen mehr Unterlagen über diese sagenhaften Kriegssänger. Das Nonabsolutum ist ausreichend bekannt, denke ich, dann dürften wir die Mission Phero starten. Jetzt ist es an der Zeit. Und was sehr, sehr wichtig ist: Diese Mission, von denen Lethar und Admiral Norgal zu Sermbergen gesprochen hatten. Sucht alle Unterlagen über diese Mission. Wir können davon ausgehen, dass diese von den Atheisten gestartet wurde, ebenso wie die Mondbesatzung, welche aber einmal gewechselt haben dürfte, denn der Mond Phero sollte sicher dazu dienen, dass bestimmte Machthaber von dort aus ihre Knöpfchen drücken. Nun war sie aber auch in den Händen der Atheisten, sogar der Pro-Atheisten."

„Ich starte sofort!"
Tamiles meldete sich.
„Tamiles, es bestehen immer noch Gefahren, vor allem in den Randgebieten der Kontinente und auf den Inselgruppen."

„Ich weiß, aber ohne Risiko geht so was ohnehin nicht. Ich fühle mich für diese Aufgabe aber wie geschaffen."
„Gut. Aber du nimmst einen Slider mit einem Mann von Jonathan, der sich zu verteidigen weiß, klar?"
„Ist gut!" Tamiles sprang auf und schon lief sie zu Jonathan, der in einer der hintersten Bänke saß. Ich sah nur noch wie er lachte und nickte.
Die agile Brasilianerin kam wieder nach vorne und klärte einen Umstand auf: „Die Skulpturen auf Humola in Harlam, welche Tamines schon bei ihrer ersten Planetenüberfahrt entdeckte, das sind die Kriegssänger! Ob es Originalabbilder sind, das war noch nicht in Erfahrung zu bringen. Ich persönlich vermute jedoch, dass dem nicht so ist, denn die Kriegssänger wurden erst viel später planetenweit berühmt, ähnlich Jesus von Nazareth ebenfalls erst hunderte von Jahren seine ersten Bilder und Skulpturen bekam. Hierbei weiß ebenfalls niemand, ob Jesus wirklich so ausgesehen hatte, wie ihn die Nachbildungen darstellen. Die Wahrscheinlichkeit spricht zu neunundneunzig Prozent dagegen."
„Das war eben auch wieder einmal so ein Grund, weil die Gläubigen immer Bilder brauchen, um sich etwas vorstellen zu können! Nach dem Motto: Brauchst du einen neuen Gott, ich werde dir einen schnitzen."
Tamiles sah meinen Freund Georg aber böse an, als er sich diese Aussage leistete. Vielleicht wollte er auch auf Tamiles früheres Glaubensbekenntnis hinweisen.
„Wir starten gleich morgen früh!" Bestätigte Tamiles lediglich.
Abbasch von der Höhe, der junge, intelligente und überaus sportliche Oichosche bot sich an. „Ich möchte das Mondteam nach Phero fahren."
Da über lege ich nicht lange.
„Gut Abbasch, ich selbst werde mit nach Phero gehen, aber ich fahre mit dir und deiner GAUSS."
„Ich bin aber auch dabei!" Günter war ganz aus dem Häuschen. „Schließlich bietet sich mir nun ein weiterer, vielleicht sehr gut erhaltener Parmose an, der mir auch noch einige Geheimnisse anvertrauen möchte."
„Einverstanden. Besorge dir aber einen guten Raumanzug aus dem Depot!"
Schon war Günter unterwegs. „Wir starten aber erst morgen, Leute! Wir sollten wirklich gut ausgeruht sein!" „Jaja, ist gut!"

Langsam löste sich die Gruppe auf, welche diese letzte Radiosendung von Parmos angehört hatte. Alle, ausnahmslos alle waren schwer betroffen, was dieses Schicksal der Parmosen betraf.

Ich holte noch Bilder über diese Skulpturen von Harlam über den Rechner und zoomte die Schrifttafeln heran. Nun konnten diese ja auch übersetzt werden. Drei davon trugen keine Instrumente! Die anderen hatten Instrumente in ihren Händen und darunter auf den Sockeln waren die Schrifttafeln angebracht.

„Zu Ehren des ersten namenlosen Kriegssängers, einem Propheten und einem Heiligen. Er hatte vom heiligen Krieg gesungen und den heiligen Sieg erklärt. Als der heilige Krieg gewonnen war, sang er weiter von den Kriegen."

Die weiteren Tafeln nummerierten nur die Sänger, der Text war gleich.

Die Skulpturen der Instrumententräger besaßen andere Tafeln:

„Zu Ehren des Karmonbassisten, musikalischer Begleiter der heiligen Kriegssänger. Er führte die Sänger in ihrer Prophezeiung bis zur Erfüllung und darüber hinaus."

„Zu Ehren des Trommelbatteristen . . ."
„Zu Ehren des Feinfadenzupfers . . ."
„Zu Ehren des Kreidebrettschabers . . ."

`Echter Irrsinn, wirklich, ein wahrer Irrsinn. Bestens erkennbar, da diese Zeiten vorüber waren und ich sie nun im Nachhinein betrachten konnte. Was aber, wenn man mitten in solche Geschehnisse hineingeboren wurde und keinen Ausweg schaffen kann?´
Mich schüttelte es bei meinen Gedanken. Manche Dinge kann man erforschen, solange man will und man kann sie trotzdem nicht verstehen, vor allem die Handlungsweisen von so genannten intelligenten Wesen.

4. Kapitel
Phero und Pherolomon.
Neue Erkenntnisse auf dem Trabanten von Parmos

Geschichtsrestaurateur Kalers von der Blauebene, Kontinent Derram, Hauptstadt Derral, 03. Olhum 441 neuer Zeitrechnung:

Es war trotz intensivsten Nachforschungen nicht mehr möglich, die originalen Namen der Kriegssänger zu bestimmen. Man sagte, dass zumindest zwei dieser sagenhaften Sänger Derramer waren. Die Texte nach dem heiligen Krieg waren indes schwermütiger als sie vorher geschrieben wurden. Die Kriegsforscher waren nun der Ansicht, dass die Kriegssänger ein Wahrsagerpotential besaßen. Nach dem Ende des ultimativen heiligen Krieges hatte niemand erwartet, dass die Sänger wieder von Kriegen singen werden, doch sie taten dies ohne jegliche Erklärung.
Damit sahen die Kriegsforscher zwei Möglichkeiten:
Entweder war der ultimative heilige Krieg doch nicht der ultimative und letzte Krieg von Parmos oder die Kriege werden in den Folgedimensionen weitergehen. Dennoch konnte ich mit all meinen zur Verfügung stehenden Mitteln viele Originaltexte restaurieren.
Hier die Ergebnisse der letzten fünf Monate:

Die Ode an den blutenden Krieger.

Lass dich von deinem Schwert begleiten, von deiner Kindheit an.
Je eher du seine Führung beherrscht, je eher du seine Eleganz erkennst, desto eher spürst du seine todbringende Macht, welche dir selbst aber lange vorenthalten bleiben soll.
Ruhe neben deinen Waffen, dass sie immer bereit sind, wenn du dein Ego zu erhalten hast. Lege dich zuerst neben deinen Säbel, dann erst neben deine Frau. Deine Frau soll dir viele Kriegskinder gebären, zögere nicht, dies jede Nacht zu fordern.
Die Knaben nähre gut und erziehe sie mit blitzenden Klingen, den Mädchen kannst du das Leben verwehren, wenn deren zu viele werden sollten.
Du kannst viele Leben haben für einen Krieg, du kannst auch viele Kriege für ein Leben haben.
Unterdrücke den Schmerz der Messer und der Speere von den andern. Hat es dich getroffen, so versuche vor der Dunkelheit noch so viele deiner Feinde zu erlösen, sodass dir die Heiligen auf der anderen Seite aufmerksam zuhören, wenn du deine Geschichte zu schildern hast.

Dein Leben ist dem Kampf gewidmet, denn so wollen es die Geister in den Dimensionen, dass der Beste der Letzte ist und seine vor ihm gegangenen Kämpfer ehren und versorgen kann.

Auf Feindesgebiet sollst du schnell töten und vergesse nicht, auch den Schwangeren die Hälse zweimal zu kürzen, damit sie nicht dem Feind noch Jungkrieger an die Seite stellen.
Stich deinen Körper regelmäßig, um den Schmerz zu lernen, lass auch dein Blut in zu Boden fließen, damit dein Mutterboden dir beisteht und dich ehrt.
Trainiere deine Waffen und stehe deinen Helden, der in dir, in jedem von uns zu stecken vermag.
Steckt das Schwert deines Feindes in dir, so lache und jubiliere, dass der Feind nicht zu denken vermag, ein Krieger von Derram könnte in Furcht gefallen sein, vor einem Feind der nie zu Recht dir nach dem Leben trachtet.

Weitere Überarbeitungen folgen. Gez. Kalers von der Blauebene.

22.05.2095 europäische Terrazeit.
Bericht Abbasch von der Höhe:

Ich hatte die Chronometer der GAUSS schon von Beginn an mit der Terrazeit synchronisiert, um keine Komplikationen in den Zeitkoordinierungen der verschiedenen Missionsgruppen zu bekommen.
Ich wartete auf meine beiden berühmten Passagiere. Diesen Maximilian Rudolph kannte ich bereits van damals, als er uns Oichoschen auf unserer Welt entdeckte.
Diese Zeit damals, eigentlich noch gar nicht solange her, brachte eine erfreuliche Wende in das Schicksal meiner Heimatwelt ein.
Wir wurden dem ewigen Mittelalter entrissen! Ob wir ohne die Entdeckung durch die Terraner möglicherweise ein ähnliches Schicksal zu erleben gehabt hätten, wie diese Parmosen hier, steht sicher in den wahrsten Sinnen dieser Wörter in den Sternen. Wir Oichoschen waren wesentlich friedliebender als Parmosen. Dr. Günter Seidl mochte bestimmt Recht behalten, wenn er die Friedfertigkeit eines Volkes mit der Geburtenrate in einen Einklang zu bringen versucht. Wir Oichoschen hatten ja auch eine Geburtenrate, welche die Population unserer Welt kaum vorantrieb.
Daran waren aber auch unsere damals sehr störrischen Neutros schuld. Nun, unsere Drittgeschlechter waren sicher immer noch störrisch und ließen sich schon sehr bitten, mitzuhelfen, unsere Bevölkerungsdichte etwas

voranzutreiben, doch die neueren `kosmischen Einsichten´ halfen mittlerweile zu einer stabilen Familienbildung dazu. Auch die Technisierung von Oichos und die Erhöhung des Kindergeldes wirkten sich vorteilhaft aus. Die Technisierung deswegen, weil in den Haushalten der verschiedenen Dreierehen schon Waschmaschinen und Spülautomaten zur Selbstverständlichkeit wurden. Immer noch war der Stand eines Neutros in der Familie der beste. Frauen und Männer gingen zur Arbeit, die Neutros suchten hauptsächlich den Part des Hauswarts. Ausnahmen bestätigten natürlich die Regel, wie bei Ailkrii bestens zu erkennen ist. Oder auch das gebärunfähige Neutro Ischii mit dem Kosmonetcafé in Oiolamortak.
Ein Serverfahrzeug brachte bereits die Ausrüstungen von Gabriella, Max und Dr. Günter Seidl zu meiner GAUSS.
Ich konnte mich amüsieren, denn die Frau von Max hatte so einen Riecher, wie die Terraner sagen, wenn sich eine Aktion anbahnt wo es Neues zu entdecken gab, war sie dabei und brillierte meist mit Ergebnissen.
In den Gepäckstücken, welche ich soeben verstauen ließ, waren die hochwertigsten Universal-Raumanzüge verstaut, welche bis heute konstruiert wurden. Mikroservermotoren, welche dem Anzuginnendruck entgegen wirkten, damit die Bewegungsfähigkeit des Trägers kaum eingeschränkt wurde. Das war schon ein gewisser Luxus, wie ich von den Erzählungen von terranischen Astronauten, Kosmonauten und Taikonauten hörte, denn der Innendruck verursachte immer ein Strecken der Gliedmaßen. Beugte man einen Arm, so `blies´ der Innendruck einfach wieder dagegen. Die neueren Gel-Umlaufspülungen mit speziellem Kältemittel brachten noch fast behagliche Bedingungen in diese notwendigen Raumfahrerutensilien ein.
Ein großer Atemlufttank wurde noch in der B-Gondel verstaut, wollten wir doch die Anlage auf Phero mit einem Sauerstoffgemisch fluten, wenn es die technischen Umstände und die Dichtungen erlauben sollten.

Ich konnte aus dem großen Panoramafenster meine drei Gäste kommen sehen. Ich wusste mittlerweile, dass mir Max vollkommen vertraute, da er ja auch mit seiner WATSON zu Phero hätte fahren können. Obendrein bot die GAUSS aber auch wesentlich mehr Komfort, als sein kleines Achterschiff. Der Antigrav, dessen Waferfeld sich in der aufgeklappten Luke befand, zog einen nach dem anderen an Bord der A-Gondel. Die B-Gondel war zu Zeit nur mit Technikern besetzt und wir standen auch im offenen Verbund auf der Ebene von Humola.
Gabriella kam als erste in die Kommandozentrale und sie begrüßte mich höchst erfreut:

„Abbasch von der Höhe! Immer wieder wenn ich dich sehe, erinnere ich mich an meine ersten Tage auf Oichos und an einen jugendlichen Oichoschen, der damals schon mit einer hohen Auffassungsgabe brillierte."
„Goldhaar Gabriella! Mit dir alleine hatte sich schon die langweilige Geschichte der Oichoschen zum übermäßig Positiven gewandelt. Schon die ersten Worte über eine Philosophie namens `Gokk´ brachte den Frauen und Männern von Oichos die Neutros näher und erzeugten viele Basen für glückliche Familien. Du hast dich nicht nur zu einem Vorbild für die Frauen und Neutros auf Oichos avanciert, sondern bist auch zu einem Vorbild der oichoschischen Männer geworden, was Frieden, Einheit und Zukunftsdenken betrifft!"
„Jetzt ist aber wieder Schluss mit den übermäßig vielen Worten des Lobes, Abbasch. Wir haben immer noch eine Mission zu erfüllen. Eine Mission, die wir noch lange nicht beenden können, da sich mit jeder Entdeckung tausende neuer Fragen auftun. Langsam solltest du aber auch wissen, dass zuviel Lob für Frauen Unheil heraufbeschwört!"

Max schien heute besonders guter Laune zu sein. Er schmunzelte wie ein kleiner Junge, welcher einen Streich geplant hatte und kurz vor dem Gelingen stand.
„Hochverehrter Freund Max! Wenn ich mit einer x-beliebigen Frau Terras ins Gespräch gekommen wäre, dann hätte ich mich auch anderer Worte besonnen. Aber deine Frau, die Sendebotin von universellen Erkenntnissen, eine Frau, welche Galaxien befrieden kann, so einer Frau kann man wahre Beurteilungen nicht vorenthalten."
Dr. Günter Seidl stand nun hinter dem Forscherpärchen und verfolgte nicht weniger gut gelaunt unsere Unterhaltung.
„Fahren wir nun zum Mond von Parmos oder an eine Südküste mit Palmen, Kokosnüssen, Bacardimädchen und Sambamusik? Eure Lobpreisungen vermitteln Urlaubsstimmung!"
Max versuchte gespielt sachlich zu antworten: „Günter! Bis hier auf Parmos wieder so etwas wie Palmen wachsen werden, das wird noch einige Zeit in Anspruch nehmen."
„Na warte es doch mal ab. Es wird wohl unerlässlich werden, dass wir noch Nachschub von Terra anfordern, darunter einen weiteren Stab von Pflanzengenforschern, welche mit dem AMAZONIEN II – Marsprojekt vertraut sind, um die Planetenaufforstung nach der Planetenkorrektur zu beschleunigen. Auch weitere Aircleaner würden nicht schaden. Du hast sicher auch bemerkt, dass die atmosphärische Radioaktivität ebenfalls bereits stark abgenommen hatte."

„Nach unserer Teilmission Pherolomon werde ich mit Bernhard Schramm in Kontakt treten, um weiteres Personal und Material anzufordern. Soviel ich weiß wollen die Italiener einen ihrer neuen Modulfrachter schicken. Ein Schiff, welches in Tarent gebaut wurde."
„Oh! Tarent! Eine wunderschöne Stadt, Max. Ich war schon ein paar Mal dort. Diese Küste dort, Bari, Brindissi, Tarent, ja dort gibt es noch ein typisch terranisch-mediterranes Leben. Gute Weine, gutes Essen . . ."
„Bitte hör´ auf, Günter. Mir läuft das Wasser im Mund zusammen! Und dies zu einem weniger guten Zeitpunkt, wenn ich an die Konzentratnahrung im Raumanzug denke."
„Darf ich euch zu gerösteten Bimuswurzeln einladen? Auch hätte ich noch Nesselwein anzubieten – aus meinem Privatdepot natürlich." Ich wollte dem verbal erzeugten Heißhunger die Grundlage entziehen.
„Bimuswurzeln? Ja gerne – Nesselwein aber jetzt nicht!" Gabriella wollte logischerweise nicht, dass irgendjemand Alkohol zu sich nahm. Das hätte sich ohnehin niemand zu so einem Zeitpunkt gestattet.
Ich bestellte vom Server an der Mittelkonsole eine reichliche Portion Bimuswurzeln, welche frisch geröstet wurden. Dazu auch oichoschischen Kaffee, welcher von Natur aus schon stark nach Vanille roch.
Dankbar nahmen meine Gäste diese Aufmerksamkeit entgegen.

Ich bereitete den Start der GAUSS vor. Im offenen Verbund hoben sich beide Gondelteile von der Ebene empor und strebten langsam beschleunigend durch die sichtbar sauberer gewordene Atmosphäre der Schwärze des Alls entgegen. In einer Höhe von etwa 1300 Kilometern erwartete der Bordrechner, dass sich alle Besatzungsmitglieder mit den Sicherheitsgurten auf einen kurzen Schritt vorbereiteten. Es war keine Sonderaufforderung nötig und die Pseudoschwerkraft wurde deaktiviert, der offene Verbund der beiden Gondelteile beendet und der geschlossene Verbund hergestellt.
Damit sah auch die GAUSS wieder aus wie eine Sanduhr nach dem Vorbild der WEGALIFE oder der VICTORIA, allerdings mit dieser besonderen Mittelverdickung, was die oichoschische Teilerfindung betraf, eine vollwertig raumtaugliche Rettungskapsel.

Der Schritt wurde eingeleitet, der Sempex zählte über seine Lautsprecher gut hörbar den Countdown und nach dieser immer wieder faszinierenden Dunkeltransparentphase stand Phero schon optisch sehr nahe vor uns. Die Ähnlichkeit zum irdischen Mond war verblüffend. Überhaupt! Die Ähnlichkeit dieses Planetensystems mit dem Solsystem war schon entsprechend. Nur die Anzahl der Kontinente auf Parmos zählte zu den starken Unterschieden. Doch alles in Allem verstand ich selbst sehr gut, warum die Terraner wegen der ehemaligen Geschehnisse hier so schockiert waren. Die Ähnlichkeit wies ja nicht nur auf das äußere Erscheinungsbild hin sondern auch auf die Geschehnisse, welche an die vielen Kriege auf Terra erinnern. Und wiederum nicht nur die Kriege selbst sondern auch noch die Umstände welche zu den Kriegen führten.

Die GAUSS stellte den offenen Verbund wieder her und schaltete langsam die Pseudoschwerkraft hoch. Auch dieses Prinzip wurde von den TWINSTAR-Modellen übernommen. So arbeitete der Topwafer zweiteilig. Ein Außenring wurde leicht aktiv geschaltet, die Mittelscheibe war also momentan wieder inaktiv. So entstand in die Richtung des Waferrings ein `Tachyonenunterdruck´. Diesem entgegen wurde ein Bodenwafer geschaltet, der die Tachyonenfluktuation von `unten´ her minimierte. Damit herrschte gewissermaßen ein Druckverhältnis, die Gondel wurde von den universellen Kräften gedrückt und durch den Hohlraum inmitten des Waferrings, des inaktiven Topwafermittelteils strömten die Tachyonen ein und drückten alles, was sich `über´ dem Bodenwafer befand, auch an den Boden. Mit einer genauen Regelung konnte somit auch eine Schwerkraft von einem Gravo simuliert werden. Diese Schaltungen ermöglichen es nun auch Personen an Raumreisen teilnehmen zu lassen, welche Schwerelosigkeit nicht lange ertragen. Außerdem kann dem Knochenschwund auf diese Weise bestens entgegengewirkt werden.
Zwar konnte man heutzutage dem Knochenschwund mit einer DNS-Info-Impfung gewissermaßen abschalten, aber zuviel an Eingriffen in die Feinstruktur des Seins wollte noch niemand.

Dr. Günter Seidl kaut genüsslich an einer Bimuswurzel, nachdem er seine Gurte gelöst hatte und überlegte laut: „Hoffentlich finden wir außer dem Admiral Norgal noch eine gut erhaltene Parmosenfrau. Auf Parmos waren diese ja schon dermaßen zerfallen oder von den Krematorienzubringern beseitigt, wir müssten sicher noch lange suchen, bis ich auch meine Untersuchungen diesbezüglich erweitern könnte."
„Du möchtest eine gut erhaltene Parmosenfrau?" Meine Gabriella. „Reichen dir die vielen Terranerinnen nicht mehr aus, die dir am Liebsten auf die Fersen treten würden?"
„Ach, Gabriella, doch nicht das was du wieder meinst. Ich bin schließlich auch Wissenschaftler und möchte das Innenleben von femininen Parmosenkörpern erforschen. Die Ähnlichkeiten und die Unterschiede zu den Terranern und uns nun auch anderen bekannten kosmischen Intelligenzen.

195

„Soso. Aber versprich mir, dass du das Interesse an den Terranerfrauen nicht verlieren wirst. Es wäre viel zu schade, wenn du deine Gene einer Fortpflanzung vorbehältst. Terra ist nun in den Kosmos aufgebrochen und wir brauchen uns so schnell keine Gedanken bezüglich einer Überbevölkerung machen."
„Das betrachte ich aber als Kompliment, teure Freundin!"
„So war es prinzipiell auch gedacht. Ich denke schließlich auch an Kolleginnen von mir." „Wie großzügig!"

Abbasch war ganz der Kapitän! „Ich schlage vor, dass wir diesen Mond erst einmal grob kartografisieren. Wir überfliegen momentan diesen Trabanten in einem Abstand von gut viertausend Kilometern. Im Gegensatz zum irdischen Mond zeigt dieser aber eine Drehachse und zwar so, dass ein Pol nach Parmos zeigt. Die Umdrehungsgeschwindigkeit ist sehr gering. Zwei Monate und elf Tage Terranormzeit. Die Station Pherolomon befindet sich dreiunddreißig Grad vom Pol weggedreht und kann oder konnte so immer eine Direktverbindung zu Parmos halten. Diese Koordinaten könnten auch etwas mit der Sonnbestrahlung zu tun haben. Nicht nur könnten, sicher sogar! Wir können auch davon ausgehen, dass diese Kuppeln mit einem Wärmepumpensystem gekühlt oder beheizt worden sind. Es sind Solarfelder erkennbar. Dieses Prinzip würde mich nun auch noch interessieren."
„Das interessiert uns alle, mein Freund von den Kentauren. Eine Metallortung?"
„Ja Max. Dort ist etwas Großes. Ich zoome mal heran."
Doch es war kaum etwas zu erkennen. Ich schaltete auf eine Rastererkennung um und nun kam etwas zum Vorschein, was wie ein überdimensionales Rad aussah.
„Oho! Das war das Stationsshuttle, von dem Norgal gesprochen hatte. Wenn ich richtig verstehe, dann haben die Parmosen eine Raumstation gebaut und diese zwischen Parmos und Phero hin und her ziehen lassen. Das Rasterbild zeigt eine Station wie ein Rad mit einer Mittelnabe. Das Prinzip wird nun verständlich. Die Mittelnabe nahm ein oder mehrere Shuttles von Parmos auf und zog wieder, wahrscheinlich in einen Achterorbit von Parmos nach Phero. Dort umkreiste die Station den Mond und zog wieder zurück nach Parmos. Dabei drehte sich das Rad, flog also mit der Nabe voran und die Passagiere nutzten die Zentrifugalkraft als Schwerkraftersatz. Damit konnte die Reise auch etwas länger dauern, ohne dass sie einer Raumkrankheit ausgesetzt waren. Kein uninteressantes Prinzip für den technischen Stand, der noch keine oder noch keine voll

nutzbare Wafertechnologie nach dem Materieeigenresonanzfrequenzverfahren kannte."
Max hatte den Sinn fremder Techniken schnellstens durchschaut.
„Das Rad oder die Raumstation wurde kaum fünfzig Kilometer von der Mondstation entfernt zum Absturz gebracht. Damit waren die Pro-Atheisten der Station zu ihrem Schicksal verurteilt worden."
Mich schauderte, wenn ich daran dachte, was auch noch mit den Pionieren der Raumfahrt in diesem Sonnensystem geschehen war. Mit welcher Kaltblütigkeit hier gehandelt wurde. Außerdem wunderte mich es schon fast, dass die Parmosen unter den damals herrschenden Umständen dann überhaupt noch bis zu ihrem Trabanten kamen!
„Die Raumstation erinnert mich an etwas Bekanntes", der Gedanke musste einfach heraus.
Wieder war es Max, der sofort wusste, was ich meinte.
„Hast du alte terranische Science-Fiction-Filme angesehen, Abbasch?"
„Sicher, habe ich. Auch zu Studienzwecken."
„Du hast es nämlich richtig erkannt. Der Filmklassiker von 1968 Terrazeit von Stanley Kubrick, 2001 – Odyssee im Weltraum. Dieser Mann hatte damals schon das Zentrifugalsystem als Schwerkraftersatz demonstriert. Zwar wollte er mit dem Film andere Aussagen treffen, mehr tiefgründig Tod und Wiedergeburt, aber er lies keine technischen Details aus. Nur dass eben `sein Rad´ in einem festen Orbit um die Erde kreiste und nicht auf Reisen ging."
„Das war der Film, der mir Hautrückkopplungen zum zentralen Nervensystem lieferte. Menschen hatten immer schon eine rege aber sehr oft zielgerichtete Phantasie, nicht wahr?"
„Du meinst die so genannte Gänsehaut. Wegen der regen Phantasie sind wir heute auch im Kosmos unterwegs, Abbasch und – unsere Lehrlinge stehen uns bald in nichts mehr nach!"
„Ein Kompliment, welches ich gerne so annehme!"
Die GAUSS zog weiter und überflog die Mondstation. Hier schaltete Abbasch auf einen Rasterbetrieb um. Zwar hatten wir auch schon Bücher und Zeitschriften gefunden, in denen die Mondstation beschrieben wurde, doch wie stark man der nicht wenig zensierten parmosischen Presse glauben schenken durfte, dass war leider nicht abzuschätzen. Auch mit der Annahme von rigoroser Zensur lagen wir richtig. Die Dopplerbilder zeigten zwar auch die Mondstation, aber auch mindestens drei Untergeschosse tief in den Mondboden hinein. Dort konnte sicher mit allem Möglichen experimentiert werden, ohne dass die parmosische Öffentlichkeit davon erfuhr.
„Interessant, interessant!" Max forderte einen Explosionsausdruck von diesen Rasterbildern an, er bestimmte eine Perspektive und der

Floatdustprinter begann zu zischen. Kurz darauf hielt Max eine relativ gute Übersicht der Mondstation in den Händen.
Dr. Seidl ging auf Max zu und studierte den Ausdruck ebenfalls.
„Dort gab es viele dieser Wesen. Ich bin sicher, dass die Toten gut erhalten sind. Schließlich war der Sauerstoff einmal zu Ende und möglicherweise entwich der Rest auch noch defekten Dichtungen. So traurig es ist und so gerne ich lieber Überlebende sähe, aber Studienmaterial gibt es dort meiner Ansicht nach zuhauf."
„Sicher auch Parmosenfrauen!" Max schmunzelte und blinzelte zu Gabriella.
„Äh, ja, meinst du? Aber ich muss doch auch einmal einen Frauenkörper untersuchen, damit ich nicht rein von den Biologiebüchern der Opernhäuser abhängig bin!"
„Dazu bist du auch mit auf der Mission, Günter. Die Neugier ist es, was uns alle antreibt."
„Genau so ist es! Wann landen wir?"
Gabriella reichte Günter noch ein paar Bimuswurzeln. „In einer Stunde oder eineinhalb. Wir ziehen noch ein paar Mal im Schnellverfahren um den Mond, um eine grobe Karte zu generieren. Iss noch etwas."
„Da hätte ich ja doch etwas Nesselwein probieren können, wenn das alles so lange dauert."
„Na! Wir sind hundertmal schneller hier bei Phero wie es jemals die Parmosen waren und du beschwerst dich?"
„Ich bin ja auch kein Parmose!"

„Dieser Mond hat kein Magnetfeld", wusste ich diese spitzfindige Unterhaltung zu unterbrechen, außerdem hat Phero nur 0,15 Gravo. Eine Langzeitbesatzung dieser Station hatte sicher mit Muskelschwund zu kämpfen. So können wir doch davon ausgehen, dass die Mannschaft auch öfters gewechselt wurde, was meinst du Max?"
Max erkannte, warum ich diesen Part der Unterhaltung ins Leben gerufen habe. „Ich teile deine Beurteilungen, jedoch dürfte die letzte Mannschaft oder das letzte Team, wenn man geschlechtsneutral sprechen möchte, außerplanmäßig lange Dienst getan haben."
Sicher, Max wollte die Bezeichnung `Mannschaft´ vermeiden, um nicht in Konflikt mit Frauenrechtlerinnen zu kommen. Diese gibt es zwar nicht mehr in einer radialen Auffassung, aber nachdem der Sempex der GAUSS unsere Unterhaltungen im Fahrtenschreiber mitzeichnet, wollte er zumindest auf Nummer Sicher gehen.
„Du gehst also davon aus, dass wir hier auf Phero auch parmosische Frauen finden." „Auf alle Fälle. Auch auf Parmos selbst haben sicher auch viele

Frauen in Kriegseinrichtungen Dienst getan. Doch hatte dieses Volk immer sehr sauber gearbeitet, auch was den Kriegsdienst betrifft. Es sind kaum intakte oder besser gesagt: gut erhaltene Leichen vorhanden. Entweder haben die mechanischen Krematoriengehilfen ihrer Programmierung zufolge perfekte Tätigkeiten vollzogen oder die Verwesung auf der Oberfläche fand nach dem Krieg noch ausreichend Zerfall. Nur die Riesenskelette der Elefantendinos konnten an bestimmten geschonteren Orten diese vielen Jahre noch überdauern. In jedem Falle war dieser letzte Krieg dermaßen perfekt, dass sogar die restliche, ohnehin schon stark dezimierte Tierwelt von Parmos sich auch noch für immer verabschiedete."
„Was hat letztlich auf dieser Welt überlebt?" Ich wollte eine Frage im übertragenen Sinn stellen und Max erkannte auch dies.
„Ein lange, Furcht einflößende Geschichte und viele Warnungen an vernunftbegabte Lebewesen. Von organischem Leben können wir nun davon ausgehen, dass zu fünfundneunzig Prozent nichts überleben konnte. Doch solange man erst fünfundneunzig Prozent Informationen hat, ist man zwar imstande mit Hochrechnungen zu jonglieren, aber mit den Wörtchen Nein oder Nie muss man dennoch vorsichtig sein. Ich gehe noch von einer Überraschung aus."
Als Max dies damals sagte, wusste noch niemand, wie Recht er mit dieser Aussage hatte! Ich selbst hätte meine Schoschuu-Ranch auf Oichos verwettet, dass auf Parmos kein Leben mehr existieren konnte.

Die grobe Karte von Phero war soweit fertig und ich kündigte die Landung an.
Max meinte schmunzelnd: „Abbasch! Suche doch die Schleuse unseres Freundes, des Admiral Norgal. Günter kann ihm dann gleich einen Schlauch anlegen."
Günter wurde regelrecht aus seinen Gedanken gerissen! „Einen Schlauch? Ich? Ach ja genau. Ich war in Gedanken gerade in einer der unteren Etagen dieser Station . . ."
„. . .bei einer Parmosenfrau?" Gabriella hatte heute gute Lust, Günter etwas auf die Schippe zu nehmen. „Richtig. Und das Geheimnis der Mehrfachgeburten wird auch bald kein Geheimnis mehr sein. Auch da bin ich mir sicher." Er sagte es und schob sich lachend noch eine geröstete Bimuswurzel in den Mund.

„Die Station, seht doch!" Ich zoomte einen Bildausschnitt heran und schon hatten wir einen guten Überblick über diese zweifellos technische Errungenschaft der Parmosen. Eine große Oktagonkuppel mit vielen Filterglaselementen war an mehreren kleineren Oktagonkuppeln verflanscht. Dazwischen gab es einige Verbindungsstege aus Halbrohr. Etwas abgelegen standen riesige Solarpaneele. Die hatten aber Rohrverbindungen, welche wohl kaum auf elektrische Leitungen schließen ließen. Hier lag sicher noch ein kleines Geheimnis vor, was auch noch zu lüften wäre.

„Und hier liegt der Admiral, meine Freunde!" Ich konnte jubeln, denn ich entdeckte den toten Norgal noch bevor die anderen überhaupt etwas Genaues erkennen konnten. Es war aber wirklich fast nichts zu sehen. Die offene Mannschleuse verriet mir eigentlich, wo dieser Parmose zu liegen hat und natürlich die Schattenwürfe des feinen Mondstaubes.
Der Sonnenwind hatte im Laufe der Jahre Norgal fein zugedeckt.
Im Landeanflug wurden dessen Umrisse aber noch wesentlich besser erkennbar, als in der Zoomaufnahme von oben.
Max: „Günter! Auf! Wir sollten in die Raumanzüge wechseln."
„Jaja! Klar. Hätte ich fast vergessen." „Nimm dreimal drei Meter von dem selbstverschweißenden Schlauch mit."
Ich verschwand mit Günter im Unterdeck, um die Anzüge anzulegen. In der Zwischenzeit bemerkten wir einen kleinen Ruck durch die GAUSS ziehen. Die Doppelgondel hatte auf Phero aufgesetzt. „Sprachtest! Duplexverbindung der Anzüge auf 621 und 833 MHz hergestellt."
„Sprachtest erfolgreich. Wir können!"
Damit stiegen wir wieder auf das Oberdeck und begaben uns zur Schleuse. Zuerst öffnete das Innenschott, wir gingen in den Zwischenraum, woraufhin sich dieses wieder schloss. Die Luft wurde abgepumpt und die Außenluke schwang nach oben. Damit aktivierte sich bereits der Antigrav, dessen Wafer sich in der Luke befand. Ich sprang in das Abwärtsfeld und landete sanft auf dem Mondboden.
„Ohohoho! Ist das nicht gefährlich Max?"
„Hast du noch keine Erfahrung mit Raumanzügen, Günter?"
„Nein, habe ich bislang noch entbehren müssen."
Doch er fasste sich ein Herz und schwang sich ebenfalls in das Feld.
„Ist ja gar nicht so tragisch. Mann, dieser Anzug reagiert aber schnell!"
Schon stolperte Günter wegen der ungewohnt geringen Schwerkraft. Er versuchte dabei, den Stolperer mit ein paar schnellen Schritten auszugleichen, doch eben die geringe Gravitation machte einen Sprung daraus und Günter segelte sich einmal überschlagend in Richtung der Mannschleuse von Pherolomon. Er kam direkt vor Admiral Norgal zum Liegen! Vom Admiral selbst war aber nur eine skulpturähnliche Erhebung zu sehen. Dennoch salutierte Günter, schlug seine rechte behandschuhte Hand an die Helmkante und sprach formell:

„Schichtwechsel Herr Admiral Norgal! Ich bitte das etwas verspätete Eintreffen zu entschuldigen, aber die Bremssättel unserer Rakete waren verschlissen und so mussten wir noch mal zurück in die Werkstatt."
Das Lachen kam aus der GAUSS, der Sempex hatte sich in die Duplexverbindung eingelinkt und Gabriella fand diese Situation übermäßig lustig. Es war ja auch schön anzusehen, wie Günter, noch etwas unbeholfen in diesem Raumanzug, vor dem vor 252 Jahren verstorbenen Admiral salutierte.
Doch fand sich auch Günter mit dieser Situation schnell zurecht und holte aus seinem Bauchbeutel erst einmal einen Spezialwedel heraus, um den Admiral vom dem vom Sonnenwind angeschossenen Mondstaub zu befreien. Dabei gefiel er sich aber in dieser neuen Rolle des Komikers und erklärte nebenbei:
„Ich bitte vielmals um Verzeihung Herr Admiral, wenn es ums Näschen etwas kitzelt, aber ich bin Arzt und kann Ihnen versprechen, es wird nichts schaden. Wichtig ist für mich nur, dass ich meine Patienten auch sehen kann, bevor ich zur Behandlung schreite. Haben Sie irgendwelche bekannte Allergien? Leiden sie häufig an Kopfschmerzen, ich meine nicht die Hirnanhangdrüse sondern die Großhirnrinde. Naja, Zecken gibt es hier auf Phero nicht, als können wir uns die Impfung gegen Hirnhautentzündungen sparen. Gab es in der Familie Fälle von Haarausfällen? Sie leiden darunter lieber Admiral! Oh! Spontaner Haarausfall!"
Günter hielt mit dem Wedel inne, als ein Büschel dieser kurzen, feinen Haare langsam über die Stirn des Admirals in Richtung Mondboden rutschte.
„Machen wir erst einmal den Rücken frei, wenn´s recht ist."
Nun wedelte Günter auf Knien den Rücken des letzten Befehlshabers von Phero frei und es kam eine violette Uniform zum Vorschein.
Der Admiral hatte wirklich mit dem Mondsand gespielt. Die Finger waren gespreizt und gekrallt. Bald machte sich unser Spezialist daran, die steife Leiche zu drehen. Dazu sollte ebenfalls nicht der passende Kommentar fehlen:
„Bitte drehen Sie sich auf den Rücken", natürlich drückte Günter mit der Hand an der Brust des Parmosen diesen hoch und infolge der geringen Schwerkraft war es ein Leichtes, den Vorgang auszuführen.
Restlicher Mondstaub rieselte langsam zu Boden und wir verfolgten alles genauestens mit einer automatischen Außenbordkamera. Als der Admiral sich bereits in einer Seitenlage befand, schockte uns der Anblick dennoch!
Er hatte den Mund in seinen letzten Sekunden weit aufgerissen und die Augen waren durch den Körperinnendruck und wegen dem logischerweise fehlenden Atmosphärenaußendrucks auch weit hervorgetreten. Doch dieser

Situation konnte Günter noch einen Gag entreißen: „Machen Sie mal Ahhhhh! Ich sagte Ahhhh und nicht Ohhhhh!"
Hierzu erklärte Max aus seinem Raumanzug für uns: „Ich kann unseren Freund Günter voll verstehen! So ein `Tanz´ auf dem Mond in einem extrem leichten Raumanzug unter dieser geringen Schwerkraft produziert Dopamine am laufenden Band. Man bekommt ein Glücksgefühl und kann mit den krassesten Situationen fertig werden. Wenn ich zurückdenke, als wir den `Probeflug´ mit der umgebauten Taucherglocke, der MOONDUST zum irdischen Mond machten, ich hatte ebenfalls Glücksgefühle, fast wie unter Drogen. Zwar habe ich mich an solche Einsätze schon fast gewöhnt, aber dennoch gefällt es mir immer und immer wieder."

Dem konnte ich zustimmen. „Max! Ich habe ebenfalls eine Ausbildung in Raumanzügen auf dem Silbermond von Oichos genossen!"
„Dann hattest du dich also auch selber davon überzeugen können, dass hinter den Monden keine Dämonen wohnen, oder?"
„Dämonen sind immer dabei. Sie stecken in unserem Innersten und wir müssen uns bestens vor ihnen schützen. Aber auf dem Mond selbst waren keine Dämonen. Dennoch behält Oichos das Uniaches als Lehrbuch bei."
„Ist ja gut, Abbasch. Ich wollte dir nicht zu nahe treten. Ihr Oichoschen hättet sicher nie euren Planeten verwüstet. Schon einmal weil die Fortpflanzung schwieriger ausfällt. Doch der Geschlechterkampf war dennoch deutlich ausgeprägt."
„Mittlerweile sind ja die Neutros auch an einer stärkeren Population von Oichos interessiert. Außerdem sollte unsere Heimatwelt noch lange nicht überbevölkert werden. Da fehlen noch einige Milliarden!"
„Fast alles ist besser als dieses Schicksal hier!"
Da musste ich Max aber uneingeschränkt Recht geben.
Was wir hier zu sehen bekamen, letztlich auch zu hören, so was gab es auch nicht in den schwärzesten Filmen apokalyptischer Art.

„Verhalten Sie sich ruhig Herr Admiral! Wir ziehen doch nur mal schnell was Frisches an!"
Wir blickten wieder auf das Geschehen vor der Mondstation. Günter zog dem toten Admiral den Schlauch über. Dabei jonglierte er diesen mit einer Hand und zupfte mit der anderen an dem über drei Meter langen Schlauchstück. Max eilte ihm zu Hilfe. Zusammen konnten sie dann dieser Leiche die Schutzhülle überziehen. Beide Enden wurden verschlossen und dann die Gelkapsel darin zerdrückt. Dieses Gel reagierte mit der Schutzfolie und begann, einen chemischen Schweißvorgang einzuleiten.

Ich ließ von einem Techniker der B-Gondel den Luftgemischtank ausfahren und dieser rollte auf einer Automatiklore bis zu der Mannschleuse.
„Ich teste mal das Energieverhältnis der Station. Vielleicht lässt sich da noch etwas aktivieren." Mit diesen Worten verschwand Max in der Mannschleuse und betätigte nach etwas optischem Studium der Kontrollen einen Schalter. Wir konnten gewissermaßen per Helmkamera dabei sein.
Die Mannschleuse schloss sich halb, dann war die Restenergie abgefallen. Die Innenschleuse konnte Max aber im Handbetrieb öffnen. Immerhin zogen noch ein paar Gase nach außen, wie man an der Bewegung des Mondstaubes mitverfolgen konnte.
Die Lore mit dem Tank folgte in die Station.
„Hier gibt es sogar noch ein paar Lämpchen, welche leicht glimmen. Ich meine, das sind sicher keine Lämpchen mit Glühdrähten. Eine energetische Grundversorgung muss es noch geben. Vielleicht auch um Computerspeicher aufrecht zu erhalten. Rechnet jemand hier mit Waffensystemen?"
Ich sah mich in der Runde auf der GAUSS um und meine Kollegen und letztlich ich selbst schüttelten die Köpfe.
„Das wäre der gleiche Blödsinn, als wenn sich Armstrong, Aldrin und Collins bei der Apollo 11 – Mission ebenfalls bewaffnet hätten. Die Genesispriester waren nicht mehr in der Lage nach Phero zu fahren. Die Leute, die dann die Mondstation gehalten hatten, waren untereinander nicht verfeindet. Das ergab sicher auch schon die Auswahl der Besatzung noch auf Parmos. Dass allerdings auch das Stationsshuttle zum Absturz gebracht wurde, war ebenfalls keine Aktion von Phero aus, sondern von der Heimatwelt."
So meine zusammenfassende Analyse.
„Ein schreckliches Bild des Friedens!" Max stieß diesen Satz mit erschreckender Lautstärke hinaus. Seine Helmkamera zeigte, was er meinte. Günter war ihm nun auch gefolgt und auch seine Helmkamera zeigten diese Bilder in einer leicht verschobenen Perspektive. Er kommentierte diese Eindrücke sachlich:
„Die Stationsbesatzung hat sicherlich Gift genommen, um der Einsamkeit oder dem Sauerstoffentzug zuvor zukommen!"
„Wie kommst du darauf, Günter?" Sicher wusste Max, warum. Doch ebenso sicher wollte er seine These von einem Spezialisten bestätigt wissen.
„Die Augen der Stationsbesatzung sind nicht hervorgequollen, dies als erster Hinweis hierzu. Zweitens quollen keine Adern an, wie beim Admiral und drittens haben diese Parmosen hier nicht den Mund so aufgerissen, wie es bei einem Erstickungstod im letzten Stadium der Fall wäre. Der Druckabfall in der Station trat erst später, wahrscheinlich sogar Jahre später

ein. Da hatte die Leichenstarre diese Wesen bereits vollkommen eingenommen. Bitte hilf mir Max, diese Parmosen hier sind noch besser erhalten als Norgal zu Sermbergen. Ich möchte sie hier noch in die Schläuche packen. Also dies hier ist Doktor Heram zu Sinzana, mein Kollege! Den packen wir zuerst ein!"
„Du willst deine Zunft so gut wie möglich erhalten wissen, nicht wahr?"
Max begann nun makabere Scherze zu lancieren.
„Auch das, Max. Friedliebenden Leuten sollte man auch im Tod noch gewisse Ehren zukommen lassen, meinst du nicht?"
„Hoffentlich werde ich auch einmal so behandelt. Aber alle Stationsbesatzungsmitglieder können wir nicht einpacken, Günter!" „Das ist auch nicht nötig. Aber wir brauchen letztlich noch Frauen. Ich meine Parmosenfrauen zu Forschungszwecken." „Verstanden, mein Freund."
Also packten Günter und Max Heram auch noch in so eine Schlauchtülle. Nachdem ohnehin ein Vakuum vorherrschte, entfiel das Auspumpen der Hülle. Wenn es uns gelingen sollte, die Station wieder mit einem Atemgemisch zu füllen, dann erledigt sich dies im Anschluss von selbst.

„Abbasch! Siehst du diese Solarpaneele auf der Oberfläche?" Max schien etwas entdeckt zu haben.
„Ja, ich sehe sie, was ist damit?"
Hierbei dürfte es sich um gut nutzbare Technik handeln. Ich will sagen, ein Solarsystem, welches in der terranischen Technik nie in dieser Form gefertigt wurde. Eine neue oder andere Art Alternativenergiegewinnung!"
„Wie kommst du darauf?"
„Ich hatte schon den Eindruck, als ich diese großen Rohre zu und von den Paneelen sah. So dick brauchen elektrische Leitungen nicht zu sein, aber wenn man eine Art Granulat verwendet, dann schon."
„Granulat? Für Solarzellen oder Solarpaneele?"
„Wenn nun meine These richtig ist und wenn ich die Symbole hier auf der Schalttafel richtig interpretiere, dann hatten die Parmosen sogar eine Solarenergiespeichermethode entwickelt. Ich gehe davon aus, dass diese Paneele, da sie auch eine gewisse Schrägstellung halten, von oben mit einem Aktivgranulat gefüllt werden, von der Sonnenenergie aufgeladen und dann dieses Granulat in den unteren Rohren zurückzuführen war. Somit sollte dann das Granulat in einem Kraftwerk von der aufgeladenen Energie befreit werden und kommt erneut in den Kreislauf zu den Paneelen. Eine möglicherweise hocheffiziente Art der Energiegewinnung. Auch eine hocheffiziente Art der Energiespeicherung, wenn der Ladungsabfall sich in Grenzen hält. Wir müssen dieses Granulat ebenfalls erforschen! Schickt mir doch mal noch einen kleinen Generator mit Universalanschlüssen. Ich

möchte mal sehen, ob ich dieses System nicht wieder zu Laufen bekomme. Ich wette, es bedarf nur einer kleinen Initialzündung, bis sich der Energiehaushalt wieder von selbst trägt."
„Das wäre das ideale Energiesystem für die Kolonialplaneten, gewissermaßen ein fast kostenloses Versorgungssystem für Niedrigenergiehaushalte."
Auch ich konnte mich schon dafür begeistern, wenn ich an meine Heimatwelt dachte, wo es doch noch viele Orte gab, in denen noch keinerlei Energie vorhanden war. Hier bot sich eine Lösung an, welche wir Oichoschen sicher perfektionieren und allgemeintauglich machen könnten.
Sofort schickte ich eine weitere Automatiklore aus, auf der einer dieser kleinen Rolls Royce-Generatoren aufgebaut war. Ein paar Minuten später sah ich diesen Generator bereits per Helmkameras von Max und Günter.
Max nahm eine dieser aluminiumartigen Platten von dem Schaltschrank ab, in dem er die Regeleinheit der Solarpaneele vermutete. Meinem technischen Verständnis entsprechend hatte er damit aber auch das Herz der Anlage gefunden, denn es kamen zwei Rohrventilsteuerungen zum Vorschein und die Aufschriften wurden vom Sempex übersetzt: „Granulatzufuhr" sowie „Granulatzwischenspeicher". Richtungshinweise hatten die Aufschriften: „Granulatrücklauf" und „Energieabnahmekatalysator". Weiterhin waren Hinweise angebracht wie „Katalysationsregelung", „Volt", „Ampere" und „Hochpufferbetrieb".
Wieder dachte Max laut und erklärte damit auch schon das Funktionsprinzip. „Es wird Aktivgranulat in die Solarpaneele gepumpt, Wahrscheinlich Kugelform. In den Paneelen lädt sich das Granulat per Sonnenlicht auf. Es dürfte sich um eine Art Ladungsfusion auf elektrochemischer Basis handeln. Dieses Granulat selbst ist nicht in der Lage, die Energie direkt wieder abzugeben, ausgenommen ein sicherlich geringer Ladungsverlust wie bei chemischen Batterien. Um die Energie verwertbar zu machen, kommt das `aufgeladene´ Granulat zuerst in einen Sicherheitszwischenspeicher von dem es dem Energiebedarf entsprechend in einen Katalysereaktor rollt. Dieser Katalysereaktor besitzt mit relativ großer Sicherheit eine Flüssigkeit, welche die gedrängten Elektronen abfließen lässt. Also haben die Photonen des Sonnenlichts diesen Elektronenstau verursacht und dieser bleibt ohne Katalysatorflüssigkeit gewissermaßen unter Druck. Wir können davon ausgehen, dass dieses Granulat mit jeder Auflladung an Effektivität verlieren, aber möglicherweise mehrere tausend Male eingesetzt werden kann. So mal sehen, was sich nun tut. Ich fahre mal die Erregerleitung mit Energie an. Ich lasse demnach aber die Spannung gering, lasse diese von einer Rechnereinheit langsam ansteigen."

Wir sahen alle über die Helmkameras gespannt auf die Anzeigen des Schaltschrankes in der Hauptkuppel der Pherostation.
Teilweise handelte es sich dabei auch noch um bekannt robuste Zeigerinstrumente.
Bei 260 Volt Gleichstrom löste sich plötzlich ein Zeiger aus seinem Tiefschlaf und pendelte sich in eine Stellung der parmosischen Anzeigeäquivalenz ein. Gleichzeitig verriet ein Pump- und Rollgeräusch, dass die Rückleitung Granulat aus den Paneelen einholte. Ventile knackten hörbar. Dieser Schall wurde über die Rohre übertragen, dann füllten sich die Paneele erneut mit entladenem Granulat. Wie hoch die Effektivität dieses Granulats nach diesen vielen Jahren noch sein könnte, darüber würden nur die nächsten Versuche Auskunft geben können, aber messbare Ergebnisse sollten allemal gesammelt werden können.
„Juchuh!" Max jubelte, als die Innenbeleuchtung der Station ansprang und auch viele weitere Kontrollen in Funktion traten.
Eine Computerstimme ertönte und einige Schotte schlossen sich automatisch. Günter erschrak und Max beruhigte: „Das wird schon wieder! Etwas Leben wie es einmal war, schadet der Station sicher nicht, auch wenn es kein biologisches Leben mehr ist. Leider."
Erst nach Ablauf der automatischen Durchsage schalteten wir die Aufzeichnung erneut auf einen der Translatoren. Ich schickte dieses Signal also auch wieder an Günter und Max, welche mit den Anzugskommunikatoren mithörten.
„Zeitmessung negativ. Atomzerfallszählung wegen ungenügend geringer Anmesssubstanz nicht mehr ausführbar. Datenfeedback zu Parmos negativ. Kontrollsatelliten – nicht kontaktierbar. Stationsshuttle für Sicherheitsbackup gerufen – Kontakt negativ. Lebenserhaltungssystem – ausgefallen. Sicherheit der Stationsbesatzung bedroht. Schalte Notüberlebenssysteme ein – schließe alle Schotte. Übernahme der Funktionskontrollen von einem Sicherheitsoffizier vonnöten. Erwarte Bestätigung."
Max sprach nun über seinen Translator in die Richtung des Lautsprechers, aus der diese Computerstimme gekommen war.
„Außerplanmäßiger Einsatz Pherolomon. Provisorische Zeitkorrektur: Letztes Datum plus 453 Jahre. Keine Überlebenden der Basisbesatzung wegen zeitbedingten Druckabfalls. Stationscomputer: Sicherung aller Daten auf Externspeicher und kompletter Systemreset mit allen Basisfunktionen durchführen!"
„Fehlende Echtzeitmessung bestätigt Notwendigkeit eines außerplanmäßigen Einsatzes. Bestätige Durchführung für Systemneustart nach Druckausgleich."

Die Anzeigen der Anzüge meldeten die langsame Flutung der Station mit Atemluft. Der Sauerstoffgehalt lag bei zweiundzwanzig Prozent und der Luftdruck erhöhte sich zunehmend. Allem Anschein nach waren auch die Dichtungen an den Schotten noch soweit intakt, dass es zu keinem spontanen Druckabfall kommen konnte. Langsames Entweichen dagegen war vielleicht nicht einmal so alarmierend.
Noch mal meldete sich der Stationsrechner: „Druckausgleich stattgefunden. Druckabfall 2,02 Prozent pro Lumark. (Ein parmosischer Standarttag) Schalte nun auf Basisbetrieb."
Weiter meldeten die Anzuginstrumente von Max und Günter einen Druck von 0,8 des irdischen Atmosphärendrucks, was für Menschen und Oichoschen aber unbedenklich war. Sogar die Luftfeuchte betrug nun 55 Prozent.
Dann schaltete der parmosische Rechner seine Systeme neu durch.
Dazu wurde auch die Solarpaneelversorgung kurz unterbrochen aber im Anschluss erneut aufgenommen.
Eine Neumeldung des Stationsrechners bestätigte die Durchführung und verriet noch Weiteres:
„Systemneustart nach Notfallprotokoll. Systemuhr auf Schwingquarzzählung umgestellt. Systemzeit provisorisch auf 58. Kularnath 13946 plus 453 gestellt. Provisorische Systemzeit also 58. Kularnath 14399. Für diesen Zeitpunkt gelten keine An- und Abmelderegelungen. Der Stationsbetrieb kann neutral geführt werden. Notfallversorgung kann für drei Lumark garantiert werden."

„Na also, Günter! Los, wir schnuppern mal parmosische Konservenluft!"
An der Helmkamera konnten wir erkennen, dass Max diesen gerade abnahm. Nachdem Max ein paar Atemzüge gemacht hatte, folgte Günter seinem Beispiel. In diesen Momenten sah Gabriella erschrocken auf die Kamerawiedergabe, doch Max drehte den Helm so, dass er nun von der Kamera erfasst werden konnte.
„Gar nicht mal so schlecht, diese Konservenluft hier. Nach zweihundertfünfzig Jahren dieser letzten Parmosen hier im Fastvakkum brauchen wir auch keine Angst mehr vor irgendwelchen Bakterien haben. Wir werden den Luftgemischtank so justieren, dass er den Druckausgleich mitherstellen und nachversorgen kann. Das wird zwar den Stationsrechner wieder etwas durcheinander bringen, aber wir gewinnen wertvolle Tage der Stationsunter- und durchsuchungen. Was machen wir als Nächstes?"

Nun meldete sich Gabriella: „Ich schlage vor dass ihr auch einmal ans Schlafen denkt! Es sind schon Stunden vergangen und für heute reicht es

dann aber auch. Wieder habt ihr mehr geschafft, als vorgesehen war. Rettet eure Parmosen, die ihr bisher konserviert habt auf die GAUSS und kommt zum Abendessen. Heute dürft ihr sicher auch ein Gläschen Nesselwein zu euch nehmen!"
„Ich glaube, meine Frau hat wieder einmal Recht, Günter. Ich hatte direkt übersehen, dass ich schon müde geworden war. Auch wäre es nicht schlecht, unsere bisherigen Funde zu sichern. Hungrig bin ich auch, mein Magen hat mich soeben daran erinnert."
„Aber wir machen morgen früh sofort weiter, ja?"
„Da wird uns ohnehin nichts anderes übrig bleiben."
Ich beobachtete, wie die Beiden wieder ihre Helme aufsetzten und mit dem toten Parmosendoktor die Mannschleuse benützen, welche wider Erwarten einwandfrei funktionierte. Sie nahmen noch den Admiral auf und verstauten beide einfolierten Leichen in der Bodenschleuse der B-Gondel.
Im Anschluss gelangten sie per Lukenantigrav wieder in die A-Gondel der GAUSS. Gabriella hatte bereits Nesselwein geordert und das Abendessen war vorprogrammiert. Max und Günter waren nun auffallend still. Sicher hatten sie noch ein wenig damit zu schaffen, da ich die künstliche Schwerkraft innerhalb der Doppelgondel auf terranischem Niveau hielt, sie also hier schwerer waren als in der Station von Phero.
Das Abendessen wurde abgerufen und beide Männer; Max sowie Günter waren dem Schlaf schon so nahe, dass sie das Gläschen roten Nesselwein gar nicht mehr ganz zu sich nahmen.
Gabriella brachte beide in die abgeteilten Schlafzellen nach unten über den Mittelabgang. Die Schlafzellen waren nun in vier Bereiche unterteilt, welche immer noch ausreichend oder auch mehr Komfort boten, als die Kojen in den so genannten Achterschiffen, mit denen sich Max und Gabriella bislang begnügten. Sicher wollten die Beiden auch ein Exempel statuieren, um anderen Missionsteilnehmern zu signalisieren, bei so einer Mission im Interesse der CET hat der Komfort und der Luxus etwas zurückzutreten. Da hatte ich selbst wohl noch eines der besten Lose gezogen, nachdem ich an Bord der GAUSS ohnehin fast verwöhnt wurde. Somit war mir auch eine Viertelkabine vollkommen ausreichend.
Nachdem ich meine Logbucheintragungen gezeichnet hatte, wollte auch ich zur Nachtruhe oder besser zur Schlafphase übergehen. Nach europäischer Terrazeit sollte es ohnehin bald 23:00 Uhr sein.

Die Teilmission Phero konnte schon mit Erfolg betrachtet werden. Die nächsten und im wahrsten Sinne des Wortes tieferen Untersuchungen werden weiter Licht in die dunklen Phasen des untergegangenen Volkes bringen. Soweit wage ich mich in meinen Prophezeiungen voran.

Phero, Mond um Parmos, SMC, 23. 05. 2095, 07:50 Uhr mitteleuropäische Zeitrechnung.
Bericht Gabriella Rudolph:

Heute würde ich sicher nicht mehr locker lassen. Auch ich hatte Forscherblut in mir und wollte mit Günter und meinem Gatten mit in diese Station auf Phero gehen.
Ich programmierte die Frühstücksausgabe am Serverschaltpult, welches fast genauso angeordnet war, wie die Server auf der TWINSTAR, der WEGALIFE oder der VICTORIA. Nachdem ich auch in etwa wusste, was Günter so zum Frühstück bevorzugte, übernahm ich diese Tätigkeit ebenfalls für ihn. Beide Männer würden wohl in ein paar Minuten auf dem Kommandodeck anwesend sein, nachdem ich beide geweckt hatte. Meinen Mann persönlich und Günter über Intrakom.
Ich konnte nicht umhin, mir ein oichoschisches Müsli mit Weinbeeren und Bimusraspeln zu gestatten. Ich mochte die gesunde Oichoschische Küche überaus gerne. Logisch war für mich natürlich, dass ich auch für die beiden Männer je ein kleines Schälchen davon mischen ließ. Natürlich mit einem starken Kaffee dazu.
Die Männer sprangen tatendurstig aus dem Rohrschacht, als wären die Strapazen von gestern absolut weggeblasen. Der Tatendrang hatte sie wieder vollkommen erfasst. Und mich natürlich auch!
„Guten Morgen, ihr Lieben, guten Morgen Phero!"
Günter strahlte nur so.
„Allen einen guten Morgen. Ist Abbasch schon vertikal?"
„Ja doch!" Abbasch lugte über das Navigationspult und fragte strafend: „Nur weil die Oichoschen ein wenig kleiner sind als ihr Terraner, müsst ihr uns doch nicht gleich übersehen, oder?"
„Nachdem wir es in diesem, System mit Zweieinhalbmeterwesen zu tun haben, fällt der Größenvergleich leider schon immer mehr zu Ungunsten der Oichoschen aus."
Abbasch lachte befreit. „Es wird an der Zeit, dass wir einmal ein System von Kleinintelligenzen finden. So im knappen Meterbereich. Vielleicht können wir dann auch mal etwas Körpergröße präsentieren."
Mein Gatte hatte die passende Antwort parat: „Abbasch, Körpergröße ist irrelevant. Eure mentale Größe ist es, was das oichoschische Volk brillieren lässt!"
„Da kann ich nur beipflichten", bekannte Günter und steuerte zielsicher auf das Serverpult zu, als das Müsli und der Kaffee erschienen.

209

Auch Abbasch strahlte, war er doch mit dieser Antwort absolut einverstanden.
„Mann, war ich fertig gestern! In der Station spürte ich noch gar nichts von meiner Erschöpfung!" Doch scheinbar war die Erschöpfung ein Stück Vergangenheit Günters.
„Natürlich warst du äußerst erschöpft, weil du zum ersten Mal einen für dich ungewohnten Raumanzug tragen musstest. Die Folgen spürt man aber erst anschließend, da du während des Aufenthaltes auf der Mondoberfläche und dann in der Station Adrenalin produziert hattest. Und dies nicht in geringen Mengen, oder?"
„Mir brauchst du das wohl nicht erklären, Max. Heute werden wir wohl etwas mehr erfahren, als gestern. Ich habe ein undeutliches, undefinierbares Gefühl, was kommende Ereignisse betrifft."
„Ein gutes oder ein schlechtes Gefühl?"
„Ein Gutes!"
„Naja, die schlechteren Erfahrungen dürften wir ohnehin schon auf Parmos gemacht haben. Ich denke da an die unberechenbaren Abwehrsysteme der verschiedenen Kontinentalhauptstädte. Systeme, welche auf der Mondbasis aus logischen Gründen keine oder noch keine Anwendung fanden.

„Ein Suizidvolk, diese Parmosen. Und äußerst erfolgreich in diesem Vorgehen." Ohne es zu wissen, prägte Günter damit einen neuen Namen für die ehemaligen X2-Bewohner.

„So, nun hole ich noch meinen Raumanzug!" Ich wollte keinerlei Diskussionen eingehen, dennoch fragte mein Gatte nach: „Gabriella, willst du wirklich . . ." „Ja!" „ . . . dich in Gefahren . . ." „Ja!" „ . . . begeben?"
„Mit dir mein Schatz begebe ich mich in jede verfügbare Gefahr! Außerdem erkenne ich nun mal keine unmittelbare Gefahr mehr."
„Manchmal treten aber Gefahren ganz unvermittelt auf."
„Dann sind wir immerhin schon drei Personen, welche dem entgegenwirken können! Ich lasse mir meinen Einsatz heute nicht mehr ausreden, mein Gatte und mein Freund."
Sicher erkannte Max meinen Ernst und er widersprach mir nicht mehr weiter. Letztendlich sollte er doch froh sein, mich an seiner Seite zu wissen.

Nach dem Frühstück nach Terrazeit verschwanden Günter und Max und ich in den Kabinen um die Raumanzüge anzulegen. Raumanzüge waren für mich nicht Neues mehr, lediglich dieses neuere Modell zeigte mir geringfügige Änderungen, welche sich aber technisch gesehen großartig auswirken sollten.

Vom ersten Moment an fühlte ich mich darin wohler als in den älteren Modellen. Die Doppelmembrantechnik versprach eine einmalige Klimatisierung. Schon packte mich eine Art Forschereuphorie und ich schritt gleich mal in die Schleusenkammer, ich wollte bereits auf der Oberfläche auf meine Begleiter warten. Also schaltete ich schon mal die Duplexfrequenzen frei, auch die sonstigen Daten- und Videokommunikatoren, welche eine Verbindung mit der GAUSS garantierten. Natürlich waren die Sensoren der Gesundheitsüberwachung ebenfalls aktiv geschaltet. Der Antigrav ließ mich nach der Schleusenleerung sicher auf dem Mondboden landen.
„He! Gabriella! Der Tatendrang geht wohl mit dir durch, oder?"
„Ich war schon lange nicht mehr in einem Raumanzug! Die letzten Missionen, die ich erfüllte, fanden auf Atmosphärenwelten statt. Auch ich kann den Reiz spüren, ein paar Zentimeter von einer lebensfeindlichen Umwelt getrennt zu sein und sich dennoch sicher zu fühlen."
„Meine Gattin, meine Göttin des Gokk, zur Raumfahrerin geboren, wie's scheint." „Und dies möglichst an deiner Seite, mein Held!"

Abbasch meldete sich unterbrechend: „Das Geschnulze könntet ihr euch doch aufheben, bis sich wieder breitere Matratzen finden lassen, oder?"
Dazu wusste Günter: „Still, Abbasch! Ich bin sicher, dass wir in einer der Unterdeckebenen von Pherolomon sicher breite Matratzen finden werden. Ob diese dann aber auch noch benützt werden sollten, bei dem Zeitgeschehen in der Retroperspektive, das halte ich nicht für angebracht!"
„Oje, so weit wollte ich mich nicht vorwagen, wollte ich doch nur einen kleinen Scherz landen."
„Scherz verstanden, akzeptiert und damit aber nur vertagt!" Damit sollte die Runde an mich gehen.

Die Schleusenluke schwang erneut nach oben und der der darin untergebrachte Wafer erzeugte erneut das Abwärtsfeld für meinen Gatten und Günter. Günter bewegte sich schon sichtlich sicherer in seinem Anzug. Auch hatte er keinen Admiral mehr, den er zu begrüßen hätte. Vor meinem inneren Auge erschienen die Bilder vom Vortag noch einmal und ich konnte nicht umhin, trotz der makaberen Situation auch innerlich zu lachen.

Schon wanderten wir also zur Admiralsschleuse, eine Bezeichnung, die also dieser Schleuse mit dem parmosischen Symbol für `zwei´ sinnigerweise zugeordnet wurde.
Nachdem diese Schleuse nun wieder automatisch funktionierte, waren zur Öffnungsbetätigung zwei etwa eineinhalb Meter auseinander liegende

Schalter zu betätigen. Sicher auch im Sinne der Entwickler, um eine unbeabsichtigte Öffnung zu verhindern. In der Zwischenkammer war sicherlich kein Luftgemisch, denn die Außenschleuse öffnete auf der Stelle. Alles schien technisch einwandfrei zu sein.

„Was machen wir mit den restlichen Toten?" Ich wollte nicht nur aus bislang unterdrücktem Respekt vor Toten wissen, wie wir damit verfahren werden.
„Am Besten wäre es wohl, wir nehmen eine der Außenkuppeln, schließen diese hermetisch von der Hauptkuppel ab und überlassen die Toten einem strahlungsarmen Vakuum. Eine Ruhestätte, welche sich ein Raumfahrer wohl am ehesten wünschen würde. Ich würde für mich so entscheiden."
Damit zeigte Max sein absolutes Raumfahrerherz.
„Fast hätte ich es mir denken können. Suchen wir also einmal so eine Kuppel auf, was meint ihr?"
„Gute Idee! Die Reihenfolge, wie wir vorgehen ist ohnehin nicht so wichtig." Auch Günter fand es besser, Tote einem Langzeitruhelager zu übergeben.
Damit schlug sich schon mal die Richtung ein. Diese Schleuse hier war mit der Zentralkuppel verbunden und die Halbrohrverbindungen besaßen eigene Schotte. Von der Funktion her waren es aber nur Sicherheitsschotte, um eventuell Feuer oder periphere Druckabfälle zu unterbinden. So ließen sich also diese Schotte einfacher öffnen, als das Außenschott. Im Notfall lag bestimmt ein Sicherheitsprogramm für automatische Steuerung vor.

Ich schritt voran und betätigte den Kontakt. Nun breitete sich doch ein mulmiges Gefühl in meiner Magengegend aus. In den Verbindungskanälen lagen bereits mindestens dreißig tote Parmosen, vor allem ordentlich nebeneinander. Sie hatten sich ebenfalls das Leben genommen, wie Günter feststellte.
„Der Letzte der Mondbesatzung hat sicher noch etwas hinterlassen, nachdem er seine Kollegen einen Ruheplatz zugewiesen hatte. Ich denke da an Digitalfotos oder Videoaufzeichnungen, wenigstens eine Art Logbuch." Max traf diese Aussage mit nüchterner Stimme.
„Das könnte Doktor Heram zu Sinzana getan haben!"
„Wie kommst du darauf, Günter?" Diese Schlussfolgerung war mir noch nicht in den Sinn gekommen.
„Ganz einfach! Doktor Heram zu Sinzana war noch auf einem der Pultsessel und es sah aus, als ob er gerade eine Aufgabe erledigt haben könnte. Des Weiteren saß er doch vor einem Mikrofon und einer Art Computerterminal! Ich bin mir sicher, dass er allen Stationsmitgliedern auf

diese Weise, also per schmerzlose Gifte einen sanften Tod vermittelt und sie dann in die Zwischengänge gebracht hatte. Ein Arzt sieht den Tod immer etwas natürlicher an als andere Zeitgenossen."

„Du könntest absolut richtig vermuten." Diese Logik drängte sich auch mir auf. Die Art von Freitod wie sie der Admiral gewählt hatte, war sicher nicht jedermanns Sache.
Also behielten wir die Raumhelme erst einmal auf und öffneten auch die Schotte zu den anderen Verbindungsstegen. Überall das gleiche Bild. Mit einer Ausnahme! Einer der Tunnel war ausschließlich von weiblichen Stationsmitgliedern belegt! Die Stationsmitglieder befanden sich ziemlich sicher alle in diesen Halbrohrtunneln. Wir konnten davon ausgehen, dass die unteren Etagen leer waren.
„Hier hast du nun deine Parmosenfrauen, Günter. Was interessiert dich besonders an denen?" Ich wollte natürlich diese Frage wissenschaftlich verstanden wissen.
„Natürlich auch die Fortpflanzungseinrichtungen. Schließlich sollten wir in Erfahrung bringen, wieso sich dieses Volk eben für pauschale Mehrfachgeburten eignete. Ein Grund der immer wieder aufflammenden Kriege.
Nachdem nun doch überall Druckverhältnisse der künstlichen Atmosphäre vorherrschten, nahmen wir unsere Raumhelme ab.
Max warnte dennoch:
„Entfernt euch nicht zu weit von den Helmen und wenn ihr weiter als zehn Meter irgendwo hingeht, nehmt euren Helm mit. Ich befürchte, dass sich vielleicht doch noch eine Außendichtung verabschieden könnte. In so einem Fall ist der Helm die Lebensversicherung Nummer eins!"
Wir hatten verstanden.

Nun meldete sich noch Abbasch:
„Hallo ihr drei! Ich habe eine Nachricht von Georg und Silvana! Ich schalte direkt durch."
Damit war nun Georg auf diese Frequenz gelegt.
„Hallo Max und Phero-Team! Der italienische Frachter GUISEPPE PIAZZI ist eingetroffen! Den Abmachungen entsprechend passierte er auch unsere Raumstation, sollte irgendjemand die Tachyonenemissionen anmessen, dann hatten alle Schiffe wenigstens dieselbe Route.
Der Frachter hat weitere 12000 Aircleaner geladen, Stratogleiter und weitere Slidetanks. Ebenso noch mal 700 Wissenschaftler und Forscher, welche nun Bernhard Schramm zusammengestellt hatte. Natürlich wieder internationaler Charakter. Wie soll ich verfahren?"

Max erklärte klar und deutlich: „Alle Neuankömmlinge sollten sich erst einmal ausreichend informieren. Schalte eine Videokonferenz mit den bisherigen Aufnahmen. Bitte auch Jonathan T. Hunter um Unterstützung, er kennt die Gefahren von Parmos mittlerweile am Besten. Die Gefahren sind zwar weitgehendst eliminiert, trotzdem könnte sich noch diese oder jene Überraschung auftun. Alle Neuen sollten sich die Translatordaten auf ihre Rechner aufkopieren. Im Anschluss wäre eine komplette Neugruppierung nicht schlecht. Also bereits erfahrene Forscher und Teams sollten sich aufteilen und Neuankömmlinge eingliedern. Damit könnten weitere Instruktionen entfallen. Das System `Learning by doing´ greift wieder."
„Ist gut Max. Wie geht es bei euch?"
„Günter ist in seinem Element. Er hat sich mit dem Admiral angefreundet!"
„Wie bitte? Angefreundet?"
„Naja, der Admiral ist zwar tot, kann aber noch viel verraten. Nun suchen wir noch eine Parmosenfrau zwecks medizinischer Untersuchungen."
„Nur eine?" „Ach ja, sicher gibt es noch mehrere. Die Leichen sind natürlich sehr gut erhalten. Der Mond hat so seine Eigenheiten." „Auch klar."
„Georg! Hat Bernhard noch weitere Neuigkeiten?"
„Nicht viele. Nur dass die Chorck wieder Warnungen senden und uns auffordern, dem ultimativen Imperium beizutreten. Wenn wir auch noch die Gravitationswellenkompensation verraten, dann sehen die Chorck darüber hinweg, dass wir ihr Missionsleitschiff gestohlen hatten. Wir bekämen eine Technikersparte zugesprochen. Weiterhin warnen uns die Chorck, weitere Kontakte mit den Rebellen Chonorck zu unterhalten. Außerdem sollten wir sofort mit den Sendungen des kosmischen Leuchtfeuers aufhören, also die Wiederholungen des letzten Willens des Kaisers Chorub. Im Falle einer Nichtbefolgung dieser Auflage kündigt der Halumet die Aufrüstung einer Flotte an, mit der er dann auch in die kleine Westwurzel vorstoßen möchte. Also die Kleine Magellansche Wolke. Immerhin wissen sie noch nichts von den wahren Koordinaten Terras. Im Gegenzug melden sich aber auch immer wieder die Chonorck. Sie bitten um ein Treffen. Noch konnten wir nicht genau ausmachen wo dieses Treffen stattfinden sollte, weil der Halumet und seine Knechte so flott sind, diese Wandersatelliten der Rebellen auch sofort zu zerstören, sodass wir keiner der Sendungen komplett verfolgen konnten. Die Chonorck beginnen nun, immer mehr dieser Satelliten auszuwerfen und Fraktale von Sendungen auszugeben. Damit können wir eines Tages wie ein Puzzle alles selbst zusammenstellen, so wie es scheint. Wie wir allerdings dann auch noch verschlüsselte Koordinaten lesbar machen können, das steht noch in den Sternen.

Im Übrigen gibt es Tachyonenemissionen künstlicher Natur aus Andromeda! Jaja Max. Bald gilt es für die CET einen Aufbruch nach Andromeda zu wagen. Doch möchte Bernhard diese Emissionen erst einmal entschlüsseln. Diese sind wieder vollkommen anders codiert, als die bisher bekannten."
„Das nenne ich wieder eine eigentlich gute Nachricht. Die Galaxie der Lebenssporen sollte der Sage nach ja auch Leben haben. Da kribbelt es mich aber wieder, das ist so eine Art Nachricht, wie ich sie gerne höre! Das Universum trägt Leben und so macht das Universum auch Sinn."
„Ich dachte es mir, dass dich solche Nachrichten anspornen würden."
„Hoffentlich finden wir auch einmal Welten des absoluten Friedens! Nicht solche apokalyptische Systeme wie hier Parmos." Günter hatte interessiert zugehört und brachte eine unterschwellige Hoffnung uns aller mit ein.

„Ich teile deine Meinung, Günter. Es könnte auch eine Art Bestimmung sein, dass wir Menschen von nun an für kosmische Friedensmissionen einzustehen haben."
„Ich bin aber der Meinung, dass eigentlich jegliche Art von Intelligenz für Frieden einzustehen hätte." So Günter.
„Zweifelsohne. Nur ist die Entwicklung eines gesamten Volkes mit der Erziehung von kleinen Kindern zu vergleichen. So wie erst die Kinderstube, so wird einmal das Haus aussehen. Die Menschen wagen sich nun schon einmal in den Vorgarten, wobei sich die Terraner auch noch vor einem halben Jahrhundert regelrecht die Köpfe gegenseitig einschlugen."
„Das war noch die Endlernphase."
„Das wollen wir hoffen. Ich wünsche ein weiteres Gelingen der Teilmission auf Phero. Ach ja! Tamiles hat bereits einige weitere Unterlagen von verschiedenen Interpretationen der Kriegssänger gefunden. Es gibt sogar eine Version von Kriegssängeraufführungen der ersten Atheisten! Sie hatten diese aber für Warnungszwecke verwendet, ähnlich dem Nonabsolutum. Doch dies war in einer Zeit, als die Atheisten noch verpönt und der Krieg noch Kleinhandwerk war."
„Respekt an Tamiles!" Meinte mein Max.
„Ich werde es ihr ausrichten. Bis bald mal wieder. Macht es gut!"
„Ihr auch!" Wir drei wie in einem Chor.
Die automatische Sendeendkennung ertönte, dann waren wir wieder alleine in unseren Duplexfrequenzen, auch wenn diese ohne Helm kaum gebraucht wurden, außer wir würden uns weiter voneinander entfernen.

Trotz der mittlerweile vorherrschenden Atmosphäre und der vielen Toten, war kein Leichengeruch zu vernehmen. Die Toten waren auch vom

Bakterienhaushalt komplett inaktiv. Dennoch wollten wir sie alle in eine der Randkuppeln bringen, um mit den Durchsuchungen einfacher fortfahren zu können. Die geringe Gravitation war hierbei natürlich ein großer Vorteil. Eine der Randkuppeln zeigte sich als Freizeitpark mit Swimmingpool und sehr hohen Sprungbrettern. Die geringe Anziehungskraft nahm den Höhen auch die Gefahren. Nachdem es kaum zu denken war, dass dieser Pool in den nächsten Wochen oder Monaten wieder aktiviert werden sollte, entschieden wir uns auch dafür, alle Toten hierher zu bringen und diese Kuppel luftleer zu versiegeln.

Ich betrachtete eine tote Parmosenfrau genauer. Im Gegensatz zu den Menschen hatten diese Frauen keine Busen. Die Figur war durchaus auch etwas weiblicher geformt, auch waren sie im Schnitt kleiner als Parmosenmänner. Es gab sogar noch eine weitere Parallele zu den Terranern! Die Männer hatten leichte Gesichtsbehaarung, welche sicher ebenfalls per Rasur zu entfernen galt. Die Frauen dagegen hatten eine glattere Haut und etwas andere Gesichtszüge. Die Beckengegend zeigte sich in Relation zu Menschen aber wesentlich breiter als bei den männlichen Geschlechtern. Auch dies deutete bereits auf eine große Gebärfreudigkeit hin – wie auch Günter bereits erkannte.

„Gabriella, siehst du? Ich bin mit meinen Vermutungen schon auf dem richtigen Weg. Die Parmosen sind sicher Säuger, weiter vermute ich aber Nestflüchter oder zumindest Kurzzeitnesthocker. Ich wette, diese Frauen haben Stillorgane für mindestens vier oder noch mehr Säuger. Nur so kann ich mir diese natürliche Schnellvermehrung erklären."

„Willst du nicht mal eine dieser Frauen zu wissenschaftlichen Zwecken die Kleidung abnehmen?"

„Ich wollte dies nicht an Ort und Stelle machen. Auch ich habe hierbei gewisse Skrupel."

„Manchmal geht die Wissenschaft eben vor und wir können leider nicht mehr anfragen, ob wir mit solchen Schritten verfahren dürfen." Ich wollte nun eine der wichtigsten Fragen, was dieses Volk betraf, beantwortet bekommen. Schließlich war auch ich nun Forscherin und vor allem! Ich war eine Frau. Also nahm ich eine der durchschnittlichen Toten und legte sie auf eine Bank. Dort öffnete ich die Faltverschlüsse der drei- beziehungsweise vierteiligen Uniform. Zuerst die Jacke, dann die Hose und schließlich die Hosenbeine mit den angesetzten Softstiefeln. Es kam als Unterwäsche ein Netzhemd und eine Midiunterhose, als auch feine Söckchen zum Vorschein. Ich entfernte Miolene von Karosens das Unterhemd. Den Namen hatte ich nach einer Digitalbildeingabe der Dienstplakette vom Translator erfahren.

Nun war es schon erkennbar. Sie hatten nur leicht gewölbte Stillorgane und derer waren aber sechs! Über die Brust verteilt bis zum Bauch.
Günter stand nun neben mir und betrachtete diese Offenbarung. „Genauso wie ich es mir gedachte hatte! Genauso."
Ich wollte nun auch noch den nächsten Schritt einleiten und entfernte Miolene noch diese Unterhose, welche ohnehin aus Altersschwäche zerriss. Auch hier war eine gewisse Ähnlichkeit zu den Terranerfrauen erkennbar, wenn auch die Parmosen in diesen Bereichen absolut haarlos zu sein schienen. Vielleicht auch eine Folge des Gesamtalters dieser Rasse, also eine evolutionäre Entwicklung. Ich machte nun Fotos und überspielte diese gleich in das Archiv zur GAUSS. Im Anschluss zog ich der Toten wieder die Uniform an und wir entschieden uns für Miolene, sie in einen weiteren Schlauch zu verfrachten und im Anschluss ebenfalls zur B-Gondel zu bringen. Auch Miolene sollte einem 3D-Scan unterzogen werden.

„Trotzdem möchte ich jetzt noch die Untersektionen der Station erkunden." Günter schaute etwas betroffen, weil ich mich nun gewagt hatte, endlich dieses besondere Geheimnis zu lüften, aber es musste schließlich auch einmal geschehen.
„Gehen wir!" Meinte Max. „Aber die Helme nicht vergessen! Wir gehen nur mit den Helmen, dass ist Grundvoraussetzung!"
„Selbstverständlich." Antworteten ich und Günter wie aus einem Mund.

Zu den unteren Sektionen der Station gab es Aufzüge sowie auch breite Wendeltreppen. Logischerweise wollten wir uns nicht einem Aufzug anvertrauen. Die jeweiligen Schächte waren rechteckig, besaßen also je eine der Treppen und einen Lift. Der Zugang hierzu war von einer weiteren Schleuse abgetrennt. Als Max den Mechanismus betätigte, konnten wir auch feststellen, dass der Druckausgleich nicht die ganze Station erfasst hatte. Wir wurden fast in den Treppenschacht hinein geblasen und bekamen Druckgefühle in den Ohren.
„Seht ihr! Wir hatten Glück, dass der Druckunterschied nicht allzu groß war. Wir müssen besser aufpassen!" Die Warnung meines Gatten war natürlich berechtigt.
Die Wendeltreppe nach unten bestand wieder aus einem Leichtmetall, sicher eine Aluminiumlegierung. Auch eine rutschfeste Prägung hatte das Metall erfahren. Erneut standen wir vor einem Schott.
„Ziehen wir erst mal die Raumhelme an. Sicher ist sicher." Wieder sollte Max berechtigte Vorsicht vertreten! Diese Sektion war nämlich überhaupt nicht mit Luft versehen. Möglicherweise hatten auch einige dieser Ventile die Jahre doch nicht so gut überstanden, wie erhofft. Jedenfalls wurden wir

217

nun eben in das erste Untergeschoss hinein geblasen. Der Schub war dermaßen hoch, dass wir durch den halben Raum schlitterten. Max lag zuunterst, dann ich auf Max und Günter befand sich quer über uns beiden.

„Wenn du nicht gesagt hättest, wir sollten die Helme aufsetzen, dann wären wir wohl soweit, dass uns Abbasch zu den Parmosen in die Badekuppel hätte legen können! Au, au!"
Unser medizinischer Spezialist jammerte und rappelte sich langsam auf, nachdem sich die künstliche Atmosphäre beruhigt hatte.
„Wo sind wir? Das sieht aus wie ein Biolabor! Haben die Parmosen auf diesem Mond vielleicht eine Genforschung betrieben?"
„Allem Anschein nach ja, Günter. Die Schlüssel des Lebens interessieren irgendwann einmal alle Intelligenzen. Wir hatten Glück, dass die Einrichtungen hier alle fixiert sind und wir nicht in diese Regale flogen."
Max deutete nach weiter hinten, wo Glasvitrinen aufgestellt waren und sich hinter den Sichtscheiben so etwas wie Einmachgläser befanden.

Nach genauerer Betrachtung konnten sogar kleine Föten und Embryonen in diesen Gläsern ausgemacht werden.
„Potzblitz!" Günter gestattete sich einen antiken Ausruf. „Ich möchte wetten, die Pro-Atheisten wollten ihre eigene Rasse verändern. Weiter wette ich, sie hatten es in erster Linie auf eine Veränderung des Hypothalamus abgesehen, als sie erkannten, dass dieser ihrem Volk die verheerenden Glaubensgeschenke vermachte."
„Ich wette nicht", meinte mein Ehemann. „Du hattest schon viel zu oft Recht behalten. Außerdem teile ich deine Meinung. Wenn es etwas zu verändern gegolten hätte, was dieses fortpflanzungsfreudige Volk betreffen hätte können, dann in erster Linie die Mehrfachgeburten und natürlich auch den Hypothalamus. Vielleicht hatten die Pro-Atheisten dies so erkannt und wollten eine genetische Veränderung klammheimlich einfließen lassen?"
„Bei diesem Volk kam aber auch dieser letzte eventuell richtige Gedanke noch zu spät. So sehr man an der Genetik manchmal zweifeln kann, hier wäre es dennoch sinnvoll gewesen. Ich denke ja auch an Terra, wo sich letztendlich die Genetik doch so weit durchsetzen konnte, dass die Essenzen der Entwicklungen als positiv zu bewerten sind."
Ich war trotz innerer Überzeugung eine vorsichtige Genießerin der Genetik. Heiße Eisen muss man vorsichtig anfassen, aber andererseits kann man Eisen nur schmieden, solange sie heiß sind. Deshalb bedarf es auch heute zum Beispiel auf Terra noch strengen Regelungen, was diesen Part der Medizin betrifft. Glücklicherweise war die Menschheit heutzutage in einem

Vernunftsstand angelangt, was auch die Verantwortung für Molekularmedizin betraf.
„Auch hier ist ein Terminal mit einem Mikrofon. Wir lassen einmal eine der letzten Aufzeichnungen ablaufen. Abbasch, schicke uns doch so ein Scanreadpanel mit einer Lore, damit ich die Beschriftungen verstehen kann. Anschließend schneide bitte mit, wenn der Translator initiiert!" „Klar, verstanden."
Ich machte mich auf den Weg, dieses Panel oben in Empfang zu nehmen, so lief ich die Wendeltreppe wieder hinauf. Zudem achtete ich aber darauf, dass die Schleusen und Schotte geöffnet blieben. Sicherheitshalber ließ ich aber meinen Helm auf.
Abbasch hatte schnell reagiert, denn die Lore stand schon vor der Mannschleuse. Leider öffnete sich die Innenverriegelung nur noch halb, also verriegelte ich erneut und wies Abbasch an, die Lore zuerst einfahren zu lassen und dann das Außenschott zu schließen. Auch bei einem halboffenen Innenschott könnte ich das Scanreadpanel in Empfang nehmen. Doch nun schloss sich auch das Außenschott nicht mehr! Ich bemerkte, dass einige Kontrollanzeigen an verschiedenen Schaltschränken aufgeflammt waren, aber wie sollte ich nun diese Situation am besten bereinigen? „Abbasch! Kannst du deine Automatiklore dazu veranlassen, das Außenschott mechanisch zu schließen?"
„Kann ich, denke ich. Ich versuche es mal." Die Lore hatte einen Greifer und Abbasch steuerte diesen an das Manuellrad für Öffnen und Schließen. Langsam schloss sich auch diese kleine Schleuse und einige der Kontrollen erloschen. Damit wollte ich es noch nicht beruhen lassen, also öffnete ich die Innenschleuse auch per Hand, langsam, dass sich die Schleusenkammer erst einmal langsam füllen konnte. Sie füllte sich, aber die Dichtungen der Außentür hielten nicht mehr Stand und das Atemgemisch der Station drang ins Freie. Durch die dicken Glaswände konnte man die feinen Fäden entströmenden Gases klar ausmachen. Doch zuerst nahm ich der Lore das Panel ab und mahnte Abbasch: „Lass die Lore lieber hier, vielleicht brauchen wir sie noch für andere Anwendungen. „Ich könnte noch eine andere Lore entsenden, welche das Schott abdichtet!"
„Machen wir, wenn es nötig wird. Wir haben noch ein paar Schleusen zur Verfügung.
Doch als ich das Innenschott auch wieder verschloss, machte sich leider bemerkbar, dass es auch nicht mehr vollkommen dicht hielt! Nun hatten wir erst einmal ein kleines Leck und die Stationsatmosphäre würde nicht mehr so lange erhalten bleiben, wie der parmosische Computer vorausberechnet hatte.

Der Zufall konnte mir auch noch etwas helfen. Zum Test legte ich das Scanreadpanel auf eine Beschriftung an einem Metallschrank und unter anderem zeigte mir die Übersetzung `Schottnotdichtungen´ an. Also öffnete ich dieses einfache Möbelstück und erkannte Rollen von dicken Streifen mit einem Abreißband.
Ich legte also einen Streifen auf die Fugen und so wie die Sache aussah, hatte ich auch noch den richtig bemessenen Streifen genommen. Also drückte ich dieses weiche Material an und riss den gelben Streifen heraus.
Sofort begann sich die Dichtung zu erhitzen, dehnte sich noch etwas aus und reagierte irgendwie mit dem Material der Stationswände. Nach ein paar Sekunden hatte ich dieses Schott hermetisch dicht. Nur benützt konnte es nicht mehr werden. Wenigstens war aber die Atemluft wieder gesichert.
Ein interessantes Material! Davon musste ich unbedingt etwas mit nach Terra bringen. Besonders Bernhard würde sich darüber freuen.

Das Panel an Brusthalterungen des Raumanzuges gesichert, begab ich mich wieder in die untere Sektion der Station um dort in dem Labor weiterzuarbeiten. Ich erzählte meinem Gatten von dieser sagenhaften Aktivdichtung, welche ich oben gefunden hatte. Dabei meinte er ebenfalls, dass sich besonders Bernhard über eine derartige Probe freuen könnte. Doch nun stand erst einmal der erhoffte Bericht eines dieser parmosischen Genforscher an.
Dazu legte Max das Panel über die Beschriftungen des Terminals und nach ein paar Sekunden konnte er die Übersetzungen erkennen.
Zu diesem Zweck nahmen wir die Raumhelme wieder ab. Außerdem dürfte die Luftgemischversorgung besonders hier in diesem Labor nun gesichert sein, da wir die Labortüre ebenfalls blockiert hatten, diese nun nicht mehr komplett schließen konnte. Sicher wäre diese nicht im Sinne aktiver Experimente.
„Mal sehen. Hier kommt noch ein kleines Display mit Menü zum Einsatz. Ach hier: Letzte Aufnahmen und am Rand des Displays befindet sich ein Rädchen um im Menü zu blättern. Ich gehe einfach mal zehn Aufzeichnungen zurück. Aha. Abruf aus dem Stationssammelspeicher. Mache ich. Wiedergabe. Abbasch! Bitte um Mitschnitt."
Max hatte den Translator dazwischen geschaltet und dieser initiierte per Signal den Mitschnittzeitpunkt.
Die originale Stimme wurde leicht unterdrückt und die wohlmodulierte Übersetzerstimme angehoben:

„Testserie Genom-Umprogrammierung unter der Aktion: Moderate Parmosreduktion mit postnatürlicher Okkulthormonunterdrückung.

Verantwortlicher Laborleiter: Dr. Harmif von der Stahlmühle. Verv, dreiunddreißigster Kularnath 13946."

Ein Knacken ertönte, hier wurde einmal kurz unterbrochen, aber die Stimme kam sofort zurück.

„Wir können auf eine erfolgreiche Genom-Umprogrammierung zurückblicken. Die nun befruchteten Eier beinhalten bereits neues Erbgut und nach der Kettenberechnung im Gensimulationsrechner entstehen daraus Parmosenfrauen, welche zu Sologeburten neigen werden. Die genetischen Veränderungen sind erbgutresistent, werden also auch an die jeweiligen Nachkommen weitergegeben. Die Wurzelanhangdrüse konnte zum einen in der Größe und im Einfluss weitgehend reduziert werden, außerdem wurde die Okkulthormonausschüttung soweit reduziert, dass wir mit einem neunzigprozentigen Rückgang rechnen. Uns bleibt nur zu hoffen, dass die Kriege auf Parmos nicht weiter zunehmen, sodass wir für unsere Volksbereinigung wenigstens zwei Generationen Zeit haben werden."
Die weiteren Forschungsaufgaben sind nun klar gesteckt:
Wir entwickeln einen Kunstvirus oder ein genetisch verändertes Virus, welches Erbgutgene austauschen kann und somit der momentanen Generation von Parmosen Sologeburten ermöglicht. Auch die Okkulthormonproduktion sollte mit einem weiteren Virus abgebaut werden.
Die nächste Testserie bearbeitet also Viren, die sich selbst vermehren, hoch ansteckend wirken und sich in der Atmosphäre zu verbreiten haben. Diese Viren könnten ebenfalls per Raketen zu allen Kontinenten gebracht werden um eine globale Infektion zu ermöglichen.
Die Zucht- und Experimentalkinder wurden heute von den Versorgungsschläuchen genommen und in Isoliertanks eingebracht. Sie haben ihren Dienst ausreichend erledigt.
Ende."

Günter schreckte auf! „Zucht- und Experimentalkinder? Isoliertanks? Ich ahne Schreckliches." Dabei blickte er auf Metalltanks, welche in Buchten in den hinteren Wänden eingeschoben waren.
Sofort machte er sich daran, einen dieser Tanks herauszuziehen. So ein Tank sah aus wie eine lang gezogene Gasflasche, hatte aber ein Sichtfenster an der Seite und Günter erschrak tief!
Ich kam an seine Seite und blickte ebenfalls in diesen Tank. Da war ein Parmosenkind isoliert. Dennoch! Mit diesem Kind war aber irgendetwas nicht in Ordnung. Nicht nur dass es tot war, nein, es sah etwas deformiert aus. Dieser seltsame Kindersarg hatte vier Spannklammern, schon machte

sich Günter daran, diese Spannklammern zu lösen. Nun war ein Deckel abnehmbar. Günter ließ diesen Deckel achtlos fallen und zog sofort dieses Kind aus diesem Tank. Der Körper war auch so, wie man es von einem Parmosenkind erwarten konnte, nur der Kopf wirkte verformt, kleiner. Dieser typische Spitzkopf der Parmosen war hier nicht vorhanden.

Max sah Günter an und fragte ihn: „Du hast sicher eine Vermutung, nicht wahr?" Unser Spezialist in diesen Dingen nickte nur. Er war nun auch schneeweiß im Gesicht, das Grauen war darin abzulesen.

„Um Experimente mit lebenden Parmosen machen zu können, mussten natürlich auch Parmosen gezüchtet werden. Damit es noch in einem ethischen Rahmen bleibt, sicher nicht nach terranischem Verständnis, wurde diesen Kindern, da ja nur Körper gebraucht wurden, das Gen für die Großhirnentwicklung nach der Eizellenbefruchtung eliminiert. Nun entwickelten sich reine Versuchskörper, welche alles mit sich machen ließen, was für solche Experimente der harten genetischen Versionen notwendig waren.
Nach diesen wie schon gehört wichtigen Versuchen und nach Abschluss der Entwicklung mit dem Ergebnis, dass die Erbanlagen so umgestellt werden könnten, dass die Parmosenfrauen nur noch Einzelgeburten ausführten und auch noch diese Drüse in den Hirnen in der Hormonproduktion zurückgedreht werden kann, bedurfte es nur noch einer Verbreitungsmethode. Wie wir nun auch schon vernehmen durften, gab es diesbezüglich auch erste Experimente. Ich wette, diese Experimente fanden in der Laborkammer nebenan statt. Ebenso wette ich, dass diese Experimente keinen Abschluss mehr fanden!"

Max lachte: „Da kannst du leicht wetten, denn wenn diese Experimente noch Erfolg gehabt hätten, dann wäre es auch sicher nicht zu diesem letzten alles vernichtenden, parmosischen Weltkrieg gekommen. Wie der Forscher Dr. Harmif von der Stahlmühle schon seinen Aufzeichnungen anvertraute, hätten die Forscher noch etwa zwei Generationen benötigt, um die Welt zu `impfen´."
„Hm. Antikriegsimpfung. Ein guter Grundgedanke, aber mit viel unerfreulichen Nebenwirkungen, wenn ich diese Kinder hier ansehe."
Günter wirkte traurig. Er blickte dieses Parmosenkind an, entdeckte noch verschiedene Implantate und eingesetzte Anschlüsse.
„Ich hoffe nur, dass sie diesen Kindern auch noch das Schmerzempfinden eliminiert hatten."

„Wir müssen die Angelegenheiten von zwei Seiten betrachten, mein Freund. Zum einen waren diese Genetiker hier auch auf dem richtigen Weg und die Zeit drängte. Sie wollten eigentlich ein ganzes Volk retten, ein Volk welches, wie sie selbst richtig erkannten, einen Evolutionsfehler erhalten hatte. Sie hatten es mit den Forschungen in der Hand, so einen Fehler auch zu korrigieren, nur kam der letzte finale Krieg um zwei, drei Generationen zu früh. Tut man das Richtige zur falschen Zeit, ist es nicht richtig. Tut man das Falsche zur falschen Zeit, nun, das dürfte selbsterklärend sein. Tut man das Falsche zur richtigen Zeit, ist es auch nicht richtig. Tut man das Richtige zur richtigen Zeit, erst dann kann sich ein Erfolg einstellen. Doch wie ich schon sagte, sie waren trotz unseren moralischen Ansichten auf dem richtigen Weg. Sie wollten ein ganzes Volk retten. Ich verstehe nun die Angelegenheit auch so, dass diese Forscher, Mediziner und Genetiker hier zur Elite dieses Volkes gehörten. Sie hatten schon Hormonblocker oder Hormonkiller entwickelt und dadurch erkannt, dass ihre Kriege immer aufgrund verschiedener religiöser Auffassungen entflammten. Als dann von den Forschern hier alle diese Hormonkiller verwendeten, fanden sie auch andere gemeinsame Interessen als sich gegenseitig das Leben schwer zu machen. Im Gegenteil! In ihren Arbeiten fanden sie mehr und mehr gegenseitige Ergänzung!

Darum gab es auch doch so viele Frauen hier auf der Station. Wissen wir eigentlich schon etwas von der Geburtshäufigkeit der Geschlechter? Gibt oder gab es mehr Männer als Frauen? Das wäre ebenfalls noch zu vermuten, denn, nachdem Frauen immerzu gleich eine Großfamilie entstehen lassen konnten, wäre so eine Folgerung logisch. Auch weil diese Frauen im Anschluss wieder schneller – entschuldigt den Ausdruck – nachladen konnten. Der zweite Punkt bei einem Überhang zur Männlichkeit wäre demnach auch diese Kriegsfreude. Wenige hatten das Glück, rein für eine intakte Familie einstehen zu können. Die Kriege winkten, das Heldentum lockte und die Aussichten, nach diesen verrückten Religionsansichten doch in ein heiles Reich zu gelangen, war in diesen Parmosen schon in den Genanlagen einzementiert.

Nur so eine radikale ʻImpfungʻ hätte dieses Volk retten können. Ich muss den hiesigen Genetikern bezüglich der Versuche beipflichten. Sie hatten eine Regel im Auge belassen: Wir opfern einen Teil, um der Masse beizustehen."

Mich schauderte bei den Aussagen, welche mein Max hier zum Besten gab. Dennoch drängte sich auch mir diese Logik auf. Es hätte nicht viel gefehlt und wir hätten auf Parmos vielleicht ein friedliebendes Volk entdecken können. Zumindest ein Volk, welches auch heute noch existieren würde.

Ob sie auch die enorme Umweltverschmutzung dann noch in den Griff bekommen hätten, dies steht natürlich auf einem anderen Blatt.

Eine Frage quälte mich: „Was meint ihr? Sollten wir von nun an vorsichtiger mit den Untersuchungen hier sein? Ich meine, können wir dieses andere Labor öffnen ohne, dass wir von gezüchteten Viren befallen werden und möglicherweise etwas in uns verändern, was wir nicht mehr rückgängig machen können?"
Günter blickte zu diesem anschließenden Labor und sinnierte:
„Vorsicht ist in jedem Falle geboten. Ich rate auch dazu, vorerst die Türen dorthin nicht zu öffnen. Hören wir uns erst einmal die restlichen Aufzeichnungen an, schon mal um zu wissen, wie weit sie mit den Arbeiten insgesamt fortgeschritten waren."
„Diese Ansicht teile ich ebenso." Meinte mein Max und ich atmete auf, denn vor diesem speziell abgegrenzten Laborteil hatte ich wirklich Angst.

„Also, nächste Aufzeichnung bitte", Günter gab sich schon in Zuhörerstellung, setzte sich auf eine Labortischkante.
Max wählte mit Hilfe des Scanreadpanels den nächsten Menüpunkt, also die neunt letzte Aufzeichnung aus und schaltete auf Wiedergabe. Der Translator gab den Mitschnittimpuls an die GAUSS durch und die Stimme von Dr. Harmif von der Stahlmühle war wieder zu erkennen, bevor sie teilunterdrückt wurde und eine ähnliche Stimme vom Übersetzerrechner generiert wurde.

„Testserie Genom-Umprogrammierung unter der Aktion: Moderate Parmosreduktion mit postnatürlicher Okkulthormonunterdrückung. Verantwortlicher Laborleiter: Dr. Harmif von der Stahlmühle. Vart, vierunddreißigster Kularnath 13946."

Erneut war ein Knacken zu vernehmen, aber die Stimme kam ebenso sofort zurück.
„Wir konnten eine Ring-DNS isolieren, welche sich dazu eignen sollte, veränderte Erbinformationen in Körper von Parmosen zu schleusen. Zuerst stellten sich zwei Stationsfrauen zum Eigentest zur Verfügung. Schon nach zwei Stunden beklagten diese Frauen leichte Kopfschmerzen. Ein Hormontest ergab, dass sogar die Resthormone dieser Okkultgruppe nach einem Stopp der Hormonblocker und Hormonkiller nicht mehr zunahmen. Doch in dieser Form lässt sich dieser programmierte Virus OK-40, welcher unter uns einfach der Friedensvirus genannt wird, höchstens über die

Nahrung verteilen und kann selbst nur maximal dreißig Tage aktiv gehalten werden. Diese Zeitspanne ist vom Urvirus vorgegeben.
Nun gilt es, zweite Virensequenzen in das Ringgen zu schleusen, welche zwar hoch aggressiv wirken, aber nur eine Erbgutsequenz abzugeben hätten. Den Nachrichten von Parmos zufolge müssen wir nun unter Hochdruck arbeiten, damit unser Programm noch zum Tragen kommt. Die Kriegsaktionen haben wieder zugenommen und die Gefahr von einem Einsatz der Atomwaffen und der stillen Todesraketen nimmt stetig zu. Der Einfluss der Normal-Atheisten und der Pro-Atheisten wird zunehmend als Provokation auf unserer Welt verstanden.
Dazu begeben sich nun weitere zwei Personen in das Speziallabor und wir starten den Versuch mit dem Virus für Atemluft."

Es gab eine Unterbrechung, dann fuhr der Forscher mit seinen Aufzeichnungen fort.

„Dieser Versuch scheiterte an einer Oxygenvergiftung des Virus. Diese Genkombination ist nicht geeignet, um eine Übertragung durch die Atemluft zuzulassen. Möglicherweise wird aber eine Möglichkeit gefunden, diesen Virus zumindest wasserresistent zu machen, denn auch eine 'Impfung' durch Trinkwasser und allgemeine Getränke wird in Erwägung gezogen.
Die Versuche werden ab heute im Dreischichtbetrieb fortgeführt. Ende.

„In diesem Speziallabor sind aber keine Leichen. Man konnte diese Leute dann nach missglücktem Versuch wieder entlassen, " stellte Günter fest.
„Los! Nächster Bericht!"

Max tastete am Terminal herum. Mit Hilfe von seinem Scanreadpanel und der bisherigen Erfahrung war der Folgebericht schon im Abruf und der Translator reagierte sofort:

„Testserie Genom-Umprogrammierung unter der Aktion: Moderate Parmosreduktion mit postnatürlicher Okkulthormonunterdrückung. Stellvertretender Laborleiter: Doktor Heram zu Sinzana. Vart, vierunddreißigster Kularnath 13946, zweite Schicht."

„Ha Günter, unser Freund Heram! Der sprach doch etwas mit Lethar über die Hormonkiller, sagte aber nicht allzu viel aus. Nun werden wir mehr erfahren . . ."

„... Versuche von Dr. Harmif waren dennoch nicht so erfolglos wie wir zuerst vermuteten. Die Virenringgene sind meiner Ansicht nach auch oxygenresistent zu machen. Die Frage ist nur, wie wir auch die Virenvermehrung noch beschleunigen könnten. Ich mache nun einen weiteren Versuch mit Freiwilligen. Diese betreten nun das Labor und ich öffne einen Virentresor. Wir warten nun dreißig Minuten (Translatorhinweis: Dezimalminuten) und testen die Testpersonen auf Befall."

Es knackte erneut. Das war sicher die Unterbrechung für diese Wartezeit und den Virentest.

„Der Test verlief teilweise erfolgreich. Eine Person wurde infiziert, die andere nicht, obwohl abgestorbene Viren im Körper nachgewiesen werden konnten. Wenn ein Teil der Bevölkerung gegen diese Genumprogrammierung immun ist oder wird, ist der Sinn immer noch in Frage gestellt. Wir müssen den Kernvirus multipel aufbauen. Also versuche ich mehrere Scheinerreger zu kombinieren und die geänderten Erbgensequenzen selbstteilend aufzupfropfen.
Vorläufiges Ende."

„Die haben aber wirklich schon unter Zeitdruck gehandelt. Ich möchte nicht wissen, ob sie schon geahnt hatten, dass ihre Forschungen nicht mehr fruchten werden." Es war unserem Spezialisten anzusehen, dass er mit diesen Forschern oder zumindest noch mit deren Geschichte mitfieberte, obwohl ja wir schon wussten, dass die Zeit nicht mehr reichte oder einfach der Krieg zu schnell fortschritt.

„Der nächste Bericht", kommentierte Max:

„Testserie Genom-Umprogrammierung unter der Aktion: Moderate Parmosreduktion mit postnatürlicher Okkulthormonunterdrückung. Stellvertretender Laborleiter: Doktor Heram zu Sinzana. Nert und Vint, vierunddreißigster und fünfunddreißigster Kularnath 13946, dritte Schicht."

Das schon bekannte Knacken ertönte.

„Wieder befinden sich zwei Testpersonen im hermetisch abgeriegelten Labor. Wir haben den Virentresor geöffnet und werden wieder dreißig Minuten warten."

Ein erneutes Knacken.

„Beide Testpersonen klagen über ziehende, leichte Kopfschmerzen und über ein Unwohlsein. Die Immunisierung der Viren gegenüber Oxygen scheint mir gelungen zu sein. Doch verfolge ich ebenfalls die Nachrichten von unserer Welt und kann es fast nicht glauben, dass die Neu-Genesenpriester den Tag der Reinigung ausgerufen haben. Auch die Neu-Auren haben ihre Pläne in ähnliche Worte gefasst. Nach unserem Erfolg müssen wir noch unter Hochdruck an der verlustlosen Teilungsfähigkeit der Viren arbeiten und diese noch mit der nächsten Fluchtfahrt des Stationsshuttles nach Parmos bringen. Wir planen eine Verteilung per abgesprengte Rettungskapseln in der Planetenatmosphäre.

Für eine ausreichende Untersuchung der Testpersonen bleibt wohl keine Zeit mehr, doch können wir davon ausgehen, dass die programmierten Viren ihre Sache erledigen werden. Wir brauchen aber mindestens noch sechs bis sieben Tage. Eigentlich wären noch Jahre eingeplant doch diese neue Entwicklung auf Parmos überraschst mit ihrer Schnelligkeit. Hoffentlich stehen uns alle positiven Energien des Universums bei, dass die dem Irrsinn und der Kriegslüsternheit verfallenen Mitparmosen nicht schon vorher auf die heißen Knöpfe drücken!"

Ohne etwas abzuwarten drückte Max im Menü auf den nächsten Bericht.

„Testserie Genom-Umprogrammierung unter der Aktion: Moderate Parmosreduktion mit postnatürlicher Okkulthormonunterdrückung. Stellvertretender Laborleiter: Doktor Heram zu Sinzana.
Vint, fünfunddreißigster Kularnath 13946, erste Schicht."

Das bekannte Knacken.

„Dr. Harmif von der Stahlmühle unterzieht sich anhand der Dringlichkeit einem Selbstversuch. Er hatte ohne es mitzuteilen die Hormonkiller abgesetzt und wirkte ebenfalls gereizt, eine mögliche Folge des Entzugs oder der Zweifel, welche in solchen Fällen entstehen. Doch er begründet dieses Selbstexperiment mit den möglichen schnelleren Erkenntnissen.

Er befindet sich nun bereits eine Stunde im Labor bei geöffnetem Virentresor und beginnt über leichte Kopfschmerzen zu klagen. Außerdem meinte er, zu verspüren, wie sein Wunschdenken nachlässt. Damit bezeichnet er die Virenmanipulation als Erbgenverbreiter als absolut erfolgreich. Die Fortpflanzungsmanipulationen können bei männlichen Vertretern unserer Gattung sicherlich nicht getestet werden. Es zeigte sich aber bei unseren weiblichen Testpersonen bereits, dass die Eisprünge reduziert sind. Des Weiteren gibt es auch keine Mehrfacheisprünge mehr und dieses Experiment kann sicher als erfolgreich bewertet werden. Tiefergehende Untersuchungen sind in der momentanen Situation nicht mehr ausführbar. Wir müssen nur noch an eine schnelle Vervielfältigung von den modifizierten Viren denken. Berichtende."

„Nächster Bericht", erklärte Max nüchtern.

„Testserie Genom-Umprogrammierung unter der Aktion: Moderate Parmosreduktion mit postnatürlicher Okkulthormonunterdrückung. Stellvertretender Laborleiter: Doktor Heram zu Sinzana.
Vint, fünfunddreißigster Kularnath 13946, zweite Schicht."

Wieder das Knacken.

„Die Vervielfältigung der postmotorischen Kunstviren ist in eine viel versprechende Phase getreten. Es ist uns gelungen, einen ebenfalls genmanipulierten Nährboden für diese Viren zu schaffen, welcher eine schnelle Vervielfältigung erlaubt. Dennoch ist es eine Frage der Zeit, bis wir ausreichend autarke Virengruppen auslösen können, die wir dann in die Rettungskapseln des Stationsshuttles einlegen und nach Parmos senden können. In zwei oder drei Tagen könnten wir dieses globale Experiment beginnen. Mögen die Irren ihre Kriegsgedanken noch solange besänftigen! Berichtende."

„Noch mal nächster Bericht."

„Testserie Genom-Umprogrammierung unter der Aktion: Moderate Parmosreduktion mit postnatürlicher Okkulthormonunterdrückung. Stellvertretender Laborleiter: Doktor Heram zu Sinzana.
Sert, sechsunddreißigster Kularnath 13946, erste Schicht."

Das schon bekannte Knacken.

„Dr. Harmif von der Stahlmühle hat seinen Eigentest erfolgreich überstanden und auch sein Befinden ist wieder auf normalen Level. Er braucht seinen Angaben zufolge keine Hormonkiller mehr, also haben die

Virenträger ihre Arbeit programmgemäß absolviert. Was uns nun noch Gedanken macht sind die weiteren Bestätigungen von der `absoluten Reinigung, von denen die Genesispriester und die Aurenheiligen sprechen. Die Nachrichten sind voll davon und unsere Mitbürger wollen den ultimativen Krieg. Möglicherweise können wir unsere Aktion überhaupt nicht mehr ausführen, was auch sicher das Ende der Station Pherolomon bedeuten könnte. Ich selbst möchte es am liebsten nicht glauben, dass unsere so extrem geheim gehaltene Arbeit von Jahren nun umsonst sein sollte."
Im Hintergrund war der Admiral über eine Intranetverbindung zu hören. „Heram! Die Sparte Links der Alt-Genesispriester haben eine Atomrakete gezündet! Sie bewegt sich bereits auf Sabara zu. Sabara meldet ebenfalls die Zündung einer ihrer Vergeltungsraketen. Humola spielt in den Radios die Oper der Kriegssänger, deren Version natürlich. Humola startet gleich vier Raketen. Es geht zu Ende mein Freund. Wir wollten eine Welt von Verrückten retten, nun werden wir wohl selbst verrückt werden oder verrückt werden müssen."
„Ich lasse die Aufzeichnung weiterfahren, denn nun ist es wohl egal, was in den Speichern einmal geschrieben steht. Diese Nachrichten werden wohl niemandem mehr dienen."
„Stelle deinen Speicher ab. Ich habe gerade `Freies Radio Harlam´ über einen Satelliten zugeschaltet. Das könnte interessant sein. Es handelt sich um diesen Lethar, der sich schon vor ein paar Wochen einen Bleiglaskubus in seine Sendezentrale einbauen lies, um gegebenenfalls den Tag der Apokalypse solang wie möglich zu begleiten. Wenn heute dieser Tag sein sollte, dann war dieser Mann, den jeder für verrückt gehalten hatte wohl der Normalste in der letzten Zeit."
„Gut, ich schalte nun ab und komme rauf. Berichtende. Ob weitere Berichte folgen, kann ich noch nicht sagen. Möglicherweise müssen wir schnellstens nach Parmos zurückkehren."

Wir blickten uns gegenseitig an, wussten wir nun doch in etwa, was folgen sollte. Aber es gab noch einen weiteren Bericht laut Anzeige und Max tastete diesen ebenfalls auf Wiedergabe.

„Testserie Genom-Umprogrammierung unter der Aktion: Moderate Parmosreduktion mit postnatürlicher Okkulthormonunterdrückung. Stellvertretender Laborleiter: Doktor Heram zu Sinzana.
Sert, sechsunddreißigster Kularnath 13946, zweite Aufzeichnung.

Für wen oder was ich nun diese Aufzeichnung mache, kann ich nun nicht mehr sagen. Allem Anschein nach hat Parmos als von Intelligenzen besiedelter Planet dieses Ende erreicht. Nicht nur diese Welt hat versagt, sondern auch wir Wissenschaftler. Wir glaubten nun wirklich, eine Lösung gefunden zu haben, Fehler der Evolution zu korrigieren und allen Parmosen eine neue Richtung zu geben. Sogar das Stationsshuttle, mit dem wir die programmierten Viren nach Parmos bringen wollten, wurde von einer radikalen Gruppe zum Absturz auf Phero gebracht.

Admiral Norgal zu Sermbergen hat sich das Leben genommen und uns wird wohl in nächster Zeit auch nichts anderes mehr übrig bleiben. Der Admiral und Dr. Heram zu Sinzana hatten noch über Satellit eine Verbindung zu einem Radiomoderator von Harlam, ein sonderbarer Bursche namens Lethar. Er ließ sich vor einiger Zeit einen Bleiglaskubus in sein Studio einbauen, um so lange wie möglich, wie er meinte, die unausweichliche Apokalypse moderieren zu können. Im Gegensatz zu uns ging seine Rechnung auf. Leider eine sehr teure Rechnung, sie kostete auch ihm das Leben.

Nun warte ich noch auf die verschiedenen Ergebnisse der Überlebensforschung, welche wir von Phero aus starten können. Wenn es dann keine Rettungsmöglichkeiten mehr für uns und die Besatzung dieser Station mehr gegen sollte, dann werden wir uns nach und nach dem Freitod stellen. Ein Hinauszögern und langsames Warten auf den Tod erscheint uns zu trist. Admiral Norgal hatte sich noch den Wunsch erfüllt, mit dem Mondstaub zu spielen. Dennoch starb er qualvoll in dem luftleeren Raum. Ich als Arzt möchte diesen Tod nicht unbedingt empfehlen.

Ende der Aufzeichnung."

„Langsam greifen die Erkenntnisse ineinander über", erkannte Günter. „Wie machen wir nun weiter?"

„Wir bringen noch deine Miolene von Karosens und vielleicht noch eine weitere Frauenleiche in die GAUSS, damit du auf Parmos ausreichend Studienmaterial zur Verfügung hast. Wir suchen noch die anderen Stationsunterebenen auf und zeichnen Videosequenzen dazu. Es wird später eine weitere Gruppe von Wissenschaftlern diese Station besuchen und tiefere technische Analysen durchführen. Für uns kann ein Funktionsplan interessant werden. Eine große Errungenschaft für unsere Kolonialwelten oder auch dünnbesiedelte Gebiete Terras wird diese Art der Solartechnik sein. Genial einfach und einfach genial! Wir müssen versuchen, dieses Solargranulat nachzubauen. Dies dürfte sicher nicht allzu schwierig sein. Damit können zwei Fliegen mit einer Klappe geschlagen werden. Es kann Energie gewonnen und diese Energie sogar vorläufig gespeichert werden.

Auch die Aufbautechnologien der Speicherchips können neue Möglichkeiten erzeugen. Bislang habe sich schon festgestellt, dass diese Speicherchips selbstorganisierend sind und jeder Chip ein eigenes Interface besitzt. Damit müssen nicht der oder die Prozessoren eines Computers oder Transputers den Speicher komplett adressieren. Auch die Programmiersprache dieser Parmosen kann viele neue Erkenntnisse liefern. Doch nun haben wir noch zwei weitere Nachrichten nach diesen schon gehörten Acht. Diese wollen wir uns noch schnell anhören, oder?" „Klar doch. Mach mal, Max!" Ich wollte diese Nachrichten oder Aufzeichnungen unbedingt noch hören, um das Gesamtbild noch weiter abzurunden.

Max betätigte das Terminal bereits wie alltäglich und die neunte Nachricht erklang:

„Testserie Genom-Umprogrammierung wurde nun beendet. Wir schreiben den siebenunddreißigsten Kularnath 13946 oder den neuen ersten Tag einer neuen Zeitrechnung. Ich bin Doktor Heram zu Sinzana. Diese Aufzeichnung mache ich mehr aus der Macht der Gewohnheit heraus. Für wen oder was ich diese Aufzeichnung nun mache, weiß ich immer noch nicht, aber wer weiß, vielleicht geschieht doch noch ein Wunder und es gibt Überlebende auf Parmos? Nur dürften es keine Überlebenden sein, welche über so ein technisches Potential verfügen, uns von Phero anzuholen. Wir hier sind nach allgemeinen Einschätzungen absolut verloren und unsere Situation ist ausweglos. Erst jetzt erkennt man die Wertigkeit des Lebens. Ein Leben ist ein Universum wert und wenn man vor seinem Ende steht, kann man die Wertigkeit ohne weiteres auf die eines Staubkornes reduzieren.
Die meisten Überwachungssysteme für unsere Welt haben sich abgeschaltet. Auch der ursprüngliche Sinn dieser Station, Parmos von hier aus zu regieren, wäre sicher mit einem ähnlichen Ergebnis behaftet gewesen. Das war ein Plan der Neu-Genesen, doch diese Station wurde immer mehr von den technisch versierteren Normal- und Pro-Atheisten übernommen. Dieser Vorgang erfolgte vor vielen Jahren friedlich, da die Neu-Genesen einsahen, dass man vom Mond aus keinen Planeten regieren können würde.
Doktor Harmif von der Stahlmühle bereitet bereits Todesinjektionen vor und er erklärte sich dazu bereit, allen Stationsmitgliedern nach deren Wünschen je eine davon zu verabreichen. Es wurde beschlossen, alle Leichen anschließend in die Korridore der Anschlusskuppeln zu bringen um sie wenigstens lichtdicht zu konservieren.

Ich selbst werde diesem Beispiel bald folgen. Auch ich möchte nicht lange so eine Situation mitverfolgen müssen und meine letzten Tage zwischen vielen toten Artgenossen in einer aussichtslosen Situation ausharren. Darum beende ich auch meinen Bericht."

Wieder sahen wir uns betroffen an. „Es war eine moralische Leistung des Doktor Harmif von der Stahlmühle, sich dazu bereit zu erklären, dass er den Letzten machen würde. Man stelle sich vor, ein Mann, der alle anderen nach eigenen Wünschen tötet, um sich dann auch selbst am Ende das Leben zu nehmen. Noch dazu in aller Einsamkeit, die so ein ohnehin toter Planetentrabant mit sich bringt." Günter schüttelte den Kopf. „Ich weiß nicht, ob ich dies fertig gebracht hätte."

„Hören wir uns den letzten Bericht noch an. Dann machen wir mit den Untersektionen weiter."
Max wählte also den letzten Bericht aus dem Menü:

„Kein Forschungsbericht mehr. Ich bin Doktor Harmif von der Stahlmühle. Unsere Aktion wurde nicht von Erfolg begleitet, obwohl wir die genetischen Mittel nun gehabt hätten, Parmos eine neue und bessere Zukunft zu schenken. Stattdessen mussten wir zusehen, wie unsere Welt unterging. Ach ja, wir schreiben den dreiundfünfzigsten Kularnath 13946 oder, wie mein Kollege Doktor Heram zu Sinzana im letzten Bericht erklärte, den sechzehnten Tag einer neuen Zeitrechnung nach den Parmosen.
Doktor Heram zu Sinzana hatte den Wunsch geäußert, von einer der Injektionen Gebrauch zu machen. Er ertrug sein Schicksal inmitten der vielen Toten nicht mehr. Ich hatte versprochen, dass ich der Letzte sein werde und nun ist es soweit. Ich habe dem letzten Besatzungsmitglied diese Todesinjektion gegeben und Frau Sharene zu Weichstein wird nach ihrem Delirium langsam das Atmen vergessen und verenden. Dann bringe ich sie noch in den Verbindungsstollen vier. Frau Sharene hatte keinen Lebensgefährten, sie stellte sich letztendlich erfolgreich unseren Forschungen zur Verfügung. Leider hatte sie nicht für die Erhaltung von Parmos beitragen können. Darum meinte sie auch, dass ihr Tod nicht mehr soviel ausmachen werde. Sie wäre nun eine gute okkulthormongelinderte Sologebärsfrau geworden. Eine genetisch korrigierte Parmosenfrau für eine neue, freiere Generation. Doch die Schrecken waren schneller.

Ich hoffe es, dass vielleicht eines Tages `die Mission´ Erfolg haben wird und nach einer langen Entwicklungsphase auf einer anderen Welt könnten

Nachkommen davon wieder die alte Heimat aufsuchen, vielleicht auch Phero. Darum auch meinen ausführlichen Bericht nun.
Sollte dies einmal der Fall sein, es gibt die Virenstämme im Hochsicherheitslabor in der dritten Unteretage. Diese Virenstämme für eine Okkulthormonunterdrückung und für die Reduzierung von Geburten sind in flüssigen Stickstoff gelagert. Diese Kühlung dürfte etwa 1300 Jahre in Funktion bleiben. Ich weiß nicht, ob diese Zeitspanne reichen wird. Auch könnten die Viren nach unseren Aufzeichnungen neu generiert oder sogar von einem bislang leider noch nicht entwickelten Genomprinter neu geschrieben werden. Alle Substanzen sind fast überall im Universum vorhanden, so meinte es zumindest unser großer Wissenschaftler, der Wegbereiter der Pro-Atheisten (Anmerkung des Translators: Ein Hochtitel, welcher über dem eines Doktors steht.) Felkor von den Sandfeldern. Sollte Felkor damit auch Recht behalten, könnten diese Aufzeichnungen doch noch mal jemanden erreichen, der damit etwas anzufangen versteht.
Vielleicht auch außerparmosisches Leben?
Diese Frage wurde immer wieder diskutiert, aber auch nicht mehr weiter verfolgt, da sich die Leute auf die Kriege und die Verteidigung konzentrieren mussten.
Es gab auch zwei Lager. Die Befürworter, welche außerparmosisches Leben für unbedingt möglich, ja sogar unabdingbar hielten und jene, welche der Ansicht waren, dass, ja genau die Aurenheiligen die Oberschicht der Existenz zu sein hatten. Nun sind sie aber alle verschwunden und das Universum existiert immer noch, auch ohne die vermeintliche Oberschicht.

Ich selbst gehe eher davon aus, dass das Universum nur so blüht vor Leben, allerdings kann auch ich nicht sagen, wo das nächste bewohnbare Planetensystem sein sollte. Unsere Mission strebte mit der Hoffnung aus, das nächste, also das Mirium-System könnte einen bewohnbaren Planeten zur Verfügung stellen. Satellitenteleskope hatten Planetenmessungen angestellt, welche eine Dreißigprozentchance ausgaben. Nun ist die Mission unterwegs und es wird sicher noch einige Generationen dauern, bis die Kindeskinder dort eintreffen werden. Eine Rückkehr nach einer Landung der Überlebenskapseln des Generationenschiffes kann aber ausgeschlossen werden. Damit sollte sich erst eine neue Zivilisation entwickeln, welche abermals hunderte oder tausende von Jahren braucht, um überhaupt wieder einen kleinen Griff ins All zu erlangen.
Trotzdem. Ich möchte an mögliche Überlebende oder vielleicht sogar an Rückkehrer – oder letztendlich an Außerparmosen - appellieren:
Studiert unsere Geschichte und begeht nicht die gleichen Fehler wie wir!
Untersucht eure Gene und repariert diese dort, wo Fehler zu vermuten sind.

Geht behutsam damit um und vergesst nie: Alles Leben ist gewollt und hat einen Teil zur Gesamtgeschichte des Universums beizutragen. Auch wenn der einzelne denkt, sein Anteil ist so gering, dass er gegen den Strom schwimmen kann. Das ist nicht der Fall. Wenn ein Sandkorn fehlt, so ist die Wüste nicht mehr komplett, wenn ein Wassertropfen fehlt, so ist das Meer nicht mehr komplett und wenn ein Geistesinhalt fehlt, so ist der Sinn des Universums nicht mehr komplett!
Wir Pro-Atheisten halten die Version der Gesamtheit des Universums als vorstellbar. Keine Religion, sondern gehäufte Fakten bildeten das Gerüst unseres Forschens und unseres Strebens, welches in dieser Ecke des Kosmos aber als abgeschlossen erscheint.
Oder vielleicht doch nicht?
Wenn es einer Intelligenz gelingt, meine Aufzeichnungen wiederzugeben und zu verstehen, das künftige Handeln danach abgleicht und wenn mit meinen dringenden Ratschlägen wieder irgendwo Frieden entstehen kann, dann war vielleicht auch das Leben und der Tod der Parmosen nicht ganz umsonst. Dies würde ich mir wünschen.

Ich wünsche es mir nicht nur, Ich flehe darum!"
Der Doktor weinte. Seine Stimme wurde bereits schwer übersetzbar.
„Auch die Möglichkeit, dass es vielleicht doch außerparmosisches Leben geben könnte, möchte ich doch unbedingt miteinbeziehen! Ich würde es mir regelrecht wünschen. Ich würde es mir wünschen, dass meine Aufzeichnungen auch entsprechend übersetzt würden und dass sie als Warnungen gegen die Sinnlosigkeit der Kriege verstanden würden. Diese Informationen dann in den Kosmos getragen werden und dazu beitragen, irgendwo Frieden zu schaffen. Unser aller Tod kann doch nicht umsonst gewesen sein, es ist doch nicht möglich, dass ein Volk tausende von Jahren braucht, um sich ins Technologiezeitalter zu katapultieren und dann diese glorreichen Techniken dazu verwendet, sich selbst auszulöschen. Ich möchte bei der Mission dabei sein, die letzte aller Hoffnungen aus parmosischer Sicht. Weiter möchte ich . . . . ."

Der Translator versagte nun endgültig. Es war nur noch ein lang gezogenes Schluchzen zu vernehmen, für welches es ohnehin keinen Translator bedurfte. Dieses Schluchzen hätte durchaus rein menschlicher Natur sein können. Doch der Doktor fasste sich wieder:

„So nun bin ich an der Reihe. Ich werde mir das Serum injizieren, ich programmiere noch eine Aufnahme des Nonabsolutum zu dieser Aufzeichnung hinzu, jenes Orchester, welches auf Parmos soviel Hoffnung

erzeugte und eine neue Aufbruchsstimmung anfachte. Es hätte zusammen mit unseren Mitteln eine neue Zeit werden können.
Dennoch werde ich meinen Hals strecken. Es hat schließlich nicht mehr an mir oder an uns Forschern gelegen.

Gezeichnet: Doktor Harmif von der Stahlmühle"

Es folgte eine Aufzeichnung eines Konzertes des Nonabsolutum, wieder mit Alhas zu Melhaim und Rotota zu Gemerschon, allerdings auf dem Kontinent Memcor. Sie hatten es weit gebracht, Alhas und sein Orchester, aber dann siegten doch die imaginären Teufel, welche automatisch mit jeder Glaubenskonzeption miterschaffen wurden und sicherlich auch weiter in diesen Formen existieren werden.

Ich konnte meine Tränen nun nicht mehr zurückhalten.
Max fragte bei Abbasch nach:
„Hast du alle in den Speichern?"
Es dauerte eine Weile, bis Abbasch antwortete, seine Antwort hörte sich aber ebenfalls schwer betroffen an. Seine Stimme schien teilweise zu versagen.
„Ja Max. Ich habe alle Berichte mitgeschnitten und doppelt konserviert. Wie weittragend Leid sein kann. Im Nachhinein wird so vieles unverständlich, besonders Angelegenheiten wie Kriege. Da gibt es Hoffnung, da gibt es Technik und Zivilisation und dies alles kann von solchen Hirngespinsten wie einer Neu-Genesis oder die sich selbst heilig sprechenden Aurenanhängern in Kürze vernichtet werden. Ich bin noch schlimmer getroffen, als damals, als ich die Aufnahmen des zweiten Weltkrieges von Terra angesehen hatte."
„Der zweite Weltkrieg kostete fünfzig Millionen Menschen das Leben, dieser letzte Krieg hier war aber auch offen gegen das Leben und die Vernunft geführt worden. Ein Masseneinsatz von Neutronenbomben, also den stillen Todesraketen hatte nur das Ziel einer Vernichtung von Glaubensgruppen und nachdem die verschiedenen Glaubensgruppen ähnlich aufgerüstet hatten, betraf es nun einmal alle zusammen. Ich selbst hoffe insbrüstig, dass wir es wirklich mit einem kosmischen Einzelfall zu tun haben, obwohl auch hierfür die Statistiken nun anders lauten."
Auch mein Max sprach mit einer schwer betroffenen Gefühlswelt.

Günter saß nur einfach da und sah auf das Terminal und den Lautsprecher. Dann sagte er mit tiefer Bedeutung: „Wir kennen nun ein Volk sehr gut,

welches wir nie kennen gelernt hatten. Und was erkennen wir mit diesen Erkenntnissen? Irgendwie uns selbst."
Max und ich nickten gemeinsam.
Doch Max war nun der Erste, der sich wieder aus der Lethargie aufraffen konnte und die weitere Vorgehensweise vorschlug:

„Wir untersuchen diese Station noch weiter, dann belegen wir die Notizen mit den Hinweisen und auch den Warnungen bezüglich der Virendepots. Erst eine weitere Spezialistengruppe sollte hier weiter machen. Es gilt dann, bereits klarzulegen, welche Aufgaben gesteckt werden. Sicher sind auch diese Viren für uns sehr interessant. Die Methodik der Parmosen, Genomveränderungen vorzunehmen. Was mich besonders noch interessiert ist, ob es bereits Versuche eines Genomprinters gab. Allem Anschein nach waren diese Parmosen in der Gentechnik bereits sehr weit fortgeschritten und hatten auch entsprechende Speichermöglichkeiten, um bestimmte Gensequenzen mit Rechnern in der Funktion und für die Entstehung zu simulieren. Dies ist auch das Ziel terranischer Genmedizin, Veränderungen oder komplette Neuzusammenstellungen schon mit großen Transputersystemen im Vorfeld im Aussehen und im Wirken zu berechnen. Mit der parmosischen Technik könnten wir hierbei einen guten Schritt vorankommen. Die schnellen Speicher von hier und unsere schnelleren Rechnersysteme. Eine gute Kombination, wenn es einmal gelingt, beide Techniken aufeinander abzustimmen. Doch werden wir alle hiesigen Errungenschaften freistellen! Das Wissen der Parmosen darf zu keiner Patentanmeldung innerhalb des CET führen. Letztendlich war es eben auch keine terranische Erfindung oder eben auch keine Erfindung innerhalb des CET."
„Zweifelsohne ein richtiger Schritt." Günter stand auf und schloss seinen Raumhelm. Über den Außenlautsprecher war zu vernehmen: „Jetzt achte ich noch mehr auf mein Leben, denn wir haben die Möglichkeit, von Phero wieder wegzukommen. Gehen wir weiter runter?"

Auch wir schlossen die Helme sicherheitshalber und begaben uns wortlos zum Bereich der Wendeltreppe. Dieser folgten wir bis zum letzten Unterdeck.
Bald fanden wir das Virendepot, in welches wir aber nicht mehr eindrangen. Das musste nun nicht mehr sein. Es gab mehrere Arten von Depots dieser Art, doch nur eines war versiegelt worden, die anderen standen einfach offen. Deutlich konnte ich eine Apparatur erkennen, welche ich auch schon von Parmos wusste. Eine Atomzerfallsbatterie, wahrscheinlich weiter in den Mondboden eingelassen, mit dem dazugehörigen Regelschrank. Damit

konnten sicher solche Kühlanlagen mit Stickstoff betrieben werden und tiefer im Mondboden war es ohnehin kälter, Außerdem besaß dieser Tank eine gewaltige Isolierung, wie noch zu erkennen war. Auch eine Schemazeichnung informierte uns darüber. Nachdem wir diese Räumlichkeiten ausreichend inspiziert hatten, wollten wir noch das mittlere Unterdeck begutachten. Das waren die Mannschaftsräume mit verschiedenen Videoprojektoren.

Max legte das Scanreadpanel über die beschrifteten Schaltflächen und aktivierte so eine Videosequenz, welche hier sicher über einen Hostrechner geholt wurde. Die letzte Sequenz, welche hier abgespielt wurde, lag noch im Zwischenspeicher vor und zeigte einen See auf Parmos, der von Fischen bewohnt war. Ein Sonnenaufgang zierte eine ganze Wand und Kaninchen oder ähnliche Tiere sprangen lustig umher. Wie sooft, wenn etwas fehlt, wurde diese Stimmung künstlich erschaffen. So auch bei diesen Parmosen.

Hier konnten wir nun auch einmal die persönlichen Güter genauer betrachten, denn alles war in bestem Zustand. Eine Sache, welche gar nicht einmal so seltsam erschien war, dass bislang alle bekannten Außerirdischen auch Bücher hatten! Sicher gäbe es bei den fortgeschrittenen Intelligenzen auch äquivalente Methoden, literarisches Material zu konsumieren, Flachschirme, verschiedene Arten von E-Books, aber das Buch in seiner gedruckten Form hatte seinen Bestand, egal welche Materialien dazu verwendet wurden. Ein irgendwie beruhigender Gedanke, der dazu verleiten kann, doch alle Intelligenzen irgendwie von einem Niveau aus zu betrachten.

Diese Naturszene endete nach einer Zeit, die für die Parmosen möglicherweise zum Einschlafen reichen sollte. Nachrichtenübertragungen waren sicher schon seit dem sechsunddreißigsten Kularnath, also dem Tag der Apokalypse eingestellt.

Wir wanderten in eines der nächsten Quartiere.
Diesmal legte mein Gatte das Panel auf das Türschild und es wurde der Name des ehemaligen Bewohners angezeigt: Matras von der Grasburg. Namen hatten diese Parmosen, aber nachdem ich mir wiederum vorstellte, dass dieses Volk eine sehr lange Mittelaltersphase hatte und die Namen von ihnen sicher auch einmal gesetzlich geregelt wurden, wurde eine weitere Differenzierung mit `zu´ und `von´ und `von der´ erreicht. Außerdem könnte es auch noch weitere Zusammenstellungen geben oder gegeben haben. Unter dem Namen gab es auch noch den Hinweis des Berufes. Vielleicht hatte es hier eine gewisse Klassifikation gegeben. Matras war ein `Geologiestatiker´. Zumindest konnte das Scanreadpanel

diesen Beruf so übersetzen. Dieser Mann war scheinbar schon von der Bauzeit der Pherostation an hier.
„Gab es vielleicht auch Parmosen, welche sich für ihr Leben für ein Projekt verpflichtet hatten? Ich meine, dieser Matras müsste seinem Beruf nach schon lange hier weilen. Oder wollten manche dieser Männer gar nicht mehr nach Parmos zurück?" Ich stellte diese Frage einfach einmal in den Raum.
Günter antwortete mir.
„Wenn jemand lange in dieser geringen Schwerkraft lebt und nicht laufend seine Muskulatur in Form hält, könnte es vielleicht vorteilhaft sein, nicht mehr auf Planeten mit höherer Schwerkraft zurückzukehren. Ich wette, dieser Matras hatte bereits sehr poröse Knochen. Ob die Parmosen diese nun bereits mit einer Genveränderung korrigieren konnten, ist noch nicht bekannt. Auf Terra gibt es diesbezüglich bereits Erfolge. Doch nachdem die Knochenversteifung auch noch von einer Untersequenz des Gehirns veranlasst wird, kann die moderne Genetik eben auch noch nicht alles. Vielleicht gelingt es auch noch eines Tages, auf das Instinktverhalten der gehirnlichen Grundsteuerungen Einfluss zu nehmen. Doch auch uns sind diesbezüglich noch immer Grenzen gesetzt."
Das war mir schon so einigermaßen klar. „Ähnlich der Karatekämpfer, welche nur mit höchster Konzentration und Ausdauer in den Trainingskämpfen ihren Knochenaufbau so verändern können, dass die Faserstruktur dieser sehr fein und verflochten wird und eine extreme Bruchfestigkeit erreichen."
„Ganz genau, Gabriella. Die Natur hatte bislang ihre Geschöpfe mehr und mehr den Gegebenheiten angepasst. Derjenige der immer auf die Berge stieg bekam größere Lungen, der Langzeittaucher ebenfalls. Die mit der tägliche Schaufel in den Händen bekamen ihre Hornhäute an den mehr benutzen Stellen um einen gewissen Schutz zu bieten und wo etwas nicht benötigt wurde, hatte auch die Natur schon begonnen, Substanzen abzubauen."
Max grinste und lachte anschließend! „Was ist denn, Liebster?"
„Wir müssen uns sputen, unsere Gehirne gut zu nutzen, nicht dass dann die Natur uns den letzten Rest auch noch abbaut! Wir nutzen ohnehin von Natur aus nur etwas mehr als zehn Prozent." „Wir nutzen mehr, Max! Unsere Genkorrektur erlaubt uns einen wesentlich höheren Zugriff und einen breiteren Informationsdurchfluss."
„Im besten Trainingsfall sechzig Prozent, das ja, aber mir müssen auch dran bleiben!"
„Das tun wir doch oder? Schauen wir uns mal an, was sich Matras so an Videos ansah, vielleicht können wir dann da auch noch was lernen."

Max aktivierte den Videostream von diesem Terminal aus und wir warteten, bis sich die Einleitung zeigte, dann auch die ersten Szenen erschienen.

„Jetzt könnt ihr wirklich noch was lernen, ihr zwei Intelligenzbolzen!" Ich konnte mein Lachen nicht mehr halten! Matras hatte als letzte Videosequenz einen Pornofilm im Programm.
„Sicher können wir hier noch was lernen, Gabriella! Ein parmosischer Pornofilm, das ist doch was! Schau, es geht heiß her – oh, Mannomann, auch von der Geschwindigkeit her waren die Parmosen auf ´Nicht lange fackeln´ eingestellt. Da, schon die nächste Szene, andere Frau, gleicher Mann. Dieses Volk war von Natur an auf schnelle Reproduzierung geeicht. Was meinst du Günter?"
„Hmmh, was ich hier sehe, also, ich meine, es war zu erkennen, dass es eigentlich keinen Filmszenenwechsel gab sondern dieser Parmose von einer Frau zur anderen wechselte. Eine Haremsnatur. Die Männer sind noch potenter als terranische Männer und den Frauen reicht ein kurzer Akt. So konnten sicher auch die Mehrfachgeburten noch multipliziert werden. Wenn nur drei Familien auf Parmos überlebt hätten, drei Familien mit gut gemischten Genstämmen, dann hätte Parmos in fünfzig Generationen fast wieder so aussehen können, wie vor dem Krieg."
„Nein. Die Strahlung hätte das verhindert", so Max. „Gut. Ich meine, wenn es strahlungsarme oder gar –freie Gegenden gegeben hätte. Hier auf dem Mond war das nicht möglich, es hätten die Vorräte schon eine Grenze gebildet."
„Schaut mal, die nächste Frau! Hoffentlich wird niemand diese Videos auf Terra einschleusen."
„Warum dies, Gabriella?"
„Dann wäre es mit der neuerlich wieder angestrebten Heteroehe bald wieder vorbei."
„Hättest du Angst, dass dein Max nun eine kosmische Haremsstruktur anstreben könnte?" Günter stellte diese Frage witzig, dennoch wussten wir noch zu wenig über mögliche kosmische Rassenkreuzungen. „Befasse dich doch einmal damit, was sein könnte, wenn sich zum Beispiel Terraner und Oichoschen vereinigen würden. Oder Terraner und Chorck."
„Soviel ich weiß geht das mit den Chorck nicht. Allerdings das mit den Oichoschen wäre möglich, dies hatte Dr. Akos Nagy, der Kosmobiologe schon herausgefunden. Die große Frage wäre nur, wie sich das auf das dritte Oichoschengeschlecht auswirken könnte. Wären dann die Neutros zum Untergang verurteilt oder würde aus einer brachliegenden menschlichen Gensequenz heraus dieses Drittgeschlecht sozusagen neu aktiviert. Wenn

die Lebenssporentheorie zugrunde gelegt wird, würde ich eher auf die zweite Möglichkeit tippen."
„Wir sollten hierzu nicht oder noch nicht darauf drängen, es zu erfahren. In den letzten Jahren geschah dermaßen viel Neues mit den Randexperimenten, wenn es denn einmal dazu kommen sollte, naja. Wir sollten uns noch Zeit lassen." So meine Ansicht.
„Kommt alles irgendwann einmal von selbst, wenn sich die Gelegenheiten dazu bieten." Das war die Meinung Günters.
„Hoffentlich dauert das noch an. Also, diese Videosequenz wird in der offiziellen Berichterstattung unterschlagen."
„Ich denke, das ist gar nicht nötig, Liebster. Wenn dieses System einmal von der CET freigegeben wird und weitere, weniger professionelle Forscher hier herkommen oder auch so was wie Hobbyarchäologen, dann wird es auch hier keine Geheimnisse mehr geben."
„Aber Gabriella! Ich denke, Parmos wird lange unter Verschluss gehalten. Zuerst brauchen wir dieses System hier noch für unser Alibi den Chorck gegenüber. Ich denke, es wird wohl einmal ausgewählte oder per Ausschreibungen definierte Familien von Terranern geben, welche eine Funktionalität aufrechterhalten werden, sodass die Chorck weiterhin fest glaube, Terra wäre hier. Ich bin auch überzeugt, dass die kleine Magellansche Wolke bald Besuch von den Chorck bekommen wird. Auf den Spuren der mittlerweile gehassten Terraner, weil sie das universelle Imperium schon von ihrer diplomatischen Struktur her gefährden. Natürlich auch, weil es da eine kleine Terranerin gab, die sich erlaubte, das Missionsleitschiff zu stehlen. Alles in allem eine Tat, mit der die großen Chorck wohl nicht gerechnet hätten."
„Wenn sich jemand `über´ den anderen fühlt und dabei mit gehobener Nase durchs Leben wandeln möchte, kann aber auch leichter stolpern."
„Das, meine liebe Gabriella, das hatten auch schon viele des terranischen Volkes erfahren dürfen. Los jetzt. Wir schauen uns noch ein paar Quartiere an, dann können wir Pherolomon für die anderen Wissenschaftler freigegeben."
„Klar, aber es wird verbotene Bezirke geben!" Günter warnte, denn mit den Viren sollte auch nicht gespaßt werden.
„Verbotene Bezirke solange, bis wieder geeignete Forscher eintreffen. Die Methodik dieser Parmosen, Gene zu manipulieren . . ."
„ . . . dürfen wir auch nicht ununtersucht lassen, ich weiß, Max. Aber vorerst sollte noch höhere Vorsicht geboten werden."

So suchten wir uns eines der nächsten Quartiere. Das Scanreadpanel verriet, es handelte sich um das Gemach von Miolene von Karosens. Mich

interessierte natürlich die Differenz von Einrichtungen und Gebrauchsgegenständen der Parmosenmänner zu den Frauen.
Als wir dieses Quartier betraten, zeigten sich keine großen Unterschiede, aber ich wusste, es würde welche geben.
Das Hygienezentrum alleine zeigte schon die ersten Unterschiede. Noch war nicht Genaueres über die Biologie der Frauen bekannt. Die Bücher waren weniger hilfreich dabei, oder Josef Zelzer hatte eben noch keines dieser Exemplare für innere Medizin oder eben innere Körperfunktionen übersetzen lassen. Die Geschichte und die Ursachen der Kriege waren dabei erst einmal vorrangig.
Eine Art Bidet mit einem sehr breiten Rand und verschiedenen technischen Ausstattungen befand sich neben einer `Anlehntoilette´. Eine Toilette welche etwas französisch anmutete. Daneben wieder eine Dusche, ebenfalls mit verschiedenen technischen Ausstattungen. Ich war sicher, es gab Wasserzerstäuber, damit auch Wasser von Grund her eingespart werden konnte. Ob die Parmosen schon Wasser aus dem Mondboden gewinnen konnten, hatten wir noch nicht erforscht. Dies wäre durchaus möglich, wie auch Experimente mit dem terranischen Mond gezeigt hatten.
Natürlich wollte Max auch noch wissen, was sich diese Frauen hier damals so an Videomaterial gönnten. Zwar gäbe es auch den universellen Zugang über den Hostrechner, aber die letzten Sequenzen sollten doch auch eingesehen werden.
Er aktivierte also auch diese Stream und es war eigentlich kein Wunder, was wir nun zu sehen bekamen. Der innerste Traum einer Frau von Parmos waren nun einmal viele Kinder. Dennoch, dieser Film zeigte möglicherweise die Idealvorstellung einer Parmosenfrau. Viel Eigentum, viele Kinder, einen großen Garten vor einem ebenso großen Haus, gute Einrichtungen und Haushaltsgeräte – schlichtweg eben das technisch maximal machbare Paradies. Leider konnte hier erneut festgestellt werden, dass sich dieser Film mit vielen Werbebotschaften der Erde gleicht. Das Versprechen mit verschiedenen Produkten dem idealen Sein am nächsten zu sein. Zwar sollte dieser Film möglicherweise eine Familienharmonie stillen, denn diese Mondbewohner wussten ja, auf was sie sich eingelassen hatten und wussten ebenfalls, was auf ihrem Mutterplaneten so im Laufen war. Das Seelenleben der Parmosen sollte aber trotzdem noch, trotz vieler Ansätze, unbekannt bleiben. Solange man keinen lebenden Parmosen kannte, war alles andere Spekulation.
Die einzige Antwort in allen nachempfundenen Situationen ergäbe nur, dass auch alle Krieger letztendlich sich Frieden wünschen. Nur eben einen Frieden, den sie nach ihren Idealen zu gestalten dachten und erst einmal dafür kämpfen wollten.

Als wir Miolenes Quartier verlassen hatten, meinte Max: „Es müsste doch noch so was wie einen Gemeinschaftsraum geben. Das Explosionsplott von der GAUSS zeigte doch einen mehreckigen Raum hier in der Mitte."
„Dann gehen wir doch mal zu Mitte, wir sind immer noch in einem Randbezirk. Schau, da sind Symbole an den Wänden. Wegweiser also und da hast du deinen Oktagonaufenthaltsraum." Ich deutete auf eine seltsam schematische Zeichnung des Außenflurs.
„In der Tat. Also da lang!"
Max deutete den Gang entlang und drehte die Hand nach links. Dieser mittige Aufenthaltsraum war nur über mehrfaches Abbiegen zu erreichen. Vielleicht war diese seltsame Raumaufteilung dazu da, die Parmosen von der riesigen Dimension der unterpheronischen Anlage abzulenken. Also um einen noch unbekannten psychologischen Angsteffekt zu unterbinden.

Wir kamen an vielen Quartieren vorbei, der Gang zum Zentrum erfolgte immer in einem Versatz der Wege zum Mittelpunkt von den Kreiswegen aus gesehen. Eine Großschleuse empfing uns und dieses Portal funktionierte sogar noch vollautomatisch. Entweder hatte sich dieses möglicherweise autarke System die Energie von `unserer´ Solarladung geholt oder es hatte noch eine andere Versorgung. Dieses Mal kam uns ein Luftdruck entgegen! Nur nicht so stark, dass wir wieder umgefallen wären. Wir sahen auf eine paradiesische Welt. So könnte einmal ein Teil von Parmos ausgesehen haben. In der Mitte ein See, kleine Kunststrände und sogar kleine Berge in den hintersten Bezirken.
Dieses Erholungszentrum wurde sicher auch dazu genutzt, mit Pflanzen auch den Sauerstoffgehalt der Station zu verbessern. Palmenähnliche Gewächse in der Nähe des Sees, Nadelbäume mehr in Richtung der Kunstberge, beziehungsweise, der aus Mondgestein belassenen Erdreste.
„Man hatte auch die Erdsubstanz des irdischen Mondes getestet, ob darauf Vegetation blühen könnte und der Erfolg war enorm. Bis heute weiß man nicht, warum sich Mondgestein so hervorragend für Pflanzenwachstum eignet. Immer noch vermutet man, dass die zigjahrtausendelange Bestrahlung durch die kosmische Hintergrundstrahlung etwas damit zu tun haben könnte. Seht ihr, es gibt immer noch etwas zu erforschen!"
„Ich habe darüber gelesen, Günter. Ein weiterer Beweis dafür ist nun hier zu sehen. Ich muss schon ein Lob an die Parmosen aussprechen! Hier haben sie etwas Erstklassiges geleistet. Soweit sind sogar unsere arabischen Freunde mit den Kuppelhotels auf Luna noch nicht."
Sogar ich hatte so etwas hier zumindest nicht erwartet.
„Hier können wir noch mehr Bilder und Aufzeichnungen machen, Max. Wenn die Lunahotelbesitzer dann davon etwas mitbekommen, werden sie

bald mit Nachbauten dieser Art beginnen." „Ha! Ich mache schon mal manuelle Bilder und davon viele! Das gibt unserem Mond wieder weitere Hochkonjunktur."
Ich ging den Männern voraus und öffnete meinen Raumhelm. Max und Günter taten es mir gleich, wir schwärmten gegenseitig von diesem süßen Pflanzenduft.
Ich verspürte einen inneren Drang, mir im künstlichen Mondsee ein Bad zu gestatten. Doch daraus wurde nichts. Als ich das Wasser sah und vor allem beim Näher kommen roch, hätte ich mich fast übergeben müssen. Die Männer wendeten sich schnellstens ab, gingen auch ein paar Schritte zurück. Der süße Pflanzenduft konnte nun mal nicht alles übertünchen.
Ich betrachtete die Vegetation. Sie war etwas verwildert. Das bedeutete aber trotzdem, dass eine Automatik noch sehr lange Zeit dafür gesorgt hatte, die Pflanzungen zu regulieren.
„Diese Mondstation hatte sicher eine zentrale Wasseraufbereitung und ein verbundenes Wassernetz. Dies dürfte in etwa so funktioniert haben: Zuerst die Sicherung von Trinkwasser, dann die Sicherung von Brauchwasser und letztendlich die Versorgung des künstlichen Sees, welcher wieder in das Recycling eingebunden sein dürfte."
Mein Gatte dachte natürlich schon wieder an technische Lösungen. Auch das war natürlich für den irdischen Mond wichtig.
Günter wusste zu ergänzen: „Es wäre nicht schlecht, wenn wir dieses System erkunden könnten, denn die Parmosen haben zumindest in der Mondforschung weitaus mehr Erfahrung als wir Terraner."
„Ich werde deine Idee vermerken, Günter. Das soll dann unsere Nachhut erledigen. Unsere Aufgabe hier ist nun eigentlich fast erledigt. Wir brauchen noch ein paar Daten von der Mission der Parmosen. Jenes Generationsschiff, welches in dieses Mirium-System unterwegs sein sollte. Ich gehe ja schon einmal davon aus, dass damit das Y-System gemeint sein sollte. Tamines hatte es Y-System genannt, weil X eben für Parmos stand, also wegen der atomaren Strahlung und damit bekam auch das Nachbarsystem schon einen Namen."
„Einfach und logisch. Vor allem treffende weibliche Logik." „Naja", machte Günter."
„Hast du was gegen weibliche Logik?" Es galt doch für mich, die Logiken der Frauen zu verteidigen.
„Kommt darauf an, von welcher Frau welche Logik kommt. Ich habe da auch meine persönlichen Erfahrungen. Nicht jede Frau kann so treffsicher kombinieren wie zum Beispiel du, Gabriella. Außerdem sind die meisten Frauen nicht so nachhaltig ehrgeizig wie du. Das soll natürlich auch keine

Beleidigung sein, denn die Natur hatte ursprünglich der Frau eine andere, nicht minder wichtige Bedeutung zugedacht!"

„Akzeptiert! Du hast dich sauber herausgewunden, Günter. Mein Kompliment dazu."

„Danke, aber wie wäre es denn, wenn wir uns nun von diesen Örtlichkeiten verabschieden würden? Mond ist ja schön und Mond ist auch gut, aber ich möchte mich nun eher mit meinen Patienten befassen. Ich habe da schon gewisse Vorstellungen und denen möchte ich nachgehen."

„Es ist wirklich an der Zeit. Miolene, Sharene, der Admiral und der Doktor hatten zu Lebzeiten wohl nicht gedacht, dass sie noch einmal nach Parmos zurückkehren würden."

Max hatte ein halbtrauriges Lächeln aufgesetzt. Ich wusste, dass dieses Schicksal der Parmosen ihn in seiner Seele nicht ganz ruhig bleiben lassen kann.

Während unseres Rückzuges aus dem fantastischen Erholungszentrum von Phero murmelte Günter noch: „Und dass sie auch noch mal eine Reise von 170000 Lichtjahren unternehmen werden wohl auch nicht. Wir werden doch den Parmosen noch die Ehre für einen Besuch nach Terra erweisen, oder?"

Ich erschrak. Ich selbst hatte überhaupt nicht daran gedacht, Leichen dieser Spezie nach Terra zu transportieren! Hier klingelte mein Moralgefühl! Konnten wir und dies gestatten? Ist die Totenruhe nicht eine alteingebrachte Selbstverständlichkeit? Sicher auch nicht ganz, denn wenn wir schon mal hier einige dieser Parmosenkörper untersuchten, dann war es mit dieser Selbstverständlichkeit auch schon vorbei. Aber ein Transport nach Terra und dann? Eine Ausstellung vielleicht noch, dass die Terraner diese vergangene Spezie auch noch in Schaukästen begutachten könnten?"

Auch Max schien sich nun mit diesen Gedanken zu befassen. Männer dachten hierbei sicher wieder anders. Doch versuchte mein Gatte sich in solche Leute wie es zum Beispiel der Admiral oder der Doktor war, auch noch hineinzufühlen.

„Ich denke, wir werden einige der Leichen mit nach Terra nehmen. Hierzu muss aber der Sicherheitsrat der CET entscheiden und ich möchte in jedem Fall vorschlagen, dass für die Öffentlichkeit lediglich Fotos von Parmos und von Phero gezeigt werden. Der Transport oder dann die spätere Existenz von Parmosenleichen auf Terra müsste meiner Ansicht nach geheim bleiben. Es geht schließlich auch um Forschung und diese Parmosen waren ebenfalls Forscher und würden, wenn sie von ihrem Schicksal wüssten, meiner Ansicht nach auch zustimmen. Ich möchte dies auch, wenn ich keinen anderen Weg mehr hätte."

Günter grübelte, man konnte es ihm ansehen. Erst als wir wieder in der Zentrale der Mondstation waren und den Doktor im Schlauch sahen, brach es aus Günter heraus: „Allen Abwägungen zufolge würden Raumfahrer so denken. Ich mittlerweile auch."

„Also, nehmen wir unsere leblosen Freunde mit. Dies sage ich aber in Hochachtung vor diesen Verstorbenen. Irgendwie hatten sie ja auch eine kurze Zeit für uns gelebt. Die Stimmen der Aufzeichnungen, die Ratschläge, sogar für eventuelles außerparmosisches Leben, was wir ja sind, die Erzählungen und die Geschichten – und eben das unausweichliche Schicksal nebst den Bemühungen, die Erbsubstanz der Mitbürger und die der Forscher selbst in andere Bahnen zu lenken. Damit haben sie sich ein nachträgliches, hohes Lob verdient und auch, dass wir diese Hinweise und diese Warnungen selbstverständlich ernst nehmen. Mehr noch! Wir haben sie unbedingt ernst zu nehmen."

Kurz vor seinem Suizid hatte Dr. Heram zu Sinzana sich aber nicht zu den Kollegen in die Halbrohrverbindungen begeben. Es waren aber auch noch weitere tote Parmosen in der Zentrale. Vielleicht wollten diese ihren `Arbeitsplatz´ einbehalten. Diesbezüglich gab es keine Informationen mehr, was aber letztlich wirklich unbedeutend war. So schlossen wir also unsere Raumhelme, um diese Mondstation der Parmosen, das Pherolomon zu verlassen. Hier hatten wir relativ viele Daten sammeln können, natürlich auch viel Studienmaterial, leider in Form von Leichen.

Max hantierte noch an den Computerelementen der Station. „Ich versuche noch aus den letzten Aktivitäten Daten über die `Morgenblüte´ zu bekommen. Mittlerweile könnte dies auch möglich sein, da auch der Operationsname schon bekannt ist.
Abbasch! Kannst du versuchen, einen Datenlink auf den ehemaligen Satellitenfrequenzen zu erzeugen?"
„Ich werde es versuchen!"
Es dauerte eine geraume Weile, dann fragte der Rechner aber nach einem Passwort. Morgenblüte als Passwort funktionierte nicht. Doch Abbasch schaltete die schnellen Rechner der GAUSS zusammen und brachte es fertig, dieses Passwort der Parmosen zu umgehen. Die Sicherheitsmerkmale waren nicht so stark ausgeprägt wie bei terranischen Transputern und allgemeinen Rechner. So gelang es auch, gezielt nach der `Morgenblüte´ zu suchen und es ließen sich auch die entsprechenden Daten finden.
Ich persönlich musste unseren oichoschischen Freund überaus bewundern. Vor zwei Jahren wusste er noch nicht einmal, was elektrischer Strom war

und nun arbeitete er an Rechnern und Programmen wie ein absoluter Profi. Diese Oichoschen! Zuerst gab es noch Diskussionen, ob wir mit diesem mittelalterlichen Volk überhaupt Kontakt aufnehmen sollten. Nun haben sie sich selbst bereits aus dem Stand des Mittelalters herauskatapultiert. Sicher mit terranischer Entwicklungshilfe, aber eine Entwicklungshilfe, welche Terra und dem CET wieder vollkommen zugute kommt und noch kommen wird. Das war eben auch Entwicklungshilfe, wie sie sein sollte. Gewissermaßen eine Investition in die Zukunft.

Nun schlossen wir aber unsere Raumhelme endgültig, um diese Station zu verlassen. Dazu nutzen wir allerdings eine andere Schleuse, denn die, durch die wir hereingelangten, hatte ich ja erfolgreich versiegelt. Günter nahm Dr. Heram zu Sinzana mit, Max packte sich Miolene unter den Arm; bei diesen Schwerkraftverhältnissen absolut kein Problem und ich sollte noch Sharene transportieren.
Da ich die Männer vorangehen ließ, ich also die Letzte war, lief ich auch noch mal zu dem Schrank zurück, in der diese Dichtungsbänder sich befanden. Von diesem Material wollte ich unbedingt eine Probe haben. Ich griff mir die kleinste Rolle und schloss mich Max und Günter an. Mit Sharene unterm Arm. Es wurde sehr eng in dieser kleinen Schleuse hier, denn die Parmosen waren ja teilweise über zweimeterfünfzig groß und die Damen hatten noch dazu eine parmosisch-naturgemäß breite Taille wegen der gebärfreudigen Becken. Ich dachte so bei mir, ob vielleicht die Beckenmaße einmal geschrumpft wären, wenn die Erbgutmanipulation angesprochen hätte? Was nicht abgeschlossen wurde, kann man auch nicht nachvollziehen.
Die Atemluft wurde nur sehr, sehr langsam abgepumpt. Sicherlich war die Energieleistung der Solargranulate noch nicht auf seinem Höhepunkt angelangt oder auch das Granulat hatte nicht mehr die volle Wirkung. Solche aktiven Materialien zersetzten sich ja doch auch von selbst, ähnlich wie sich auch normale Batterien bei langer Lagerung zersetzen, sprich, entleeren.

Wir brachten nun Miolene, Sharene und Dr. Heram zu Admiral Norgal in die Schleuse der B-Gondel des Twinstar-Modells GAUSS.
Kurz darauf standen wir schon unter der Luke der A-Gondel und der Antigrav aktivierte sich automatisch mit einer Aufwärtspolung. Nacheinander schwebten wir in die relativ größere Sicherheit der GAUSS.
Zweifelsohne hatte der Einsatz hier auf Phero große Emotionen hervorgerufen. Ein kleines Forscherteam, welches den Mond nach den Genesispriestern erobert und mit allen Mitteln und allen persönlichen

Energien an Möglichkeiten gearbeitet hatte, ihre Welt und ihre Zukunft zu sichern. Vergebens.

Ich legte die Rolle mit diesem sagenhaften Dichtband auf die Mittelkonsole. Mein Gatte hielt inne und fragte: „Was ist das?"
„Das ist so ein Dichtband, wie ich es für das Abdichten der Mannschleuse verwendete. Ich dachte, es könnte ebenfalls von Forschern untersucht werden, denn ich vermute sogar, dass wir es mit einem Nanotechnikprodukt zu tun haben. Gewissermaßen intelligente Technik. Wir konnten ja auch schon feststellen, dass die Parmosen Anfänge von Tachyonenplatinen oder Tachyonenscheiben kannten. Der langsamen technischen Entwicklung von Parmos zufolge hätte es sicher noch Jahre oder Jahrzehnte, wenn nicht Jahrhunderte gedauert, bis daraus solche Wafer geworden wären, wie Georg und du gebaut hattet. Aber immerhin! Und nachdem bei der schnellen terranischen Entwicklung wieder viele Entwicklungsschritte auf einmal genommen wurden, dachte ich, nehme ich einmal so ein Dichtungsband mit. Kleinigkeiten könnten manchmal auch größere Dinge im Schlepptau haben, nicht wahr, mein geliebter Gatte?"
„Du bist und bleibst eine Ausnahmefrau! Du denkst wie ein Mann, wenn es an der Zeit ist, wie eine Frau, bist aber auch eine Frau und du besitzt Logik. Auch Forscherlogik. Was, wenn wir dich nicht hätten?"

Für solche Lobeshymnen war ich zwischendurch sehr dankbar. Es war nicht leicht eine Frau mit den Idealen der Gokk-Lehre zu sein, ohne zwischendurch auch wieder entsprechend gelobt zu werden.

„Max, Günter und Gabriella! Seht bitte mal hierher auf dieses Hologramm!"
Wir wandten uns Abbasch von der Höhe zu und er freute sich sehr, uns etwas präsentieren zu können.
„Ich habe die Daten aus Pherolomon weitgehendst in unser Rechnersystem implementieren können. Also auch Umrechnungen und eine Softwareinterface, um parmosische Simulationen ablaufen lassen zu können. Hier also `Die Mission Morgenblüte´ der Parmosen."

Sicher, es handelte sich um einen Animationsfilm dieser Mission. Im Orbit um den Planeten wurde mit Hilfe einer radförmigen Raumstation eine weitere radförmige Raumstation gebaut. Im Anschluss wurde mit Hilfe von beiden Stationen eine dritte zusammengesetzt. Diese dritte Station erhielt aber mehrere Antriebselemente und bald bewegten sich zwei der Stationen in einem Achterorbit um Parmos und Phero. Uns war schon klar, dass eine der Stationen das Stationsshuttle war. Hydrotanks der neueren Station

wurden mit Monderde befüllt, also immer dann, wenn diese in der Nähe von Phero war. Langsam verstand ich den Vorgang und ich erklärte den Männern:
„Die Parmosen hatten ebenfalls entdeckt, dass sich die Monderde für eine Bepflanzung sehr gut eignet und sie haben davon eine gut berechnete Menge an Bord getan. Die Monderde hatte noch einen Vorteil! Sie konnten Antriebsenergie sparen, denn mit den Stationszubringern war es einfacher, Erde vom Mond weg zu transportieren, als von Parmos. Dieses Missionsschiff hatte sicher in allen Segmenten einen kleinen Park unter anderem auch um Sauerstoff zu erzeugen und die Kohlendioxidkonzentrationen wieder umzuwandeln. Auch der Wasserhaushalt musste geregelt werden, aber das Verfahren haben wir sicher schon auf diesem Mond erkennen können."
„Was meinst du Gabriella, leben diese Missionsteilnehmer zum Mirium-System noch?"
„Schwer zu sagen, aber ich denke, wir sollten uns bald mal aufmachen, nach ihnen zu suchen. Normalerweise müssten ihre Nachkommen noch leben, wenn sie von den Eltern immer gut instruiert wurden. Dazu gehört eine hohe Anstrengung und vor allem auch eine hohe Überzeugungskraft, denn ausgerechnet bei solchen Streithähnen, wenn dann diese noch in einer Station zusammengepfercht zu leben haben. Des Weiteren musste für diese Station eine Geburtenkontrolle eingeführt worden sein. Oder es wurde mit sehr wenigen Pionieren gestartet und man berechnete in etwa den Populationszuwachs. Dabei kommt aber das nächste Problem der Inzucht! Also besser mit mehreren starten und eine radikale Geburtenkontrolle bis zur Ankunft."
„Wie lange ist denn dieses Missionsschiff schon unterwegs?"
Günter stellte eine eben für diese Mission entscheidende Frage!
„Die Mission startete im Jahre der Gründung des Nonabsolutum und das Nonabsolutum spielte bis zum Tod von Alhas 56 Jahre lang!"
Abbasch wusste sogar schon diese Antwort. „Dies wurde nämlich von einem Bodenstationsleiter in einer der Aufnahmen erwähnt, welche ich mal kurz und schnell durchgespult hatte."
„Lass mich mal schnell nachrechnen, das sind dann also unsere 252 Jahre plus etwa diese sechsundfünfzig parmosischen Jahre und vielleicht ein paar zerquetschte Monate, also im Endeffekt etwas mehr als siebenunddreißig Terrajahre. Knapp 290 Jahre nach Terrastandart sind sie also unterwegs. Mit welcher Geschwindigkeit werden diese Parmosen wohl reisen?"

Das wusste natürlich niemand.

„Wir kennen die Antriebe des Missionsschiffes nicht." Max fuhr also einfach fort und stellte mögliche Hypothesen auf. „Ich kann also erst einmal davon ausgehen, dass dieses Schiff im Raum zusammengebaut wurde und die Hydroerde vom Monde holte. Vielleicht wurde auch das Wasser aus dem Mondboden gewonnen. Das Schiff selbst wurde sicher mit einem Rückstoßantrieb ausgerüstet. Aber ebenso sicher auch mit anderen Antriebsarten. Antriebe mit langsamerer Geschwindigkeitszunahme wie sparsame Ionengeneratoren. Ein Generationenschiff musste ohnehin mit Zeit arbeiten. Nun sahen wir schon die Entwicklung von waferähnlichen Platten, die nur bei weitem nicht die Effektivität haben, als unsere Tachyonenwafer. Aber als zusätzlichen Antrieb könnte ich mir so ein System durchaus vorstellen. Ich gehe davon aus, dass dieses Missionsschiff bereits die Hälfte der Strecke zurücklegen konnte und vielleicht mittlerweile auch etwa fünfzehn Prozent Lichtgeschwindigkeit erreicht hat. Achtung! Meine Angaben sind Schätzungen. Nachdem dieses Schiff nun bereits die Strecke bis zu dem 2,2 Lichtjahren entferntem System theoretisch in etwa fünfzehn Jahren erreichen könnte, bleibt aber dennoch noch das langwierige Beschleunigungsverfahren und natürlich jetzt auch noch das Bremsmanöver, damit sie nicht über ihr Ziel hinausschießen. Fünfzehn Prozent Lichtgeschwindigkeit kann nicht mehr von einem Voreinfädeln in eine Bremsparabel eines Systemsplaneten minimiert werden. Da liegt das Maximum etwa bei, ich schätze mal so rund sechs Promille der Lichtgeschwindigkeit und dies bei einem `Bremsplaneten´ der Saturnklasse. Also bremsen bei einem Riesenplaneten und dann ein Parabelspringen durch das Sonnensystem um eine Welt in einer Biosphäre zu suchen. Wir sehen, das Bremsmanöver müsste bereits laufen und es gibt sehr viel zu bremsen!"

„Ich verstehe gar nichts mehr." Jammerte Günter. Max lachte und tröstete ihn. „Ich habe die Physik studiert und du die Medizin. So wollen wir uns ergänzen und das System erhalten." „Bleibt mir wohl auch nichts anderes übrig."
„Keine Bange. Auch mein Max hat nicht immer Recht!"
„Aber sehr oft, vor allem was solche Schätzungen angehen."
„Na also! Damit kann ich ja dir wieder Recht geben."

Abbasch unterbrach. „Es gibt über den Verlauf der Mission keine weiteren Daten. Der Krieg sechsundfünfzig Parmosjahre nach dem Start zerstörte somit auch die Bodenkontrollstation. Dies müssten also die Missionsteilnehmer noch mitbekommen haben, nur hatten sie auch nicht mehr antworten können. Dazu waren sie schon viel zu weit weg und die

Nutzung der Tachyonen als Übertragungsmedium der Kommunikation – na, das wissen wir schließlich, soweit war dann die parmosische Technik eben auch noch nicht."

Max wollte nun alles Weitere zum Laufen bringen und er rief die Koordinationszentrale auf Parmos.
„Georg! Wir haben viele Neuigkeiten und nun auch ein paar Daten über diese Mission der Parmosen, also über dieses Generationenschiff, welches in das benachbarte Sonnsystem unterwegs ist. Wir bringen auch ein paar sehr gut erhaltene Leichen von Phero mit. Der Admiral ist dabei, Dr. Heram zu Sinzana und zwei weibliche Parmosen. Es gibt viel zu forschen und zu untersuchen."

Georg wirkte sehr, sehr aufgeregt, wie sein Bild per Holoübertragung schon verriet!
„Klasse Max! Mit der GUISEPPE PIAZZI aus Italien kamen auch viele Spezialisten aus Brasilien und diese haben ihre Anweisungen von Bernhard Schramm bekommen. Sie brachten genmodifizierte Samen für schnellwachsende Urwaldpflanzen mit. Ein paar Leute wurden vorübergehend vom Mars abkommandiert. Die Samen lassen sich teilweise auch noch mit den hiesigen Samen kreuzen. Bald gibt es wieder einen oder mehrere Regenwälder auf dieser Welt. Teilweise schüttet es ohnehin schon gewaltig. Die neuen Aircleaner sind auch schon voll im Einsatz."

„Ist noch etwas?" Max fragte nach, denn er kannte seinen Studienkollegen gut genug, dass er ahnte, es gab noch etwas anderes Interessantes.

„Es gibt noch was anderes Max, in der Tat! Die Suche nach dem Missionsschiff werden wir wohl noch etwas verschieben müssen."

„Die Suche nach dem Missionsschiff verschieben? Ich erachte es aber auch als dringend, die letzten lebenden Parmosen zu suchen, besonders jetzt, da wir schon in etwa berechnen können, wo sich dieses Schiff befinden könnte. Vielleicht eilt die Zeit ja schon, Keiner weiß, in welchem Zustand jenes Transportmittel noch ist. Vielleicht gibt es darauf auch schon Krieg?"

„Wenn es darauf Krieg gab oder gibt, dann schon solange, dass es nun fast egal sein könnte. Auch wir haben Unterlagen über die Mission gefunden und wissen, dass dieses Generationenschiff schon seit fast dreihundert Jahren unterwegs sein muss. Diese Leute dort können sich noch leichter gedulden, als das was wir hier entdeckt haben, Max, mein Freund."

„Ihr habt noch etwas Besonderes entdeckt? Auf Parmos? Nun lass schon hören, was habt ihr denn entdeckt? Spanne mich nicht auf die Folter."

Was könnte wohl so wichtig sein, dass wir die Suche nach dem Missionsschiff noch verschieben müssen? Du hattest es schon einmal fast vermutet, erinnerst du dich? Im Übrigen oblag die Entdeckung unserer kleinen Neuen."

Ich sah es meinem Gatten an, wie es in seinem Gehirn arbeitete.
„Unsere kleine Neue hat es entdeckt? Sie war unterwegs wegen Unterlagen über die verschiedenen Kriegssänger oder beziehungsweise der Kriegssängerinterpreter."

„Kalt!"
„Was, nichts von diesen Kriegssängern?"
„Doch auch! Aber noch etwas viel, viel Interessanteres!"
„Momentan komme ich aber wirklich nicht drauf, wenn es mit der Teilmission von Tamiles zu tun haben sollte."
„Tamiles hat eben auch nebenbei noch etwas anderes gefunden!"
„Na, jetzt sag's schon!"

„Na gut. Stell dir vor Max, es gibt überlebende Parmosen!"

„Was? Ach ja! Ich habe immer daran gezweifelt, dass wirklich alles zerstört war, aber nachdem wir schon bei so vielen Untersuchungsgruppen auch keine Nachrichten dieser Art bekamen, rechnete ich eigentlich nicht mehr damit. Überlebende Parmosen. Damit müssen wir wohl oder übel auch diese Welt wieder ihren rechtmäßigen Besitzern zurückgeben. Eine gute Tat des CET. Nicht, dass ich diese Welt per Eroberungsfeldzug einzunehmen gedachte, aber die Rolle, in der sie für oder gegen die Chorck einzusetzen geplant war, entfällt wohl nun."

„Auch das nicht, Max!"
„Was ist nun schon wieder? Warum nicht?"
„Du oder ihr müsst euch erst einmal diese Überlebenden ansehen. Sie haben keine Zukunft mehr. Es sind die letzten nachträglichen Opfer des letzten Krieges."

„Bei allen schwarzen Löchern und aller dunklen Materie, was lässt du nun wieder durchscheinen?"

251

„Diese Parmosen haben größtenteils zerstörtes Erbgut. Sie haben teilweise nicht mehr viel mit den Parmosen gemein, welche wir von den Bildern und Aufzeichnungen kennen."

„Ich verstehe. Wir kommen nun zurück und sprechen dann weiter."
„Wir erwarten euch!"

5. Kapitel
Die langen und langsamen Nachwehen eines Atomkrieges.
Das Tal der Mutanten.

Bericht Tamiles de Jesus Nascimento:
Nach Erdzeit oder der Zeit der Erde von Mitteleuropa schreiben wir heute Dienstag den 25. 05. 2095. Auch ich habe mich mittlerweile auf die Operationszeit von der Basis in Oberpfaffenhofen eingestellt.

Gestern spät nachts kam die GAUSS mit Gabriella, Max und Günter, Abbasch und seinem oichoschischen Technikerstab von Phero zurück. Nun meine ich aber mit nachts auch die Parmoszeit, welche sich wieder einmal kurz mit der Terrazeit überschnitten hatte. Mit dieser Zeit von Parmos konnte ich mich immer noch nicht anfreunden. Zuerst dauerte der Tag etwas mehr als fünfzehn Stunden, nun war diese Planetenumlaufkorrektur fast abgeschlossen und der Tag hatte mittlerweile wieder über sechzehn Stunden. Eine faszinierende Technologie, eine Lenkung der absoluten Urkräfte des Universums, welche in den kleinsten Teilchen oder der `Dimensionsrandteilchen´, wie Bernhard Schramm immer zu erklären versuchte, steckte. Damit war aber wieder Energie gemeint, denn es sollte ja keine Materie geben. Das war mir nun aber fast etwas zu hoch und ich zitierte aus Erklärungen von unserem Logikerfreund.
Nichtsdestotrotz konnte ich meine persönliche Philosophie damit ergänzen: Wenn nämlich mit der Menge von solchen keiner Größe mehr zuordnungsbaren Kleinstteilchen auch solche Massen bewegt und geändert werden können, dann beweist doch dies, dass genanntes Gesetz auch auf alles andere gewissermaßen übertragen werden konnte.
Der Mensch als Einzelner bewegt nicht viel aber eine gewisse Gesamtheit kann viel bewirken und erst einmal die neuerdings fast vollständig geeinte Menschheit! Schon alle Mitglieder der CET! Und immer noch höre ich, es sollte erst ein Anfang gewesen sein. Immer wieder ein Anfang!

Ich hatte nun fast alle relevanten Aufzeichnungen über diese Interpreten der alten Kriegsänger gefunden. Ich hatte auch viele andere Kontinente dazu aufgesucht und Jonathan hatte mich dabei mit Slidetanks begleitet, um mir Schutz zu gewähren. Es gab aber nur einmal einen Zwischenfall mit ein paar Drohnen, mit denen wäre ich sicher aber auch alleine fertig geworden. Schließlich hatte ich einen Stratogleiter zur Verfügung, welcher mit einer Intervallkanone nachgerüstet war.

Die Texte der Kriegssängerinterpretationen wichen von Kontinent zu Kontinent von den angeblichen Originalen schwer ab. Wieder bewies sich dieses Übel, dass die Auslegung einer als heilig genannten Sache von den Geschichtsschreibern oder auch von den Interpreten selbst wissentlich oder nichtwissentlich, aber zumindest dem persönlichen Glauben dienend manipuliert worden waren.
Damit erklärt sich für mich auch immer mehr die Zerfaserung von irdisch-religiösen Schriften und den daraus folgenden Resultaten. Der logische Strang der noch in einer nachvollziehbaren Version erhalten blieb, war wiederum das Resultat des jeweiligen Überarbeiters oder zumindest so, wie er dann seine persönliche Logik zu verstehen glaubte und hoffte, sie auch in der zurecht gelegten Version an den Mann oder an den Menschen zu bringen.

Das waren nun alles so Überlegungen, welche mir nicht mehr aus dem Kopf gingen, mir aber auch manchmal Angst machten. Vielleicht war mein Hypothalamus auch größer als von anderen? Oder war es meine neuerliche Suche nach den Wahrheiten, die ich wieder begann, als ich zu den Zweiflern zu zählen war, die nicht alles vorgekaut in den Mund nehmen wollten.
Sei's drum, zumindest vorerst.

Ich musste mich hurten, denn wir, also Max mit seiner Gabriella, Georg mit Silvana und Günter, auch Valchaz und Saltud, natürlich auch Jonathan T. Hunter, wir alle wollten uns zu einer Lagebesprechung in der Koordinationszentrale treffen.
Die Neuigkeit, dass ich parmosische Überlebende entdeckt hatte, war zur Sensation ausgerufen worden, obwohl auch die Nachrichten von Phero kommend, ebenfalls eine Sensation darstellten.

Mit meiner Entdeckung musste ich natürlich auch verraten, dass ich auch mit Jonathan als schweigender Verbündeter andere Gebiete angeflogen hatte, als ursprünglich vorgesehen oder vereinbart. Doch Neugier gepaart mit etwas Frechheit siegt, so sagte ich mir.

Ich dachte an die Überlebenden, oder wenn ich es anders zu formulieren hätte, ich bedauerte diese Geschöpfe, welche ich auf der drittgrößten Insel der Pharogras-Gruppe entdeckt hatte. Die Insel nannte sich nach den bereits auf Barrica gefundenen Geografiebüchern Phattiui, war vulkanischen Ursprungs und erinnerte mich in etwa an die Insel Santiago des Archipels der Kapverden. Berge fast wie die Alpen und ebensolche Schluchten und

Täler. Nur dort konnten sich Parmosen zurückziehen und waren sogar noch durch das Basaltgestein relativ sicher vor der Strahlung. Nur nicht gegen den Fallout! Darum gab es auch diese schweren Mutationen, wie ich über meine Bordkameras feststellen konnte.
Ich hatte auch noch keinen direkten Kontakt mit diesen Leuten hergestellt. Das sollte nun wirklich der Koordinator oder von ihm befohlene Leute erledigen.

Noch steckte ich mit mein Haar zurecht und verließ mein Metallverbundzelt. Gerade sah ich noch wie Gabriella und Max in den Zentralcontaineranbau eintraten. Durch eines der Fenster erkannte ich bereits diese beiden riesigen Chorck, auch Georg mit seiner Silvana.

„Guten Morgen!" Ich grüßte allgemein und bekam gleichlautende Antworten.
„Tamiles, die Insel Phattiui war eigentlich gar nicht auf der Route, welche für deine Erkundungsfahrten vorgesehen war, wenn mich nicht alles täuscht." Max sah mich gemischt streng und mit zuckenden Mundwinkeln an. Ich brauchte nun eine Antwort, egal ob diese glaubhaft klang oder nicht. Am besten wäre etwas mit Humor und ich versuchte mich darin:
„Daran ist diese Planetenkorrektur schuld! Ich hatte meine Route fest im Griff, da schob sich die Welt unter mir plötzlich zurück und ich hatte mich verfahren! Schwupps, da war ich plötzlich über Phattiui!"

Die beiden Chorck bogen sich nur noch so vor Lachen! Auch Max stand breit grinsend vor mir. „Das hat dich direkt über diese Insel geschoben?"
„Wenn ich ehrlich sein soll, nicht ganz, aber nachdem ich nicht wusste, was vorgefallen war, wollte ich lieber über Land sein und nicht über Wasser und stell dir vor, ich konnte dann direkt in diese beschriebene Tal hineinsehen und dort gab es dann – Parmosen!"
„Interessant, interessant. Kann da nicht noch ein weiterer, kleiner Faktor noch eine Rolle gespielt haben, vielleicht der Faktor Neugier?"
„Der Faktor Neugier ist bei mir schon im Blut vorhanden. Ich werde diesen nicht zu leugnen versuchen. Der Faktor Neugier war es auch, der mich unter anderem bis hierher gebracht hatte."
„Genau diese Erklärung erachte ich als die plausibelste. Also gut, dann erzähle mal genau und lass die Aufnahmen sehen."

„Also, wie auch immer, ich war plötzlich über Phattiui . . ."
Das erneute Auflachen der beiden Chorck unterbrach mich und als wäre deren Lachen ernsthaft ansteckend, lachten alle im Raum. Letztlich konnte

ich nicht mehr umhin, auch selbst mitzulachen. Nachdem sich die Gruppe wieder einigermaßen beruhigt hatte, fuhr ich vorsichtig fort, „ . . . über Phattiui und bemerkte diese extreme Tal, welches diese Insel eigentlich spaltete. Ich bemerkte zuerst einen kleinen See, welcher fast in der Mitte des Tales lag und genau dies macht mich noch neugieriger."

Wieder brüllendes Lachen der beiden Chorck und Valchaz konnte nur noch wiederholen: „Faktor Neugier hoch fünf!"

Also wartete ich ein wenig und erzählte fortsetzend: „Ich fragte mich, wie dieser See wohl entstanden oder erhalten sein konnte, denn schließlich hatten die Landregen auf dieser Welt fast vollständig aufgehört. Doch erkannte ich bereits, dass die Nähe des Sees zum Meer und die einfallende Schlucht oder eben das Tal so günstig geformt waren, dass der Regen dort noch einziehen konnte. Gewissermaßen hob sich das verdunstende Wasser über dem Meer und kippt lediglich an den anderen Seiten der Berghänge um. Das Wasser fließt so in das Tal und sammelt sich zu diesem See. Im Tal selbst regnete es schon nicht mehr, wie ich an der Bodenerosion erkennen konnte. Jetzt, nach der Planetenkorrektur kommt aber wieder mehr und mehr zentraler Regen auf. Diese Welt normalisiert sich tatsächlich. Also: Rund um den See gibt es jedenfalls Pflanzenwuchs und bearbeiteten Boden. Gepflügte Felder kann man sehr gut aus größerer Höhe erkennen. Genau dies war es, was mich dann abermals neugierig machte!"

Ein erneutes Lachen, besonders von Valchaz! „Der Faktor Neugier hoch sechs!"
Ich blickte mich um, sah Valchaz strafend an und hätte ihn damit bald noch zu einer weiteren Lachkanonade animiert.
„Nun ging ich mit dem Gleiter tiefer und schaltete die Bodenkamera auf Zoom. Schon konnte ich sogar einige Hütten und kleine Steingebäude ausmachen. Diese waren jedoch in einem furchtbaren Zustand. Ich kann nicht sagen warum, jedoch denke ich, dass wir da etwas Schuld haben."

Max stand immer noch und er griff sich mit der linken Hand ans Kinn, zog die Augenbrauen tief und schien plötzlich zu wissen, was geschehen war und was ich meinte. „Die Planetenkorrektur! Es hat sicher ein Erdbeben in diesem Tal gegeben. Wenn ich bedenke, was noch hätte passieren können, zum Beispiel, dass dieses Tal einfach zusammengeklappt wäre, wir hätten keine Überlebenden mehr finden können."

„Ja, Max. Aber ich habe auch festgestellt, dass infolge der Planetenkorrektur das Tal breiter wurde und die Talwände glücklicherweise stabil blieben. Es könnte schon deshalb so gewesen sein, da es sich um hochstrukturiertes Lavagestein handelte, also eine vertikale Faserung, wisst ihr was ich meine?"
„Verstanden. Das war mal eine gewaltige Eruption, als dieser Berg vor sicherlich Millionen Jahren entstanden war und dann teilte dieser sich sofort, was eben dieses Tal erschuf. Eine Eruption mit einer Kontinentalplattenverschiebung in Folge. Dies wiederum ergaben natürlich Schutzwälle für Lebensformen und die drittgrößte Insel der Pharogras-Gruppe war möglicherweise weniger ein Ziel der Atom und Neutronenbomben. Was den Parmosen dort in erster Linie zu schaffen machte war der Fallout, was ohnehin diese Welt komplett überdeckte."

Nun kam noch Günter zu unserer Runde hinzu.
„Habe ich was verpasst?"
Georg Verkaaik meinte schmunzelnd: „Wir haben bislang erst den Beweis für den Faktor Neugier von Fräulein Tamiles erbracht. Mehr noch nicht!"
Damit war Valchaz wieder soweit. Warum er nun immer auf ´Neugier´ reagierte, konnte ich auch nicht sagen. Jedoch stand nun auch Günter mit offenem Mund da und staunte über den Lachanfall des Chorck.
„Habe ich was Falsches gesagt?"
„Nein, nein", beruhigte Georg. „Das hat andere Gründe. Nun bitte, Tamiles, zeige uns die Aufnahmen."
Ich aktivierte der Einfachheit halber einen Logpuk mit Projektionswiedergabe an einer Wand. Deutlich konnte man das Tal einsehen und langsam zoomten die bebauten Gebiete um den See heran. Deutlich war auch zu sehen, wie sich das vom Meer verdunstende Wasser nicht lange mühen musste, um über die schroffen Bergkanten zu gelangen und in feinen Rinnsalen zum Inselinneren abfließen konnte.
Erst jetzt erkannte ich auch, dass so manche Felsüberhänge als Behausungen für die dort lebenden Wesen dienten und leider auch so manche zerstört waren. Es galt als fast sicher, dass dies eine Folge der Planetenkorrektur war. Ebenso so manche eingestürzten Hütten und Steinhäuschen.
Die Bilder sprachen eigentlich für sich. Ich hatte schrittweise noch weiter gezoomt und bald sahen wir in diesen Aufnahmen Parmosen. Oder besser: Nachkommen der Parmosen, denn was wir nun zu sehen bekamen, hatte mit dem Bild, was wir uns unter einer heilen Welt vorstellten nichts mehr zu tun. Einige siamesische Zwillinge quälten sich auf zwei und zwei zusammengewachsene Beine über die Äcker. Wesen, welche die Füße

direkt am Gesäß hatten, watschelten nahezu unbeholfen über steinige Wege und ein Geschöpf war dabei, welches direkt mit den überaus stark ausgebildeten Armen lief, da es ohnehin keine Beine besaß. Dieses Wesen hatte sich einen Rindengurt gebastelt, damit es sich nicht den Unterleib aufschürfte.

Alle in diesem Containeranbau starrten auf diese Bilder und waren komplett verstummt.
Der Schrecken war ihnen in die Glieder gefahren!

„Letztlich zeigen diese Bilder auch noch, dass Kriege, besonders in einer atomaren Version, nicht nur Verbrechen am Leben sind, nicht nur Verbrechen an einer Gegenwart, sondern auch noch Verbrechen an die Zukunft. Auch die fernere Zukunft!"
Gabriella wirkte gelb im Gesicht als sie mit betroffener Stimme diese Aussage machte. Nachdem Gabriellas Haut eigentlich einen softbraunen Touch besaß, zeigte sich ihr Blässeanfall genau so.

Nun hatte ich noch eine Feststellung hinzuzufügen: „Jene Wesen können wohl kaum mehr diese Welt neu aufbauen. Ich gehe auch davon aus, dass deren Erbgut schon soweit zerstört wurde, dass es nach einer weiteren Generation von sicher fast nur noch Totgeburten dann gar keine Geburten mehr geben kann. Mit der Planetenkorrektur haben wir sicher auch viele dieser Mutanten getötet. Natürlich ohne es zu wollen."

Erneute Betroffenheit im Raum.
Schließlich reagierte Max: „Wir stellen eine Expedition zusammen. Wir brauchen auch einen Arzt, nicht wahr, Günter?"
„Ein Arzt ist immer wichtig, vor allem bei solchen Expeditionen. Ich stelle mal einen Koffer zusammen mit guter Medizin, mit Lederbinden und auch verschiedenen halbautomatischen Prothesen. Vielleicht können wir so manchem dort das Leben noch etwas erträglicher gestalten."
„Alles klar. Wir starten heute Mittag. Parmosmittag! Dann haben wir wenigstens noch einen ganzen, wenn auch schnellen Nachmittag für die erste Kontaktaufnahme. Wir nehmen auch noch eine Menge Konserven, Konzentratnahrung und Vitaminkautabletten mit."

„Wie sieht es denn mit Behausungen aus? Ich meine solche Metallverbundzelte wie wir sie haben, als Ersatz für die zerstörten Hütten?", wollte ich wissen.

Max sah mich an, als wenn er durch mich hindurchschauen würde. Dann meinte er aber auch absolut ernsthaft „Nein!" Er atmete tief und erklärte seine Position:
„Wer weiß, wie viel kriegerisches Potential in diesen überlebenden Nachkommen dieser Parmosen noch schlummert. Nehmen wir mal an, sie haben sich auf einen Frieden untereinander geeinigt, da es für ihr Überleben so am Besten war. Nun tauchen wir auf und geben einigen ein neues und resistentes Dach über den Kopf. Anderen fällt vielleicht später die Hütte zusammen. Was meinst du, Tamiles, was könnte dann passieren?"

Ich hatte verstanden. „Dann raufen sie sich um die bessere Behausung, alles klar. Wir hatten nicht gedacht, dass es Überlebende geben könnte, darum haben wir auch nicht sofort danach gesucht und nun stehen wir vor einer neuen oder anderen Situation.

„In jedem Falle nehmen wir aber auch Schockwaffen mit! Taser und leichte Handintervaller. Auch Sicherheitsanzüge, welche einfache Waffen abwehren können. Ich denke auch an Blasrohre oder Pfeil und Bogen, was sich diese Parmosen gebastelt haben könnten. Wenn schon mal Parmosen überleben konnten, dann sicher auch ein paar Tiergattungen.
Ich gehe davon aus, dass sie uns zuerst einmal als Feinde betrachten werden. Alle Teilnehmer der Teilmission Phattiui nehmen auch die kleinen programmierten Translatoren mit.
Günter! Weißt du etwas über die mittlere Lebenserwartung der Parmosen? Die wievielte Generation nach der Apokalypse würdest du schätzen, dass die nun ist?"

„Die Lebenserwartung in Terrajahren gerechnet liegt bei etwa 130. Diese geschätzte Statistik bezieht sich aber nicht unter Einbezug der Kriegstoten! Ist auch nicht mehr möglich oder nachvollziehbar, denn der Tag der Apokalypse würde für diesen Zeitraum nur noch ein Durchschnittsalter von unter einem Jahr erlauben, nach dem Tod von Milliarden. Ach ja! Josef Zelzer hatte herausgefunden, dass die Population am Tag der Apokalypse in etwa acht Milliarden Parmosen betrug und dass die Population aber schon einmal auf über zwölf Milliarden angewachsen war. Die Kriege und die Kleinkriege können nun heute makabrerweise als nachträgliche Geburtenkontrolle angesehen werden. Ein weiterer Faktor für dieses immer wieder schnelle Wachstum war auch, dass die Medizin immer wieder Seuchen und sogar ganze Virenstämme ausrotten konnte. Dieser lange Zeitraum der Technisierung hatte auch hierzu seinen Beitrag geliefert. Auch wurden die Parmosen immuner gegen Erkrankungen, wie ich bereits aus

verschiedenen Büchern erfahren hatte. Die Genetik war vor der Apokalypse dermaßen weit fortgeschritten, dass die Wissenschaftler ein Immunisierungsverfahren eingeleitet hatten und so die Parmosen fast nie mehr krank werden konnten. Zum zweiten Teil der Frage möchte ich grob schätzen, dass eine Folgegeneration in etwa wie bei uns Menschen alle fünfundzwanzig bis dreißig Jahre heranwächst. Wir könnten vier, möglicherweise auch fünf Generationen antreffen! Sollte sich die Anfangssterblichkeit erhöht haben, dann aber wenigstens drei."
Günter atmete heftig durch, hatte er doch seine Erklärung mit Nachdruck verfasst. „Dieses Leben der Parmosen widerspricht sich regelrecht, nicht wahr? Auf der einen Seite erfanden sie alles, was einen Krankheitstod vermeidet, auf der anderen Seite schlachteten sie sich gegenseitig ab."

„Die Natur sucht immer wieder einen Ausgleich. Zuerst sollen die Starken überleben, dann sollte die Intelligenz Einzug halten und aus den Starken auch starke Intelligenzen machen, auch wenn man es oft nicht glauben möchte. Wird dann auch noch im Erbgut herumgestochert, dann tritt eine der letzten Instanzen auf, welche auch schon einmal die erste war. Der Instinkt. Dieser befiehlt unhörbar aber sicher, solange es keine anderen Auswege gibt, Platz zu schaffen, also notwendigerweise zu töten. Erst wenn der Sprung in den Kosmos geschafft ist, dann reicht der Platz wieder und dann erst kann Frieden einziehen. Also: Frieden auf einem Planeten ist nur möglich, wenn die Tür zum Kosmos sich öffnet. Das haben wir nun auf Terra erleben dürfen."
Diese Meinung vertrat Georg und seine Gattin neben ihm nickte, sie zog mit ihrem Mann konform.

„Bist du der Meinung, dass der Sprung in den Kosmos eine evolutionäre Angelegenheit ist?", wollte ich wissen.
Georg drehte sich auf seinem Drehstuhl zu mir und philosophierte dabei etwas:
„Tamiles, die Evolution ist kein festgeschriebener Faktor. Auch ist die Evolution kein Wettbewerb, welcher geplant wurde. Trotzdem ist sie ein Wettbewerb ohne Vorgaben. Legt man die Gesamtheitstheorie zugrunde, dann ist es nur wichtig, dass Schritte gemacht werden, egal von wem oder von was. Die Dinosaurier waren ein Versuch, allerdings einer, der auch zum Scheitern verurteilt war. Nun könnten wir vielleicht auch überlegen, was wäre passiert, wenn die Dinosaurier überlebt hätten. Gäbe es dann auch Menschen? Wenn ja, ich denke, dann würden die Dinosaurier wieder nicht mehr leben, denn der Mensch hätte sie ausgerottet, im Kampf um die besten Plätze der Welt. Wiederum muss ich die Gesamtheitstheorie in den Mund

nehmen: Die Dinosaurier waren also ein Teil der Erdgeschichte und somit auch ein Teil von uns. Wir Menschen haben alle Atome und Moleküle der Dinosaurier in uns, wir atmen Luftmoleküle ein, welche auch Dinos schon mal eingeatmet hatten und wenn wir Wasser von der Erde trinken, dann trinken wir auch Wassermoleküle, welche Dinosaurier schon mal ausgeschieden hatten!"

„Uaargh! Erinnere mich bitte nicht daran, dass ich Dinopipi trinken muss, um nicht zu verdursten!"
Wieder war ich der Mittelpunkt des Gelächters. Besonders Valchaz hatte es heute scheinbar sehr auf mich abgesehen.
Nur Georg blieb ernst. „Damit könnten wir vielleicht einen Hauch der Existenznotwendigkeiten erkennen. Ich nannte nur ein Beispiel von der Erde. Nehmen wir den Kosmos noch als Ganzes hinzu, wir würden verrückt werden, wollten wir auch noch die Details verstehen."
„Und was steckt dann im Endeffekt dahinter?", wollte ich wissen.
„Wir! Wir alle und *wir alles*! Was war, was ist und was sein wird."

Nun, ich hatte das Gefühl, als ob ich zumindest die Gesamtheitstheorie mit einem kleinen Hauch verstanden hatte. Doch war nun auch nicht die Zeit, zu tief in diese Philosophie einzutauchen. Ich endete diesen Dialog mit Georg nur noch mit: „Dann wird es also Zeit, dass wir uns um uns alle kümmern. Wie ich die Gesamtheitstheorie nun zu verstehen gedenke, sind die Überlebenden von Parmos bei `uns´ inbegriffen."
„Durchaus richtig, Tamiles."

„So!", machte Max. „Ich bitte nun alle, welche an dieser Teilmission Phattiui teilnehmen, sich vorzubereiten. Wir starten also in gut zwei Stunden. Günter, bitte richte Josef Zelzer aus, ich möchte ihn dabeihaben. Es könnten sich Schwicrigkciten mit der Sprache herausstellen."
Silvana sah unverständlich zu Max.
„Wieso Schwierigkeiten mit der Sprache? Ich dachte, die Parmosen hätten eine Einheitssprache, wenngleich von leichten Dialekten verschieden."

„Diese Überlebenden, so denke ich, hatten vielleicht nach diesem ultimativen Krieg keine Gelegenheiten mehr, Schulen zu besuchen um die parmosische Grundsprache einwandfrei zu studieren. Ich rechne mit neuen Dialekten."
Das leuchtete mit auch ein. Max dachte doch an alles! Natürlich dürfte es ein Gutes sein, wenn zur schnelleren Nachprogrammierung der Translatoren auch ein Sprachengelehrter dabei sein könnte.

Noch ergänzte Max:
„Wir nehmen die WATSON und die SHERLOCK und lassen uns von Jonathan mit ein paar Slidetanks und einem SWACS begeleiten. Zwar rechne ich nicht mit einem Raketenangriff, aber wenn es noch irgendwo ein verstecktes Waffenarsenal geben sollte, wären wir gut abgesichert. Also eine reine Vorsichtsmaßnahme. Auch bitte ich Saltud und Valchaz bei dieser Teilmission nicht mitzumachen. Ebenso Abbasch und sein Oichoschenteam. Ich möchte dies einfach so begründen, dass ich davon ausgehe, dass diese Überlebenden sich vielleicht an ein generelles Aussehen von Fremden schneller gewöhnen und wir eher Vertrauen gewinnen könnten, als wenn wir gleich mit drei verschiedenen kosmischen Rassen antanzen. Dafür bitte ich um Verständnis."
„Kein Problem für mich. Ich habe auch Verständnis für diese Vorsichtsmaßnahme." Valchaz wusste ohnehin, dass seine Riesengestalt von über drei Meter schon für manche, auch noch für manche Menschen Furcht einflößend ist.
Auch der stille Abbasch, der sich in eine Ecke verzogen hatte, nickte nur.

„Noch was! Esst euch vorher richtig satt! Ich möchte nicht, dass jemand vor den überlebenden Parmosen etwas isst! Auch das könnte Urinstinkte wecken! Ihr versteht, was ich meine?"
Wieder allgemeines Kopfnicken.

Langsam löste sich also die Gruppe auf und bekam aber noch mit, dass Max seine Gattin bat, Tamines Bescheid zu geben, dass sie die SHERLOCK zu fahren hatte. Auch sollte Gabriella ihr alles hier Gesagte noch mal unterbreiten.
Ich hatte plötzlich Sehnsucht nach Ralph. Ihn hatte ich nun seit Tagen nicht mehr gesehen und gerade erkannte ich seinen Stratogleiter und wie er gerade ein paar hundert Meter neben der riesigen DANTON und noch vor dem italienischen Frachter, welcher weit hinten in der Ebene stand, landete.
Ich wollte die Zeit nutzen und wenigstens ein paar Worte mit ihm wechseln. Also ging ich mit etwas schnelleren Schritten in seine Richtung. Er stieg gerade aus und hatte mich aber noch nicht gesehen.
Das war meine Gelegenheit, ich schlich mich die letzten Schritte an ihn heran und hielt ihm von hinten seine Augen zu. Ich wusste, dies war eher eine mädchenhafte Geste, aber manchmal muss es auch etwas kindlicher sein.
„Ich denke, etwas brasilianische Sonne ist auf Parmos angekommen!"
Natürlich hatte Ralph Marco diese Geste mir zugesprochen. Er zog nur noch den Stecker eines Datencheckers von seinem Gleiter ab, ließ diesen dann

aber einfach fallen und drehte sich zu mir um. Sein Gesicht füllte sich mit Freude und er zog mich zu ihm heran. Mein Herz begann wieder zu pochen und die Sehnsucht wich einer Wärme, welche ich in meiner Brust fühlen konnte. Er küsste mich und fast hätte ich alles vergessen, was besprochen wurde und überhaupt, wo ich war.
„Los komm mit, ich habe noch zwei Stunden Zeit, bis es zum nächsten Einsatz geht. Auch möchte ich noch etwas essen." „Das trifft sich gut meine Sonnenblume, ich bin auch sehr hungrig." Ralph nahm meinen linken Arm und zog ihn unter seinen rechten hindurch, dann sicherte er meine Hand mit der seinen. So wanderten wir gemächlich bis zum Versorgungscontainer.
„Ich hatte schon furchtbare Sehnsucht nach dir, Ralph. Es fällt mir immer noch nicht leicht, so etwas auszusprechen, aber bei dir fühle ich genügend Verständnis dafür."
„Davon kannst du auch ausgehen, Tamiles. Auch ich hätte dich bald aufgesucht, nachdem du ja auch in der letzten Zeit immer unterwegs warst. Ehrlich gesagt, ich hatte auch schon etwas Angst, dass du vielleicht mit Jonathan in engeren Kontakt treten könntest."
„Ich habe Jonathan nur über die Kommunikationseinrichtungen gesehen und gehört. Er war auf seinem Slidetank und ich in einem Stratogleiter. Wenn ich diesen verlassen hatte, musste er ja auch noch besonders auf mich aufpassen, konnte also seinen Flugpanzer gar nicht verlassen."
„Ist ja gut, mein Liebes. Ist ja gut."

Diese Automatenküche wurde scheinbar immer besser. Heute gab es sogar eine Art Hackbraten, wenn auch übermäßig mit Soja gemischt. Die Salatkonserven waren gut zubereitet, man hätte es fast nicht für möglich gehalten, dass es letztlich Konservenwaren.
Ach ja! Der italienische Frachter GUISEPPE PIAZZI hatte ja viele frische Nahrungsmittel mitgebracht. Deshalb war das Essen auch momentan wieder schmackhafter.
Nach dem Essen gönnten wir uns noch einen starken Kaffee. Ein Espresso sollte es sein und es sprach alles dafür, dass die Italiener auch für ausreichend und guten Nachschub diesbezüglich gesorgt hatten.
Wir hatten uns Zeit gelassen und ich erinnerte mich an die Worte von Maximilian. Er sagte, esst ausreichend um nicht schon bald am Einsatzort wieder hungrig zu sein. Ich packte mir noch ein paar Konzentratwürfel in meinen Overall und bestellte aber noch eine Minipizza. Ralph staunte nicht schlecht.
„Ich hatte dich noch nie soviel essen sehen!"
„Max meinte, wir sollten richtig satt nach Phattiui gehen, um nicht Urinstinkte der Überlebenden zu wecken."

„Eine weise Anordnung. Wer weiß, wie weit diese Überlebenden degeneriert sind? Pass nur auf, dass sie nicht bis zum Kannibalismus degeneriert sind!"
Ich lachte laut auf. „Da hätten sie aber bei mir keinen großen Fang gemacht!" Ralph zog mich ein weiteres Mal zu sich heran, umarmte mich, drückte mich fest an seine Brust, dann küsste er mich noch einmal innig.
„Aber sie hätten die schönste und die beste Delikatesse, welche zur Zeit auf diesem Planeten existiert. Auch wenn ich mitfühlend bin und diesen Parmosen fast alles vergönnen würde; dich würde ich ihnen nicht vergönnen! Nie und unter keinen Umständen!"
„Du bist wirklich lieb, Ralph. Aber wir haben sowieso Order, je einen Handintervaller mitzunehmen. Auch Sicherheitsanzüge!"

„Wenn diese Mission vorüber ist, dann möchte ich mit dir ohnehin etwas intensiver über unsere gemeinsame Zukunft sprechen. Es würde mir sehr gefallen, dich sicherer an meiner Seite zu wissen."
Diese Aussage trieb mir wieder das Blut ins Gesicht. Ich hatte eigentlich gehofft, dass ich das nun ablegen hätte können. Aber die Schwere dieser Ankündigung hatte mehr Energie als meine Konzentration. Ich vergrub mein Gesicht in Ralphs Brust, dabei kratzen mich die metallenen Knöpfe seiner Universalkombination. Ich musste trotzdem in mir bemerken, dass mir sein Körpergeruch zusagte und mir irgendwie half. Als ich das Gefühl hatte, dass sich der Druck in meinem Kopf wieder minderte, trotzte ich auch der eigenen Körperreaktion und sah `meinem´ Ralph in die Augen. Ich war sicher, er hatte bemerkt, was mit mir passiert war, aber er kannte mich nun doch schon einige Zeit und überging alles mit einem verständigen Lächeln. Nur so würde ich dieses blöde und nichtsnutzige, übertriebene Schamgefühl einmal loswerden können. Ob dies auch mit dem Hypothalamus zusammenhängt?
„Ralph! Ich muss gehen. Schau, Max lässt die beiden Achterschiffe schon beladen."
„Geh, ich wünsche dir viel Glück. Komm gesund zurück und denke daran: Ich werde in Gedanken bei dir sein!"
„Ich auch bei dir! Bis bald!"
„Bis bald, Liebste!" Ralph drückte mir noch einen Kuss auf die Stirn, zog mich noch mal an sich heran und gab mir noch einen weiteren innigen Kuss, der schon unter Liebesbeweis zu werten war.
Doch nun brannte bereits ein anderes Feuer wieder in mir, ein Feuer, was sich von Mal zu Mal verstärkt hatte: Das Entdeckerfeuer, das Feuer des Forschers und, ich musste fast innerlich lachen, das Feuer der Neugier. Unweigerlich tat sich vor meinem inneren Auge noch mal die Szene mit

Valchaz hervor, als er sich geradezu bog vor Lachen, als wir über den
'Faktor Neugier' sprachen.
Ich ging und winkte noch weitere drei Male zu Ralph, welcher nur stehen
blieb und mir nachschaute.

Als ich bei dem einberufenen Expeditionsteam ankam, blieb auch weiter
keine Zeit mehr für irgendwas, denn alle gingen an Bord der Schiffe. Ich
stieg in die SHERLOCK zu Tamines ein.
„Oi Tamiles! Wie geht's Ralph? Hat er dir schon einen Heiratsantrag
gemacht?" Das `Oi´ war eine typisch brasilianische Äußerung für `Hallo´.
„Nun, ich denke indirekt. Er möchte nach der Mission mit mir über die
Zukunft sprechen."
„Lass dir den Ralph nicht entgehen, Mädchen. Das ist nach dem Max einer
der Besten!"
„Ich denke, individuell gesehen ist immer derjenige der Beste, für den man
sich entscheidet."
„Das stimmt ja, Tamiles. Darum ist auch Max für mich der Beste."
„Ich dachte, du hättest so was wie ein Date mit Gerard Laprone gehabt? Es
wird gemunkelt, dass ihr beide – äh – also ich meine, dass ihr ein Paar
werden könntet."
„Was soll ich machen? Max hat seine Gabriella und es sieht so aus, als
wären diese Beiden unzertrennlich. Ich warte und warte, aber diese blonde
Halbgöttin weicht nicht mehr von seiner Seite. Also versuchte ich zu
erfahren, wie Max reagiert, wenn er mich neben Gerard sieht. Sollte er
Gefühle für mich hegen, dessen ich mir sicher bin, dann könnte ich doch
damit eine Reaktion hervorrufen, oder?"
„Du benützt Gerard, um Max aus der Reserve zu locken?"
„Nein, so auch wieder nicht. Ich mag Gerard sehr gerne, aber ob es Liebe
werden könnte, das kann ich auch nicht sagen. Solange es Max gibt, fürchte
ich – nein. Still bitte Tamiles! Josef Zelzer und unser Doktor Günter steigen
gerade zu!"

Josef schien bestens gelaunt! „Zeigt mal erst deinen Führerschein Tamines,
damit ich weiß, ob ich mich trauen kann, bei dir mitzufahren."
„Ich habe da schon fast insgesamt eine Million Lichtjahre abgespult. Ich
nehme an, damit schlage ich bereits einige Rekorde. Wie weit hattest du
dich vor unserer Mission schon mal von der Erde fortbewegt?"
„Okay, ich gebe mich geschlagen, aber fahr langsam, ja?"
„Nicht über fünftausend Stundenkilometer!"
„Na, dann bin ich ja schon beruhigt."

Günter wirkte nachdenklich. „Fünftausend Stundenkilometer? Knallt es da dann nicht sehr bedenklich?"
„Nein. Wir steigen zuerst mit Unterschall bis in eine Höhe von über neunzig Kilometer, dann beschleunigen wir in Richtung Südwestwest, also zu der Pharogras-Inselgruppe. Die drittgrößte Insel ist Phattiui. Dort gehen wir in ähnlicher Form runter. Also, in über neunzig Kilometern Höhe ist die Luft dermaßen dünn, da knallt nun wirklich nichts mehr."
„Aha, jaja, leuchtet ein", machte Günter.

Die Stimme von Max ertönte aus den Lautsprechern. „Teilnehmer der Teilmission Phattiui, sind alle bereit, sind alle an Bord der Schiffe?" Jonathan T. Hunter antwortete als Erster vom SWACS `James Brown´ aus. Auch seine Stellvertreterin Aretha meldete sich von einem Slidetank. Dann gab Tamines bekannt, wer alles an Bord war und auf der WATSON befanden sich auch noch Georg, der ja unbedingt dabei sein wollte, weil er kein `Bürohengst´ bleiben möchte. Er spielte auf seine lange Rolle im Koordinationscontainer an, welche eigentlich für Max und Gabriella gedacht war. Doch die Situationen hatten sich anders ergeben, sodass Max als aktiver Organisator durchaus wichtiger war. Er hatte gute Instinkte und ein brillantes Entscheidungsvermögen, wenn es auch mal brenzlig wird.

„Jonathan startet als Erster, dann Aretha mit dem Slidetank, beide auf eine relative Höhe von einhundert Kilometer. Tamines! Du startest anschließend und begibst dich auf eine Höhe von fünfundneunzig Kilometer. Ich ebenfalls und am Zielpunkt sollte Jonathan und Aretha nicht unter dreißig Kilometer gehen um von dieser Höhe aus alles zu kontrollieren. Ist das in Ordnung so, Jonathan?"
„Bestens, Max. Wir starten!"
Die `James Brown´ startete senkrecht und hielt sich in der Waage, nahm nur an Geschwindigkeit zu. Erst in einer Höhe von fünfzehn Kilometer ging der SWACS in eine Parabelfahrt über. Aretha folgte wie abgesprochen, dann startete Tamines und uns folgte Max mit seiner Besatzung.
Ich bemerkte noch, dass die Sonne genau im Zenit stand und wir also, wenn wir auf Phattiui ankommen sollten, wieder Vormittag haben würden. Damit gab es genügend Tageslicht, um uns vorsichtig an diese überlebenden Parmosennachkommen heranzuwagen.
Trotzdem dauerte unsere Fahrt dorthin immerhin noch etwas über drei Stunden. Max hatte auch angeordnet, dass wir nicht übermäßig beschleunigen sollten, damit auch noch Raketen, wenn es noch welche gibt, und anmessen könnten und auch diese noch starten. Mit dem SWACS und dem Slidetank waren wir ausreichend geschützt. Außerdem war ich mir

absolut sicher, die Intervallkanonen der Achterschiffe hätten mit allen Waffen von Parmos fertig werden können. Aber die Entscheidungen unseres Koordinators waren zweifelsohne vollkommen richtig. Lieber etwas mehr Sicherheit, als zuwenig.

Tamines hatte die Landeanflugparabel eingestellt und wir verlangsamten unsere Fahrt erheblich. Neben uns waren sogar Max und seine Besatzung durch das momentan fast ungefilterte Glas der Scheiben erkennbar. Ich dachte an diese unerfüllte Liebe meiner Kollegin Tamines, die sich in diesen Max verliebt hatte und keinen Weg fand, sich ihm noch zu nähern. Sie hatte mir auch von den Situationen erzählt, als sie mit Max im Wegasystem war und dort schon alles versucht hatte, ihn zu erweichen, auch dass sie einmal fast an ihrem Ziel angekommen war!
Konnte so eine unerfüllte Liebe lange anhalten? Da war ich mit meinem Schicksal aber wesentlich zufriedener. Ich wusste, dass ich Ralph verehre, mehr noch, ich glaube, ich liebe ihn wirklich. Ich konnte planen!

Wieder erklang die Stimme von Max aus den Lautsprechern.
„Ich kopple unsere beiden Sempex, Tamines. Gib deine Zustimmung an den Sempex, so können wir nebeneinander landen. Ich habe einen Zielpunkt anvisiert. Dieser liegt nordöstlich vom See und davon auch etwa zwei Kilometer entfernt. Das ist das weniger besiedelte Gebiet der Phattiuier. Ich möchte nicht, dass wir auf dem Dorfplatz landen!"
„Geht klar! Der Sempex ist offen!"
Schon wurden beide Schiffe vom Bordrechner der WATSON aus gesteuert.
Die beiden Männer waren leicht blass und sprachen nichts.
„Gefällt dir die Fahrt, Josef?"
Tamines fragte mal nach, weil diese beiden so still waren. Eine Überraschung tat sich auf!
„Wie, was? Wer – äh – wo sind wir? Ah! Sind wir vielleicht schon da?"
Josef hatte geschlafen! Und Günter grinste müde.
Tamines war außer sich! Sie konnte sich ja von der Steuerung abwenden, da der Rechner des Zwillingsbootes steuerte.
„Sag mal, Josef, zuerst möchtest du meinen Führerschein sehen, weil du mir nicht zutraust, dass ich so eine drittelte Planetenrunde drehen könnte und dann schläfst du in meiner Gondel ein!"
„Das war damals mit meiner Frau ebenfalls so. Zuerst hatte ich beobachtet, ob sie unseren alten Wagen mit Handsteuerung bedienen konnte, als ich dann bemerkte, dass das einigermaßen geht, habe ich mich hingelegt und mich auf die bevorstehenden Aufgaben konzentriert."
„Soso! Du bist verheiratet?"

„Schon unendlich lange, Tamines. Ich kann mich nur noch gerade so daran erinnern."
„Hast du Kinder?" „Ja, klar. Ein Pärchen. Wir aber Zeit für dich, dass du es mir gleichtust!"
„Wenn ich mir den Erzeuger meiner Kinder frei aussuchen könnte, dann hätte ich auch vielleicht schon welche."
„Oh? Unglücklich verliebt? Wer ist denn der Liebesverweigerer? Doch nicht Gerard, oder?"
Ich betrachtete meine Kollegin von der Seite her und bemerkte, wie ihr diese Unterhaltung unangenehm wurde.
Sie entband sich von dieser Angelegenheit mit einer Notlüge.
„So ernst ist es nun auch wieder nicht und nach meiner Rückkehr zur Erde, werde ich diesen Mann ohnehin wieder treffen und vielleicht auch mehr Zeit haben, um mit ihm zu reden."
Ich bemerkte nun, dass Tamines eigentlich gar nicht gelogen hatte! Sie würde sicher Max nach ihrer Rückkehr zur Erde wieder treffen und auch mehr Zeit haben. Auch reden wird sie mit ihm dort sicher!

„Ach! Verliebt sein ist schön, Tamines. Alleine das Gefühl ist so eine menschliche Eigenart, die man genießen kann."
„Ist das Verliebtsein zu Ende, wenn man länger zusammen oder auch viele Jahre verheiratet ist?" Die Gegenfrage meiner Kollegin.
„Zu Ende nicht. Aber auch nicht mehr vergleichbar mit einem frischen Verliebtsein. Die Ehe ist der sichere Hafen und es ist gut für einen Mann, nachhause zu kommen und zu wissen, dass da eine Frau ist, die auf einen wartet."
„Alltag also. Nun ich stelle mir den Alltag mit dem Mann meiner Träume nicht als solchen Alltag vor. Ich möchte weiterhin zwischen den Sternen umhertollen und mit so einem Mann Abenteuer begehen."
„Das muss aber der Mann auch so mögen, ansonsten geht das nicht lange gut!" Das war nun der Kommentar Günters, welcher aus seinem Halbschlaf nun wieder in die volle Realität zurückgekommen war. „Nichtsdestotrotz! Es wäre ohne Zweifel sehr reizvoll, eine dermaßen abenteuerlustige Gefährtin zu haben."

Die Insel Phattiui kam uns schnell entgegen und es waren bereits Einzelheiten zu erkennen. Bald auch die kleinen Häuschen, die Steinhütten und die primitiv verbauten Felsvorsprünge, teilweise mit Strickleitern versehen.
Viele dieser Bauten waren leicht und teilweise stärker zerstört.
Dann sahen wir die Parmosen, oder das, was Parmosen sein sollten!

Ich spürte plötzlich unendliches Mitleid! Sicher, ich hatte die Aufnahmen selbst gemacht. Aber nun wurde es ernst und wir sollten auch aussteigen und mit diesen armen Geschöpfen Kontakt aufnehmen.
Tamines sah die Inselbewohner an und murmelte nur noch:
„Diese idiotischen Kriegssänger, diese verdammten Kriegsbefürworter, dieser Abschaum von Machtlüsternen! Hier sehen wir etwas vom größten Verbrechen an Unschuldigen, was wir bislang überhaupt zu sehen bekamen! Was könnten intelligente Wesen noch so alles bewegen? Intelligenz sollte doch zu einem gemeinschaftlichen Aufbau verwendet werden und nicht um alles andere, was sich um einen herum bewegt, zu zerstören! Dann auch noch die Zukunft Unschuldiger!"

Sie hatte ihren Gefühlen hierzu sicher passende Worte verliehen. Diese zumeist mutierten Geschöpfe konnte man nur noch bedauern. Die halbwegs Normalen schienen aber auch nicht besonders glücklich zu wirken.
Günter betrachtete die Übertragung der Bodenkamera und schlug sich vor Entsetzen eine Hand vor den Mund. Zuerst beobachtete er wortlos das Geschehen in diesem Tal, in welches wir nun hinein sanken.
An unserer Landestelle waren die Berghänge vielleicht noch etwas über zweihundert Meter hoch. Beim See und darüber hinaus könnten es wohl so um die vierhundert Meter und mehr sein.

Die ersten Parmosen entdeckten uns. Zuerst standen oder saßen sie nur so da, dann kamen sie ins diskutieren, aber von Furcht oder Angst konnte vorläufig nichts bemerkt werden. Die Außenmikrofone nahmen erste Stimmen auf und langsam bemerkte ich, dass Max mit seiner Maßnahme, Josef als Sprachverständigen mitzunehmen, wieder einmal ins Schwarze getroffen hatte. Seine Dienste würden sicher noch notwendig werden.

Die beiden Achterschiffe setzten auf. Jonathan bestätigte noch, dass er an seinem Beobachtungspunkt in dreißig Kilometern Höhe angekommen war und alle Überwachungsanlagen geschaltet hatte, ebenso die visuelle Überwachung des Landeteams.

Die Luke der WATSON öffnete sich und Max kam als Erster, gefolgt von Gabriella aus dem Fahrzeug, dann Georg und Silvana.
Nun öffnete sich auch die Luke der SHERLOCK und wir stiegen in umgekehrter Reihenfolge aus, wie wir das Schiff betreten hatten.
Die Parmosen in nächster Nähe suchten Distanz zu uns, verharrten dann aber so in etwa zweihundert Meter Entfernung. Die anderen, welche weiter weg waren, kamen allerdings näher. Es dauerte einige Zeit und Parmosen

aus den Hütten und Häuschen wurden erkennbar, rannten aber noch mal in ihre Behausungen zurück und erschienen erneut mit, ja sicher mit ihren Jagdwaffen. Wir konnten Metalle blitzen sehen. Ob das Metallgegenstände waren, welche sie erst hier im Tal angefertigt hatten, das glaubte wohl niemand. Es mussten alte Messer sein, die noch aus den Zeiten der fraglichen Zivilisation stammten.

„Wenn die Parmosen mit kämpferischen Absichten näher kommen, sofort Schutzhelme holen und aufsetzten! Die Anzüge schließen und die Krägen hochstülpen. Das Anzuggewebe müsste diesen alten Messern und Pfeilen gewachsen sein!"
Wie als wären seine Worte eine Vorhersage gewesen, traf ein Pfeil, welcher ein altes Messer als Spitze besaß den Boden vielleicht zwei Meter vor Josef. Dieser schrie erschrocken auf und rannte zur Gondel zurück, stieg über den kurzen Antigrav ein und warf uns die Schutzhelme zu. Georg tat es
Ihm gleich!
Tamines setzte ihren Helm auf, klappte das Visier herunter und wurde anschließend von einem Pfeil an der Wade getroffen!
„Au! Das tut aber weh! Genau an der Stelle, wo ich auf der Raumstation der Chorck auch von so einem Nadler getroffen wurde."
„Du wurdest angeschossen?", wollte Günter wissen.
„Durchgeschossen! Das waren ganz feine Nadelprojektile, die sicher verletzen aber nicht töten sollten. Erwachsenenerziehung bei den Chorck auf deren Raumstation. Sie wollten zumindest dort nicht unbedingt töten, sondern die Arbeitskraft ihrer zu bestrafenden Sklaven erhalten."
„Ja in welchem Universum leben wir denn? Verletzen, töten, Kriege und Mord! Ich zweifle bald am Sinn des Lebens."
„Manchmal könnte man das ja wirklich."
Max stelle sich nun direkt in den Pfeilregen, der aber bald abnahm. Diese Parmosen hier hatten nicht so viele Waffen oder sicher auch nicht so viele alte Messer, damit sie einen Dauerbeschuss durchhalten hätten können.

Max nahm ein Megaphon mit einem angeschlossenen Translator und begann in die Richtung der meisten Parmosen zu sprechen:
„Parmosen von Phattiui. Wir kommen in Frieden und wollen euch helfen. Wir wissen nun was mit Parmos geschehen war und wir haben daran keine Schuld! Wir kommen von weither und wollen keinen Krieg, schon gar keinen Krieg mit euch!"
Er drehte sich noch mal um einhundertachtzig Grad und wiederholte seine Durchsage. Nein. Max wiederholte seine Durchsage nicht! Er hatte seine Sätze im Megaphon aufgezeichnet und ließ sie erneut abspielen. Dabei hielt

er aber den Mikrofonstutzen vor seinen Mund um den Parmosen Glauben zu machen, er würde erneut sprechen.

Es wurden keinerlei Pfeile mehr abgefeuert.
Um wieder weiter Vertrauen zu gewinnen, nahm Max aber seinen Helm wieder ab und legte diesen auf den Boden.

„Habt ihr einen Anführer, einen Präsidenten oder einen Rat? Wir möchten mit einer verantwortlichen Person sprechen. Ich betonte noch einmal! Wir wollen mit euch sprechen!"
Plötzlich wurde Max von hinten von einem Wurfbeil an der Schulter getroffen! Der Anzug hatte Schlimmeres verhindert, aber Max ging vor Schmerz in die Knie. Das war ein Signal für diese immer noch kriegerischen Parmosen und es flogen weitere dieser Beile und Messer heran. Wir konnten aber uns dennoch schnell in unsere Gondeln flüchten, ohne getroffen zu werden. Gabriella und Georg zogen Max mit in die vorläufige Sicherheit. Gut, dass der Antigrav auch sofort reagierte und so war Max trotz seines Schmerzes schnell in die WATSON gekommen.

In dem Schiff schaltete er die Außenlautsprecher an und sprach, noch lauter als per Megaphon über einen Translator zu den Parmosen:
Ich gebe euch nun ein Beispiel, dass wir Macht besitzen, aber davon keinen Gebrauch machen möchten. Was ihr nun zu spüren bekommt sind Schwerkraftwellen! Diese könnten wir aber auch noch um vieles stärker abschicken!"
Max schaltete behutsam die Intervallkanonen ein und bestrich die umstehenden Parmosen damit. Er hatte die Kanone vielleicht auf eine Intensität von zehn Promille geschaltet, dennoch fielen die parmosischen Schützen und Zuschauer reihenweise um. Von einigen der einfachen Hütten lösten sich die Dächer und es staubte an den Schluchthängen.

Mit dieser Wirkung hatte Max offensichtlich gerechnet. Es wurde nichts mehr nach uns geworfen. Das Klimpern was dadurch hervorgerufen wurde, dass diese Überlebenden immer noch etwa an die Schiffe geschleudert hatten, starb ab.
Wir sahen nun nur noch Parmosen, welche sich zurückzogen oder unentschlossen da standen.

Noch mal schaltete Max den Außenlautsprecher ein:
„Wenn noch mal auf uns geschossen oder geworfen wird, dann schalte ich diesen Effekt stärker ein. Wir wollen mit euch sprechen und wenn wir

letztlich bei euch nicht willkommen sind, so werden wir auch wieder gehen und nie mehr zurückkommen. Aber um dies zu wissen, suchen wir zuerst einmal das Gespräch – so wie es für intelligente Wesen angemessen ist!"

Um seine Worte noch mal zu unterstreichen, begab sich Max wieder nach draußen und ging etwa dreißig Meter von der WATSON weg. Dort nahm er seinen Schutzhelm wieder ab, behielt ihn aber in der linken Hand, um gegebenenfalls schnell wieder unter seinen Schutz zu gelangen.
Mit der rechten Hand bediente er erneut das Translatormegaphon und sprach seine Message erneut mehrmals in verschiedene Richtungen.
Dann warteten wir.
Langsam lugten die Parmosen wieder aus ihren Verstecken, die Gehbehinderten, welche bei dem leichten Intervallbeschuss umgefallen waren, rappelten sich wieder auf und zuerst sah es so aus, als sollten wir nur noch angestarrt werden, wie knallrote Affen in einem Zoo.
Von der Seite näher am See löste sich ein Parmose aus einer kleinen Versammlung heraus und wanderte gebückt und leicht hinkend in unsere Richtung. Obendrein hatte er furchtbare O-Beine. Es dauerte gute zehn Minuten, bis er Max gegenüberstand.
Es dauerte weitere zwei Minuten, bis er endlich seinen Mund öffnete. Sein Hals wirkte schlapp und steif. Das Halsknie stand ihm nach hinten hinaus, außerdem hatte er einen Buckel, nun wirkte er doppelbuckelig.

Das war nun aber auch das Signal für uns, wieder aus den Gondeln zu steigen. Josef Zelzer ging sehr langsam zu den Beiden und der Parmose schien zu überlegen, ob er sich wieder davonmachen sollte oder nicht. Josef hatte seinen Translator angeschaltet: „Bleib ruhig mein Freund. Wir wollen dir nichts tun. Unser oberstes Gebot ist der Frieden!"

Plötzlich erklang eine Bassstimme, welche niemand diesem deformierten Parmosen zugetraut hätte. Der Translator brauchte einige Zeit um diese Worte zu definieren.
Dann gab er aus: „Frieden? Das wäre etwas grundsätzlich Neues auf unserer Welt."
Max sprach ebenfalls sehr langsam und dieses Mal ohne Megaphon, nur über den automatischen Übersetzer:
„Du gehörst noch zur ersten Generation nach dem Krieg, nicht wahr? Du bist sicher ein Mitglied des Ältestenrates!"
„Woher weißt du das? Habt ihr uns mit euren Stahlaugen und euren Richtungsohren beobachtet?"
Max sah zu Josef, er erbat etwas Hilfe auf dieser Weise.

„Zuerst müssen wir dir etwas Grundsätzliches erzählen, mein Freund. Wir sind nicht von dieser Welt. Ich muss dir das sagen, denn irgendwann käme ein Gespräch ohnehin zu diesem Punkt!"
Als der Translator die Worte von Josef Zelzer übersetzt hatte, zuckte dieser Krüppel regelrecht zusammen. Es war schon zu erkennen, dass er nicht mehr davonlaufen konnte, denn der Marsch zu uns hatte ihm bereits jegliche Energie gekostet.
„Von einer anderen Welt? Von welcher? Ich weiß noch etwas von der Mission namens Morgenblüte. Mein Vater hatte mir davon erzählt. Seid ihr wieder zurück oder seid ihr die letzten Überlebenden davon?"

Nun fragte Max erst einmal wieder nach: „Hör mal gut zu. Wir sollten alles in einer etwas angenehmeren Umgebung besprechen. Mein Name ist Max und der Name meines Kollegen hier ist Josef. Die anderen Freunde stelle ich dir später vor. Wie ist dein Name?"
„Seit der Reform nennt man mich Sergaal Vertikal vom flachen Wasser."
„Gut Sergaal, damit ist ja schon ein guter Anfang gemacht. Wir wissen nun wie dein Name ist. Dich hatte die Krankheit noch nicht so stark erwischt, wie so manche andere, oder?"
„Die Krankheit?" Der Translator kam nun mit dieser Bassstimme immer besser zurecht und übersetzte schneller. „Die nicht sichtbaren Erreger meinst du. Sie brannten in den Körpern und haben viele von uns so ganz anders werden lassen. Viele andere sind so früh gestorben, dass sie von der Mutter nicht einmal mehr gesehen werden konnten. Andere wieder konnte nie ihre Mutter sehen und starben früh. Jetzt sterben zwanzig von hundert vor der Geburt und zwanzig von hundert gleich nach der Geburt. Und bei den Geburten sterben zehn von hundert Müttern.
Wisst ihr etwas über diese nicht sichtbaren Erreger? Meine Eltern hatten mir noch erzählt, dass alles von einer Technik geprägt wurde. Einer Kriegstechnik und nun sind wir in der Zwischendimension und müssen auf die Erlösung hoffen und warten. Schon dachten wir, die Erlösung würde kommen, als plötzlich die Berge bebten und einige Häuser einstürzten. Das war nicht einmal vor einem Monat! Danach wurden die Tage und Nächte länger und es gibt mehr Direktregen! Immer wieder wackelte unsere Welt. Drei bis vier von hundert sind dabei umgekommen."

Dank des steifen Knickhalses und des Buckels war Sergaal um nicht allzu vieles größer als Max und so konnte Max ihm seine Hand auf die Schulter legen.
„Sergaal. Wir sind mit Schiffen, ähnlich diesem Schiffes der Mission hierher gekommen. Wir haben die Unregelmäßigkeiten von Parmos erkannt

und sind dabei diese auch zu korrigieren. Zu diesem Zeitpunkt wussten wir noch nicht, dass es auf dieser Welt überhaupt Überlebende gibt! Wenn ihr durch unsere Korrekturen in Mitleidenschaft gezogen wurdet, möchten wir uns dafür entschuldigen."
„Eine Entschuldigung steht nicht im Wortschatz eines Kriegers!"
Fast böse sah Sergaal zu Max und Josef.
Langsam kamen wir alle etwas näher zu dieser Runde, wohlwissend, dass Sergaal nicht mehr davonlaufen konnte.
„Schau mal Sergaal, alle diese Leute hier könnten auch deine Freunde sein, wenn du möchtest."
Nun trat ich an diesen noch an einen Parmosen erinnernden Mann heran und reichte ihm einen Vitaminriegel mit Fruchtgeschmack.
Wenn Verhandlungen ins Stocken geraten, so war dies auch schon immer auf der guten alten Erde, dann hilft meist eine kulinarische Untermalung. Sicher wurde auf der Erde auf politischer Ebene ein Bankett veranstaltet, aber hier, im Tal der Mutanten, wie wir diesen Ort nun nannten, befand sich so ein Riegel sicher auf ähnlichen oder höheren Niveau als ein Bankett.
Sergaal nahm den Riegel und konnte noch nicht viel damit anfangen. In seinem Leben hatte er vielleicht noch nichts Vergleichbares gesehen. Max ließ mich gewähren. Also nahm ich einen weiteren Vitaminriegel und zog deutlich und langsam am Verpackungstrennband. Dann schob ich den Riegel aus der Restverpackung heraus und biss davon ab. Sergaal suchte ebenfalls das Trennband und stellte sich dabei nicht ungeschickt an. Endlich biss auch er ab, dabei wurden seine ekelhaften und auch deformierten Gebissleisten sichtbar. Ein nachwachsendes Hornmaterial, ähnlich den Hörnern von Horn- und Geweihträgern aus dem Tierreich der Erde.

Sergaal riss die Augen weit auf und drehte sich um, er rief etwas in einer blökenden Stimme zu seinen Stammesangehörigen. Nach und nach standen Parmosen auf und kamen ebenfalls langsam näher.
Es war ein Bild des Schreckens! Einer der Parmosen hatte ein dünnes und ein dickes Bein, Einer ging auf Knien, weil ihm keine Beine gewachsen waren, ein, oder dem Umstand entsprechend zwei siamesische Zwillinge welche am seitlichen Rücken zusammengewachsen waren, wanderten kopfüber auf vier Beinen und zwei Händen in unsere Richtung.

Ich wollte die Augen schließen, aber ich konnte nicht! Ein Schrecken, der Mitleid förderte und welcher nun immer näher kam.

Erst jetzt war der Translator imstande, Sergaals Ruf zu übersetzen. Dabei hatte Josef Zelzer noch ein paar zusätzliche Abfragen an das Gerät initiiert, um dies zu ermöglichen.
„Es sind keine Feinde hier, sie haben Qualmaschkos dabei! Kommt näher!"
Das konnten wir nun erkennen. Sie kamen näher! Die siamesischen Zwillinge waren trotz des seltsamen Ganges die Schnellsten und sie kamen ausgerechnet zu mir. Ich stand steif und starr und wollte oder ich sollte sie so weit wie möglich gewähren lassen, damit der noch nicht feste friedliche Pakt erhalten blieb. Die beiden umgedrehten Köpfe bissen in meinen Anzug, beschnupperten mich von oben bis unten und ich zog zwei weitere dieser Riegel heraus, welche mir von diesem Doppelwesen sofort aus den Händen gerissen wurde.
Der Mutant ohne Beine, welcher nur auf den Oberschenkeln, welche in Leinentüchern eingebunden waren, konnte immerhin auch sprechen. Dieser hatte aber eine zirpende Stimme, welche der Translator auch noch nicht sofort erfassen konnte. Wieder manipulierte Josef das Gerät und schon konnte die Anfrage erfasst werden. „Ich möchte gerne auch Überlebensnahrung, bitte, bitte."
Josef erklärte: „Qualmaschkos ist Überlebensnahrung. Hochkonzentratriegel aus den Zeiten der Krieger. Jeder Krieger hatte eine Menge davon zugewiesen bekommen."
Auch gab ich diesem Parmosen einen Riegel und er öffnete die Verpackung sachverständig. Ich sah diesen Beinlosen an und erkannte, dass auch er schon einer der älteren Generation nach dem letzten Krieg angehören müsste. Sein Knickhals war funktionsfähig und diesen streckte er nun, weniger aus Gründen des Stolzes, mehr aus Gründen der fehlenden Größe.

„Georg! Bitte öffne die hintere Ladebucht und, – Leute helft ihm, ein paar Schachteln dieser Riegel hierher zu bringen."
Als Max dies äußerte, war es für mich wie ein inneres Signal, bei dieser Aktion mitzumachen. Ich musste mich wenigstens ein paar Sekunden ablenken, denn diese Mutanten waren ein schwerer Test für meine Nerven.

Ich öffnete bald ein paar dieser Schachteln und die Mutanten fielen regelrecht darüber her. Teilweise bissen sich die Schwächeren in den Schachteln fest, um sich eine Ration zu sichern.

Max: „Sergaal! Kannst du hier nicht ordnend eingreifen? Hast du soviel Macht, hier eine Struktur zu schaffen, welche alle zu befolgen haben? Bitte tu etwas, jeder soll gerecht etwas bekommen."

Sergaal zog die faltige Hirnhaut seines lang gezogenen aber komplett kahlen Eierkopfes hoch und blickte uns fast unverständlich an:
„Gerecht? Ordnend? Ihr habt sicher den Krieg hier nicht gesehen, von dem meine Eltern erzählt hatten. Da gab es nämlich keine Gerechtigkeit und keine Ordnung."
„Weißt du viel von dem Krieg?", fragte Max.
„Nicht allzu viel. Die letzten Videofäden spielen schon lange nicht mehr. Ich hatte noch Bilder vom Krieg gesehen, als ich ein Kind war. Das ist aber schon so lange her . . ."
„Sergaal, ist es nicht möglich, dass wir uns in einer großen Hütte zusammensetzen und uns besprechen? Wir haben auch Multiformprothesen dabei, welche das Leben von manchem verbessern könnte. Auch möchten wir eine Liste von Dingen zusammenstellen, die ihr notwendig brauchen könntet. Diese würden wir euch auch besorgen. Wir haben noch zwei große Schiffe auf einem anderen Kontinent stehen. Diese haben viel von dieser Nahrung und auch noch andere Sachen geladen."

„Wir dürfen nicht über die Berggipfel hinaussehen und wir dürfen nicht an den Inselrand! Dort herrschen die nicht sichtbaren Erreger und der brennende Seelentod. Ich wurde von meinen Eltern noch beauftragt, darauf zu achten, dass diese Heilsregeln von den nachkommenden Generationen eingehalten werden."
Er sprach von der radioaktiven Strahlung, welche hier in diesem Tal immer relativ gering war, da die Basaltfelswände mit dem hohen Metallgehalt diese gut abschirmen konnte. Ich wusste, das Schlimmste was diesen Leuten hier anfangs passierte, war der radioaktive Fallout! Dieser verursachte die meisten Mutationen. Mittlerweile waren aber die Strahlungen, besonders hier und um diese Inselgruppe herum schon wieder auf einem überlebensfähigen Level angekommen. Doch das konnten diese Mutanten nicht wissen. Unter Anderem waren auch die Aircleaner von Ralph, von meinem Ralph (!) an der Säuberung beteiligt!
Der natürliche Kreislauf begann wieder zu pulsieren und diese Welt war dran und drauf, sich selbst zu waschen. Die Halbwertszeiten der schnelllebigen Teilchen wie das radioaktive Iod 123 oder Iod 131, oder die allgemeine Bezeichnung Jod waren ohnehin nicht mehr messbar. Iod oder Jod sind meinem Wissen nach Halogene, welche ausnahmsweise bei Zimmertemperatur eine feste Konsistenz besitzen. Doch das war nie mein Fachgebiet. So würde ich Messungen hier in diesem beeindruckenden Tal ohnehin den Technikern überlassen.
Tamines hatte ihre unangebrachten Ekel gegenüber diesen Mutanten überwunden und begann mit einem beinlosen aber doppelköpfigen

Überlebensnachkommen ein Gespräch. Ich wanderte langsam zu Tamines hinüber und hörte zu. Der eine Kopf auf diesem imposanten, breiten und fast normalgroßen Parmosenkörper schimpfte unentwegt über seinen `Bruder´. „Ich mag nicht mehr neben diesem Scheusal leben, Du hast Technik, Frau mit stabiler Kleidung, kannst du mir diesen angewachsenen, missratenen Kopf da neben mir nicht wegmachen?" Da antwortete der andere Kopf, immer noch Vitaminriegel kauend: „Der da muss weg! Ich sorge für unseren gemeinsamen Körper und damit ist er nicht zufrieden!" Als wenn es ein Zeichen der alten Krieger wäre, stieß ein Bein das andere, sodass diese imposante Gestalt zusammensackte. Der eine Kopf kontrollierte eine Hälfte des Körpers und der andere Kopf die andere Hälfte. Noch dazu ein Kreuzsystem, so wie es den Anschein hatte.
„Ich bin keine Medizinerin, außerdem ist nach unseren Erkenntnissen Leben in allen Variationen zu erhalten. Auch euer Doppelleben! Ihr hättet ganz einfach zu lernen, wie ihr euch eure Sachen teilt und auch gemeinsam eurem Körper zukommen lassen solltet. Ich sehe, es geht bei eurem Streit nur darum, wer in den Genuss des Essens kommen sollte, denn die Nahrung selbst kommt ja euch beiden gleich zu gute. Mein Vorschlag ist ganz einfach: Versprecht euch gegenseitig Frieden und ein jeder isst die Hälfte und dies nacheinander, damit es zu keiner Kollision in der Speiseröhre kommt. Mit dem trinken haltet ihr es genauso. Der Tod von einem von euch verursacht auch den Tod des anderen."
„Auf solche Ratschläge können wir verzichten!"
„Ihr vielleicht schon, aber nicht eure Gesellschaft! Eure Gesellschaft leidet sicher unter euch Streitbaren. Der Frieden kam mit Gewalt auf eure Welt, aber nun ist er da! Und wir werden alles tun, um diesen Frieden zu festigen, auch Kriegschäden zu entfernen. Wenn ihr nicht wünscht, dass wir das tun, ihr könnt es uns ja sagen! Dann gehen wir wieder und lassen euch alleine. Es wird keine Qualmaschkos mehr geben und auch keine weiteren Überraschungen, welche wir noch für euch bereithalten."
Ich besah mir diese beiden Streithähne in einem Körper und erkannte die abgebissenen Ohrspitzen an den zueinander liegenden Seiten.
Die Kriege dieser Welt waren immer noch nicht vorbei, aber sie waren zu kleineren Formaten geschrumpft. Zu wesentlich kleineren Formaten!
„Überraschungen! Was für Überraschungen denn?"
Der Doppelköpfige sprach aus zwei Mündern und es klang wie ein Echo. Ich erkannte, dass einer der beiden immer um eine Zentelsekunde langsamer reagierte und dies war sicher auch die Ursache seiner dauerhaften Unterlegenheit.
„Zuerst müsst ihr versprechen, euch künftig zu vertragen!"
„Nie!" Die Antwort des Schnelleren.

„Ich würde zustimmen", meinte der andere, der damit rechnet, dass er ohnehin nichts verlieren könnte, also mehr gewinnen. Doch dazu muss auch der Gewinn für den Schnelleren so hoch ausfallen, dass er letztendlich einen Mehrgewinn verbuchen könnte.
Etwas zupfte an meinem Bein.
Ein arm- und beinloser Parmose war herangerobbt! Er bewegte sich mit wallendem Bauch und mit dem Kinn voran wie eine Raupe. Der Knickhals war dermaßen mit Muskeln bepackt, dass er fast den Umfang des Unterleibs erreichte. Er drehte sich und sah mich vom Boden aus an. „Ich möchte auch einen Qualmaschkos probieren, bitte, bitte."
Mir fiel das Herz regelrecht in die Hose! Eine dermaßen ergreifende Situation von alles überragender Armut hatte ich in meinem Leben noch nicht mitmachen müssen!
Nun begann ich schon an mir selbst zu zweifeln, ob ein solches Leben überhaupt noch lebenswert war. Aber dieses Wesen lebte! Dieses Wesen dachte, es war ein eigenes Individuum!
Am Kinn trug er einen Ledergurt mit einer Art Kinnschutz, was ihm diese Art von Fortbewegung ermöglichte und der Bauch war mit dicken Leinentüchern gebunden. Erst jetzt bemerkte ich, dieser junge parmosische Mutant stank entsetzlich! Er konnte sich nicht selbst reinigen, was gewisse Körperhygiene betraf. Ich bückte mich und überwand meine Abscheu mit höchster Konzentration.
„Wie heißt du denn, mein Freund?"
Aus dem Translator kam seine Antwort. Wenigstens hatte dieser junge Mann noch eine normale Stimme. „Ich bin Hoorgas Horizontal von der Stammmuhle. Bitte, bitte einen Qualmaschkos."
Nachdem schon drei Schachteln der Riegel komplett geleert waren, teilweise auch die Schachteln selbst verspeist wurden, sagte ich nur noch „Moment bitte" und eilte zur WATSON um vorläufig eine weitere Schachtel zu holen. Schon stürzten sich die anderen Mutanten darauf, ich rettete erst einmal drei von den Riegeln. Nur wollten dies viele nicht zulassen! Ich holte meinen Handintervaller aus dem Halfter und rief: „Gleiches Recht für alle, auch für die Horizontalen!"
„Die Horizontalen sollen ihre Gräser und Pilze fressen. Sie haben keine andere Zukunft!"
Nun wurde ich aber richtig böse. „Wer gibt, entscheidet auch wer etwas bekommt! Nachdem ihr alle etwas bekommt, entscheide ich auch, dass Hoorgas Horizontal von der Stammmuhle drei Riegel bekommen wird. Wem das nicht klar ist, der bekommt die gleichen Schubswellen zu spüren wie dies ganz am Anfang der Fall war!"
Das wirkte. Nur ein Einzelner rief: „Diese seltsame Frau will Krieg!"

„Nein! Ich will Frieden, aber für Jeden! Auch für die Horizontalen!"
Nun war auch die Namensreform klar. Alle die aufrecht gehen konnten, hatten einen Beinamen erhalten, der dies bezeichnet. So wie Sergaal `Vertikal´ als Namenszusatz bekommen hatte, wurde Hoorgas eben bedauerlicherweise zusätzlich als `Horizontal´ benannt.

Günter hatte meinen Dialog mitverfolgt und kam heran. Er beobachtete, wie ich Hoorgas nun mit den drei Riegeln fütterte und dieser eine unendlich dankbare Miene machte. Das war wahrscheinlich das größte Geschenk, was er in seinem schwierigen jungen Leben jemals erhalten hatte.
„Ich werde dich `Vertikal´ machen mein Freund!"
Hoorgas hörte plötzlich auf zu kauen und sah Günter in die Augen. „Das ist doch nicht möglich!" „Mit Technik, mit einer Technik die du nie hast kennen lernen dürfen, geht das. Du wirst nicht laufen können, wie die Vertikalen, aber du wirst sehen können, wo deine Wege verlaufen. Iss erst einmal deine Qualmaschkos, damit du zu Kräften kommst, dann sehen wir weiter!"
Langsam aß Hoorgas weiter und ich war mittlerweile auch soweit, dass ich mich niedersetzte und den Kopf dieses Bedauerlichen auf meinen Unterschenkel hob, ihn mit dem linken Arm stützte und so fütterte. Meine Seele brannte, ich war den Tränen so nahe, ich brauchte die allerhöchste Konzentration, um nicht lauthals loszuheulen, so weh tat mir alles, was ich nun unter den Kriegsspätfolgen dieser Welt zu sehen bekam.

Günter war verschwunden und kam nach einiger Zeit mit einem Prothesenpaket zurück.
„Diese `Spinne´ passt sich deinem Körper an, Hoorgas! Diese Spinne kann die Energie für Bewegung von der Sonne holen und aber auch eine Energie von kleinen Generatoren holen, welche sich von unsichtbarer Energie ernähren. Das bedeutet für dich aber auch, diese, deine neuen Beine und Arme müssen immer wieder ruhen, so wie du auch schlafen musst."
Hoorgas sah Günter an, als ob dieser von einer anderen Welt käme! Dabei war dem natürlich auch so.
Also aktivierte unser Freund der Medizin und der Prothesentechnik dieses Vierbein- und Zweiarminstrument, ich half mit, Hoorgas in die Körperaufnahmebucht zu heben und der Steuerrechner übernahm eine weitere Anpassung. Dazu klappten noch zwei Sensorenpakete an die Seiten seines Körpers hoch und legten sich um die Stummelbeulen, wo eigentlich Arme sein sollten.
„Du kannst nun lernen, mit gewissen Muskelanspannungen diese neuen Gliedmaßen zu steuern. Auch deine Bauchmuskeln können dienlich sein.

Diese Gliedmaßenprothese ist auch lernfähig! Es wird wohl einige Zeit dauern, bis du sie beherrschen wirst, aber eines Tages kannst du dich damit frei bewegen und sogar einige Anhöhen bewältigen."

Hoorgas schaute erstaunt, als sich nach einigen Bemühungen er bereits einen Schritt nach vorne machte! Hoorgas war intelligent, wie ich bemerken durfte. Er machte den gleichen Schritt rückwärts, also steuerte er seine Muskelabfolge in entgegengesetzter Richtung.
Zwei Schritte vorwärts und zwei zurück!
Fünf Schritte vorwärts und eine Neunziggraddrehung!
Nach weiteren zehn Minuten drehte sich Hoorgas, ein neuer `Vertikaler´ einmal links im Kreis und einmal rechts im Kreis. Dann kam eine Probe aufs Exempel!
Ich gab Hoorgas eine Kunststoffflasche mit reinem Wasser und anfangs noch zögerlich ruckte die Armprothese von seitlich des Halbroboters nach vorne, schlug mir fast die Flasche aus der Hand, aber ich sah das verzerrte Gesicht des parmosischen Mutanten, wie er sich anstrengte und es schaffte, die Flasche entgegenzunehmen!
Allerdings entfiel sie ihm wieder und ich hob sie schnell auf, bevor sie auslaufen konnte. Wieder strengte er sich an und man konnte erkennen, wie sich alle Muskeln seines Körpers spannten und wallten.
Dann! Er ergriff die Flasche und führte sie ganz, ganz langsam zu seinem Mund. Noch lief ihm etwas Wasser aus den Mundwinkeln, aber er hatte getrunken!

Sergaal betrachtete diese Situation und kniete sich plötzlich vor Max und Georg nieder.
„Das hatte ich nicht gewusst! Ihr seid Götter! Ihr bringt Heil über unser Tal, ihr könnt die Tage und Nächte verlängern! Wir hatten euch mit unseren Waffen beworfen, dabei müssen wir euch anbeten!"

„Nein!" Max rief dieses Nein dermaßen forsch aus, dass Sergaal zusammenzuckte. „Diejenigen, die eure Welt so zerstört hatten, diejenigen waren alles solche Gläubige für irgendwelche falsche Götter und falsche Priester. Sie konnten sich nie für die Realität entscheiden! Nur dies hatte letztendlich diesen letzten Krieg ausgelöst, der für euer Schicksal hier verantwortlich zu machen ist. Sergaal, glaube mir. Wir sind keine Götter, alles womit wir helfen können ist ein Ergebnis friedlicher Forschung und nennt sich Technik. Technik, die hilft und nicht missbraucht werden soll. Erkläre den heutigen Tag meinetwegen als einen Tag des Wandels in eurer

Geschichte, aber nicht als Tag der Götterdämmerung oder des Auferstehens von irgendwelcher Symbolik. Noch mal: Wir sind keine Götter!"

Sergaal stand mit offenem Mund da und wusste nicht so recht was er nun sagen sollte.
„Kommt ihr wirklich von einer anderen Welt als von Parmos?"
„Ja", sagte Max einfach und Georg nickte. Silvana und Gabriella hatten es mir gleich getan und sich auch ein paar `Horizontalen´ angenommen. Es waren Geschöpfe, welche nicht ganz so schlimm dran waren wie Hoorgas. Aber nur mit Händen direkt an den Schultern, eben wir die damaligen Contergankinder. Mit der Einnahme von Thalidomid, einem Medikament, was vor rund einhundertfünfzig Jahren unter dem Markennamen Contergan sogar als Schlafmittel für Schwangere eingeführt wurde, entstand die Phokomelie oder Robbengliedrigkeit mit dem Fehlen der Ober- und Unterarme. Ich konnte mich noch erinnern, dass während meiner Studienzeit mit Genexperimenten Ähnliches passierte, was aber glücklicherweise korrigiert werden konnte. Hier hatte die radioaktive Strahlung diese Erbinformationen der Ober- und Unterarme sowie der Ober- und Unterbeine `herausgeschossen´.

Sergaal fragte weiter:
„Was wollt ihr dann hier auf dieser Welt?"
„Sag mal Freund Sergaal, müssen wir dies alles hier so weit vom See entfernt besprechen? Habt ihr hier keine Versammlungshütte, wo wir schon mal mit mehreren Vertretern eurer Regierung vorsprechen könnten? Es wäre einfacher für uns und es wäre einfacher für euch!"

„Ich werde einige Zeit brauchen, um mit den anderen von der Unheilsregierung zu sprechen und eine Versammlung einzuberufen. Ich kann nicht mehr soviel laufen. Auch meine Beine arbeiten nur noch wenig und ich habe meine Kraft fast verbraucht, als ich hierher kam.
Meine Schutzbefohlenen haben mich gesandt, weil ich einer der Ältesten bin und wenn mir etwas zustoßen würde, ich mein Leben ohnehin schon länger als die anderen gelebt hätte."

Ein weiterer Aspekt von gnadenloser Intelligenz, welche in diesem Fall für eine Art Verteidigung genutzt wurde. Sergaal war ursprünglich als `Kanonenfutter´ geschickt worden. Als ein Vorsprecher in der Sache. Oder einfach als Kriegstaktik.

Wieder reagierte Max schnell und sprach über sein Kombiarmbandgerät mit Jonathan T. Hunter in dem SWACS `James Brown´.
„Jonathan! Kannst du mir eine deiner Rettungskapseln runtersteuern? Ich brauche ein Minifahrzeug für eine Organisationsmaßnahme!"
„Ich habe es mitbekommen! Die Kapsel geht gleich raus!"

„Sergaal, schrecke dich nicht, wenn bald so ein halbliegendes Ei landen wird. Das ist dann ein Kleinfahrzeug, mit dem wir beide uns zu deinen Kollegen begeben werden und sie dann Einzeln zu einem Ort der Versammlung bringen. Es haben maximal vier Personen in diesem Ei Platz!"
„Bei den Aurensphären! Fliegen? Ich in meinem Alter."
„Du tust es für ein weiteres, zwar bescheidenes, aber nicht unerfülltes Leben!"
„Dann werde ich meinen Mut zusammennehmen."

Mir ging da noch etwas durch den Kopf. Sergaal hatte von einer `Unheilsregierung´ gesprochen. Was hatte er wohl damit gemeint?

Die Rettungskapsel aus der `James Brown´ wurde bereits sichtbar und setzte keine dreißig Meter neben Max zur Landung an. Die parmosischen Mutanten sprangen teilweise entsetzt zur Seite. Zumindest diejenigen, die springen konnten. Die anderen rollten, staksten und zogen sich von dieser Stelle weg. Die Rettungskapsel brauchte aber für die letzten zehn Meter Sinkfahrt mehr als zwei Minuten. Das war bestens von Jonathan programmiert worden.

Sergaal blickte skeptisch auf dieses Ei oder eher tropfenförmige Gebilde, welches auf drei kleinen Teleskopen dann zur Ruhe kam und die formangepasste Frontscheibe sich auch noch automatisch öffnete. Da waren dann auch vier hintereinander angeordnete Sitze sichtbar, immer der nächste etwas höher angeordnet als der vorige.
„Das Ding kann fliegen? Ich weiß noch, dass früher einmal unsere Vorfahren Maschinen bauten, welche Flügel hatten, so wie die ausgestorbenen Polmanis und die Karaliten. Ich habe noch ein uraltes Buch mit Zeichnungen dieser Flügler. Aber eure Maschinen haben keine Flügel, warum?"
„Unsere Maschinen fliegen nicht mit dem Medium Luft sondern mit einem Medium des Universums. Das zu erklären ist nun aber sehr schwierig, wenn die Technik nicht in einer gewissen natürlichen Reihenfolge entstanden ist.

Los Sergaal, wir fahren zu deinen Kollegen und berufen eine Sondersitzung ein!"
Zu Gabriella, Silvana und eigentlich zu uns allen gewandt erwähnte Max noch: „Teilt noch etwas von den Riegeln und von der Konzentratnahrung aus, aber das Meiste müssen wir erst einmal vorbehalten, bis die Versammlung einberufen ist. Dann teilen wir aber alles aus. So oder so."

Wir nickten nur.
Max zeigte Sergaal, wie er sich in diese Rettungskapsel zu setzen hatte. Dazu konnte unser Koordinationsleiter den Vordersitz herunterfahren lassen und zitternd nahm der alte Sergaal im zweiten Sitz Platz.

Damit waren wir erst einmal zur relativen Passivität verurteilt.

Bericht Maximilian Rudolph:
Ich blickte auf meinen Multifunktionsarmband und dies zeigte mir, es war immer noch der 25. 05. 2095 nach Terrazeit. Die Ortszeit hier war wieder irrelevant, denn die ersten programmierten Uhren liefen auf Barrica und wir hatten hier eine andere Zeitzone des Planeten. Aber die Sonne stand wieder einmal im Zenit, das zweite Mal heute schon, da wir ja nach Südwestwest gefahren waren. Dennoch wollte ich etwas Eile an den Tag legen, um nicht ohne Friedensabkommen bei den Mutanten nächtigen zu müssen. Sicher, es wäre auch möglich gewesen, einfach zu starten und am anderen Morgen wieder zu kommen. Doch wäre das nicht eine schlechte Basis für Friedensverhandlungen, wenn wir uns für die Nacht verziehen? Wir, die den parmosischen Mutanten Schutz anbieten wollen? Das ging nun mal nicht.

„Keine Angst Sergaal. Ich fahre langsam und du musst mir nur sagen, wohin ich mich zu wenden habe. Ist das so recht?"
„Ja. Deine Maschine spricht aber sehr gut die Sprache unserer Ahnen. Wie konnten diese denn das lernen?"
„Ja, auch das ist sehr, sehr schwierig zu erklären. Weißt du was ein Computer ist?"
„Ich weiß es. Meine Eltern hatten es mir erklärt und als diese in dieses Tal kamen, hatten sie sogar so eine Maschine mitgebracht. Auch diese Maschine für die Fäden der Bilder und Töne."
„Wo kamen deine Eltern her?"
„Vom Berg oben." „Von dieser Insel?" „Insel? Ach ja! Meine Eltern sagten auch einmal Insel. Das hatte ich fast vergessen – uiui!"

Sergaal machte diese Bemerkung, da wir mit der kleinen Rettungskapsel abgehoben hatten. Ich bemühte mich, dabei doch noch sehr tief zu fahren, damit er keine Höhenangst erleiden musste.
Der Pflanzenbewuchs wurde immer dichter und auch Nutzpflanzen waren zuhauf zu erkennen. Hier sah diese Welt eigentlich fast in Ordnung aus, wenn man nur von den Örtlichkeiten wissen würde und die Mutanten nicht gesehen hätte.
„Wir fahren erst einmal zum `Fühler´, das ist so etwas wie unser geistiges Oberhaupt und hat immer gute Ratschläge. Auch er ist ein Mann des Friedens, so wie du auch behauptest, einer zu sein."

„Zum Fühler! Hat dieser Name etwas Besonderes auf sich?"
„Er wird von uns so genannt, weil er in der Finsternis sieht und uns spüren kann."
Diese Aussage half mir nicht viel weiter und ich wollte nicht indiskret sein. Sergaal war leiser geworden. „Den Schrägpfad entlang zur Plattenhöhle."
„Du musst mir schon sagen, was eine Plattenhöhle ist, denn ich war noch nie hier und mit euren eigenen Ausdrücken kann ich nicht viel anfangen."
„Ja richtig. Der Fühler hat seine Höhle mit quadratisch geschlagenen Platten auslegen lassen, damit er sich mathematisch zurecht findet. Es ist nicht mehr weit. Diese leichte Anhöhe hinauf, dieser Felsvorsprung, etwas höher, ja, da links die dritte Höhle, dort wohnt der Fühler."
Der Felsvorsprung reichte gerade mal aus, um mit der Rettungskapsel landen zu können. Einige der Bewohner erschraken tief und flüchteten ins Innere der verschiedenen Höhlen, andere schienen von den Neuigkeiten bereits Wind bekommen zu haben, blieben stehen und schauten neugierig.
Sergaal stieg nach mir aus und rief eine Begrüßungsparole, welche mein Translator nicht übersetzen konnte. Dann ging er voran in Richtung der Höhle des Fühlers. Ich konnte bemerken, dass ihn das Gehen schon sehr anstrengte und besonders auf diesem Felsvorsprung machten ihm seine furchtbaren O-Beine besonders zu schaffen.
Wieder rief er eine Begrüßung aus, welche der Translator erneut nicht verkraftete, schien es sich um neue Buchstabenkonstellationen zu handeln.

Endlich kam eine fast normale Parmosenfrau zum Vorschein. Fast normal, bis auf die Tatsache, dass sie vollkommen kahl war.
Dann erschrak ich! Nein, sie war nicht normal. Als sie sich umdrehte, hingen zwei weitere Beine von ihren Hüften. Beine, welche dürr und funktionslos erschienen. Beim Gehen schienen jedoch die überkurzen Zusatzbeine etwas zu balancieren. Eine instinktive Nutzung dieser, da sie für einen echten Gebrauch nicht ausgebildet genug waren und auch nicht bis

zum Boden reichten. Dieser Frau könnte jedoch operativ geholfen werden, wie ich diese Situation einschätzte.

„Die fremden Besucher wollen eine Versammlung einberufen lassen. Sie behaupten, dass sie in Frieden kommen und ich glaube dies. Sie gaben uns bereits bestes Qualmaschkos. Also möchten wir zum Ersten mit dem Fühler sprechen, Juaimaris Vertikal vom Felsspan."
„Der Fühler hatte bereits eine weitere Änderung im Umfeld erkannt. Er meint, diese Änderung wird keine Unboten voraus senden, so wie diese Änderung vor einem Monat."

Ich horchte auf! Dieser Fühler erahnte also, dass die Änderungen, die wir mit der Planetenkorrektur hervorgerufen hatten, letztendlich etwas Gutes zu bedeuten hatte. Die Unboten dafür waren die Erdbeben und Krustenverschiebungen. Auch die Tages- und Nachtverlängerungen! Das müsste ein besonderer Mann sein, dieser Fühler! Wenn er auch noch einen mathematischen Fußboden braucht. Dann kam der Fühler langsam aus dem Höhlendunkel. Der erste Eindruck war gänzlich normal. Ein Vertikaler, normale Körpergröße, allerdings ging er verdächtig langsam, so als zählte er etwas. Er tastete mit den Füßen den Boden ab und als er ans Licht trat, erschrak ich selbst wirklich erst einmal heftig!

Der Fühler hatte keine Augen! Nicht dass er sie durch einen Unfall verloren hätte oder durch einen Kleinkrieg – nein, er hatte noch nie Augen gehabt! Seine Stirn ging einfach bis zur Nase und daneben noch weiter runter. Ihm fehlten die Gene für Augenbildung.

An Götter konnte man bei diesem Anblick wirklich nicht mehr glauben, nur noch an Teufel!

Der Fühler atmete kurz und oft. Langsam ging er an Sergaal vorbei und blieb erstaunlicherweise vielleicht einen Meter vor mir stehen.
„Du bist der Anführer der Fremden, wie die Läufer schon vermeldeten. Du riechst nach etwas Hoffnung, Eisen, guter Nahrung, frischem Wasser und Zeit. Ich habe gute Ohren, um das zu hören, was dein sprechendes Gerät mitzuteilen hat, welches deine Töne fast genau in unsere umwandeln kann."

„Unsere Geste für ein Willkommen ist das Händeschütteln. Schau, ich erlaube mir, deine Hand zu nehmen und mit meiner zu verbinden."

So streifte ich mit meiner linken Hand von seiner hohen Schulter abwärts und nahm damit seine rechte Hand. Diese legte ich in meine Rechte und drückte sanft zu, dann schüttelte ich diesen Verbund.

„Es ist keine schlechte Geste. Ich denke, wer seine Gefühle sanft in seiner Körperlichkeit äußern kann, ist sicher kein Feind."
Er nahm anschließend seine rechte Hand an seine Nase und roch daran.
„Du riechst auch nach Ferne und nach Raum. Du riechst auch nach Intelligenz! Es wird mir eine Ehre sein, dich einmal Freund nennen zu dürfen."
Sergaal war zutiefst beeindruckt. Der Fühler hatte mich bereits nach ein paar kurzen Sätzen um Freundschaft gebeten! Auch wenn seine Ausdrucksweise sehr vorsichtig war.
Ich wusste ohnehin, dass Blinde, besonders von Geburt an Blinde, die anderen Sinne wesentlich geschärfter ausbilden konnten.

„Wie ist dein Name, Fremder von woanders?"
„Mein Name ist Maximilian Rudolph. Meine Freunde nennen mich einfach Max und ich bitte dich, es diesen gleich zu tun."
„Damit schließt du in der Ehre auf, mein Freund Max von woanders. Sag, war deine Reise weit und war sie erfolgreich?"
„Meine Reise war in der Relation zu der Mission `Morgenblüte´ sehr weit. In Relation zu den Entfernungen des Kosmos war sie allerdings nah. Es führen keine mathematischen Wege zu meiner Heimat, welche man mit den Füßen am Boden beschreiten könnte. Weißt du über die Mission `Morgenblüte´ Bescheid?"
„Auch meine Ureltern hatten davon noch erzählt. Leider kann ich mit den Entfernungsbegriffen, welche mit der Ausbreitungsgeschwindigkeit des Lichtes zu tun haben, nichts anfangen. Licht spüre ich nur auf der Haut als Wärme und weiß nicht wann es losgeschickt wurde und wie lange es braucht um meine Haut zu streicheln. Aber Licht scheint meist sehr angenehm zu sein, wenn man es nicht immer haben muss."
„So ist es mit allen Elementen, mein Freund. Du wirst `der Fühler´ genannt. Wie darf ich dich als Freund nennen? Hast du einen Namen, den du nach der Reform bekamst?"
„Nenne mich Scharam. Mein voller Name ist Scharam Vertikal mit dem Dunkelblick. Es gibt noch weitere mit einem ähnlichen Nachnamen, jedoch keine mehr, die noch den Beinamen `Fühler´ führen dürfen.
„Scharam. Deine Seele strahlt Freundschaft und Friedenswünsche aus. Ich spüre eine Verwandtschaft zwischen uns."

„Oh! Du hättest auch einen Beinamen verdient, der der Bedeutung meines Beinamens gleichzustellen wäre. So weise Worte hatte ich in diesem Tal noch nie vernommen und außerhalb ist alles wüst und tot. Unsere Alten hatten uns gelehrt, nicht mehr von hier wegzuziehen, weil uns außerhalb dieses Tals die unsichtbaren Erreger mit langsamen Krankheiten befallen. Ich weiß, wir haben alle eine Krankheit, aber wenn den stillen Erregern noch mehr würden, dann gibt es auch kein Bischenleben mehr, so wie das unsere.

„Die stillen Erreger haben schon drastisch abgenommen Scharam. Fast könnte man wieder außerhalb eurer Insel leben."

„Es würde mir nichts nützen Freund Max. Wie sollte ich meine Schritte zählen, wenn ich nicht weiß, wann ich mit dem Zählen aufhören sollte? Ich zähle bis zum Wasser, ich spüre die Zeit auf der Haut und wenn die Nacht kommt, ändert sich für mich nicht viel, nur spüre ich nicht mehr das, was ihr Licht nennt und es ist allgemein kälter. Erzähle, Max! Erzähle von deinen Orten und Plätzen, die dir heimisch sind und die du mit Schritten zählen kannst!"

Scharam nahm noch ein weiteres Mal meine Hand, er fand diese auf Anhieb, dann zog er mich mit sich in die Höhle. Ich folgte natürlich, denn der Fühler war ein blinder Weiser und für uns eine der besten Mittelspersonen. Vielleicht zehn Meter in der Höhle fand sich eine Steinplatte, welche mit frischem Moos gepolstert war. Scharam setzte sich und zog mich an seine Seite.

„Du bist kleiner als ich, aber du bist ein Vertikaler. Sind alle deines Volkes wie du?"

„Es gibt viele Unterschiede innerhalb meines Volkes. Viele sind von Natur aus klein, viele sind groß, aber kaum einer erreicht die Körpergröße von normal gewachsenen Parmosen."

„Hast du noch andere Parmosen auf Parmos getroffen?"

„Ja, mein Freund. Aber alle waren den stillen und langsamen Erregern zum Opfer gefallen, als diese Erreger noch sehr schnell waren. Also noch frisch und bösartiger gewesen sind."

„Wo kamen diese Erreger her?"

„Die wurden von deinen Urahnen selbst hergestellt. Deine Urahnen waren leider Krieger, welche den nachhaltigen Schaden, den sie anrichteten, nicht erfassen konnten. Sie glaubten, mit übersinnlichen Wesen im Bunde stehen zu können und wollten wegen Machtgelüsten einen Einheitsglauben für eine ganze Welt erschaffen."

„Der Glauben an solche Übersinnlichen ist ein Messer mit einem besonders tödlichen Schliff, nicht wahr?"

„Ich bewundere dich, mein Freund Scharam. Dein Verstand hat aber auch eine besondere Schneide, nur schneidet er nicht zum Töten!"
„Weißt du, dass ich mein Leben liebe? Ich bin ein Vertikaler und kann gehen, kann fühlen und Wärme spüren. Viele erzählen mir von Pflanzen und von Nahrungstieren und von Pilzen. Ich weiß wie sie schmecken, aber nicht wie sie aussehen. Wie kann man Aussehen eigentlich definieren? Wie stellt sich ein Bild zusammen?"
„Ich weiß nicht, wie ich es dir erklären könnte, aber ich versuche es. Ich werde mit meinem Finger etwas auf deine Brust malen und du errätst, was es sein soll."
Scharam hatte eine Leinenweste an, aber seine Brust war frei und ich malte einfach eine Person. „Was ist das?"
„Ein Vertikaler. Eine stehende Person"
Dann malte ich einen Würfel. „Was ist das?"
„Ein Quadrat oder ein Würfel!"
„Und das?" Ich malte einen Berg.
„Ein Berg!"
„Siehst du! Eigentlich kannst du mit deinen Nerven sehen. Sehende haben dafür ein Organ, welches die Lichtreflektionen der Objekte aufnimmt, ähnlich wie du die Sonnenstrahlen spüren kannst. Nur geht die Aufnahme dieser um ein Vielfaches schneller, als ich auf deiner Brust zeichnen kann. Ich werde mal mit unserem Doktor reden, ob wir dir nicht etwas geben können, mit dem du Bilder fühlen kannst."
„Bilder fühlen?"
„Lass dich überraschen, Scharam. Doch zuerst möchte ich, dass du eine Versammlung einberufst. Hast du die Kompetenzen hierzu?"
„Sie wurden mir von allen Mitgliedern der Unheilsregierung einberaumt. Ich bin sozusagen der Berater, der in Streitigkeiten hinzugezogen wird."
Dann lachte Scharam plötzlich! Er fügte hinzu: „Und es gibt immer Streitigkeiten und ich muss sie `ausfühlen´. Gut. Gehen wir zum Ratsdom. Sergaal! Du hilfst Max bitte den Rat zu holen? Ich werde im Ratsdom warten."
„Werde ich machen. Nachdem ich ja nicht mit meinen alten, deformierten Beinen laufen muss . . . „

So nahm der Fühler seinen Platz hinter Sergaal ein und ich startete mit der Rettungskapsel, folgte dann den Richtungsverweisen des Alten.
„Ich fühle, dass der Boden unter mir weit weg ist!"
Das war noch ein Kommentar Scharams.
„Aus wie vielen Personen besteht denn euer Rat?"

„Aus fünf Regierungsmännern. Dazu wurden die Ältesten berufen, weil sie noch von den Kriegen wissen und uns warnen müssen. Außerdem hatte man mich noch als Berater hinzu berufen. Ich konnte es immer erfühlen, wenn Spannungen anlagen und sich die meisten Streitigkeiten im Vorfeld ausdiskutieren ließen."
„Wie viele von euch gibt es hier in diesem Tal?"
„Wir sind noch knapp vierhundertdreißig. Wir waren bis vor einem Monat vierhundertsechzig. Dann kamen die Beben und dreißig von uns wurden von abbröckelnden Felsvorsprüngen und Dachsteinen erschlagen. Warum fragst du?"
Das Beben. Daran hatten wir die Schuld, nur ohne es zu wissen.
„Wie hoch ist die Zuwachsrate, ich meine die Geburten?"
„Es gibt immer weniger Geburten mit Leben. Wenn ein Horizontaler geboren wird, der selbst atmen kann, dann gibt es eine Feier und wenn ein Vertikaler geboren wird, der selbst atmen kann, dann wird dreimal gefeiert. Ich fühlte es schon lange, dass die nächste und vielleicht noch eine übernächste Generation die letzten sein werden. Die Geburten der Ohnehirn nehmen rapide zu."

Wieder erstarrte ich bei diesen Worten. Klar, wenn sich diese Parmosen paaren, beide haben dabei eine geschädigte Erbmasse, dann zielt alles einmal auf das empfindlichste und komplexeste Organ ab, Das Gehirn! Auch auf der Erde gab es schon ein paar Fälle, bei denen Kinder ohne Gehirn zur Welt kamen und nach der Abnabelung sofort starben, da sie nicht einmal selbstständig atmen konnten.

„Dort bei diesem Baum am Felssockel, dort sollten wir Gemoin treffen."
„Ist Gemoin auch einer der ersten Generation, ist er auch ein Vertikaler?"
„Es trifft beides zu. Es kann erst einmal einer der zweiten Generation in die Runde kommen, wenn von den Vertikalen der ersten Generation nur noch vier leben."
„Das ist mir klar! Ist das dort Gemoin?" „Das ist er."
Ich bemerkte, dass Gemoin außer, dass er ein kompletter Albino war, ansonsten noch den Ur-Parmosen entsprach. Ich landete die Rettungskapsel bei der Pflanze, welche Sergaal als Baum bezeichnete. Eher ein Strauch, da es fast kein Bäume mehr gab, aber immerhin, ein Strauch mit vielen Früchten, welche aber einen giftigen Eindruck machten. Hier war sogar etwas, was man auf dieser Welt als üppige Vegetation bezeichnen könnte. Ich landete.

Als ich ausstieg, hatte ich eine wunderbare Sicht auf den See und die dahinter angelegten Felder. Für mehr als fünfhundert Personen würden aber die eingebrachten Ernten nie reichen können.

Der Fühler blieb in der Kapsel und Sergaal watschelte langsam mit seinen O-Beinen zu Gemoin hinüber. Der Albino war sicher zweimetersiebzig groß und hatte furchterregend rote Augen. Er schützte sich vor grellem Licht, dazu warf er sich einen langen Leinenmantel um und setzte sich auch noch einen versteiften Leinenhut auf, der fast an einen Sombrero erinnerte. So kam er dann mit Sergaal zu mir herüber.

„Du bist also einer der Fremden, die durch die stillen Erreger unbeschadet zu uns kommen konnten. Ich hatte schon von den Meldern erfahren, dass sich in unserem Tal etwas tut. Es sprach sich auch herum, dass ihr dieses Beben vor einem Monat verursacht hattet und wegen euch die Tage wieder solange geworden sind, wie sie aus den Erzählungen unserer Väter und Mütter einmal waren."

„Gemoin, wenn du uns wegen dem Tod von dreißig eurer Bewohner verantwortlich machen musst, so kann ich zu unserer Verteidigung nur anführen, dass wir nichts von noch Lebenden auf dieser Welt wussten. Der Rest von Parmos ist nämlich wegen des großen Krieges nach und nach verendet."

„Es traf ohnehin nur die Minderen, welche wir durchzufüttern hatten, die, die nicht davonlaufen konnten und die, die des Denkens kaum mächtig waren. Nun gibt es mehr Nahrung für die Lebenden. Der Fühler denkt zwar, jedes Leben hat eigene Werte, aber die Tatsachen sind nun einmal nicht zu übersehen und nicht zu ignorieren. Manchmal müssen wir ohnehin Mindere töten, wenn sie nicht einmal einen einzigen Samen in die Erde stecken können. Das Schicksal hat uns nun mal nicht die besten Voraussetzungen zugeteilt."

„Dennoch versichere ich dir, dass dies nicht in unserer Absicht lag."

„Ich glaube dir. Wie war doch dein Name?"

„Nenne mich einfach Max." „Warum hast du keinen Zusatz? Du bist doch ein Vertikaler!" „Von wo ich komme, müssten fast alle den Zusatz `Vertikal´ erhalten. So erübrigt sich ein Namenszusatz. Mein voller Name ist Maximilian Rudolph. Wegen des höheren Informationsdurchsatzes bei Sprache ist es jedoch sinnvoll, meine Namenskurzform zu gebrauchen."

„Verstehe, verstehe. Also los! Auch ich möchte es erleben, wie es ist, wenn man das Tal von weiter oben betrachten kann!"

„Es ist wunderschön, jedoch sehe ich alles verschwommen, weil ich vor Aufregung stark zittern muss, Gemoin."

Sergaal mit seinem Kommentar. Das Gesagte entlockte mir einen Lacher, was auch Gemoin belustigte. „Der Fremde lacht wie wir, dabei lacht aber er selbst und nicht diese Sprechmaschine."
„Die Sprechmaschine übersetzt nur sprachliche Informationen von meiner in eure Sprache und umgekehrt. Lachen ist eine eigene universelle Sprache, diese muss und kann man nicht übersetzten. Also Gemoin steig ein!"
Nun war aber diese Rettungskapsel voll besetzt. „Wir fahren zum Ratsdom, dort setzen wir erst einmal Scharam und Gemoin ab, dann holen wir noch die anderen drei Räte."
Ich zog dieses Mal die Kapsel aber etwas steiler nach oben, um dem Albino einen besseren Überblick zu verschaffen. Nur Sergaal riss die Augen auf und jammerte mit einem „huiuiui", doch hatte er sich schon soweit im Griff. Gemoin dagegen meinte: „Wenn ich bald zu sterben hätte, dann könnte ich dennoch sagen: Ich hatte unser Tal von oben gesehen. Nicht von den Felskanten sondern dazwischen von oben."
Der Albino wirkte gar nicht so alt! Vielleicht lag es auch daran, dass er sich immer der Sonne vorenthalten hatte und dadurch keine runzelige Haut besaß?
Der Ratsdom befand sich oben am See in Richtung Meer. Die Felsen bäumten sich hier noch weiter empor und es wurde dunkler, da die Sonne Noaris hier nicht mehr über die Talseite scheinen konnte. Wieder musste ich feststellen, wenn es nicht diese größtenteils zu bedauernden Wesen gegeben hätte, es wäre fast ein Urlaubsparadies.
Der Vorplatz des Ratdoms war gepflastert. Möglicherweise nach einer Bitte des Fühlers, denn das Muster und die Größe der behauenen Steine entsprachen fast denen, auf dem Felsvorsprung der Höhle von Scharam.
Ich war wieder einmal gelandet und Sergaal kommentierte dies mit einem „Pffffft." Also Luke auf, Sitz nach vorne und die drei stiegen erst einmal aus. Gemoin führte den Fühler bis zum Dom. Erst jetzt konnte ich die Domschützer sehen, welche beide in je einem kleinen, vorne offenen Häuschen wachten.
Scheinbar handelte es sich dabei um Mutantenzwillinge, also um eineiige Zwillinge, denn sie hatten von den Knien an aufgespaltete Beine und vier Füße. Alles an ihnen machte einen normalen Eindruck, nur diese Beine nicht. Dabei war deren Schicksal nicht einmal das übelste im Vergleich zu dem schon Gesehenen.
Sergaal nahm seinen Platz wieder ein und ich startete erneut. Der Alte mit den O-Beinen hatte sich sichtlich schon ans Fliegen oder Luftfahren gewöhnt, denn nun erkannte ich in meinen Spiegeln, dass er sich schon an eine Seite lehnte, um durch die Hartplastglaskuppel mehr von draußen zu erkennen.

„Den Steilhang dort hinauf, Max. Marrum und Morcaat wohnen beide nebeneinander." „Das ist gut, dann brauchen wir nicht soviel in der Luft herumfahren." „Fahren? Ich dachte das nennt man Fliegen?"
„Prinzipiell könnte man meinen, es wäre egal. Aber auf meiner Welt definiert man Fliegen, wenn sich ein Körper mit Flügeln einen Auftrieb erschafft. Dabei sollte dieser Körper aber schwerer als Luft sein. Ein Ballon, der mit heißer Luft oder Gas gefüllt wird und damit einen Auftrieb erhält, so ein Ballon fährt! Ebenso diese Kapsel, welche schwerer als Luft ist und von einem Medium getrieben wird, welches das Universum zur Verfügung stellt, also keinen mittelbaren Auftrieb erhält. Damit definiert man diese Art der Reise auch wieder als Fahrt. Aber mach dir nichts daraus, denn mit diesen Definitionen wird auch bei uns öfters mal jongliert und mal fliegen statt fahren genannt."
„Ich hatte doch einmal auch schon darüber gelesen! Auch meine Eltern erzählten davon. Das gab es doch auch einmal alles auf Parmos, nicht wahr?"
„Alles. Auch Flugzeuge. Nur noch keine Technik wie unsere Fahrzeuge. Unser Forscherteam hat sogar schon eines dieser Flugzeuge aus wissenschaftlichen Gründen wieder gangbar gemacht und getestet. Die Technik von Parmos war sehr gut, leider auch die Kriegstechnik. Diese war nahezu perfekt."
„Hattet ihr nie Kriege, Max?" „Doch, mein Freund. Auch meine Welt hatte Kriege und auch furchtbare Kriege. Doch konnten sich die Menschen noch im letzten Moment auf die höheren Wertigkeiten besinnen und Kriege einstellen - dieses Plateau hier? Wohnen hier die beiden?"
„Ja, du kannst landen. Marrum wohnt hier und Morcaat gleich rechts daneben."

Die beiden Parmosen kamen aus dem Höhlenanbau. Bei Marrum erschrak ich wieder. Er war zwar ein Vertikaler, hatte aber einen kindlichen Körper, ein Kleinwüchsiger, nur hatte er einen riesigen Kopf den er fast nicht von selbst halten konnte. Ich bemerkte ein breites Stirnband. Erst als ich Marrum etwas seitlich sah, erkannte ich auch, dass er sich eine Kopfhalterung angefertigt hatte oder anfertigen ließ. Ein flacher, leicht flexibler Kunststoffstab ragte über seinen Rücken hinauf! Dieser war ebenfalls mit Gurten um Bauch und Brust befestigt. Nun schritt er in unsere Richtung und sein Kopf baumelte heftig über das Kinn hin und her.
Morcaat dagegen schien weitgehendst normal zu sein. Nein! Jetzt sah ich seine Arme. Er hatte übermäßig lange Arme und als ich ihn genauer betrachtete, besaß er auch je zwei Armbeugen. Sicher, in Anbetracht der anderen Mutanten hatte Morcaat noch so etwas wie Glück gehabt.

Die beiden bestätigten ebenfalls, dass sie nun schon von den Meldern Bescheid wussten, dass Fremde gekommen waren und schmackhafte Nahrung ausgeteilt hatten. Fremde, welche einen der Horizontalen zu einem Vertikalen machten und dieser mittlerweile mit seinen neuen künstlichen Gliedmaßen sehr gut umzugehen vermochte!

Mich durchzuckte es, als mir Morcaat eine Hand auf die Schulter legte und dabei aber noch über einen Meter und fünfzig von mir entfernt stand!
„Ich bin nun stolz, diesen Max von der Weltbefriedung endlich kennen zu lernen."
Marrum war aufgrund seines Kleinwuchses auch kleiner als ich und er wirkte mit dem riesigen Kopf und den übergroßen Augen, als wenn er unentwegt traurig wäre. Doch dem war nicht so! Ich war überrascht, was Marrum so alles aus sich heraussprudeln ließ!
„Ihr seid Allreisende? Ihr könnt das Licht umgehen, nicht war? Ich weiß von den Versuchen mit den Nanoantennen auf einer Scheibe, welche dem Universumsdruck entgegenwirken können. Habt ihr ein ähnliches Prinzip, welches ihr hierfür verwendet?"
„Meinen Glückwunsch, Marrum, du bist sehr gebildet."
„Ich kann nicht anders. Wenn ich etwas lese oder lerne, auch Interessantes sehe, dann kann ich dies alles nicht mehr vergessen. Es bleibt in meinem Kopf, bis es diesen eines Tages zerreißen wird. Meine Eltern hatten mir viel von der alten Technik erzählt und erklärt und ich habe alle Bücher gelesen, welche hier in unserem Tal existieren, auch kann ich mich noch daran erinnern, als die Videofäden noch etwas von sich gaben. Nicht zuletzt aus diesem Grund bin ich auch der Vorsprecher des Domrates, vergleichbar mit einem Präsidenten, obwohl ich nicht auf so ein Amt bestehe."
„Du kannst nichts vergessen? Du kannst dich an alles erinnern, an das du dich erinnern möchtest?"
Wenn ich etwas intensiv lese oder lerne, vergesse ich nicht. Alltägliches kann ich gewissermaßen überspielen. Wie die Computer das einmal konnten. Du weißt, was ich meine?"
„Sicher doch. Auch wir haben solche Techniken, ohne diese Computer wäre die Raumfahrt nicht möglich. Auch solche Prothesen, wie wir Hoorgas Horizontal von der Stammmuhle gegeben hatten, funktioniert nur mit kleinen Computern."
„Dieses Wunder hatte sich schon herumgesprochen, jedoch weiß ich, dass es kein Wunder ist sondern Technik, welche uns unsere Kriegsahnen nun gewissermaßen vorenthalten haben."
„Du sprichst von deinen Ahnen etwas abfällig, Marrum. Das ist nicht gut."

Morcaat, der immer noch seine Hand auf meiner Schulter liegen hatte, räumte ein: „Es ist die Betrachtungsweise Max aus der großen Ferne. Es wäre besser gewesen, unsere Eltern hätten uns nicht gezeugt. Hätten sie uns aber nicht gezeugt, dann wüssten wir aber auch von nichts. Um von etwas wissen zu wollen, muss man aber auch einmal gezeugt worden sein. Was ist nun besser? Nicht sein und nicht wissen oder sein und wissen, auch wenn das Wissen schwer und kratzend ist."

„Wenn das Sein weitgehend schmerzfrei ist und das Wissen interessant, dann bevorzuge ich immer die letztere Variante, Rat Morcaat. Jedes Wissen sollte einmal zu nutzen sein. Vielleicht auch erst, wenn das Sein beendet ist. Fahren wir? Der Fühler und Gemoin warten bereits im Ratsdom auf uns."

Marrum sollte mit seiner Rückenleiste den hintersten Sitz einnehmen, dann Morcaat, Sergaal und logischerweise wieder ich. Die transparente Luke schloss sich und ich startete wieder einmal.

Marrum überraschte erneut: „Das Prinzip der ultraschnellen Teilchen wird für dieses Fahrzeug verwandt, nicht wahr? Ihr habt diese Technik bereits voll verstanden. Das wäre einmal ein Betätigungsfeld für mich! Forschen und entdecken. Nur hätte ich Angst, dass ich dabei den Kopf verlieren könnte, wenn meine Stützleiste bricht."

Trotz der erbärmlichen Situation drehte ich mich zu Marrum um und lachte ihn an. „Das wäre doch sicherlich das geringste Problem. Mit unserer Technik ist es auch möglich, aktive Stützen zu konstruieren. Wieder ein Fall für unseren Doktor Günter! Er hat schon so Universalprothesen mitgebracht, daraus kann man auch so eine Stütze erschaffen, welche deine vorhandenen Körperkräfte lediglich verstärkt und du deinen Kopf so bewegen kannst wie auch ich."

„In der Tat. Ich kann es mir vorstellen."

Erneut landete ich auf dem gepflasterten Platz vor dem Ratsdom und ließ meine Passagiere aussteigen. Sergaal und ich nahmen ein vorläufig letztes Mal Platz, um diesen letzten Rat der Alten, Nander zu holen. Damit war die Unheilsregierung dann komplett. Unheilsregierung?

„Warum nennt ihr diese Regierung eigentlich `Unheilsregierung´?" Ich fragte während des Aussteigens und während ich Sergaal half, aus dieser für ihn engen Maschine zu steigen.

„Diese Regierung ist aufgrund des Unheils geboren worden und wir hatten beschlossen, den inneren Drang, Kriege zu generieren mit Warnhinweisen abzulegen. Wir haben schon erkannt Max, warum wir Parmosen auf diese Art und Wiese untergegangen sind. Deshalb haben wir auch scharfe Gesetze, welche sogar die Todesstrafe einschließen. Es ist zum Beispiel strengstens verboten, Mitparmosen von anderen Religionen überzeugen zu

wollen. Was jeder für sich selbst denkt und wie er damit umgeht, bleibt demjenigen Individuum vorbehalten. Diskussionen über Religionen und Glauben bedürfen eines Beisitzens von einer Amtsperson, aus dem Domrat bestimmt."
„Interessant. Diese Regelungen sind ziemlich hart, aber für die Natur der Parmosen scheinen sie fast schon als notwendig. Also. Das dort ist Nander?"
„Richtig. Auch er weiß schon von einem Melder Bescheid."
„Die Melder, sind das auch welche von euch?"
„Ja. Sie sind die einzigen, die richtig schnell laufen können. Sie haben fast keine Veränderungen durch die stillen Erreger erhalten."
Ich atmete innerlich auf. Es gibt sie also noch, diese Ur-Parmosen, wenn auch gewissermaßen deren Enkel.
„Dann können die Melder also eure Zivilisation neu gründen, oder?"
„Das wiederum ist wahrscheinlich nicht mehr möglich." „Wieso?"
„Die Melder haben keine Genitalien oder zumindest können sie sich nicht mehr fortpflanzen. Ich hatte es schon erwähnt, dass dies allgemein so ist. Uns werden immer weniger. Meist kommt nur noch ein Kind pro Paar und Zeugung zustande und dieses ist oft so geschädigt, dass es nicht lange lebt. Wir sterben aus, mein Freund Max. Was werdet ihr dann mit dieser Welt machen?"
„Das möchte ich auf der Versammlung mit euch besprechen. Doch eines muss ich vorerst noch erwähnen. Wir sind keine Eroberer! Wir würden lieber mit einem Volk in einen Bund gehen, als nur mit einer leeren Welt."

Nander kam langsam auf uns zu. Das war ein ganz ein normaler Parmose. Ich konnte keine Absonderlichkeiten erkennen.
Noch flüsterte ich per Translator zu Sergaal: „Nander ist komplett ungeschädigt, oder?" „Er ist nicht zeugungsfähig! Er ist der Chefmelder!"

Jetzt war alles klar. Der Chefmelder war also Part des Rates. Noch dazu ein alter Melder, der sicher nicht mehr schnell Laufen kann und so seine Erfahrungen an Jüngere weitergibt.

„Ich freue mich, deine Bekanntschaft zu machen, Nander!"
Nander stand vor mir und überragte mich um mindestens siebzig Zentimeter.
„Der Ruf deiner Gruppe und dir ging euch schnell voraus. Ich war der Erste nach Sergaal, der von diesem Ereignis erfuhr. Danke, dass du einem Horizontalen eine vertikale Sichtweise schenken konntest."

Nander drehte sich etwas zur Seite und aus seinem Steinhäuschen kam Hoorgas auf diesen Multiprothesen angewetzt.
„Max! Max! Schau, ich werde immer besser! Vielleicht kann ich sogar noch Melder werden." Hoorgas wetzte auf den Prothesen hin und her, er sprang sogar damit ein paar Schritte. Seine Freude war unverkennbar. Er war in seiner Wertigkeit um ein Vielfaches gestiegen und zum ersten Mal in seinem Leben gab es so etwas wie Selbstvertrauen.
„Verbrauche die Energie deines Kunstkörperzusatzes nicht auf ein Mal, Hoorgas. Die Energiezellen brauchen wieder etwas Zeit und du solltest dich nach der vielen Anstrengung auch wieder erholen!"
„Morgen, Max. Heute werde ich mich gerne überanstrengen. Ich kann gar nicht anders!" Er sagte es und flitzte mit seinen vier neuen Beinen den Pfad hinunter in Richtung See. Dabei winkte er bereits mit den zwei weiteren künstlichen Gliedmaßen anderen Parmosen zu, welche staunend stehen blieben und in seine Richtung sahen. Auch diese Parmosen sahen weitgehend normal aus.
Nander erkannte, was ich dachte und er sprach es aus: „Das sind auch Melder. Nicht zeugungsfähig, wie du sicher schon weißt."
Ich nickte nur. Nicken? Auch diese Geste ist bei den Parmosen bekannt, nur dass ein Nicken der Parmosen im Allgemeinen durch die Knickhälse stärker ausfiel, als bei Menschen.

„Nander! Bist du bereit?"
„Ja, Max. Ich muss gestehen, dass ich ebenfalls sehr aufgeregt bin, unser Tal hier einmal mittig von oben sehen zu können. Es war immer schon ein Traum zu fliegen, noch dazu, da ich weiß, dass meine Ahnen diese Technik schon einmal beherrscht hatten."
„Dann steig ein, Nander, bitteschön!"
Ich wies Nander also den dritten Platz zu, Sergaal wirkte nun schon wesentlich gewandter beim Einstieg und mein Platz slipte erst einmal zurück, bevor ich es mir den Umständen entsprechend gemütlich machen konnte. Die Plasthaube schloss sich, die Luftumwälzung aktivierte und ich startete. Für Nander zog ich erst einmal steil in die Höhe. Für die benötigte Fahrtrichtung natürlich unnötig hoch. Aber ich wollte, dass Nander wirklich einmal `sein´ Tal komplett überblicken können würde.
„Es ist fantastisch! Alles wird so klein. Unser Tal ist eigentlich sehr schön, nur der Alltag hat uns stumpfsinnig gemacht und die unsichtbaren Grenzen. Kommen die stillen Erreger in dieser Höhe an, Max?"
„Die stillen Erreger sind fast abgeklungen. Sie hatten schon genug zu fressen, nun gibt es für diese fast nichts mehr."

Sergaal stöhnte wieder einmal. „Warum fliegst oder fährst du so hoch fremder Freund Max? Ich glaube, ich bekomme wieder Angst!"
„Wir werden gleich tiefer gehen Sergaal. Meine Maschine ist jedoch absolut sicher. Du brauchst keine Angst zu haben."
Trotzdem ließ ich die Kapsel langsam tiefer gehen, versäumte es aber nicht, diese in einer Spirale zu erledigen, sodass meine Insassen noch ein Rundumpanorama genießen konnten.

Vorerst zum letzten Mal landete ich auf dem gepflasterten Platz vor dem Ratsdom. Beide Parmosen stiegen mit wackeligen Knien aus und ich bemerkte, dass sie nun mitunter auf den Fersen gingen. Der Hals von Nander wirkte extra gestreckt, sichtlich war er stolz, eine Luftfahrt unternommen zu haben. Bei Sergaal wusste ich schon, dass er diese Künste nicht mehr ausführen konnte.

Der fast komplette Rat hatte auf Nander, Sergaal und mich gewartet. Nun gingen sie, geführt von Marrum in den Sitzungssaal. Ich war überrascht, wie geräumig dieser Ratsdom sich innen präsentierte. Es fehlte ein Stück vom Dach und eine der hinteren Anbauten war eingestürzt. Sicher eine Folge unserer Planetenkorrektur, für dies ich mich zu rechtfertigen und entschuldigen hatte.
Es gab noch ein paar Einrichtungsgegenstände aus der alten Zeit der Technik, war zu erkennen. Der Tisch bestand aus einem leichten Kunststoffmaterial mit einer Leichtmetalleinfassung, auch die Stühle bestanden aus einem Kunstfaserverbund, sie wirkten leicht elastisch aber unverwüstlich. Ich erkannte ein Universalwiedergabegerät für diese Kassetten mit den Videofäden und Chipleser. Es kann sich aber nur noch um eine defekte Apparatur handeln, da schon einige Kabel herausgerissen waren. Stümperhafte Versuche, so ein Erzeugnis wieder gangbar zu machen. Immerhin wurde es mit Solarpaneelen versucht, deren Haltbarkeitsdaten auch zweifelsohne abgelaufen waren.
Der Ratsdom hatte mittig ein etwas höher gesetztes Dach, der Zwischenraum vom niedrigen bis zum höheren Teil war mit Holz und Glimmerplatten ausgearbeitet. Diffuses Licht konnte eindringen und dem Raum ein leicht schauriges Ambiente verleihen.
Ich bemerkte, dass es doch bald dunkel werden sollte. Auch die hohen Talwände trugen dazu bei.
Gemoin und Morcaat begannen nun überall Kerzen anzuzünden. Ich bemerkte wieder eine Parallele zu den Oichoschen. Diese Kerzen hatten zum Teil einen Durchmesser wie so ein mittlerer Eimer und viele Dochte. So war es möglich, auch mehr Licht zu erzeugen.

„Ich kann sogar die künstlichen Minisonnen spüren", erklärte Scharam und wandte sich seltsamerweise sogar mit dem Gesicht zu mir, obwohl ich schräg gegenüber ihm Platz genommen hatte. Dieser Stuhl war nicht sonderlich für Menschen gebaut, meine Beine hingen nur über die Stuhlkante, kamen nicht auf dem Boden auf. Auch der Tisch war zu hoch, doch nachdem ich ja auch höher saß, hatte ich es zu akzeptieren.
In diesem Raum war es ebenfalls auch relativ kühl. Die Gegend hier entsprach dem Klima zufolge etwa den kanarischen Inseln im Frühherbst, würde ich sagen. Vielleicht eine Idee wärmer.

Als Sprecher des Rates fungierte Marrum, der kleinwüchsige Mutant mit dem Riesenkopf.
„Kommen deine Freunde nicht hierher, Maximilian Rudolph?"
Er sprach mich mit meinem vollen Namen an. Vielleicht wollte er dadurch eine gewisse Sachlichkeit an den Tag legen.
„Genau das ist der erste Punkt, den ich mit euch besprechen möchte. Ich würde allzu gerne meine Freunde rufen, doch dazu muss ich mir sicher sein, dass nicht irgendwelche Gruppen von euch meine Freunde erneut angreifen, wenn sie zusammenpacken und hierher kommen."
„Die Angriffe zu anfangs erfolgten deswegen, weil niemand von uns wusste, was euer Besuch für Hintergründe hatte. Meist isolierte Gruppen gingen dadurch zu diesem Angriff über!"
„Ich hatte es mir schon gedacht, dass diese ersten Attacken einem gewissen Missverständnis unterlagen, dennoch möchte ich auch sichergehen, dass es auch keine weiteren Missverständnisse mehr geben sollte."
„Ein logischer Gesichtspunkt. Wir werden uns schnellstens darum sorgen."
Marrum blickte zu Nander, dieser nickte fast mit voller Halskapazität, zog eine Trillerpfeife aus seinem Umhang und ging vor die Tür. Als er die Tür öffnete, war es draußen bereits relativ dunkel. Eine Dämmerung, welche von den Talhängen noch unterstützt wurde.
Achtmal trillerte Nander und plötzlich erschien eine Ansammlung von Meldern, extrem gute Läufer.
Was Nander nun mit seinen Untergebenen besprach, übersetzte mein Translator nicht mehr, die akustischen Wahrnehmungsfähigkeiten waren unterschritten worden.
Morcaat stellte Trinkbecher auf und schenkte ein rotes Getränk für alle aus. Ich probierte bald und war wieder einmal überrascht. Es war leichter Wein! Nicht einmal von schlechtem Geschmack, jedoch mit einer Geschmacksnote, was an Pilze erinnerte. Von den anderen unbemerkt, hielt ich eine Sonde in das Getränk und ließ es von meinem Multifunktionsarmbandgerät analysieren. Die Zusammensetzung war

unbedenklich wenn auch mit einer geringen Radioaktivität. Diese aber auch noch in einem passablen Bereich. Geringe Spuren von Halluzinogenen waren vorhanden. Der chemischen Zusammensetzung entsprach eines der Halluzinogene in etwas Thujon, wie im terranischem Wermut oder Absinth. Ich vermutete, dass dieser Wein aus verschiedenen Beeren, beifußähnlichen Pflanzenextrakten und letztlich Pilzen gewonnen wurde. Durchgehend Niedriggewächse, wie hier nicht anders möglich.

Wieder öffnete sich die Eingangstüre und es roch verführerisch nach Gebratenem und Gedünstetem.
Kleine, stämmige Talmutanten brachten Speisen auf Steinplatten und stellten ein paar Holzböcke auf, um diese Steinplatten dort zu postieren. Es sollte eine Art Büffet sein, was hier angerichtet wurde.
Ich beobachtete diese unförmigen Parmosen. Durchwegs kleinwüchsig mit mongoloiden Zügen. Auch deren Verhalten zeigte diese Züge. Also gewissermaßen eine Arbeiterklasse oder um es noch etwas drastischer zu formulieren: Fastsklaven.
Diese Kleinwüchsigen machten den Eindruck, als wären ihre Beine seitlich an den Körpern angebracht. Diesen dadurch watschelnden Eindruck konnte ich mir nicht verwehren. Die Gesichtsausdrücke wirkten absolut teilnahmslos.
Der Albino Gemoin hatte mich sicher beobachtet, wie ich diese Helfer oder Diener beobachtete: „Diese Trollen sind nur glücklich, wenn sie Befehle ausführen, Max! Ähnlich den Konkorvallen, früheren Haustieren in den Zeiten vor dem Krieg. So erzählten meine Eltern und Großeltern, dass diese sogar noch zum Löchergraben einzusetzen waren. Sie mussten beschäftigt werden, ansonsten hätten sie sich gegenseitig zerfleischt."
Zuerst bildete sich vor meinem inneren Auge eine Kooperation ähnlich Menschen und Hunde, als ich jedoch hörte, dass sich diese Konkorvallen ohne Tätigkeiten gegenseitig zerfleischten, verstand ich plötzlich wieder etwas mehr von Parmos. Nachdem viele Tierarten in der Entwicklung der jeweiligen Welt parallel mit den Intelligenzen gingen, auch gewissermaßen ein Gengrundstock aller Lebewesen in allen Arten vorhanden ist, kann man nun doch auch davon ausgehen, dass die ursprüngliche Aggressivität der Parmosen schon in diesem Grundprogramm lag. Daraus hatte sich dann diese ausgeprägte Hirnanhangdrüse entwickelt. Zumindest stellte ich mir mal so eine Theorie zusammen. Wenn nun aber aus der Zeit der biologischen Evolution bis zu den Parmosen und durch das mutierte Zurückdrängen der normalen Hirnfunktionen bei den Trollen eben dieser Urinstinkt wieder zum Tragen kommt? Ähnlich bei den dressierten Pferden, welche es als Aufgabe akzeptieren, eben täglich eine gewisse Menge an

Acker zu pflügen oder bestimmte Parcours abzutraben? Diese interne, selbst auferlegte Unterwürfigkeit und die dafür erhaltene Sicherheit der täglichen Nahrung, das ergab eine Schlüsselfunktion.

Wieder öffnete sich die große Türe zum Ratsdom. Ein optisch fast normaler Parmose trat ein, blickte zu Nander, dann ging er wieder vor die Tür. Es war sicher ein Melder, denn Nander stand auf und verließ kurz den Ratsdom. Keine fünf Minuten später kam er zurück und erklärte Marrum: „Die Melder haben Generalorder an alle Untermelder und Gruppen gegeben, dass die Besucher absolut tabu sind und bei einem Verletzen von deren Sicherheit die Todesstrafe verhängt worden ist. Diese Order wurde als Ankerorder ausgegeben, also als nicht widerrufbar."

Marrum wandte sich nun zu mir: „Du hast es sicher gehört und deine Sprechmaschine hat es dir weitergegeben, Max. Es gibt nun ein Ankerorder, einem Gesetz gleich, was versichert, dass ihr und Euresgleichen nicht mehr angegriffen werden dürfen. Ein Verstoß wird mit der Todesstrafe geahndet."
„Nun, so krass hätte ich mir diese Vorgehensweise auch wieder nicht gewünscht, aber ich verstehe! Wenn diese Ankerorder nicht in dieser Version ausgegeben würde, dann könnten sich vielleicht so manche Gruppen wegen Bereicherungsgedanken auch nicht daran halten. Ich danke euch zu diesem Entschluss und zu diesem Schritt. Nun werde ich mit eurer Einwilligung meine Freunde rufen. Es ist genügend Platz auf dem Vorhof, dass die beiden Gondeln dort auch landen können. Ich frage also nun den Rat ganz offiziell, kann ich meine Freunde rufen und zur Teilnahme an dieser Sitzung einladen?"
Die Räte sahen sich gegenseitig an und einer nach dem anderen nickte. Ein schönes Bild bei diesen vielen knickenden Hälsen außer bei Sergaal, welcher ersatzweise mit seinem Oberkörper mitknickte und damit seinen Kropf schaukelte, was an eine Balz erinnerte.

Schon hob ich mein Multifunktionsarmband an und schaltete auf die Missionsdauerfrequenz. „Georg, Silvana, Gabriella, Tamines, Tamiles und Günter! Ihr könnt hierher kommen. Landet direkt vor dem Dom, wir haben absolute Sicherheit zugesprochen bekommen. Günter bereite dich darauf vor, eine Blindenweste zusammenzustellen, außerdem brauchen wir ein aktives Stützkorsett für Kopfschwere. Hast du dafür alles dabei, mein Freund der medizinisch-technischen Wundermittel?"

Es dauerte etwas, dann kam doch tatsächlich Günter zum Sprechen: „Äh, die Blindenweste ist machbar, das Korsett kann ich aus einem Ganzkörperkorsett herauslösen. Ja, alles im Bereich des Möglichen."
„Wir erwarten euch, es gibt ein Büffet, aber fragt mich nicht, was das für Tiere sind, die da Gebraten auf der Steinplatte liegen. Nehmt sicherheitshalber weitere Nahrungsriegel mit, die legen wir dann zum Büffet hinzu. Georg! Hast du Wein dabei?"
„Ist diese Frage offiziell? Wenn ja dann nein! Wenn diese Frage privater Natur ist, dann ja! Pffffft." „Hatte ich es mir doch gedacht! Zigarren hast du ja auch dabei, wie ich gerade an deinem genüsslichen Ausatmen erkannt hatte."
„Damit verhält es sich genauso wie mit dem Wein!"
„Aha! Also nimm dann welchen mit in den Dom, ja?"
„Gut, für diplomatische Beziehungen, die dem Frieden dienen, ist mir nichts zu schade."

Während der Übertragung hatte ich meinen Translator deaktiviert. Darum sahen mich die Räte nun fragend an.
„Meine Freunde sind bereits unterwegs. Sie kommen mit den Gondeln direkt hierher auf den Vorplatz des Doms."
Marrum sah mich durchdringend an, er studierte meine Mimik! Dann erwähnte er: „Bis deine Freunde kommen, kannst du schon mal etwas vom Büffet holen. Wir haben keinen Aufwand gescheut, alles zu präsentieren, was für uns an Delikatessen zu präsentieren möglich war."
Auf seinem Sitz wirkte der Kleinwüchsige mit dem großen Kopf eher unbeholfen. Der Kopf hing etwas seitlich an der Flachplaststange, so sah mich Marrum auch leicht schräg an.
„Ich dachte es mir schon, Freund Marrum. Dennoch möchte ich dieses Büffet etwas erweitern, manche eurer Delikatessen könnten für unsere Mägen möglicherweise nicht vollkommen geeignet sein. Wir haben auch einen Wein dabei, der dem euren zumindest annähernd gleicht. Auch unsere Kulturen wollen sich austauschen."
Der Mutant lächelte verständnisvoll und so hatte er Gesichtszüge bekommen, die an ein intelligentes Kind erinnern.

Leichtes Summen war vom Vorhof her zu hören. Ein paar der Melder riefen durcheinander, sie verstummten wieder und nach etwa einer Minute vernahm ich eine Art zagen Applaus.
Ein weiteres Mal öffnete sich die große Türe des Doms und nun kam meine Gruppe geführt von meiner Frau in den Saal. Jeder unserer Truppe hatte eine Schachtel voll von Konzentratriegel und Konzentratnahrung oder auch

von Wein dabei. Die Trollen holten noch einen weiteren Tisch für unsere Mitbringsel oder auch Büffetergänzung. Wegen dem Besuch oder auch wegen der Mitgebrachten begannen die Räte nun zu applaudieren. Möglicherweise sollte der Applaus nach der Kultur der Parmosen eher eine positiv abgeschlossene Angelegenheit untermalen. Das wäre ja auch nicht so ganz unähnlich mit den terranischen Bräuchen. Jedenfalls holte noch ein paar Trollen einige dieser Stühle aus einem Anbau ohne Dach, wie ich bemerkte, als ich einen Einblick erhaschte.
Die Runde rückte noch etwas zusammen, was eigentlich gar nicht so notwendig war, da der Tisch groß genug ausfiel.

Als alle saßen, stellte ich meine Gruppe den Räten vor:
„Hier an meiner Seite, das ist meine Frau Gabriella, dies ist mein Freund und Kollege der Studien für Wissenschaft und Technik Georg, seine Frau Silvana, Tamines eine Pilotin und mit den verschiedenen Techniken vertraut, Tamiles, Forscherin ebenfalls für Kulturen und Sprachen sowie eine gute Analytikerin, Josef Zelzer, Sprachwissenschaftler und Kultursachverständiger, mitunter hatte er diesen Apparaturen die parmosische Sprache beigebracht. Günter, ein Arzt und Medizinmann, bei euch sicher schon bekannt durch die Prothesen für Hoorgas."
Nun drehte ich die Vorstellung, stand auf und erklärte meiner Gruppe:
„Sergaal ist uns allen bekannt. Er war der erste der Räte, der mit uns in Kontakt kam. Wie ich feststellte, ist der Führer des Rates Marrum."
Ich deutete mit der ganzen Hand zu dem kleinwüchsigen Mutanten mit dem übergroßen Kopf. Er nickte und lächelte wieder. Die Gruppe nickte ebenfalls und lächelte nacheinander zurück.
„Dies ist nun Scharam, er wird von seinen Mitparmosen als der `Fühler´ bezeichnet und diesen Beinamen erhielt er vollkommen zu Recht! Weiter; dieser unser Freund nennt sich Gemoin, dann Morcaat und Nander. Nander ist der Chef der Meldergruppe. Außer Scharam sind alles Mitglieder des Ältestenrates von Phattiui. Scharam fungiert als Berater, kann kein oder kann noch nicht Mitglied des Ältestenrates sein oder werden, da er schon der zweiten Generation nach dem Krieg angehört. Doch die Räte hören auf seine Gefühle, mit denen er schon einiges an Unheil vermeiden konnte."
Scharam nickte ebenfalls, auch er lächelte.
Nun stand er auf und fragte mich, ob er das Gesicht meiner Frau abtasten dürfte. Es war mir nicht besonders angenehm, dass er diesbezüglich nicht meine Gattin selbst ansprach, doch Gabriella nickte nur und setzte ihr Lächeln fort. Sie verstand die Bitte eines absolut Blinden.

Scharam zählte seine Schritte anhand des Bodenbelages und fand exakt den Platz Gabriellas, welchen er sich wegen meiner Vorstellungsrede in etwa ausrechnen konnte.
„Ich werde aufstehen, Scharam, wenn es für dich so angenehmer ist!"
„Frau Gabriella, Frau unseres Freundes Max. Ich bitte dich sitzen zu bleiben. Ich möchte dich `sehen´ und dies ist nur mit meinem Tastsinn möglich." „Das verstehe ich sehr gut! Auch ich habe manchmal mehr mit dem Gefühl zu sehen als mit den Augen und dem Licht."
„Weise Worte einer Frau? Ihr, wie nennt ihr euch? Menschen? Ihr Menschen seid ein beneidenswertes Volk. Wie heißt eigentlich eure Welt? Mensch?"
Gabriella erklärte, während Scharam seine Hände auf den Kopf legte und zuerst seitlich die Form ertastete.
„Wir nennen uns Menschen nach dem heute gültigen Moralbegriffen. Nachdem wir den Kosmos erreicht hatten, nennen wir uns eigentlich in der Gesamtheit `Terraner´. Unser Planet wird demnach `Terra´ genannt. Es gibt dann auch noch die Unterschiede der Herkunft nach Kontinenten und Regionen. Diese unterschiedlichen Bezeichnungen dürfte es auch auf eurer Welt einmal gegeben haben."
Dazu erwähnte Marrum:
„Die Barricaner, die Humolaner, die Leomonen, die Derramer und so weiter, nicht wahr?"
„Exakt, Freund Marrum", gab Gabriella zur Antwort. Sie benützte nun das Wort Freund mit etwas Nachdruck, um unsere entstehende Allianz zu untermauern.
Marrum fragte aber noch weiter, während Scharam den Hals meiner Frau und den Oberkörper abtastete.
„Ich sehe verschiedene Hautfarben bei eurer Gruppe. Seid ihr eine willkürliche Zusammenstellung von Spezialisten aus den verschiedenen Kontinenten eurer Welt?"
Nun über nahm ich wieder das Wort, da Scharam gerade die Mundpartie von Gabriella betastete.
„Du hast einen großen Geist, Freund Marrum! Du hast die Tatsachen vollkommen erkannt. Meine Frau Gabriella ist sogar noch ein Kind von Eltern aus zwei Kontinenten. Tamines und Tamiles kommen von einem Kontinent mit sehr viel Sonnenglück. Dabei haben sich in den Generationen die Farbpigmente der Haut vermehrt und sie erscheinen deshalb in einem milden Braunton und mit dunkleren Augen. Georg und ich kommen aus kälteren Zonen unserer Welt und wir müssen uns etwas mehr vor unserer Sonneneinstrahlung schützen. Silvana dagegen kommt aus dem südlichen Teil eines nördlichen Kontinents und wirkt dagegen universeller angepasst."

Marrum betrachtete uns alle noch einmal der Reihe nach, dann stellte er fest:
„Eine Entwicklung, welche auch wir Parmosen hätten machen können, wenn die Kriegsteufel nicht gerufen hätten."
„Ich muss dich ganz ehrlich bewundern Marrum. Deine Erkenntnisgabe wäre deinen Ahnen sehr dienlich gewesen. Das Team von Pherolomon hätte ebenfalls fast eine Lösung auf genetischer Basis für das gesamte Parmosenvolk präsentieren können, aber die Kriegsteufel waren schneller!"

Ein Ruck ging durch die Runde!
„Pherolomon!" Gemoin starrte mich an. „Pherolomon! Das ist eine Sage von einer Gruppe unserer Ahnen, welche vor den Kriegen dieser Welt geflohen waren und erst dann zurückkommen wollen, wenn die stillen Erreger erschlafft sein werden. Dann sollten sie kommen und uns helfen, wieder normale Nachkommen zu bekommen. Was wisst ihr von dieser Sage?"
Alles sah mich hochinteressiert an.

„Ich war auf eurem Mond Phero!"
Dieser Satz entbrannte eilige Kurzdiskussionen!
Doch die Räte verstummten, als Marrum sie dazu aufforderte:
„Still! Wir haben hier Augenzeugen von Phero. Ich bin absolut gewillt, den Worten von Maximilian Rudolph Glauben zu schenken. Schließlich beherrschen sie die notwendigen Reisetechniken. Was ist an der Sage dran und weißt du, wann die Pheronen daran denken, sich wieder mit uns zu vereinen?"

Ich musste ein betroffenes Gesicht machen. Marrum studierte meine Mimik ein weiteres Mal.
„Die Gruppe Pherolomon, oder diese Mondstation, welche nur noch in einer Sage bei euch existiert, existiert selbst nicht mehr. Die technischen Grundausstattungen sind noch vorhanden, aber vielleicht wisst ihr, dass Phero keine Luft zum Atmen hat und die Luft so von Parmos mitgenommen werden musste. Die Schiffe oder Gondeln, um Luft dorthin zu bringen, wurden während des Krieges zerstört. Damit hatten die Leute dort keine Möglichkeiten mehr zu überleben oder zurückzukommen. Wir fanden nur tote Parmosen. Sie hatten sich aber selbst das Leben genommen, bevor sie ersticken mussten.
Es gibt nur noch eine kleine Hoffnung, weitere Parmosen zu finden. Es handelt sich um die Mission `Morgenblüte´. Dieser Mission sind wir bislang noch nicht nachgegangen. Das sollte unsere nächste Aufgabe sein. Wir

verstehen es ja auch so, dass es eine Aufgabe ist, Leben zu retten und zu sichern! Unter Anderem sind wir auch aus diesem Grunde hierher nach Phattiui gekommen."

Eine gewisse Betroffenheit breitete sich aus. Möglicherweise war Pherolomon eine dieser Glaubensrichtungen geworden, eine Ersatzreligion, die nicht öffentlich behandelt werden durfte.

„Du weißt sicher, warum ich speziell nachgefragt hatte." Marrum sah mich durchdringend an. Ich nickte: „Trifft die Todesstrafe auch auf mich zu, wenn ich dieses Thema anschneide?"
Nun hatte sich aber Marrum erschrocken.
„Nein, natürlich nicht. Aber ich sehe, du hast genau erkannt, um was es geht. Ich bitte den Rat für heute, auch dieses Thema mit in die Diskussionen einbringen zu dürfen!"
Langsam nickten die einzelnen Räte und alles starrte nur noch zum ʻFühlerʼ. Dieser spürte die Frage auf sich lasten und gab zu seinem Besten:
„Dieses Tabuthema wurde meiner Ansicht nach ohnehin bereits durch die Aussagen von Max entzaubert. Einen Erlöser von Phero wird es demnach nicht mehr geben, was Hauptbestandteil von phattischem Wunschdenken war. Religionsbedürftige dürften sich demnach etwas Neues suchen müssen und dies könnte noch andauern. Bitte Max, berichte, was ihr noch so alles auf unserem Hoffnungsmond gefunden hattet. Nun gibt es erste Einsichten auf wissenschaftlicher Basis. Für mich Übrigens eine Genugtuung!"

Diese Aussage des Fühlers bedeutete für mich oder sicher auch für uns Terraner eher ein Bekenntnis, dass der Fühler schon öfters in vielleicht gewissen Arten von Beichten solche Glaubensprobleme mit seinen Artgenossen zu erörtern hatte.

Ich schöpfte nun auch eine Hoffnung, hier und heute mit Spekulationsreligionen enden zu können und damit wieder mehr Einheit unter diese restliche Parmosenvolk bringen zu können.
„Auf Pherolomon waren Forscher. In erster Linie wurden die damaligen radikalen Neu-Genesen von Neutral-Atheisten und Pro-Atheisten abgelöst. Dieser Übergang geschah allerdings während den friedlichen Zeiten, in denen auf Parmos noch das Nonabsolutum auftreten konnte."
„Das Nonabsolutum! Alhas zu Melhaim! Ich erinnere mich genau an die Musik und an den ʻSonnenaufgangʼ! Deshalb hieß auch die Mission ʻMorgenblüteʼ."
Marrum gab sich wie verzaubert. So setzte ich meine Erzählung fort.

„Dein Gedächtnis ist phänomenal, Freund Marrum. Nun erzähle ich aber die wichtigsten Erkenntnisse von Phero. Die Pro-Atheisten erkannten, dass das meiste Unheil von Parmos durch diese verschiedenen Religionen entstanden war. Des Weiteren erklärten sie auch, wenn nun einmal eine dieser Religionen meist durch Auseinandersetzungen Vorrang erhalten hatte und es zu einer gewissen Befriedigung gekommen war, dauerte es wieder nicht lange und es gab verschiedene Priester und selbsternannte Religionsgelehrte, welche die Glaubensschriften neu auszulegen gewagt hatten. Daraus entwickelten sich wieder radikalere Gruppen, die der Ansicht waren, alle anderen 'die frohe Botschaft' bringen zu müssen, ob diese nun wollten oder nicht. Notfalls dann eben mit Gewalt und diejenigen, die sich nicht überzeugen ließen, mussten eben als Ungläubige und damit minderwertigeres Leben ihre Plätze räumen. Es gibt noch einen weiteren Faktor, der für Parmosen eine extreme Religionsfreudigkeit erzeugte!"
Ich atmete tief durch, die mutierten Parmosen starrten mich an, als wäre ich nun der Heilsbringer oder so ein Äquivalent. Aber ich war leider für Gläubige der Unheilsbringer.
Marrum erkannte den Hintergrund und erinnert sich wieder an etwas bereits Gehörtes. „Hormone? Steuerelemente und Boten in jedem biologischen Körper, ob bei Intelligenzen oder bei animalischem Leben?"
„Vollkommen richtig, Freund Marrum. Ich sehe, du kannst wirklich nichts vergessen."
„Ich hörte und las von Okkulthormonen. Doch konnte ich mich nicht weiter damit befassen, denn erstens war unsere Insel wenig technisiert in der Ahnenzeit, außerdem war auch dieses Tal hier nicht von der damaligen so genannten Industrialisierung heimgesucht worden. Es hieß damit auch in einer der noch existierenden Glaubensrichtungen, dass wir damit zu den Auserwählten gehören würden und weil wir diesen Teufeln nicht gefolgt waren, würden wir nur noch mit multiplen Wachstumsvariationen bestraft, bis die Erlöser von Phero kommen sollten und uns zu einem Körper umbilden würden. Ich selbst habe keinen Gedanken zuviel daran verschwendet, denn ich spüre nicht das Verlangen, mir eine fantastische, freie und unbedrückte Scheinwelt gestalten zu müssen."

„Daran hast du auch gut getan. Nachdem du nun weißt, was Hormone sind, vielleicht auch weißt, was die Genetik ist, möchte ich nun etwas wissenschaftlicher fortfahren. Die Pro-Atheisten auf Phero forschen an einem Projekt, Parmos mit einem guten Erreger zu verseuchen, der das Erbgut aller Parmosen beeinflussen sollte und auch schon Lebende umbilden hätte können. In den Gehirnen aller Intelligenzen, die wir bislang kennen lernen konnten gibt es jeweils eine Drüse, welche Hormone und

Botenstoffe ausscheidet. Besonders bei Parmosen war die Drüse mit dem Okkulthormonen besonders ausgeprägt, ja sogar mit Wurzelansätzen bis tief in das eigentliche Gehirn ausgestattet. Diese Drüse und die davon ausgeschütteten Hormone sorgten für eine Gefühlsleere, wenn sich diese betroffene Person nicht in eine Scheinwelt flüchtet und gewissen Götterfiguren oder göttlichen Vorstellungen huldigt. Erst dadurch erhalten beide Gehirnhälften eine gewisse Balance und der Betroffene wurde mehr gesellschaftsfähig, besonders aber in der Gesellschaft Gleichgesinnter. Das Gruppenverhalten also und der vermeintliche Stärkezugewinn innerhalb einer gleichgesinnten Gruppe.

Bevor es diese Forschergruppe der Pro-Atheisten auf Phero gab, erfand schon ein Wissenschaftler ein Medikament, einen Hormonkiller oder Hormonblocker, der genanntes Okkulthormon eliminierte. Was geschah dann? Die Leute waren nach wie vor gesellschaftsfähig, konnten sich aber auch Aufgaben zuwenden, die sie nicht als ˋgöttlichˊ verboten betrachteten. Die eigene Religionsvorstellung wurde in den Hintergrund gedrängt und beeinflusste nicht mehr das gesellschaftliche Leben. Doch viele hatten einfach Angst, diese Hormonblocker einzunehmen oder weiter einzunehmen und nach einiger Zeit bildete sich das Hormon wieder nach, teilweise sogar noch intensiver als zuvor und löste eine neue Welle der verschiedensten Glaubensbekenntnisse aus. Sogar bis zu dem Punkt, dass die jeweiligen Religionsführer dieses Medikament verboten! Das war aber auch ein Grund des Machterhalts dieser selbsternannten Glaubensführer. Nur die Pro-Atheisten blieben diesem Medikament treu und forschten eben an einer dauerhaften Lösung. Diese war bereits so weit gediehen, dass sie auch einsatzfähig gewesen wäre, wären nicht die Teufel des Krieges schneller gewesen."

Marrum blickte wie hypnotisiert.

„Du sprichst von Teufeln. Hast du einen Glauben, Max? Eine Religion?"

„Ich selbst nicht, obwohl ich leicht religiös erzogen wurde. Ich bin ein Atheist, dennoch glaube ich an logischere Systeme wie die Gesamtheitslehre. Das ist aber keine Religion im eigentlichen Sinne, das ist eine Philosophie oder eine Möglichkeitserörterung. Wenn ich von Teufeln spreche, so meine ich nicht das Gegenteil von etwas Göttlichem, sondern von den negativen Gedanken in den Köpfen Denkender. Wenn jemand nach dem Gut eines Anderen trachtet, so könnte man diesen Weg in die Praxis umsetzen und die Vorgehensweise als eine Teufelei bezeichnen. In diesem Sinne erkenne ich dann diese imaginären kleinen Teufel, welche nicht manifestierbar sind. Ist ein Denkender aber vollkommen von negativem Gedankengut befallen, wird er auch auf meiner Welt als Teufel in Person bezeichnet."

„Kannst du uns solche Hormonblocker oder Hormonkiller zukommen lassen? Ich brauche diese Mittel einmal für Experimente, denn tiefgründig flammen auch in unserer kleinen Gesellschaft immer wieder derartige negative Gesinnungen auf."
Ich blickte zu Günter. Mittlerweile wussten alle, dass Günter unser Arzt und Medizinmann ist. Günter grinste und antwortete: „Kein Problem, aber dabei habe ich diese Medikamente nicht. Wir müssen sie erst nach alten parmosischen Formeln erzeugen. Ich denke aber, dass dies innerhalb kürzester Zeit zu machen ist. Doch empfehle ich den Versuch mit den modifizierten Viren von Phero. Vielleicht schleicht sich auch noch eine genetische Verbesserung bei dieser Gruppe hier ein?"
Das war natürlich eine Top-Möglichkeit! Und eine dauerhafte Lösung für die Zeit, in der die Mutanten von Parmos noch zu leben haben. Vielleicht verbessert sich dann das Geburtssystem wirklich? Nur diese so genannten Sologeburten und diese möglicherweise wieder weniger geschädigt.

Gabriella blickte mich mit großen Augen an und flüsterte: „Max! Ist es nicht unhöflich, das Büffet nicht einmal anzufassen? Du erzähltest und erzähltest, sicher, du wurdest auch dazu aufgefordert, aber wie ich erkenne, wollten die parmosischen Mutanten uns das Beste kredenzen, was sie hier in diesem Tal zu servieren imstande sind. Außerdem fehlen nun viele Nahrungsmittel für andere. Sie hoffen doch auch, dass wir für einen Ausgleich sorgen werden, meinst du nicht?"
„Ach, Gabriella! Stimmt! – Meine Herren Räte, es wäre nun wirklich wohl besser, dieses Festtagsbüffet nicht länger warten zu lassen. Dazu bitte ich euch alle aber auch, ruhig von unseren Nahrungsmitteln zu nehmen. Für den von uns bereitgestellten Wein erlaube ich mir, meinen Kollegen Georg zu verpflichten, denn dazu brauchen wir ein Spezialwerkzeug zum Öffnen. Georg ist der einzige unserer Gruppe, der immer einen Korkenzieher dabei hat!" „Das hast du wieder schön gesagt und schön hingekriegt, Freund Max! Aber auch ich stehe dem Frieden näher als dem Krieg und betrachte es somit als eine Ehre, diese köstlichen Flaschen zu öffnen. Mmmh, Vinho do Fogo von den Kapverden, mmmh, echten Bordeaux, chilenischen Andenflüchter und Südtiroler Bauernfeind."
„Chilenischen Andenflüchter, Südtiroler Bauernfeind? Die kenne ich nicht einmal!" „Du musst auch nicht alles kennen", schmunzelte Georg mich an und zwinkerte mit dem linken Auge.
Na, da war ich aber mal neugierig, was Georg hier dieser Runde untergejubelt hatte. Das waren sicher nur irgendwelche synthetischen Reproduktionen mit sehr wenig oder gar keinem Alkoholgehalt.

Morcaat erhob sich und erklärte uns das Büffet, welches seltsamerweise immer noch warm war. Ich konnte das Geheimnis lüften! Diese Platte hatte stellenweise Korkrinde von irgendwelchen Sträuchern und darauf wiederum heiße Platten, oder heiße Tonschalen, auf oder in denen die fragwürdigen Leckereien lagen.
Mit seinen überlangen Armen konnte er von einem Punkt aus auf alles deuten. Meine Kollegen staunten nicht schlecht, als sie den Parmosen herumdeuten sahen, mit zweimaligen Armbeugen! „. . . halbgedünstete Grottenbohrschlangen, besonders die Haut ist bei leichter Röstung eine Delikatesse. Im Übrigen essen wir den Kopf mit, da dieser sehr nährstoffreich ist. Hier haben wir einen Libellenspieß auf Duftstrauchholz geräuchert mit Schwarzzwiebel und Graumadenpürree. Weniger delikat sind diese Fischscheiben hier, eher ein Alltagsessen. Dieser Spieß hat Fleisch von den wilden Handspannenschweinchen, die Soße wurde aus Hartmooswurzeln gestoßen und in den Tonschalen nur erhitzt. Weiter haben wir eine köstliche Fettegelsuppe mit Fischherzen und . . . „

„Komm Gabriella, wenn ich von diesen Köstlichkeiten etwas probieren möchte, dann eigentlich nur Handspannenschweinchen und Fischscheiben, auch wenn diese als weniger delikat angepriesen wurden." Wir holten uns eben von dieser Auswahl, Georg öffnete ein paar Weinflaschen. Sein `Südtiroler Bauernfeind´ und der `chilenische Andenflüchter´ hatten ohnehin nur Schraubverschlüsse auf Plastikflaschen. Silvana nahm sich auch vom Fisch, Tamines und Tamiles ebenso, betrachteten die anderen Gerichte jedoch neugierig. Josef hatte gerade noch mitbekommen, dass Morcaat von kleinen Flusskrebsen sprach, die sich im Wasser des Seezuflusses gebildet hatten und leicht zu ernten waren, da sie sich in kleinen Felsmulden hoch an den Talhängen ansiedelten. Es sollten Pflanzen fressende Krebse sein, die vom Wasser aus immer ein paar Minuten auswanderten und an den steinigen Talhängen Kleinstpflanzen sammeln, diese dann wieder im Wasser aufweichten und verspeisten. Nun, er ergänzte seine Speisenwahl mit den Worten: „Kleine Krebschen hatte ich immer schon gerne!"
Als Günter mit einer dieser geräucherten Grottenbohrschlangen zurück zum Tisch kam, hatte ich mit meinem Magen zu kämpfen. Nur höchste Konzentration verhalf mir dazu, den geringen Inhalt dessen zu behalten. Ich konzentrierte mich einfach auf diese Handspannenschweinchen und die Fischscheiben, war aber auch überrascht, wie köstlich diese mundeten. Fast wie Peking-Ente und Forelle blau.

Nach und nach holten sich die Parmosen auch vom Büffet. Erwartungsgemäß nahmen sie sich aber von unseren Riegeln und Würfeln und erbaten sich von Georg Wein, welcher vier Probegläser aufgestellt hatte, damit jeder der Räte vorkosten konnte und dann seine Auswahl bekannt gab. Nur Marrum wollte vom `Vinho do Fogo´, die anderen entschieden sich für Georgs Spezialweine.

Günter biss in diese Schlange und ich schloss die Augen, doch alleine das Knacken der gerösteten Haut verursachte in mir ein Gefühl, als schabe jemand mit dem Messer auf einer Kreidetafel. Mit meinem Hunger war es endgültig vorbei, als Günter auch noch ausrief: „Unglaublich! Köstlich! Max, das musst du unbedingt mal probieren!"
„Ich habe es mir anders überlegt, Günter, mich hungert nicht mehr." So stand ich auf, trank an der Seite von Georg, weg vom Büffet einen Becher des Weines der Parmosen. Lieber etwas zuviel von Thujon, als von der Grottenschlange! Ich dachte, ich konnte etwas von der Wirkung des absinthähnlichen Getränkes verspüren und plötzlich war mir wesentlich besser. Plötzlich konnte ich sogar unserem Freund und Mediziner zusehen, wie er sich auch noch eine zweite Schlange holte! Nachdem der Absinthwein mir dazu verholfen hatte, dachte ich mir einfach dass eine weitere prophylaktische Sicherheitsmaßnahme in keinem Fall schaden könnte und goss mir den Becher ein weiteres Mal voll.

Nach etwas mehr als einer Stunde waren alle satt und schlürften nur noch leicht an den Weinen. Ich hatte mich zu konzentrieren, denn nun sollte eigentlich der Teil der Verhandlungen mit den Parmosennachkommen beginnen. Versteckt nahm ich eine dieser Tabletten ein, welche den Alkoholabbau beschleunigen und dessen Wirkung im Blut bereits vermindern. Dennoch bat ich meine Frau, mit diesen Gesprächen schon einmal zu beginnen. Wieder war es Marrum, der dazu aufforderte:

„Darf ich davon ausgehen, dass wir mit unserer Sitzung und mit Gesprächen fortfahren? Ich kann doch auch davon ausgehen, dass eure Kontaktaufnahme zu uns auch einen bestimmten Zweck verfolgt, nicht wahr? Nichts geschieht uneigennützig in diesem Universum."
Gabriella zog sich den Stuhl näher an den Tisch, was für meine Gattin gar nicht so einfach war, denn dazu musste sie halb aufstehen, um mit den Füssen zum Boden zu gelangen.
Dann erklärte sie dem Rat der Parmosen von Phattiui, den Überlebenden aus dem Tal der Mutanten, wie wir diesen Ort nun inoffiziell benannt hatten:

„Liebe Räte von Phattiui, lieber Marrum, Ratssprecher. Obwohl die logische Antwort ein klares `Ja´ sein sollte, antworte ich nun mit einem `Nein´. Es gibt Dinge die uneigennützig zu geschehen haben. Wenn sich dann aber trotzdem auf freiwilliger Basis ein Nutzen herauskristallisiert, dann ist diese umso besser. Zum einen sind wir nun froh und stolz, mit euch hier einen Freundschaftsbund geschlossen zu haben. Zum anderen verlangen wir keinen Nutzen, doch wie ich erwähnt hatte und wenn sich ein Nutzen ergäbe, wären wir in gar keinem Falle undankbar.

Fakt ist folgender: Wir hatten vor noch nicht allzu langer Zeit ein Imperium gegründet. In diesem Imperium sind mittlerweile neun bewohnbare Welten und Monde enthalten und wir haben dieses Imperium unter Friedensvoraussetzungen ausgerufen. Diese eure Welt hatten wir gefunden, als es galt, eine Mission in ein anderes Imperium zu unternehmen, ein Imperium, welches weniger friedvoll organisiert ist. Nun könnten wir auch sagen, dieses Imperium ist uns gegenüber feindlich gesinnt und unser Ansinnen ist nicht weniger feindlich, dennoch von anderer Natur. Wir möchten dieses andere Imperium befrieden. Nun kommt ein gewisser Punkt, der widersprüchlich erscheint. Der Kaiser, also der absolut oberste Regierungschef des anderen Imperiums hat uns als sein Testament das Imperium übergeben, nur wird es von dem nun Mächtigsten nicht an uns übergeben. Die Intelligenzen des anderen Imperiums besitzen eine Raumfahrttechnik, welche jedoch nicht so ausgeprägt ist, wie die unsere. Sie können die Distanz bis hierher nicht aus eigener Kraft schaffen oder nur mit großen technischen Schwierigkeiten.

Als wir eure Welt hier fanden, es war eher ein Zufall, als eine direkte Suche, dachten wir auch, wir könnten nun diese Welt als Operationsbasis im möglichst friedlichen Kampf mit dem anderen Imperium nutzen, vor allem deshalb, dass unser Gegner weiter im Glauben bliebe, dies sei unsere Welt und somit außerhalb seines direkten Zugriffs. Dazu würden wir teilweise neue Beobachtungsstationen aufbauen, teilweise die vorhandene Technik noch nutzen, alles im allem, dieser Welt im technischen Bereich ein neues Leben einhauchen und so dem anderen Imperium zeigen, dass wir hier kaum erreichbar sind oder wenn der Gegner kommen möchte, wir hier diesen mit einfacheren Mitteln zurückdrängen können."

Gabriella unterbrach sich selbst, rückte etwas auf dem Stuhl hin und her, trank einen großen Schluck aus ihrem Becher und fuhr fort:
„Unser Heimatplanet wäre nämlich in absoluter Reichweite des anderen Imperiums und wir wollen aus verständlichen Gründen den Standort nicht verraten, denn das würde Krieg bedeuten. Wir haben auch noch lange nicht genügend Waffen und Raumschiffe, um einem Krieg in dieser Dimension

begegnen zu können. Für diese Zeit, bis wir entsprechend aufgerüstet haben, wir meinen damit, soweit aufgerüstet zu haben, um eventuell auch so einen Krieg vermeiden zu können, einfach weil wir Stärke zeigen könnten, bräuchten wir eine Welt in dieser Sterneninsel.
Nun gibt es aber hier Überlebende eines Krieges, eines eigenen Planetenkrieges und wir haben eine ausreichend gefestigte Gemeinschaftsmoral, sodass wir diese Operationsbasis auf eurer Welt nicht mehr errichten würden, wenn es keine Zustimmung von Seiten eben der Überlebenden gibt.
Unser Angebot für euch ist und bleibt folgendes: Wir holen euch diese Virenstämme von Phero, wir versorgen euch mit Medikamenten und neuen Anpflanzungen, ihr bekommt langsam wieder etwas Technik, wie Energieversorgung und elektrisches Licht sowie Kühl- und Heizgeräte für Nahrung. Außerdem bringen wir Tiere von unserer und anderen Welten hierher, welche nach einigen Tests sich auch in die hiesigen Verhältnisse einfügen, ohne die weitere Umwelt zu schädigen. Ich betone noch mal: Dies alles machen wir in jedem Falle, ob eure Antwort positiv oder negativ ist. Dazu kommt noch die weitere Säuberung der Atmosphäre, ein Unternehmen, welches ohnehin schon im Laufen ist."

Marrum zog seine Stirn in Falten, was bei ihm besonders ulkig aussah. „Atmosphärenreinigung? Was bedeutet das?"
Ich gab meiner Gattin ein Handzeichen, dass ich nun wieder soweit war, auf solche Fragen zu antworten.
„Es gibt viele von diesen kleinen Flugzeugen, welche in der Luft kreisen und die alten Schadstoffe herausfiltern und anschließend zu unschädlichen Verbindungen umwandeln."
Marrum vollkommen fasziniert: „Sind das diese kleinen funkelnden, starren Flügler hoch oben in den Lüften?" „Ich denke, du hast sie schon beobachtet. Ja, das sind sie!" Kann es sein, dass deshalb der Himmel an Blau gewonnen hat?" „Auch das ist sicher."
„Ich glaubte schon an ein Wunder, dass die Polmanis oder die Karaliten zurückgekehrt sein könnten. Geraume Zeit beobachtete ich diese Starrflügler, konnte aber keinen Flügelschlag feststellen. Ich wunderte mich schon sehr, denn als ich diese Flugtiere auch über einen langen Zeitraum beobachtete, erkannte ich ebenso, dass sie nicht kackten und nicht fraßen! Außerdem waren sie den Polmanis oder den Karaliten überhaupt nicht ähnlich, als ich in den alten Büchern Vergleiche suchte."

„Unsere Luftreiniger verursachen unter anderem auch wieder mehr Regen! Nicht nur solchen Regen wie hier, der sich nur mal schnell über Felsgrate heben kann, sondern auch Regen, der auf natürlicherweise mit Wolken weit in das Land hineingetragen werden kann und Parmos wieder fruchtbar werden lässt", musste ich hinzufügen. „Doch was sind eigentlich Polmanis und Karaliten?" Hierzu meldete sich aber Josef. „Max, das sind in etwa Fledermäuse mit Tagesfluglizenz und so was wie Eichhörnchen mit Hautflügeln. Habe ich in einem Biologiebuch entdeckt; diese Tiere standen schon vor dem Aussterben und mit dem letzten Krieg konnte ihnen endgültig der Garaus gemacht werden. Als die letzten sich in die Lüfte schwangen, schwangen sie sich auch voll in die Strahlung."

Marrum lehnte sich zurück und sein Kopf fiel plötzlich zur Seite, da sich seine Rückenstütze verschoben hatte.
Schnell rief ich Günter! „Jetzt wäre wohl der richtige Zeitpunkt, ein Korsett für Marrum zusammenzustellen!"
Günter verstand und eilte nach draußen. Dort holte er alle möglichen Elemente und ein vorgefertigtes Ganzkörperkorsett nach einem Baukastensystem, um für den Kleinwüchsigen mit dem schweren Kopf etwas Passendes zu kombinieren.
„Marrum! Bitte komme doch mal hierher, ich denke, wenn wir hier fertig sind, dann kannst du eine neue Art von Bewegungsfreiheit genießen."
Günter sah Marrum an und beschloss instinktiv, diesem Mutanten auch etwas mehr Größe zu schenken. Dabei konnte er das Korsett fast unverändert belassen, er brauchte nur die Kopfhalterungen automatisch justieren, was protheseneigene Servermotoren erledigten. Schon nach etwa zwanzig Minuten stieg Marrum in das Korsett ein, ein System wie es in den modernen Raumanzügen auch angewandt wird, um den jeweiligen Träger wegen des Innendrucks zu unterstützen.
„Es sollte noch einfacher sein, als bei Hoorgas, denn Marrum hat je eine gewisse volle Bewegungsfreiheit, wenn auch nur eingeschränkt", wusste Günter. Marrum wurde fast um vierzig Zentimeter größer, ein Aspekt, an den er sich erst noch zu gewöhnen hatte, der ihm aber sicher viel Freude bereiten wird. Zwar war er damit immer noch nicht so groß, wie die relativ ´Normalen´, aber Kleinwüchsige sind mit jedem Millimeter mehr zufrieden! Nachdem sich das Korsett selbsttätig an Marrum angepasst hatte und jeden Finger mitvermessen hatten, sollten die ersten Gehversuche erfolgen.
Marrum stürmte los, fast wäre er gefallen, prallte aber als erstes einfach einmal gegen die Eingangstüre. Wiederum hatte das intelligente Korsett vor Verletzungen bewahrt. Er konnte immerhin schon seinen Kopf stabil aufrecht halten!
„Holgomantscherloiuda! Ich habe das Gefühl, tief zu fliegen! Aber ich kriege es schon heraus, wie das so abläuft."

Sein erster Ausdruck konnte der Translator nicht übersetzen, es dürfte sich um ein religiöses Schimpfwort gehandelt haben, dessen Tabu heute ja aufgehoben war.
Schon auf seinem Rückweg zum Tisch machte der Mutant den Eindruck, als ob er schon immer mit so einem Korsett ausgestattet war.

„Nun brauchen wir noch das Blindenhemd, Günter und wir haben die vollen hundert Punkte!" Ich wusste eigentlich schon, wie die parmosischen Mutanten stimmen würden. Günter fragte aber: „Hundert Punkte? Für so hochwertige Technik möchte ich aber mindestens tausend!" „Sagen wir halt dann einfach nur Prozentpunkte." „Also tausend Promille; Einverstanden."
Und Günter zog so ein Hemd aus seiner `Schatztruhe´.
„Scharam, nun bitte ich dich, dieses Hemd anzulegen. Dazu bekommst du eine Mütze mit einer Kamera. Diese Kamera wandelt dann das Bild in ein Nadelsystem um, welches von dem Hemd in ein Rasterbildumgewandelt wird und dir dieses Bild grob auf die Brust zeichnet. Es wird kein vollkommener Ersatz für wirkliches Sehen sein, aber du wirst lernen und du wirst mehr von dem tun, für was du deinen Beinamen bekommen hattest. Du wirst die Bilder fühlen!"
Scharam stand nun vor Günter, er hatte wieder die Bodenplatten gezählt und die Position gefunden, von der Günter sprach. Gabriella und Silvana halfen dem Domrat aus seiner Leinenweste und Günter legte ihm das Hemd an, setzte ihm auch noch die Kappe auf und passte beides von der Größe her an. Der eingewebte Rechner stellte einen `Nadelreset´ her, als alle 420000 Nadeln den Hautkontakt hergestellt hatten. Es waren etwas mehr Nadeln als Nervenpunkte an der Brust, dennoch waren sie nötig, um auch bei einem leichten Verschieben des Hemdes noch genügend `Antaster´ aktiv zu halten. Günter erklärte dem Fühler noch die Regelungen für Kontraste und Konturenzeichner, damit kann der Träger des Hemdes seine Sichtweise anpassen. „Ein Farbsehen ist nicht möglich", erklärte Günter beiläufig. „In speziell deinem Fall könnte man auch keinen operativen Eingriff machen, denn die Synapsenbildung deines Gehirnes ist weitgehendst abgeschlossen und würde künstliche oder naturidentische Augen nicht mehr annehmen. Aber diese Methode verleiht dir zumindest die Sicherheit, gewisse Dinge wieder zu erkennen, Wege nachzuvollziehen und du wirst sehen, Scharam, du wirst alleine spazieren gehen können!"
Die letzten Grundeinstellungen waren erfolgt.
„So, Scharam. Ich aktiviere dein Hemd! Was spürst du?"
„Hihi! Es kribbelt!"
„Du kannst die Intensität an dem oberen Rädchen einstellen."
„Ja, oh! Ich spüre eine Gesichtszeichnung, sie bewegt sich . . ."

„Mache vorerst keine heftigen Bewegungen, mein Freund! Du musst den Umgang mit dem Hemd noch lernen!
Scharam drehte sich langsam um sich selbst und ging die anderen Räte ab. Marrum stellte sich mit seinem Korsett vor ihm auf und Scharam blieb tatsächlich vor Marrum stehen!
„Du hast ja wirklich einen riesigen Kopf, mein Lieber! Hahaha, krararar." Scharam steigerte sich in seinem Lachen und sein Knickhals begann zu springen! „Du zitterst ja! Krararar!" Es war natürlich die Kamera in der Kappe, welche mit dem Knickhals mitwippte. Der Fühler erkannte dies und stoppte sein parmosisches Lachen, aber das hatte ihm ja besonders gefallen und deshalb gab es noch mal eine Runde: „Krararar."

Günter flüsterte zu mir: „Nachdem der Fühler ja eben der Fühler ist, denke ich, dass er sich besonders schnell an diese neue Art des Sehens gewöhnen kann. Er hat sein Leben lang gefühlt und gefühlt und seine Rezeptoren sind dafür wie geschaffen! Er sieht jetzt schon mehr als alle anderen, die sich einmal mit so einem Hemd ausstatten ließen." „Absolut korrekt! Ich muss ihn oder eben diese Mutanten bewundern, wie schnell sie sich auf neue Situationen einstellen können. Wer holt nun die Viren vom Mond?"
Günter sah mich an, hatte er doch mit dieser Frage nicht gerechnet. Doch Tamines hatte meine Frage mit bekommen und rief vorlaut: „Ich hole sie mit Günter! Günter ist für den ordnungsgemäßen Transport zuständig, ich bringe ihn sicher hin und her, ja?"
Dieses brasilianische Energiebündel! Doch Tamines hatte ausgiebig bewiesen, dass sie trotz aller Energie auch absolut verantwortungsbewusst handeln kann. „Ich bin damit einverstanden. Günter?" „Ich auch!" „Gut, wir bleiben aber hier und schlafen uns aus. Morgen früh nach hiesigem Sonnenaufgang könnt ihr dann loslegen."
„Machen wir, machen wir!" Jubelte Tamines und wäre fast vom Stuhl gefallen. „Günter! Du musst aber noch testen, ob diese Virenkulturen für uns Menschen gefährlich werden können."
„Der Grundgenetik nach nicht, weil die Parmosen eine gänzlich andere Struktur besitzen. Ich gehe davon aus, nachdem ich die Bilder der Ringgene gesehen hatte, dass diese an unsere RNS nicht andocken können. Aber ich werde noch mal auf Nummer Sicher gehen und eines unserer Kompaktlabore mit nach Phero nehmen."
Marrum hatte das Gespräch sogar mitbekommen, weil der Translator nicht abgeschaltet war und leise aber simultan übersetzte. Wir hatten uns schon so stark an diese Geräte gewöhnt, sodass wir uns dabei gar nichts mehr dachten.

„Meine Freunde Terraner! Ich weiß nicht ob es eine Bitte zuviel ist oder ob es generell zuviel verlangt ist, wenn ich darum flehe, mitkommen zu dürfen. Ich möchte einen Teil der Sage sehen, ich möchte Pherolomon mit eigenen Augen sehen. Ist dies möglich?"
Nun war ich aber überrascht!
Mit so was hätte ich nun wieder nicht gerechnet. Wir hatten keinen Raumanzug, welcher Marrum passen könnte.
Tamines erklärte schnell: „Es ist möglich, wenn Max zustimmt. Allerdings kannst du, Marrum, nur in der Gondel bleiben und nicht aussteigen, denn auf Phero ist keine Atmosphäre und wir haben keinen Anzug der dir passen würde. Du kannst Pherolomon sehen und erkennen, aber nicht auf dem Mond spazieren gehen. Was meint ihr Max, Günter?"
Ich gab mich geschlagen. „Es ist eigentlich nichts einzuwenden. Der kurze Aufenthalt unter der geringen Schwerkraft macht auch seinem Knochengerüst nicht zu schaffen, oder?"
Und Günter gab diesbezüglich grünes Licht. „Fahre mit, Marrum. Es wird dir etwas Unvergessliches sein. Aus zwei Gründen!"
Da wussten nun mal wir alle, wie Günter dies meinte.
Marrum fragte noch einmal sehr hintergründig:
„Wir stehen nun tief in eurer Schuld. Wir hatten noch gar nicht abgestimmt, ob wir eurem Begehren zustimmen oder nicht. Ihr hattet auch erwähnt, dass, alles was ihr für uns macht, nicht auf das Ergebnis der Abstimmung beruhen wird, ist das so richtig, Max?"
„Vollkommen. Wenn niemand mehr auf dieser Welt leben würde, hätten wir diese auch mit einem etwas schlechten Gewissen, wie vorhin angesprochen eingerichtet. Nun seid ihr aber echte Parmosen, auch wenn ihr gewissermaßen kriegsgeschädigt seid. Ihr seid die Erben dieser Welt und eventuell noch die Besatzung der `Mission´. Ihr bestimmt auch, was mit dieser Welt zu geschehen hat. Genau genommen wären wir Mieter und statt der Miete würden wir euch Lebenserleichterungen zukommen lassen. Prinzipiell ist das eigentlich alles!"
„Hört sich auch noch furchtbar einfach an, Max", Marrum hatte schon so ein parmosisches Grinsen auf dem Gesicht, als wüsste er das Ergebnis der Abstimmung bereits. „Wir werden morgen abstimmen, geht das so in Ordnung?" „Niemand hat eine überstürzte Antwort erwartet, Marrum. Wir kommst du mit dem Korsett zurecht?" „Blendend. Ich meine fast, ich hätte einen neuen Körper. Alles läuft rund, ich brauche mich fast nicht anstrengen und meinen Kopf brache ich nicht mehr in meine Konzentrationen einbinden, ich meine, ich binde ihn nur noch für Konzentrationen ein."
„Klar! Es tut gut, euch helfen zu können. Ihr konntet ja wirklich nichts für diese Kriege eurer Ahnen."

Was geschehen ist, ist nun einmal geschehen. Probieren wir noch die Virenstämme von Phero, damit die Forscher dort nicht ganz umsonst gearbeitet hatten. Es täte mir gut, es ihnen noch mitteilen zu können, aber dies ist dann doch nicht mehr möglich."

„Wir sollten unsere Runde für heute auflösen, meine Freunde. Morgen holen Tamines, Günter und Marrum diese Forschungsergebnisse von Phero und damit wird vielleicht noch ein Traum dieser in Erfüllung gehen und vielleicht auch noch einer von euren Träumen."
Ich sprach allgemein in die Runde und Scharam meinte: „Trink noch einen Becher eines Weines mit, Max. Schau mal, ich kann sogar schon anstoßen! Es ist nur noch schwierig, die Abstände einzuschätzen. Dazu muss ich nur noch lernen, wie groß die Becher mit weiteren Abständen noch sind. Aber ich bin fasziniert! Mit der Brust sehen lernen, hätte uns etwas Besseres passieren können, als euch zu treffen?"
„Ja sicher! Ahnen ohne Krieglüsternheit!"
Scharam nickte. „Das war nun mal so und nun konzentrieren wir uns auf die Gegenwart und was sich aus dieser entwickeln wird. Wie sagt ihr beim Trinken, wenn die Becher sich kontaktieren?" „Prost!" „Also Max, Prost!"
Der erste Versuch, mit meinem Becher anzustoßen, misslang. Er war zu vorsichtig und es fehlten zehn Zentimeter zum Kontakt. Dann fehlten nur noch fünf, dann noch einer und letztlich gelang es ihm, ohne dass etwas zu Bruch ging. „Jetzt habe ich wieder etwas zu lernen." „Du kannst es schon sehr gut Scharam, ich muss dich durchwegs loben. Vorsicht beim Wein, denn dieser kann dann deinen Tastsinn an der Brust wieder schwächer werden lassen!" „Das wird dann aber morgen wieder besser. Heute habe ich eine Freude in mir, welche ich in meinem Leben noch nie annähernd erleben durfte. Unbeschreiblich! Der Fühler ist ein Superfühler geworden!"

Ich musste frei lachen! Freute es mich doch auch, dass wir dermaßen helfen konnten. Wenn wir dann trotzdem noch die Genehmigung für eine Operationsbasis auf Parmos bekommen würden, dann hätten wir fast alles erreicht, was für uns zu erreichen gewesen wäre.
„Ich gehe schon mal nach Hause!", jodelte Marrum und stakste mit seinem Korsett in Richtung Ausgang. „Bin vor Sonnenaufgang aber wieder zurück und warte vor euren Fahrzeugen!" „Bis morgen Marrum, schlafe gut!"
„Der schläft heute Nacht nicht, darauf möchte ich wetten!" Meine Frau lachte süß und erfreute sich ebenso der Erleichterungen, die den Parmosen hier widerfahren sind.

Langsam verabschiedeten sich auch die anderen Räte. Auf die Frage hin, ob wir oder ob ich sie nach Hause bringen sollte, verneinten sie. Es sollte letztendlich auch noch jeweils ein Verdauungsspaziergang werden und Marrum hatte ohnehin sein neues Korsett zum Ausprobieren, Trainieren und Vorführen.
Die Melder sollten als Wachen verbleiben. Somit reichte uns der Vorhof vollkommen aus. Als ich vor den Ratsdom trat, leuchtete Phero genau mittig in die Talsohle hinein. Als wollte der Mond den Parmosen eine Einladung schicken, als würde er erzählen wollen, was er noch für die Mutanten bereithält.
Ich sah dem Fühler nach, als er langsam seinen Weg suchte. Nander half ihm bei den ersten Schritten in der freien Natur. Er war zumindest zusätzlich in dieser Beziehung wiederum nicht von Licht abhängig, denn seine Kappenkamera arbeitete auch noch im Infrarotbereich und hatte auch noch einen Restlichtverstärker.
Tamines stieg nun in die SHERLOCK und wünschte uns eine gute Nacht. „Ich muss ja morgen bald raus und Marrum den Mond zeigen! Also Günter, schlaf auch bald!" „Das werde ich tun, keine Sorge."
Er hatte noch ein Gläschen von Georgs 'leichtem Wein' in der Hand und trank diesen noch in genüsslichen Schlucken aus, bevor er sich dann auch in eine Koje der SHERLOCK begab. Das war dann auch das Zeichen für mich, den heutigen Tag zu beenden und als positiv zu vermerken.

In unserer kleinen aber gemütlichen Doppelkoje der WATSON raunte meine Frau mir noch zu: „Es ist immer wieder schön, wenn man jemandem helfen kann." „Ich gehe mit dir vollkommen konform, jedoch möchte ich hinzufügen, dass wir mit TWC-Kapital und teilweise Steuergeldern der Terraner oder des CET umgehen. Sicher haben wir dafür ein großes Vorschussvertrauen, aber es sollte dennoch notwendig sein, Ergebnisse abzuliefern." „Das werden wir auch können. Die Parmosen werden eine Genehmigung für uns erteilen, sodass wir eine Operationsbasis auf Parmos und Phero errichten dürfen. Oder glaubst du, diese Mutanten möchten nun bei den vielen Erleichterungen, die ihnen widerfahren waren, keinen Kontakt mehr mit uns halten wollen? Sie träumen sicher schon von den Kühlgeräten, von einer angereicherten Fauna, von mehr Frucht- und Gemüsepflanzen. Das wird alles nur so funktionieren, wenn wir einen Kontrakt bekommen. Das wissen sie! Las dich überraschen, wenn Tamines morgen von Phero zurückkommt!"
„Bist du nun zu meiner Fühlerin geworden?" „Das war ich doch schon immer, Liebster, oder etwa nicht?" Gabriella rutschte nah an mich heran und vergrub ihr Gesicht an meiner Brust. Obwohl mir noch viele Gedanken

durch den kopf huschten, war auch ich bald in dieser Stellung eingeschlafen.

Bericht Tamines Santos Reis.
Der Blick auf das Chronometer informierte mich über die Terrazeit. Dort war aber bereits der 26. 05. 2095, 19:22 Uhr.
Wenn ich also von Phero zurückkommen würde, dann sollte auch schon der siebenundzwanzigste sein.

Als die Sonne Noaris noch nicht zu sehen war, aber über Reflektionen dieses Tal bereits erhellte, hatte ich mich bereits in der Sprühnebeldusche frisch gemacht und meine Hygiene vollkommen erledigt.
Ein Blick durch die Pilotenkanzel zeigte mir, dass Marrum schon wartete. Mittlerweile wirkte dieser Mutant nicht mehr so abschreckend auf mich wie anfangs. Nein! Ich möchte ihn sogar noch als äußerst sympathisch bezeichnen. Trotz ihres harten Alltages waren bislang alle Mutanten irgendwie noch Kinder. Es wird sicher noch eine Großlieferung von solchen Prothesen notwendig werden, um auch all die anderen, denen Körperglieder fehlen, zu etwas Lebensglück zu verhelfen.
Auch in der SHERLOCK waren die Kojen auf Einzelkojen unterteilt worden und da es nur eine Hygienezelle gab, welche sich nach einer Nutzung zuerst selbst wieder reinigen musste, konnte nun erst Günter diese nutzen. Ich hörte die Pumpen summen, welche zusammen mit einem Ultraschallzerstäuber das Wasser aus den Regeneratoren holte.
Bald war Günter ebenso fertig und wir wollten uns vom Bordserver ein einfaches Frühstück ausgeben lassen, was wir draußen zu uns nehmen würden.
Der Antigrav entließ zuerst mich ins Freie, schon folgte mein Kollege. Tamiles musste einfach, bevor wir starten, aussteigen und auf uns warten oder sich an Bord der WATSON begeben.

„Gut, dass ich zuletzt den leichten, synthetischen Wein getrunken hatte." Günter sprach wie bei einem Selbstgespräch. „Brauchst du noch schnell eine Abbautablette? Ich werde es niemandem sagen."
„Nein, brauche ich sicher nicht. Es war alles im Rahmen und die geröstete Schlange hatte mir eine gute Nahrungsunterlage geboten." „Uaaaaahh!" Mehr Kommentar war für mich nicht möglich.
„Hast du gut gefrühstückt, Freund Marrum?", wollte ich von dem Mutanten mit dem riesigen Kopf wissen, welcher aber durch die vierzig Zentimeter Höhengewinn nun doch bessere Körperrelationen aufzuweisen hatte.

„Ich habe ein leichtes Frühstück zu mir genommen, um den Magen nicht zu sehr zu belasten. Ich hatte auch vieles über die Raumfahrt gelesen und weiß von den Andruckkräften, von den Zentrifugalkräften bei Drehungen und der Schwerelosigkeit. Außerdem die Zerrkräfte bei den Abbremsvorgängen."
„Oh, nun - äh, dann wirst du an Bord unserer Gondel aber staunen. Es gibt zwar so genannte Kotztüten, aber diese wurden bislang noch nie genutzt."

Dem Thema nach zum Glück hatten wir unser Frühstück aber schon so gut wie erledigt.
„Können wir?" Günter fragte mit einer wissenschaftlichen Miene im Gesicht. „ Im Übrigen müssen wir noch auf Barrica vorbeischauen, denn ich brauche noch das Minilabor mit dem Genscanner und dem Genomsimulator. Sicher ist sicher, hatte doch Max gestern noch gesagt."
„Na, da wird unser Freund aber staunen, wenn er die verwüsteten Städte auch noch zu sehen bekommt."

Günter forderte nun Marrum auf einzusteigen und bereitete sich auf unterstützende Maßnahmen vor: „Begebe dich doch unter diese Luke, du wirst von einem Feld erfasst, welches dich in das Schiff transportiert."
„Marrum kicherte kindlich und stakste unter die Luke. Er wurde sofort ergriffen, brauchte aber niemanden, der ihm dabei half, an Bord zu gelangen. Allem Anschein nach hatte der Kleinwüchsige mit dem Riesenkopf die ganze Nacht mit seinem Körperkorsett trainiert. Er wirkte aber nicht müde.

Tamiles stieg aus der SHERLOCK aus und sah etwas traurig aus, da sie momentan keine Aufgabe hatte. Die zweite Schicht der Melder war nun bereits im Dienst und einer öffnete die Tür zum Ratsdom, damit Tamiles dort Platz nehmen konnte. Außerdem, so meinte er, wäre noch ausreichend vom Büffet vorhanden, um ein Frühstück zusammenzustellen.
Doch Tamiles lehnte dankend ab, sie verwies auf ein Vesperpaket unter ihrem Arm. Schlange oder Graumadenpurree zum Frühstück war nun mal nicht jedermanns Sache.
Günter ließ sich nun ebenfalls vom Antigrav in den Innenraum heben und er machte sich bereits daran, den Raumanzug, vorläufig ohne Helm anzulegen. Marrum beobachtete ihn dabei äußerst interessiert! „So ein Anzug ist wie ein eigenes kleines Raumschiff, nicht wahr Freund Günter?"
„So ist es Marrum. Wie ist eigentlich dein kompletter Name?" „Marrum Kleinvertikal von der langen Platte." „Oh! Und wie alt bist du?"
„Einhundertsiebenundneunzig Jahre, wobei ja die Tage nun länger wurden. Ich kann dir mein genaues Alter somit nicht mitteilen." Ich überschlug kurz

dieses Alter und kam auf über einhundertzehn Erdenjahre. Vielleicht lebten die Mutanten teilweise länger, wenn sie erst einmal eine gewisse Anzahl von Jahren durchgestanden hatten?
„Günter! Marrum ist über Einhundertzehn Terrajahre alt! Fast wie ein Genkorrigierter!"
„Beachtlich, beachtlich." Der Mutant fragte aber nach, er hatte ein ungeheures Aufnahmevermögen und eine neu entfachte Neugier!
„Was seid ihr? Genkorrigiert? Darf ich um eine Erklärung bitten?"
„Los Günter, das ist dein Metier."
„Also Marrum. Die Menschen oder die Terraner forschten bereits viele Jahre in Sachen Genetik, also den Schlüsseln des Lebens. Es ließ sich herausfinden, wenn man gewisse Vorsichtsmaßnahmen einhält, dass mit diesen Lebensinformationen auch der Tod weiter hinausgeschoben werden konnte und auch die Kapazitäten des Gehirns besser zu nutzen waren. Ursprünglich galt es aber auch, natürlichen und weniger natürlichen Krankheiten einen Riegel vorzuschieben. Es gelang, der Doppelhelix, ich weiß nicht wie weit du von der Genetik gelesen hast, eine ganze Serie weiterer Reparaturinformationen anzuhängen. Auch welche, die sich immer wieder selbst nachbilden, bis letztendlich wirklich die Informationen ausgehen. Nun ist es möglich, dass auch Terraner ein Alter von einhundertsechzig Erdenjahren und mehr erreichen können. Das entspräche fast zweihundertsiebzig Jahre nach Parmosstandart. Somit hatte sich das Leben der genkorrigierten Terraner um fast siebzig Prozent, also siebzig von Hundert erhöht."
Marrum unterbrach Günter: „Ich bin mit Mathematik gut vertraut, du kannst bei dem Begriff Prozent bleiben!"
„Ich dachte es mir."

Ich gab nun das Zeichen für unseren Start. Marrum starrte vom Copilotenplatz durch die Fenster hinaus. Er hatte sich sogar schon angeschnallt, was Günter in diesem Augenblick tat.
Viele der Mutanten wussten bereits, dass Marrum an Bord war, denn ich erkannte winkende Personen von allen möglichen Stellen aus, als die SHERLOCK bereits an Höhe gewann. Bald waren wir über den Talwänden hinaus und wir konnten das Meer sehen.
„Meine Ahnen hatten noch in diesem großen Wasser gebadet", wusste Marrum, „ist es immer noch mit Salz durchsetzt?"
„Das ist eine Natürlichkeit von Meerwasser. Nachdem viele Kristalle irgendwann einmal hier eingespült wurden, entstanden auch die verschiedensten Salzverbindungen."

„Oh sind wir aber hoch! Ich kann niemanden mehr erkennen!" „Und wir werden noch höher gehen. Zuerst müssen wir nach Barrica, Günters Minilabor holen. Dort haben wir unsere vorläufige Operationsbasis. Auch für diese Reise gehen wir so hoch, dass du schon die volle Schwärze des Weltalls sehen wirst. Dies dient dazu, dann einen Horizontalflug zu unternehmen, der um ein Vielfaches schneller sein wird als der Schall. Die Höhe dient dazu, die Luftreibung zu umgehen und den Überschallknall zu unterlassen."
„Ah! Schallwellen! Der Knall entsteht, wenn sich diese Wellen nicht mehr nach vorne ausbreiten können, weil das Trägermedium Luft schon mit dieser Geschwindigkeit an uns vorbeiströmt, ist es nicht so? Das bedeutet, dass man bei Durchschreiten dieser Geschwindigkeitsgrenze auf dem Boden einen Knall zu hören bekäme, gewissermaßen das Sammelsurium aller schon vorangetriebenen Wellen plus einer Letzten." „Du kennst dich aber sehr gut mit Physik aus, mein Freund. Für ein Leben ohne entsprechendes praktisches Lernen kann ich dich dafür nur loben." „Danke Tamines. Aber ich konnte alle möglichen Gegebenheiten und Resultate, wie sie in unseren Büchern beschrieben sind, erstaunlich gut nachvollziehen und durchdenken. Weniger mit den Büchern über die verschiedenen Religionen. Darum war es gestern auch notwendig, dieses Tabu befristet zu unterbrechen."
„Ich verstehe und es war gut so. So nun pass auf. Wir können bereits die Geschwindigkeit erhöhen, denn der Luftdruck in dieser Höhe nimmt nun logarithmisch ab."
„Warum höre ich keinen Antrieb, keinen Raketenmotor? Nur das feine Restrauschen der Hochatmosphäre?"
„Unser Antrieb besteht nicht mehr aus Verbrennungsrückstrahltriebwerken oder Vergleichbarem. Wir bedienen uns der Energie des Universums; jener Energie, welche das Universum auseinander treibt oder es aufbläht. Kennst du die universellen Eigenschaften? Tachyonen?" „Nein. Ich weiß zwar von der Theorie des endlichen Universums, auch von einer Theorie der ewigen universellen Spirale oder auch des fünfdimensionalen Ballons, was der Spirale fast gleichkommt. Des Weiteren las ich Abhandlungen von einem Rafferuniversum, welches wie eine Kugel nach der anderen aneinander stößt und die Informationen übergibt, oder auch eine Idee von Grossam von den blauen Zwergbäumen, der sagte, unser Universum ist das Schlackenuniversum, was entstanden ist, als die ersten Genesispriester das Vollenergieuniversum vorbereiteten."
„Schlackenuniversum? Keine schöne Bezeichnung für unsere Lebensräume! War Grossam von den blauen – äh – blauen – ist ja egal, war das ein Genesispriester?"

„Ja! Der große Schreiber dieser. Bei allen Grottenbohrschlangen von Phattiui! Was legst du denn da für eine Geschwindigkeit hin! Ich sehe Parmos in seinem Rund!"
„Es ist alles relativ, Marrum." „Auch das hatte ich schon einmal gelesen!"
„Wir gehen nun wieder runter. Das dort ist der Kontinent Barrica und auf der Hochebene haben wir unsere vorläufige Operationsbasis."

Marrum sah absolut fasziniert aus den Fenstern und konnte sich nicht sattsehen. Bald war Barricula zu erkennen.
„Hatten das meine Ahnen verursacht? Eine so schöne Stadt dermaßen zu demolieren?" „Nicht nur diese Stadt, mein Freund, Alle Städte deiner Welt und fast alles Leben, wie du nun schon wissen solltest."
Marrums Gesicht wechselte durch alle möglichen Farben des Spektrums. Plötzlich liefen ihm Tränen aus den Augen. Das erste Mal, dass ich einen Parmosen oder einen parmosischen Mutanten weinen sah. Wieder eine Eigenheit, welche meist den Intelligenzen angehaftet zu sein schien.

Wir zogen eine Runde über diese Stadt hinweg, überfuhren das Teilergebirge und kamen in die Näher unserer Basis.
„Uuuuuh! Was ist denn das, und was das?
„Was denn Marrum?"
„Da, dieses riesige und das andere riesige Ding dort und dort!"
Er meinte den Frachter DANTON und die GIUSEPPE PIAZZI, so wie ich sein Deuten mit den spindeldürren Fingern interpretieren konnte.
„Das sind Schiffe, mit dem wir die Ausrüstungen hierher transportieren konnten. Wir nennen sie Frachtschiffe."
„Dermaßen riesig? Ich kann es fast nicht für möglich halten. Und die Schiffe können fliegen?"
„Wir nennen es fahren, obwohl dies irrelevant ist. Du weißt doch . . ." „ . . . Fliegen geht per Aerodynamik bei schwerer als Luft und Fahren mit Gas oder heißer Luft oder auch bei Zuhilfenahme von einer Energieart, welche die relative Gravitation des zu bewegenden Objektes auf ein Niveau senkt, was die Relation der Bezugskräfte von Planet und Objekt aushebelt."

Günter meinte nun aber doch: „Marrum sollte einmal ein aktiver Mitarbeiter einer terranischen Operationsbasis werden. Sein Gehirn arbeitet noch wie das eines hochgabten Studenten. Ich werde auf Terra einen diesbezüglichen Vorschlag unterbreiten!"
„Ein weiterer, neumodulierter Traum könnte für mich in Erfüllung gehen. Darf ich dich, mein Freund Günter von ganzem Herzen darum bitten, dass du diesen Punkt nicht vergessen wirst?"

„Ich verspreche es! Ist abgespeichert."

Ich zog eine Runde um unsere Operationsbasis. Diese war nicht mehr so groß wie ursprünglich, denn viele Teams hatten sich bereits auf andere Gebiete und auf andere Kontinente dieser Welt spezialisiert. Nur der Koordinationscontainer verdiente diese Bezeichnung nicht mehr. Er wurde nicht nur weiter angebaut, sondern auch noch aufgestockt. Mittlerweile, so wusste ich, gab es einen permanenten Datenstream zur Raumstation zwischen den beiden Planetensystemen Noaris mit Parmos und dem Mirium-System.
Marrum staunte nicht schlecht über diese Betriebsamkeit hier.
„Da hocken wir in unserer Schlucht und wissen nicht mehr, was mit unserer Welt geschah und geschieht. Ich schäme mich nun besonders für alles, was meine – unsere Vorfahren zustande gebracht hatte. Sie erschufen eine Welt mit Erleichterungen des Lebens, dann bekämpften sie das Leben selbst. Welch ein Widerspruch!"

„Die Logik oder die Unlogik des Krieges. Wer meint, sie im Vorfeld zu verstehen wird im Nachhinein immer enttäuscht sein. Nie ist das Ergebnis eines Krieges ein wünschenswertes. Würde man die Energie des Krieges für den Frieden, die Forschung und die Umwelt nutzen, käme ungemein mehr für alle heraus. Wer es verstehen würde, Grenzen zu beseitigen, für jeden eine Basis zu schaffen und zu motivieren, würde sich eines Tages fragen müssen, was ist überhaupt ein Problem. Doch wird es nie das absolut positive System geben so wie es auch nie ein absolut negatives System geben kann. Auf Terra gibt es eine Lehre, der auch etwas Religiöses zugesprochen wird. Sie nennt sich Yin und Yang, zwei Brüder. Der eine ist gut und der andere ist Böse. Doch um Guten steckt etwas Böses und im Bösen steckt auch etwas Gutes! Eine Philosophie! Eine Energielehre wie Licht und Dunkel, wie Nah und Weit, wie Heiß und Kalt."
Günter kam ins Sinnieren, doch Marrum reagierte darauf prompt.
„Erst die Personifizierung einer Religion macht diese gefährlich, nicht wahr?"
„Sicher, weil sich manch Glaubende davon Macht erhoffen und der Hypothalamus eifrig mitspielt."
„Ist Macht so erstrebenswert?"
„Wiederum manche sind dieser Meinung. Ich bin der Ansicht, Macht muss man sich nicht erkämpfen. Gibt es eine Person, welche von den Fähigkeiten imstande ist, Politik für die Massen zu machen, dann soll diese Person auch Macht erhalten. Aber wenn die Politik nur dazu vorgehalten wird, sich

selbst zu bereichern oder seine eigenen Gelüste auszuspielen, dann ist Macht kein Instrument sondern eine Rutschbahn."

„Lasst doch mal eure momentan nicht wichtigen politischen Diskussionen! Ich lande jetzt! Wir brauchen das Minilabor."

„Jaja, ich gehe ja schon. Siehst du Marrum? Tamines ist die Pilotin und sie nutzt ihre Stellung nun aus, um Macht auf mich auszuüben. Auf einen Mann!"
„Ich bin ja auch eine Brasilianerin und ausreichend emanzipiert. Da sollten sich Männer aber schon sputen, damit sie bei mir ihre Steinchen im Brett halten können."
Fast hätte ich den Satz nicht zu Ende sprechen können, ich musste über den Blick Günters lachen, der mit so einer Antwort nicht gerechnet hätte.
Er meinte dazu nur: „Ich hatte schon damit geliebäugelt, nach meiner Rückkehr nach Terra deine Heimat zu besuchen, ob nicht doch noch eine Frau von dort auf mich warten könnte. Nun hast du mir aber einen Schock verpasst!"
„Es ist wohl besser, du bekommst den Schock vorher verpasst, damit du dich gleich mal auf gewisse Eventualitäten einstellen kannst, als wenn der Schock im Anschluss käme, oder was meinst du?"

„Deine Aussage entbehrt nicht einer gewissen Logik!"
Marrum sah verständnislos umher. „Was ist eine Brasilianerin?"
„Das sind die Frauen meines Kontinentes von Terra. Der Kontinent nennt sich Brasilien, liegt sehr südlich und trägt die schönsten Frauen von Terra! Nicht wahr, Günter?"
„Äh, nun . . ."
Ich sah Günter gespielt böse an und er blickte mir in die Augen.
„Aber sicher, Tamines! Eigentlich wollte ich dies schon zu Eingang einmal kurz erwähnen."
„Na siehst du! Es geht ja!"
Marrum schüttelte den Kopf, dass die Sensormotoren hörbar wurden, aber er schmunzelte. Hatte er sicher diesen Disput als eine Scherzausgabe des Geschlechterkampfes erkannt.
Günter stieg nun ohne weitere Worte aus, wurde von den verschiedenen Männern und Frauen begrüßt, eilte zu einem Depotcontainer und schaltete eine Automatenlore ein, welche dann das Minilabor zu meiner Gondel transportierte. Im Heckfrachtraum war ausreichend Platz dafür und diese Lore wurde dort verankert.

Zwischenzeitlich zog auch ich meinen Raumanzug an, bereitete den Helm vor, übergab diesen aber noch einer Sicherheitshalterung an der Konsole.

Marrum sah wieder etwas trauriger, ich konnte mir denken warum. Sicher hätte er uns ins Innere von Pherolomon begleiten wollen. Mit etwas Mehraufwand wäre es auch möglich gewesen, etwa mit einer gesicherten Schlauchschleuse, aber dafür war nun mal keine Zeit mehr. Aber was noch nicht ist, kann ja irgendwann noch einmal werden.

Kurz darauf war Günter wieder an Bord und ich verkündete: „Auf nach Phero, auf nach Pherolomon!"
Nun lächelte Marrum wieder!

„Start!"
Langsam hob meine Gondel wieder vom Boden ab und nun sollte die Vertikalfahrt erst hinter der Atmosphäre kurz unterbrochen werden, um einen Schritt einzuleiten.
Im Gesicht Marrums war deutlich zu erkennen, wie begierig er alle Eindrücke verarbeitete.
„Das dort drüben müsste Humola sein, dann Leomon, und Derram, mehr weiß ich jetzt nicht."
„Richtig, hast du dies auch alles gelesen?" Günter wunderte sich über das passive Wissen in dem Mutanten.
„Gelesen und den Atlas studiert. Ich weiß in etwa, wie unsere Welt aussieht. Wie ich von hier oben noch zu erkennen vermag, sieht es auf den anderen Kontinenten nicht sehr viel anders aus, als auf Barrica, oder?"
„Leider, Freund Marrum. Deine Welt wurde gründlichst zerstört. Nun pass auf. Wir verlassen nun die Atmosphäre. Du wirst keine Windgeräusche mehr hören, nur noch das Summen der Aggregate welches sich über das Schiffsmaterial übertragen kann." Ich sah den Mutanten an und er strengte sein Gehör an. Es war soweit. Die letzten Atmosphärenschwaden pfiffen um die Hülle der SHERLOCK, dann war es von außen her ruhig.
Parmos lag da, als wäre der ewige Frieden eingekehrt. Ich selbst hatte schon den Eindruck, als würden die Blautöne dort überwiegen. Zumindest gab es weniger von diesem hässlichen Graubraun, der statischen Schmutzschicht, welche diese Welt fast vollkommen eingehüllt hatte.

„Wir leiten nun einen Schritt ein, der uns in einem nicht messbaren Zeitraum näher an Phero heranbringen sollte. Dazu wird die Anziehungskraft für einen kurzen Moment inaktiv."

Der Korsettträger nickte und sein Hals zitterte vor Aufregung. Schwerelos war er noch nie, außer in diesem kurzen Zeitraum, als ihn der Antigrav an Bord hievte und dies war genau genommen ein `negativer Fall´.
Der Sempex wurde von mir angewiesen, die Koordinaten zu aktualisieren und den Schritt einzuleiten. Die beiden Wafer wurden ausgefahren, einer vorne und einer hinten, beide aufgeklappt, dann zählte der Rechner seinen Countdown. Bei Drei wurde die Pseudoschwerkraft heruntergefahren und bei Null der Frontwafer extrem kurzzeitig auf fast volle Resonanz zur Materieeigenschwingung, welche mit der kosmischen Höchststrahlung identisch ist, geschaltet. Der Schritt war bestens berechnet.
Etwa vierzehnhundert Kilometer über Phero und wieder dreißig Grad über seinem Drehpol endete unser Transportschritt und die Schwerkraft wurde wieder hochgeregelt.
„Eine feine Technik. Es wirkt alles so perfekt!", wunderte sich unser parmosischer Freund.
„Unter anderem, weil diese Antriebe keine Mechanik mehr beinhalten. Sie reihen sich in die Universumsnatur ein. Man könnte sagen, wie Segelschiffe sich in die Winde der Meere einreihen. Nur weht unser Wind von überall her und wir müssen ihn nur gleichrichten."
„Oh, Günter wird zum Techniker?" Ich wollte meinem Kollegen eigentlich ein Lob für seine Erklärungen erteilen.
„Sagen wir, ein Philosoph mit technischer Ader."

Der Sempex korrigierte die Flugbahn der SHERLOCK und ich beschleunigte manuell, es gab kein Medium für eine Reibung.
Kurz darauf wurde auch schon die Station Pherolomon sichtbar.
„All diese scharfen Konturen, die harten Kontraste beim Sehen, eine Folge der fehlenden Atmosphäre?"
„Absolut richtig! Fast, als hättest du diese Reise schon mehrmals getätigt."
„Habe ich. Als Kind in meiner Phantasie, als Jugendlicher in einer fortgeschrittenen Phantasie mit Daten aus den Büchern, als Erwachsener unter den physikalischen Aspekten, aber es blieb dennoch Phantasie. Nun also das erste Mal in der Realität und keine Phantasie kann die Realität toppen!"

Die Station kam immer näher und Marrum wurde wieder nachdenklicher.
„Hier waren wir schon einmal und hier sollte eine neue Hoffnung entstehen. Und die verschiedenen Gruppen auf Parmos begruben ihre eigene Hoffnung."

„Nicht ganz mein Freund! Es gibt noch euch und es gibt noch die 'Morgenblüte', auch dieser werden wir noch nachgehen!"

Ein Ruck ging durch Marrum und schon war er wieder mit der Realität eins.

Ich setzte zur Landung an.
„Du weißt Marrum, wir können dich nicht mitnehmen. Aber du kannst unsere Schritte hier auf diesem Bildschirm mitverfolgen, ebenso unser Gespräch. Ich lasse den Translator des Bordrechners aktiviert. Alles klar soweit?"
Marrum nickte und es kamen wieder Züge der Freude in sein Gesicht.
„Ich schalte die künstliche Gravitation aus, damit du das Gefühl für die Schwere auf Phero erhältst, ist dir das auch recht?"
„Absolut, Tamines. Absolut. Je mehr ich erfahre, desto mehr habe ich für die restlichen Jahre meines Lebens zu denken."

Günter stülpte seinen Raumhelm über und begann mit den Funktions- und Kommunikationschecks. Ich folgte seinem Beispiel, dann aktiviere ich die Innenschleuse. Langsam glitt sie auf und wir, Günter und ich begaben uns in den Zwischenraum. Die Innenschleuse glitt in die Verankerung und die Außenluke mit dem integrierten Antigravwafer schwang nach oben.
Das Feld transportierte uns sachte auf den Mondboden.
Günter ging voran, er wusste sicher den kürzesten Weg.
„Wir gehen durch die andere Schleuse, denn diese Mannschleuse hier wurde von Gabriella von innen abgedichtet."
Wie gesagt, Günter ging eben voran. Er öffnete den Heckfrachtraum und schaltete die Automatenlore aktiv. Sie folgte uns von nun an.
Die genannte Schleuse öffnete sich problemlos und wir waren bald im Inneren von Pherolomon. Immer noch herrschte hier eine künstliche Atmosphäre, sicher auch wegen dem Tank, der von der GAUSS stammte und selbsttätig Luft nachmischte. Das könnte in jedem Falle solange reichen, bis einmal eine feste Stammbesatzung zu dieser Mondstation beordert wird, wenn die Überlebenden einverstanden sein würden, natürlich!
„Wir nehmen diese Wendeltreppe. Dazu müssen wir das Minilabor aber tragen, Tamines!" „Kein Problem bei dieser geringen Schwerkraft. Aber ich kann doch den Raumhelm abnehmen, oder?"
„Abnehmen ja, aber sicherheitshalber solltest du ihn auf dem Rücken hängen lassen."
Auch Günter nahm den Helm ab, klappte ihn aber nur in die Schnellaktivierungsschiene am Kragen.

Bald waren wir in dem Virendepot. Der Transport des Minilabors hatte nur den Nachteil, diese relativ enge Wendeltreppe zu nehmen.
Die Kühlung tief im Mondboden funktionierte immer noch. Günter stellte das Minilabor auf einen Tisch und aktivierte es.
Anschließend holte er mit Hilfe eines dieser Scanreadpanels einen eingefrorenen Virenstamm aus der Tiefe und stellte das Gefäß in die hermetisch dichte Kammer des mitgebrachten Gerätes. Mit Hilfe von angeflanschten Handschuhen öffnete er die Virenurne und schaltete das Gerät auf optische Arbeitsfolge um. Es dauerte keine fünf Sekunden, da entnahm ein Hohlbohrer eine Probe aus der Urne und zog diese in die Sensoren- und Srahlungsanalysenröhre.
Nun hatten wir nur noch auf das Ergebnis zu warten.
Dieses dauerte im Allgemeinen bei einem Komplettscan und einer Komplettanalyse bis zu eineinhalb Stunden.

„Könnt ihr mich eigentlich verstehen, oder ist die Verbindung nur einseitig?"
Marrum fragte von der SHERLOCK aus.
„Natürlich können wir auch dich verstehen. Diese Art Sprechverbindung über elektromagnetische Wellen nennen wir Duplex."
Für die technischen Erklärungen zeichnete ich, denn das war einmal alles in meinen Studienfächern enthalten.
„Emanzipation, nicht wahr?" Günter grinste. „Ja, und zwar echte Emanzipation! Nicht nur so wie es manche Frauen gerne hätten, sondern Männerdomänen fein feminin zurechtgeschnitten."
„Oha! Nun sage ich lieber nichts mehr, ansonsten schneidest du mich auch noch feminin zurecht!"
Dieser Günter! Ich musste lauthals loslachen, es wirkte einfach zu komisch auf einem fremden Mond über die irdische Emanzipation zu sprechen.
Also schob ich mir einen Nahrungskonzentratriegel in den Mund und begann mich über den frischen Birnengeschmack zu freuen. Günter setzte sich halb auf die Tischkante und pendelte zuerst einmal zurecht. Er hätte fast zuviel Schwung genommen, was bei dieser Schwerkraft hier zu seltsamen Ergebnissen führen hätte können.

Nach einer Stunde und sechzehn Minuten war die Analyse fertig!
Günter studierte den Bildschirm des Minilabors und tastete sich noch durch mehrere Untermenüs.
Dann bestätigte er: „Diese Virenstämme sind mit Menschen unvereinbar. Sie wurden genau für die Parmosen ausgerichtet und können vielleicht vier bis fünf Wochen lebensfähig bleiben. Die Forscher hier haben eine

begrenzte Lebenszeit der Viren einprogrammiert. Interessant finde ich, ist auch die Tatsache, dass der Urvirus eigentlich nicht mehr vorhanden ist. Genau genommen können sich die Viren zwar fortpflanzen und unendlich vermehren, aber die Nachfolgeviren erhalten eine kürzere Gensequenz für die Existenzdauer. Damit ist sichergestellt, dass diese Viren nicht vielleicht doch einmal mutieren und `anderen Tätigkeiten´ nachgehen. Ich empfehle für alle Menschen, welche auf dieser Mission unterwegs sind, nach Ausschüttung dieser Viren, mindestens noch sechs Wochen auf Parmos zu bleiben, um auch keinen dieser Viren mehr mit nach Terra zu nehmen! Das dürfte in jedem Fall machbar sein."

„Einverstanden. Wenn wir das Missionsschiff `Morgenblüte´ besuchen, dann können doch diese Viren mitgenommen werden, oder?" Ich wusste nicht, wie hierzu eigentlich die moralische Frage aussieht.

Günter war nun folgender Meinung: „Das werden die Parmosen von Phattiui entscheiden müssen.

Fest steht nur, dass die Viren die Erbanlagen genetisch beeinflussen und auch schon Lebende, entschuldigt bitte den Ausdruck, nachrüsten. Der Hypothalamus wird schrumpfen und das Okkulthormon nicht mehr produzieren. Des Weiteren gehen die Geburten zurück. Die Regel könnte dann nur noch ein Nachkomme sein. Ausnahmen natürlich möglich, aber nicht mehr wie gehabt."

„Das wäre die perfekte Arbeit dieser Forscher gewesen. Etwas zu spät, oder?"

„Für diese Welt ja, aber für die Mission sicher nicht, wenn es auf diesem Generationenschiff noch Überlebende gibt und für unserer Freunde von Phattiui könnten diese Viren noch bessere Lebensumstände erschaffen, vielleicht sogar noch mehr. Ich sehe hier in der Analyse eine komplette Gensequenz für die Erbanlagenstabilisierung! Wird sicher nicht mehr bei jedem Mutanten wirken, aber wer weiß? Zehn Prozent? Fünf Prozent?"

Günter schaltete sein Minilabor auf Konservierung und Verankerung des eingebrachten Gefäßes, dann machten wir uns wieder auf den Rückweg.

In der Zentrale übernahm die Lore das Labor, wir klappten unsere Raumhelme nach vorne, sie arretierten sich und aktivierten die jeweilige Versorgung.

Die Mannschleuse funktionierte glücklicherweise ohne weitere Probleme, auch die Dichtungen hielten dem Innendruck der Station immer noch stand.

Marrum meldete sich noch einmal: „Ich hätte gerne etwas Mondstaub! Freund Günter, ist dies möglich?"

Günter lachte, was in der Übertragung per Raumhelm etwas dumpf, wie aus einem Eimer klang. „Ich habe noch ein paar Reagenzgläser einstecken. Damit kann ich dir diesen Wunsch in jedem Falle erfüllen." Der Mediziner bückte sich und füllte eines dieser Gläser und verschloss es mit einem selbstversiegelnden Vakuumstöpsel.
Im Anschluss lenkten wir die Lore wieder in den Heckfrachtraum und ließen uns vom Antigrav zurück an Bord bringen.
Nachdem wir uns wieder von den Raumhelmen befreit hatten, übergab Günter jenes Reagenzglas an Marrum, der es genau betrachtete und seltsamerweise küsste!
„Auf diesem Staub sind sicher schon einige meiner Ahnen herumgewandert. Staub eines anderen Himmelskörpers, Staub von einem Boden, wo es nie Krieg gab! Ich werde diesen Staub als Zeichen für künftigen Friedensboden mit nach Parmos nehmen."
Ich wusste, was er damit meinte.

Kurz darauf waren wir startbereit. Die meisten Aufgaben waren nun erledigt. Wir hatten die künstlichen oder veränderten Virenstämme an Bord. Günter bestätigte, was ich schon vermutet hatte:
„Es gäbe weitere fünfzehn Behälter von diesen Virenstämmen in der Stickstoffkühlung auf Phero. Die Forscher unter Admiral Norgal hätten sicher pro Kontinent einen Behälter ausgebracht. Nachdem aber nur noch eine Insel bewohnt ist, müsste dieser Stamm für eine Schnellinfektion vollkommen ausreichen."
Die Rückfahrt direkt nach Phattiui erfolgte fast ohne jegliches Gespräch. Marrum hielt sein Reagenzglas in der Hand, als hätte er pures Gold oder Diamanten zu sichern. Er hatte wässrige Augen, was bei der Größe seiner Augen bei ihm einen äußerst traurigen Eindruck erweckte.

Ich zog mit der SHERLOCK noch eine Runde über der Station Pherolomon, dann suchte der Sempex den idealen Punkt für einen Schritt nach Parmos. Die Wafer fuhren aus, eine kurze Unterbrechung der Schwerkraft trat ein, schon hatten wir wieder die mittlerweile friedlicher wirkende ehemalige Kriegswelt unter uns. Mit zunehmender Sinkfahrt stülpte sich der Horizont zu fast einer geraden Linie auf, bis wir wieder in das Tal einsanken und genau vor dem Ratsdom und neben der WATSON aufsetzten.
Nun konnten wieder beide Schleusen geöffnet werden und frische, wohlriechende Luft drang in das Fahrzeug. Die Sonne neigte sich bereits soweit über die Felsgrate, dass nur noch ein Teil davon zu sehen war.

Alle Ratsmitglieder und die Melder waren bereits am Ort und begrüßten 'ihren' Helden Marrum, welcher das Reagenzglas mit Mondstaub wie eine Trophäe hochhielt. „Stellt euch vor! Ich war auf Phero! Ich kann es fast selbst nicht glauben: Ich war auf Phero. Der Mond der friedlicheren Ahnen, der Mond der Forscher und derjenigen, die einen Friedensplan für Parmos ausgearbeitet hatte. Lassen wir die Arbeit unserer Forscherahnen nicht umsonst gewesen sein. Ich bitte dich Günter: Las diese Friedensviren frei! Vielleicht ist noch nicht alles zu spät, vielleicht steckt die große Hoffnung in den kleinen Dingen. Parmos wird sicher nie mehr so werden, wie diese Welt einmal war, und so soll Parmos auch nicht mehr werden."

Günter öffnete nun den Heckfrachtraum und orderte die Lore ins Freie.
Max stellte sich neben ihn und wollte das Ergebnis der Analyse wissen.
„Hier Max. Du kannst das Ergebnis abrufen. Zum einen dockt sich das Virus nur an eine parmoseneigene RNS an. Damit ist dieser Zweckvirus für uns Menschen absolut unschädlich. Um dennoch absolut sicher zu gehen, dass wir diesen Virus nicht nach Terra einschleppen und dieser sich dort, was ich zwar immer noch für unwahrscheinlich halte, mit anderen Viren zusammen mutieren könnte, sollten wir sicherheitshalber weitere fünf bis sechs Wochen auf Parmos bleiben. Dann stirbt dieser Kunstvirus nämlich. Das Ringgen verkürzt sich und gibt die Verkürzung als Zeitinformation weiter."
Josef Zelzer sah Günter etwas missmutig an. „Das mit den Viren ist so eine Sache, aber ihr werdet es schon wissen . . . „
„Also Marrum, es bedarf noch einer Abstimmung, ob wir nun diesen Behälter öffnen sollten oder nicht." Unser Doktor sah den Kleinwüchsigen in seinem Korsett sehr ernst an und dieser nickte.
„Alle Ratsmitglieder sind anwesend. Was dieses Thema betrifft, stand die Entscheidung eigentlich schon fest nicht wahr?"
Nacheinander nickten die Mitglieder des Ältestenrates und der Fühler, welcher seinen Kopf drehte, um mit der Kappenkamera die Reaktionen seiner Kollegen verfolgen zu können.
Es war deutlich zu erkennen, dass Scharam sein Blindenhemd bereits hervorragend beherrschte.

Marrum wandte sich nun zu Günter:
„Darf ich dich, mein guter Freund nun darum bitten, die Virenurne zu öffnen?"
„Ich hole sie aus dem Minilabor und überlasse dir die Ehre, sie zu öffnen, Marrum. Es sollte auch in eurer Verantwortung liegen, das Vermächtnis eures Volkes, eine Art Erbantritt auszuführen!"

Günter beließ das Minilabor auf der Lore und entsiegelte die hermetisch dichte Arbeitskammer. Es klappte die extrem dicke Haube auf und die Urne war sicher bereits kein Schutz mehr vor einer Kontaminierung, da schon eine Probe daraus entnommen wurde.

Die Urne selbst hatte einen Bajonettverschluss für eine Komplettöffnung, also winkte Günter Marrum heran und erklärte ihm den Mechanismus. Er brauchte nicht lange erklären, denn der Mutant zeigte sich wieder einmal als extrem intelligent. Binnen zehn Sekunden war das Gefäß offen und Frostnebel entwich dem Behälter.
„Ich bitte um eine schnelle Handlungsweise!", meinte Marrum und führte vor, wie er sich das gedacht hatte. Er wedelte sich etwas von dem Frostnebel in sein Gesicht und wischte sich anschließen über Nase und Mund, atmete dabei tief ein!
„Meine friedfertigen Ahnen, ich hoffe hiermit, dass sich euer Erfolg zumindest noch zu einem teil offenbaren wird."
Nacheinander traten die Räte an diese Urne heran und machten diese Geste des Ratssprechers nach. Günter warnte nur beiläufig: „Bitte nicht in das Gefäß selbst hineinfassen, es könnte noch sehr, sehr kalt im Zentrum sein."
Er wurde aber auch verstanden.
Auch die Melder traten heran und folgten dem Beispiel des Rates. Dann riss Marrum ein Leinentuch in Fetzen und tunkte die Streifen in dieses Behältnis. Er überreichte alle Stücke an die Melder und orderte sie an: „Nehmt davon und verteilt unser erhaltenes Erbe an unser kleingeschrumpftes Volk. Wischt einem Jeden einmal damit über das Gesicht, dann lasst diese Fetzen von Stoff in den Häusern aushängen.

Marrum wollte so schnell wie möglich eine Veränderung herbeirufen.
Josef Zelzer sah ängstlich auf diese Urne und auf diese Stofffetzen in den Händen der Meldeläufer.
„Ich glaube aber, dass mich so ein Virus schon erwischt hat! Ich fühle mich etwas flau im Magen, nein! Mein Magen verkrampft sich! Au, au!"
„Meinst du, dass du als einziger Mensch für diese Viren empfänglich bist?"
„ich glaube schon – mir ist schlecht – ich glaube, ich muss . . ."
Josef lief weg und suchte den Toilettenraum in der WATSON auf. Bis nach draußen hörte man seine akuten Probleme!
„Kann es sein, dass genau unser Josef auf so einen Virus reagiert, Günter?"
„Nein, nie! Aber Josef hat etwas hypochondrische Anwandlungen. Wenn überhaupt etwas in seinem Körper eine Magenverstimmung bei ihm ausmachen könnte, dann wären es die vielen Flusskrebse von gestern! Da war doch sicher einer dabei, der heute noch etwas zwicken kann!"

Das stellte ich mir wieder bildlich vor und so brach ich diese Momente der Anspannung mit einem Lachanfall.
„Genau! Ein Flusskrebschen von gestern! Genau das ist es!"
Alle warteten, ob sich nun etwas tut, aber dem war nicht so. Es blieb alles wie es war und die Melder waren unterwegs. Sie verteilten die Viren noch schneller, als sie sich ohnehin verteilt hätten.
Marrum stakste zu Günter und fragte: „Wie hoch ist die Möglichkeit, dass diese Viren nicht mehr wirken?"
Günter sah Marrum lächelnd an. „Die Viren hatten den Genomscanner zur Arbeit veranlasst und dieser gab eine Zusammenfassung heraus, welche die Aktivität der Viren unter Beweis stellte. Ihr müsst den Viren auch noch die Zeit lassen, an der richtigen Stelle anzudocken. Ich kann noch nicht sagen, wann exakt dies der Fall sein wird, aber ich bin mir sicher, dass diese kleinen Tierchen bereits sehr fleißig sind! Die Chance, dass die Viren faulenzen und nichts tun ist gleich Null!"

Marrum begann zu lächeln und es war ein etwas befreiteres Lächeln als die Versionen, die wir von ihm kannten.

„Wir sollten uns auf eine weitere Versammlung vorbereiten. Lasst schon mal Essen zubereiten!"
Dazu sollte aber erst einmal darauf gewartet werden, bis die ersten Melder zurückkamen.
Max öffnete alle Frachträume der Achtergondeln und entnahm den Rest an Nahrungsriegel und allen anderen Konserven.
Er nahm seine Armbandgerät an den Mund und rief Jonathan, welcher immer noch in dreißig Kilometer Höhe seinen Dienst absolvierte.
Er meldete sich nicht, dafür nahm Aretha das Gespräch an.
„Jonathan schläft, ich habe die Schicht übernommen. Nach einem Rundscan und Dopplerortung droht uns hier keinerlei Gefahr mehr, Max."
„Gut, ich wäre damit einverstanden, wenn ihr auch hier auf dem Domplatz landen würdet. Heute gibt es noch eine Versammlung und ich hoffe, dass ihr auch noch ausreichend Konzentratnahrung und Konserven an Bord habt. Wir bräuchten einen gewissen Vorrat für ein kleines Büffet."
„Verstanden, Chef!"
„Übrigens! Wir alle müssen nun noch mindestens fünf Wochen auf Parmos bleiben!"
„Wir wissen Bescheid. Wurde uns vom stellvertretenden Koordinator aus Barrica bereits gemeldet. Wir haben sich noch mindestens fünf Wochen Arbeit hier. Auch die Freundschaftsbande sollten nachhaltig gepflegt werden."

„So sollten wir diese Angelegenheit auch sehen. Also, ihr könnt landen!"
Fünfzehn Minuten später landete der SWACS, aufgrund seiner Größe näher am See und auf spärlichem, moosigem Gras. Der Slidetank passte leicht neben der WATSON noch auf das Vorhofpflaster.
Jonathan und Aretha wurden von den parmosischen Mutanten herzlich begrüßt. Natürlich wurde der SWACS und der Slidetank ausgiebig bewundert.

Wir nutzten die Zeit noch, um einmal zum See zu spazieren. Gabriella und Max, Silvana und Georg, Jonathan mit seiner Kollegin Aretha, sowie Günter, Tamiles und ich.

Dieser See hatte es in sich. Er lebte! Er lebte mehr und besser als alles andere auf dieser Welt. Nur die Meere hatten vielleicht noch etwas mehr an Artenvielfalt behalten. Die Erforschung der Meeresfauna sollte noch ein weiteres Kapitel unserer Gesamtmission sein. Schließlich und endlich hatten wir noch mindestens fünf Wochen an Zeit hier zu verbringen.

Das Wasser des Sees wirkte absolut rein. Max hielt einen Sensor in das Wasser und meinte: „Dieser See ist leicht alkalisch, außerdem messe ich noch Reste von Silberoxyd an. Durch die Stürze an den Felswänden nahm das Wasser gut Sauerstoff auf. Dennoch ist es Trinkwasser, welches auf Terra gerade noch durch die Behörden genehmigt würde. Hier ist also das letzte verbliebene Paradies von Parmos. Wenn die Anfangsstrahlung und das Fallout nicht gewesen wären, hätten wir hier Parmosen gefunden, welche eines Tages diese Welt wieder zu einer Blüte hätten bringen können. Inwieweit dies heute noch möglich ist, können wir noch nicht sagen. Wenn die Gensequenz der Viren mehr kann, als nur das Erbgut bezüglich der Mehrfachgeburten und des Hypothalamus zu beeinflussen, wer weiß, vielleicht haben wir dann doch noch ein Volk retten können?"

Ohne es zu bemerken, hatte sich Scharam genähert.
„Max, Günter, liebe, immer noch fremde Freunde. Ich kann es euch überhaupt nicht mitteilen, wie glücklich ihr mich und Hoorgas gemacht hattet. Entschuldigt, wenn ich eure Unterhaltung unterbrochen habe. Ich weiß, wie es um unser Volk oder um den Rest unseres Volkes bestellt ist. Wenn jemand eine Nachfolge auf dieser Welt antreten soll, dann zweifelsohne ihr! Soviel kann ich schon mal verraten. Wir hoffen natürlich auch, dass diese Viren mehr reparieren können, als verändern. Dennoch, wir leben heute und wir können alle bald besser leben. Ich habe sehr viel gewonnen, ich bin nun der wahre Fühler. Ich spüre die leichten Windwellen

der Seeoberfläche auf meiner Brust und kann das Haar von Gabriella wahrnehmen, wie es von den Lüften verspielt angehoben wird. Ich erkenne einen höheren Kontrast bei Tamines und Tamiles, was ich mit der dunkleren Hautfarbe in Einklang bringen kann. Wenn ich die Kamera in Richtung der Sonne stelle, dann bleibt meine Brust unberührt und frei. Ist dies bei euch Sehenden auch so, dass die Sonne von einem Druck befreien kann?"

Max sah mich an, Günter sah mich an, plötzlich sahen alle mich an und der Fühler wandte sich auch noch an mich!
Also gab ich nun einmal die Antwort, da ich mich mit dem Thema Sonne ohnehin mehr identifiziere, als manche andere.
„Man nennt mich ein Kind der Sonne, weil ich in einem Staat geboren wurde, wo die Sonne Terras großzügiger scheint, als in vielen anderen Gebieten dort. Wenn ich lange Zeit fern einer Sonne lebe, dann bildet sich sicher ein nicht spezifischer Druck in mir, welcher wieder weicht, wenn ich die Sonnenstrahlen auf der Haut spüren kann und wenn ich die Lichte eines schönen Tages vernehme. Sonne bereitet Glück, Sonne bereitet Wärme und die Sonne zu sehen ist ein Privileg. Wenn man etwas wie die Sonne wahrnehmen kann, egal ob mit den natürlichen Augen sehend Geborener oder mit einem hochsensiblen Tastsinn, die Sonne wird immer glücklich machen! Wie du schon sagtest, Scharam! Es weicht ein Druck und darin sind nun wir natürlich Sehenden und du als künstlich Sehender gleich. Wir sollten uns alle als Einheit sehen. Nicht als Terraner und Parmosen, auch nicht als Chorck und Oichoschen, sondern als unter Sonnen Geborene. Die biologischen Merkmale sind durchaus sehr ähnlich und könnten noch so weit zurückreichen, dass man auch noch eine hypothetische Verwandtschaft annehmen könnte. Das wäre ein Thema für dich und Marrum, was ihr denken könnt und auch fühlen. Gutes Fühlen beschränkt sich nicht nur auf die Tastsinne eines Körpers!"
„Du bist in den Jahren jung, aber weise, Tamines. Wie kommt dies?"
„Ich hatte ein sehr interessantes Leben bisher. Ich lernte und lerne immer noch. Ich experimentierte und experimentiere immer noch. Und ich bin dem Ruf des Kosmos gefolgt. Dies öffnet den Geist in einer Art, die vieles Weitere ermöglicht. Und ich denke nicht daran, den weiteren Rufen des Kosmos zu trotzen, ich lasse mich von ihm regelrecht verführen."

„Ich beneide euch. Ich beneide euch auch um eure Vorfahren, welche es noch schafften, dem Kriegstreiben ein Ende zu bereiten. Auf der eigenen Welt zu wüsten ist wie ein Selbstmord, wie ein Mord an der Zukunft und wie ein Mord an den Kindeskindern, welche schon Rechte haben bevor sie einen Namen bekommen. Ich fühle es, ja ich fühle es wirklich! Ihr habt den

richtigen Weg gefunden. Ihr seid für eine große Sache berufen. Ihr seid etwas, was der Kosmos haben will und unbedingt braucht. Oder besser: Ihr seid ein Teil des Kosmos, ein Organ, ein lebenswichtiges Organ."
Scharam stand da und wirkte traurig. Im gleichen Moment wirkte er aber fröhlich. Er konnte nicht weinen, da er keine Augen hatte. Er konnte keine volle Mimik vorführen und trotzdem hatte ich das Gefühl, als würde ich diesen weisen, augenlosen Mann schon eine Ewigkeit kennen. War er nicht ein Sinnbild für viele andere Lebewesen, welche nicht sehen können oder nicht hören? Oder Stumme und anderswie Behinderte. Fehlen uns nicht manchmal auch noch Sinne, um mehr zu begreifen, als wir in unserer Sinneszusammensetzung begreifen können. Sind wir nicht für vieles auch augenlos?
Scharam der Fühler.
Scharam der Freund.
Scharam, der für Kleinigkeiten so Dankbare.

Ich ging zu ihm und umarmte ihn, was gar nicht so einfach war. Doch er bückte sich und nahm auch mich behutsam, drückte mich mit seinen langen Händen von meinem Rücken her an seine Brust.
„Dich kann ich auch ohne Hemd sehen und ich weiß, wie schön du bist. Deine Seele hinterlässt einen Abdruck, den ich mein Leben lang verteidigen werde."
„Du bist ein sehr lieber Mann, Scharam! Ich freue mich umso mehr, dich als Freund bezeichnen zu können. Auch ich werde dich nie mehr aus meiner Seele entlassen."
Dann weinte Scharam doch noch! Er schniefte durch die Nase und durch den Mund. Weinen äußerte sich bei dem Augenlosen mit erhöhtem Flüssigkeitsausstoß der Nasenschleimhäute.
Er wandte sich nun ab und stellte sich groß auf. Er streckte seinen Hals und stand auf den Zehen.
„Ich gelobe euch meine lebenslange Freundschaft und hoffe, euch etwas von dem zurückgeben zu können, was wir von euch bereits erhalten haben. Ich spreche einmal von mir und einmal von uns, denn dies macht keinen großen Unterschied. Meine Türen stehen euch immer offen und so wird es sich in diesem Tal herumsprechen und alle von uns werden meine Worte mit dem gleichen Stolz aussprechen. Ich weiß es und ich fühle es."

„Wir empfinden nicht weniger Stolz, diese Freundschaft bestätigen zu können. Auch wenn unsere Körper diesen Stolz nicht so deutlich ausdrücken können", meinte Max und reichte Scharam langsam die Hand.

Scharam konnte diese Geste bereits spüren und streckte Max seine Rechte entgegen. Diese so unterschiedlichen Lebewesen hatten einen Freundschaftsbund geschlossen, der auf alle Terraner übertragbar war, und natürlich auch auf alle Parmosen.

Silvana sah zum Himmel. „Gehen wir langsam zurück, Leute. Ich denke, dass die Versammlung einfach dann beginnt, wenn alle da sind. Außerdem wird es in diesem Tal ohnehin eher dunkel."

Wortlos, mit Scharam in der Mitte, wanderten wir zurück zum Ratsdom.
Die Türen standen offen und wir traten ein.
Das Büffet war schon angerichtet, es war aber nicht mehr so üppig wie am Vortag. Zum einen bedeutete dies sicher auch, dass nicht mehr so viele Nahrungsmittel vorhanden waren, zum anderen rechneten die Talmutanten sicher auch mit einer Ergänzung des Büffet mit Vorräten aus unseren Fahrzeugen.
Max forderte Jonathan auf, die `James Brown´ und den Slider zu plündern.
„Alles?" Wollte Jonathan wissen.
„Alles, bis auf eine Eintagesration für die Rückreise nach Barrica." So die Bestätigung.
Nun schleppten wir weitere Schachteln und Kisten heran und die Parmosen machten Augen, denn es gab unter anderem Dosenobst und Gemüse aus selbsterhitzenden Verpackungen. Weitere Konzentratriegel und –würfel sowie Fruchtsäfte. Dauerbrot oder Pumpernickel weckte ein besonderes Interesse, dauerkonservierte Margarine und Marmelade sowie Leberpastete würden sich wohl keiner langen Lebensdauer mehr erfreuen können.
Gabriella zeigte die Zubereitung von einfachen Schnitten und nun begann ein Festmahl für die Mutanten. Auch die Melder bekamen reichlich ab und die Begeisterung stieg.

Irgendwie wirkten die Mutanten etwas anders als gestern.
Sie waren fröhlich, ausgelassen und trotzdem sachlich, als schienen sie innere Ängste verloren zu haben!
Noch konnte ich nicht genau sagen, warum ich dieses Gefühl hatte.
Josef Zelzer stand auf und suchte auf dem Büffet nach diesen kleinen Flusskrebsen. Er wurde fündig und brachte einen Teller voll mit zum Tisch.
Max schaute ihn an, als er den ersten Krebs aussaugen wollte, dann fragte er: „Schau dir diese Viecher erst an, bevor du sie verzehrst!"
„Warum denn das?" Josef wundert sich.
„Nicht dass dich morgen wieder einer von innen am Magen zwickt!"

„Ach, was, ich hatte nur eine leichte Verstimmung. Ich weiß nicht an, was es lag."

„Hmm. Ich denke, ich weiß es!"

Günter war schließlich der Fachmann.

„Und? Was denkst du?"

„Überdosierter Meldungszustand unterbewusster Verfahrensrekonstruktion mit Beeinflussung von Reizsynapsen des Magen-Darmbereiches."

„Und was soll das nun bedeuten?"

„Als du gesehen hattest, dass die Virenurne geöffnet wurde, hat sich dein Unterbewusstsein sofort auf `Erkrankung´ eingestellt und deinen Magen angesprochen. Personen, die so reagieren nennt man `Hypochonder´, weißt du?"

„Ach was! Ich bin doch kein Hypochonder! Ein Hypochonder bildet sich ja Krankheiten nur ein, ich habe mir nichts eingebildet, mir war wirklich schlecht!"

„Aber nur weil du dir was eingebildet hast! Es gibt sogar Hypochonder, die bekommen einen Hautausschlag, wenn jemand von Quallen erzählt! Es soll sogar schon welche gegeben haben, die haben sich die Haut verbrannt, weil jemand von einem Feuer erzählt hatte!"

„Ich doch nicht!"

Nun setzte Günter noch einen drauf: „Du? Ich habe gestern diese Krebse analysiert und festgestellt, dass sie unheimlich viel von einem Alkaloid enthalten. Ein Alkaloid wie das Capsaicin des Cayennepfeffers! Da musst du aber aufpassen, denn wenn du davon zuviel isst, dann bekommst du Pusteln wie ein Teenie, die Jucken anschließend furchtbar und brauchen einige Tage, bis sie wieder vergehen!"

Josef kaute noch auf einem der Krebse herum, schluckte den Rest noch hinunter, dann kratzte er sich plötzlich am rechten Unterarm. Es dauerte nicht lange und er kratzte sich am Hals und auf der Brust.

„Die Wangen, Josef! Warum sind denn deine Wangen so rot? Wie viele dieser Krebschen hattest du denn gestern in etwa verdrückt?"

„Gute drei Dutzend!"

„Oh! Das war eindeutig zuviel! Aber mach dir nichts draus. IN drei Tagen ist das wieder vergessen."

„Oh je. Oh, oh, oh! Wie das juckt! Ich habe zuviel Krebse gegessen!"

Josef stand auf und lief hinaus um der Hygienezelle der WATSON wieder einen Besuch abzustatten.

Max fragte Günter: „Hast du wirklich pflanzliches Capsaicin oder etwas Äquivalentes in diesen Krebsen festgestellt? Die waren doch gar nicht so scharf. Außerdem! Wie käme Capsaicin in diese Krebse? Mit Nahrung?"

„Nein, ich habe nichts feststellen können! Die Krebse sind mindestens so gesund wie terranische Flusskrebse und haben einen hohen Eiweißgehalt. Überhaupt nicht scharf!"
„Warum erzählst du dann so was dem Josef?"
„Des Rätsels Auflösung gibt es dann in der nächsten Ausgabe, nächste Woche – hahahaha!"

Nach einer Weile kam Josef wieder. „Bin ich noch rot im Gesicht?"
„Hast du die Pusteln nicht gesehen?"
„Nein! Sind sie jetzt durchgebrochen?" Josef sah Günter entsetzt an. „Was kann ich machen?"
„Ich habe eine Creme, die vermindert die Pustelbildung schlagartig. Ja du könntest sogar weiter Krebse essen, ohne dass es noch was ausmacht."
„Wirklich?"
„Ja, doch. Hier nimm und reibe diese Creme dünn und fest ein. Dann bist du sogar gewissermaßen immun!"

Josef rieb sich das Gesicht und den hals ein. Er meinte: „Das ist eine gute Creme, Günter, ich spüre es. Danke."
„Keine Ursache!"
Dennoch aß Josef keine Krebse mehr. Er nahm sich von den Säften und von der Pastete, etwas Pumpernickel und war mit sich und seiner Welt wieder zufrieden.

Ich neigte mich zu Günter hinüber und fragte ihn: „Was hast du denn dem Josef für eine tolle Creme verschrieben? Die wirkte ja wirklich blitzschnell!"
„Ein kleines Döschen Margarine, von dem ich das Etikett abgezogen hatte!"

Das war es nun aber für mich. Ich musste mich halten, um nicht lauthals loszubrüllen vor Lachen. Nun hatte Günter aber bewiesen, dass Josef leichte hypochondrische Anwandlungen hatte.

Mittlerweile hatten alle Parmosen wieder ihren Platz eingenommen und Marrum wollte ein Abstimmungsergebnis bekannt geben:

„Liebe Freunde von zwei Welten, also die Terraner und wir Parmosen.
Von Seiten der Terraner kam der mündliche Antrag, eine dauerhafte Operationsbasis auf Parmos einrichten zu dürfen.
Außerdem sollten wir darüber abstimmen, ob die Terraner beziehungsweise Mitglieder des CET, was Kosmisches Imperium von Terra bedeutet, auch

die Station von Phero nutzen, ausbauen, umstrukturieren und bewohnen dürfen. Wir haben natürlich ein einstimmiges Ergebnis erwartet und so ist es auch eingetreten.

Durch die Terraner haben wir erst einmal von unserem Schicksal genauer erfahren, von den Hintergründen und von den Ursachen des Krieges, welcher Parmos zerstörte und uns nachhaltig schädigte. Des Weiteren hatten sich die Terraner auch um Schwergeschädigte wie Hoorgas vorbehaltlos gekümmert, ohne vorläufig eine Gegenleistung zu erwarten. Solche Taten haben aber natürlich eine Gegenleistung verdient.

Weiterhin können wir uns aber auch keinen besseren Schutz weiterhin für Parmos erwarten, als mit dem Aspekt, diesem Imperium hier eine Filiale oder eine Basis zu bieten.

Darum möchte ich gleich einmal unser Abstimmungsergebnis bekannt geben, allerdings haben wir ein paar Auflagen angehängt!

Das Abstimmungsergebnis ist eindeutig und zu einhundert Prozent Ja!

Nun zu den Auflagen:

Solange es Parmosen auf unserer Welt gibt, möchten wir eine gewisse Grundversorgung garantiert wissen. Wie bereits erwähnt, Tierimporte, Pflanzen und Nahrungspflanzen für den Anbau, ebenfalls wie erwähnt, die Aktivierung von einem oder mehreren Kraftwerken und eine Energieversorgung, Haushaltsgeräte – alles in Allem eine Grundausstattung – keine Dauerversorgung! Wir wollen selbst arbeiten und uns auch so gut es eben geht, nützlich machen.

Damit komme ich zu Punkt zwei!

Wir Parmosen stellen den Antrag auf Mitgliedschaft im CET, zumindest so lange es uns noch gibt. Wenn wir auf natürliche Weise aussterben, dann geht das parmosische Vermächtnis an Terra über.

Des Weiteren stellen wir den Antrag, wenn möglich ein Treffen mit der Mission ´Morgenblüte´ zu organisieren. Vielleicht wird es möglich sein, damit auch das Volk der Parmosen zu retten. Die Ausnahme soll folgendermaßen begründet sein: Falls die Parmosen der Mission nicht mehr zu Heimatwelt zurückkehren wollen, erbitten wir eine Hilfestellung für sie, dorthin zu gelangen, wohin sie unterwegs sind, falls es dort die Möglichkeit einer Ansiedelung gibt.

Von allen besprochenen Punkten bleibt jedoch der Punkt betreffend einer Mitgliedschaft im CET der von uns als der grundsätzlich definierte. Bitteschön Max!"

Max räusperte sich. Dieses Mal saß Jonathan neben ihm.

„Ich kann die eingangs besprochenen Punkte bereits garantieren. Die Beobachtung und die Kontaktaufnahme mit der Mission ist ohnehin bereits beschlossene Sache. Eine Mitgliedschaft im CET ist möglich, jedoch aufgrund der Minimalpopulation auf Parmos gibt es keine Stimmrechte! Ich vergleiche diese Angelegenheit nur einmal mit dem Volk der Chorck. Zwei Chorck haben sich zum CET bekannt und gelten als Mitglieder, sie haben ein Stimmrecht mit der Wertigkeit Null. Das bedeutet, sie können jederzeit Anregungen und Ideen einbringen, aber aufgrund der geringen Anzahl kann keine Stimmwertigkeit ausgegeben werden. Ich bitte, diesen Punkt noch zu überarbeiten und gegebenenfalls neu abzustimmen!"

Marrum wandte sich zum Fühler, dann nach und nach zu den anderen Mitgliedern des Rates, dann kam die Gegenfrage:
„Ab wie viel Individuen kann mit der Aktivierung des Stimmrechtes gerechnet werden?"
„Ich sehe mich zum ersten Mal in einer Situation, in der eine diesartige Frage gestellt wird. Dennoch kann ich sie beantworten, denn es gibt ein Mitgliedsvolk mit geringerer Population als Terra. Dadurch kann ich nun auch eine Zahl nennen, außerdem habe ich ausreichend Vollmachten um mich zu rechtfertigen. Ich nenne nun eine Zahl, die momentanen Gegebenheiten entspricht. Zweihundertundfünfzig Millionen für eine einfache Mitgliedschaft."
Marrum wandte sich wieder zuerst zum Fühler und im Anschluss zu den anderen Räten. Sie schäkerten bereits und wirkten so etwas von gelöst, als hätte sie jemand von einer uralten Last befreit.
Dann kam wieder das Ergebnis ohne lange Diskussionen und ohne jegliche Bürokratie.
„Wir sind einverstanden! Gilt es, das Volk von uns Parmosen mit Hilfe der 'Morgenblüte' zu retten und ist dies möglich, dann bekommen wir eines Tages oder besser gesagt, einige Generationen später die volle Mitgliedschaft, ist mit keinem Ergebnis diesbezüglich zu rechnen, dann geht unser Erbe ohnehin auf die Terraner über. Des Weiteren haben wir auch ausreichend Vertrauen bekommen und wir teilen dieses so, dass eine Zusammenarbeit mit dem CET nur fruchtbar sein kann. Ich kann davon ausgehen, dass eure Maschinen schriftliche Ausfertigungen von dem Gesagten anfertigen können. Auch in unserer Sprache."

„Dies ist mittlerweile ohne größere Probleme möglich." Max wirkte ernster.
„Dann möchte ich euch vorläufig schon einmal als Mitglieder im CET herzlich willkommen heißen!"
Damit klatschten wir Terraner einen kleinen Applaus und die Parmosen stimmten anfangs zögerlich, dann aber immer stärker mit ein.

Die Stimmung wurde ausgelassener und wie ich schon feststellen musste, wirkten die Parmosen verändert! Irgendwie fühlten sie sich freier, unbelasteter und konnten so richtig drauflos lachen! Genau! Das war es! Sie hatten ein wesentlich natürlicheres Lachen bekommen.

Marrum stand auf und ging zu unserer Seite des großen Tisches mit der aluminiumähnlichen Einfassung.

„Max und alle Freunde aus der Fremde. Ich habe eine Feststellung zu machen und diese möchte ich euch nun mitteilen.
Der Fühler war der Erste, der es bemerkte:
Diese Viren haben uns scheinbar nach dem Programm unserer Ahnen befallen und wir können eine Veränderung registrieren. Unsere innersten Ängste, das Richtige zu glauben oder etwas Falsches, ist abgefallen. Wir spüren eine neue seelische Freiheit, ein neues positives Denken und wir spüren noch etwas! Wir spüren kollektiv den Wunsch nach Frieden und Ruhe und einer gewissen Sicherheit. Die Melder holen bereits Meinungen von den Talbewohnern ein und alle lauten ähnlich. Manche brauchen etwas länger, manche reagieren sehr schnell. Ich weiß nur noch nicht, ob diese Entwicklung nun bereits vollkommen abgeschlossen ist, oder ob sich dieses neue Gefühl, dieses Unbeschreibliche noch weiter verfestigen wird. Jedoch haben mit eurer Hilfe unsere Ahnen noch ein kleines Wunder vollbracht, wenn es auch nicht mehr zu dem Zeitpunkt eingetreten war, als es noch mehr zu retten galt. Doch sind wir der Meinung, es ist noch nicht vollkommen zu spät."

Max fragte Günter: „Und, hochgelobter Medizinmann, was meinst du? Ist es möglich, dass diese Viren oder diese Informationsträger bereits soviel von ihren Arbeiten ausführen haben können, dass die parmosischen Freunde bereits diese Wirkung feststellen können?"
„Ich gehe davon aus, dass diese Forscher von Phero gewissermaßen ein hoch aggressives Virenmuster als Träger für die Informationen verwendet hatten. Es ging ja auch schließlich um einen Wettlauf mit der Zeit. Hat eine Sequenz einmal angedockt und konnte sich in das Genom einreihen, dann kopieren sich diese Informationen programmgemäß durch die Schlüsselzonen und können schon nach drei, vier oder vielleicht bis nach sieben Stunden Wirkung zeigen. Die volle Wirkung dürfte dennoch ein paar Tage brauchen, aber die erkennbaren Effekte eher, da sich nun ja gewissermaßen ein Hormonmangel gebildet hatte.
Ich möchte noch darauf hinweisen Marrum, dass es durchaus sein kann, dass ihr nach vielleicht einer Woche noch mal in ein Stadium kommt, wo

sich dieser Hormonmangel in Form von Depressionen äußern. Aber keine Angst! Bereitet euch darauf vor, denn wenn diese dann einmal abgeklungen sind, dann habt ihr es auch psychisch geschafft!"

„Ich danke für diesen Hinweis und bin sicher, wir schaffen dies, wir schaffen auch weiteres und wir werden Neues schaffen.
Eine Frage noch: Wie und wann werdet ihr zu dem Missionsschiff aufbrechen?"

Dafür war nur unser Koordinator zuständig. Max erklärte:
„Wir hatten diese Suche nach dem Generationenschiff bereits einmal zurückgestellt, weil Tamiles euch hier, also Überlebende von Parmos entdeckt hatte. Planetenüberlebende gingen nun mal für uns vor, weil wir nicht wussten, wie lebensfeindlich oder lebensfreundlich eure Umweltbedingungen hier waren. Im Gegensatz dazu konnte die Suche nach diesem Schiff zurückgestellt werden, denn ein Schiff welches schon zweihundertneunzig Jahre, also terranische Jahre – lass mal schätzen – es müssten rund vierhundertsiebzig eurer Jahre sein, unterwegs ist, ist entweder schon gescheitert, oder hält noch einige Zeit durch, vielleicht natürlich mit Missionsabschluss. Nach so einer Einschätzung mussten wir nach eurer Entdeckung logischerweise die Mission `Morgenblüte´ erst einmal unangetastet lassen. Verstehst du, mein Freund?"
„Vollkommen, Max. Ich würde dich dennoch bitten, nun an die `Morgenblüte´ zu denken."
„Nein, Marrum!" Max lachte und strahlte seinen Mutantenfreund an. „Heute denke ich nicht mehr daran, aber gleich morgen früh! Heute wollten wir auf den Erfolg von euren Ahnen und auf eure Ahnen – und auf euch als neue Mitgliedsanwärter – es fehlt ja noch die offizielle Bestätigung von Terra – anstoßen. Eine kleine Feierlichkeit, die wir so ausgelassen genießen werden, dass wir morgen wieder neue Energie und neuen Tatendrang verspüren werden. Wir werden der `Morgenblüte´ nachgehen, aber heute kein Wort mehr darüber, einverstanden?"
„Na klar, Max! So stark wollte ich nun auch wieder nicht drängen, dass du sofort starten solltest. Es stimmt! Fast fünfhundert Jahre – da kommt es auf einen oder zwei Tage nicht mehr an. Was hattest du da gestern für einen Wein?"
„Ich hatte nur ein Gläschen von unserem `Vinho do Fogo´ getrunken um heute klar zu sein. Der Rest war Wein fast ohne Alkohol. Weißt du, Alkohol in Maßen ist gesund!"
„Dann trinken wir so ein Gläschen von deinem Lieblingswein? Lädst du mich dazu ein? Ich verspüre eine brennende Neugier, viel von euch

Terranern zu erfahren. Die Kultur, die Technik, eure Wünsche eure Pläne, eure Sehnsüchte und natürlich auch eure Vergangenheit und eure Fehler."
„Wenn du von unseren Fehlern lernen möchtest, dann hast du dir eine Lebensaufgabe vorgenommen. Fehler gab es zuhauf in der terranischen Vergangenheit, darum konzentriere ich mich mit meinen Handlungsweisen immer auf die Möglichkeiten, die alternativ kommen könnten, um weitere Fehler möglichst zu vermeiden. Es gelingt nicht immer, aber die Ansätze wurden besser."
„Verstehe!"
Ich stand auf und holte für Marrum und Max eine Flasche roten Wein von den Kapverden, auch zwei Gläser. Günter und Josef lamentierten: „Tamines! Und wir? Wir wollen mit unserem Freund Marrum ebenfalls auf eine gemeinsame, positive Zukunft anstoßen!"
Also holte ich noch drei Gläser und stellte sie auf dem Tisch auf.
„Drei weitere Gläser? Wir sind doch nur zwei?"
„Glaubt ihr denn, ich bin plötzlich zur Antialkoholikerin geworden? Bei so einem Ereignis wie heute? Pass nur auf, Josef, der Rotwein von dem kapverdischen Archipel fördert Akne! Da ist auch viel Capsaicin enthalten!"
„Was? Wirklich? Na dann trinke ich lieber etwas anderes – äh, nein – Günter hat so eine tolle Creme, die benütze ich sicherheitshalber vorher, dann wird schon nichts passieren."
Er sagte es und wollte den Deckel der Creme öffnen. Dabei stieß er die Dose um und es kam ein Aufdruck am Boden zum Vorschein. „Was soll das denn? Agricultura do Brasil. Margarina com Sal, valido ate 2099, SAC und eine Menge an Nummern? Margarina? Das ist doch nur Margarine, oder? Günter!!!"
„Wusstest du das nicht, Josef? Margarine mit Salz hat schon immer gegen Hautausschläge geholfen. Ein altes Hausrezept von meiner Oma. Am besten hilft sie natürlich, wenn die Ausschläge nur eingebildet sind!"

„Günter, Günter!" Josef sah auf sein Glas, welches ich gerade füllte, er hob es an und hielt es vor das Licht einer dieser Vieldochtkerzen, welche die Melder bereits angezündet hatten.

„Marrum mein Freund, lass uns anstoßen. Ich wünsche euch den ganzen Frieden und ein so schönes Leben wie es nur möglich ist." Marrum nahm sein Glas und wartete noch auf Günter, Max und mich. Dann meinte er: „Prost! So heißt es doch bei euch, oder?"
„Genau!", bestätigte Max und hob sein Glas, stieß es leicht an das von Marrum, wir ließen es untereinander noch mal klingen und Josef sog den

Inhalt vollkommen leer. „Und wenn ich jetzt Pusteln bekomme, dann reibe ich mich mit der restlichen Margarine ein. Soll doch helfen, sagte deine Oma, nicht wahr Günter?" „Worauf du ein Monatsgehalt wetten kannst!" Auch Günter begeisterte sich über den Wein und Marrum sank auf einen Stuhl und machte den Eindruck eines glücklichen Kindes. Seine harten Mundwinkel verrieten etwas Weiches, aber Zielgerichtetes. Er hatte neuen Lebensmut erfahren und die inneren Ängste sollten seiner Vergangenheit angehören. Nicht nur seiner, der Vergangenheit des parmosischen Volkes.

Der Ältestenrat kicherte fröhlich, sie befanden sich in einer neuen kurzen Jugend, freier und befreiter als jemals zuvor. Die Melder trugen einiges an Lebensmitteln nach draußen, das gemeine Volk durfte anscheinend nicht in den Ratsdom eintreten, wollte aber auch von den neuen Lebensmitteln kosten.
Die Feier dauerte bis nach Mitternacht, parmosische Mitternacht! Es war alles viel zu schnell und keiner von uns fühlte sich müde, als ich an die bevorstehenden Aufgaben erinnerte. Genau genommen erinnerte zuerst Max daran, vergaß seine eigene Erinnerung aber wieder, dann erinnerte Gabriella ihren Max und schließlich hatte ich mich durchgerungen, noch einmal zu erinnern. Nun löste sich diese Gruppe aber langsam auf.
Wir suchten unsere Schiffe auf, Jonathan seinen SWACS und Aretha den Slidetank.

Eine weitere kurze Nacht für uns hier im Tal der Mutanten.

Am Morgen räumten wir unsere Habseligkeiten zusammen.
Der Chronometer zeigte die TErrazeit und es war der 28. 05. 2095.
Max installierte eine Funkanlage mit Solarbatterien im Ratsdom, damit die neuen Mitglieder des CET auch im Falle eines Falles mit der noch vorläufig provisorischen Basis in Kontakt treten könnten. Die Einweisung dazu erhielt Marrum.
Doch wurde daran gedacht, ohnehin einen Technikerstab von Barrica abzukommandieren, um hier erst einmal bessere Lebensverhältnisse zu schaffen. Dazu gehörte die Aktivierung von einem Wasserkraftwerk im Osten der Insel, welches infolge der zunehmenden Regenfälle wieder Energie liefern könnte. Auch an weitere Lebensmittellieferungen wurde gedacht, natürlich auch an die Aufforstung und Bepflanzung.
„Da sprichst du mit deinen Landesgenossen, Tamines! Diese haben sich in den letzten Jahren als die Spezialisten für diese Angelegenheiten herauskristallisiert."

Nun, Max war der Chefkoordinator! Außerdem erfüllte mich diese Äußerung doch auch mit etwas Stolz.

Der Abschied war kurz und schmerzlos. Sicher auch, weil wir doch noch mindestens einmal hierher zurückkommen sollten. Auch falls die Nachkommen der Parmosen in dem Generationenschiff ihre Heimatwelt wider erwarten doch noch einmal sehen können, wenn sie sich dazu entschließen sollten.

Marrum kam noch einmal zu mir, als ich schon im Begriff war, in meine SHERLOCK zu steigen. Er drückte mich an seine Brust und meinte: „Du bist etwas ganz Besonderes, wie ich feststellen konnte. Und! Tamines, du bist eine sehr, sehr schöne Frau. Ich hatte nun Gelegenheit zu lernen, was in den Augen und in den Gefühlen der terranischen Männer abläuft."
Hierbei behinderten ihn allerdings die Aktivstreben des Korsetts, welche seinen Kopf unterstützten.
„Danke Marrum. Du bist ein wirklicher Freund. Wir werden uns bald wieder sehen!" „Nichts wünsche ich mir sehnlicher als dies! Eine gute und erfolgreich Mission, wünsche ich euch."
„Danke!"
Ich winkte ihm zu, dann kamen Tamiles, Günter und Josef zu mir in das Achterschiff.

Ich sah nach draußen und erkannte gerade noch wie etwas blitzschnell angewetzt kam! Es war Hoorgas! Der Mutant, beherrschte seine Prothesen dermaßen gut mittlerweile und er wollte es sich nicht nehmen lassen, uns zu verabschieden.
Gabriella, welche noch nicht eingestiegen war, gab ihm einen Kuss auf seinen haarlosen Kopf und Hoorgas wirkte direkt verlegen.
 Er winkte und fuchtelte mit seinen Armprothesen, dann waren auch Silvana und Gabriella schon an Bord.
Der Ältestenrat stellte sich vor der Tür zum Ratsdom auf, die Melder bildeten ein Spalier links und rechts von unseren Fahrzeugen, dann gab Max das Startsignal. Zuerst aktivierte Jonathan das große SWACS, im Anschluss Aretha den Slidetank, nun war ich an der Reihe und sofort nach mir lenkte Max die WATSON hinterher.
Kurs Barrica! Eine neue Lagebesprechung und die Suche nach dem Generationenschiff der Parmosen.

Wie würde es wohl dort aussehen? Leben die Nachkommen noch? Wie viele mögen es wohl sein? Oder *noch* sein?

6. Kapitel
Morgenblüte und Blütenstaub.
Eine schnelle Aktion.

28. 05. 2095 mitteleuropäische Terrazeit 13.55 Uhr.
Bericht Gerard Laprone:

Hier auf Barrica, Parmos war nun schon wieder später Nachmittag.
Max hatte zu einem Briefing in der Koordinationszentrale geladen und ich musste dabei sein. Was hieß da musste? Ich wollte wieder einen interessanten Einsatz miterleben und hoffte, dass sich in dieser Richtung etwas tat.
Natürlich kam ich auch eher und bekam noch mit, dass Max und Georg gerade mit Bernhard Schramm und anderen Kollegen auf Terra über die Tachkomverbindungen und damit eingerichteten Umwegen sprachen.
Bernhard Schramm sprach in seinem eigenen logisch fundierten Ton von interessanten Neuigkeiten.
„ . . . haben die Chonorck es fertig gebracht, mit vielen neuen und kleineren Wandersatelliten eine komplette Nachricht an uns zu senden. Auch die Chonorck sind der festen Meinung, dass Terra und dieses von uns inszenierte demokratische Imperium Andromeda-Magellan seinen Sitz eben in der Kleinen Magellanschen Wolke hat. Trotzdem war es einfacher für die Rebellen, ihre Satelliten so auszurichten, dass es die meisten davon geschafft hatten, Fragmente von zusammensetzbaren Botschaften zu modulieren und diesen Botschaften eine gemeinsame Richtung zu geben. Die Richtung nach Magellan eben. Auch dieser Umstand half, diesen Satelliten ein längeres Leben zu garantieren, da sie auf diese Art und Weise von den Chorck oder von den Mitgliedern des Plejadenimperiums weniger angemessen, aufgefunden und zerstört werden konnten.

Die Botschaft enthält eine Bitte über eine künftige Zusammenarbeit und ein Treffen. Nun dieses Treffen ist aber nach wie vor schwierig zu organisieren, denn schließlich und endlich konnten die Chonorck ja keine Adresse mitteilen! Sie hätten im Handumdrehen die Integrationsflotte am Hals und damit das Ende jeglicher hart erkämpfter Freiheit. Zurzeit analysiere ich gerade alle der Trägerinformation aufgepfropften Daten, ob da nicht noch etwas Verstecktes dabei sein könnte, was uns einen Hinweis über einen Treffpunkt ermöglicht. Ihr habt nun ebenfalls Interessantes zu berichten,

wie ich eingangs vernehmen konnte. Ich bitte um Bericht und die Übermittlung von Daten."
Max sah auf das Hologramm mit dem Konterfei unseres Starlogikers Bernhard und wir wussten, dass diese Übertragung absolut abhörsicher war. Zum einen wurde der Kanal chiffriert und zum anderen über viele verschiedene Satelliten gelenkt um Terra zu erreichen. Dennoch war es immer wieder eine technische Meisterleistung, absolut keine Störung in der Bildqualität oder der Qualität der Sprach- und Datenübertragung zu erkennen.

„Bernhard. Parmos hat Überlebende! Ich möchte noch keinen Bildbericht übermitteln, denn auch unsere Nachforschungen sind noch nicht komplett. Nur eines: Die Überlebenden sind mutierte Parmosen, zum Teil äußerst bedauerliche Geschöpfe, denen wir zum Teil schon Linderung zukommen lassen konnten. Nachdem nun Parmos Eigentümer hat, hatten wir auch schon mit den Leuten dort gesprochen und sie stellten einen Antrag auf die Mitgliedschaft im CET. Ich habe aufgrund meiner Kompetenzen zugesagt, jedoch unter der Voraussetzung, dass eine Planetenpopulation mindestens zweihundertundfünfzig Millionen betragen muss, um die Votumsrechte zu genießen. Eine anwartschaftliche Mitgliedschaft ohne Votumsrechte ist ja ohnehin vollkommen freigestellt. Im Gegenzug bekommen wir die Genehmigung, auf Parmos eine Operationsbasis zu unterhalten und auch den Mond Phero zu besetzen und die Station dort zu nutzen. Nun steht der letzte Missionsteil noch aus. Wir suchen das Generationenschiff, welches die Parmosen siebenunddreißig unserer Jahre vor der Apokalypse auf den Weg geschickt hatten. Damit könnte es unter Umständen möglich sein, dass sich dieses Volk wieder zu einer neuen Blüte aufschwingt. Im Übrigen hatten wir bei unserer Teilmission auf dem Mond hier Programmviren entdeckt, welche schon für die Befriedung dieses Volkes gedacht waren, nur nicht mehr rechtzeitig zum Einsatz kamen. Wir haben mit den Viren bereits gearbeitet und den Überlebenden von der Insel Phattiui auf deren Wunsch hin den Echtversuch gestartet. Der Hypothalamus entwickelt sich zurück und die Ausgabe der Engelshormone wird so gut wie beendet. Hier auf Parmos wurden diese Hormone 'Okkulthormone' genannt.
Wie gesagt, der Sammelbericht geht aber bald an euch heraus. Doch das Ergebnis sage ich schon mal: „Die überlebenden Parmosen wurden nun fröhlicher, innerlich befreiter und müssen sich keinen Seelenängsten mehr stellen. Des Weiteren haben sie neue Sinne für die Logik entwickelt, sind grundsätzlich friedliebender geworden und wurden theoretisch auf Sologeburten reduziert. Letzteres ist aber noch nicht ganz klar, denn die meisten der Mutanten waren ohnehin schon unfruchtbar. Wir können

diesbezüglich nur abwarten, ob diese neuen eingeschleusten Reparaturgene dazu noch eine Änderung vornehmen."
Bernhard staunte nicht schlecht. „Was? Mehr Logik? Könntet ihr diesen Programmvirus nicht hier auf Terra einschleusen, sodass die Terraner endlich etwas logischer werden?"
„Nein! Günter hatte den Programmvirus analysiert. Er dockte bei den Erb- und Stammzellen des Menschen nicht an!"
„Das große Glück für die Terraner ist wieder einmal vorbeigezogen! Was mache ich noch inmitten dieser Basisunlogischen?"
„Sei halt einfach froh, dass dem so ist, lieber Freund Bernhard!"
„Wieso denn das?"
„Weil du nun inmitten all dieser Basisunlogischen gewissermaßen ein Star bist. Wenn wir Basisunlogischen nun alle so logisch wären wie du, dann wärst du auch nichts Besonderes mehr, oder?"
„Deine Unlogik birgt nun doch auch eine gewisse Logik!"
„Na siehst du. Das Thema Chonorck muss aber noch mindestens sechs Wochen warten!"
„Ich hatte mit vier bis fünf Wochen gerechnet. Warum nun sechs Wochen?"
„Weil Günter feststellen konnte, dass sich diese freigelassenen Viren selbst unterbrechen und in sechs Wochen davon keine mehr existieren werden. Es handelt sich nur um eine Sicherheitsmaßnahme, nicht dass sich dieser Virus nicht doch mit einem terranischen verbindet und neue Streiche ausheckt. Ich möchte nämlich auch manchmal nicht allzu logisch sein!"
Bernhard sah überrascht über das Hologramm.
„Macht, dass ihr eure Mission beendet und dass wir eine Operationsbasis dort errichten können. Ihr Basisunlogischen ihr! Fast nicht zu glauben, dass ihr eurem Dasein nicht mehr Sinn verpassen wollt! Es grenzt fast an Blasphemie, der wahren Logik nicht huldigen zu wollen!"
„Wir huldigen ja! Einen Moment, fertig. So, nun ist aber wieder genug der Huldigung! Wir sehen und hören uns bald wieder! Grüß mir die Erde und die Freunde!"
„Huldigung! Nicht mal eine Sekunde für die Logik! Ich werde die Hoffnung aufgeben, ja ich sehe die Menschheit verloren. Übertragungsende. Oberpfaffenhofen, Terra, 28. 05. 2095. Ach, Moment noch! Grüßt mir den Josef Zelzer! Er hat nämlich heute Geburtstag!"
„Du gratulierst zu solchen unlogischen Anlässen wie Geburtstage?"
„Jetzt aber! Bis zum nächsten Mal! Übertragungsende!"
Bernhard schaltete ab und es gab nur noch das Logo von Oberpfaffenhofen zu sehen, dieses blendete aber aus und nacheinander kamen die Logos der verschiedenen Satelliten durch, bis das Hologramm selbst erlosch.

„Was war mit mir? Wer hat über mich gesprochen?"
Josef kam gerade in den Container.
„Viele Grüße von Bernhard Schramm. Er wünscht dir alles Gute zum Geburtstag." Max sagte es, stand auf und ging Josef entgegen. Dabei reichte er ihm sofort die Hand. „Und wir wollen dem nicht nachstehen. Auch alles herzlich Gute zum Geburtstag, Josef!" Max schüttelte lange seine Hand. „Danke, danke. Das erste Mal in meinem Leben, dass ich auf einer anderen Welt Geburtstag feiere.
Tamines und Tamiles kamen herein, doch da wollte ich erst einmal in diese Reihe gehen und auch meinen Glückwunsch mitteilen.
„Auch von mir alles Gute, Josef. Wie alt bist du nun geworden?"
„Ach Gerard. In meinem Alter sollte man nicht mehr über die Jahreszählung reden." „Warum? Nun sag schon, wie alt bist du denn heute geworden?"
„Naja, wenn's denn sein muss. Siebenundvierzig harte Jahre."
„Harte Jahre? Mein Kompliment! Du siehst aber erst aus wie sechsundvierzig! Hast dich gut gehalten, mein Junge!" „Quatschkopf, französischer . . ."
„Josefi hat Geburtstag? Warum hast du das nicht schon auf Phattiui gesagt?" „Das wäre mich zu teuer gekommen, Tamines. Wir hätten einen Extra-Container anfordern müssen. Ich weiß nun nicht, ob ich schon soviel verdiente, um so zu übertreiben."
„Deine Übertreibung scheint rein verbaler Natur zu sein", folgerte Tamiles und drückte dem Jubilar auch die Hand. „Wo bleibt mein Geburtstagsbussi?", reklamierte der Kultursachverständige. Tamiles drückte ihm links und rechts einen dicken Kuss auf die Wange und Josef zeigte sein schönstes Grinsen seit wir auf Parmos sind. Nun auch noch Tamines. Auch dieses Mädchen, welches imstande war, meine Seele zu foltern, drückte ihm auch noch Küsse auf die Wangen. Schließlich ergatterte Josef noch ein schnelles Küsschen auf den Mund als er schnell reagierte und seine Lippen im richtigen Moment spitzte.
„So schön können Geburtstage auf anderen Welten sein. Hätte ich nicht gedacht!" Mit diesem Satz schien nun aber auch jegliche Zeremonie terminiert zu sein.
Mein Herz klopfte, da Tamines ihn immer noch anlächelte. Dieses Mädchen hatte es mir einfach angetan und ich wusste nicht, wie weit ich eigentlich schon mit ihr war. Einmal tranken wir Wein zusammen, aßen Croissants und sie küsste mich auf die Stirn und einmal auf den Mund. Hätte ich eine Zukunft mit ihr?" Oder war sie einfach zu klein und zu zierlich für so eine terranisch-französische Großausgabe wie mich?

Max unterbrach mich in meinen Gedanken.

„Wir sollten uns nun mit der `Morgenblüte´ befassen. Dem symbolhaften Sonnenaufgang der Parmosen, welche alles was gut ist mit einem Sonnenaufgang vergleichen. Wie weit sind die Berechnungen über den Standort der parmosischen Mission?"

Georg wusste mehr:
„Nach allen Daten, welche wir hier auf Parmos gefunden hatten und auch nach den Daten von Phero gehe ich davon aus, dass die `Morgenblüte´ in etwa vierzig Prozent der Strecke nach Mirium geschafft hat und momentan in fünfzehnprozentiger Lichtgeschwindigkeit unterwegs sein müsste. Das bedeutet für uns auch, wenn wir entsprechend nachbeschleunigen, sollten wir nicht allzu lange dieses Schiff begleiten, denn es käme bereits zu einer spürbaren Zeitdilatation. Nichts Krasses, aber immerhin. Zumindest spart sich die Besatzung des Generationenschiffes dabei etwas Zeit."
Max rief nun in die Runde:
„Da es sich um eine Reise mit Dilatationsrisiko handelt, möchte ich zuerst einmal wissen, wer sich für diesen Einsatz freiwillig meldet!"

Nachdem Tamines sofort die Hand hob, hob ich meine wie automatisch auch. Schließlich waren Max selbst, Silvana, Georg, Gabriella, Josef und Günter ebenfalls mit erhobener Hand im Raum. Tamiles nicht! Ich wusste warum. Ihr war alles etwas zuviel geworden, sie war immer noch ein bisschen zu soft und wollte erst einmal wieder ein paar Tage mit Ralph verbringen.
„Silvana und Georg, ich möchte aber doch, dass ihr beide die Koordinationszentrale übernehmt. Jemand muss schließlich den mittlerweile enormen Dateneingang leiten. Günter!"
„Ja, Max." „Wir brauchen die restlichen Viren. Hast du noch die kleine Probe im Minilabor?" „Ja, habe ich." „Nimm diese doch bitte mit zur `Morgenblüte´. Es kann nicht schaden, diesen Parmosen dort gleich mal etwas Friedensstimulator zu verabreichen. Damit kann es für uns nur noch sicherer werden."
„Verstehe. Nehme ich in einer Druckampulle mit. So wäre es auch möglich, diese Viren in das Klimasystem einzublasen."
„Sehr gute Idee! Wo ist Jonathan?"
„Hier!"
Jonathan kam gerade zur Tür herein. „Was gibt es?"
„Jonathan, wir brauchen etwa fünfzehn Mann des Militärs unter Waffen für diesen Einsatz. Wir werden unter leichter Dilatationsgefahr stehen und ich möchte nur Freiwillige mitnehmen."

„Dilatationsgefahr? Die einzige Gefahr dabei wäre doch nur, dass wir jünger zurückkommen, als wir wären, wenn wir bleiben würden?"
„Das ist schon richtig, aber ich möchte so eine subjektive Altersverschiebung nicht anordnen. Es bleibt also bei Freiwilligen!"
„Du nimmst selbst an der Mission teil?" Das wollte Jonathan unbedingt wissen. „Selbstverständlich, ich fühle mich für den Abschluss unseres Unternehmens verantwortlich." „Dann melde ich mich schon einmal."
„Nein, Jonathan. Du hattest erst einen Einsatz und sollst dich erst mal wieder ausruhen. Ich möchte einfach fünfzehn Männer aus deiner Truppe – Freiwillige." „Ich werde sie dir schicken. Wann soll es losgehen?"
„Gleich morgen Früh – parmosischer Morgen. Gerard, Du hattest dich doch gemeldet, oder?"
„Richtig, Max." „Dann mach' doch die DANTON klar, wir brauchen den Frachter. Außerdem brauchen wir die nicht mehr besetzten Passagierkabinen für den Fall, dass die Parmosen auf dem Schiff mit uns mitkommen wollen."
„Verstehe! Wird erledigt! Kann ich damit gleich beginnen?"
Max sah sich in der Runde um und fragte die Kollegen mit seinen Blicken. Georg war der Ansicht, dass ich schon anfangen kann, denn die Daten des Missionsschiffes sollten dann vom Zentralrechner her überspielt werden.
„Tamines! Du gehst mit der SHERLOCK in den Hangar der DANTON. Ich möchte die Sicherheit haben, ein Kurierschiff dabei zu wissen."
„Verstanden. Können wir, Gerard?"
„Wir können." Ich bestätigte und Tamines ging an meiner Seite zu unseren Schiffen.
„Ich freue mich, endlich wieder mit dir in einen Einsatz zu gehen, schönes Kind der brasilianischen Sonne."
„Ich freue mich auch, dich dabei zu haben, mein Wollknäuel." Sie boxte mir einen Hieb auf meine rechte Schulter und ich musste gestehen, dass dieses Mädchen durch ihre Capoeira-Schulungen einen Schlag drauf hatte, der sogar mir einen kleinen Schmerz verursachte.
„Ich warte, bis du deine Kabinen verstaut hast, dann komme ich in den vorderen Hangar, alles klar mein Teddybär?"
„Das mit dem Teddybär müssen wir noch einmal genauer besprechen. Am Besten mit Wein und Croissants!"
Tamines lachte übermütig und lief leichtfüßig in Richtung des Achterschiffes, der SHERLOCK.

Ich startete kurz die DANTON bis sie ruhig in ein paar Metern Höhe verharrte, dann entriegelte ich die Frachtmodule zwei und drei. Mit Antigravkränen steuerte ich die nicht benützten Passagierzellen in Modul

zwei und durch drei hindurch nach vier. Weiter befahl ich den Bordrechnern die Versorgungsleitungen zu den Passagierzellen zu aktivieren und wartete, bis die Anzeigen dafür auf Grün standen.
Also konnte ich die Module wieder koppeln lassen. Die DANTON setzte wieder auf der Ebene auf.
„Mach die Tür auf! Ich komme!"
Tamines meldete sich über Normalradio. Sie wirkte etwas übermütig heute. Also schaltete ich die Sensoren durch und gab den Befehl an den Bordrechner, den Hangar vom ersten Modul zu öffnen. Tamines bugsierte ihr Spionageraumschiff, mit dem sie bereits in den Plejaden bei den Chorck war, vorsichtig in die DANTON und verankerte es sachverständig.
Nun kam sie direkt zu mir in die Pilotenkanzel.

„Ich hätte gerne einen Café au Leit, und ein Nusscroissant, Herr Ober!"
„Zu ihren Diensten, Prinzessin."
Ich freute mich, dieses Mädchen wieder einmal in meiner Nähe zu haben und bestellte vom Server, was sie haben wollte.
Als ich ihr das wie frisch gebackene Croissant und den Kaffee überreichte, meinte sie: „Du bist so lieb, Gerard. Ich danke dir."
Ich wusste natürlich nicht so recht, wie sie ihre Aussagen meinte, denn auch ich hatte davon Wind bekommen, dass Tamines eigentlich auf Max steht. Doch nun holte ich mir auch erst einmal eine XXL-Tasse von starkem Kaffee und setzte mich neben diese südamerikanische Schönheit.

„Ich dachte mir sofort, wenn du mit auf den Dilatationseinsatz gehst, dann muss ich auch dabei sein, denn ich kann es nicht verantworten, dass du in Relation zu mir noch jünger wirst. Besser wäre es, ich würde gehen und du solltest dann auf mich warten, dann hätte ich vielleicht einmal mit einem Heiratsantrag eine Chance."
„Oh! Gerard. Ein Heiratsantrag? Ich meine, du und ich auf Dauer? Ich fühle mich wirklich geehrt, aber ich bin erst in letzter Zeit so abenteuerlustig geworden und ich bin ja auch die Agentin des CET, ich möchte und kann mich jetzt noch nicht dauerhaft binden."
„Darum wäre es auch gut, ich würde eine Dilatationsreise unternehmen, nach drei Wochen zurückkommen und für dich wären zehn Jahre vergangen. Wir würden uns besser ergänzen, oder?"
„Sicher nicht, Gerard. Das Alter ist kein Problem. Aber was soll ich in den zehn Jahren machen? Nur warten? Ich bitte dich, nehmen wir ein anderes Thema auf."
„Gut. Das Generationenschiff der Parmosen. Was erwartet uns dort?"

„Schwer zu sagen. Dort könnte alles möglich sein. Von Mord und Totschlag bis zur Überfüllung wegen mangelnder Geburtenkontrolle. Auch eine Degeneration sehe ich plausibel, wenn die Nachkommen sich beschweren, weil es die Eltern in den Kosmos trieb. Wir müssen dies erst einmal abwarten. Ich denke, Max befürchtet etwas, weil er fünfzehn von den Soldaten unter Waffen bestellte. So, Gerard. Ich werde an Bord bleiben, gehe aber zu meiner SHERLOCK. Ich danke dir für den Kaffe und das Croissant. Ich möchte morgen frisch und leistungsfähig sein."
„Das muss ich auch. Ich danke dir für deinen Besuch und bedaure es natürlich, dass du deine Nacht nicht in meiner Kajüte verbringen möchtest. Ich hätte mehr Platz und eine bessere Hygienezelle!"
„Das ist lieb von dir, Gerard. Aber ich muss mich auch innerlich etwas sammeln. Ich brauche etwas Abstand und sollte alleine bleiben. Ich danke dir trotzdem für das Angebot."
Sie tänzelte auf mich zu, stützte ihre Hände auf meine Schultern, sprang an mir hoch und drückte während dieses akrobatischen Aktes mir einen Kuss auf die Stirn. Schon sprang sie leichtfüßig wie eine Gazelle aus der Kommandozentrale und war blitzschnell wieder im Hangar und in ihrer SHERLOCK.
Ich liebte und ich hasste sie. Nach Kürzung aller Fakten musste ich gestehen, ich liebte sie.
Die Nacht war auf Parmos eingekehrt und ich ging somit auch zu Bett. Was soll ich denn hier warten? Zwar würde ich ein zeitcodiertes Schlafmittel einnahmen, weil mich dieses Mädchen wieder zu Seelenwallungen angeregt hatte, aber der Einsatz morgen war einfach wichtig, eigentlich der grobe Abschluss der Gesamtmission. Anschließend sollte es nur noch eine Aufgabenverteilung geben und neue Leute von Terra würden kommen, hier wieder etwas wie einen Wiederaufbau zu starten.
Eine Operationsbasis des CET und eine weitere Forschungsbasis auf Phero.

Ich sah mir noch eine nachgerechnete Reportagenaufzeichnung an, als Tamines in den Plejaden bei den Chorck spionierte. Sie hatte sich in 3D scannen lassen und nach ihren Berichten war dann diese Computerreportage entstanden. Ich nahm das Schlafmittel und wartete auf dessen Wirkung.
Ich bewunderte Tamines, diese süße Mädchen. Sie war wirklich wunderschön, einfach wunderschön . . .

„Ich bitte, in die DANTON eingelassen zu werden!"
Trotz des zeitcodierten Schlafmittels hatte ich verschlafen, zumindest dachte ich dies. Schnell erkannte ich das Datum nach Terrazeit.

Der 29. 05. 2095, die Uhrzeit beachtete ich nicht, denn mit der nun eingeblendeten Parmoszeit konnte ich noch nicht viel anfangen. Ich wusste nur, dass diese Zeitrechnung dezimal erfolgte. Man hatte sich nach den Aufzeichnungen der Parmosen gerichtet.

Es war die Stimme von Maximilian Rudolph, welche ich über die Interkommunikationsanlage zu hören bekam.
„Einen Moment Max! Entschuldige bitte, es dauert nur einen Moment."
„Es eilt noch nicht, Gerard! Ich bin auch etwas früher dran, aber ich möchte schon einmal ein paar Dinge an Bord bringen, wenn es gestattet ist. Wie viele Kajüten hat die DANTON eigentlich? Bin ich richtig informiert, wenn ich von sechs ausgehe?"
„Zwei doppelte und vier einzelne. Die Doppelkabinen hatte ich aber aufgeteilt somit kannst du von acht Kabinen ausgehen. Für dich und Gabriella stelle ich wieder eine doppelte Kabine her, damit bleiben weitere sechs, wenn ich meine wieder abziehe."
„Wo bleibt Tamines?"
„Sie bleibt auf der SHERLOCK." Fast wollte ich Max sagen, dass ich ihr ja bereits meine Kabine mit angeboten hätte, dazu hätte ich diese natürlich auch erweitern müssen.
„Ich gehe schnell in die Hygienezelle. Ich schalte den Antigrav aktiv. Kannst an Bord kommen, Max."

Bis ich fertig war, stand Max auch schon in der Kommandozentrale. Gabriella, Günter und Josef waren gerade im Kommen und schwebten den Antigravlift durch das komplette erste Modul empor.
Josef sah sich um. „Mann ist das geräumig hier!"
„Große Männer brauchen nun mal größere Räume!"
„Stimmt das, dass du vor lauter Lachen schon einmal den Pilotensitz ausgerissen hattest?" „Der war nicht richtig angeschraubt, da war was locker." Gabriella lachte lauthals los. „Da war doch noch was locker geworden, als wir das erste Mal die Gravitationswellen kennen lernten, oder?"
„Ach so. Ich dachte wirklich schon, dass er sich deiner Masse gebeugt hatte." Günter wollte jenes Thema mit diesem Satz abschließen.
„Na so schlimm ist es wohl mit meiner Masse nun auch wieder nicht!"
Max grinste in sich hinein. Er wusste von diesem Vorfall.

„Gerard, mach mal eine Eintrittsmöglichkeit für die Soldaten auf. Sie nehmen die ersten Passagierzellen ganz unten."

„Was haben die denn alles dabei?" „Raumanzüge mit Körperkraftverstärker und Handintervaller, Desintegratormesser und Dichtmatten um im Falle eines Falles die ˋMorgenblüte´ wieder druckfest zu machen."
„Können wir diese ˋMorgenblüte´ nicht einfach an Bord der DANTON nehmen?"
„Nein. Noch wissen wir nicht die genaue Größe, aber wenn sie mindestens so groß ist wie das Stationsshuttle, welches von Parmos nach Phero unterwegs war, dann passt es nicht in die DANTON. Vielleicht ein paar Außensegmente des Rades, aber auch das müssen wir erst einmal abwarten. Was hast du alles an Bord? Hast du noch die Schlauchschleuse vom Einsatz bei der Abholung des Chorckschiffes APOSTULA dabei?"
„Klar. Diese Schlauchschleuse gehört bei mir nun zur Grundausstattung."
„Gut. Schau ob die Männer Jonathans an Bord und in den Passagierkabinen sind. Dann können wir eigentlich schon starten. Schalte noch den Rechner auf Datendownlink."
„Mache ich." Ich erkannte, einen kurzen Datenstream von der Koordinationszentrale her, schon hatte der Sempex bestätigt, dass er Bezugskoordinaten bereits hält.
Max bediente noch sein Multifunktionsarmband. „Gruppe ˋBlütenstaub´, bitte melden!" „Hier Oberst Stephan Roger Gillan. Ich melde, alle Mann einsatzbereit an Bord, Sir!"
„OK, Sie müssen bei mir nicht so förmlich sein, Stephan!" „Ist gut, Sir."
„Tamines!" Max rief nach der Brasilianerin. „Ja, Max?" „Was ist, Kommst du auf die Brücke während der Fahrt oder möchtest du auf der SHERLOCK bleiben?"
„Ich komme! Bin schon unterwegs!"
Nur sechs oder sieben Minuten später war ˋmeine´ Brasilianerin auch schon auf der Brücke. Sie roch nach einfacher Seife und hatte noch feuchte Haare. Damit wirkten diese noch viel schwärzer als sie ohnehin schon waren. Tamines nahm links von mir Platz. Auf dem Raumfrachter waren immerhin schon mal fünf der Sitze in einer Frontreihe angebracht. Also hatte Max und Gabriella ihre Plätze rechts von mir und Günter nahm neben Tamines seinen Sitz eingenommen. Josef blieb an der Mittelkonsole auf seinem dieser Multifunktionssitze und schnallte sich bereits an.

„Dann kann es also losgehen!" Bestätigte ich.
„Schalte doch bitte noch eine Frontkamera für unsere Militärtruppe durch. Sie wollen etwas von außen sehen, Gerard."
„Klar." Ich befahl diese Sequenz dem Sempex und schon konnten auch die fünfzehn Männer verfolgen, wo wir uns jeweils befinden.

Dann hob die DANTON vom Boden ab. Obwohl ich diesen riesigen Frachter schon so oft gesteuert hatte, war es dennoch immer wieder ein Ereignis für mich. Nicht einmal die enorme Massenträgheit kam mit diesem Tachyonenwafer als Antrieb zum Tragen. Nur den Atmosphärenflug mussten wir langsamer angehen, als es bei den kleineren Schiffen der Fall zu sein hätte. Doch auch nach einer knappen Stunde waren wir im freien Weltraum und ich konnte die Fahrt weiter erhöhen. Fast zweitausend Kilometer über Parmos schaltete ich auf einen Relativstillstand. Der Sempex berechnete einen Schritt bis zu einem Punkt, wo dieses Generationenschiff sein könnte.

„Achtung! Die Pseudoschwerkraft wird zurückgefahren. Alles angeschnallt?" Ich hätte eigentlich nicht fragen müssen, denn ich sah die Anzeige der Kontrolltafeln und diese standen diesbezüglich auf Grün.

Die Brücke des Frachters schob sich in das erste Modul ein, sodass auch wir uns hinter dem Frontwafer befanden, dann initiierte der Sempex den Schritt. Die Weite soll demnach erst einmal null Komma acht Lichtjahre betragen. Damit wären wir noch vor den errechneten vierzig Prozent der Reisestrecke.

Die Brücke fuhr wieder automatisch aus und die Pseudoschwerkraft regelte sich wieder ein.

Wir waren in einem interstellaren Leerraum angekommen. Eigentlich waren wir nun auch wieder näher unserer Raumstation gekommen, doch diese war nicht Gegenstand dieser Teilmission.

Optisch würden wir dieses Generationenschiff sicherlich kaum finden. Ich wusste, was zu tun war und schaltete den Dopplerradar ein, der auch auf Tachyonenbasis funktionierte. Damit konnte eben auch überlichtschnell abgetastet werden. Dieser Dopplerradar funktionierte aber auch mit dem Frontantriebswafer und wegen dieser Größe für einen Frachter konnte auch genauer verfahren werden. Dieses System kam ja ohnehin automatisch vor jedem Schritt zum Einsatz um zu erkennen, ob nicht an den Ankunftskoordinaten irgendeine Materieansammlung dem Raumfahrzeug gefährlich werden könnte.

Ich ließ die Dopplerwelle ausdehnen, eine gewisse verschiebbare Fokussierungseinstellung sollte genauere Ergebnisse einbringen.

„Die nächsten 0,1 Lichtjahre ist nichts – die nächsten 0,2 Lichtjahre – nichts, die nächsten 0,3 Lichtjahre – nichts. Was sollen wir tun?"

Max meinte: „Bist du sicher, dass der Dopplerradar auch breit genug fächert? Nicht dass wir gewissermaßen das Schiff einfach übersehen! Sind wir in der richtigen Flugrichtung?"

„Wir zeigen direkt auf das Mirium-System, wenn du das meinst. Für die nächsten 0,3 Lichtjahre möchte ich mich direkt verbürgen, dass dieses Missionsschiff nicht zu finden sein wird."

„Gut. Dann programmieren wir einen Schritt für diese knappen 0,3 Lichtjahre in diese Richtung. Ich kann es fast nicht glauben, dass diese Parmosen schon so weit gekommen waren!"

„Ich schalte eine Schrittsequenz für 0,27 Lichtjahre."

Die Brücke fuhr wieder ein und der Sempex zählte den Countdown, gleichzeitig wurde die Pseudoschwerkraft auf Null geregelt.

Diese Prozedur wurde rückläufig und wir wussten, wir waren wieder ein Stück weiter in den Raum gefahren. In die Richtung der Nachbarsonne zu Parmos.

„Dopplerradar und Tachyonenfokussierung bitte!" Max drängte.

„Bin dabei. Also, die nächsten 0,1 Lichtjahre – nichts, die nächsten 0, 2 Lichtjahre n . . . – halt, da ist etwas! Ich muss mal zurückregeln. Dopplerresonanz bei genau – Moment mal – bei genau 0,17 Lichtjahren. Dem Echo nach kann es sich um etwas Metallisches handeln."

Max überlegte. Dann waren diese Parmosen sogar schneller, als wir ihnen zugetraut hätten. Über eins Komma drei Lichtjahre haben sie schon zurückgelegt! Das bedeutet sechzig Prozent der Strecke. Sie müssten nun mit den Ionentriebwerken und der minimalen Tachyonenunterstützung, wie wir wissen, dass sie über so was verfügen, schon den Bremsvorgang eingeleitet haben.

„Gerard! Einen weiteren Schritt einleiten. Möglichst nahe aber seitlich am Objekt und dann Normalfahrt aufnehmen, bis wir eine Geschwindigkeitsangleichung erreichen."

„Alles klar, Max."

Also programmierte ich den Sempex mit den Daten aus dem Dopplerradar, gab die nötige Sicherheitsdistanz ein und initiierte diesen Schritt.

Der Wiedereintritt in unsere Dimensionen war dermaßen exakt, dass dieses Objekt mit hoher Geschwindigkeit an uns vorbeiraste.

Nun galt es für mich die Geschwindigkeit anzugleichen. Ich beobachtete den Geschwindigkeitsrechner, der nun Bezug zum X2-System nahm, also das System mit der Welt Parmos. Anderseits ließ ich Bezug zum Objekt nehmen und nach kurzer Zeit hielt ich bereits den Abstand gleich. Der Rechner gab nun einen Wert von 21 Prozent Lichtgeschwindigkeit aus. Mitunter wurde die Dilatationswarnung ausgegeben! Da war nun aber nichts zu ändern, wir mussten uns diesen Gegebenheiten nun mal ergeben.

Langsam holte ich auf. Nach fast einer halben Stunde war es soweit, die DANTON fuhr neben einem riesigen sich drehenden Rad durchs All. Die Nabe des Rades war in der Fahrtrichtung und die Drehung wurde für die

Gondeln, welche am Rad angebracht waren, als künstliche Schwerkraft verwendet. An den Gondeln waren auch weitere Triebwerke anmontiert. Doch von einer Bremswirkung war nichts anzumessen. Außerdem war nun zu erkennen, dass ein paar dieser Gondeln an diesem Rad zerstört waren. Die Außenhülle sah zerplatzt aus und es konnten keine Lichter vernommen werden, so wie in einigen anderen dieser Anbauten.
Dieses Rad hatte fünf Speichen, diese dürften Lifte enthalten, welche in die Zentrale, also zur Nabe führten. Des Weiteren gab es zwei Außenringe, die Speichen verdoppelten sich und gingen in diese über. Die Außenringe hielten insgesamt zweiunddreißig dieser Gondelanbauten. Die fliegende Raumstation oder dieses Generationenschiff ähnelte entfernt einem Riesenrad.
„Nun sollten wir versuchen, Kontakt mit der Besatzung aufzunehmen."
Gabriella bediente die Bordradiostation. Zuerst schaltete sie einen Scanner ein, der die geringe Oszillatorfrequenz eines theoretisch eingeschalteten Empfängers auf dem Rad aufspüren sollte. Die Parmosen dort hatten aber alles abgeschaltet. Kein Empfänger aktiv!
„Was machen wir nun Max?"
„Wir geben eine Schallwandlersonde aus."
Die musste ich natürlich vorbereiten. Diese Sonde war ein Funkgerät in einer Kapsel eingebaut, welche sich magnetisch oder über Klebstoff an der Außenhülle einer der Gondeln verankern kann. Sie konnte dann die Schallwellen direkt auf das Medium übertragen.

Schon steuert die Sonde auf das Rad zu. Ich wählte eine Gondel aus, aus der Licht drang. Die Schallwandlersonde schaltete das Magnetfeld ein, aber die gewählte Oberfläche ließ eine Magnethaftung nicht zu. Nun aktivierte ich den Klebstoffausstoß. Nach ein paar Minuten konnte der Schallwandler aktiviert werden.
„Wie werden sich die Parmosen dort wohl wundern? Vielleicht haben auch schon welche unseren Frachter gesehen? Jetzt kommt noch eine Stimme aus dem All!"
Gabriella lachte über meine Frage.
„Es geht wohl nicht anders, wenn sie schon mal die Funkanlage ausgeschaltet haben. Nun, machen wir einmal einen Versuch. Ich schalte den Translator dazwischen, damit sie wenigstens ihre eigene Sprache vernehmen können."
Gabriella setzte sich nah zum Mikrofon und aktivierte den automatischen Übersetzer:
„Mission Morgenblüte von Parmos. Wir kommen direkt von eurer Welt und haben von Überlebenden dort den Auftrag erhalten, mit euch Kontakt

aufzunehmen. Wundert euch nicht über die Stimme, welche über das Schallwandlerprinzip von einer Außenhülle eures Missionsschiffes kommt. Um etwas von euch zu hören, bitten wir, im Anschluss laut zu rufen, das Schallwandlerprinzip funktioniert auch in entgegengesetzter Richtung. Besser wäre es dennoch, ihr würdet eine Funkanlage aktivieren. Weiterhin möchten wir schon einmal darum bitten, an Bord kommen zu dürfen. Wir wiederholen nach einer kurzen Pause diese Durchsage noch einmal."

Diese erste Durchsage verlief erwartungsgemäß ohne Reaktion.
Gabriella aktivierte nach fünf Minuten die Aufzeichnung der Durchsage und wir warteten.

„Da! Es tut sich was!"
In einer bislang dunklen Gondel schaltete sich Licht ein.
Dennoch wiederholte Gabriella ihre Durchsage ein drittes Mal. Nun kam auch eine Antwort über den Schallwandler: „Funkaktivierung – bitte warten. Funkaktivierung – bitte warten!"
Max meinte: „Fast könnte man meinen, wir hätten es mit einer Telekommunikationsvermittlungstelle aus Deutschland zu tun. Da heißt es auch immer 'bitte warten – bitte warten'."

Ich schaltete den Scanner des Bordradios noch mal aktiv und es konnte eine Trägerwelle auf 381 MHz angemessen werden. Weiterhin eine Empfangsoszillatorschwingung auf 433 MHz. Damit zeichnete sich also eine Duplexverbindung ab!
Ich stellte nun den Bordnormalradiosender auf 433 MHz. Das Modulationsverfahren, so wussten wir von Parmos war FM.
Bevor von uns jemand sprechen konnte, erreichten uns die ersten Worte vom Raumer der Parmosen:
„Hier spricht der dritte Schiffscouncellor der Mission Morgenblüte. Mein Name ist Meledif vom Lehmberg. Wie ist das möglich, dass ihr uns einholen konntet? Ist die technische Entwicklung unserer Heimatwelt so rasch vorangeschritten und habt ihr neue Triebwerke erschaffen können?"

Meledif dachte wohl, dass wir Parmosen sind.
Gabriella antwortete umgehend:
„Meledif vom Lehmberg, dritter Schiffscouncellor der Mission Morgenblüte. Hier spricht Gabriella Rudolph. Es mag für Sie möglicherweise unwahrscheinlich klingen, aber wir sind keine Parmosen. Wir nennen uns Terraner und wir fanden eure Welt während einer unserer Missionen. Wir sind grundsätzlich friedlicher Gesinnung. Leider haben wir

eure Welt in einem nicht guten Zustand vorgefunden. Wir nehmen an, ihr wisst darüber noch Bescheid. Nun sind wir hier, weil die letzten Überlebenden von Parmos uns gebeten hatten, euch bei eurer Mission zu helfen oder euch auch nach Wunsch zurückzubringen."

Es war eine zeitlang Stille.
Dann meldete sich Meledif erneut und mit einer sehr zaghaften Stimme: „Ihr seid keine Parmosen? Es gibt also außerparmosisches Leben? Es wurde viel gemutmaßt, ob es so was geben könnte. Es ist also wirklich wahr?"
„So ist es. Können wir an Bord kommen?"
„Kann euer Schiff hier andocken? Passen die Dockklammern an die unseren? Ihr müsst wissen, wir haben diese Andockvorrichtungen noch nie benutzen müssen. Ich bin bereits zwei Generationen nach dem Start, als die dritte, wie die meisten von uns."
„Wir nutzen unsere Schlauchschleuse mit einem Klebering. Sagt nur, welche Schleuse von euch funktioniert."
„Genau diese Gondel, in der ich den Funk aktiviert hatte! Ich setze eine Blinkkennung!"
Kurz darauf war ein orangefarbenes Blinklicht zu sehen. Es war die Gondel, in der vor kurzem noch kein Licht brannte.
Ich aktivierte die Schlauchschleuse und dirigierte sie bis zu dieser Gondel der Morgenblüte. Nachdem sie auch nicht magnetisch haften blieb, machte ich, was Gabriella schon angekündigt hatte. Der Klebering wurde angebracht, dazu ließ ich etwas Druck über diese Schlauchschleuse wirken. Nach fünf Minuten füllte ich die Schlauchschleuse mit Atemluft.
„Meledif, Sie können die Außenschleuse öffnen. In unseren Schlauch wurde atembares Luftgemisch eingelassen." Gabriella war hochkonzentriert, beobachtete die Anzeigen und sah ebenso optisch zur Morgenblüte.
Auch am Ende der Schlauchschleuse gab es eine Kamera, welch nun zeigte, dass sich die Außenschleuse der Gondel öffnete. Die Innenschleuse war bereits offen! Meledif hatte volles Vertrauen in uns gesetzt!

„Komm Günter! Wir brauchen deinen Zerstäuber." Max sprach in sein Multifunktionsarmband: „Oberst Stephan Gillan! Bitte sichern Sie die Schlauchschleuse. Es herrscht Normalatmosphäre in dieser."
„Wird gemacht Sir, äh – Max."

„Ich bin doch natürlich dabei, oder?" Tamines voller Tatendrang. „Klar doch. Josef, du könntest anschließend kommen. Zuerst müssen wir mal sehen, ob wir auch bei den Anderen willkommen sind. Die leichten Raumanzüge anziehen und die Handintervaller mitnehmen."

Die fünfzehn Männer mit Stephan sicherten bereits die Schleuse. Max ging voran. Wir konnten wieder alles über seine Brustkamera mitverfolgen. Den leichten Falthelm hatte er wie eine Kapuze auf dem Rücken hängen. Der zweite Bildschirm zeigte das Bild aus der Sicht von Tamines. Günter hatte keine Brustkamera aktiv. Dafür hatte er seine Druckampulle in seiner Gürteltasche verstaut. Er wartete nur auf eine Gelegenheit, an einen Verteiler für die Atemluft der Station beziehungsweise des Schiffes heranzukommen. Max erhoffte sich dadurch eine neue Friedensbasis. Nun, ich kannte Max bereits gut genug um zu wissen, dass er mit einem Kleinkrieg auf diesem Schiff rechnete. Wie sollte man denn auch Angehörige eines so ein kriegslüsternen Volkes in ein prinzipiell viel zu kleinen Raumflugkörper sperren können?

Max erzählte von seinen ersten Eindrücken, schon ab der Hälfte der Schlauchschleuse:
„Es stinkt entsetzlich! Die Luftaufbereitung der Morgenblüte dürfte in Mitleidenschaft gezogen worden sein. Ich habe das Gefühl, hier stimmt einiges nicht mehr. Mal sehen, was Meledif noch so alles zu erzählen hat."

Nun war Max an den fünfzehn Militärs vorbei an der besagten Gondel angekommen und ein Parmose erwartete ihn bereits.
„Ich bin Meledif vom Lehmberg. Bitte kommen Sie in diese Gondel hier und wundern Sie sich nicht, wenn ich diese auch noch verschlossen halte. Auf unserem Schiff gibt es leider ein paar Unstimmigkeiten über bezüglich der Hierarchie. Die zweite Generation streitet mit der ersten. Also ich meine die Generationen nach der Startbesatzung. Sie sehen aber uns Parmosen sehr ähnlich! Nur sind sie etwas kleiner. Wo kommen sie her, Max von Rudolph?"
„Max Rudolph! Nicht *von*! Das gibt es bei uns kaum mehr. Zu ihrer Frage: Wir kommen von aus der Kyroläa-Galaxie. Zufällig kenne ich die parmosische Bezeichnung dafür. Also vorbei an der Altbruderwolke."
Über die Brustkamera konnte ich erkennen, wie der Parmose die Augen aufriss! „Aus der Kyroläa? Wie – wie – wie ist das möglich? Die Kyroläa ist doch zweihundertachtzigtausend Perogeren entfernt!"
Perogeren? Das war doch die Bezeichnung für ein Lichtjahr nach parmosischer Jahresberechnung, wie ich mich erinnern konnte.

„Meledif! Ihr Volk war schon auf dem richtigen Weg, was die weiterführende Technik betreffen sollte. Ihr Volk hatte schon mit den Tachyonenresonatoren gearbeitet, leider konnte dieses System von Ihnen

nicht mehr verbessert werden. Beim Erreichen der vollen Materieresonanzfrequenz wäre es nämlich gelungen, Raumfahrzeuge durch die Dimensionen tauchen oder tunneln zu lassen. Fast ohne Zeitverlust und ohne Dilatation. Hatten Sie noch mitbekommen, dass ihre Ahnen, welche auf Parmos blieben, ihre Heimat zerstört hatten?"
„Ja, es gibt noch Aufzeichnungen von verschiedenen Radiosendern. Unter anderem von einem gewissen Lethar von der Talkante. Diese Aufnahmen gelten als Religionsverfälschung hier an Bord!"
„Ach? Ich hätte es mir denken können. Religionsverfälschungen, soso."
„Warum meinen Sie `soso`?"
„Sie wissen von der Religionsfreudigkeit ihres Volkes?"
„Sicher. Ich bin noch einer der wenigen, die noch Hormonblocker und Hormonkiller haben und nutzen. Ich kann noch klar denken, darum gebe ich auch das Kommando nicht an Zulan von den Nebelsenken ab. Obwohl dieser schon sehr viel Einfluss gewonnen hatte."
„Was will Zulan denn?"
„Er will die Lichtgeschwindigkeit erreichen, um mit den Verstorbenen zu kommunizieren. Er behauptet, erst wenn wir 100 Prozent Licht haben, dann sind wir zeitlos wie alle Toten und können mit diesen in Kontakt treten."
„Glauben Sie das?"
„Ich habe mich mit dieser Theorie befasst. Aber wenn ich einen Hormonblocker zu mir nehme, kommt mir diese Behauptung absolut unlogisch vor!"
„Die meisten Glaubensinterpretationen entbehren viel Logik, Meledif. Wir hätten eine Dauerlösung bezüglich der Hormone mitgebracht. Die Überlebenden von Parmos hatten uns beauftragt, diese hier auf dem Schiff anzuwenden. Im Anschluss sollten Sie dann abstimmen, ob Sie weiterfahren möchten und ob wir Ihnen dabei behilflich sein sollten. Damit könnte ihre Generation schon neu siedeln. Die andere Möglichkeit wäre, wieder zurück nach Parmos zu kommen und den Überlebenden dort zu helfen, das Volk der Parmosen zu erhalten."

Max sprach meiner Ansicht nach viel zu offen mit diesem Meledif. Doch konnte ich verstehen, dass Max auch diesen Teil der Mission so schnell wie möglich zu erledigen versucht.
Meledif war aber für solche Nachrichten empfänglich.
„Was für eine Dauerlösung?", bohrte er nach.
„Einen Ringgenvirus, der als Überträger einer Genomveränderung funktioniert und diese Okkulthormone hemmt beziehungsweise den Hypothalamus dermaßen reduziert, dass die Logik mehr Chancen bekommt.

Ich bräuchte ihre Genehmigung und einen Zugang zu ihrem Atemluftverteiler."

Ich konnte es fast nicht glauben, wie offen nun Max mit diesem Schiffscouncellor sprach! Doch schien er damit den gewünschten Erfolg zu haben.

Meledif wollte aber noch ein paar Fragen beantwortet haben:
„Wer sagt mir, dass sie nicht unser Schiff erobern wollen oder uns töten?"
„Ihr Schiff erobern? Sehen Sie sich unser Schiff an. Davon haben wir mittlerweile eine ganze Flotte. Was sollen wir mit einem Schiff, welches gerade mal einundzwanzig Prozent Licht erreicht hat und dafür in der dritten Generation unterwegs ist. Wenn wir Ihr Schiff haben möchten, dann müssten wir nicht anfragen. Außerdem, Sie entschuldigen bitte, aber ihr Luftgemisch ist schon schwer zu atmen. Für meine Geruchssinne würde ich sagen, hier stinkt es gewaltig! Ich biete unter anderem an, dass wir noch einen Luftaustausch vornehmen werden, falls sie weiterfliegen möchten. Nun, dürfen wir an die Klimaverteiler? Es wäre nur zu ihrem besten!"

„Gut! Ich stehe zu Ihnen und glaube, was Sie sagen. Eine Sicherheitsfrage hätte ich dennoch zu stellen. Wie hieß der Oberbefehlshaber der Station auf Phero zum Zeitpunkt der Apokalypse? Wir wissen dies noch von einer Radioübertragung."
„Das war ein gewisser Admiral Norgal zu Sermbergen. Damit wissen Sie sicher auch, wie der oberste Mediziner und Genetiker dort hieß, im Übrigen auch der Erfinder dieser Viren. Das war Doktor Heram zu Sinzana und dieser wurde von Doktor Harmif von der Stahlmühle aus allen Kräften unterstützt. Reicht Ihnen diese Information?"
„Vollkommen, ich sehe, wir haben eigentlich nicht mehr viel Zeit, oder? Wie lange braucht der Virus, bis die Veränderungen eintreten?"
„Etwa vier Parmosstunden bis zu den ersten Anzeichen, dann geht es aber schnell."
„Gehen wir. Sind Sie bewaffnet? Es kann sein, dass die Zulanoiden dieses Vorhaben vereiteln möchten."
„Zulanoiden?" „Ja, der Schiffsprediger hat ein Hormonkillerverbot ausgesprochen und seine Lehre mit seinem Namen geprägt. Er behauptet, die ersten Kontakte mit den Toten hergestellt zu haben und diese hätten ihn dazu aufgefordert, die Lichtgeschwindigkeit wäre die einzige Brücke zwischen dem Leben und dem Tod und damit diese unbedingt zu erreichen."

„Diesbezüglich hat er sogar Recht! Wenn ihr Schiff Lichtgeschwindigkeit erreicht, dann können Sie auch in aller Ruhe das Ende des Universums beobachten. Wenn Milliarden Jahre in einer Minute vergehen werden. Im Übrigen haben sie ja bereits einundzwanzig Prozent Lichtgeschwindigkeit. Wir unterliegen der Raum-Zeitdilatation. Schon aus diesem Grund sollten wir uns beeilen, denn für uns käme jegliche Verzögerung mit einem weiteren Zeitfaktor von plus einundzwanzig Prozent zum Tragen. Also los, mein Freund Meledif. Zur Klimazentrale! Du bleibst hinter einem unserer Soldaten! Oberst Stephan! Bitteschön, nach den Anweisungen Meledifs!"

Wir konnten nun erkennen, wie sich Stephan vor die Kamera von Max schob, dazu noch ein paar seiner Männer. Meledif trat hinter Stephan und hantierte an ein paar Kontrollen. Eine der Speichenschleusen öffnete sich und schon wurde auch ein Gebrüll von einer undisziplinierten Meute hörbar. Damit hatte jedoch der Translator Probleme. Diese angreifenden Parmosen hatten sich Stangen beschafft und Knüppel angefertigt. Damit wollten sie nun auf unsere Leute losgehen. Einer warf einen von diesen Knüppeln und Tamines wurde voll an der Brust getroffen, sodass ihre Kamera ausgefallen war. Sie stöhnte und mir schlug das Herz bis zum Hals! Gabriella schwang sich sofort zum Mikrofon: „Tamines! Was ist passiert? Bist du in Ordnung?"
„Glücklicherweise antwortete sie sofort: „Ich bin in Ordnung, danke Gabriella. Es tut nur noch etwas weh, aber die Kamera, so denke ich, ist hinüber."
„Mit Sicherheit! Es kommt kein Bild mehr an. Wichtiger ist, dass es dir gut geht."
„Unkraut verdirbt nicht, auch nicht auf einem Generationenschiff!"
Tamines war einfach eine harte Nuss. Über die Kamera von Max konnten wir erkennen, wie die Truppe von Stephan mit den Handintervallern die Angreifer regelrecht zurückschoben und die als Wurfgeschosse eingesetzten Stangen und Knüppel schon im Anflug abgewehrt werden konnten.
Als die Männer die Angreifer zu Fassen bekamen, wurden diese kurzerhand mit Arretierungsbändern gefesselt und an die nächstbesten Verstrebungen angebunden. Damit konnten sie sich auch nicht gegenseitig befreien, denn diese Streben waren immer knappe zwei Meter auseinander.
„Die Leiter zur Nabe!", rief Meledif, und die Männer von Stephan eilten voran. Den ersten konnten wir über die Übertragung rufen hören:
„Wir werden immer leichter!"
„Klar!" Max erklärte, „die Anziehungskraft hier ist nichts anderes als die Zentrifugalkraft der Drehung. Je näher wir dem Mittelpunkt kommen, desto

weniger wirkt sich diese aus. Bald sind wir schwerelos! Meledif! Ist die Klimaregulierung in der Nabe?"
„Nicht ganz, wir sind fast dort. Der erste Hauptverteiler befindet sich als Ring um die Nabe. Die Leichtrohre sind für Klima, die Massivrohre aus Faserverbundmaterial sind für Wasser."
Die Vorhut betrat bereits, oder besser: schwebte bereits in die äußere Nabensektion ein. Das Leichtrohr war ebenso leicht zu erkennen. Wieder eine Art Aluminium. Plötzlich schwebte ein Parmose heran und warf mit einem Bündel Messer auf unser Team. Wieder stockte mir der Atem, als ich diesen Vorgang auf dem Schirm sah. Stephan selbst war dermaßen schnell, er schoss mit dem Handintervaller und mindestens fünfzehn dieser zwanzig Messer kehrten zum Absender zurück. Dieser Mann wurde aber auch von den Wellen getroffen und klatschte mit dem Hinterkopf genau an eines der Leichtrohre, welches sofort nachgab und nun eine Delle aufwies.
„Das ist Zulan, der Schiffsprediger selbst!"
Meledif mit einer schnellen Erklärung.
Schnell war Stephan heran und stopfte dem Mann etwas in den Mund, damit er niemanden rufen konnte. Im Anschluss gab es wieder eine der schnellen Fesselungen.
Ich hörte, wie Max Günter rief:
„Günter! Komm mit deiner Druckampulle her!" Günter, etwas umständlich in dieser neunzigprozentigen Schwerelosigkeit unterwegs, hangelte sich an dem Gefesselten zum Rohr.
„Aufschießen", rief Max und der Oberst hielt den Intervaller ganz nah an das Rohr. Ein kurzer Drücker und schon war ein Loch in der Rohrwandung.
Meledif rief nur noch erbost:
„Das hast du nun von deiner okkulten Gier, Zulan!"
Und Max meinte: „Das ist der Allwissende Zulan? Na, in ein paar Stunden wird er wohl noch etwas mehr wissen!"
Günter hielt die Druckampulle mit den Viren direkt in das Loch und drückte den Zerstäuber.
Das ´Pffffft´ war sogar über die Übertragung zu vernehmen. Nachdem unser Mediziner die Ampulle wieder herauszog, stopfte einer der Soldaten das Loch mit einer schnellhärtenden Zweikomponentenmasse zu.

Günter meinte noch: „Hallo Zulan! Hier die bestellte Inhalation für Sie! Tief einatmen, bitte", Günter fuchtelte mit der Ampulle vor Zulans Nase herum, „einatmen, sagte ich!"
Doch Zulan hielt eisern die Luft an.
„Sofort einatmen!" Günter wurde böse und hieb dem Schiffsprediger die Faust in den Magen, dass er selbst sich noch sichern musste, um nicht

davon zu schweben. Zumindest hatte er seine Wirkung erzielt, denn Zulan atmete tief ein. Sofort erhielt er eine letzte Prise von den Viren und die Ampulle war leer.

„Nichts du danken, Zulan! Macht vierundvierzig Globo – aber keine Angst – die Krankenkasse zahlt!"

Wir hörten Max befreit auflachen und Meledif wusste nichts mit dieser Aussage anzufangen. Er lachte zwar mit, aber blickte zwischen den Männern hin und her.

Max: „Rückzug Männer! Wir werden einfach mal ein paar Stunden warten, dann können wir mit der Schiffsbesatzung sicher etwas normaler reden. Meledif! Wir laden dich nun ein, mit uns an Bord unseres Schiffes zu kommen und die weiteren Schritte zu besprechen, entspricht dies auch deinen Erwartungen?"

„Ich kann von Erwartungen nicht sprechen, denn alles was nun geschah, entspricht keiner meiner Erwartungen, vor allem nicht in dieser Schnelle. Ich hätte es nicht für möglich gehalten, dass ich außer den Mitparmosen des Schiffes noch andere Lebewesen kennen lernen würde."

„Ein wahres Wort. Ich muss dir meine Bewunderung aussprechen, Freund Meledif, unter diesen Umständen konntest du dich aber neuen Situationen schnell anpassen."

„Vielleicht liegt es an unseren Computerspielen? Wir haben Trainingsprogramme und auch Spiele, friedlichen Kontakt mit außerparmosischem Leben zu üben. Raumfahrerpsychologie!"

„Interessant. Also nun, zurück zur DANTON. Tamines! Du nimmst die SHERLOCK und gehst in einen Beobachtungskreiskurs um die ´Morgenblüte´, nicht dass noch ein paar dieser Zulanoiden irgendetwas anstellen. Falls doch, lass die Gondeln ruhig etwas hochfrequent rütteln!"

„Alles klar Chef! Bin schon unterwegs."

Damit war Tamines die Erste, welche wieder in meine Zentrale zurückkehrte, diese aber auch schon wieder verließ, um in die SHERLOCK zu gelangen. Ich sah ihr nach und bewunderte diese Figur.

Bald waren Max, Günter, Stephan und seine Männer ebenfalls in der Zentrale. Meledif äugte erst einmal vorsichtig durch die Schlauchschleuse, dann betrat er zum ersten Mal Boden mit Pseudogravitation und er wunderte sich.

„Ihr habt eine perfekte Technik. Wo habt ihr diese denn her?"

Max lachte: „Direkt vom Universum selbst! Auch die Natur außerhalb der Planeten bietet viel, man muss es nur zu nutzen finden. Hier Meledif, wir haben vitaminangereicherte Nahrung. Sie sollten etwas essen und trinken und sich von der stickigen, dicken Luft der Station erholen."

Max zeigte zur Mittelkonsole mit dem Nahrungsserver. Er bestellte verschiedene Kleinspeisen und gab Meledif eine Portion und auch einen Fruchtsaft, welcher bei den Mutanten schon sehr gut angekommen war.
Meledif war begeistert!
Er aß und äußerte sich: „Ich hätte es nicht für möglich gehalten. Außerparmosisches Leben! Und sie holen mich vom Schiff, welches ich nie gewählt hätte."
„Nun Meledif. Ich habe auch die Höflichkeitsform der parmosischen Sprache in unseren Übersetzungsgeräten. Ich möchte diese nun beilegen und dich damit bitten, mich einfach Max zu nennen. Alles wird dann alles etwas einfacher. Dies hier ist unser Sprachen- und Kulturverständige Josef, meine Frau Gabriella und der Kapitän dieses Schiffes Gerard."
Max deutete auf die entsprechenden Personen und letztlich zu mir.
Meledif grüßte etwas indigniert. Sicher hatte er keine Erziehung erfahren, welche ihm den Umgang mit anderen Kreaturen als den Seinesgleichen erleichtern könnte.
Er sah aus dem Panoramafenster und konnte die SHERLOCK erkennen, mit der Tamines die `Morgenblüte´ umkreiste.

„Es sieht alles so einfach aus! Ihr beherrscht die Kräfte, die normalerweise uns beherrschen."
„Es ist auch einfach, wenn man weiß, wo man die Hebel ansetzen muss. Auch die Hebel im übertragenen Sinne. Eure Technik stand nicht mehr weit von unseren Erkenntnissen entfernt. Leider haben die großen Priester und die seltsamsten Heiligen eurer Welt den Garaus gemacht. Keiner konnte einen Sieg davontragen, alle haben verloren. Nun habe ich nur noch die Frage von Marrum, einem der Vertikalen von Phattiui zu überbringen: Wollt ihr zurück nach Parmos und beim Wiederaufbau helfen oder wollte ihr das Ziel eurer Mission erreichen?"
„Wenn ich wüsste, ob das Ziel erwünschenswert wäre. Wie ich nun weiß, wären wir ohnehin zu schnell gewesen um das Ziel zu erreichen, nicht wahr? Ich dachte es mir schon, dass Zulan oder einer seiner Jünger unseren Schiffsrechner manipuliert hatten. Nur konnte ich die Manipulation nicht feststellen. Ich hatte bereits danach gesucht."
Ich ging zur Mittelkonsole und orderte mir auch eine Kleinigkeit zu essen.
Meledif sah mich an, dann meinte er: „Das könnte von der Größe her ja fast ein Parmose sein! Nur dieser Pelz im Gesicht befremdet mich etwas. Habt ihr denn kein Halsgelenk?"
Ich musste über diese Frage lachen und Meledif zuckte sichtlich zusammen.
„Ein Halsgelenk würde mir noch fehlen, Meledif! Bislang kennen wir nur eine kosmische Rasse mit einem Halsgelenk und das seid ihr!"

Damit streckte Meledif seinen Hals auf volle Länge und fragte verwundert: „Es gibt noch weitere kosmische Rassen? Wie viele denn?"
Wieder fühlte ich mich selbst angesprochen. Ich mochte diesen Meledif irgendwie, vielleicht auch weil er mir Leid tat. Er hatte sein bisheriges Leben in einer Büchse verbringen müssen, konnte vorher nicht einmal darüber befragt werden oder wählen, ob er so ein Leben hätte haben wollen.
„Wir kennen nun einige, vielleicht so um die zehn oder etwas mehr. Noch haben wir nicht all diese getroffen, aber wenn man, was wir kennen, potential zum bekannten Sternengebiet auf den gesamten Kosmos hochrechnet, Freund Meledif, dann müssen es Millionen sein."
Meledif ließ seinen Hals einknicken und es stand ihm dieses seltsame Halsgelenk nach hinten hinaus, als hätte er sich etwas gebrochen. Seine Stimme klang nun auch etwas bassiger, es bildete sich ein Volumensack an der Kehle. Nun war auch klar, warum Sergaal so eine tiefe Stimme hatte, da er ein dauergeschädigtes, steifes Halsgelenk hatte. Vielleicht auch ein Grund, wieso dieser Alhas zu Melhaim neun Oktaven übersingen konnte. Mit diesem Gelenk konnte das Stimmresonanzverhalten mitgeformt werden!

„Ich möchte zurück nach Parmos! Die Heimat meiner Ahnen. Was macht ihr auf Parmos? Ist es noch unsere Welt oder ist es schon eure Welt?"
Nun trat Josef heran. „Meledif, wir sind keine Eroberer! Wir haben bereits einen Vorvertrag mit den überlebenden, leider größtenteils mutierten Parmosen geschlossen, dass wir, also unser Imperium eine Operationsbasis auf Parmos unterhalten wird. Ebenso werden wir die Station Pherolomon nutzen. Im Gegenzug gibt es eine Wiederaufbauhilfe und einen multiplen Planetenrettungsplan, welcher in Teilen bereits erfolgreich umgesetzt ist. Die Parmosen von Phattiui stellten den Antrag auf Mitgliedschaft in unserem Imperium, der CET. Allerdings gibt es unter einer Population von weniger als zweihundertundfünfzig Millionen kein aktives Stimmrecht, was imperiumsweite Entscheidungen betrifft. Dieser Punkt muss verstanden werden, denn es können nicht Milliarden anderer Mitglieder von ein paar hundert ausgebremst werden. Unser Imperium ist demokratisch, auch von den allgemeinen Grundgesetzen her."

„Ich würde mich sicher anschließen. Gäbe es eine Entscheidungsfrist für mich und die anderen?" Der parmosische Schiffscouncellor wollte sich noch einen Ausweg offen halten.
Nun trat Max wieder in das Gespräch.
„Ich könnte mir denken, dass sich das arrangieren ließe. Es wäre demnach ohnehin so, dass wir auch das Mirium-System noch zu erforschen haben.

Mein Vorschlag sähe demnach so aus: Wir bringen euch zurück nach Parmos. Dort könntet ihr euch erst einmal wieder an ein Planetenleben gewöhnen. Wenn es euch nach, sagen wir mal, einem halben Jahr nicht gefällt, dann wäre es im Bereich des Möglichen, euch als Siedler des CET zum Mirium-System zu bringen. Wisst ihr überhaupt, ob es dort einen bewohnbaren Planeten gibt?"
„Eigentlich nicht direkt. Die Wahrscheinlichkeit lag damals bei dreißig Prozent und der Forscherdrang meiner Ahnen siegte. Außerdem hätten wir fünf Generationen später noch ein anderes System erreichen können. Doch sind wir ja ohnehin schon zu schnell, um im Mirium-System noch stoppen zu können, wie ihr erwähnt hattet."
„Allerdings! Wir könnten euch natürlich bremsen helfen, aber dann könnten wieder nur noch eure Nachkommen dort hingeraten. Nun etwas ganz anderes: Wie viele Parmosen leben eigentlich auf dem Schiff?"
„Wir sind noch vierhundertvierzig. Wir hatten eine strenge Geburtenkontrolle und die Hormonblocker. Außerdem gab es eine Sterbensregulierung. Die Hormonblocker waren nicht so wirksam, wie die Hormonkiller, welche nach unserem Start entwickelt wurden. Wir hörten noch die Sendungen von Phero. Dennoch, nahm man eine ausreichende Portion, wurde das Agressivitätsverhalten wesentlich eingeschränkt. Nachdem aber erst die Genesisverteidiger und später die Zulanoiden wieder zu predigen begannen, mussten meine Eltern und wir uns mit zwei Schiffskriegen beschäftigen. Das Ergebnis könnt ihr sicher sehen!"

Nun war klar, warum einige der Gondeln an dem Rad inaktiv waren. Sie waren zerstört oder als Todeskammern genutzt.
„Vierhundertvierzig, das macht dann achthundertundsiebzig mit den Mutanten von Phattiui. Nicht gerade das, was man eine große Population nennen könnte. Nun warten wir noch ein paar Stunden, Meledif, ich würde sagen, etwa noch sechs, dann befreien wir Zulan und die anderen. Sie müssten bereits etwas Wirkung verspüren. Im Anschluss gehen wir alle in eine atmosphärengeflutete Halle zwischen den Passagierzellen und lassen abstimmen." Max war der Ansicht, dass die Viren bis dahin ihre Arbeit erledigt haben werden.
„Glaubst du, dass der Kunstvirus von Phero so schnell wirkt?"
„Wir müssen schnell sein, denn wir unterliegen der Dilatation. Diese ist zwar nicht übermäßig tragisch, aber dennoch; Vielleicht müssen wir in unserem Leben noch mehr Dilatationsfahrten unternehmen und irgendwann summiert sich das Ganze."
„Verstehe."

Max stand auf und ging zu mir herüber. „Ich ruhe mich ein wenig im Copilotensitz aus, wenn's recht ist." „Aber selbstverständlich." „Falls ich einschlafe, wecke mich in fünf Stunden." „Auch selbstverständlich!"

Dem war auch so. Max schlief volle fünf Stunden plus einundzwanzig Prozent Mehrdauer per Dilatation. Ich gab aber Gabriella ein Zeichen, welche auch leicht eingenickt war. Sie sollte doch ihren Max aufwecken!

Zwischendurch meldete sich Tamines von der SHERLOCK: „Ich glaube, da wirkt schon was, auf der Morgenblüte. Ich habe viermal die Gondeln zum Klingen gebracht, nachdem Parmosen versucht hatten, über die Schleusen etwas auf uns loszufeuern. Denen habe ich aber eingeheizt. Plötzlich war dann auch Schluss damit und nun winken einige sogar ganz lieb!"

„Das ist ja interessant! Max! Hast du gehört? Der Pherovirus hat angeschlagen."
„Uaah. Danke. Was? Der was – ach so, ja. Meledif, wie geht es dir?"

„Mir geht es hervorragend und ich habe plötzlich Sehnsucht nach Frieden und nach der Welt meiner Ahnen! Seltsam, so ausdrücklich hatte ich diese Gefühle noch nie!"
„Dann gehen wir wieder in dein Schiff zurück und befreien Zulan und die anderen."
„Hoffentlich hast du mit deiner Annahme Recht. Ich habe etwas Bedenken."
„Ich glaube, die brauchst du nicht mehr zu haben."
Max war sich seiner Sache so sicher, dass diese Zuversicht schon ansteckende wirkte.

„Gerard! Willst du mitkommen? Wir brauchen vielleicht noch jemanden mit körperlicher Kraft."
„Bin schon dabei!" Endlich gab es für mich auch noch was zu tun. Wir gingen also die doppelwandige Schlauchschleuse wieder zu `Morgenblüte´. Nun trat die Teilmission `Blütenstaub´ also ein die entscheidende Phase. Ein Teil der Parmosen dort waren immer noch gefesselt, andere wurden von Kollegen befreit. Diese unterbrachen ihre Arbeiten und sahen uns mit großen Augen an. Als sie erkannten, dass wir nun auch an das Befreien der Gefesselten gingen, machten sie zögerlich weiter.
„Gerard! Hole bitte Zulan. Nimm ihn mit zur DANTON. Und ziehe ihm diesen Knebel aus dem Mund. Es könnten nun vernünftige Worte fließen."
Also stieg ich diese Speiche des Rades, welches ich schon per Videoübertragung sah hinaus und fand Zulan und einen weiteren Parmosen

vor, der ihn gerade befreien wollte. „Das kann ich besser, Kleiner! Weg da!" Der Parmose war sicher nicht kleiner als ich, aber ich hatte vergessen meinen Translator zu aktivieren. Darum sah mich dieser Mann so ängstlich an. Ich aktivierte den Übersetzer und wiederholte: „Ich kann das besser, mein Sohn! Lass mich mal ran." Schließlich hatte ich auch eine passende Zange für diese Verschlussbänder dabei und ruckzuck, war Zulan frei.
Der Schiffsprediger fragte mich: „Was ist denn eigentlich vorgefallen? Ich fühle mich sehr verändert." „Dass waren verspätete Grüße von Doktor Heram zu Sinzana von Phero. Er hatte entdeckt, was euch Parmosen so kriegslüstern machte und nun gab er ein Korrekturpaket heraus, was wir mitgebracht hatten. So, mein Freund Zulan, wie steht es nun mit dir? Willst du mit deinen Ahnen reden und warten bis ihr Lichtgeschwindigkeit erreicht habt, oder kommst du erst einmal mit uns und guckst dir die Sauerei an, was deine Ahnen auf Parmos angerichtet hatten? Da gibt es nämlich viel zu tun! Aufräumen, putzen, neue Farbe auftragen und den Überlebenden dort Trost spenden. Die sind nämlich schon ganz manierlich mittlerweile. Außerdem haben wir nicht mehr viel Zeit hier, denn mit euerem doch beachtlichem Tempo unterliegen wir der Raum-Zeitdilatation zu einundzwanzig Prozent! Wenn wir zehn Stunden hier warten, dann vergehen auf deiner Ahnenwelt schon mal über zwölf Stunden, mein Junge. Entscheide dich schnell, denn wer hier bleiben möchte, der kann auch, aber wir kommen dann niemanden mehr extra abholen, alles klar?"
Zulan sah mich an, als hätte er in mir einen seiner erhofften Gesprächsgenossen gefunden. Dann gab er sich einen Ruck: „Natürlich komme ich mit. Wir können das Rad der Zeit fast zurückdrehen und dieses Schiff Morgenblüte kann ja auch in dieser Art seine Namensbedeutung behalten. Ich hole nur noch meine Habseligkeiten!"
„Du machst auch einen Rundruf, um allen im Schiff klarzulegen, dass es nun nach Hause geht. Alle die mitkommen wollen, sollen durch diese Schlauchschleuse in meine Gondel kommen."
„Auch die Frauen?"
„Wie willst du einen Planeten retten, wenn keine Frauen dabei sind?"
„Habt ihr soviel Platz in eurer Gondel?"
„Da passen noch zehnmal so viele rein, wie ihr es seid! Los nun mach mal, dann bekommst du einen Vitaminriegel!"
Zulan besah sich meinen Riegel und ich übergab ihm diesen dann aber sofort. Er griff zu und aß, dabei lobte er diesen als das Beste, was er jemals zu sich nehmen hatte können. Dabei stieg er dann in die Nabe der Station ein. Es waren nur ein paar Schritte ohne Schwerkraft.

Kurz darauf tätigte er eine Durchsage:

„An die Besatzung der ‛Morgenblüte´. Alle Zwistigkeiten erkläre ich nun für beendet und auch die Mission als teilweise gescheitert. Wie manche schon mitbekommen hatten, werden wir von Außerparmosen im Auftrag von überlebenden Parmosen abgeholt. Diese Raumfahrer können uns innerhalb kürzester Zeit nach Parmos zurückbringen. Wie wir wissen, hat es auf unserer Ahnenwelt einen Weltkrieg gegeben, der fast alles zerstörte. Es gilt also, unseren Planeten wieder aufzubauen. Liebe Morgenblütler! Das ist die Aufgabe, welche uns von unseren Ahnen nun gestellt wurde! Die Stimme der Ahnen ist auch so zu uns durchgedrungen. Sammelt eure Habseeligkeiten ein und kommt zur Gondel Keralonum, begebt euch in diese flexible Schleuse der Fremden zu dem anderen Schiff, dort werden ihr in Quartiere eingewiesen. Beeilt euch, wir unterliegen einer zeitverzerrenden Geschwindigkeit. Eile! Eile. Ich lasse diese Durchsage automatisch wiederholen und erwarte euch zusammen mit Meledif auf dem anderen Schiff."

Zulan kam zurück und stieg mit mir die Speiche herab, wo wir wieder mehr von dieser Zentrifugalschwerkraft erfuhren. Durch ein Speichenfenster erkannt ich unsere Schlauchschleuse und wie diese sich mit der Station mitdrehte. Nur das Drucklager an der Klebestelle machte diese Aktion mit. Allerdings war die Drehung ohnehin nicht besonders schnell, der Durchmesser des Rades war auch enorm!
„Ich habe nach Gefühl gehandelt und denke, es sollte die richtige Entscheidung sein."
„Dein Gefühl trügt dich mittlerweile nicht mehr, Zulan! Wie lange soll es wohl dauern, bis alle Morgenblütler an Bord meines Schiffes sind?"
„Ich denke, innerhalb von zwei Stunden dürfte der Schnellumzug abgeschlossen sein."
„Na, dann sind wir ja in vier Stunden schon auf Parmos!"
„Was? In vier Stunden schon? Wir sind nun vierhundert Jahre unterwegs und nun kommen wir in vier Stunden zu unserer Ahnenwelt zurück? Wie ist das nur möglich?"
„Ganz einfach. Weil wir Terraner einfach nicht soviel Zeit haben, ewig im Kosmos herumzutrödeln! Wir sind ein Volk, welches auch etwas tun will."
Ich beobachtete Zulan und er zog seinen Hals ein.
„Ich komme gleich! Ich hole nur noch ein paar meiner Sachen." „Allzu viel Zeug brauchst du nicht, denn auf Parmos liegt noch alles Mögliche frei herum!" „Ich habe verstanden."

„Max! Zulan ordnet die Räumung der Station an und holt nur noch seine Habseligkeiten."

„Ich habe es mitbekommen! Die Frauen und Kinder sind schon an der Schleuse. Zum Glück gibt es in den Passagierabteilen noch ein paar Spielsachen zum Verteilen. Das macht Gabriella."
Dann kam Zulan wieder! Er hatte nur einen kleinen Beutel mit Sachen und schwang sich in die Schlauchschleuse. Meledif erwartete ihn.
„Die frohe Botschaft des Friedens ist in unseren Köpfen eingezogen, Zulan. Nun haben wir eine ganze Welt neu aufzubauen."
„Besser, als Mirium oder die letzte Dimension der absoluten Geschwindigkeit."
„Die Fremden haben mir gesagt, was passiert, wenn wir die absolute Geschwindigkeit erreichen würden. Wir sähen alles um uns herum verenden. Den kompletten Kosmos, das ganze Universum!"
Ich konnte nur nicken, nachdem ich diese Worte der beiden ehemals zerstrittenen Führer hörte. Der eine war der aus der realen Welt und der andere vertrat eine der okkulten Versionen. Vertrat! Denn die Verderben bringenden Hormone hatten ihre Arbeit eingestellt.

Nach knappen zwei Stunden war die Morgenblüte geräumt. Vielleicht würden wir eines Tages dieses Schiff zurückholen und wieder in einen Shuttlebetrieb zu und von Phero bringen. Wer weiß? Doch die Größe des Schiffes machte es unmöglich, es an Bord zu nehmen oder hinter einen Wafer zu verankern. Doch für so eine Aktion würden wir ja noch viel Zeit haben. Noch mal fast vierhundert Jahre nach dem Parmosenkalender.

Die Zählung ergab genau vierhundertundvierzig Parmosen inklusive Frauen und Kinder. Damit war diese Aktion auch unter Dach und Fach. Vor allem war sie schneller abgelaufen als ich gedacht hätte. Die Reaktionen unseres Koordinators Max waren fast bis auf die einzelnen Sekunden berechnet. Ich musste ihm meinen Respekt zollen, denn er vergeudete nicht eine Sekunde! Nun sprengte ich noch den Schlauchring an der Rotationsstelle dieser flexiblen Schleuse und restliche Fladen von Atemluft verpufften wie feiner Nebel im freien Raum.
Tamines kehrte mit ihrer SHERLOCK in den vorderen Schiffshangar zurück und nun galt es, die alte und die neue Welt unserer Parmosen anzusteuern.
„Na? Wie habe ich das gemacht? Mit meinen Rüttelschüssen wurden diese Parmosen aber noch ein bisschen schneller, nicht wahr?"
„Wir haben alle hervorragende Leistung erbracht, mein Traum von Mädchen. Aber dennoch kann ich unserem Leiter nur zu diesem Erfolg gratulieren. Was Max nun innerhalb von wenigen Stunden durchgezogen

hatte, hätte unter anderen Umständen vielleicht Tage oder Wochen gedauert."

„Danke Gerard! Aber ich möchte ohnehin nicht lange unter einem Dilatationseinfluß verharren. Wer weiß wie oft ich noch derartige Einsätze machen werde und irgendwann muss ich bei einer Altersbefragung einundzwanzig Prozent abziehen!"

Tamines lachte! „Solltest du jemandem zu jung sein, dann könnte ich – äh – würde ich – na ich war ja schließlich auch dabei!"
Tamines hatte sich selbst korrigiert, weil Gabriella gerade von den Passagierkabinen kam, wo sie Spielsachen an die Parmosenkinder verteilte.

„Und mein Schatz? Wie haben die Parmosenkinder die terranischen Spielsachen angenommen?"
Ob sie die Kommentare von Tamines gehört hatte, konnte niemand sagen, denn sie reagierte nicht darauf.
„Ich denke, der erste Großauftrag an Spielsachen wird nach Dänemark gehen."
„Nach Dänemark? Wieso ausgerechnet nach Dänemark?" Wollte Max wissen. Die Antwort hatte aber ich parat. „Der Instinkt sagte bereits etwas von einem Wiederaufbau von Parmos. Die Kleinen trainieren nun schon - und mit was kann man einen Wiederaufbau am Leichtesten trainieren? Mit Legobausteinen! Die kommen nämlich aus Dänemark! Das weiß ich, denn ich hatte sie als Kind auch mal."
„Du warst mal ein Kind, Gerard? Kann man sich heute gar nicht mehr vorstellen." Dieser Max!

Zulan wurde ebenfalls auf die Brücke eingeladen. Nun waren er und Meledif zusammen an der Mittelkonsole und sprachen miteinander. Sicher das Beste, was sie in den letzten Jahren gemacht hatten.

„Kapitän Gerard! Wir fahren zurück nach Parmos! Lass uns aber erst einmal die Dilatationsfahrt abbremsen!" Ich dachte mir, dass Max etwas übertreibt, denn so schlimm war dieser Zeitverlust nun auch wieder nicht. Aber ich tat, wie mir geheißen und regelte den Heckwafer langsam hoch. Schon war dieses Parmosenschiff nicht mehr zu sehen! Nach ein paar Sekunden hatten wir wieder eine Relativgeschwindigkeit von Null erreicht.
Nun ließ ich die Distanz neu vermessen und programmierte den Kurs zurück nach Parmos. Im Anschluss schaltete ich den Schritt mit automatischer Ausführung. Die DANTON wendete dabei um 180 Grad.

Max erklärte parallel die Vorgänge den beiden ehemaligen Streithähnen von der `Morgenblüte´. Beide staunten über die Effekte der Tunnelung und der Wafertechnologie. Das Universum dehnte sich in der Breite fast unendlich aus, stauchte in der Länge enorm und wir bekamen diese seltsame, dunkle Transparenz zu sehen. Alles nur für einen extrem kurzen Moment, schon waren wir 1450 Kilometer über Parmos.
„Wir landen wieder auf Phattiui! Kannst du die DANTON dort runtergehen lassen, Gerard? Passt sie zwischen den Ratsdom und dem See?"
„Aber sicher doch, Max. Da werden die Räte aber staunen, wenn dieser Frachter dort ankommen wird."
„Außer Marrum, der hatte ihn schon gesehen. Rufe doch bitte mal die GUISEPPE PIAZZI und bitte die Italiener darum, doch einige dieser Metallverbundfolienzelte nach Phattiui zu bringen. Es bleibt uns leider nichts anderes übrig, als den Neusiedlern vorläufige Unterkünfte zu leihen. Ich sagte leihen, denn es sollte nicht wegen diesen hochwertigen Behausungen zu Streitigkeiten kommen. Also geben wir den Parmosen, sagen wir mal, fünf Monate Zeit sich selbst wieder eine Unterkunft zu bauen. Ob wir dann diese Zelte wieder abholen stellt sich dann schon heraus."
„Ich kontaktierte die GUISEPPE PIAZZI, der Kapitän selbst war zurzeit an Bord. Als er mich sah, lachte er und fragte: „Wie schön, wieder von euch Dilatationsopfern zu hören! War wohl gar nicht so schlimm, oder?"
„ich werde die Chronometer nacheichen, Nino! Max bittet darum, Metallverbundfolienzelte nach Phattiui zu bringen. Wie viele könntest du dorthin bringen?"
Nino Fusco war ein absolutes italienisches Raubein. Früher hatte er sogar schon Ozeanfrachtschiffe gesteuert und als die Wafertechnologie den Durchbruch schaffte und der Raumfahrt zur Alltäglichkeit verhalf, hatte er umgeschult. Außerdem war er ein hervorragender Koch.
„Ich hätte vielleicht so um die sechshundert dieser Zelte frei? Reichen die?"
„Vollkommen! Wir treffen uns auf Phattiui, mein Freund der guten Braten und Saucen." „Ich bringe Lammbraten in Rotwein, Ciabata und einen guten Lambrusco mit!"
Da spitzte Max die Ohren! „Was? Lammbraten? Dieser Nino hat doch sicher alle Spezialitäten aus den italienischen Landen an Bord!"
Nino hörte den Zwischenruf Maximilians. „Du bist auch eingeladen, Max! Mit Frau heute Abend vor der GIUSEPPE. Ich baue einen kleinen Pavillon auf."
„Ich freue mich darauf! Danke!"
Man konnte erkennen, wie Max das Wasser schon m Mund zusammenlief.

„Landeanflug! Wir gehen runter! In Barrica ist es Nacht und auf Phattiui noch Nachmittag. Allerdings schon spät, es dürfte in diesem Tal schon dämmern, wenn wir dort sind."
So erklärte ich generell den groben Fahrtplan und nach guten eineinhalb Stunden erstreckte sich das Tal der Mutanten lang unter uns.
Ich drehte die DANTON und ließ sie quer zum See aufsetzten. Sofort liefen die Talbewohner zusammen. Hoorgas war einer der Ersten vor Ort. Bald fand sich auch der Fühler ein, Marrum stakste mit seinem Serverkorsett heran.
Gabriella und Tamines eilten zu den Passagierzellen, um den Parmosen der Morgenblüte zu zeigen, wie sie auszusteigen hatten. Die Aktion `Blütenstaub´ wurde damit abgeschlossen.

Dann kam der große Augenblick!
Die Bodenschleuse öffnete sich und über einen Antigrav und langsam kamen die ersten Raumfahrer des Generationenschiffes zurück auf die Oberfläche der Welt ihrer Ahnen. Ein Ereignis, welches sie sich selbst wohl kaum vorstellen konnten. Sie hatten noch nie eine Planetenoberfläche betreten!
In diesen Minuten erreichte auch Nino Fusco Phattiui und suchte sich seinen Landeplatz weiter seitlich vom See in einer Distanz von vielleicht einem halben Kilometer.
Marrum war zu Max gelaufen, der sich per Antigravlift schon zu Oberfläche hinab gelassen hatte.
Ich folgte unserem Koordinator und konnte hören, wie Marrum sich freute: „Ihr habt Wort gehalten. Es ist so schön, wenn man solche Freunde hat!"
„Wir wollen doch alle etwas Ordnung in das Chaos des Universums bringen, nicht wahr, Freund Marrum? Und sind es nur Kleinigkeiten, was der Einzelne zu tun imstande ist, so wird es doch zur Großen Sache, wenn sich jeder daran beteiligt. Nun begrüße bitte deine Brüder und Schwestern des Generationsschiffes. Hier ist der Schiffscouncellor Meledif und der Schiffsprediger Zulan."
Beide waren zwischen Max und mir mit dem Antigrav zur Oberfläche gekommen. Mit der Schwerelosigkeit hatten sie kaum Probleme, denn sie hatten sicher des Öfteren schon viel Zeit in der Nabe ihres Radschiffes verbracht.
Marrum riss die Augen weit auf! „Schiffsprediger? Was – was . . ."
Doch Zulan trat an ihn heran und meinte: „Ehemaliger Schiffsprediger, Marrum. Bei der absoluten Lichtgeschwindigkeit! Was ist denn mit dir passiert? Entschuldige bitte, wenn ich so indiskret frage, aber dein Körper, ich meine – äh – dein Wuchs . . ."

„Es sind die stillen Erreger, oder wie ich nun eines Besseren belehrt wurde, die Strahlung, welche nach dem Krieg unsere Erbinformationen teilweise zerstörten. Die Terraner haben es mir genau erklärt. Es gab einen Fallout nach den Atombomben und den Neutronenbomben. Dieser trägt die Hauptschuld. Nun ist diese Strahlung zwar schon sehr, sehr weit zurückgegangen, aber die Informationen des Lebens in uns sind zum größten Teil zerstört. Nun könnt ihr eigentlich das Erbe der Welt antreten. Von uns eignen sich kaum noch welche für eine Zivilisationsneugründung."

„Aber diejenigen, die starke Gene hatten, eignen sich! Diejenigen, denen die Strahlung wenig oder gar nichts anhaben konnte, werden stabile Nachkommen zeugen können, oder?"

„Du magst in gewissen Richtungen gut denken können und hast sicher auch die Schiffbibliothek fast auswendig gelernt. Aber es können ja auch Gene in Mitleidenschaft gezogen worden sein, welche erst in einer oder mehreren Generationen zum Tragen kommen. Wir haben viel zusammen zu besprechen. Die neue Mitgliedschaft in diesem Imperium der Terraner, die Hilfsleistungen, welche uns dadurch zugute kommen, weil wir den Terranern gestatten, auf Parmos eine Operationsbasis zu betreiben, sowie denen auch die Nutzung Pherolomons. Dafür können Fortpflanzungswillige von einem Gentest gebrauch machen. Das sollte für die nächsten sechs oder sieben Generationen wichtig sein. Wenn wir, oder unsere Nachkommen diese Zeit überstehen werden, dann können wir sagen, Parmos ist gerettet!" Dabei muss ich mich selbst ausnehmen. Meine Erbanlagen sind nicht für eine Fortpflanzung geeignet!"

„Ich verstehe. Diesen Virus, der unseren Hyperglauben besänftigt hatte, stammte der auch von den Terranern?"
„Nein. Der stammt von Phero, von unseren eigenen Wissenschaftlern. Ich war dabei, als wir eine verschlossene Urne mit tiefgefrorenen Viren dort abgeholt hatten. Wir haben uns alle infizieren lassen – freiwillig!"

„Wir wurden auch davon infiziert – nun, können wir überhaupt von einer Infektion sprechen, wenn es ein geplantes Resultat erbracht hatte?"
„Eigentlich nicht. Die Überlänge des Hypothalamus in den Gehirnen von uns Parmosen war möglicherweise ein Unfall der Natur, ein Unfall der Evolution, ein Fehlversuch. Ich möchte auch nicht die Evolution als einen übergeordneten Plan ansehen, sondern wie eine wilde Strecke über Berge und durch Täler, die von berufenen Intelligenzen begradigt werden kann, darf oder sogar sollte. Ein mehr logisches Denken sollte zum Resultat der Maßnahme werden. Darum habe ich auch zugesagt, als ich von Max gefragt

wurde, ob die Viren an uns selbst getestet werden sollten. Weiterhin sorgen die modifizierten Viren auch für eine Teilkorrektur in den Erbanlagen und für Sologeburten. Das heißt, ein Parmosenpaar kann meist nur ein Kind empfangen, Ausnahmen sind möglich, werden aber selten sein."

„Das Heil und die Logik kam durch die Terraner, nicht wahr Marrum?"

Ich würde es eher so bezeichnen, die Terraner kamen zwar nicht rechtzeitig, aber sie kamen bevor überhaupt nichts mehr zu retten war. Glücklicherweise retten sie uns aber mit unseren eigenen Mitteln, sodass wir unseren Stolz nicht ganz verlieren brauchen."

„Ich erkenne neue Wahrheiten. Ich erkenne auch wieder einen Sinn in einem Leben, eher als den Sinn im Tod oder in der Unendlichkeit."

Ich hatte alles gehört, was die beiden besprachen. Mein Translator konnte mittlerweile jede sprachliche Nuance herausfiltern. Zulan wird sicher etwas Probleme mit der neuen Selbstfindung bekommen. Auf dem Schiff hatte er die Aufgabe des Schiffspredigers eingenommen und so manche werden diese ihm wohl noch einige Zeit übel nehmen wollen. Er würde ein neuer Prediger werden, aber nicht mehr Prediger für Okkultes oder für imaginäre Bildnisse, sondern vielleicht für die Logik und eine entsprechend ausgerichtete Handlungsweise.

Max kam nun mit seiner Gabriella heran. Hoorgas war in deren Begleitung, auch der Fühler wich kaum von einem von uns.
„Wir sollten heute noch einmal feiern! Es handelt sich hier ja um eine Wiedervereinigung einer besonderen Art. Da seht! Männer von dem anderen Frachter stellen diese Metallverbundzelte auf. Das sollten die Behausungen für die Neuankömmlinge sein. Ich möchte betonen, dass diese Zelte eine Leihgabe sind! Wir werden sie in einem halben Jahr wieder abholen. Dennoch lassen wir ein großes Versorgungszelt stehen, um alle hier vorläufig mit Nahrung zu versorgen, bis die ersten Pflanzen der Gemüsegattungen und Obstbäume sprießen. Bald müsst ihr dann euer Leben wieder selbst in die Hand nehmen!"

„Es ist eine individuelle Aufgabe, mit seinem Leben selbst fertig zu werden."
Ein Satz von Zulan!
Max lachte. „Ich schlage vor, heute Nacht hier vor dem Ratsdom zu feiern, damit nicht nur die Räte und die Melder, sondern möglichst alle etwas

davon haben. Ich werde noch einige Zeit hier auf Parmos bleiben, dann kommen andere Leute von Terra und machen hier weiter. Die Brasilianer werden schon in den nächsten Tagen hier anfangen, Plantagen zu errichten und euch für die Ernten zu schulen. Wir werden Tiere bringen, welche sich in die Flora und Fauna integrieren und auch als Nahrung dienen können, wenn sie einen gewissen Stand an Population erreicht haben.
Wenn ihr dieses Tal zu einem Schmuck gewandelt habt, dann sind sicher auch unsere Atmosphärenreiniger soweit fertig und ihr könnt euch dran machen, eure Welt neu zu erobern. Es gibt viel zu tun, glaubt es mir! Sehr viel!"
Marrum stakste mit seinem Korsett vor Zulan und sagte:
„Max, mein Freund, mein Förderer. Ich hoffe inbrünstig, dass wir Parmosen eines Tages euch Terranern für alles danken können, was ihr für uns getan habt und noch zu tun gedenkt. Ich hoffe, dass auch die Entscheidung, uns als Mitglieder in eurem Imperium zu ernennen, dazu beitragen wird. Dennoch möchte ich noch um einige dieser vollautomatischen Prothesen bitten. Wir haben noch viele Abnormgeburten, welche damit ein besseres Leben führen könnten."
„Ich weiß Marrum. Wir hatten nicht allzu viel von diesen Gerätschaften dabei. Ich selbst werde von Terra ordern und euch vorbei bringen. Es gibt noch viel, was ich auf diese Bestellliste zu setzen habe."
„Ich danke im Voraus!"
„Ich auch!" Zulan etwas zögerlich, aber es war ihm anzusehen, dass er es ehrlich meinte. Daraufhin reichte Max ihm die Hand und Zulan griff zu.
Max: „Meine Bitte an dich Zulan! Du bist sicher ein guter Führer, was deine Veranlagungen betreffen. Hilf deinem stark dezimierten Volk mit einer neuen Führungsenergie zu einer neuen Blüte zu kommen. Auch eure Zukunft wird einmal von dieser Welt wegführen. Nicht für alle, aber für viele. Ihr werdet auch Mirium sehen und erforschen. Wenn wir dann immer noch unser Bündnis halten, dann gibt es auch viele gemeinsame Wege! Terraner und Parmosen, Oichoschen, terranische Kolonien und wer weiß bald mal andere kosmische Völker. Aber der Grundgedanke hat folgender zu sein: Gemeinsamkeit und Fortschritt, Erhaltung der Heimatwelt und Frieden! So kann es dann weitergehen!"

Ich bemerkte, dass Zulan besonders von Max beeindruckt war. Max, ein Mann, der einen rasanten Aufstieg hinter sich hat, hatte das Gefühl für den Kosmos entwickelt und ließ sich nun auch nicht mehr von anderen Dingen einwickeln, wie zum Beispiel von den Imperiumschorck und deren Unterjochungsreligionen.

„Wir kennen uns nur kurz. Sehr kurz. Aber ich habe nun auch ein Gefühl entwickelt, was ich unbedingt in Worte fassen möchte. Ich erkenne neue Wahrheiten, wie ich ja schon sagte und ich erkenne das Glück, dass ausgerechnet ihr uns gefunden hattet, denn, es wäre ein Leichtes für euch, euch nur zu nehmen was ihr braucht. Hier auf dieser Welt ist ein Volk am Boden. Es wäre keine große Aktion für euch, auch noch die letzten Überlebenden zu beseitigen und dann diese Welt einzunehmen und zu behalten. Was habt ihr nun gemacht? Ihr versorgt die Abnormgeburten mit Prothesen, ihr versorgt uns mit Lebensmitteln und Flüssigkeiten, mit weiteren Nahrungsgrundlagen und mit allem, was für einen Neustart nötig ist. Ich werde das Pro-Wort Terras hier verkünden! Ich werde eure Imperiumsniederschriften studieren und hier als ein Vertreter Terras arbeiten. Das ist meine neue Berufung!"

„Ein schöner Zug, mein Freund Zulan! Es wird einen großen Bedarf an solchen Leuten geben. Da bin ich mir sicher!" Max war gerührt von der neuen Einstellung Zulans.

Die Neuankömmlinge, die Talmutanten und die Terraner feierten die ganze kurze Nacht durch. Außerdem blieben sie noch weitere drei Tage nach der Parmoszeit und die Metallverbundzelte für die Parmosen der `Morgenblüte´ wurden aufgestellt und provisorisch ausgestattet.
Dann kehrten die Freunde nach Barrica zurück.

Max orderte das brasilianische Team nach Phattiui, um dort mit den Plantagen zu beginnen.
Der Boden im Tal erwies sich als fruchtbar und schon nach zwei Wochen sprießten die ersten Pflänzchen.
Weiterhin bestellte Max über Bernhard Schramm einen Frachter mit Zuchttieren und einigen Wildtieren, welche sich an Parmos anpassen können. Es waren keine Fische dabei, denn die wahren Überlebenden von Parmos waren nun mal die Fische. Diese gab es noch zuhauf. Auch von den Erbveranlagungen her kaum geschädigt. Das Wasser hatte sie geschützt.

Die BIG NIPPON, der japanische Frachter transportiere bald Hühner, Gänse, Ziegen, Kühe und verschiedene Vogelrassen nach Parmos. Dabei musste die BIG NIPPON auch noch nach Mada, der Welt der Kurden im Wegasystem, denn diese Wegakolonisten spendierten ganze Herden ihrer Tapirzucht für die Parmosen. Der Dalai Lama auf New Lhasa schickte viele Vierschwanzkühe und eine Auswahl von den kaugummiähnlichen Pflanzen, *welche im Handel der CET mittlerweile als `Chewing Plant' registriert waren.*

Drei Wochen später hatten die Parmosen eine Regierungspartei nach den Auflagen der CET gegründet. Dieser Partei sollten noch andere folgen, doch wollte momentan niemand weitere Parteien. Die NEUE ZUKUNFT PARMOS wurde natürlich einstimmig gewählt und eingesetzt. Es gab nur zwei Möglichkeiten: Wählen oder Enthalten! Die Wahlbeteiligung hätte jedem terranischen Äquivalent getrotzt! Sie war absolute einhundert Prozent.
Zulan bekleidete das Amt des Außenministers, Meledif wurde zum Kanzler gewählt, Marrum war der Präsident und Hoorgas der Agrarminister.

Nach zwei weiteren Wochen kam nun der Mann, über den sich auch noch die Parmosen wunderten. Bernhard Schramm überbrachte mit Dr. Dr. Sebastian Brochov den kosmischen Staatenvertrag für die Mitgliedschaft im Cosmic Empire of Terra, CET. Sie kamen mit der WEGALIFE, dem Schiff, welches Max damals befehligte, als die wunderbaren Welten der Wega entdeckt wurden.
Die Oichoschen hatten die Verträge pauschal unterschrieben, die Kolonisten der Wega ebenso und sogar die beiden Chorck.
Damit war die Mitgliedschaft besiegelt und wieder gab es ein Fest nach Art der Wiedervereinigungsfeier.
Bernhard Schramm und Sebastian blieben noch eine Woche auf Parmos und besahen sich die Zerstörungen durch die Kriege und die Ergebnisse der Mission. Die Planetenatmosphäre war weitgehend gereinigt und die Strahlungen zurückgegangen. Theoretisch könnte diese Welt wieder fast überall bewohnt werden. Strahlungsherde von ehemaligen Atombombenkratern wurden von Slidetanks weiter desintegriert, also vertieft und mit Erdmaterial aufgefüllt.

Parmos war soweit. Die Hochebene von Barrica, nahe der ehemaligen Stadt Barricale wurde als Operationsbasis für das CET ausgebaut. Nach und nach verschwanden die Metallverbundstoffzelte, sie wurden gegen massivere Bauten ausgetauscht.
Das CET entsandte nun noch einen Wissenschaftsstab, um Phero wiederzubeleben. Die toten Parmosen dort erhielten nach den Wünschen der Talmutanten und der Neuansiedler Glassärge und einen eigenen Mondfriedhof.

Als allererstes konnte das System der Solaranlagen analysiert werden. Das Solargranulat wurde weiter verbessert und patentfrei an die Industrien des CET übergeben.
Die weiteren Urnen mit den Viren sollten in den Tiefkühlanlagen von Pherolomon belassen werden. Wer weiß, vielleicht würden diese eines Tages noch einmal benötigt?

Phattiui erhielt das erste Missionskrankenhaus mit kostenlosen Gentestern. Parmosen, welche einen Fortpflanzungswunsch hegen, ließen sich dort auf Gendefekte testen. Durch die angedockten Reparaturgene, welche auch von den Viren stammten, waren sogar fast zwanzig Prozent der weniger mutierten Phattiuier ausreichend stabil für eine Kinderzeugung. Die Parmosen der `Morgenblüte´ ohnehin alle.
Viele neue Schwangerschaften wurden registriert und die ersten Untersuchungen ergaben, dass nur in einem Fall Zwillinge zu erwarten waren. Alles andere waren nun so genannte Soloschwangerschaften.

Tamiles hatte die Zeit genutzt und suchte noch nach Unterlagen der originalen Kriegssänger. Mit Josef Zelzer hatte sie dabei einen Kollegen gefunden, der ein Feingefühl für solche Suchungen hatte und beide wurden mehrmals fündig! Es gab sogar Schriften, welche von diesen Kriegssängern selbst stammten, nur waren sie in einer Altsprache von Parmos verfasst. Ebenso in Schriftzeichen vor einer Sprachen- und Schreibweisenreform! Diese Sprachen und Schriften mussten nun mühevoll entziffert werden. Josef meinte dabei öfters:
„Kein Wunder, dass die Kriegssänger auf den verschiedenen Kontinenten jeweils anders interpretiert wurden. Es musste mehrere Sprachreformen gegeben haben."

Nachdem diese Schriften nicht so schnell analysiert werden konnten, beschloss Maximilian Rudolph, sie mit nach Terra zu nehmen.

7. Kapitel
Ungeahnte Reaktionen.
Terra und das Imperium im Friedensrausch.

Bericht Max Rudolph:
Wir waren gerade beim Packen. Heute Abend werden wir Parmos verlassen. Ein Blick auf das Chronometer zeigte mir auch die mitteleuropäische Zeit an: Wir schrieben den 10. Juli 2095, 17:37 Uhr. Die parmosische Zeit also dann 02:82 Uhr. Langsam könnte man sich auch an ein Dezimalstundensystem gewöhnen.
Sebastian und Bernhard hatten nun eine Woche auf Parmos verbracht und vieles mit den Talmutanten und den Neusiedlern besprochen.
Unglaublich, aber die Brasilianer wirkten regelrecht Wunder mit ihren Pflanzungen. Diese sprießten und gediehen, es war nur so eine wahre Freude. Die Parmosen hatten täglich frische Eier und genossen den Aufbruch in eine neue Zukunft. Erste Schiffe wurden restauriert und bald wollten sie die anderen Inseln der Pharogras-Gruppe neu erobern. Nach und nach sollte Parmos auch wieder eine Heimat der Parmosen werden.
Es regnete immer weiter landeinwärts und alte Flussbecken trugen wieder Wasser zurück in die Meere. Nach und nach verschwanden die Spuren der dunklen Vergangenheit.
Als ich mich vorgestern noch von Hoorgas, Scharam, Gemoin, Zulan und Meledif verabschiedete, wurde ich ein weiteres Mal daran erinnert, dass auch Parmosen weinen können. Auch Gabriella verfiel der Abschiedstrauer, doch wir wollten ja wieder einmal nach Parmos kommen und die Entwicklung einsehen. Bald soll es auch eine Tachkomstelle mit Kosmonet auf Phattiui geben. Eine Tachkomstelle allerdings, welche wieder über die Satelliten in der SMC arbeiten sollte, um die Entdeckungsgefahr durch die Chorck zu minimieren. Es würde also auch eine Verbindung geben, wenn wir auf Terra waren.
Terra? Seltsam. Es war meine Heimat und ich verspürte Sehnsucht nach Terra, wenn ich lange weg war. Allerdings! Wenn ich lange auf Terra weile, verspüre ich Sehnsucht zu den Weiten des Kosmos, und nach fernen, neuen Welten! Das Schicksal von jemandem, der zum Raumfahrer wurde?
Ist es nun soweit? Für einen Raumfahrer wurde ein Planet zum Gefängnis, wenn er keine Möglichkeit mehr hat, davon wegzukommen.

Indira, die indische Pilotin will nach eigenen Angaben noch auf Parmos bleiben und hier weiterforschen. Jonathan sollte auch noch bleiben und noch mal alle Kontinente mit seinen Slidetanks und seinen SWACS

gründlich abtasten und eventuelle weitere 'schlafende' Waffensysteme zu eliminieren.
Abbasch von der Höhe verabschiedete sich bereits. Er geht erst einmal zurück nach Oichos, sollte aber für weitere Einsätze nach Parmos zur Verfügung stehen.
Damit waren momentan nur noch die DANTON, die BIG NIPPON und die GUISEPPE PIAZZI, meine WATSON, die SHERLOCK sowie die WEGALIFE auf dieser Welt. Der japanische Frachter wollte in zwei Tagen starten, die Italiener in etwa einer Woche.
Gerade sah ich, wie Tamines bereits die SHERLOCK in den Hangar des französischen Frachters einflog.
Plötzlich bemerkte ich, dass sich auch die WATSON bewegte!
Über mein Multifunktionsarmbandgerät rief ich 'mein' Schiff!
Wer meldete sich da? Ich hatte nicht bemerkt, dass meine Gattin nicht mehr hier war! Sie bewegte das Achterschiff hinter Tamines in den riesigen Hangar der DANTON.

Der Vertrag mit den Parmosen sah auch vor, in etwa einem halben Jahr einfache Fahrzeuge für sie zur Verfügung zu stellen, Schulungen abzuhalten und ihnen den Sprung zur Wafertechnologie zu weisen. Allerdings dann aber mit Patentrechtsauflagen.
Auf Phero arbeiteten bereits die ersten terranischen Computeranlagen. Sie waren auch mit den parmosischen Rechnern vernetzt und entlockten diesen noch alle restlichen Daten und Geheimnisse. Es würden sicher noch Monate vergehen, bis die Spreu vom Weizen getrennt war, was interessante Dateninhalte betraf.

Der Tag verging wie ein letzter Tag eines Urlaubs. Fade und jegliche Stimmung an der Schwelle zum Keller. Andererseits würden sich auf Terra sicher bald neue Aufgaben stellen. Der Frage bezüglich der Rebellen sollte nachgegangen werden. Wie würde es möglich sein, mit den Chonorck, dem Brudervolk der Chorck in Kontakt zu treten, ohne dass die Chorck davon erfahren würden?
Ich würde mir die Daten der Wandersatelliten einmal genauer ansehen wollen. Bernhard Schramm erklärte viel und er erzählte auch von versteckten Daten, die noch zusammengesetzt werden müssten. Er fand nur bislang keine Regularität oder Berechnungsbasis.

Ich blickte vom Koordinationscontainer nach draußen und es kamen dunkle Wolken auf Barrica zu. Von einer Sekunde zur anderen schüttete es wie aus Eimern und die Natur der parmosischen Welt dankte es eindrucksvoll. Viele

Spuren der Bodenerosion waren bereits verwischt und vor allem blühte es in diesem Tal vor Barricula bereits in allen Farben.
Ein Blick in den Himmel zeigte tiefes Grau, aber schon wieder Streifen von Azurblau. Sogar der Sauerstoffgehalt in der Atmosphäre war messbar angestiegen. Eine Welt in einer Erholungsphase.

Können wir Menschen uns einmal als kosmische Retter bezeichnen? Vielleicht eine Wiedergutmachungsaktion für die Kriege, welche wir unserer eigenen Erde angetan hatten? Für das Leid, was wir dem Kollektiv einfließen ließen oder das notwendige Opfer, um das gelernt zu haben, was dann verursachte, so denken zu können, wie wir es heute tun?
Komplizierte Gedanken drehten sich heute wie Spiralen in meinem Gehirn.

Ich sah noch, wie Ralph Marco Freeman die Automatensteuerung der Aircleaner an seinen Nachfolger übergab und einige Erklärungen dazu abgab.
Tamiles landete mit einem Stratogleiter nahe ihres Freundes und beide umarmten sich kurz.
Ich übergab nun meine persönlichen Gepäckstücke einer Automatenlore, welche diese dann zur WEGALIFE brachte. Bernhard meinte, ich sollte mit meinem `alten´ Schiff nach Terra zurückkehren.

Um 06:30 Uhr dezimaler Ortszeit gab ich die Order zum Aufbruch. Wir wollten wieder zusammen nach Hause fahren.
Alle, die zurück nach Terra zu gehen hatten, waren an Bord der DANTON und Bernhard sowie Sebastian, Silvana und Georg, außerdem meine Gattin befanden sich in der WEGALIFE.
„Gerard! Du kannst starten." Die Funkverbindung zum Franzosen stand.

Ich sah zu, wie der riesige Frachter von der Ebene auf Barrica abhob. Mittlerweile verabschiedete uns ein blauer Himmel, welcher von Kumuluswolken durchzogen war.
Kurz nach dem Gerard sein Schiff hochzog, initiierte ich ebenfalls den Folgebefehl an den Sempex. Ich hatte nicht mehr das Verlangen, mein Schiff selbst zu steuern.

Nach knappen zwei Stunden blickten wir von einem Abstand von mehr als 1300 Kilometern zurück auf diese Welt der Parmosen. Eine ganze Welt für momentan nur fast neunhundert dieser und sogar noch mehr Terranern, welche sich künftig immer abwechseln, um Aufbauhilfe zu gestatten oder auch im Interesse des CET zu handeln.

Dann leitete ich den Synchronisationsvorgang für den Schritt zusammen mit dem Frachtschiff ein. Wieder sollte eine leichte Kursspreizung programmiert werden. Mittlerweile konnten wir die Distanz nach Terra in zwei Schritten durchziehen.
Die Effekte über die Distanzen nun waren wesentlich ausgeprägter, als bei den Kurzschritten. Das Universum explodierte regelrecht in der relativen Breite zu uns und schrumpfte dermaßen enorm in der relativen Länge, dass der Eindruck entstand, wir sollten noch mal zerquetscht werden. Eine Dunkeltransparenz begleitete uns in diesen Bruchteilen von Sekunden.

Zweimal gewannen wir diese Eindrücke, zweimal verglichen wir die Schrittdifferenzen, welche mittlerweile sehr gering geworden waren, dann sahen wir Terra wie eine Perle im Universum vor uns.

Jetzt erst empfand ich jene Ehrfurcht, wie sie vielleicht auch einmal die Besatzung von Apollo 8 empfunden haben musste, als sie von der Rückseite des Mondes wieder hervorkamen und die Erde in ihr Blickfeld gelangte.

Unsere Erde war wunderschön, wieder kein Vergleich mit Parmos! Die Erde war und ist einfach das Sinnbild für Heimat!
„Der Juwel in dieser Ecke unserer Galaxie, Liebster. Die Wiege der Menschheit und hoffentlich auch die Wiege einer kosmischen Friedensaktion."
Gabriella hatte sich an mich gelehnt und sah sich unsere Welt mit großen Augen an.

Diese Mission X2, oder Parmos und Phero ließ uns im Nachhinein unsere eigene Welt wieder mit ganz anderen Augen betrachten.
Die Kriege von Parmos waren in uns aktueller als in den eigenen Überlebenden, denn wir haben deren Vergangenheit frisch erlebt. Die vielen Aufzeichnungen, die vielen Bilder, die verschiedenen Kriegsberichte und der Irrsinn eines Religionsfanatismus, welcher die Flammen der Auseinandersetzungen und des Hasses immer wieder neu anfachten.

Und dann das Bild Terras vor Augen, einer Welt, welche nun immer stärker zum Frieden tendiert, eine Welt, welche den Aufbruch in den Kosmos gewagt hatte und schon auf Zehenspitzen darin unterwegs war. Eine Welt im Mittelpunkt eines Imperiums, welches den Frieden auf die Fahnen schrieb und mit dieser Mission wieder ein kleines Samenkorn für diesen ausgetragen hatte.
Plötzlich fühlte ich mich stolz!

Plötzlich fühlte ich mich stolz, ein Mensch, ein Terraner zu sein!
Wenn sich dieses Gefühl in den Menschen ausbreitet, Stolz für jedes Friedenskorn zu sein, welches auf fruchtbaren Boden fällt und einmal seine Frucht austragen kann, dann kann dieser Stolz nicht falsch sein!

Wir hatten die Erde um ein Drittel zu umrunden und Europa lag an der Dämmerungsgrenze, als wir die Vertikalfahrt einleiteten.
Wieder ließ ich Gerard mit der DANTON vorfahren und ich folgte in zweihundert Kilometern Abstand.
Es war 21:48 Uhr.
Noch sahen wir in dieser Höhe die Sonne und nach weiterer Sinkfahrt schob sich diese zum Horizont, der Himmel war nun nicht mehr schwarz sondern blau bis orange und nachdem die WEGALIFE neben der DANTON auf dem Raumhafen von Oberpfaffenhofen aufgesetzt hatte, plumpste die Sonne in den Horizont und verriet ihre Existenz nur noch mit einem wunderschönen Abendrot.
Nur noch elf Tage bis zur Sonnenwende.

Nachdem wir unsere Schiffe verlassen hatten, holte uns Dr. Joachim Albert Berger ab und bat uns noch auf einen schnellen Bericht in unsere Stammecke der Pressehalle.
Ich war aber bereits hundemüde, auch der Jetlag machte sich bemerkbar.

„Ich weiß, es entspricht nicht der tageszeitlichen Tradition, aber ich habe frische Weißwürste und ein kleines Holzfässchen Bier besorgt."
So wurden wir von unserem `Yogibär´ begrüßt.
Sogar Valchaz und Saltud, die beiden Chorck reagierten sofort!
„Wo bitte? Ich hätte gerne zwei Paar!", die beiden wie aus einem Mund.

Gabriella lächelte und Tamines überholte mit ihrer Kollegin uns alle, um schnell einen Platz an der Speiseausgabe zu erobern.
Nachdem sogar eine Porzellanterrine aus dem Server kam, und frisches, gut gekühltes Bier in echten Glashumpen auf den Tisch kam, fühlte ich mich mehr zuhause als jemals zuvor! Die Erlebnisse zogen wie Nebelschwaden durch meinen Kopf und wirkten wie die Nachwehen eine schlimmen Traumes.
So hatte ich meine Seele erst einmal baumeln lassen und genoss diese heimatlichen Spezialitäten.
Nach etwa einer Stunde kam Patrick George Hunt, unser Freund und Direktor des `Cosmic Freedom Channel´ zu uns an den Tisch.

„Schlimme Eindrücke von X2 oder Parmos?", fragte er.
„Das ganze Spektrum, mein Freund. Von Angst und Horror bis zu sehr schönen Stunden zusammen mit neuen Freunden. Eine Welt des Terrors und des Krieges mit einem winzigen Happyend – vorläufig."
Patrick nickte über meine vorläufige Ausführung.
Doch ich wollte noch wissen: „Wie weit bist du mit deinen Berichten über unsere Mission? Wissen die Welten des CET schon über alles Bescheid?"
„Nein, Max. Ich habe nur trockene Informationen veröffentlicht. Schon, dass Parmos viele Kriege erlebt hatte, dass ihr Überlebende gefunden hattet und dass der Rest dieser Intelligenzen der CET beitrat, auch die Nullstimme akzeptierten. Mit einer Gesamtreportage wartete ich eben auf eure Rückkehr! Ich möchte an ein paar Tagen hintereinander einen Exklusivbericht senden, eine Dokumentation, welche diese Erde noch nie gesehen hatte. Dazu brauche ich dann auch noch die letzten Videosequenzen und auch ehemalige Kriegsberichte. Dann würden mich noch diese Kriegssänger sehr interessieren. Also möchte ich mit Josef zusammenarbeiten. Natürlich auch mit Günter, er muss mir noch viel über diese Viren erklären!"
Josef hatte nur halb zugehört. Er kaute genüsslich an der sicherlich fünften Weißwurst und war glücklich.
„Die Kriegssänger? Ach ja! Da habe ich noch einige Schriftrollen, welche Tamiles gefunden hatte. Diese muss ich aber erst noch entschlüsseln. Sie wurden noch in einem Altparmosisch verfasst. Ich denke, ich brauche noch zwei Tage dafür. Hier auf der Erde habe ich auch noch etwas mehr Möglichkeiten."
Auch Günter antwortete in einer Kaupause.
„Patrick! Die Parmosen waren in der Genetik sehr weit fortgeschritten. Der Ringgenvirus war ein Resultat feinster Analogrechner. Zwar hatten die Parmosen einen natürlichen Virus als Grundmuster verwendet, dann aber die Trägerinformationen dermaßen fein aufgesetzt und die Viren sogar noch zeitcodiert, dass diese nach fünf Wochen absterben. Egal, ob es sich um Nachkommen der Viren oder um die theoretisch lange lebenden Urviren selbst handelte. Auch aus der parmosischen Genetik können wir noch etwas lernen."
Patrick nickte beiden zu und meinte:
„Dann lasst uns doch bitte für eine Dokumentation zusammenarbeiten. Josef, wenn du diese Schriftrollen entschlüsselt hast, melde dich doch bitte bei mir. Das sollte dann der Start zur Dokuproduktion werden."
„Ist gut Patrick! Ich melde mich!"
Schon war Josef bei seiner sicherlich sechsten Weißwurst.

Nach dieser hielt er sich den Bauch und brachte das restliche Bier nur noch in kleinen Schlucken runter.
„Mann, bin ich satt! Mann, war das gut!"
Günter betrachtete ihn von der Seite her. „Pass nur auf dein Cholesterin auf! So viele Weißwürste können sich schon mal schädlich auswirken!"
Josef blickte Günter mit leicht geröteten Augen an. „Du kannst mir nicht nachträglich den Appetit verderben! Alleine was meine Seele heute mit diesen Würsten gewonnen hat, kann mir kein Cholesterinwert madig machen."
Wie, als wäre es einer Abmachung entsprungen, zündete sich Georg eine seiner Lieblingszigarren an. „Auch diese Zigarre erlaubt mir dermaßen viel Wohlgefühl, welches mir einträglicher erscheint, als pure Enthaltsamkeit."
Valchaz, der größere der Chorck, sah unseren Georg an. Er meinte: „So einen Qualmwerfer hatte ich auch noch nie probiert! Ach Georg, wie wäre es, könntest du mir vielleicht so eine Zagirre leihen? Wenn ich weiß, wo es diese zu kaufen gibt, hole ich welche und gebe sie dir dann zurück."
Georg sah Valchaz mit großen Augen an:
„Eine Premiere? Valchaz mit einer Cochiba? Aber es heißt nicht Zagirre, sondern Zigarre. Macht ein Foto und schickt es in die Plejaden!"
„Bloß nicht!" Valchaz fuchtelte mit den Armen, als müsste er den Halumet abwimmeln. Georg öffnete sein Zigarrenetui und reichte dieses in Richtung Valchaz. Da griff nun aber auch Saltud zu und bald rauchten beide Chorck je eine Zigarre!
Sebastian wedelte mit den Armen. „Wie war das mit den Passivrauchergesetzen? Gelten diese hier nicht?"
„Nein!", meinte Georg. „Hier ist keine öffentliche Gaststätte. Aber was mein eigenes Passivrauchergesetz in privaten Bereichen betrifft, so könntest du ja etwas dazuzahlen, weil du bei den guten Cochibas mitrauchen darfst!"

„Na, das ist doch wirklich die Höhe! Jetzt will er auch noch Geld dafür, dass er mir den Rauch in Gesicht bläst."
„Na gut. Heute kriegst du etwas davon umsonst, aber in Zukunft müssen wir uns dann schon noch was einfallen lassen!"
„Das werden wir, Freund Georg. Das werden wir! Ich montiere einen Rauchsammler, der deinen Rauch in Druckflaschen abfüllt. Dann kannst du dir sicher viele Zigarren sparen, wenn ich dir den Rauch aus solchen Flaschen zurück in dein Gesicht blase."
Georg schob mit der Zunge ein paar runde Wölkchen vor sich her und Valchaz machte es ihm sofort nach. „Deine Idee ist vielleicht gar nicht mal so schlecht. Ich werde an dieser Idee dran bleiben."

Doch nun begann Saltud zu husten! Er klopfte sich auf die Brust und noch immer kam Rauch aus seinen Lungen.
„Saltud! Zigarren inhaliert man nicht vollkommen! Der Rauch sollte nur ein paar Sekunden auf der Zunge liegen bleiben um dann wieder ausgeblasen zu werden!" Georg war sichtlich erschrocken.
„Geht schon wieder", meinte Saltud nach gut terranischer Manier. „Ich werde es mir merken, aber Rauchen beruhigt, muss ich feststellen. Ich kann mich erinnern, dass unser Volk auch Raucher hatte. Mehr aber auf den Planeten."

Es wurde noch eine zeitlang über das Rauchen diskutiert.
Gegen zwei Uhr früh, später als ich dachte, löste sich dann die Runde langsam auf.
„Endlich wieder in unser heimatliches Bett!" Gabriella freute sich riesig.
„Vorher noch schnell in den Pool. Den vermisste ich am meisten", musste ich ergänzen und so wanderten wir beide durch die so genannte Tachyonensiedlung zu unserem Haus. Der Hausrechner konnte uns identifizieren und öffnete.
Jetzt erst überfiel mich die endgültige Müdigkeit, dass ich schon überlegte, ob ich meine Idee für den Pool wohl doch wieder fallen lassen sollte, doch es war zu spät! Gabriella verlor wieder ein Kleidungsstück nach dem anderen in Richtung unseres kleinen Kunststrandes und schubste mich dabei vor ihr her. Zuletzt schubste sie mich so stark, dass ich mitsamt meinen Klamotten ins Wasser fiel.
„Sie lachte kindhaft und meinte: „Lass dir helfen! Ich ziehe dir die nassen Sachen aus – im Pool!"
„Lieb von dir."
Ich ließ mich gehen und wunderte mich, wo ich plötzlich die Energie her hatte, die mir meine Gattin abverlangte. So wurde es später und später.

Als wir in unserem Bett angekommen waren, fiel ich in einen Schlaf, dermaßen tief und fest, dass ich mich nicht daran erinnern konnte, schon einmal so intensiv geschlafen zu haben.

Der 11. Juni. Ich erwachte irgendwann so gegen Mittag. Meine Frau weckte mich einfach, in dem sie die Tür zum Schlafzimmer öffnete und den Duft von frischem Kaffee ins Zimmer strömen ließ.
„Das Stück ist fertig", frohlockte sie. „Von `Früh´ kann keine Rede mehr sein. Ich habe alle Reporteranfragen abwimmeln lassen. Patrick hatte sie übernommen. Doch da gibt es noch Reporter, welche nur mit dir reden möchten. Des Weiteren gibt es schon eine Anfrage von der Roland-

Emmerich-Foundation, ob sie nicht eine Animationsnachbildung dieser Mission in Kopplung mit Realbildern machen dürften."
Langsam kam ich zu mir selbst.
„Die Roland-Emmerich-Film-Foundation? Da sage sich nicht nein, denn diese hatte bereits eine Filmschule auf Oichos gegründet und arbeitet in dieser nur verlustdeckend. Der Ertrag kommt vielen Oichoschen zugute. Der Chef ist doch immer noch einer der Nachfahren von diesem Roland Emmerich, welcher schon im letzten Jahrhundert Filme mit Weitblick kreiert hatte. Mach doch mit diesen Leuten einen Termin aus. Ich spreche mit den Freunden Josef und Günter, damit diese dann vielleicht sogar mitarbeiten. Ach! Sprich auch mit Patrick. Er sollte sich doch mal überlegen, ob nicht er die Sache komplett aus der Hand gibt und vielleicht sich die ersten Übertragungsrechte sichern will. Zuerst vielleicht auch nur eine grobe Zusammenfassung. Ich will auch, dass zum Beispiel unser Erlös daraus den Parmosen zugehen sollte."
„Das nenne ich eine gute Idee. Ich bin auch dabei."

So kam es dann, dass wir mit dem Ururenkel von Roland Emmerich am 12. Juni in der Pressehalle hier einen Termin vereinbaren konnten. Roland, der Ururenkel hieß wie sein Opa, hatte auf meine Bitte hin von Joachim Berger eine befristete Vollmacht für das Betreten des TWC-Geländes bekommen. Ich hatte ebenfalls mit Patrick, Günter, Josef, Georg und den Chorck gesprochen, ob sie einverstanden wären, dass die Emmerich-Film-Foundation die Entwicklungsrechte für eine Dokumentation unserer Mission erhalten sollte. Natürlich waren alle dafür! Ich erklärte Valchaz und Saltud, was es damit auf sich hatte und beide notierten sich die Filme Emmerichs, um sie einmal einzusehen. Na, ich dachte mir, dass sie dabei staunen werden, wenn sie Filme wie `Independence Day´ oder `Stargate´ zu sehen bekommen. Filme, welche noch weit vor der Entdeckung der Wafertechnologie mit vielen Kniffen und Filmtricks hergestellt waren.
Wir zeigten unsere Videosequenzen, welche wir auf Parmos gedreht hatten.

Roland war beeindruckt. Mitunter wollte Joachim ihm das Versprechen abringen, dass er von allem, was er nun von uns erfährt, absolutes Stillschweigen bewahrt. Roland lächelte.
„Ich würde mir ins eigene Fleisch schneiden, wenn ich vorab etwas über meine Projekte erzählen sollte."

Der Vertrag kam zustande. Patrick sollte eine Kurzdokumentation bekommen, welche er vorab auf seinen Kanälen des Cosmic Freedom Channels ausstrahlen darf. Dann würde eine allumfassende Kinoversion kommen, welche, so versprach Roland Emmerich, die Menschen und alle Intelligenzen des CET bis in die Seele bewegen werden. Somit bekam auch Roland von all unseren Videosequenzen und von parmosischen Kopien der Vergangenheit, von der letzten Übertragung Lethos' wiederum Kopien ausgehändigt. Diese wurden aber von Sicherheitsteams in die Studios geliefert. Günter und Josef wurden 3D-gescannt, von Gabriella, Silvana, Georg und mir existierten diese Daten bereits.

Nach weiteren zwei Wochen lieferte die Roland-Emmerich-Film-Foundation bereits eine Kurzfassung für Patrick aus. Patrick wollte aber noch etwas warten um mit den Ausstrahlungen erst dann zu beginnen, wenn die Kinoversionen auf den Markt sind. Josef Zelzer lieferte dann noch die Übersetzung der Schriftrollen der Original-Kriegssänger nach. Ich hatte sie noch nicht eingesehen, aber Josef versprach mir viele Überraschungen. Ich würde warten können, bis ich die Vollfilmversion zu sehen bekam.

Am 23. Juli wurde die Kinoversion für den 27. Juli angekündigt.
Nachdem viele Leute heutzutage auch einen Privatkinoanschluss haben, war dies bereits ein Weltereignis. Trotzdem wollten die Menschen in Großkinos eilen, um den vollen 3D-Eindruck genießen zu können.
Ab dem 23. Juli begann Patrick George Hunt mit seinen Dokumentationen über den Cosmic Freedom Channel.
Es gab einen Aufschrei im gesamten Imperium und diese Dokumentationen fachten das Interesse für die Vollversion nur weiter an. Roland wollte die Haupteinnahmen für die Parmosen spendieren. Auch ein weiterer Grund für das stetig steigende öffentliche Interesse.

Doch bevor wir uns diese Vollversion zu Gemüte führen sollten, rief mich Bernhard Schramm in sein Labor.
„Max! Sieh dir doch einmal diese Daten von den Chonorck-Wandersatelliten an. Auf einer Aufmodulation der Signale stellte sich immer eine Gittermatrix klar heraus, in der immer wieder Daten fehlen. Nach allen Übertragungen von all den Wandersatelliten der Chonorck stellte ich fest, dass von zehn Übertragungen, zwei einen Digitalfehler haben, so als wäre das Packet nicht voll übertragen worden. Dann stellt sich aber auch heraus, dass von zwei die Prüfsumme geändert wurde! Damit vermute ich, die Chonorck hatten einen absichtlichen Fehler eingebaut.
Also, ich nehme nun eine Digitalmatrix und . . ." Bernhard schaltete einen Rechner hoch, sodass die Digitalmatrix in einem Hologramm erschien, „. . . nehme die Fixdaten, welche in der Übertragung vorhanden waren. Die

Chonorck zeigen damit das galaxiszentrale schwarze Loch, einen Bezug zur Großen Magellanschen Wolke, dann auch zur Kleinen und die Lebensporengalaxie, also Andromeda. Überblende ich nun diese Matrix mit den Punkten, welche als Übertragungsfehler, aber matrixwirksam ankamen, dann zeigt sich das Siebengestirn, also die Plejaden. Jetzt kommt der Punkt an dem ich nicht mehr weiter komme, denn nur sechs dieser Punkte sind den Plejaden entsprechend und der siebte fehlt! Also ein Extrafehler in insgesamt sieben Fehlern! Weiter kann ich aber diese Matrixpunkte nicht anwenden, denn diese wiederum stimmen nicht einmal mit den Plejaden selbst überein! Sie stehen nach meiner Koordination fast sechstausend Lichtjahre hinter und neben den Plejaden! Auch das Ausmaß dieser sechs Punkte ist in den Proportionen um ein hundertfaches größer als die Plejadensonnen, das Siebengestirn! Was meinst du dazu?"

„Ich meine, mein lieber Freund Bernhard, hier haben wir den Schlüssel zu einem Treffpunkt mit den Chonorck. Wir müssen nur noch herausfinden, wie diese das alles meinen. Es dürfte sich hier um ein mathematisches 3D-Problem handeln. Als Fixdaten haben wir das schwarze Loch in der Galaxie sowie die Kleine und die Große Magellansche Wolke. Ein Größenvergleich ergibt sich noch mit der Lebenssporengalaxie, also Andromeda. Im Anschluss haben wir eine Falschgrößendarstellung des Siebengestirns in dem ein Stern fehlt, aber sechs in der proportionalen Vergrößerung vorhanden sind."
„So ist es!"
„Kannst du einen Kartenausschnitt der Plejaden überprojezieren? Ich meine, ebenfalls in den falschen Proportionen und diese dann so verschieben, dass das galaktische schwarze Loch von der Matrix her Anschluss findet? Ebenso einen Anschluss proportional mit der SMC und LMC. Dann versuchen wir eine Drehung um neunzig Grad, um in die 3D-Matrix zu blicken."
Bernhard tat, wie ich geraten und der fehlende Stern der Plejaden wurde plötzlich im Sternbild Scutum, dem Schild projiziert. Bernhard markierte diesen, sodass er im Hologramm blinkte.
„Siehst du Bernhard, dort ist unser Treffpunkt! Wir sollen die Chonorck in der Wildente treffen! Wildente ist eine andere Bezeichnung für das Sternbild Scutum oder Schild. Der Sternhaufen nennt sich M11 oder NGC 6705. Die Projektion betrifft das äußere südliche Feld, demnach kommen nur etwa zwei oder drei Sternensysteme in Frage. Ich könnte mir vorstellen, dass wir noch genauer arbeiten könnten."
„Du bist ein Genie, Max!"

Bernhard war begeistert. „Ein Basisunlogischer hat soeben eine außerirdische Problemstellung gelöst! Ich glaube es fast nicht."
„Da war mein Spieltrieb daran beteiligt, mein logischer Freund. Aber ich bin sicher, du hättest das Problem auch bald in den Griff bekommen. Nun, ich nehme an, das alles bedeutet eine baldige neue Mission in das Reich der galaktischen Rebellen, nicht wahr? Sollten wir nicht doch noch das Erbe von Chorub, dem verstorbenen Kaiser der Chorck antreten? Wenn ja, dann geht dies nur mit den Rebellen, dem Brudervolk dieser Imperialisten."

Bernhard besah sich noch einmal unsere simulierte Konstellation und meinte: „Es bleiben noch ein paar Probleme, Max. Wir haben keine genauen Karten vom Sternzeichen Schild. Dazu sind wir noch zu jung in der Raumfahrt. Es könnte bedeuten, dass wir zuerst einmal die Wildente genauer kartografisieren sollten."
„Wir sollten das Risiko eingehen und Chandor Valchaz hinzuziehen. Ich vertraue ihm mittlerweile, er wird seine Brüder nicht verraten, eher wird er sich eine Frau aus dem Reich der Rebellen holen. Dazu könnte ich mir vorstellen, dass wir etwas genauere Karten von der APOSTULA bekommen. Diese müssten dann nur noch auf unser mathematisch-astronomisches Konzept und Enfernungsberechnungen umgestellt werden. Angleichungsdaten liegen ja bereits vor."
„Der Kandidat hat 100 Punkte!" Bernhard begeisterte sich heute dermaßen, dass er fast in unlogische Äußerungen verfiel.
„Wir müssen eine Nachricht an die Chonorck aufsetzen und von der Station in der SMC, beziehungsweise von einem SMC-Satelliten absenden. Vor allem geht es darum, dass die Chonorck nun Schlüsselsendungen bezüglich unseres Treffpunkts einstellen, um die Entdeckungsgefahr so gering wie möglich zu halten und nicht weiter Wandersatelliten vergeuden. Außerdem brauchen wir eine Zeitübermittlung. Der Text müsste nun in etwa so lauten: 'Wir erwarten die Übertragung der fehlenden Daten bei Überschattung oder Überschneidung von irgendeiner Sonne durch eine andere' oder in dieser Art. Suche doch bitte mal nach einer 3D-Analyse, welche Sonne sich mit einer anderen in nächster Zukunft aus der Sicht der Wildente oder Scutum überschneidet. Dann senden wir und sehen zu, zu diesem Zeitpunkt am gewünschten Ort oder in der Nähe zu sein."

„Nicht schlecht, Basisunlogischer! Nicht schlecht. Ich glaube, ich brauche auch wieder mehr Rotwein, Oktoberfestbier und Weißwürste!"
„Oktoberfestbier dauert noch etwas, Weißwürste gibt es mittlerweile fast täglich frisch hier in der Tachyonensiedlung."

Ich verabschiedete mich von Bernhard und ging nach Hause. Gabriella hatte heute wieder einmal selbst gekocht. Sie liebte es, wie sie auch sagte, kochen zu dürfen und nicht zu müssen!
Sie kochte typisch bayrisch mit einem leichten exotischen Touch, was die Würzung betraf.
„Hat Bernhard etwas herausgefunden?"
„Er hätte fast alles herausgefunden, doch brauchte er einen kleinen Wink. Die Koordinaten für einen Treffpunkt mit den Chonorck stehen fast fest. Nun brauchen wir noch einen Zeitschlüssel. Ich denke, in einem Monat oder so wird die nächste Mission gestartet. Der Erfahrungsaustausch mit Rebellen und der erste große Schritt in Sachen Befreiung der imperialen Sklavenvölker, auch könnten wir sagen, der erste Schritt für den Antritt des Großerbes."
„Den Wink, von dem du sprachst, den hast du ihm gegeben?"
„Na klar? Wir sind doch alle ein Team!"
„Ärgert sich Bernhard dann nicht, wenn er als der große Logiker einen Wink von einem Basisunlogischen braucht?"
„Nein. Er hat nur festgestellt, dass er künftig mehr Rotwein zu konsumieren gedenkt. Auch Weißwürste und Oktoberfestbier!"
Gabriella lachte laut auf.
Wenn ich nicht wüsste, dass du ein Genie bist, dann würde ich sagen, du bist ein ganz ein einfacher Stammtischbruder."
„Würdest du mich denn als Stammtischbruder auch lieben?"
„Ich habe dich ja im Oktoberfest kennen gelernt! Also liebe ich ja einen Stammtischbruder, aber einen der ganz besonderen Art. Sein Stammtisch ist das Universum."
„Das gibt Extraarbeit für die neuen Universumstischler. Ich liebe dich, mein Goldhaar."

Am siebenundzwanzigsten Juli 2095 war die Premiere von dem Film der Roland-Emmerich-Film-Foundation und der Ururenkel des berühmten Filmemachers kam extra zu uns, um diesen Film in einer neuen Kinohalle an der Tachyonensiedlung mit uns anzusehen. Schon die Dokumentationen von Patrick schufen ein Hinfiebern zu diesem Kinoerlebnis. Der Titel des Films: `Im Namen einer ganzen Welt, das Parmosschicksal´.

Roland junior hatte schon ein stetes Grinsen im Gesicht. Es war ihm anzusehen, dass er mit dem Ergebnis seines Filmes selbst äußerst zufrieden war. Auch mit der Schnelle, wie er sein Werk geschaffen hatte, was nur mit den auch heutzutage besten Rechnern möglich zu sein schien.

Er schien dennoch gestresst und müde. Sicher hatte er viele schlaflose Nächte durchgezogen, um diesen Streifen in einer noch hochaktuellen Zeit vorstellen zu können

Als wir die Kinohalle betraten, gaben sich alle Freunde und Bekannten aus Politik und Wirtschaft gegenseitig die Hände. Bundeskanzlerin Adelheid Jungschmidt, der Präsident Jarvisch war extra von Oichos zurückgekommen, der oichoschische Konsul Norsch Anch mit seiner Ehefrau und Eheneutro Seacha und Schrii, der bayrische Ministerpräsident Leopold Waigel, der brasilianische Präsident João Paulo Bizera da Silva wollte sich dieses Ereignis ebenfalls nicht entgehen lassen. Der chinesische Außenminister war hier und bald kamen Chandor Valchaz und Saltud.
Von hier aus waren Breitbandkanäle freigeschaltet, welche auch auf Oichos und auf den Wegawelten sowie Mond und Mars empfangen werden konnte. Die Gegenstationen hatten ein Übertragungsrecht erworben und hatten sich verpflichtet, den Film nur in technisch ausreichend ausgestatteten Kinosälen vorzuführen und Eintritt zu verlangen. Dabei wurde der Eintritt an das Einkommen der jeweiligen Planeten angepasst. Roland junior beharrte darauf, mit diesem Film nicht viel verdienen zu wollen, das meiste sollte nach Parmos fließen.

Gabriella trug ein goldenes Kleid, Silvana kam in Silber und Georg und ich hatten uns eine modische Borduniform angezogen. Es galt die Bedeutung des Filmes auch optisch etwas zu unterstützen.
Langsam brandete Applaus auf. Es waren auch ein paar Mitarbeiter der Film-Foundation zugegen, welche das Material bereits kannten und somit galt der Applaus wahrscheinlich uns.
Auch die beiden Chorck konnten einen Extra-Applaus genießen.

Nach einem Begrüßungscocktail suchten wir unsere Plätze auf und Punkt 19:30 Uhr begann die Vorführung.

Ein Bild der Erde war zu sehen, welches sich ständig verkleinerte und soweit zurückzog, dass die gesamte Galaxis erkennbar wurde. Bald erschienen die Umrisse der Magellanschen Wolken und mit einem Schwenk wurde in das System Noaris auf die zweite Welt Parmos eingefahren.
Von Parmos wurde nur eine Sichel dargestellt und die Planetendrehung veranlasste, dass es Nacht wurde. Die Bildfläche wurde abermals dunkel.
Für fast eine Minute! Dann glomm eine Sonne über ein Tal auf und es zeigte sich das Sinnbild der parmosischen Zukunft, ein Sonnenaufgang! Noch dazu über dem Tal von Barrica, Bilder welche mit den Rechnern so

konstruiert wurden, dass es aussah, als wäre Parmos noch eine bewachsene, heile Welt. Der Sonnenaufgang war noch nicht alt, es mischte sich das Bild mit Atompilzen, bis der Sonnenaufgang von grellen Explosionen übertrumpft wurde. Die Bilder wechselten in einer schnellen Reihenfolge und zeigten immer für fünf Sekunden heile Städte und sofort Ruinenstädte abwechseln.
Die Einleitung wurde mit der Musik des Nonabsolutum begleitet. Diese hatte ein Mitarbeiter des Emmerich-Teams bestens synthetisiert und feinstens abgestimmt. Man hätte meinen können, Alhas zu Melhaim hätte nun die terranischen Sprachen beherrscht, als der Gesang einsetzte. Diese neun Oktaven des Sängers erzeugten Gänsehaut!

Plötzlich schien der Film zu brennen! Die Musik des Nonabsolutum setzte aus und eine Oper der Kriegssänger konnte besehen werden. Zu den Opernbildern wurden nachberechnete Kriegsbilder gezeigt.
Auch diese Szenen wurden ausgeblendet und es wurde eine Geschichte erzählt. Eine Geschichte nach den Daten und Fakten, wie sie von uns gefunden wurden. Eine Geschichte von den Aurenheiligen und von den Genesispriestern, von den Abspaltungen und einzelnen Sekten. Von einigen Kleinkriegen und folgenden größeren Kriegen im Namen und für die jeweiligen Glaubensrichtungen. Immer neue Szenen setzten ein und waren so intelligent vernetzt, dass zu erkennen war, was im Namen irgendwelcher Heiligkeiten geschehen konnte.

Dreimal setzte der Film an, private Erlebnisse von Parmosen zu schildern und alle Vorhaben einer normalen Familie oder auch Großfamilie wurden von irgendwelchen Glaubenshütern zunichte gemacht. War es durch Krieg oder durch Bedrohungen verschiedener Arten.

Die Kriegssänger wurden nach den Statuen nachempfunden und machten ihre Auftritte, besonders dann der Auftritt, nach dem vermeintlichen letzten heiligen Krieg und als die Kriegssänger immer noch weitersangen und neue Kriege in die Welt Parmos setzten.
Dann der Hoffnungsschimmer durch das Nonabsolutum, ein weiterer Hoffnungsschimmer durch die Mondbasis Pherolomon, noch ein Hoffnungsschimmer mit der `Morgenblüte´, die wissenschaftlichen Arbeiten bezüglich der Hormonblocker, der Hormonkiller und letztlich der Viren.

Dann der unausweichliche Höhepunkt! Der weltumfassende Krieg und das Leid, der Tod. Die Straßenbunker, die Nadlerraketen, die

Neutronenbomben, die Sirenen, die zerstörten Städte, die Umweltverschmutzung, das Verenden von Tieren.

Es wäre unmöglich, diese Eindrücke des Films in Worten wiedergeben zu können. Hier spreizten sich die Künste des Schreibens und des Vorführens. Roland Emmerich junior hatte unter Beweis gestellt, dass er ebenfalls zu der gleichen Kategorie Genie gehörte, wie sein Ururgroßvater.

Bald wurden Realereignisse eingeblendet. Die Teilmission nach Phattiui und der erste Eindruck von den Talmutanten. Hoorgas wurde nachanimiert und es konnte gesehen werden, wie eine erbärmliche Kreatur Prothesen bekam und damit zu einem der glücklichsten Wesen des Universums wurde. Beeindruckende Aufnahmen vom Fühler, von Marrum!
Dann die Szenen von der `Morgenblüte´, der Aktion Blütenstaub.

Zum Schluss wurden die von Josef entschlüsselten Aufzeichnungen der Kriegssänger eingespielt, also jene Aufzeichnungen, welche ich selbst noch nicht kannte.
Darin hieß es nun:

> Die Kriege finden erst ein Ende, wenn die Götter und die Heiligen dem gleichen Schicksal geopfert werden wie Geschöpfe, die kundtun und nicht weiter verleiten, Abstand von Gut und Böse damit zu erreichen, indem sie das Gut in einer eigenen Definition finden wollen. Vielleicht wollen die dunklen Dimensionen dunkel bleiben und dabei nichts Schlechtes führen. Vielleicht sind die grellen Dimensionen dabei nicht besser?
>
> Es gilt das Gehirn zu reinigen, es gilt die Teufel des Geistes zu beseitigen, erst dann kann der Frieden Heimat finden. Die Zeit wird immer gleich vergehen, ob mit dem Tod als Begleiter oder mit dem Leben. Nur ist das Ende der Zeit anders zu verstehen, wenn Leben der Zeit Nutzen verlieh.
> Wenn Parmos sein Ende sieht, sollten die Hirne frei und die Welt ohne Priester sein, denn jeder soll seine Vorstellung selbst zu den der anderen ergänzen.
>
> Zeit ist Mosaik,
> Zeit ist Kunst,
> Zeit ist Selbstglauben,
> Zeit ist Selbstverstehen,

Zeit ist Zusammenglauben,
Zeit ist Zusammenverstehen.
Wir sind der Raum und wir sind die Zeit! Zu jeder Zeit!

Es folgten noch einige Ausblicke, was für die Zukunft von Parmos geplant wäre.
Dazu blendete wieder der gleiche Sonnenaufgang wie zu Beginn ein, aber dieses Mal sprießten Blumen, Bäume und ganze Wälder und die Parmosen mit ihren korrigierten Erbgenen lebten friedlich nebenher und ergänzten sich in ihrem Tun. Sie vermehrten sich ständig und eine Hochrechnung ergab, dass schon in dreißig Jahren die Viertausendergrenze überschritten sein könnte. Obwohl sie sich wesentlich langsamer vermehren als in den Kriegszeiten. Doch wäre das nicht eben auch schneller? Bevölkerungszuwachs ohne Kriegsdezimierung?

Wieder erklang eine Synthesizermusik, moderner und gehaltsvoller, als die Originalversion. Das Lied des Sonnenaufgangs von Parmos.
Plötzlich blendeten sich wieder die Schreckenszenarien ein und in Folge ein Bild unserer Erde mit einer Kriegsszene aus der Vergangenheit! Wieder eine Bombe von Parmos und die Hiroshimabombe. Nadlerraketen und irdische Panzer. Sterbende Parmosen in den Straßenbunkern und brennende Menschen aus dem Vietnamkrieg. Glaubenshinrichtungen der Aurenheiligen und Gaskammern aus dem zweiten Weltkrieg. Einstürzende Gebäude von Barricula und der Anschlag an das World-Trade-Center vom Jahre 2001.
Die letzten Bilder zeigten Säuglinge der Parmosen, Säuglinge der Terraner und welche der Oichoschen. Sie alle blickten mit weit aufgerissenen Augen in die Zuschauerreihen. Alles wirkte wie echt! Dann blendet der Film ab.

Für dieses Werk wurde sehr, sehr langer Applaus gespendet.
Als die Lichter hell dimmten, konnte man erkennen, dass fast alle im Saal nasse Augen hatten, wenn sie nicht noch direkt das Weinen zu unterdrücken hatten. Einigen gelang es nicht einmal dieses zu verbergen.

Roland erklärte: „Die Genesispriester hatten auf ihre Weise recht behalten! Parmos ist in eine neue Dimension eingetreten. Eine neue Dimension des Denkens und Fühlens. Eine neue Dimension, geboren aus Erfahrung und Schicksal. Und die Kriegssänger wollten sicher nicht, was aus ihren Gesängen wurde. Sie wussten von der Misere in den eigenen Köpfen!"

Dieser Film veränderte die Erde und die Kolonialwelten! Es gab Berichte, nach dem Menschen sich nach Betrachten des Filmes sich gegenseitig in die Arme fielen und niemand musste lange über diesen Film diskutieren, da er den Tatsachen entsprach. Die Botschaft eines Planetenschicksals war klar und deutlich verstanden worden.
Jeder wusste nun, wie es um unsere Erde schon einmal gestanden hatte!
Jeder wusste nun, dass wir unsere Existenz unserem Planeten zu verdanken haben und dieses Recht Milliarden Parmosen vom Irrsinn des abnormen Lebens und furchtbaren Interpretationen okkulter Begleiterscheinungen verwehrt wurde.

Es gab neue Freundschaftsbänder. Die letzten Streitigkeiten zum Beispiel zwischen Israelis und Palästinensern wurden beigelegt, sowie auch von vielen anderen Kontrahenten, die letzten Grenzen wurden aufgebrochen und sogar China bot Tibet kulturellen Freiraum an. Wobei mit den Schritten in den Kosmos ohnehin schon mehr Freiraum geschaffen wurde.

Es gab Menschen, die sich bückten, um ihre Erde zu küssen.

Viele, nein nicht nur viele, sondern fast alle hatten gelernt und verstanden, einen Planeten zu lieben! Den eigenen Planeten anhand eines fernen und trotzdem nahen Beispiels!
Und die Menschen liebten sie mehr als jemals zuvor! Die Erde!

ENDE

Schlusswort:

Ich hoffe, mit dieser Geschichte auch einen Beitrag erbracht zu haben, ein Gefühl zu emittieren, dass man „Liebe zu einem Planeten" nennen könnte. Natürlich meine ich auch die Erde! Viel muss noch getan werden, wenn wir alle nur das wenigste erreichen wollen, was wir unserer gemarterten Welt eigentlich schuldig sind.

Ich freue mich schon, mit dem nächsten Buch zu beginnen.
Wieder möchte ich eine Geschichte niederschreiben, in der zwischen den Zeilen fast genauso soviel zu erkennen ist, wie im Hauptsinn. Wieder

möchte ich darauf hinweisen, dass es kein Du ohne Ich gibt und kein Ich ohne Du. Tatsächliche Geschichten unserer Erde werden Pate stehen und mit meinen Büchern möchte ich helfen, das Verständnis in uns und für uns im Sinne der Gegenseitigkeit zu vergrößern. Und glauben Sie mir Eines: Glauben ist nicht alles!

Ich wünsche Ihnen, dass Ihnen Sol Ihre Wege wohl ausleuchten möge, viele Oxygene und angemessenen Regen – und – viele bedeutende Sonnenaufgänge ...

Wir treffen uns auch wieder, wenn sich Max und sein Team aufmachen um

Die galaktischen Rebellen

zu treffen.

Ihr Franz X. Geiger.